普通高等教育“十一五”国家级规划教材

计量经济学基础

（第5版）

张晓峒　主　编

南开大学出版社
天　津

图书在版编目(CIP)数据

计量经济学基础 / 张晓峒主编. —5 版. —天津：南开大学出版社，2021.1(2022.6 重印)

普通高等教育“十一五”国家级规划教材

ISBN 978-7-310-05962-1

Ⅰ. ①计… Ⅱ. ①张… Ⅲ. ①计量经济学—高等学校—教材 Ⅳ. ①F224.0

中国版本图书馆 CIP 数据核字(2020)第 180348 号

计量经济学基础(第 5 版)

JILIANG JINGJIXUE JICHU (DI-WU BAN)

南开大学出版社出版发行

出版人:陈　敬

地址:天津市南开区卫津路 94 号　　邮政编码:300071

营销部电话:(022)23508339　营销部传真:(022)23508542

https://nkup.nankai.edu.cn

天津泰宇印务有限公司印刷　全国各地新华书店经销

2021 年 1 月第 5 版　　2022 年 6 月第 2 次印刷

230×170 毫米　16 开本　28.75 印张　524 千字

定价:58.00 元

如遇图书印装质量问题,请与本社营销部联系调换,电话:(022)23508339

第 5 版前言

本书是一本适合于高等院校经济类、管理类各专业本科生、专科生、研究生以及各领域对使用计量建模分析感兴趣的读者学习、使用的教材，自 2001 年出版以来已经印刷了 36 次。

本书第 5 版对第 4 版做了一次全面修订。为方便读者阅读，对全书所用符号做了统一，并更新了部分内容。

（1）全书使用符号的规律是，回归模型和 ARIMA 模型中的变量用英文字母表示，如 $X_t, Y_t, Z_t, x_t, y_t, z_t$ 等（对于横截面数据下标有时也用 i 表示）；模型中的参数用希腊字母表示，如 $\alpha, \beta, \sigma, \rho, \phi, \theta$ 等；t 统计量值一般在括号里表示。检验水平一般给的是 0.05。回归模型的随机误差项和 ARIMA 模型的移动平均项用 u_t 表示。对于取自然对数的经济变量用形如 Lny_t 表示。因为 Ln 已成 Lny_t 的一部分，所以都用斜体表示。

全书，第 11 章（时间序列模型）除外，回归模型的随机误差项 u_t 的估计量，即残差，用 e_t 表示。回归模型被解释变量估计量和参数估计量一般都在原符号上加一个“^”表示。在第 11 章，时间序列模型中按照 Box 的习惯，ARIMA 模型中随机变量和移动平均项 u_t 估计量，参数估计量一般都不加“^”。

在第 2、3、9 章有时用没有下标的 X、Y，表示对总体或研究对象的一般称谓。而有下标的 X_i、Y_i，则表示总体中和样本中的某个变量和观测值。

在第 12 章双下标变量，如 Y_{it} 中 i 表示个体，t 表示时间。在其他章节双下标变量，如 X_{ij} 中 i 则表示解释变量序号和矩阵中的列，j 表示观测值序号和矩阵中的行。

（2）对总离差平方和、回归平方和、残差平方和的符号按当前英文文献最新的表示方法在全书做了统一。总离差平方和用 TSS（total sum of squares）表示，回归平方和用 ESS（explained sum of squares）表示，残差平方和用 SSR（sum of squared residuals）表示。

特别注意，本书第 1 ~4 版在第 9 章之前，用 RSS 表示回归平方和，第 5 版改用 ESS 来表示；原来用 ESS 表示残差平方和，现在改用 SSR 来表示。第 9 章以后原来用 SSR 表示回归平方和，现在改用 ESS 来表示；原来用 SSE 表示残差平方和，现在改用 SSR 来表示。

(3)用中国新的经济数据更新或扩充了 10 个例子和案例。

(4)因为 t 检验是双端检验，本书 1 ~4 版的第 1 ~4 章中用 $t_{\alpha/2}(\cdot)$表示0.05 水平临界值。下标 $\alpha/2$ 给出的是具体查附表用值。第 5 版改用 $t_{\alpha}(\cdot)$表示，下标 α 指检验水平。同理，$F_{\alpha/2}(\cdot)$，$\chi^2_{\alpha/2}(\cdot)$，$u_{\alpha/2}(\cdot)$也改用 $F_{\alpha}(\cdot)$，$\chi^2_{\alpha}(\cdot)$，$u_{\alpha}(\cdot)$表示。同时也为的是与其他章节所用符号保持一致。

(5)附录 1 的“EViews 8 使用简介”已更新为“EViews 11 使用简介”。

(6)更新了几乎全部画图。

(7)书后增加了附录 6，给出本书部分练习题参考答案。全部思考题和练习题的参考答案请见即将出版的与《计量经济学基础》配套的习题集（南开大学出版社）。

(8)本书为读者准备了所有例子、案例和练习题数据的 EViews 文件。每个例子、案例和用到数据的练习题中都会相应给出 EViews 文件名，方便读者调用。例子和案例的 EViews 文件名用 li - (·)表示。比如第 2 章中例 2.1，它的 EViews 文件名是 li-2-1。练习题的 EViews 文件名用 xiti - (·)表示。比如第 2 章后第 7 个练习题的 EViews 数据文件名用 xiti-2-7 表示。

(9)书中案例和练习题数据的 EViews 文件、教学课件可以通过扫描下方的二维码获取。也可以与本书主编张晓峒联系索要。

(10)第 5 章异方差中删除了斯皮尔曼（Spearman）等级相关系数检验方法。

对南开大学出版社编辑王乃合和周敏为《计量经济学（第 5 版）》出版所付出的劳动以及一丝不苟的工作精神表示衷心的感谢。

张晓峒于 2020 年 5 月 10 日

电子邮箱：zhangnk710@126.com

（EViews 数据文件）　　　　（PPT 课件）

第4版前言

时光荏苒,本书第3版已经推出有7个年头,从面世至今已经印刷了26次。

本书第4版与第3版相比主要有如下一些变化:

1. 本版新增“面板数据模型”一章。删去了第3版中第10章(几种典型的计量经济模型)。第3版中第11章(模型的诊断与检验)、12章(时间序列模型)按顺序分别递进为第10、11章。“面板数据模型”编为第12章。面板数据模型近10年来在中国普及很快,现在几乎每一本经济类学术期刊中都会有面板数据模型的理论与应用研究论文刊载。对于本科生一般不讲授面板数据模型,但是他们都在尝试着应用,所以,已经到了为本科生讲授面板数据模型的时候了。这也是在第4版中增加“面板数据模型”一章的原因。

2. 第3版中附录1是以EViews 5.1版本介绍EViews的使用。在本版中以EViews 8为版本(最新版本)重新撰写EViews的使用,对本书中介绍的各种模型的EViews 8操作均有介绍。

3. 为方便读者练习,书中全部例题和练习题所用数据都已经做成EViews 8文件,可以到南开大学出版社网站上免费下载。网址是:www.nkup.com.cn。EViews 8文件名与书中的例题和习题编号相对应。例如,li-12-1即对应本书第12章的例12-1,xiti-12-1即对应本书第12章的练习题1。

4. 更换了书中效果不很满意的一些画图。

5. 修改了上一版中的一些文字勘误。

本书的分工是第1、2、8章由张灿教授编写。第3、4章由冯燕奇教授编写。第5章由马薇教授编写。第7、9章、附录2和附录3由李忠民教授编写。第6、10、11、12、13章和附录1由张晓峒教授编写。全书由张晓峒统纂定稿。

张晓峒于2014年10月10日

电子邮箱:zhangnk710@126.com

第3版前言

本书非常荣幸于2006年被教育部列入“十一五”国家级规划教材系列。

第3版与第2版相比主要有如下一些变化：

1. 新增第11章“模型的诊断与检验”。原第3章中第3.6节内容并入第11章。原第11、12章按顺序分别递推为第12、13章。

2. 原书中提示的EViews操作命令以及附录1全部改为以EViews 5.1版本为准介绍。相应较低版本的EViews操作命令仍参考本书第1版和第2版。EViews操作只涉及了一些最基本的内容。若要掌握更全面、详细的EViews操作方法请参考张晓峒著的《EViews使用指南与案例》，机械工业出版社，2007年2月，书号：978-7-111-20747-4。

3. 为方便读者，书中全部例题和练习题都已经做成了EViews文件，可以到南开大学出版社网站http://www.nkup.com.cn“普通高等教育‘十一五’国家级规划教材”和如下两个网址免费下载。

http://www.econchina.org.cn/nk_news/web1/index.jsp?showType=detail&detailId=618&id=62

http://202.113.23.180/teacher/showjiaoshi.asp?id=122

4. 更换了书中效果不很满意的一些画图。

5. 在“时间序列模型”一章中新增了“Wold分解定理”和“回归与ARMA组合模型”两节。

6. 修改了上一版中的一些文字勘误。

本书的分工是第1、2、8章由张灿教授编写。第3、4章由冯燕奇教授编写。第5、10章由马薇教授编写。附录1由张灿、马薇教授编写。第6、11、12、13章由张晓峒教授编写。第7、9章、附录2和附录3由李忠民副教授编写。全书由张晓峒统纂定稿。

张晓峒于2007年8月5日

电子邮箱：nkeviews@yahoo.com.cn

第2版前言

本书自2001年出版以来,已经印刷了6次,说明本书受到读者的欢迎。在第1版基础上,我们对全书进行了改写。整体结构基本上没有变化,只是对内容力求表达更准确和完善。第2版与第1版相比主要有如下改动:

1. 鉴于EViews是国内当前流行的计量经济学软件,附录1由原来的介绍TSP软件的使用改为介绍EViews的使用。内容只涉及了一些最基本的EViews操作。若要掌握更全面的EViews使用方法请参考张晓峒编著的《计量经济学软件EViews使用指南》(第2版),南开大学出版社,2004年。

2. 第5章增加了对异方差的White检验;第6章增加了对自相关的BG(或LM)检验的介绍。新增了附录3矩阵运算和附表7。

3. 对若干章节中的案例进行了更换。

4. 为便于读者学习,新增加了一些习题。

本书的分工仍然是第1、2、8章和附录1由张灿教授编写。第3、4章由冯燕奇教授编写。第5、10章由马薇教授编写。第6、11、12章由张晓峒教授编写。第7、9章、附录2和附录3由李忠民副教授编写。马薇教授和攸频参与了对部分章节的审定与校对。全书由张晓峒统纂定稿。

张晓峒　2005年2月5日

电子邮箱:xttfyt@public.tpt.tj.cn

前 言

此书是为经济类和工商管理类大学本科生编写的教材，同时也可以作为上述领域的专科生以及从事经济、工商管理工作的人员参考使用。

全书共分12章。前10章是经典计量经济学内容。其中主要介绍一元、多元线性回归模型，可线性化的非线性回归模型，联立方程模型以及当模型的假定条件不成立时对模型的补正措施，如异方差、自相关、多重共线性问题等。因为时间序列模型也是预测经济变量的一个重要方法，所以第11章介绍时间序列模型。近20多年来经济变量的非平稳性问题越来越引起人们的注意，并在这方面取得了许多研究成果。在第12章对这一部分内容做了初步的介绍。为了便于掌握计量经济学软件TSP(Time Series Programs)的应用，除了在附录1中专门介绍了TSP的主要功能及其使用方法外，还在各章中对典型的应用给出TSP命令。在附录2中给出基本的统计学知识，便于读者随时查阅。书的最后还给出计量经济学专用名词中英文对照表，以便读者进一步阅读英文文献。为了让读者真正掌握计量经济学知识，在介绍基本理论的同时尽可能多地给出一些例子，并以案例的形式具体介绍计量经济学的应用。此外，还在第10章专门介绍若干典型的计量经济学模型。

本书第1、2、8章和附录1由张灿教授(南开大学经济学院)编写。第3、4章由冯燕奇教授(南开大学国际商学院)编写。第5、10章由马薇教授(天津财经大学理工学院)编写。第6、11、12章由张晓峒教授(南开大学经济学院)编写。第7、9章和附录2由李忠民副教授(天津大学管理学院)编写。全书由张晓峒教授担任主编。

本书的编写被列入1999年南开大学教材出版计划，并得到南开大学的资助。在此特向南开大学表示感谢。在编写此书过程中作者得到所在单位的大力支持，特向作者所在单位表示感谢。

书中若有错误敬请读者批评指正。

作者

2000年9月

目　录

第1章 绪 论

§1.1 计量经济学的定义

计量经济学(Econometrics)是由挪威经济学家、第一届诺贝尔经济学奖得主弗里希(R.Frisch)于1926年仿照生物计量学(Biometrics)提出来的。1930年,一些国家的经济学家在美国成立了国际计量经济学会,学会的宗旨是“为了促进经济理论在与统计学和数学的结合中发展”。1933年该学会创办了会刊——《计量经济学》杂志。弗里希在发刊词中有一段话:“用数学方法探讨经济学可以从好几个方面着手,但任何一方面都不能与计量经济学混为一谈。计量经济学与经济统计学绝非一码事;它也不同于我们所说的一般经济理论,尽管经济理论大部分都具有一定的数量特征;计量经济学也不应视为数学应用于经济学的同义语。经验表明,统计学、经济理论和数学这三者对于真正了解现代经济生活中的数量关系来说,都是必要的。三者结合起来,就有力量,这种结合便构成了计量经济学。”

从这段话不难看出,计量经济学是统计学、经济学、数学相结合的一门综合性学科,是一门从数量上研究物质资料生产、交换、分配、消费等经济关系和经济活动规律及其应用的科学。

计量经济学自从20世纪30年代形成以来,发展很快,已在经济学科中占有很重要的地位,在经济领域得到了广泛的应用。尤其是近40年来计算机的飞速发展,使计量经济学的发展和应用又进入了一个新的阶段。人们不仅在微观经济领域,而且在宏观经济领域,建立了大量计量经济模型并用于回归系数分析与模型预测,解决了实际经济问题,为各国的经济发展做出了卓越的贡献。

计量经济学在我国出现的时间并不长(1980年正式引入我国),但是发展很快。计量经济模型和预测广泛应用于各经济领域,为制定经济政策提供了科学的依据。

§1.2 计量经济学的特点

计量经济学用回归模型表示经济变量之间的关系。由于实际的经济运行不是在实验室进行的,往往存在一些不确定的随机因素,使得经济变量之间的关系不能表示成精确的函数关系。人们只能在模型中列出对所研究变量起主要影响作用的变量,将不重要的因素和一些不确定因素归并到一个随机变量中,建立变量之间的回归模型。

例如,利用计量经济学研究需求函数。经济理论假定某商品的需求量取决于它的价格与代用品价格、消费者的收入和消费者的偏好。然而在实际经济生活中,除了这些因素外,还有其他一些不重要因素以及随机因素的影响。例如新产品的发明、职业的改变、气候条件的变化等。另外,人们可能受到谣传、广告的影响。即使市场价格、消费者收入和消费者偏好都不变,商品的需求量也会受到影响。在计量经济学中,这些不重要因素及随机因素的影响也要反映在回归模型中,于是引进一个随机误差变量 u_i,建立下列形式的某商品需求量回归模型:

$$Q_i = \beta_0 + \beta_1 P_i + \beta_2 P_{0i} + \beta_3 Y_i + \beta_4 T_i + u_i$$

其中

Q_i ——某商品需求量;

P_i ——该商品价格;

P_{0i} ——代用品价格;

Y_i ——消费者收入;

T_i ——消费者偏好;

u_i ——影响商品需求量的其他因素和随机因素;

(以上变量的样本数据除 u_i 之外都是已知的)

$\beta_0 \sim \beta_4$——需求函数的回归系数(待定系数,待定参数)。

以上所指的样本数据(也称统计数据、样本观测值、样本值)一般有以下几种:

(1)时间序列数据。时间序列数据指同一统计指标按时间顺序等时间间隔排列的数据。在同一数据列中各个数据统计的对象、范围和时间长度必须一致,是同一口径的,具有可比性。常用的有以年、季度、月为时间间隔的统计数据。

例如1980—2019年每年全国国内生产总值,2000年第1季度—2019年第4季度每季度某地区零售物价指数,1998年4月—2019年12月每月某企业销售额等。

(2)横截面数据。横截面数据是指在同一时间、不同单位按同一统计指标排列的数据列。在同一数据列中各个数据也必须是同一口径的,具有可比性。与时间序列数据的区别在于,横截面数据统计的对象和范围不同,但必须是同一时间截面上的数据。例如,2019年全国31个省、区、直辖市工业增加值,2019年某市33个工业行业上缴利税等。

(3)面板数据。有时为了扩大样本容量,以提高模型的估计精度,人们常常采用时间序列和横截面统计资料合并的数据,即将若干期的时间序列和每期内的横截面数据合并作为样本数据。面板数据要求同时具有以上两种数据特征。例如2015—2019年14个沿海城市外商实际投资,其样本数据的个数为$5\times14=70$个。每年均统计该14个沿海城市,统计口径相同,具有可比性。

由以上的介绍可知,计量经济学中提到的变量值,是一个序列,其中包括若干个已知的样本数据。计量经济学就是利用这些变量的样本数据和计量经济学方法,估计回归模型中的待定系数,以确定经济变量之间的结构关系。因此,它与数学中的方程式以及方程的解法有着本质的区别。

计量经济模型可以分为两大类:单一方程模型和联立方程模型。单一方程模型用来描述微观或宏观经济领域一个因变量和若干个自变量间的结构关系;联立方程模型用来描述微观或宏观经济领域多个因变量和多个自变量相互间的结构关系。

§1.3 计量经济学的目的

学习计量经济学的目的主要有三个:

(1)结构分析。指应用计量经济模型对经济变量之间的关系做出定量的度量。如上面提到的需求函数,假如利用样本数据估计出模型中价格变量P_i的回归系数等于-0.12,表明当其他因素不变时,商品的价格每提高一个单位,此商品的需求量Q_i将减少0.12个单位。

(2)预测未来。指应用已建立的计量经济模型求因变量未来一段时期的预测值。如上面给出的需求函数,假如给出某商品的价格、代用品价格、消费者收入及消费者偏好2021年的估计值,就可以求出2021年某商品需求量预测值,为2021年该商品的生产和供给提供可靠的依据。

(3)政策评价。指通过计量经济模型模拟各种政策的执行效果,对不同的政策进行比较和选择。如给出某商品的各种不同价格,分别预测未来各种不同的需求量,由此确定比较合适的商品价格。

§1.4 计量经济学的内容及研究问题的方法

1. 计量经济学的内容

计量经济学在长期的发展过程中逐步形成了两个分支:理论计量经济学和应用计量经济学。

理论计量经济学主要研究计量经济学的理论和方法。计量经济学方法又分为单方程估计方法和联立方程系统估计方法。单方程估计方法每次仅作用于一个方程;系统估计方法要考虑联立方程系统的综合信息,同时估计联立方程中的全部方程。

应用计量经济学将计量经济学方法应用于经济理论的特殊分支,即应用理论计量经济学的方法分析经济现象和预测经济变量。

理论计量经济学主要研究一般线性模型、非线性模型、联立方程模型的估计方法,以及回归系数和相应统计量的分布特征。而应用计量经济学则使用这些方法解决经济理论中诸如需求、供给、生产、投资、消费等实际经济问题。

本书既介绍理论计量经济学的基本知识,也介绍应用计量经济学知识。

2. 计量经济学研究问题的方法

用计量经济学研究问题可分为四个阶段:

第一阶段,建立模型。根据所研究的问题与经济理论,找出经济变量间的因果关系及相互间的联系。把要研究的经济变量作为因变量,影响因变量的主要因素作为自变量,影响因变量的非主要因素及随机因素归并到随机项,建立计量经济回归模型。

第二阶段,估计参数。模型建立以后,首先收集模型中经济变量的样本数据,再应用相应的计量经济方法,估计模型中的待定系数。

收集样本数据的方法很多。常用的方法有:(1)利用正式出版发行的统计资料,如《中国统计年鉴》,各省、自治区、直辖市的《统计年鉴》以及其他统计资料,如国家各部门、国际组织网站上公布的数据、商用数据库等。(2)到各有关部门调查获得。(3)到基层调查获得。再将调查得来的数据进行分类加工整理。

第三阶段,检验模型。模型的参数估计以后,这些参数是否可靠、是否符合经济理论和要求,要通过以下几个方面对模型进行检验。

(1)检验估计参数是否符合经济理论和实际经济问题的要求。如某商品的需求量一般应随此商品价格的提高而减少,如果估计出的价格参数是正的,则说明建立的模型不合适或使用的估计方法不合适,或采用的样本数据有问题。另外,估计参数的过大或过小,都有可能不符合经济理论和要求。

(2)用数理统计中关于假设检验的原理,对估计参数进行统计检验,对估计模型进行统计检验,对估计方法的假定条件进行检验。

如果以上检验出现问题,应采取相应的办法予以补救。如改变模型的形式、变换估计方法、重新选取样本数据、修正样本数据等。

第四阶段,经济预测。应用估计出的并经过检验的回归模型预测因变量的未来值。并不是经过检验的模型都有好的预测结果,对预测结果仍需进行观察和检验。

由于电子计算机的迅速发展,人们将计量经济学的计算方法编制成专用软件,不仅可以估计参数,进行统计检验,而且可以进行经济预测,使许多非常复杂的计算问题得以很容易地解决,为计量经济学的学习和应用带来极大的方便。本书中,我们将介绍计量经济分析软件 EViews。EViews 直观、易学,是目前人们最常用的计量经济学软件之一,本书中的计量经济模型均可用 EViews 估计。

第 2 章　一元线性回归模型

§2.1　模型的建立及其假定条件

1. 回归分析的概念

回归分析是处理变量与变量之间关系的一种数学方法。

社会经济活动总是和许多经济变量相联系的,我们常常要研究这些变量之间的数量关系。对于经济变量之间的关系,一般分为两类:一类是变量之间存在确定的函数关系。例如某企业的销售收入 Y_i 等于产品价格 P 与销售量 X_i 的乘积,用数学表达式表示为:

$$Y_i = PX_i$$

另一类是变量之间存在着非确定的依赖关系。例如某企业资金的投入 X_i 与产出 Y_i,一般来讲,资金投入越多,产出也相应提高。但是由于生产过程中各种条件的变化,使得不同时间内同样的资金投入会有不同的产出。这些造成了资金的投入与产出之间关系的不确定性,因而不能给出类似于函数的精确表达式。用 u_i 表示其他影响因素,将这两个变量之间非确定的依赖关系表示成如下形式:

$$Y_i = f(X_i) + u_i$$

为了分析和利用变量之间非确定的依赖关系,人们建立了各种统计分析方法,其中回归分析方法是最常用的经典方法之一。回归分析的理论和方法是计量经济模型估计理论和估计方法的主要内容。

2. 一元线性回归模型

为了说明一元线性回归模型,举一个某商品需求函数的例子。为了研究天津市每年鲜蛋的需求量,首先考察消费者年人均可支配收入对年人均鲜蛋需求量影响。由经济理论知,当人均可支配收入提高时,鲜蛋需求量也相应增加。但是,鲜蛋需求量除受消费者可支配收入影响外,还要受到其自身价格、人们的消费习惯及其他一些随机因素的影响。为了表示鲜蛋需求量与消费者可支配收入之间非确定的依赖关系,我们将影响鲜蛋需求量的其他因素归并到随机变量 u_i 中,建立这两个变量之间的回归模型:

$$Y_i = \beta_0 + \beta_1 X_i + u_i \tag{2.1}$$

其中

Y_i ——天津市城镇居民年人均鲜蛋需求量,称作**被解释变量**;

X_i ——天津市城镇居民年人均可支配收入,称作**解释变量**;

u_i ——**随机误差项**(随机扰动项或随机项、误差项);

β_0、β_1——**回归系数**(待定系数或待定参数)。

在回归模型(2.1)式中,当 X_i 发生变化时,按照一定规律影响另一变量 Y_i,而 Y_i 的变化并不影响 X_i。亦即 X_i 的变化是 Y_i 变化的原因,X_i 与 Y_i 之间具有因果关系。(2.1)式称为回归模型,因为只有一个解释变量,变量间的关系又是线性关系,所以(2.1)式称为**一元线性回归模型**。

随机误差项u_i中一般包括以下几个方面的因素:

(1)回归模型中省略的解释变量。从前面所讲的几个例子可以看出,影响被解释变量的因素很多,建立模型时,一般只研究对被解释变量影响重要的因素和我们所关心的因素,将其他非重要影响因素归并到 u_i 中。

(2)人们的随机行为。经济行为不是在实验室中发生的,有些因素是无法控制的。例如一个消费者受广告宣传或谣传的影响,就有可能改变对某种商品的需求,这些都属于人们的随机行为。

(3)建立的回归模型的形式不够完善。为了研究问题方便,我们往往把非线性关系线性化,或者略去了模型中的某些方程。在大多数情况下,变量是由包含多个方程的联立方程模型决定的,但我们经常用单一方程来研究经济现象,这些都必然产生误差。

(4)经济变量之间的合并误差。我们经常使用经济变量的总量数据(如总产值、总消费、总收入等)。把一些具有不同性能的个体数量加在一起,在加总过程中由于涉及面广,不可避免地会出现误差。

(5)测量误差。对于经济变量的原始统计资料,在收集和测量过程中,由于统计方法和资料处理方法的不同,都不可避免地出现误差。

为了把上述产生的误差考虑在内,在计量经济模型中引进了随机误差变量 u_i,认为它对真实存在于 X 和 Y 之间的精确线性关系进行干扰。这时将(2.1)式分成两部分

$$Y_i=(\beta_0+\beta_1X_i)+u_i \tag{2.2}$$

一部分由直线$\beta_0+\beta_1X_i$ 组成,另一部分是随机误差项 u_i。

假设我们已获得 X、Y 的 n 个**样本观测值**(X_i,Y_i),$i=1,2,\cdots,n$。(2.2)式中的意义可以由图 2.1 解释。

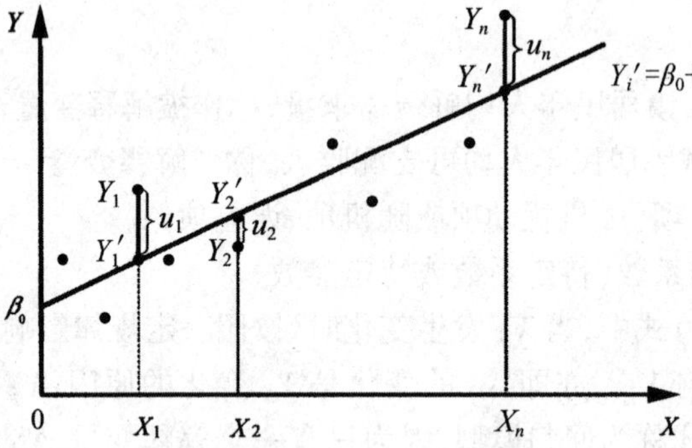

图 2.1　总体回归直线

直线 $Y_i'=\beta_0+\beta_1X_i$ 表示 X 与 Y 之间的真实线性部分,称作总体回归直线。样本值与回归直线的偏离 u_i 表示对这种线性关系的随机扰动。如果没有误差,样本值应是对应于 $X_1,X_2,\cdots,X_n$ 的直线上的点 $Y_1',Y_2',\cdots,Y_n'$。由于随机扰动的原因,样本值是偏离直线的点 $Y_1,Y_2,\cdots,Y_n$。这些样本点偏离回归线的数量分别为 $u_1,u_2,\cdots,u_n$。即

$$u_i=Y_i-Y_i',\ (i=1,2,\cdots,n) \tag{2.3}$$

从上面分析得知,我们的目的就是在存在扰动的情况下,估计回归系数β_0和β_1,确定天津市城镇居民年人均可支配收入对鲜蛋需求量的影响。因此,一元线性回归模型的问题在几何上等于寻求一条拟合散布点(X_1,Y_1),(X_2,Y_2),$\cdots$,(X_n,Y_n)的直线,用这条直线来拟合变量 X 与 Y 之间的关系。

3. 随机误差项的假定条件

线性回归模型是以某些假定条件为依据的。在一元线性回归模型中，这些假定条件主要涉及随机误差项 u_i 的分布以及 u_i 与解释变量 X_i 之间的关系。有了这些假定条件，就可以用普通最小二乘法估计回归模型的参数。

(1) $\mathrm{E}(u_i)=0, i=1, 2, \cdots$ (2.4)

(2.4)式表示，在 X_i 已知的条件下，随机误差项 u_i 可以取不同的值，有些大于零，有些小于零，如果考虑所有可能的值，它们的期望值或平均值等于零。于是，Y_i 的期望值或平均值为

$$\mathrm{E}(Y_i)=\beta_0+\beta_1 X_i,\quad i=1, 2, \cdots$$

(2) $\mathrm{Var}(u_i)=\mathrm{E}[u_i-\mathrm{E}(u_i)]^2=\mathrm{E}(u_i^2)=\sigma_u^2, i=1, 2, \cdots$ (2.5)

(2.5)式表示，每个 X_i 对应的随机误差项 u_i 具有相同的常数方差，称为**同方差性**。

Y_i 与 u_i 有相同的方差，即

$$\begin{aligned}\mathrm{Var}(Y_i)&=\mathrm{Var}(\beta_0+\beta_1 X_i+u_i)=\mathrm{Var}(\beta_0+\beta_1 X_i)+\mathrm{Var}(u_i)\\&=\mathrm{Var}(u_i)=\sigma_u^2,\ i=1, 2, \cdots\end{aligned}$$

(3) $\begin{aligned}\mathrm{Cov}(u_i,u_j)&=\mathrm{E}[u_i-\mathrm{E}(u_i)][u_j-\mathrm{E}(u_j)]\\&=\mathrm{E}(u_iu_j)=0, i\neq j, i,j=1, 2, \cdots\end{aligned}$ (2.6)

(2.6)式表示，任意两个 X_i 和 X_j 所对应的随机误差项 u_i、u_j 是不相关的，对于时间序列数据称随机误差项 u_i **无序列自相关**。

(4) $\begin{aligned}\mathrm{Cov}(u_i,X_i)&=\mathrm{E}[u_i-\mathrm{E}(u_i)][X_i-\mathrm{E}(X_i)]\\&=\mathrm{E}(u_iX_i)=0\end{aligned}$ (2.7)

(2.7)式表示，解释变量 X_i 是确定变量，与随机项 u_i 不相关，此假定保证解释变量 X_i 是非随机变量。

(5) u_i 服从正态分布，由(1)、(2)知，$u_i\sim N(0,\sigma_u^2)$。

§2.2　一元线性回归模型的参数估计

1. 普通最小二乘法

给定一元线性回归模型

$$Y_i = \beta_0 + \beta_1 X_i + u_i \tag{2.8}$$

随机项 u_i 满足 §2.1 中的假定条件。称(2.8)式为 X,Y 之间的**总体回归模型**。对式(2.8)两边取期望值

$$\mathrm{E}(Y_i) = \beta_0 + \beta_1 X_i \tag{2.9}$$

(2.9)式说明,在 X_i 已知的情况下,由于随机项 u_i 的影响,被解释变量 Y_i 的观测值出现一些变异,一般与 X_i 构成的观测点不在(2.9)式直线上。如果考虑 Y_i 所有可能的值,其平均值 $\mathrm{E}(Y_i)$与 X_i 构成的观测点在(2.9)式直线上。(2.9)式称为**总体回归方程**,也叫作**总体回归直线**。总体回归直线描述了 X,Y 间的真实线性关系,其中β_0、β_1 是未知的。假如从总体中得到 X,Y 所有可能的数值,才能求出β_0、β_1 的值,这实际上是不可能的。我们只能用抽样的方法,取得 X,Y 的样本观测值,用样本回归线去推断总体回归线。

假如给出了样本观测值(X_i, Y_i),$i = 1,2,\cdots,n$。n 称为**样本容量**。则可建立**样本回归模型**

$$Y_i = \hat{\beta}_0 + \hat{\beta}_1 X_i + e_i \tag{2.10}$$

显然$\hat{\beta}_0$、$\hat{\beta}_1$ 并不等于β_0、β_1,因为它们是由总体中的一组样本建立的样本回归模型的回归系数。称$\hat{\beta}_0$、$\hat{\beta}_1$ 分别为β_0、β_1 的**估计值**或**估计量**。e_i 也不等于 u_i,称 e_i 为**残差项**,也叫作**拟合误差**,是 u_i 的估计值。

$$\hat{Y}_i = \hat{\beta}_0 + \hat{\beta}_1 X_i \tag{2.11}$$

(2.11)式称为**样本回归方程**,或**样本回归直线**。$\hat{Y}_i$ 叫作样本观测值 Y_i 的**估计值**或**拟合值**。

样本观测值 Y_i 与估计值 $\hat{Y}_i$ 的残差为

$$e_i = Y_i - \hat{Y}_i \tag{2.12}$$

Y_i、$E(Y_i)$、$\hat{Y}_i$ 及 u_i、e_i 之间的关系见图 2.2。

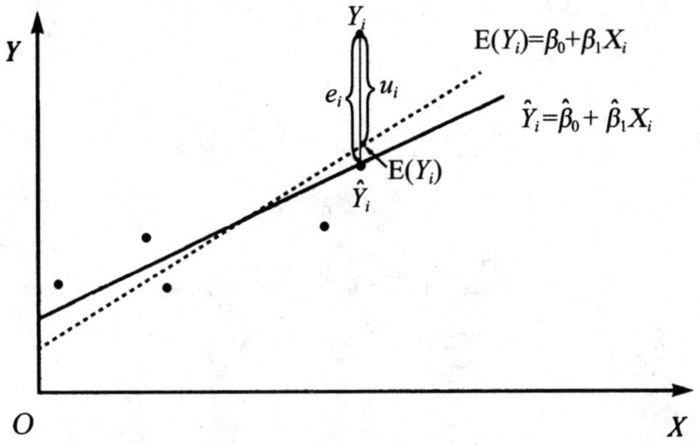

图 2.2　真实的和估计的回归直线示意图

为了研究总体回归模型中变量 X 与 Y 之间的线性关系，需要求一条拟合直线。一条好的拟合直线应该使残差平方和达到最小，以此为准则，确定 X 与 Y 之间的线性关系。这就是著名的**“普通最小二乘法”**(Ordinary Least Squares)，也叫作**最小二乘法、最小平方法**，简记为 OLS。

下面用最小二乘法求总体回归系数β_0、β_1 的估计值$\hat{\beta}_0$、$\hat{\beta}_1$。即令

$$\min Q(\hat{\beta}_0, \hat{\beta}_1) = \sum_{i=1}^{n} e_i^2 = \sum_{i=1}^{n} (Y_i - \hat{\beta}_0 - \hat{\beta}_1 X_i)^2 \tag{2.13}$$

为方便，以下均将$\sum\limits_{i=1}^{n}$ 记为$\sum$。

根据微积分学多元函数极值原理，要使 $Q(\hat{\beta}_0, \hat{\beta}_1)$达到最小，令(2.13)式对 $\hat{\beta}_0$、$\hat{\beta}_1$ 的一阶偏导数都等于零，即

$$\begin{cases} \dfrac{\partial Q(\hat{\beta}_0, \hat{\beta}_1)}{\partial \hat{\beta}_0} = 0 \\ \dfrac{\partial Q(\hat{\beta}_0, \hat{\beta}_1)}{\partial \hat{\beta}_1} = 0 \end{cases} \tag{2.14}$$

由于

$$\begin{cases} \dfrac{\partial Q(\hat{\beta}_0, \hat{\beta}_1)}{\partial \hat{\beta}_0} = \dfrac{\partial[\sum(Y_i - \hat{\beta}_0 - \hat{\beta}_1 X_i)^2]}{\partial \hat{\beta}_0} \\ \qquad = -2\sum(Y_i - \hat{\beta}_0 - \hat{\beta}_1 X_i) \\ \dfrac{\partial Q(\hat{\beta}_0, \hat{\beta}_1)}{\partial \hat{\beta}_1} = \dfrac{\partial[\sum(Y_i - \hat{\beta}_0 - \hat{\beta}_1 X_i)^2]}{\partial \hat{\beta}_1} \\ \qquad = -2\sum(Y_i - \hat{\beta}_0 - \hat{\beta}_1 X_i) X_i \end{cases}$$

所以

$$\begin{cases} \sum(Y_i - \hat{\beta}_0 - \hat{\beta}_1 X_i) = 0 \\ \sum(Y_i - \hat{\beta}_0 - \hat{\beta}_1 X_i) X_i = 0 \end{cases} \tag{2.15}$$

即

$$\begin{cases} n\hat{\beta}_0 + \hat{\beta}_1 \sum X_i = \sum Y_i \\ \hat{\beta}_0 \sum X_i + \hat{\beta}_1 \sum X_i^2 = \sum X_i Y_i \end{cases} \tag{2.16}$$

(2.16)式是以$\hat{\beta}_0$、$\hat{\beta}_1$ 为未知数的线性方程组,叫作**正规方程组**,简称为**正规方程**。求解得到$\hat{\beta}_1$ 的表达式

$$\hat{\beta}_1 = \frac{n\sum X_i Y_i - \sum X_i \sum Y_i}{n\sum X_i^2 - (\sum X_i)^2} \tag{2.17}$$

将(2.17)式代入(2.16)式中的第一个方程,得$\hat{\beta}_0$ 表达式

$$\hat{\beta}_0 = \frac{1}{n}(\sum Y_i - \hat{\beta}_1 \sum X_i) \tag{2.18}$$

将 X 和 Y 的样本值 $(X_i, Y_i), i=1,2,\cdots,n$ 分别代入(2.18)式和(2.17)式，即求出总体回归系数 β_0、β_1 的估计值 $\hat{\beta}_0$、$\hat{\beta}_1$。

令 $\overline{X} = \frac{1}{n}\sum X_i$，$\overline{Y} = \frac{1}{n}\sum Y_i$，$x_i = X_i - \overline{X}$，$y_i = Y_i - \overline{Y}$，其中 x_i 和 y_i 分别叫作对应的样本值与其平均值的离差。

于是，$\hat{\beta}_0$、$\hat{\beta}_1$ 的表达式可简写为

$$\hat{\beta}_0 = \overline{Y} - \hat{\beta}_1 \overline{X} \tag{2.19}$$

$$\hat{\beta}_1 = \frac{\sum (X_i - \overline{X})(Y_i - \overline{Y})}{\sum (X_i - \overline{X})^2} = \frac{\sum x_i y_i}{\sum x_i^2} \tag{2.20}$$

(2.19)式和(2.20)式是利用变量 X、Y 的样本观测值、平均值及观测值与平均值的离差形式表示的。在计算一元线性回归模型的回归系数估计值 $\hat{\beta}_0$、$\hat{\beta}_1$ 时，用这两个表达式比较方便并容易记忆。

2. 几个常用的结果

(1)残差 e_i 的均值等于 0

由(2.15)式中的第一个式子知

$$\sum e_i = 0 \tag{2.21}$$

(2)残差 e_i 与解释变量 X_i 不相关

由(2.15)式中的第二个式子知

$$\sum e_i X_i = 0 \tag{2.22}$$

(3)样本回归直线经过点 $(\overline{X}, \overline{Y})$

将(2.19)式代入样本回归方程(2.11)式，得

$$\hat{Y}_i - \overline{Y} = \hat{\beta}_1 (X_i - \overline{X}) \tag{2.23}$$

这是样本回归方程的另一种形式，说明样本回归直线经过点 $(\overline{X}, \overline{Y})$。

记 $\hat{y}_i = \hat{Y}_i - \overline{Y}$，$x_i = X_i - \overline{X}$，则(2.23)式可写为

$$\hat{y}_i = \hat{\beta}_1 x_i \tag{2.24}$$

(2.24)式是使用离差形式表示的样本回归方程。在几何上相当于将原来

的 X、Y 轴从原点(0,0)移到点$(\overline{X},\overline{Y})$,原来的截距$\hat{\beta}_0$ 在 $x-y$ 坐标系中消失,直线方程的斜率不变。见图 2.3。

(4)被解释变量的样本平均值等于其估计值的平均值

记 $\overline{\hat{Y}}=\frac{1}{n}\sum\hat{Y}_i$

则 $\overline{\hat{Y}}=\frac{1}{n}\sum(\hat{\beta}_0+\hat{\beta}_1X_i)=\frac{1}{n}\sum\hat{\beta}_0+\hat{\beta}_1\frac{1}{n}\sum X_i=\hat{\beta}_0+\hat{\beta}_1\overline{X}$

由第 3 个结果,样本回归直线经过点$(\overline{X},\overline{Y})$,于是

$$\overline{\hat{Y}}=\hat{\beta}_0+\hat{\beta}_1\overline{X}=\overline{Y} \tag{2.25}$$

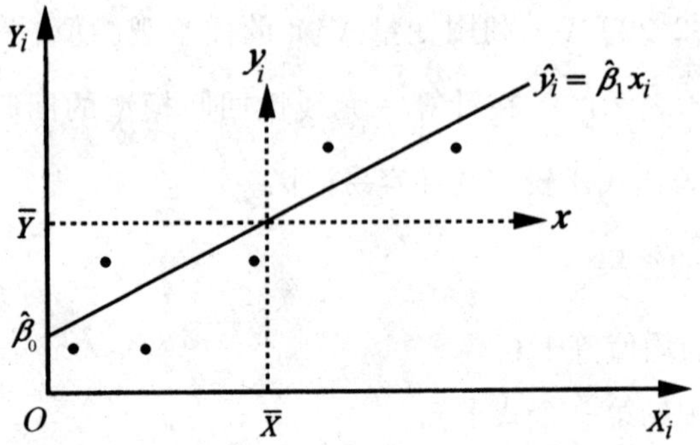

图 2.3　坐标系的移动

3. 截距为零的一元线性回归模型的参数估计

在某种情况下,回归模型的截距为零,即回归直线经过原点。这时一元线性回归模型的一般形式为

$$Y_i=\beta_1X_i+u_i \tag{2.26}$$

当 u_i 满足假定条件时,β_1 的最小二乘估计量$\hat{\beta}_1$ 的表达式为

$$\hat{\beta}_1=\frac{\sum X_iY_i}{\sum X_i^2} \tag{2.27}$$

其中(X_i,Y_i)是样本观测值,$i=1,2,\cdots,n$。

4. 一元线性回归模型范例

例 2.1　在§2.1 中已经给出了天津市城镇居民年人均鲜蛋需求量 Y（公斤）、年人均可支配收入 X（元,1980 年不变价）的例子。通过抽样调查,得到 1988—1998 年天津市样本观测值,见表 2.1 和 EViews 文件 li-2-1。

作 X_i、Y_i 之间的散点图(见图 2.4)。可以看出,随着 X_i 的增加,Y_i 也增加,除个别点外,这些散点的变化趋势是线性的。建立 X_i 与 Y_i 之间的线性回归模型

$$Y_i = \hat{\beta}_0 + \hat{\beta}_1 X_i + e_i$$

求回归系数估计值 $\hat{\beta}_0$、$\hat{\beta}_1$。

表 2.1　X_i、Y_i 样本值与中间计算结果

年份	Y_i	X_i	X_iY_i	X_i^2	x_i^2	e_i^2	y_i^2
1988	14.4	847.26	12200.54	717849.5	89012.7	0.44	4.71
1989	14.4	820.99	11822.26	674024.6	105378.1	0.28	4.71
1990	14.4	884.21	12732.62	781827.4	68330.0	0.72	4.71
1991	14.7	903.66	13283.80	816601.4	58539.8	0.42	3.50
1992	17.0	984.09	16729.53	968433.2	26088.7	1.55	0.18
1993	16.3	1035.26	16874.74	1071763.3	12177.1	0.08	0.07
1994	18.0	1200.90	21616.20	1442160.8	3057.0	1.32	2.04
1995	18.5	1289.77	23860.75	1663506.7	20782.1	1.43	3.72
1996	18.2	1432.93	26079.33	2053288.4	82552.8	0.03	2.66
1997	19.3	1538.97	29702.12	2368428.7	154732.1	0.54	7.45
1998	17.1	1663.63	28448.07	2767664.8	268344.7	4.40	0.28
Σ	182.3	12601.67	213349.96	15325548.8	888995.1	11.21	34.03

资料来源:《天津统计年鉴(1999)》,X 的数据已用物价指数做了处理。
注:$x_i = X_i - \overline{X}$,$y_i = Y_i - \overline{Y}$。

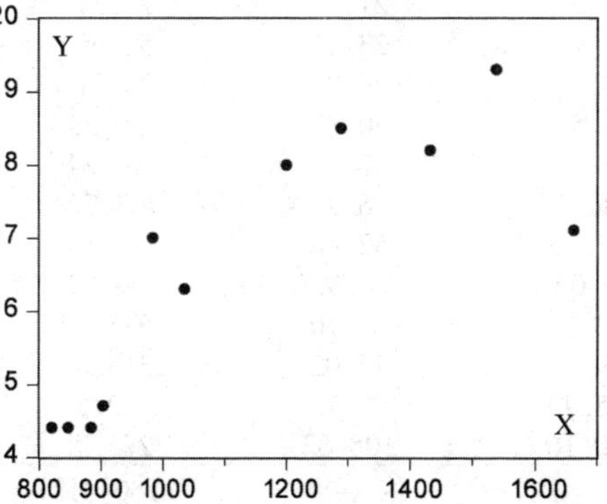

图 2.4　X_i 和 Y_i 的散点图

由表中数据知，$\overline{Y}=16.57$，$\overline{X}=1145.61$，$n=11$。
所以

$$\hat{\beta}_1=\frac{n\sum X_iY_i-\sum X_i\sum Y_i}{n\sum X_i^2-\left(\sum X_i\right)^2}=\frac{11\times 213349.96-12601.67\times 182.3}{11\times 15325548.8-12601.67^2}$$

$$=\frac{49565.12}{9778941.3}=0.005$$

$$\hat{\beta}_0=\overline{Y}-\hat{\beta}_1\overline{X}=16.57-0.005\times 1145.61=10.84$$

即天津市城镇居民年人均鲜蛋需求量与年人均可支配收入之间的样本回归方程为

$$\hat{Y}_i=10.84+0.005X_i$$

对估计结果的结构分析：$\hat{\beta}_1$ 的值表示鲜蛋的边际需求倾向，即当以 1980 年为不变价的年人均可支配收入增加 1 元时，年人均鲜蛋的需求量将增加 0.005 公斤。$\hat{\beta}_0$ 是样本回归方程在 Y 轴上的截距，他的数值表示与收入无关的年人均鲜蛋最基本的需求量。

例 2.2　天津市城镇居民当年新增储蓄 Y（亿元），可支配收入 X（亿元），1979—1992 年样本观测值见表 2.2 和 EViews 文件 li-2-2。由于在样本区间内银行并未向居民开展低收入贷款业务，因此，当居民可支配收入为 0 时，在银行的储蓄也为 0。

表 2.2　Y_i 和 X_i 数据　（单位：亿元，当年价）

年份	Y_i	X_i	X_iY_i	X_i^2
1979	1.60	15.80	25.28	249.64
1980	1.87	20.33	38.02	413.31
1981	1.29	21.17	27.31	448.17
1982	2.18	23.21	50.60	538.70
1983	2.97	24.84	73.77	617.03
1984	4.51	30.87	139.22	952.96
1985	5.71	37.87	216.24	1434.14
1986	8.71	46.81	407.72	2191.18
1987	11.33	52.88	599.13	2796.29
1988	6.02	60.95	366.92	3714.90
1989	22.37	69.10	1545.77	4774.81
1990	29.68	78.02	2315.63	6087.12
1991	28.43	88.73	2522.59	7873.01
1992	30.16	108.62	3275.98	11798.30
Σ			11604.18	43889.56

资料来源：《天津统计年鉴》，其中 Y 的数据为城镇居民储蓄存款增量，X 的数据为年人均可支配收入与全市年末总人口数的乘积。

做 X_i、Y_i 之间的散点图(见图 2.5)。可以看出,Y_i 随 X_i 的增加而增加,它们的变化趋势是线性的。建立 X_i 与 Y_i 之间的线性回归模型

$$Y_i = \hat{\beta}_1 X_i + e_i$$

求回归系数估计值 $\hat{\beta}_1$。

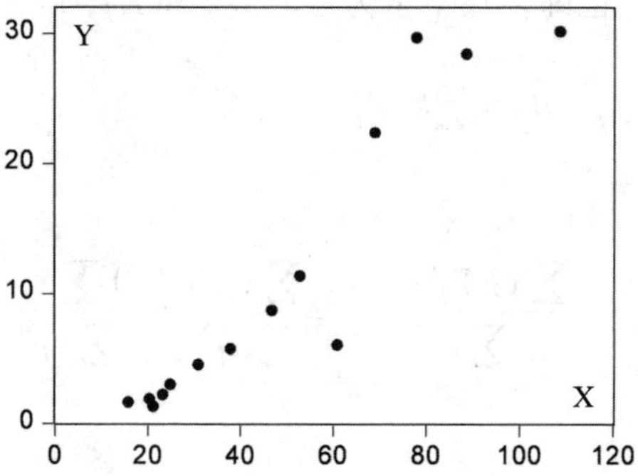

图 2.5　X_i 和 Y_i 的散点图

由公式(2.27)及表 2.2 中的样本数据,估计结果

$$\hat{\beta}_1 = \frac{\sum X_i Y_i}{\sum X_i^2} = \frac{11604.18}{43889.56} = 0.26$$

所以,天津市城镇居民当年新增储蓄与可支配收入之间关系的样本回归方程为

$$\hat{Y}_i = 0.26 X_i$$

即天津市城镇居民可支配收入每增加 1 亿元,平均向银行储蓄 0.26 亿元。

§2.3　最小二乘估计量的统计性质

当一元线性回归模型的随机项 u_i 满足最小二乘法的假定条件时,我们已利用样本观测值和最小二乘法得到模型中两个回归系数的估计量 $\hat{\beta}_0$、$\hat{\beta}_1$。这种估计量只是利用一组样本观测值并令 $\sum e_i^2$ 最小的条件下估计出的。由于抽样是随机的,不同的样本可得出不同的估计量,因此 $\hat{\beta}_0$、$\hat{\beta}_1$ 均为随机变量,并具有一定的概率分布。为了对估计量进行显著性检验,首先讨论它们的统计性质。

这些统计性质即数理统计学中的线性性、无偏性和最小方差性。

1. 线性性

线性性是指$\hat{\beta}_0$、$\hat{\beta}_1$ 均是 $Y_i,(i=1,2,\cdots,n)$的线性函数，即$\hat{\beta}_0$、$\hat{\beta}_1$ 可以表示为 Y_i 的线性组合。也即存在不全为零的 W_i 和 $K_i,(i=1,2,\cdots,n)$

$$\hat{\beta}_0=\sum W_iY_i\ ,\quad \hat{\beta}_1=\sum K_iY_i \tag{2.28}$$

证明：由(2.20)式

$$\hat{\beta}_1=\frac{\sum x_iy_i}{\sum x_i^2}=\frac{\sum x_i(Y_i-\overline{Y})}{\sum x_i^2}=\frac{\sum x_iY_i}{\sum x_i^2}-\frac{\overline{Y}\sum x_i}{\sum x_i^2}$$

因为

$$\begin{aligned}\sum x_i&=\sum(X_i-\overline{X})=\sum X_i-\sum\overline{X}\\&=n\cdot\frac{1}{n}\sum X_i-n\overline{X}=n\overline{X}-n\overline{X}=0\end{aligned}$$

所以，

$$\hat{\beta}_1=\frac{\sum x_iY_i}{\sum x_i^2}=\sum\frac{x_i}{\sum x_i^2}Y_i$$

令 $K_i=\dfrac{x_i}{\sum x_i^2}$，由于 x_i 为 X_i 的样本值与其平均值的离差，所以 $x_i,(i=1,2,\cdots,n)$不全为零，也即 K_i 不全为零。则

$$\hat{\beta}_1=\sum K_iY_i$$

与此类似，可以证明，存在不全为零的 $W_i,(i=1,2,\cdots,n)$，

$$\hat{\beta}_0=\sum W_iY_i$$

综上所述，$\hat{\beta}_0$、$\hat{\beta}_1$ 均是 Y_i 的线性函数。

2. 无偏性

无偏性是指估计量$\hat{\beta}_0$、$\hat{\beta}_1$ 的数学期望值分别等于总体回归系数的值β_0、

β_1，即

$$E(\hat{\beta}_0)=\beta_0,\quad E(\hat{\beta}_1)=\beta_1 \tag{2.29}$$

证明：

$$\begin{aligned}\hat{\beta}_1 &=\sum K_iY_i=\sum K_i(\beta_0+\beta_1X_i+u_i)\\ &=\beta_0\sum K_i+\beta_1\sum K_iX_i+\sum K_iu_i\end{aligned}$$

因为 $$\sum K_i=\sum\frac{x_i}{\sum x_i^2}=\frac{\sum x_i}{\sum x_i^2}=0$$

$$\sum K_iX_i=\sum\frac{x_iX_i}{\sum x_i^2}=\frac{\sum x_i(x_i+\overline{X})}{\sum x_i^2}=\frac{\sum x_i^2}{\sum x_i^2}+\frac{\overline{X}\sum x_i}{\sum x_i^2}=1$$

所以

$$\hat{\beta}_1=\beta_1+\sum K_iu_i \tag{2.30}$$

即 $$E(\hat{\beta}_1)=E(\beta_1)+\sum K_iE(u_i)=\beta_1$$

类似地可以证明

$$E(\hat{\beta}_0)=\beta_0$$

综上所述，$\hat{\beta}_0$、$\hat{\beta}_1$ 分别为总体回归系数β_0、β_1 的无偏估计量。

3. 最小方差性

最小方差性是指$\hat{\beta}_0$、$\hat{\beta}_1$ 具有最小方差的性质，即在所有用计量经济方法得到的线性无偏估计量中，最小二乘法估计量的方差最小。

证明：假如$\tilde{\beta}_0$、$\tilde{\beta}_1$是用其他估计方法得到的任一组线性无偏估计量，下面证明最小二乘估计量满足

$$\begin{cases}\mathrm{Var}(\hat{\beta}_0)<\mathrm{Var}(\tilde{\beta}_0)\\ \mathrm{Var}(\hat{\beta}_1)<\mathrm{Var}(\tilde{\beta}_1)\end{cases} \tag{2.31}$$

(1)$\hat{\beta}_0$、$\hat{\beta}_1$ 的方差

为了证明(2.31)式的结果,首先求出$\hat{\beta}_0$、$\hat{\beta}_1$ 的方差。由(2.30)式

$$\hat{\beta}_1 = \beta_1 + \sum K_i u_i$$

于是

$$\mathrm{Var}(\hat{\beta}_1) = \mathrm{Var}(\beta_1 + \sum K_i u_i) = \mathrm{Var}(\sum K_i u_i) = \sigma_u^2 \sum K_i^2 \tag{2.32}$$

其中σ_u^2是 u_i,($i=1,2,\cdots,n$)的方差,也叫作**总体方差**。
因为

$$\sum K_i^2 = \sum\left(\frac{x_i}{\sum x_i^2}\right)^2 = \frac{\sum x_i^2}{(\sum x_i^2)^2} = \frac{1}{\sum x_i^2}$$

所以

$$\mathrm{Var}(\hat{\beta}_1) = \frac{\sigma_u^2}{\sum x_i^2} \tag{2.33}$$

由(2.19)式

$$\begin{aligned}
\hat{\beta}_0 &= \overline{Y} - \hat{\beta}_1 \overline{X} = \frac{1}{n}\sum Y_i - \overline{X}\sum K_i Y_i \\
&= \sum\left(\frac{1}{n} - \overline{X}K_i\right)Y_i && (2.34) \\
&= \sum\left(\frac{1}{n} - \overline{X}K_i\right)(\beta_0 + \beta_1 X_i + u_i) \\
&= \frac{1}{n}\sum\beta_0 + \frac{1}{n}\beta_1\sum X_i + \frac{1}{n}\sum u_i - \beta_0\overline{X}\sum K_i \\
&\quad - \beta_1\overline{X}\sum K_i X_i - \overline{X}\sum K_i u_i \\
&= \frac{1}{n}\sum\beta_0 + \beta_1\overline{X} + \frac{1}{n}\sum u_i - \beta_1\overline{X} - \overline{X}\sum K_i u_i \\
&= \beta_0 + \frac{1}{n}\sum u_i - \overline{X}\sum K_i u_i && (2.35) \\
&= \beta_0 + \sum\left(\frac{1}{n} - \overline{X}K_i\right)u_i && (2.36)
\end{aligned}$$

于是

$$\mathrm{Var}(\hat{\beta}_0) = \mathrm{Var}\left[\beta_0 + \sum\left(\frac{1}{n} - \overline{X}K_i\right)u_i\right]$$

$$= \mathrm{Var}\left[\sum\left(\frac{1}{n} - \overline{X}K_i\right)u_i\right] = \sigma_u^2\sum\left(\frac{1}{n} - \overline{X}K_i\right)^2$$

$$= \sigma_u^2\sum\left(\frac{1}{n^2} - \frac{2}{n}\overline{X}K_i + \overline{X}^2K_i^2\right)$$

$$= \sigma_u^2\left(\frac{1}{n} + \frac{\overline{X}^2}{\sum x_i^2}\right) = \sigma_u^2\,\frac{\sum x_i^2 + n\overline{X}^2}{n\sum x_i^2}$$

因为

$$\sum x_i^2 = \sum(X_i - \overline{X})^2 = \sum X_i^2 - 2\overline{X}\sum X_i + n\overline{X}^2$$

$$= \sum X_i^2 - 2n\overline{X}^2 + n\overline{X}^2 = \sum X_i^2 - n\overline{X}^2$$

所以

$$\mathrm{Var}(\hat{\beta}_0) = \frac{\sigma_u^2\sum X_i^2}{n\sum x_i^2} \qquad (2.37)$$

(2)最小二乘估计量$\hat{\beta}_0$、$\hat{\beta}_1$ 具有最小方差

由于$\tilde{\beta}_0$、$\tilde{\beta}_1$是一元线性回归模型的线性无偏估计量,令

$$\tilde{\beta}_1 = \sum\alpha_i Y_i$$

其中α_i,($i = 1, 2, \cdots, n$)为一组不全为零的常数。不失一般性,令$\alpha_i = K_i + d_i$,这里 $K_i = \frac{x_i}{\sum x_i^2}$。于是

$$\tilde{\beta}_1 = \sum\alpha_i(\beta_0 + \beta_1X_i + u_i) = \beta_0\sum\alpha_i + \beta_1\sum\alpha_iX_i + \sum\alpha_iu_i \qquad (2.38)$$

$$\mathrm{E}(\tilde{\beta}_1) = \mathrm{E}\left(\beta_0\sum\alpha_i + \beta_1\sum\alpha_iX_i + \sum\alpha_iu_i\right) = \beta_0\sum\alpha_i + \beta_1\sum\alpha_iX_i$$

由于$\tilde{\beta}_1$是β_1 的无偏估计量,因此 $\mathrm{E}(\tilde{\beta}_1) = \beta_1$,由此可知

$$\sum\alpha_i = 0,\ \sum\alpha_iX_i = 1 \qquad (2.39)$$

而

$$\sum \alpha_i = \sum (K_i + d_i) = \sum K_i + \sum d_i$$
$$\sum \alpha_i X_i = \sum K_i X_i + \sum d_i X_i$$

由前面的推导结果，知$\sum K_i = 0$，$\sum K_i X_i = 1$。因此

$$\sum d_i = 0, \ \sum d_i X_i = 0 \tag{2.40}$$

由(2.38)式和(2.39)式

$$\tilde{\beta}_1 = \beta_1 + \sum \alpha_i u_i$$

所以

$$\mathrm{Var}(\tilde{\beta}_1) = \mathrm{Var}\,(\beta_1 + \sum \alpha_i u_i) = \sigma_u^2 \sum \alpha_i^2$$

而

$$\begin{aligned}
\sum \alpha_i^2 &= \sum (K_i + d_i)^2 = \sum K_i^2 + \sum d_i^2 + 2\sum K_i d_i \\
&= \sum K_i^2 + \sum d_i^2 + 2\frac{\sum x_i d_i}{\sum x_i^2} \\
&= \sum K_i^2 + \sum d_i^2 + 2\frac{\sum (X_i - \overline{X}) d_i}{\sum x_i^2} \\
&= \sum K_i^2 + \sum d_i^2 + 2\frac{\sum X_i d_i - \overline{X}\sum d_i}{\sum x_i^2} \\
&= \sum K_i^2 + \sum d_i^2
\end{aligned}$$

因此

$$\begin{aligned}
\mathrm{Var}(\tilde{\beta}_1) &= \sigma_u^2 \left(\sum K_i^2 + \sum d_i^2\right) = \frac{\sigma_u^2}{\sum x_i^2} + \sigma_u^2 \sum d_i^2 \\
&= \mathrm{Var}(\hat{\beta}_1) + \sigma_u^2 \sum d_i^2
\end{aligned}$$

因为$\sigma_u^2 \sum d_i^2 > 0$(除非$\alpha_i = K_i, i = 1, 2, \cdots, n$，这时有$\tilde{\beta}_1 = \hat{\beta}_1$)，所以

$$\mathrm{Var}(\hat{\beta}_1) < \mathrm{Var}(\tilde{\beta}_1)$$

与此类似，可以证明

$$\mathrm{Var}(\hat{\beta}_0) < \mathrm{Var}(\tilde{\beta}_0)$$

由 $\tilde{\beta}_0$、$\tilde{\beta}_1$ 的任意性知，最小二乘估计量具有最小方差。因此，在一元线性回归模型的各种线性无偏估计量中，最小二乘估计结果是最好的。正因为最小二乘法具有如此优良的性质，所以它被广泛应用于计量经济模型的估计中。

由于最小二乘估计量 $\hat{\beta}_0$、$\hat{\beta}_1$ 具有线性性、无偏性、最小方差性，因此被称为**最佳线性无偏估计量**（The Best Linear Unbiased Estimator），简称 BLUE 性质。

§2.4　用样本可决系数检验回归方程的拟合优度

在用样本观测值 $(X_i, Y_i), i = 1, 2, \cdots, n$ 和最小二乘法估计了一元线性回归模型的参数，并确定了样本回归直线后，首先要根据经济理论及实际问题中 X 和 Y 的关系，对回归系数估计值的符号及大小进行直观判断。如果符号及大小均符合经济理论及实际问题中 X 和 Y 的关系，那么再对估计结果进行统计检验。

本节要检验的是样本回归直线对样本观测值的拟合优度。样本观测值距回归直线越近，拟合优度越好，X 对 Y 的解释程度越强。

1. 总离差平方和的分解

假设给出变量 X 和 Y 的样本观测值 $(X_i, Y_i), i = 1, 2, \cdots, n$，并得出估计的回归直线 $\hat{Y}_i = \hat{\beta}_0 + \hat{\beta}_1 X_i$，它们之间的关系见图 2.6。

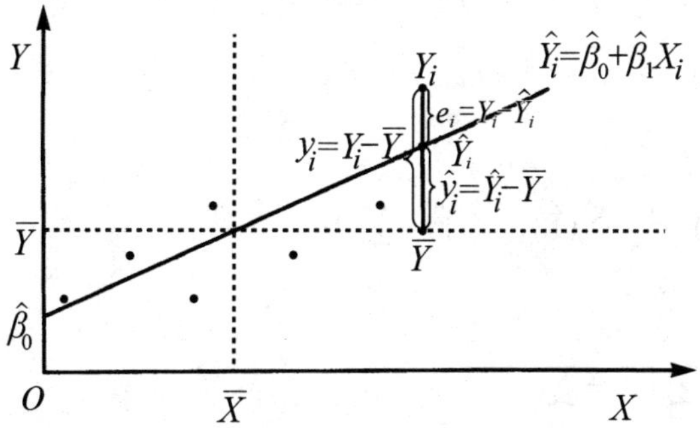

图 2.6　离差 $y_i = Y_i - \bar{Y}$ 分解示意图

图2.6 中，Y_i 为第 i 个样本观测值，$\hat{Y}_i$ 为 Y_i 的估计值，$\bar{Y}$ 为 Y 的样本平均值。Y_i 与 $\bar{Y}$ 的差叫作 Y_i 的离差，即 $y_i = Y_i - \bar{Y}$。此离差分解为两部分：(1) $\hat{Y}_i$ 与 $\bar{Y}$ 的差，记为 $\hat{y}_i = \hat{Y}_i - \bar{Y}$，它是由样本回归直线解释的离差，是由 X_i 变化所决定的部分；(2) Y_i 与 $\hat{Y}_i$ 的差，即残差，记为 $e_i = Y_i - \hat{Y}_i$，它是不能由样本回归线解释的部分。残差项是随机扰动项的估计值，是由X_i 之外的影响Y_i 的随机因素产生的。

显然，由样本回归线解释的部分 $\hat{y}_i$ 越大，残差 e_i 的绝对值就越小，样本回归直线与样本值的拟合优度就越好。用数学式子表示为：

$$Y_i - \bar{Y} = (Y_i - \hat{Y}_i) + (\hat{Y}_i - \bar{Y}) \tag{2.41}$$

（离差）　（未被解释的部分）　（被解释的部分）

因为样本值太多，分别考虑每一个离差显然不切实际，又为了克服绝对值符号在计算中带来的不便，我们用离差平方和来考虑总离差。

将(2.41)式的两边分别求平方和

$$\begin{aligned}\sum(Y_i - \bar{Y})^2 &= \sum[(Y_i - \hat{Y}_i) + (\hat{Y}_i - \bar{Y})]^2 \\ &= \sum(Y_i - \hat{Y}_i)^2 + \sum(\hat{Y}_i - \bar{Y})^2 + 2\sum(Y_i - \hat{Y}_i)(\hat{Y}_i - \bar{Y})\end{aligned}$$

下面证明上式最后一项等于零。因为

$$\begin{aligned}\sum(Y_i - \hat{Y}_i)(\hat{Y}_i - \bar{Y}) &= \sum(Y_i - \hat{Y}_i)(\hat{\beta}_0 + \hat{\beta}_1 X_i - \bar{Y}) \\ &= (\hat{\beta}_0 - \bar{Y})\sum(Y_i - \hat{Y}_i) + \hat{\beta}_1\sum(Y_i - \hat{Y}_i)X_i \\ &= (\hat{\beta}_0 - \bar{Y})\sum e_i + \hat{\beta}_1\sum e_i X_i = 0\end{aligned}$$

所以

$$\sum(Y_i - \bar{Y})^2 = \sum(\hat{Y}_i - \bar{Y}_i)^2 + \sum(Y_i - \hat{Y}_i)^2 \tag{2.42}$$

也可以写为

$$\sum y_i^2 = \sum \hat{y}_i^2 + \sum e_i^2 \tag{2.43}$$

(2.42)式和(2.43)式是**总离差平方和**$\sum y_i^2$ 的分解公式。总离差平方和被分解为两部分。

第一部分：$\sum \hat{y}_i^2 = \sum(\hat{Y}_i - \overline{Y})^2$ 叫作**回归平方和**，它是由解释变量 X_i 解释的离差平方和。

第二部分：$\sum e_i^2 = \sum(Y_i - \hat{Y}_i)^2$ 叫作**残差平方和**，它是由 X_i 之外的其他因素解释的离差平方和。

记 $TSS = \sum y_i^2$，$ESS = \sum \hat{y}_i^2$，$SSR = \sum e_i^2$，(2.43)式可记为

$$TSS = ESS + SSR \tag{2.44}$$

即总离差平方和 = 回归平方和 + 残差平方和。

2. 样本可决系数

由(2.43)式可知，回归平方和在总离差平方和中所占的比重越大，说明样本回归直线对样本值的拟合优度越好。为了测量回归平方和所占的比重，将(2.43)式两边同时除以 $\sum y_i^2$，得

$$1 = \frac{\sum \hat{y}_i^2}{\sum y_i^2} + \frac{\sum e_i^2}{\sum y_i^2} \tag{2.45}$$

记

$$R^2 = \frac{\sum \hat{y}_i^2}{\sum y_i^2} = 1 - \frac{\sum e_i^2}{\sum y_i^2} \tag{2.46}$$

称 R^2 为**样本可决系数**，也叫作**决定系数、判定系数**。

R^2 是样本回归线与样本观测值拟合优度的度量指标。由(2.46)式知，$0 \leqslant R^2 \leqslant 1$。当 $\sum \hat{y}_i^2 = 0$ 时，$R^2 = 0$，说明由 X_i 解释的离差平方和为 0，解释变量 X 与 Y 没有线性关系；当 $\sum e_i^2 = 0$ 时，$R^2 = 1$，说明样本回归直线与样本观测值重合在 X 与 Y 一条直线上。在建立回归模型时，这两种情况极少发生。一般地，$0 < R^2 < 1$，R^2 越接近 1，样本回归线对样本值的拟合优度越好，X_i 对 Y_i 的解释能力越强。

例 2.1 中，利用(2.46)式计算样本可决系数，$R^2 = 1 - \frac{\sum e_i^2}{\sum y_i^2} = 1 - \frac{11.21}{34.03} = 0.67$，说明在鲜蛋需求量的总离差平方和中，有 67% 被样本回归线解释，还有 33% 未被解释。

由(2.24)式和(2.20)式，还可推导出 r^2 的其他表示形式

$$R^2=\frac{\sum \hat{y}_i^2}{\sum y_i^2}=\frac{\sum \hat{\beta}_1^2 x_i^2}{\sum y_i^2}=\hat{\beta}_1^2\frac{\sum x_i^2}{\sum y_i^2} \tag{2.47}$$

$$R^2=\frac{(\sum x_i y_i)^2}{(\sum x_i^2)^2}\frac{\sum x_i^2}{\sum y_i^2}=\frac{(\sum x_i y_i)^2}{\sum x_i^2 \sum y_i^2} \tag{2.48}$$

3. 样本相关系数

(1)样本相关系数

样本相关系数是变量 X 与 Y 之间线性相关程度的度量指标。定义为

$$r=\frac{\sum x_i y_i}{\sqrt{\sum x_i^2}\sqrt{\sum y_i^2}} \tag{2.49}$$

$-1\leqslant r\leqslant 1$。当 $r=-1$ 时，X 与 Y 完全负线性相关；当 $r=1$ 时，X 与 Y 完全正线性相关；当 $r=0$ 时，X 与 Y 无线性相关关系；一般地，$-1<r<1$。$|r|$ 越接近 1，说明 X 与 Y 有较强的线性相关关系。

由(2.48)式和(2.49)式，$r=\pm\sqrt{R^2}$。

由(2.20)式

$$\hat{\beta}_1=\frac{\sum x_i y_i}{\sum x_i^2}=\frac{\sum x_i y_i\sqrt{\sum y_i^2}}{\sqrt{\sum x_i^2}\sqrt{\sum y_i^2}\sqrt{\sum x_i^2}}=r\frac{\sqrt{\sum y_i^2}}{\sqrt{\sum x_i^2}} \tag{2.50}$$

可知，r 的符号与 $\hat{\beta}_1$ 的符号相同。

由以上的推导可以看出，r 的数值等于样本可决系数的平方根，符号与 $\hat{\beta}_1$ 相同。但样本相关系数与样本可决系数在概念上有明显的区别，r 建立在相关分析的理论基础之上，研究两个随机变量 X 与 Y 之间的线性相关关系；R^2 建立在回归分析的理论基础之上，研究非随机变量 X 对随机变量 Y 的解释程度。

(2)样本相关系数的检验

样本相关系数 r 是由 X、Y 的一组样本值计算得到的，总体 X 与 Y 之间是否有显著的线性相关关系，还要通过样本相关系数进行检验。

提出原假设 H_0：$\rho=0$，（ρ 是 X 与 Y 之间的总体相关系数）

备择假设 H_1：$\rho\neq 0$

构造 t 统计量

$$t=\frac{r\sqrt{n-2}}{\sqrt{1-r^2}}\sim t(n-2) \tag{2.51}$$

给出显著水平α,查自由度$v=n-2$的t分布表,得临界值$t_\alpha(n-2)$。

当$|t|\leqslant t_\alpha(n-2)$时,接受$H_0:\rho=0$,总体相关系数等于零,$X$与$Y$之间没有线性相关关系。

当$|t|>t_\alpha(n-2)$时,拒绝H_0,接受$H_1:\rho\neq 0$,X与Y之间具有显著的线性相关关系。

例2.1中,$R=\sqrt{r^2}=0.82$(其符号与$\hat{\beta}_1$相同,为正号)。给出显著水平$\alpha=0.05$,查自由度$v=n-2=11-2=9$的t分布表,得临界值$t_{0.05}(9)=2.26$。经计算,$t=\frac{0.82\sqrt{9}}{\sqrt{1-0.67}}=\frac{2.46}{0.57}=4.32>t_{0.05}(9)$,所以接受$H_1:\rho\neq 0$,说明$X$与$Y$之间具有线性相关关系。

§2.5　回归系数估计值的显著性检验与置信区间

由于$\hat{\beta}_0$、$\hat{\beta}_1$是总体回归系数β_0、β_1的样本估计值,必须检验它们的统计可靠性。为此,首先考虑$\hat{\beta}_0$、$\hat{\beta}_1$的概率分布。

在§2.1中已假定u_i服从正态分布,因为u_i是影响Y_i的随机因素,所以Y_i也服从正态分布。$\hat{\beta}_0$、$\hat{\beta}_1$都是Y_i的线性组合,因而也服从正态分布。在§2.3已求出它们的均值和方差,$\hat{\beta}_0$、$\hat{\beta}_1$的概率分布可以表示为

$$\hat{\beta}_0\sim N\left(\beta_0,\frac{\sigma_u{}^2\sum X_i{}^2}{n\sum x_i{}^2}\right)$$

$$\hat{\beta}_1\sim N\left(\beta_1,\frac{\sigma_u{}^2}{\sum x_i{}^2}\right) \tag{2.52}$$

$\hat{\beta}_1$的概率分布见图2.7。从图2.7可以看出,$\hat{\beta}_1$是β_1的无偏估计量。$\hat{\beta}_1$的分布中心是β_1,标准差$\sigma_{\hat{\beta}_1}$是衡量$\hat{\beta}_1$是否接近β_1的重要参数。标准差越小,估计量$\hat{\beta}_1$越可靠。

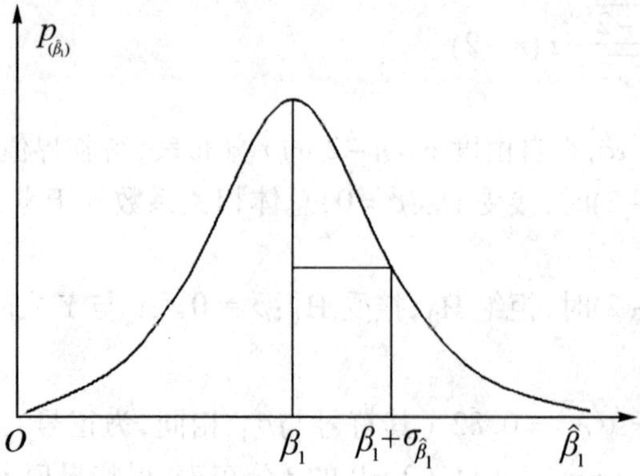

图 2.7 回归系数 $\hat{\beta}_1$ 的分布

1. 随机变量 u_i 的方差

在参数估计量$\hat{\beta}_0$、$\hat{\beta}_1$ 的方差中均含有随机变量 u_i 的方差σ_u^2。由于 u_i 是一个无法测量的量,因而也不可能计算出 u_i 的方差。我们只能用它的估计值 e_i 的方差,作为它的方差估计值。即

$$\hat{\sigma}_u^2 = S_e^2 = \frac{\sum e_i^2}{n-2} \tag{2.53}$$

并且可以证明,S_e^2 是σ_u^2 的无偏估计量,即

$$E(S_e^2) = \sigma_u^2$$

由此可知,$\hat{\beta}_0$、$\hat{\beta}_1$ 的标准差估计值分别为 $S_{\hat{\beta}_0}$ 和 $S_{\hat{\beta}_1}$

$$\hat{\sigma}_{\hat{\beta}_0} = S_{\hat{\beta}_0} = \sqrt{\frac{\sum e_i^2 \sum X_i^2}{n(n-2)\sum x_i^2}} \tag{2.54}$$

$$\hat{\sigma}_{\hat{\beta}_1} = S_{\hat{\beta}_1} = \sqrt{\frac{\sum e_i^2}{(n-2)\sum x_i^2}} \tag{2.55}$$

2. 回归系数估计值的显著性检验——*t* 检验

最小二乘估计值$\hat{\beta}_0$、$\hat{\beta}_1$ 是由 X 和 Y 的样本观测值求出的,为了确定它们的可靠程度,有必要进行显著性检验。这种检验是确定$\hat{\beta}_0$、$\hat{\beta}_1$ 是否显著地不等

于零,亦即检验样本是否取自其真实回归系数为零的总体。

对回归系数估计值的显著性检验用 t 检验完成。根据$\hat{\beta}_1$ 的概率分布,由数理统计知,来自单一样本的估计值$\hat{\beta}_1$ 的 t 统计量为

$$t=\frac{\hat{\beta}_1-\beta_1}{S_{\hat{\beta}_1}},\text{(具有 } n-2 \text{ 个自由度)} \tag{2.56}$$

当一元线性回归模型中无常数项时,其自由度为 $v=n-1$,以下同。

在计量经济学中,通常用 t 统计量检验真实总体参数为零这一假设。t 检验的步骤为:

提出原假设 H_0: $\beta_1=0$

备择假设 H_1: $\beta_1 \neq 0$

计算

$$t=\frac{\hat{\beta}_1}{S_{\hat{\beta}_1}}$$

在原假设成立条件下,t 服从$(n-2)$个自由度的 t 分布。给出显著水平α,查自由度 $v=n-2$ 的 t 分布表,得临界值 $t_\alpha(n-2)$。

做出判断。如果$|t| \leqslant t_\alpha(n-2)$,接受 H_0:$\beta_1=0$,表明 X 对 Y 无显著影响,一元线性回归模型无意义;如果$|t|>t_\alpha(n-2)$,拒绝 H_0,接受 H_1:$\beta_1 \neq 0$,表明 X 对 Y 有显著影响。

对常数项$\hat{\beta}_0$ 的显著性检验与此类似。如果接受 H_0:$\beta_0=0$,则常数项 β_0 不应出现在模型中。

在计量经济学中,常用的检验水平为$\alpha=0.05$ 或$\alpha=0.01$。t 检验为双侧检验,见图 2.8。

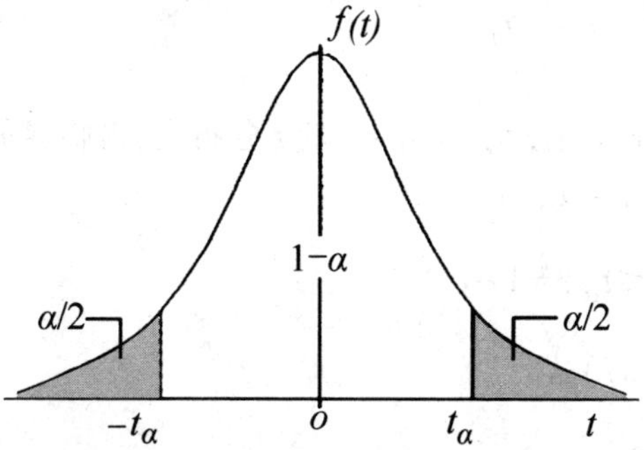

图 2.8　t 分布和双侧 t 检验示意图

例 2.1 中，给出检验水平$\alpha=0.05$，查自由度为$v=n-2=9$的t分布表，得临界值$t_{0.05}(9)=2.26$。

分别计算$\hat{\beta}_0$、$\hat{\beta}_1$的标准差估计量和t统计量值

$$S_{\hat{\beta}_0}=\sqrt{\frac{\sum e_i^2\sum X_i^2}{n(n-2)\sum x_i^2}}=1.4,\ t_0=\frac{\hat{\beta}_0}{S_{\hat{\beta}_0}}=\frac{10.84}{1.40}=7.74$$

$$S_{\hat{\beta}_1}=\sqrt{\frac{\sum e_i^2}{(n-2)\sum x_i^2}}=0.001,\ t_1=\frac{\hat{\beta}_1}{S_{\hat{\beta}_1}}=\frac{0.005}{0.001}=5.00$$

可知$t_0>t_{0.05}(9)$，$t_1>t_{0.05}(9)$。即β_0、β_1均显著不为零，说明回归模型中应含常数项，解释变量X对Y有显著影响。

3. 回归系数β_0、β_1的置信区间

如果通过了显著性检验，得出拒绝$\beta_j=0,(j=0,1)$的假设，只能说明估计值$\hat{\beta}_j$是由取自参数β_j不为零的总体中的一组样本观测值所确定的。为了确定$\hat{\beta}_j$接近总体β_j的程度，我们构造一个以$\hat{\beta}_j$为中心的区间，总体回归系数β_j在一定的置信度下落在这个区间之内。计量经济学中选择的置信度（置信水平）一般为95%，说明总体参数β_j以95%的概率落在$\hat{\beta}_j$的置信区间内，当然还有5%的可能落在置信区间外。置信区间越小，说明估计值$\hat{\beta}_j$越接近总体参数β_j。

根据t分布构造置信区间。由（2.56）式

$$t=\frac{\hat{\beta}_1-\beta_1}{S_{\hat{\beta}_1}}\sim t(n-2)$$

给出置信度$1-\alpha$，查自由度为$v=n-2$的t分布表，得临界值$t_\alpha(n-2)$，t值落在$(-t_\alpha,t_\alpha)$的概率是$1-\alpha$，即

$$P\{-t_\alpha\leqslant t\leqslant t_\alpha\}=1-\alpha \tag{2.57}$$

将（2.56）式代入（2.57）式

$$P\{-t_\alpha\leqslant\frac{\hat{\beta}_1-\beta_1}{S_{\hat{\beta}_1}}\leqslant t_\alpha\}=1-\alpha$$

整理得

$$P\{\hat{\beta}_1 - t_\alpha S_{\hat{\beta}_1} \leqslant \beta_1 \leqslant \hat{\beta}_1 + t_\alpha S_{\hat{\beta}_1}\} = 1 - \alpha \tag{2.58}$$

当用一组样本观测值求出回归系数β_1 的估计值$\hat{\beta}_1$ 后,总体回归系数β_1 的置信度为$1-\alpha$的置信区间为

$$\beta_1 \in [\hat{\beta}_1 - t_\alpha S_{\hat{\beta}_1}, \hat{\beta}_1 + t_\alpha S_{\hat{\beta}_1}] \tag{2.59}$$

同样可求出β_0 的置信度为 $1-\alpha$ 的置信区间是

$$\beta_0 \in [\hat{\beta}_0 - t_\alpha S_{\hat{\beta}_0}, \hat{\beta}_0 + t_\alpha S_{\hat{\beta}_0}] \tag{2.60}$$

其中 $S_{\hat{\beta}_0}$和 $S_{\hat{\beta}_1}$分别为$\hat{\beta}_0$、$\hat{\beta}_1$ 的标准差估计值,其值由(2.54)式和(2.55)式给出。由此可以看出,置信区间的大小取决于回归系数估计值的标准差。标准差越小,置信区间越小, $\hat{\beta}_j$ 越接近β_j,估计结果越可靠。

例 2.1 中,β_0,β_1 的 95% 置信区间分别为

$$\beta_0 \in [7.67, 14.01]$$
$$\beta_1 \in [0.0027, 0.0073]$$

§2.6　一元线性回归方程的预测

当我们用一组样本观测值及最小二乘法得到总体回归模型

$$Y_i = \beta_0 + \beta_1 X_i + u_i$$

的样本回归方程

$$\hat{Y}_i = \hat{\beta}_0 + \hat{\beta}_1 X_i \tag{2.61}$$

之后,如果经过直观判断和统计检验,表明样本回归方程拟合优度好,$\hat{\beta}_0$ 和$\hat{\beta}_1$ 均显著不等于零,就可以用样本回归方程进行预测。预测分为点预测和区间预测。所谓点预测,是将 X 的一个特定值 X_0 代入样本回归方程,计算得出的 $\hat{Y}_0$ 就是 Y_0 的点预测值。所谓区间预测,是在求出 Y_0 的点预测值 $\hat{Y}_0$ 之后,在一定

的置信度下,求 Y_0 落在以 $\hat{Y}_0$ 为中心的一个区间,从而可以分析 $\hat{Y}_0$ 与 Y_0 的接近程度,分析预测结果的可靠性。

1. 点预测

假定已知解释变量 X 的一个特定值 X_0,代入样本回归方程(2.61)式,得出 Y_0 的估计值

$$\hat{Y}_0 = \hat{\beta}_0 + \hat{\beta}_1 X_0 \tag{2.62}$$

则 $\hat{Y}_0$ 是 Y_0 的预测值,由于求出的是单个预测值,故称为**"点预测"**。

由于

$$\begin{aligned} E(\hat{Y}_0) &= E(\hat{\beta}_0 + \hat{\beta}_1 X_0) = E(\hat{\beta}_0 + \hat{\beta}_1 X_0) + E(e_0) \\ &= E(\hat{\beta}_0 + \hat{\beta}_1 X_0 + e_0) = E(Y_0) = Y_0 \end{aligned}$$

即 $\hat{Y}_0$ 是 Y_0 的无偏估计量($e_0 = Y_0 - \hat{Y}_0$,$E(e_0) = 0$ 见区间预测中的推导)。

例2.1中,假设2000年、2001年天津市城镇居民以1980年为不变价的年人均可支配收入分别为 $X_{2000} = 1863$ 元,$X_{2001} = 1983$ 元,代入样本回归方程

$$\hat{Y}_i = 10.84 + 0.005 X_i$$

即得2000年、2001年人均鲜蛋需求量点预测值

$$\hat{Y}_{2000} = 20.16(\text{公斤}),\hat{Y}_{2001} = 20.76(\text{公斤})$$

经济预测一个最常用的方法就是利用样本回归方程进行点预测。前面我们预测了2000年、2001年某市的鲜蛋需求量,从而可以使养鸡场有目的地安排生产,商业部门更好地组织货源,既满足城镇居民的需要,又不至于造成积压和浪费。

X_0 是可以任意给定的。如果 X_0 在样本区间内,即为 $X_1, X_2, \cdots, X_n$ 样本点之一,则点预测的过程称为**样本内预测**,人们常常用样本内预测检验样本回归方程的预测能力。如果在样本区间之内预测值 $\hat{Y}_i$ 接近样本值 Y_i,$(i = 1, 2, \cdots, n)$,则说明在样本区间内的预测功效是好的。如果 X_0 是样本区间之外的点,则预测过程称为**样本外预测**。比如例2.1用1988—1998年的样本数据估计出鲜蛋需求函数,并用此函数预测2000年、2001年鲜蛋需求量,就是样本外预测。实际预测时,常常做样本外预测。

2. 区间预测

假设 $\hat{Y}_0$ 是用(2.62)式计算的一个点预测值,它有两种不同的概念:(1)是总体真值 Y_0 的预测值;(2)是总体回归线 $E(Y_0|X_0)$的预测值。下面我们分别讨论,以预测值 $\hat{Y}_0$ 为中心,在一定的概率下 Y_0 或 $E(Y_0|X_0)$将落在一个什么样的置信区间内。当然这个区间越小越好。一个好的预测结果,一是无偏,二是预测的方差要小。如果不满足这两个条件,预测值将远离真实值,预测也就失去了意义。

(1)单个 Y_0 值的预测区间

令

$$e_0 = Y_0 - \hat{Y}_0$$

e_0 是真值 Y_0 与预测值 $\hat{Y}_0$ 的误差,叫作**预测误差**。e_0 是一个随机变量,下面求 e_0 的均值和方差。

$$\begin{aligned} E(e_0) &= E(Y_0 - \hat{Y}_0) = E(\beta_0 + \beta_1 X_0 + u_0 - \hat{\beta}_0 - \hat{\beta}_1 X_0) \\ &= \beta_0 + \beta_1 X_0 + E(u_0) - E(\hat{\beta}_0) - E(\hat{\beta}_1) X_0 \\ &= \beta_0 + \beta_1 X_0 - \beta_0 - \beta_1 X_0 = 0 \end{aligned} \tag{2.63}$$

$$\begin{aligned} \mathrm{Var}(e_0) &= E(e_0{}^2) = E(Y_0 - \hat{Y}_0)^2 = E(\beta_0 + \beta_1 X_0 + u_0 - \hat{\beta}_0 - \hat{\beta}_1 X_0)^2 \\ &= E[(\beta_0 - \hat{\beta}_0) + (\beta_1 - \hat{\beta}_1) X_0]^2 + E(u_0{}^2) \\ &\quad + 2E[(\beta_0 - \hat{\beta}_0) + (\beta_1 - \hat{\beta}_1) X_0] u_0 \end{aligned}$$

下面分别求上式右边各项

① $E[(\beta_0 - \hat{\beta}_0) + (\beta_1 - \hat{\beta}_1) X_0] u_0$

$= E[(\beta_0 - \hat{\beta}_0) + (\beta_1 - \hat{\beta}_1) X_0] E(u_0) = 0$

② $E[(\beta_0 - \hat{\beta}_0) + (\beta_1 - \hat{\beta}_1) X_0]^2$

$= E[(\beta_0 - \hat{\beta}_0)^2 + X_0{}^2(\beta_1 - \hat{\beta}_1)^2 + 2X_0(\beta_0 - \hat{\beta}_0)(\beta_1 - \hat{\beta}_1)]$

$= E(\hat{\beta}_0 - \beta_0)^2 + X_0{}^2 E(\hat{\beta}_1 - \beta_1)^2 + 2X_0 E(\hat{\beta}_0 - \beta_0)(\hat{\beta}_1 - \beta_1)$

由(2.30)式和(2.35)式

$$E(\hat{\beta}_0-\beta_0)(\hat{\beta}_1-\beta_1)=E\left[\left(\frac{1}{n}\sum u_i-\overline{X}\sum K_iu_i\right)\sum K_iu_i\right]$$

$$=E\left[\frac{1}{n}\sum K_iu_i^2-\overline{X}\sum K_i^2u_i^2\right]$$

$$=\left(\frac{1}{n}\sum K_i-\overline{X}\sum K_i^2\right)E(u_i^2)$$

$$=-\sigma_u^2\overline{X}\sum K_i^2=-\frac{\overline{X}\sigma_u^2}{\sum x_i^2}$$

(在推导过程中,略去了含 $E(u_iu_j)=0,i\neq j$ 的项),所以

$$E[(\beta_0-\hat{\beta}_0)+(\beta_1-\hat{\beta}_1)X_0]^2=\mathrm{Var}(\hat{\beta}_0)+X_0^2\mathrm{Var}(\hat{\beta}_1)-\frac{2X_0\overline{X}}{\sum x_i^2}\sigma_u^2$$

$$=\frac{\sigma_u^2\sum X_i^2}{n\sum x_i^2}+\frac{\sigma_u^2X_0^2}{\sum x_i^2}-\frac{\sigma_u^2 2X_0\overline{X}}{\sum x_i^2}$$

$$=\frac{\sigma_u^2}{\sum x_i^2}\left[\frac{1}{n}\sum(x_i+\overline{X})^2-2X_0\overline{X}+X_0^2\right]$$

$$=\frac{\sigma_u^2}{\sum x_i^2}\left(\frac{1}{n}\sum x_i^2+\overline{X}^2-2X_0\overline{X}+X_0^2\right)$$

$$=\sigma_u^2\left[\frac{1}{n}+\frac{(X_0-\overline{X})^2}{\sum x_i^2}\right]$$

③ $E(u_0^2)=\sigma_u^2$

所以

$$\mathrm{Var}(e_0)=\sigma_u^2\left[1+\frac{1}{n}+\frac{(X_0-\overline{X})^2}{\sum x_i^2}\right] \tag{2.64}$$

由(2.63)式和(2.64)式知,e_0 服从均值为零、方差为 $\sigma^2(e_0)=\sigma_u^2\left[1+\frac{1}{n}+\frac{(X_0-\overline{X})^2}{\sum x_i^2}\right]$ 的正态分布。

用 s_e^2 代替 $\sigma^2(e_0)$ 中的 σ_u^2,得 $\sigma^2(e_0)$ 的估计值

$$\hat{\sigma}^2(e_0)=s_e^2\left[1+\frac{1}{n}+\frac{(X_0-\overline{X})^2}{\sum x_i^2}\right]$$

构造 t 统计量

$$t=\frac{Y_0-\hat{Y}_0}{\hat{\sigma}(e_0)}\sim t(n-2) \tag{2.65}$$

给出置信度 $1-\alpha$，查自由度为 $v=n-2$ 的 t 分布表，得临界值 $t_\alpha(n-2)$，t 值落在 $(-t_\alpha, t_\alpha)$ 的概率是 $1-\alpha$，即

$$P\{-t_\alpha \leqslant t \leqslant t_\alpha\}=1-\alpha \tag{2.66}$$

将(2.65)式代入(2.66)式

$$P\left\{-t_\alpha \leqslant \frac{Y_0-\hat{Y}_0}{\hat{\sigma}(e_0)} \leqslant t_\alpha\right\}=1-\alpha$$

整理得

$$P\{\hat{Y}_0-t_\alpha\hat{\sigma}(e_0) \leqslant Y_0 \leqslant \hat{Y}_0+t_\alpha\hat{\sigma}(e_0)\}=1-\alpha$$

即在置信度 $1-\alpha$ 下，Y_0 的置信区间为

$$Y_0 \in [\hat{Y}_0-t_\alpha\hat{\sigma}(e_0), \hat{Y}_0+t_\alpha\hat{\sigma}(e_0)] \tag{2.67}$$

根据上式画出 Y_0 随 X_0 的不同而变化的置信区间，见图2.9。

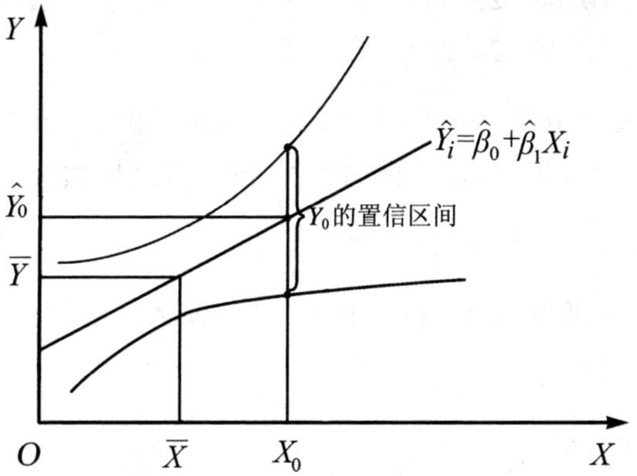

图2.9　Y_0 的置信区间示意图

由(2.67)式可知，当置信水平 $1-\alpha$ 给定之后，Y_0 预测区间的大小由 e_0 的标准差 $\hat{\sigma}(e_0)$ 决定。由(2.64)式，$\hat{\sigma}(e_0)$ 的大小实际由 $X_0-\bar{X}$ 绝对值的大小决

定。X_0 越接近样本区间内解释变量 X 的平均值，$\hat{\sigma}(e_0)$就越小，Y_0 的置信区间就越小，预测结果就越可靠；反之，预测值就越不可靠。

当我们进行外推预测时，X_0 的值一般比 n 个样本点 $X_1, X_2, \cdots, X_n$ 都远离 $\overline{X}$，且外推期越长，X_0 的值越远离 $\overline{X}$，预测置信区间也就越大。其原因之一是由于 X_0 远离 $\overline{X}$ 而使 e_0 的标准差过大造成的；另一个原因是，实际情况在不断地变化，我们建立的回归模型反映的是样本区间之内的状况，当客观情况的变化已不能由建模型时选择的样本说明时，仍用此样本模型进行预测，势必会产生偏差。但是，只要我们注意到了这些问题，并力求避免，用样本回归方程进行预测，是可以获得好的预测结果的。

当 2000 年、2001 年天津市年人均可支配收入（以 1980 年为不变价）分别为 1863 元、1983 元时，已求出年人均鲜蛋需求量分别为 20.16 公斤和 20.76 公斤。下面分别求这两个点预测值的预测区间。

经计算，$\hat{\sigma}(e_{2000}) = 1.45$，$\hat{\sigma}(e_{2001}) = 1.53$，给出显著水平 $\alpha = 0.05$，查表 $t_{0.05}(9) = 2.26$，于是这两个点预测值的预测区间分别为

$$Y_{2000} \in [20.16 - 2.26 \times 1.45,\ 20.16 + 2.26 \times 1.45]$$
$$Y_{2001} \in [20.76 - 2.26 \times 1.53,\ 20.76 + 2.26 \times 1.53]$$

即

$$Y_{2000} \in [16.88,\ 23.44]$$
$$Y_{2001} \in [17.30,\ 24.22]$$

计算出两个区间长度分别为 6.56 和 6.92。由此看出，由于 X_{2001} 比 X_{2000} 远离 $\overline{X}$，Y_{2001} 的预测区间大于 Y_{2000} 的预测区间，预测误差更大。

（2）均值 $E(Y_0)$的预测区间

由上文（1）中的推导知 $\hat{Y}_0$ 也是 $E(Y_0)$的无偏估计量。

令

$$\delta_0 = E(Y_0) - \hat{Y}_0$$

同样，δ_0 也是一个随机变量，下面求 δ_0 的均值和方差。

$$E(\delta_0) = E[E(Y_0) - \hat{Y}_0] = E(Y_0) - E(\hat{Y}_0) = 0 \tag{2.68}$$
$$\text{Var}(\delta_0) = E(\delta_0^2) = E[E(Y_0) - \hat{Y}_0]^2$$

$$= E(\beta_0 + \beta_1 X_0 - \hat{\beta}_0 - \hat{\beta}_1 X_0)^2$$

$$= E[(\beta_0 - \hat{\beta}_0) + (\beta_1 - \hat{\beta}_1)X_0]^2$$

由上文(1)中的推导知

$$\mathrm{Var}(\delta_0) = \sigma_u^2 \left[\frac{1}{n} + \frac{(X_0 - \overline{X})^2}{\sum x_i^2}\right] \tag{2.69}$$

因此，δ_0 服从均值为零、方差为$\sigma^2(\delta_0) = \sigma_u^2 \left[\frac{1}{n} + \frac{(X_0 - \overline{X})^2}{\sum x_i^2}\right]$的正态分布。

用 S_e^2 代替$\sigma^2(\delta_0)$中的σ_u^2，得$\sigma^2(\delta_0)$的估计值

$$\hat{\sigma}^2(\delta_0) = S_e^2 \left[\frac{1}{n} + \frac{(X_0 - \overline{X})^2}{\sum x_i^2}\right] \tag{2.70}$$

于是，在置信度 $1-\alpha$ 下，$E(Y_0)$的置信区间为

$$E(Y_0) \in [\hat{Y}_0 - t_\alpha \hat{\sigma}(\delta_0),\ \hat{Y}_0 + t_\alpha \hat{\sigma}(\delta_0)] \tag{2.71}$$

§2.7 小结

为了便于记忆，对一元线性回归模型的主要计算公式做一小结，见表2.3。

表2.3 一元线性回归模型的主要计算公式一览表

公式名称	计算公式
总体回归模型	$Y_i = \beta_0 + \beta_1 X_i + u_i$
回归系数最小二乘估计量	$\hat{\beta}_0 = \overline{Y} - \hat{\beta}_1 \overline{X}$
	$\hat{\beta}_1 = \frac{n\sum X_i Y_i - \sum X_i \sum Y_i}{n\sum X_i^2 - (\sum X_i)^2} = \frac{\sum (X_i - \overline{X})(Y_i - \overline{Y})}{\sum (X_i - \overline{X})^2} = \frac{\sum x_i y_i}{\sum x_i^2}$
总体回归方程	$E(Y_i) = \beta_0 + \beta_1 X_i$
样本回归方程	$\hat{Y}_i = \hat{\beta}_0 + \hat{\beta}_1 X_i$
总离差平方和	$TSS = \sum (Y_i - \overline{Y})^2 = \sum y_i^2$

续表

公式名称	计算公式
回归平方和	$ESS = \sum(\hat{Y}_i - \overline{Y})^2 = \sum \hat{y}_i^2$
残差平方和	$SSR = \sum(Y_i - \hat{Y}_i)^2 = \sum e_i^2$
样本可决系数	$R^2 = \dfrac{\sum \hat{y}_i^2}{\sum y_i^2} = 1 - \dfrac{\sum e_i^2}{\sum y_i^2}$
σ_u^2 的无偏估计量	$\hat{\sigma}_u^2 = S_e^2 = \dfrac{\sum e_i^2}{n-2}$
回归系数估计量的方差	$\mathrm{Var}(\hat{\beta}_0) = \dfrac{\sigma_u^2 \sum X_i^2}{n \sum x_i^2}$ $\mathrm{Var}(\hat{\beta}_1) = \dfrac{\sigma_u^2}{\sum x_i^2}$
回归系数估计量的标准差估计量	$\hat{\sigma}_{\hat{\beta}_0} = S_{\hat{\beta}_0} = \sqrt{\dfrac{\sum e_i^2 \sum X_i^2}{n(n-2)\sum x_i^2}}$ $\hat{\sigma}_{\hat{\beta}_1} = S_{\hat{\beta}_1} = \sqrt{\dfrac{\sum e_i^2}{(n-2)\sum x_i^2}}$
t 检验统计量	$t_0 = \dfrac{\hat{\beta}_0}{S_{\hat{\beta}_0}}$, $t_1 = \dfrac{\hat{\beta}_1}{S_{\hat{\beta}_1}}$
回归系数估计量的置信区间	$\beta_0 \in [\hat{\beta}_0 - t_\alpha S_{\hat{\beta}_0}, \hat{\beta}_0 + t_\alpha S_{\hat{\beta}_0}]$ $\beta_1 \in [\hat{\beta}_1 - t_\alpha S_{\hat{\beta}_1}, \hat{\beta}_1 + t_\alpha S_{\hat{\beta}_1}]$
单个值 Y_0 的预测区间	$Y_0 \in [\hat{Y}_0 - t_\alpha \hat{\sigma}(e_0), \hat{Y}_0 + t_\alpha \hat{\sigma}(e_0)]$ $\hat{\sigma}^2(e_0) = S_e^2\left[1 + \dfrac{1}{n} + \dfrac{(X_0 - \overline{X})^2}{\sum x_i^2}\right]$
均值 $E(Y_0)$的预测区间	$E(Y_0) \in [\hat{Y}_0 - t_\alpha \hat{\sigma}(\delta_0), \hat{Y}_0 + t_\alpha \hat{\sigma}(\delta_0)]$ $\hat{\sigma}^2(\delta_0) = S_e^2\left[\dfrac{1}{n} + \dfrac{(X_0 - \overline{X})^2}{\sum x_i^2}\right]$

§2.8　案例分析

用 2018 年全国 31 个省级地区居民人均年消费支出(Y_i:人民币元)和居民人均年可支配收入(X_i:人民币元)数据研究二者之间的关系。Y_i 和 X_i 的数据见表 2.4 和 EViews 文件 li-2-3。

表 2.4　省级地区居民人均年消费支出 Y_i 和人均年可支配收入 X_i 数据　(单位:人民币元)

省级地区	Y_i(消费支出)	X_i(可支配收入)	省级地区	Y_i(消费支出)	X_i(可支配收入)
北京	39842.7	62361.2	湖北	19537.8	25814.5
天津	29902.9	39506.1	湖南	18807.9	25240.7
河北	16722.0	23445.7	广东	26054.0	35809.9
山西	14810.1	21990.1	广西	14934.8	21485.0
内蒙古	19665.2	28375.7	海南	17528.4	24579.0
辽宁	21398.3	29701.4	重庆	19248.5	26385.8
吉林	17200.4	22798.4	四川	17663.6	22460.6
黑龙江	16994.0	22725.8	贵州	13798.1	18430.2
上海	43351.3	64182.6	云南	14249.9	20084.2
江苏	25007.4	38095.8	西藏	11520.2	17286.1
浙江	29470.7	45839.8	陕西	16159.7	22528.3
安徽	17044.6	23983.6	甘肃	14624.0	17488.4
福建	22996.0	32643.9	青海	16557.2	20757.3
江西	15792.0	24079.7	宁夏	16715.1	22400.4
山东	18779.8	29204.6	新疆	16189.1	21500.2
河南	15168.5	21963.5			

资料来源:数据摘自《中国统计年鉴(2019)》,中国统计出版社,表 6-17、表 6-19。

第一步:建立一元线性回归模型

由经济理论知人均可支配收入决定人均消费。人均可支配收入是人均消费的重要解释变量。当然影响消费的变化还有其他因素。把其他因素归并入随机误差项 u_i。首先观察(X_i,Y_i)散点图(见图 2.10)。

Y_i 和 X_i 之间存在线性关系,所以首先设定线性回归模型如下,

$$Y_i = \beta_0 + \beta_1 X_i + u_i$$

第二步:估计模型回归系数 β_0 和 β_1

用表 2.4 前 30 组数据(预留最后一组新疆的数据用于评价模型样本外预测

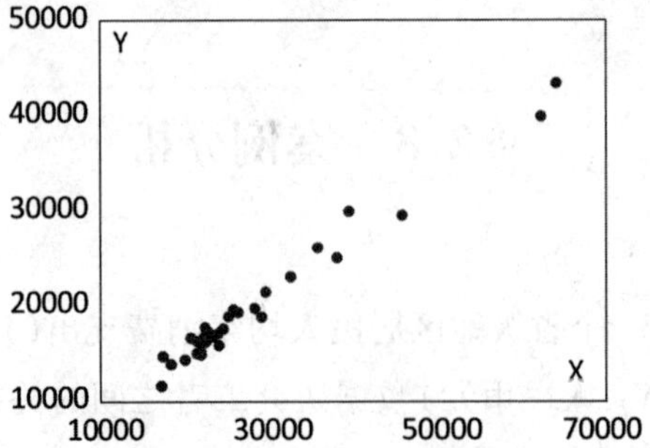

图 2.10　X_i 和 Y_i 的散点图

结果）和普通最小二乘法估计如上线性回归模型，得结果如下，

$$\hat{Y}_i = 2337.832 + 0.6239X_i$$
$$(4.2) \qquad (34.0) \qquad R^2 = 0.98$$

括号内数字是回归系数对应的 t 统计量的值。

建立 EViews 工作文件的操作见书后附录 1。

估计上述模型的 EViews 操作如下：

打开 EViews 工作文件 li-2-3。（1）在主功能键中点击 Quick 键，选择 Estimate Equation 功能，将打开 Equation Estimation（方程估计）对话框。在该对话框中 Equation specification 选择区输入如下 EViews 命令，

Y　C　X

在最下面的 Sample 选择区选择 1 30，点击"确定"键，得估计结果，见表2.5。

表 2.5　EViews 11 输出结果

Dependent Variable: Y
Method: Least Squares
Date: 03/15/20　Time: 17:43
Sample: 1 30
Included observations: 30

Variable	Coefficient	Std. Error	t-Statistic	Prob.
C	2337.832	562.1968	4.158388	0.0003
X	0.623978	0.018378	33.95292	0.0000

R-squared	0.976287	Mean dependent var	20051.50
Adjusted R-squared	0.975440	S.D. dependent var	7321.307
S.E. of regression	1147.359	Akaike info criterion	16.99265
Sum squared resid	36860115	Schwarz criterion	17.08607
Log likelihood	-252.8898	Hannan-Quinn criter.	17.02254
F-statistic	1152.801	Durbin-Watson stat	1.657527
Prob(F-statistic)	0.000000		

上面的回归结果表达式就是根据表 2.5 写出的。表 2.5 中的 0.976287 就是拟合优度 R^2 的值。Prob 是 t 统计量值对应的 p 值。以 $t = 4.16$ 为例,相应 p 值 0.0003 表示 t 统计量取值大于 4.16 和小于 −4.16 的概率是 0.0003。

第三步:评价模型

(1)统计显著性检验。

先关注回归系数 β_0 和 β_1 的 t 检验。给定检验水平 $\alpha = 0.05$,查书后附表 1 的 t 分布百分位数表,自由度为 30−2 =28 的检验用临界值 $t_{0.05}(28) = 2.05$。见估计结果,$\hat{\beta}_0$ 和 $\hat{\beta}_1$ 对应的 t 值分别是 4.2 和 34.0,都大于临界值 2.05,所以检验结论是两个回归系数都显著地不等于零。实际含义是人均年可支配收入 X_i 对人均年消费支出 Y_i 有显著性影响,是 Y_i 的重要解释变量。自由度取 28 的理由是回归方程中有两个被估回归系数,所以自由度是 30 −2 =28。

再看拟合优度,$R^2 = 0.98$,说明 Y_i 的离差平方和的 98% 都被 X_i 的变化解释,仅有 2% 是由随机误差项所决定,所以估计的回归直线对样本拟合得非常好。从以上分析可知,所建模型较好地解释了 Y_i 的变化。

(2)对一元线性回归方程的结构分析。

$\hat{\beta}_1 = 0.6240$ 是回归方程的斜率,表示 2018 年全国居民边际消费倾向。实际含义是居民人均可支配收入每增加 1 元,则有 0.62 元用于消费性支出。

$\hat{\beta}_0 = 2337.832$ 是回归方程的截距,表示不受可支配收入影响的自发消费行为。$\hat{\beta}_0$ 和 $\hat{\beta}_1$ 的符号和大小符合经济学理论和全国 2018 年的实际情况。

第四步:预测

估计模型所用样本中没有包括新疆的数据(第 31 组数据)。现在用新疆居民的人均年可支配收入数据做解释变量,进行关于新疆人均消费的样本外预测。已知 2018 年新疆人均可支配收入是 $X_{31} = 21500.2$ 元,

$$\hat{Y}_{31} = 2337.832 + 0.623978 \times 21500.2 = 15753.48(\text{元})$$

2018 年新疆人均实际消费额是 16189.1 元,则预测误差是

$$|(15753.48 - 16189.1)|/16189.1 = 2.7\%$$

预测的 EViews 操作如下:

在一元线性回归模型估计窗口点击上方的功能键 Forecaste,将弹出 Forecast 窗口。在 Forecast sample 选择区把预测区间改为 31 31。点击 OK 键,就可以得到第 31 个 Y_i 的预测结果,如图 2.11 所示。中间的点就是 Y_{31} 的点预测结果。上下两个点是单点 Y_{31} 的 95% 的预测置信区间的置信限。把光标放在点

上还可以直接读出相应的值。

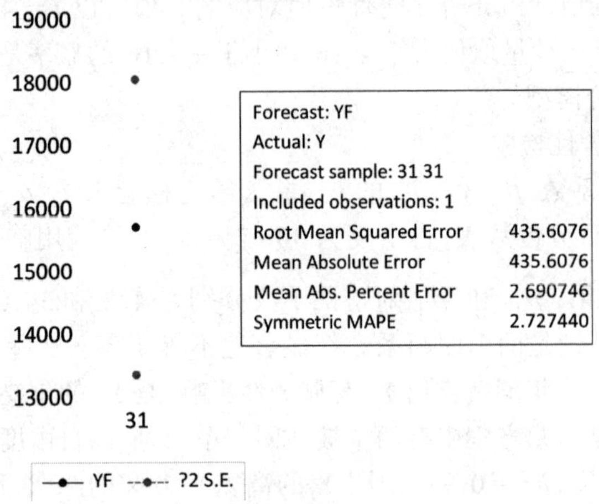

图 2.11 新疆人均消费的样本外预测

如果把 Forecast 窗口中 Forecast sample 选择区的预测区间改为 131，则可以得到 31 个（样本内 30 个和样本外 1 个）Y_i的预测结果，见图 2.12。

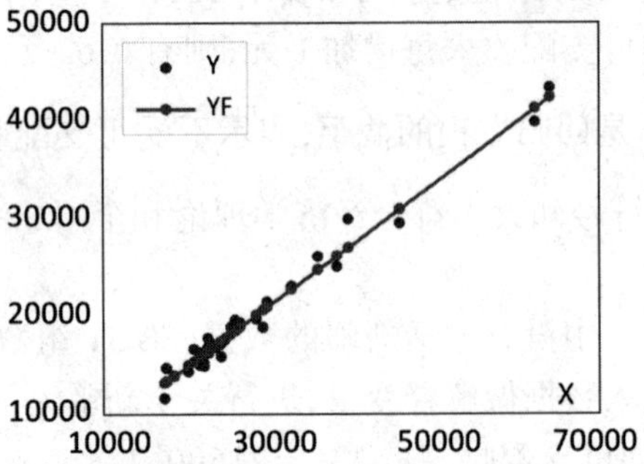

图 2.12 31 个 Y_i的预测结果

思考与练习题

1. 最小二乘法对随机误差项 u_i 做了哪些假定？说明这些假定条件的意义。

2. 阐述对样本回归方程拟合优度的检验及对回归系数估计值显著性检验的步骤。

3. 若一元线性回归模型 $Y_i = \beta_0 + \beta_1 X_i + u_i$ 满足所有假定条件，试证明最小二乘估计量具有最小方差。

4. 对于一元线性回归模型，试说明为什么$\sum e_i^2$ 的自由度等于 $n-2$。

5. 对于一元线性回归模型，试推导样本可决系数与样本相关系数的关系及区别，推导样本相关系数与 $\hat{\beta}_1$ 的关系。

6. 已知某市货物运输量 Y_t（万吨），国内生产总值 GDP_t（亿元，1980 年不变价）1985—1998 年的样本观测值见下表和 EViews 文件 xiti-2-6。

年份	Y_t	GDP_t	年份	Y_t	GDP_t
1985	18249	161.69	1992	17522	246.92
1986	18525	171.07	1993	21640	276.80
1987	18400	184.07	1994	23783	316.38
1988	16693	194.75	1995	24040	363.52
1989	15543	197.86	1996	24133	415.51
1990	15929	208.55	1997	25090	465.78
1991	18308	221.06	1998	24505	509.10

资料来源：《天津统计年鉴（1999）》。

（1）估计一元线性回归模型 $\hat{Y}_t=\hat{\beta}_0+\hat{\beta}_1 GDP_t$。

（2）对估计结果作结构分析。

（3）对估计结果进行统计检验。

（4）假如 2000 年某市以 1980 年为不变价的国内生产总值为 620 亿元，求 2000 年货物运输量预测值及预测区间。

7. 已知我国粮食产量 Q_t（万吨）、农业机械总动力 X_{1t}（万千瓦）、化肥施用量 X_{2t}（万吨）、土地灌溉面积 X_{3t}（千公顷）1978—1998 年样本观测值见下表和 EViews 文件 xiti-2-7。

年份	Q_t	X_{1t}	X_{2t}	X_{3t}
1978	30477.01	11749.9	884.0	44965.3
1979	33212.00	13379.6	1086.3	45003.0
1980	32055.99	14745.7	1269.4	44888.1
1981	32502.01	15679.0	1334.9	44574.0
1982	35450.01	16614.3	1513.4	44177.0
1983	38727.98	18022.1	1659.8	44644.1
1984	40731.02	19497.2	1739.8	44453.0
1985	37910.99	20912.5	1775.8	44035.9
1986	39150.99	22950.0	1930.6	44225.8
1987	40298.01	24836.0	1999.3	44403.0

续表

年份	Q_t	X_{1t}	X_{2t}	X_{3t}
1988	39408.00	26575.0	2141.5	44375.9
1989	40755.00	28067.0	2357.1	44917.2
1990	44624.00	28707.7	2590.3	47403.1
1991	43529.01	29388.6	2805.1	47822.1
1992	44265.79	30308.4	2930.2	48590.1
1993	45648.82	31816.6	3151.9	48727.9
1994	44510.09	33802.5	3317.9	48759.1
1995	46661.80	36118.1	3593.7	49281.2
1996	50453.50	38546.9	3827.9	50381.4
1997	49417.10	42015.6	3980.7	51238.5
1998	51229.50	45207.7	4085.6	52295.6

资料来源:《中国统计年鉴(1999)》。

(1)试估计一元线性回归模型

$$Q_t = \hat{\alpha}_0 + \hat{\alpha}_1 X_{1t} + e_t$$

$$Q_t = \hat{\beta}_0 + \hat{\beta}_1 X_{2t} + e_t$$

$$Q_t = \hat{\gamma}_0 + \hat{\gamma}_1 X_{3t} + e_t$$

(2)对以上三个模型的估计结果进行结构分析和统计检验。

(3)用其中最好的模型求 1999—2002 年的预测值,打印出样本值与预测值的时序图,并求出 2000 年的预测区间。

8. 利用我国公开发表的统计资料,建立一元线性回归模型,估计其系数,对估计结果进行结构分析、统计检验及预测。

第3章　多元线性回归模型

§3.1　模型的建立及其假定条件

在第2章里,我们讨论了只包含一个解释变量的一元线性回归模型,即假定所研究的经济变量只受一个解释变量影响。然而,在实际经济问题中,一个经济变量往往要受到多个因素的影响。例如,商品的需求量不但要受到商品本身价格的影响,而且还要受到消费者的偏好、消费者的收入水平、其他相关商品的价格、预期的商品价格以及市场上消费者的数量等诸多因素的影响。在分析这类经济问题时,仅用一元线性回归模型已远远满足不了要求,因此需要引入含有两个或两个以上解释变量的多元线性回归模型。多元线性回归模型是一元线性回归模型的推广,其基本原理和基本方法与一元线性回归模型完全类似,只是在计算上要复杂得多。

1. 基本概念

假设被解释变量 Y 是解释变量 $X_1,X_2,\cdots,X_k$ 和随机误差项 u 的线性函数,它们可以表示为如下形式

$$Y=\beta_0+\beta_1X_1+\beta_2X_2+\cdots+\beta_kX_k+u \tag{3.1}$$

称(3.1)式为多元总体线性回归模型。描述被解释变量 Y 的期望值与解释变量 $X_1,X_2,\cdots,X_k$ 线性关系的方程为

$$\mathrm{E}(Y)=\beta_0+\beta_1X_1+\beta_2X_2+\cdots+\beta_kX_k \tag{3.2}$$

称(3.2)式为多元总体线性回归方程,简称**总体回归方程**。

设$(X_{1i},X_{2i},\cdots,X_{ki};Y_i),i=1,2,\cdots,n$ 是对总体$(X_1,X_2,\cdots,X_k;Y)$的 n 次

独立样本观测值,将它们代入(3.1)式,得

$$Y_i=\beta_0+\beta_1X_{1i}+\beta_2X_{2i}+\cdots+\beta_kX_{ki}+u_i,\ i=1,2,\cdots,n \tag{3.3}$$

(3.3)式是样本数据结构形式的多元总体线性回归模型,它是由 n 个方程、$k+1$ 个未知参数 $\beta_0,\beta_1,\cdots,\beta_k$ 组成的一个线性方程组,即

$$\begin{cases}Y_1=\beta_0+\beta_1X_{11}+\beta_2X_{21}+\cdots+\beta_kX_{k1}+u_1\\ Y_2=\beta_0+\beta_1X_{12}+\beta_2X_{22}+\cdots+\beta_kX_{k2}+u_2\\ \vdots\\ Y_n=\beta_0+\beta_1X_{1n}+\beta_2X_{2n}+\cdots+\beta_kX_{kn}+u_n\end{cases} \tag{3.4}$$

这个模型相应的矩阵表达形式是

$$\boldsymbol{Y}=\boldsymbol{X\beta}+\boldsymbol{U} \tag{3.5}$$

其中

$$\boldsymbol{Y}=\begin{bmatrix}Y_1\\Y_2\\ \vdots\\Y_n\end{bmatrix}_{n\times1},\qquad \boldsymbol{X}=\begin{bmatrix}1 & X_{11} & X_{21} & \cdots & X_{k1}\\ 1 & X_{12} & X_{22} & \cdots & X_{k2}\\ \vdots & \vdots & \vdots & & \vdots\\ 1 & X_{1n} & X_{2n} & \cdots & X_{kn}\end{bmatrix}_{n\times(k+1)}$$

$$\boldsymbol{\beta}=\begin{bmatrix}\beta_0\\ \beta_1\\ \beta_2\\ \vdots\\ \beta_k\end{bmatrix}_{(k+1)\times1},\qquad \boldsymbol{U}=\begin{bmatrix}u_1\\u_2\\ \vdots\\u_n\end{bmatrix}_{n\times1}$$

这里:

$\boldsymbol{Y}$——被解释变量样本观测值的 $n\times1$ 阶列向量;

$\boldsymbol{X}$——解释变量样本观测值的 $n\times(k+1)$ 阶矩阵,它的每个元素 X_{ji} 都有两个下标,第一个下标 j 表示相应的列(第 j 个变量),第二个下标 i 表示相应的行(第 i 个观测值),矩阵 $\boldsymbol{X}$ 的每一列表示一个解释变量的 n 个观测值向量,截距项 β_0 对应的观测值等于1;

$\boldsymbol{\beta}$ ——未知参数的 $(k+1)\times1$ 阶列向量;

$\boldsymbol{U}$——随机误差项的 $n\times1$ 阶列向量。

由于回归系数$\beta_0,\beta_1,\cdots,\beta_k$都是未知的，我们可以利用样本观测值$(X_{1i},X_{2i},\cdots,X_{ki};Y_i)$对它们进行估计。假设计算得到的样本回归系数为$\hat{\beta}_0,\hat{\beta}_1,\cdots,\hat{\beta}_k$，它们是相应的未知回归系数$\beta_0,\beta_1,\cdots,\beta_k$的估计值，于是得到了与(3.3)式相应的估计的回归方程

$$\hat{Y}_i=\hat{\beta}_0+\hat{\beta}_1X_{1i}+\hat{\beta}_2X_{2i}+\cdots+\hat{\beta}_kX_{ki},\quad i=1,2,\cdots,n \tag{3.6}$$

称(3.6)式为多元样本线性回归方程，简称样本回归方程或经验回归方程；称$\hat{Y}_i$为Y_i的样本回归值或样本拟合值、样本估计值。

估计的回归方程(3.6)式的矩阵表达形式是

$$\hat{\boldsymbol{Y}}=\boldsymbol{X}\hat{\boldsymbol{\beta}} \tag{3.7}$$

其中

$$\hat{\boldsymbol{Y}}=\begin{bmatrix}\hat{Y}_1\\ \hat{Y}_2\\ \vdots\\ \hat{Y}_n\end{bmatrix}_{n\times 1},\quad \hat{\boldsymbol{\beta}}=\begin{bmatrix}\hat{\beta}_0\\ \hat{\beta}_1\\ \vdots\\ \hat{\beta}_k\end{bmatrix}_{(k+1)\times 1}$$

这里：

$\hat{\boldsymbol{Y}}$——被解释变量样本观测值$\boldsymbol{Y}$的$n\times 1$阶拟合值列向量；

$\hat{\boldsymbol{\beta}}$——未知回归系数$\boldsymbol{\beta}$的$(k+1)\times 1$阶估计值列向量。

2. 模型的假定

多元线性回归模型的基本假定与一元线性回归模型的那些假定相似。

(1) $E(u_i)=0,\quad i=1,2,\cdots,n$

相应的矩阵表达形式是

$$E(\boldsymbol{U})=E\begin{bmatrix}u_1\\ u_2\\ \vdots\\ u_n\end{bmatrix}=\begin{bmatrix}E(u_1)\\ E(u_2)\\ \vdots\\ E(u_n)\end{bmatrix}=\begin{bmatrix}0\\ 0\\ \vdots\\ 0\end{bmatrix}=\boldsymbol{0}$$

即随机误差项是一个期望值或平均值为零的随机变量。于是，Y_i的期望值或平均值为(用到假设(4)，解释变量是非随机的)

$$E(Y_i)=\beta_0+\beta_1X_{1i}+\beta_2X_{2i}+\cdots+\beta_kX_{ki}$$

这就是总体回归方程(3.2)式的样本数据结构形式。在这个方程中,$E(Y_i)$表示对于解释变量的给定值$X_{1i},X_{2i},\cdots,X_{ki}$,$Y_i$的所有可能值的期望值或平均值,也就是说,它表示的是Y_i的条件期望值。

(2)对于解释变量$X_1,X_2,\cdots,X_k$的所有观测值,随机误差项有相同的方差,即

$$\mathrm{Var}(u_i)=E(u_i^2)=\sigma^2,\quad i=1,2,\cdots,n$$

于是,Y_i, $i=1,2,\cdots,n$的方差也都是相同的,都等于σ^2,即

$$\mathrm{Var}(Y_i)=\sigma^2,\quad i=1,2,\cdots,n$$

(3)随机误差项彼此之间不相关,即

$$\mathrm{Cov}(u_i,u_j)=E(u_iu_j)=0,\ i\neq j,\ i,j=1,2,\cdots,n$$

假定(2)、假定(3)相应的矩阵表达形式是

$$\mathrm{Var}(\boldsymbol{U})=E[\boldsymbol{U}-E(\boldsymbol{U})][\boldsymbol{U}-E(\boldsymbol{U})]'=E(\boldsymbol{UU}')$$

$$=E\left(\begin{bmatrix}u_1\\u_2\\\vdots\\u_n\end{bmatrix}(u_1,u_2,\cdots,u_n)\right)=E\begin{bmatrix}u_1^2&u_1u_2&\cdots&u_1u_n\\u_2u_1&u_2^2&\cdots&u_2u_n\\\vdots&\vdots&&\vdots\\u_nu_1&u_nu_2&\cdots&u_n^2\end{bmatrix}$$

$$=\begin{bmatrix}E(u_1^2)&E(u_1u_2)&\cdots&E(u_1u_n)\\E(u_2u_1)&E(u_2^2)&\cdots&E(u_2u_n)\\\vdots&\vdots&&\vdots\\E(u_nu_1)&E(u_nu_2)&\cdots&E(u_n^2)\end{bmatrix}$$

$$=\begin{bmatrix}\sigma^2&0&\cdots&0\\0&\sigma^2&\cdots&0\\\vdots&\vdots&&\vdots\\0&0&\cdots&\sigma^2\end{bmatrix}=\sigma^2\boldsymbol{I}_n$$

称 Var($\boldsymbol{U}$)为随机误差项向量 $\boldsymbol{U}$ 的方差－协方差矩阵。

（4）解释变量 $X_1, X_2, \cdots, X_k$ 是确定性变量，不是随机变量，与随机误差项彼此之间不相关，即

$$\mathrm{Cov}(X_{ij}, u_j) = 0, \quad i = 1, 2, \cdots, k, \quad j = 1, 2, \cdots, n$$

（5）解释变量 $X_1, X_2, \cdots, X_k$ 之间不存在完全的线性关系，即解释变量的样本观测值矩阵 $\boldsymbol{X}$ 是满秩矩阵，应满足关系式

$$\mathrm{rank}(\boldsymbol{X}) = k + 1 < n$$

其中 rank($\boldsymbol{X}$)表示 $\boldsymbol{X}$ 的秩。

（6）随机误差项服从正态分布，即

$$u_i \sim N(0, \sigma^2), \quad i = 1, 2, \cdots, n$$

于是被解释变量也服从正态分布，即

$$Y_i \sim N(\beta_0 + \beta_1 X_{1i} + \beta_2 X_{2i} + \cdots + \beta_k X_{ki}, \sigma^2), \quad i = 1, 2, \cdots, n$$

§3.2　最小二乘法

1. 参数的最小二乘估计

考虑含有 k 个解释变量的多元线性回归模型(3.3)式

$$Y_i = \beta_0 + \beta_1 X_{1i} + \beta_2 X_{2i} + \cdots + \beta_k X_{ki} + u_i, \quad i = 1, 2, \cdots, n$$

和相应的用样本估计的回归方程(3.6)式，

$$\hat{Y}_i = \hat{\beta}_0 + \hat{\beta}_1 X_{1i} + \hat{\beta}_2 X_{2i} + \cdots + \hat{\beta}_k X_{ki}$$

与一元线性回归模型一样，根据最小二乘准则，我们的目的是寻找使

$$\begin{aligned} Q(\hat{\beta}_0, \hat{\beta}_1, \cdots, \hat{\beta}_k) &= \sum e_i^2 = \sum (Y_i - \hat{Y}_i)^2 \\ &= \sum (Y_i - \hat{\beta}_0 - \hat{\beta}_1 X_{1i} - \hat{\beta}_2 X_{2i} - \cdots - \hat{\beta}_i X_{ki})^2 \end{aligned}$$

达到最小的未知回归系数估计量 $\hat{\beta}_0, \hat{\beta}_1, \cdots, \hat{\beta}_k$，其中 Y_i 是实际样本观测值，$\hat{Y}_i$

是回归拟合值，$e_i = Y_i - \hat{Y}_i$ 是残差。根据多元函数求极值的必要条件，$\hat{\beta}_0, \hat{\beta}_1, \cdots, \hat{\beta}_k$作为变量应满足下列线性代数方程组

$$\frac{\partial Q}{\partial \hat{\beta}_i} = 0, \quad i = 0, 1, 2, \cdots, k$$

即

$$\begin{cases} \dfrac{\partial Q}{\partial \hat{\beta}_0} = 2\sum(Y_i - \hat{\beta}_0 - \hat{\beta}_1 X_{1i} - \hat{\beta}_2 X_{2i} - \cdots - \hat{\beta}_k X_{ki})(-1) = 0 \\ \dfrac{\partial Q}{\partial \hat{\beta}_1} = 2\sum(Y_i - \hat{\beta}_0 - \hat{\beta}_1 X_{1i} - \hat{\beta}_2 X_{2i} - \cdots - \hat{\beta}_k X_{ki})(-X_{1i}) = 0 \\ \vdots \\ \dfrac{\partial Q}{\partial \hat{\beta}_k} = 2\sum(Y_i - \hat{\beta}_0 - \hat{\beta}_1 X_{1i} - \hat{\beta}_2 X_{2i} - \cdots - \hat{\beta}_k X_{ki})(-X_{ki}) = 0 \end{cases} \tag{3.8}$$

将(3.8)式化简整理后得

$$\begin{cases} n\hat{\beta}_0 + \hat{\beta}_1 \sum X_{1i} + \hat{\beta}_2 \sum X_{2i} + \cdots + \hat{\beta}_k \sum X_{ki} = \sum Y_i \\ \hat{\beta}_0 \sum X_{1i} + \hat{\beta}_1 \sum X_{1i}^2 + \hat{\beta}_2 \sum X_{2i} X_{1i} + \cdots + \hat{\beta}_k \sum X_{ki} X_{1i} = \sum X_{1i} Y_i \\ \vdots \\ \hat{\beta}_0 \sum X_{ki} + \hat{\beta}_1 \sum X_{1i} X_{ki} + \hat{\beta}_2 \sum X_{2i} X_{ki} + \cdots + \hat{\beta}_k \sum X_{ki}^2 = \sum X_{ki} Y_i \end{cases}$$

写成矩阵形式为

$$\begin{bmatrix} n & \sum X_{1i} & \sum X_{2i} & \cdots & \sum X_{ki} \\ \sum X_{1i} & \sum X_{1i}^2 & \sum X_{2i} X_{1i} & \cdots & \sum X_{ki} X_{1i} \\ \vdots & \vdots & \vdots & & \vdots \\ \sum X_{ki} & \sum X_{1i} X_{ki} & \sum X_{2i} X_{ki} & \cdots & \sum X_{ki}^2 \end{bmatrix} \begin{bmatrix} \hat{\beta}_0 \\ \hat{\beta}_1 \\ \hat{\beta}_2 \\ \vdots \\ \hat{\beta}_k \end{bmatrix} = \begin{bmatrix} \sum Y_i \\ \sum X_{1i} Y_i \\ \vdots \\ \sum X_{ki} Y_i \end{bmatrix} \tag{3.9}$$

因为

$$\boldsymbol{X}'\boldsymbol{X} = \begin{bmatrix} 1 & 1 & \cdots & 1 \\ X_{11} & X_{12} & \cdots & X_{1n} \\ X_{21} & X_{22} & \cdots & X_{2n} \\ \vdots & \vdots & & \vdots \\ X_{k1} & X_{k2} & \cdots & X_{kn} \end{bmatrix} \begin{bmatrix} 1 & X_{11} & X_{21} & \cdots & X_{k1} \\ 1 & X_{12} & X_{22} & \cdots & X_{k2} \\ \vdots & \vdots & \vdots & & \vdots \\ 1 & X_{1n} & X_{2n} & \cdots & X_{kn} \end{bmatrix}$$

$$= \begin{bmatrix} n & \sum X_{1i} & \sum X_{2i} & \cdots & \sum X_{ki} \\ \sum X_{1i} & \sum X_{1i}^2 & \sum X_{2i}X_{1i} & \cdots & \sum X_{ki}X_{1i} \\ \vdots & \vdots & \vdots & & \vdots \\ \sum X_{ki} & \sum X_{1i}X_{ki} & \sum X_{2i}X_{ki} & \cdots & \sum X_{ki}^2 \end{bmatrix}$$

$$\boldsymbol{X}'\boldsymbol{Y} = \begin{bmatrix} 1 & 1 & \cdots & 1 \\ X_{11} & X_{12} & \cdots & X_{1n} \\ X_{21} & X_{22} & \cdots & X_{2n} \\ \vdots & \vdots & & \vdots \\ X_{k1} & X_{k2} & \cdots & X_{kn} \end{bmatrix} \begin{bmatrix} Y_1 \\ Y_2 \\ \vdots \\ Y_n \end{bmatrix} = \begin{bmatrix} \sum Y_i \\ \sum X_{1i}Y_i \\ \vdots \\ \sum X_{ki}Y_i \end{bmatrix}$$

于是,(3.9)式可以表示成下列矩阵方程的形式

$$\boldsymbol{X}'\boldsymbol{X}\hat{\boldsymbol{\beta}} = \boldsymbol{X}'\boldsymbol{Y} \tag{3.10}$$

其中$\hat{\boldsymbol{\beta}}$ 如(3.7)式所示,为未知回归系数向量$\boldsymbol{\beta}$的估计值列向量。通常称线性代数方程组(3.10)式为**正规方程组**。由基本假定(5),即 $\text{rank}(\boldsymbol{X}) = k+1 < n$,所以$(k+1)$阶方阵$(\boldsymbol{X}'\boldsymbol{X})$为非奇异矩阵,存在逆矩阵$(\boldsymbol{X}'\boldsymbol{X})^{-1}$,因此可以求得矩阵方程(3.10)的解

$$\hat{\boldsymbol{\beta}} = (\boldsymbol{X}'\boldsymbol{X})^{-1}\boldsymbol{X}'\boldsymbol{Y} \tag{3.11}$$

这里,$\hat{\boldsymbol{\beta}}$就是$\boldsymbol{\beta}$的最小二乘(OLS)估计量。

上述推导过程是比较烦琐的,如果利用矩阵的微分运算法则(参见附录3.7 矩阵微分),可以很容易地得到上述结果,具体过程如下:

对于矩阵形式的回归模型(3.5)式,即 $\boldsymbol{Y} = \boldsymbol{X\beta} + \boldsymbol{U}$,它所对应的估计的样本回归方程为(3.7)式,即 $\hat{\boldsymbol{Y}} = \boldsymbol{X}\hat{\boldsymbol{\beta}}$,我们可以将被解释变量的实际样本观测值 Y_i

与回归值 $\hat{Y}_i$ 之间的残差平方和表示为

$$\begin{aligned}Q(\hat{\beta}_0,\hat{\beta}_1,\cdots,\hat{\beta}_k) &= \sum e_i^2 = \sum(Y_i-\hat{Y}_i)^2 \\ &= \boldsymbol{e}'\boldsymbol{e} = (\boldsymbol{Y}-\hat{\boldsymbol{Y}})'(\boldsymbol{Y}-\hat{\boldsymbol{Y}}) = (\boldsymbol{Y}-\boldsymbol{X}\hat{\boldsymbol{\beta}})'(\boldsymbol{Y}-\boldsymbol{X}\hat{\boldsymbol{\beta}}) \\ &= \boldsymbol{Y}'\boldsymbol{Y}-\hat{\boldsymbol{\beta}}'\boldsymbol{X}'\boldsymbol{Y}-\boldsymbol{Y}'\boldsymbol{X}\hat{\boldsymbol{\beta}}+\hat{\boldsymbol{\beta}}'\boldsymbol{X}'\boldsymbol{X}\hat{\boldsymbol{\beta}} \\ &= \boldsymbol{Y}'\boldsymbol{Y}-2\hat{\boldsymbol{\beta}}'\boldsymbol{X}'\boldsymbol{Y}+\hat{\boldsymbol{\beta}}'\boldsymbol{X}'\boldsymbol{X}\hat{\boldsymbol{\beta}}\end{aligned}$$

其中

$$\boldsymbol{e}=\begin{bmatrix}e_1\\e_2\\\vdots\\e_n\end{bmatrix}=\begin{bmatrix}Y_1-\hat{Y}_1\\Y_2-\hat{Y}_2\\\vdots\\Y_n-\hat{Y}_n\end{bmatrix}=\boldsymbol{Y}-\hat{\boldsymbol{Y}}=\boldsymbol{Y}-\boldsymbol{X}\hat{\boldsymbol{\beta}}$$

它是 $n\times1$ 阶残差列向量。

为了得到最小二乘估计量$\hat{\boldsymbol{\beta}}$,我们对上式进行极小化

$$\frac{\partial Q}{\partial\hat{\boldsymbol{\beta}}}=\frac{\partial}{\partial\hat{\boldsymbol{\beta}}}(\boldsymbol{Y}'\boldsymbol{Y}-2\hat{\boldsymbol{\beta}}'\boldsymbol{X}'\boldsymbol{Y}+\hat{\boldsymbol{\beta}}'\boldsymbol{X}'\boldsymbol{X}\hat{\boldsymbol{\beta}})=-2\boldsymbol{X}'\boldsymbol{Y}+2\boldsymbol{X}'\boldsymbol{X}\hat{\boldsymbol{\beta}}=0$$

整理后,即是前面得到的正规方程组(3.10)式

$$\boldsymbol{X}'\boldsymbol{X}\hat{\boldsymbol{\beta}}=\boldsymbol{X}'\boldsymbol{Y}$$

于是有$\boldsymbol{\beta}$ 的最小二乘估计量

$$\hat{\boldsymbol{\beta}}=(\boldsymbol{X}'\boldsymbol{X})^{-1}\boldsymbol{X}'\boldsymbol{Y}$$

这就是(3.11)式。

2. 离差形式的最小二乘估计量

从(3.11)式不难看出,为了求得估计值$\hat{\boldsymbol{\beta}}$,需要计算逆矩阵$(\boldsymbol{X}'\boldsymbol{X})^{-1}$,计算工作量相当大。采用离差形式的样本观测值,将大大简化最小二乘估计量的计算。尽管有许多计量经济学应用软件能为我们提供各种帮助,但离差形式的计算公式能使问题变得简单并有助于我们的理解。对于多元线性回归模型(3.3)式,它的容量为 n 的样本观测值的均值为

$$\overline{Y}=\beta_0+\beta_1\overline{X}_1+\beta_2\overline{X}_2+\cdots+\beta_k\overline{X}_k+\overline{u} \tag{3.12}$$

其中

$$\overline{X}_1=\frac{1}{n}\sum X_{1i},\ \overline{X}_2=\frac{1}{n}\sum X_{2i},\cdots,\ \overline{X}_k=\frac{1}{n}\sum X_{ki}$$

$$\overline{Y}=\frac{1}{n}\sum Y_i,\ \overline{u}=\frac{1}{n}\sum u_i$$

用(3.3)式减去(3.13)式,得到多元线性回归模型的离差形式

$$y_i=\beta_1x_{1i}+\beta_2x_{2i}+\cdots+\beta_kx_{ki}+u_i-\overline{u},\quad i=1,2,\cdots,n \tag{3.13}$$

这里

$$y_i=Y_i-\overline{Y},\ x_{1i}=X_{1i}-\overline{X}_1,\ x_{2i}=X_{2i}-\overline{X}_2,\cdots,\ x_{ki}=X_{ki}-\overline{X}_k$$

(3.13)式相应的矩阵表达形式为

$$\boldsymbol{y}=\boldsymbol{x}\dot{\boldsymbol{\beta}}+\boldsymbol{v} \tag{3.14}$$

其中

$$\boldsymbol{y}=\begin{bmatrix}y_1\\y_2\\\vdots\\y_n\end{bmatrix}_{n\times 1},\quad \boldsymbol{x}=\begin{bmatrix}x_{11}&x_{21}&\cdots&x_{k1}\\x_{12}&x_{22}&\cdots&x_{k2}\\\vdots&\vdots&&\vdots\\x_{1n}&x_{2n}&\cdots&x_{kn}\end{bmatrix}_{n\times k}$$

$$\dot{\boldsymbol{\beta}}=\begin{bmatrix}\beta_1\\\beta_2\\\vdots\\\beta_k\end{bmatrix}_{k\times 1},\quad \boldsymbol{v}=\boldsymbol{U}-\overline{\boldsymbol{U}}=\begin{bmatrix}u_1-\overline{u}\\u_2-\overline{u}\\\vdots\\u_n-\overline{u}\end{bmatrix}_{n\times 1}$$

这里:

$\boldsymbol{y}$——被解释变量样本观测值离差形式的 $n\times 1$ 阶列向量;

$\boldsymbol{x}$——解释变量样本观测值离差形式的 $n\times k$ 阶矩阵;

$\dot{\boldsymbol{\beta}}$——未知回归系数的 $k\times 1$ 阶列向量,由于是离差形式,它已不再包含模型的截距项β_0;

$\boldsymbol{v}$——随机误差项的 $n\times 1$ 阶列向量。

相应的估计的样本回归方程为

$$\hat{\boldsymbol{y}} = \boldsymbol{x}\hat{\dot{\boldsymbol{\beta}}} \tag{3.15}$$

其中

$$\hat{\boldsymbol{y}} = \begin{bmatrix} \hat{y}_1 \\ \hat{y}_2 \\ \vdots \\ \hat{y}_n \end{bmatrix}_{n\times 1}, \quad \hat{\dot{\boldsymbol{\beta}}} = \begin{bmatrix} \hat{\beta}_1 \\ \hat{\beta}_2 \\ \vdots \\ \hat{\beta}_k \end{bmatrix}_{k\times 1}$$

这里：

$\hat{\boldsymbol{y}}$——被解释变量离差形式的样本观测值 $\boldsymbol{y}$ 的 $n\times 1$ 阶拟合值列向量；

$\hat{\dot{\boldsymbol{\beta}}}$——未知回归系数 $\dot{\boldsymbol{\beta}}$ 的 $k\times 1$ 阶估计值列向量。

正规方程组为

$$\boldsymbol{x}'\boldsymbol{x}\hat{\dot{\boldsymbol{\beta}}} = \boldsymbol{x}'\boldsymbol{y}$$

则 $\dot{\boldsymbol{\beta}}$ 的最小二乘估计量为

$$\hat{\dot{\boldsymbol{\beta}}} = (\boldsymbol{x}'\boldsymbol{x})^{-1}\boldsymbol{x}'\boldsymbol{y} \tag{3.16}$$

其中

$$\boldsymbol{x}'\boldsymbol{x} = \begin{bmatrix} \sum x_{1i}^2 & \sum x_{1i}x_{2i} & \cdots & \sum x_{1i}x_{ki} \\ \sum x_{2i}x_{1i} & \sum x_{2i}^2 & \cdots & \sum x_{2i}x_{ki} \\ \vdots & \vdots & & \vdots \\ \sum x_{ki}x_{1i} & \sum x_{ki}x_{2i} & \cdots & \sum x_{ki}^2 \end{bmatrix}, \quad \boldsymbol{x}'\boldsymbol{y} = \begin{bmatrix} \sum x_{1i}y_i \\ \sum x_{2i}y_i \\ \vdots \\ \sum x_{ki}y_i \end{bmatrix}$$

为方便起见，记

$$L_{st} = \sum x_{si}x_{ti} = \sum X_{si}X_{ti} - n\overline{X}_s\,\overline{X}_t, \quad s,t = 1,2,\cdots,k \tag{3.17}$$

$$L_{jy} = \sum x_{ji}y_i = \sum X_{ji}Y_i - n\overline{X}_j\overline{Y}, \quad j = 1,2,\cdots,k \tag{3.18}$$

则可将 $\boldsymbol{x}'\boldsymbol{x}$,$\boldsymbol{x}'\boldsymbol{y}$ 表示成

$$\boldsymbol{x}'\boldsymbol{x} = \begin{bmatrix} L_{11} & L_{12} & \cdots & L_{1k} \\ L_{21} & L_{22} & \cdots & L_{2k} \\ \vdots & \vdots & & \vdots \\ L_{k1} & L_{k2} & \cdots & L_{kk} \end{bmatrix}, \quad \boldsymbol{x}'\boldsymbol{y} = \begin{bmatrix} L_{1y} \\ L_{2y} \\ \vdots \\ L_{ky} \end{bmatrix}$$

$\hat{\dot{\boldsymbol{\beta}}}$的代数表达式(3.16)与$\hat{\boldsymbol{\beta}}$的代数表达式(3.11)在形式上完全一样,只不过$\hat{\dot{\boldsymbol{\beta}}}$是利用离差形式的样本观测值计算的,并且不包含$\hat{\beta}_0$。在求出$\hat{\dot{\boldsymbol{\beta}}}$后,最后计算$\hat{\beta}_0$。其计算公式为

$$\hat{\beta}_0 = \overline{Y} - \hat{\beta}_1 \overline{X}_1 - \hat{\beta}_2 \overline{X}_2 - \cdots - \hat{\beta}_k \overline{X}_k \tag{3.19}$$

特别地,对于二元线性回归模型,正规方程组 $\boldsymbol{x}'\boldsymbol{x}\hat{\dot{\boldsymbol{\beta}}} = \boldsymbol{x}'\boldsymbol{y}$ 可写成

$$\begin{cases} L_{11}\hat{\beta}_1 + L_{12}\hat{\beta}_2 = L_{1y} \\ L_{21}\hat{\beta}_1 + L_{22}\hat{\beta}_2 = L_{2y} \end{cases}$$

解这个方程组,得β_1,β_2 的最小二乘估计量

$$\hat{\beta}_1 = \frac{L_{1y}L_{22} - L_{2y}L_{12}}{L_{11}L_{22} - L_{12}{}^2} \tag{3.20}$$

$$\hat{\beta}_2 = \frac{L_{2y}L_{11} - L_{1y}L_{12}}{L_{11}L_{22} - L_{12}{}^2} \tag{3.21}$$

最后再由(3.19)式求得β_0 的最小二乘估计量

$$\hat{\beta}_0 = \overline{Y} - \hat{\beta}_1 \overline{X}_1 - \hat{\beta}_2 \overline{X}_2 \tag{3.22}$$

例3.1　根据经济理论,在市场上某种商品的需求量 Y_i 主要取决于该商品的价格 X_{1i}和消费者的平均收入 X_{2i}。假设某地区有关的统计数据如表3.1所示(EViews 文件见 li-3-1),Y_i 与 X_{1i}和 X_{2i}的散点图分别见图3.1a和图3.1b,试建立该种商品的需求量与商品价格和消费者平均收入之间的线性回归模型。

表3.1　Y_i,X_{1i}和 X_{2i}数据

n	需求量 Y_i	价格 X_{1i}	收入 X_{2i}
1	58	9	56
2	48	8	53
3	63	7	60
4	68	6	70
5	73	7	78
6	98	5	84
7	98	4	91
8	78	6	82
9	108	3	100
10	88	5	120

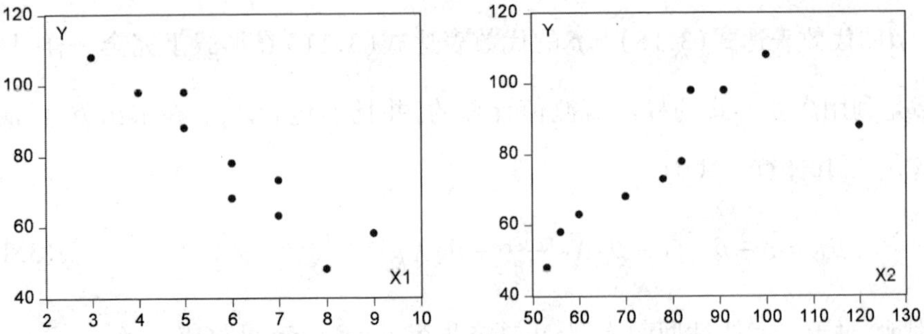

a. Y_i 与 X_{1i}的散点图　　b. Y_i 与 X_{2i}的散点图

图 3.1　Y_i 分别与 X_{1i}、X_{2i}的散点图

首先,由表 3.1 原始数据计算得

$$\overline{X}_1 = 6,\ \overline{X}_2 = 79.4,\ \overline{Y} = 78$$

$$\sum X_{1i}^2 = 390,\ \sum X_{2i}^2 = 66990,\ \sum X_{1i}X_{2i} = 4490$$

$$\sum Y_i^2 = 64290,\ \sum X_{1i}Y_i = 4380,\ \sum X_{2i}Y_i = 64932$$

然后,将上述结果代入(3.17)、(3.18)式中,计算得

$$L_{11} = \sum x_{1i}^2 = 30,\ L_{22} = \sum x_{2i}^2 = 3946.4$$

$$L_{12} = \sum x_{1i}x_{2i} = -274$$

$$L_{1y} = \sum x_{1i}y_i = -300,\ L_{2y} = \sum x_{2i}y_i = 3000$$

接着,再按(3.20)、(3.21)和(3.22)式计算得

$$\hat{\beta}_1 = \frac{L_{1y}L_{22} - L_{2y}L_{12}}{L_{11}L_{22} - L_{12}^2} = \frac{(-300) \times 3946.4 - 3000 \times (-274)}{30 \times 3946.4 - (-274)^2} = -8.3553$$

$$\hat{\beta}_2 = \frac{L_{2y}L_{11} - L_{1y}L_{12}}{L_{11}L_{22} - L_{12}^2} = \frac{3000 \times 30 - (-300) \times (-274)}{30 \times 3946.4 - (-274)^2} = 0.1801$$

$$\hat{\beta}_0 = \overline{Y} - \hat{\beta}_1\overline{X}_1 - \hat{\beta}_2\overline{X}_2 = 78 - (-8.3553) \times 6 - 0.1801 \times 79.4$$
$$= 113.8343$$

最后,得估计的回归方程

$$\hat{Y}_i = 113.8343 - 8.3553X_{1i} + 0.1801X_{2i}$$

如果利用 EViews 的最小二乘法估计程序,输出的结果如表 3.2 所示。

表 3.2　例 3.1 应用 EViews 输出的结果

Dependent Variable: Y
Method: Least Squares
Date: 04/26/20　Time: 07:48
Sample: 1 10
Included observations: 10

Variable	Coefficient	Std. Error	t-Statistic	Prob.
C	113.8343	28.16557	4.041612	0.0049
X1	-8.355342	2.290749	-3.647428	0.0082
X2	0.180072	0.199727	0.901589	0.3972

R-squared	0.883136	Mean dependent var	78.00000
Adjusted R-squared	0.849746	S.D. dependent var	19.57890
S.E. of regression	7.589290	Akaike info criterion	7.134678
Sum squared resid	403.1813	Schwarz criterion	7.225454
Log likelihood	-32.67339	Hannan-Quinn criter.	7.035098
F-statistic	26.44931	Durbin-Watson stat	1.767143
Prob(F-statistic)	0.000546		

3. 随机误差项方差σ^2的估计量

根据前述，被解释变量的实际观测值与回归值之间的残差为

$$\begin{aligned}\boldsymbol{e} &= \boldsymbol{Y}-\hat{\boldsymbol{Y}}=\boldsymbol{Y}-\boldsymbol{X}\hat{\boldsymbol{\beta}}=(\boldsymbol{X\beta}+\boldsymbol{U})-\boldsymbol{X}[(\boldsymbol{X}'\boldsymbol{X})^{-1}\boldsymbol{X}'\boldsymbol{Y}]\\ &=(\boldsymbol{X\beta}+\boldsymbol{U})-\boldsymbol{X}[(\boldsymbol{X}'\boldsymbol{X})^{-1}\boldsymbol{X}'(\boldsymbol{X\beta}+\boldsymbol{U})]\\ &=\boldsymbol{X\beta}+\boldsymbol{U}-\boldsymbol{X}[\boldsymbol{\beta}+(\boldsymbol{X}'\boldsymbol{X})^{-1}\boldsymbol{X}'\boldsymbol{U}]=\boldsymbol{U}-\boldsymbol{X}(\boldsymbol{X}'\boldsymbol{X})^{-1}\boldsymbol{X}'\boldsymbol{U}\\ &=[\boldsymbol{I}_n-\boldsymbol{X}(\boldsymbol{X}'\boldsymbol{X})^{-1}\boldsymbol{X}']\boldsymbol{U}=\boldsymbol{MU}\end{aligned}$$

这里

$$\boldsymbol{M}=\boldsymbol{I}_n-\boldsymbol{X}(\boldsymbol{X}'\boldsymbol{X})^{-1}\boldsymbol{X}'$$

不难看出，$\boldsymbol{M}$ 是一 n 阶对称幂等矩阵，即 $\boldsymbol{M}=\boldsymbol{M}'$，$\boldsymbol{M}^2=\boldsymbol{M}$。于是，残差平方和为

$$\begin{aligned}\boldsymbol{e}'\boldsymbol{e} &=(\boldsymbol{MU})'\boldsymbol{MU}=\boldsymbol{U}'\boldsymbol{M}'\boldsymbol{MU}=\boldsymbol{U}'\boldsymbol{MU}=\boldsymbol{U}'[\boldsymbol{I}_n-\boldsymbol{X}(\boldsymbol{X}'\boldsymbol{X})^{-1}\boldsymbol{X}']\boldsymbol{U}\\ \mathrm{E}(\boldsymbol{e}'\boldsymbol{e}) &=\mathrm{E}\{\boldsymbol{U}'[\boldsymbol{I}_n-\boldsymbol{X}(\boldsymbol{X}'\boldsymbol{X})^{-1}\boldsymbol{X}']\boldsymbol{U}\}=\sigma^2\mathrm{tr}[\boldsymbol{I}_n-\boldsymbol{X}(\boldsymbol{X}'\boldsymbol{X})^{-1}\boldsymbol{X}']\\ &=\sigma^2[\mathrm{tr}\,\boldsymbol{I}_n-\mathrm{tr}(\boldsymbol{X}(\boldsymbol{X}'\boldsymbol{X})^{-1}\boldsymbol{X}')]=\sigma^2[n-(k+1)]\end{aligned}$$

其中符号“tr”表示矩阵的迹，它被定义为矩阵主对角线上元素的和。于是有

$$\sigma^2=\frac{\mathrm{E}(\boldsymbol{e}'\boldsymbol{e})}{n-(k+1)}=\mathrm{E}\left(\frac{\boldsymbol{e}'\boldsymbol{e}}{n-(k+1)}\right)$$

从而，我们就得到了随机误差项的方差σ^2的无偏估计量

$$\hat{\sigma}^2 = \frac{\boldsymbol{e}'\boldsymbol{e}}{n-(k+1)} = \frac{\sum e_i^2}{n-k-1} \tag{3.23}$$

有时也用 S_e^2 表示 σ^2 的无偏估计量。而 $\hat{\sigma}$ 或 S_e 通常称之为**回归标准差**或**残差标准差**。

(3.23)式中的残差平方和 $\sum e_i^2$ 计算方法如下:

$$\begin{aligned}\sum e_i^2 &= \boldsymbol{e}'\boldsymbol{e} = (\boldsymbol{Y}-\boldsymbol{X}\hat{\boldsymbol{\beta}})'(\boldsymbol{Y}-\boldsymbol{X}\hat{\boldsymbol{\beta}}) = \boldsymbol{Y}'\boldsymbol{Y} - 2\hat{\boldsymbol{\beta}}'\boldsymbol{X}'\boldsymbol{Y} + \hat{\boldsymbol{\beta}}'\boldsymbol{X}'\boldsymbol{X}\hat{\boldsymbol{\beta}} \\ &= \boldsymbol{Y}'\boldsymbol{Y} - 2\hat{\boldsymbol{\beta}}'\boldsymbol{X}'\boldsymbol{Y} + \hat{\boldsymbol{\beta}}'\boldsymbol{X}'\boldsymbol{X}(\boldsymbol{X}'\boldsymbol{X})^{-1}\boldsymbol{X}'\boldsymbol{Y} \\ &= \boldsymbol{Y}'\boldsymbol{Y} - \hat{\boldsymbol{\beta}}'\boldsymbol{X}'\boldsymbol{Y}\end{aligned} \tag{3.24}$$

如果利用离差形式表示,则有

$$\sum e_i^2 = \boldsymbol{y}'\boldsymbol{y} - \hat{\hat{\boldsymbol{\beta}}}'\boldsymbol{x}'\boldsymbol{y} \tag{3.25}$$

这里

$$y'y = \sum y_i^2 = \boldsymbol{Y}'\boldsymbol{Y} - n\overline{Y}^2$$

特别地,对于二元线性回归模型,由(3.24)式有

$$\sum e_i^2 = \sum Y_i^2 - \hat{\beta}_0 \sum Y_i - \hat{\beta}_1 \sum X_{1i} Y_i - \hat{\beta}_2 \sum X_{2i} Y_i \tag{3.26}$$

或者由(3.25)式有

$$\sum e_i^2 = \sum y_i^2 - \hat{\beta}_1 \sum x_{1i} y_i - \hat{\beta}_2 \sum x_{2i} y_i \tag{3.27}$$

例 3.2 试求例 3.1 中 σ^2 的无偏估计量 $\hat{\sigma}^2$ 和回归标准差 $\hat{\sigma}$。

根据例 3.1 中表 3.2 的 EViews 输出结果,将残差平方和 Sum squared resid =403.1813 代入(3.23)式,得 σ^2 的无偏估计量

$$\hat{\sigma}^2 = \frac{\sum e_i^2}{n-k-1} = \frac{403.1813}{10-2-1} = \frac{403.1813}{7} = 57.5973$$

从而可得回归标准差

$$\hat{\sigma} = \sqrt{57.5973} = 7.5893$$

或直接由表 3.2 的 EViews 输出得到回归标准差 $\hat{\sigma}$:

S.E. of regression = 7.589290

§3.3　最小二乘估计量的特性

1. 线性性

所谓线性性是指最小二乘估计量$\hat{\boldsymbol{\beta}}$是被解释变量的观测值 $Y_1, Y_2, \cdots, Y_n$ 的线性函数。

令

$$\boldsymbol{A} = (\boldsymbol{X}'\boldsymbol{X})^{-1}\boldsymbol{X}' \tag{3.28}$$

则由基本假定(4)，$X_1, X_2, \cdots, X_k$ 是非随机变量，所以矩阵 $\boldsymbol{A}$ 是一个非随机的 $(k+1) \times n$阶常数矩阵。根据(3.11)式，最小二乘估计量$\hat{\boldsymbol{\beta}}$可以表示为

$$\hat{\boldsymbol{\beta}} = (\boldsymbol{X}'\boldsymbol{X})^{-1}\boldsymbol{X}'\boldsymbol{Y} = \boldsymbol{A}\boldsymbol{Y} \tag{3.29}$$

这就说明了$\hat{\boldsymbol{\beta}}$是 $\boldsymbol{Y} = (Y_1, Y_2, \cdots, Y_n)'$的线性函数。

2. 无偏性

$$\begin{aligned}\hat{\boldsymbol{\beta}} &= (\boldsymbol{X}'\boldsymbol{X})^{-1}\boldsymbol{X}'\boldsymbol{Y} = (\boldsymbol{X}'\boldsymbol{X})^{-1}\boldsymbol{X}'(\boldsymbol{X}\boldsymbol{\beta} + \boldsymbol{U}) \\ &= \boldsymbol{\beta} + (\boldsymbol{X}'\boldsymbol{X})^{-1}\boldsymbol{X}'\boldsymbol{U}\end{aligned} \tag{3.30}$$

对(3.30)式两边取期望，得

$$\mathrm{E}(\hat{\boldsymbol{\beta}}) = \boldsymbol{\beta} + \mathrm{E}[(\boldsymbol{X}'\boldsymbol{X})^{-1}\boldsymbol{X}'\boldsymbol{U}] = \boldsymbol{\beta} + (\boldsymbol{X}'\boldsymbol{X})^{-1}\boldsymbol{X}'\mathrm{E}(\boldsymbol{U}) = \boldsymbol{\beta}$$

所以，$\hat{\boldsymbol{\beta}}$是$\boldsymbol{\beta}$的无偏估计量。这里利用了随机误差项满足 $\mathrm{E}(\boldsymbol{U}) = \boldsymbol{0}$ 的基本假定(1)和解释变量与随机误差项之间彼此不相关的基本假定(4)。

3. 最小方差性(有效性)

首先给出$\hat{\boldsymbol{\beta}}$的方差－协方差矩阵。

$$\mathrm{Var}(\hat{\boldsymbol{\beta}}) = \mathrm{E}[\hat{\boldsymbol{\beta}} - \mathrm{E}(\hat{\boldsymbol{\beta}})][\hat{\boldsymbol{\beta}} - \mathrm{E}(\hat{\boldsymbol{\beta}})]' = \mathrm{E}(\hat{\boldsymbol{\beta}} - \boldsymbol{\beta})(\hat{\boldsymbol{\beta}} - \boldsymbol{\beta})'$$

$$=\mathrm{E}\left(\begin{bmatrix}\hat{\beta}_0-\beta_0\\ \hat{\beta}_1-\beta_1\\ \vdots\\ \hat{\beta}_k-\beta_k\end{bmatrix}(\hat{\beta}_0-\beta_0,\hat{\beta}_1-\beta_1,\cdots,\hat{\beta}_k-\beta_k)\right)$$

$$=\begin{bmatrix}\mathrm{Var}(\hat{\beta}_0) & \mathrm{Cov}(\hat{\beta}_0,\hat{\beta}_1) & \cdots & \mathrm{Cov}(\hat{\beta}_0,\hat{\beta}_k)\\ \mathrm{Cov}(\hat{\beta}_1,\hat{\beta}_0) & \mathrm{Var}(\hat{\beta}_1) & \cdots & \mathrm{Cov}(\hat{\beta}_1,\hat{\beta}_k)\\ \vdots & \vdots & & \vdots\\ \mathrm{Cov}(\hat{\beta}_k,\hat{\beta}_0) & \mathrm{Cov}(\hat{\beta}_k,\hat{\beta}_1) & \cdots & \mathrm{Var}(\hat{\beta}_k)\end{bmatrix} \tag{3.31}$$

这个矩阵主对角线上的元素为$\hat{\beta}_0,\hat{\beta}_1,\cdots,\hat{\beta}_k$ 的方差,非主对角线上的元素为它们的协方差。

另一方面,由(3.30)式我们有

$$\hat{\boldsymbol{\beta}}-\boldsymbol{\beta}=(\boldsymbol{X}'\boldsymbol{X})^{-1}\boldsymbol{X}'\boldsymbol{U}$$

于是

$$\begin{aligned}\mathrm{Var}(\hat{\boldsymbol{\beta}})&=\mathrm{E}(\hat{\boldsymbol{\beta}}-\boldsymbol{\beta})(\hat{\boldsymbol{\beta}}-\boldsymbol{\beta})'=\mathrm{E}[(\boldsymbol{X}'\boldsymbol{X})^{-1}\boldsymbol{X}'\boldsymbol{U}][(\boldsymbol{X}'\boldsymbol{X})^{-1}\boldsymbol{X}'\boldsymbol{U}]'\\&=\mathrm{E}[(\boldsymbol{X}'\boldsymbol{X})^{-1}\boldsymbol{X}'\boldsymbol{U}\boldsymbol{U}'\boldsymbol{X}(\boldsymbol{X}'\boldsymbol{X})^{-1}]\\&=(\boldsymbol{X}'\boldsymbol{X})^{-1}\boldsymbol{X}'[\mathrm{E}(\boldsymbol{U}\boldsymbol{U}')]\boldsymbol{X}(\boldsymbol{X}'\boldsymbol{X})^{-1}\\&=(\boldsymbol{X}'\boldsymbol{X})^{-1}\boldsymbol{X}'[\boldsymbol{\sigma}^2\boldsymbol{I}_n]\boldsymbol{X}(\boldsymbol{X}'\boldsymbol{X})^{-1}=\boldsymbol{\sigma}^2(\boldsymbol{X}'\boldsymbol{X})^{-1}\end{aligned} \tag{3.32}$$

记

$$\boldsymbol{C}=(\boldsymbol{X}'\boldsymbol{X})^{-1}=(C_{ij})$$

这里,$\boldsymbol{C}=(C_{ij})$是一个$(k+1)$阶的方阵,而 C_{ij} 表示位于矩阵 $\boldsymbol{C}=(\boldsymbol{X}'\boldsymbol{X})^{-1}$ 的第 i 行、第 j 列处的元素。比较(3.31)式和(3.32)式,不难看出有下列关系:

$$\mathrm{Var}(\hat{\beta}_i)=\sigma^2(\boldsymbol{X}'\boldsymbol{X})^{-1}_{i+1,i+1}=\sigma^2C_{i+1,i+1},\qquad i=0,1,\cdots,k \tag{3.33}$$

$$\mathrm{Cov}(\hat{\beta}_i,\hat{\beta}_j)=\sigma^2(\boldsymbol{X}'\boldsymbol{X})^{-1}_{i+1,j+1}=\sigma^2C_{i+1,j+1},\quad i\neq j,i,j=0,1,\cdots,k \tag{3.34}$$

为了说明$\hat{\boldsymbol{\beta}}$的最小方差性,只需要证明$\boldsymbol{\beta}$的任一线性无偏估计量 $\boldsymbol{b}$ 的方差都不小于$\hat{\boldsymbol{\beta}}$的方差。

由(3.29)式,$\hat{\boldsymbol{\beta}} = \boldsymbol{AY}$,不失一般性,我们将$\boldsymbol{\beta}$的任一线性无偏估计量 $\boldsymbol{b}$ 表示为

$$\boldsymbol{b} = (\boldsymbol{A} + \boldsymbol{P})\boldsymbol{Y} \tag{3.35}$$

其中 $\boldsymbol{P}$ 是一个非随机的$(k+1)\times n$ 阶常数矩阵。显然 $\boldsymbol{b}$ 是 $\boldsymbol{Y} = (Y_1, Y_2, \cdots, Y_n)'$ 的线性函数。

由(3.35)式,我们有

$$\boldsymbol{b} = (\boldsymbol{A} + \boldsymbol{P})\boldsymbol{Y} = \boldsymbol{AY} + \boldsymbol{PY} = \hat{\boldsymbol{\beta}} + \boldsymbol{PY} \tag{3.36}$$

对(3.36)式两边取期望,得

$$\begin{aligned}\mathrm{E}(\boldsymbol{b}) &= \mathrm{E}[(\boldsymbol{A} + \boldsymbol{P})\boldsymbol{Y}] = \mathrm{E}(\hat{\boldsymbol{\beta}} + \boldsymbol{PY}) = \mathrm{E}(\hat{\boldsymbol{\beta}}) + \mathrm{E}(\boldsymbol{PY})\\ &= \boldsymbol{\beta} + \mathrm{E}[\boldsymbol{P}(\boldsymbol{X\beta} + \boldsymbol{U})] = \boldsymbol{\beta} + \boldsymbol{PX\beta} + \mathrm{E}(\boldsymbol{PU})\\ &= \boldsymbol{\beta} + \boldsymbol{PX\beta} + \boldsymbol{P}\,\mathrm{E}(\boldsymbol{U}) = \boldsymbol{\beta} + \boldsymbol{PX\beta}\end{aligned}$$

因为,$\boldsymbol{b}$ 还应是$\boldsymbol{\beta}$的无偏估计量,即 $\mathrm{E}(\boldsymbol{b}) = \boldsymbol{\beta}$,所以矩阵 $\boldsymbol{P}$ 必须满足条件

$$\boldsymbol{PX} = \boldsymbol{0} \tag{3.37}$$

这样一来,我们就有以下结果

$$\begin{aligned}\boldsymbol{b} - \boldsymbol{\beta} &= (\boldsymbol{A} + \boldsymbol{P})\boldsymbol{Y} - \boldsymbol{\beta} = \boldsymbol{AY} + \boldsymbol{PY} - \boldsymbol{\beta}\\ &= \boldsymbol{A}(\boldsymbol{X\beta} + \boldsymbol{U}) + \boldsymbol{P}(\boldsymbol{X\beta} + \boldsymbol{U}) - \boldsymbol{\beta}\\ &= \boldsymbol{AX\beta} + \boldsymbol{PX\beta} + (\boldsymbol{A} + \boldsymbol{P})\boldsymbol{U} - \boldsymbol{\beta}\end{aligned}$$

利用(3.28)式和条件(3.37),我们可以将上式简化为

$$\boldsymbol{b} - \boldsymbol{\beta} = (\boldsymbol{X}'\boldsymbol{X})^{-1}\boldsymbol{X}'\boldsymbol{X\beta} + (\boldsymbol{A} + \boldsymbol{P})\boldsymbol{U} - \boldsymbol{\beta} = (\boldsymbol{A} + \boldsymbol{P})\boldsymbol{U} \tag{3.38}$$

于是,我们计算出 $\boldsymbol{b}$ 的方差 - 协方差矩阵为

$$\begin{aligned}\mathrm{Var}(\boldsymbol{b}) &= \mathrm{E}[(\boldsymbol{b} - \mathrm{E}(\boldsymbol{b}))][\boldsymbol{b} - \mathrm{E}(\boldsymbol{b})]' = \mathrm{E}(\boldsymbol{b} - \boldsymbol{\beta})(\boldsymbol{b} - \boldsymbol{\beta})'\\ &= \mathrm{E}[(\boldsymbol{A} + \boldsymbol{P})\boldsymbol{U}][(\boldsymbol{A} + \boldsymbol{P})\boldsymbol{U}]' = (\boldsymbol{A} + \boldsymbol{P})\mathrm{E}(\boldsymbol{UU}')(\boldsymbol{A} + \boldsymbol{P})'\\ &= \sigma^2(\boldsymbol{A} + \boldsymbol{P})(\boldsymbol{A} + \boldsymbol{P})'\end{aligned}$$

因为

$$\begin{aligned}(\boldsymbol{A}+\boldsymbol{P})(\boldsymbol{A}+\boldsymbol{P})' &= \boldsymbol{AA}'+\boldsymbol{PA}'+\boldsymbol{AP}'+\boldsymbol{PP}' \\ &= (\boldsymbol{X}'\boldsymbol{X})^{-1}\boldsymbol{X}'\boldsymbol{X}(\boldsymbol{X}'\boldsymbol{X})^{-1}+\boldsymbol{PX}(\boldsymbol{X}'\boldsymbol{X})^{-1}+(\boldsymbol{X}'\boldsymbol{X})^{-1}\boldsymbol{X}'\boldsymbol{P}'+\boldsymbol{PP}' \\ &= (\boldsymbol{X}'\boldsymbol{X})^{-1}+\boldsymbol{PP}'\end{aligned}$$

这里利用了事实:$\boldsymbol{PX}=\boldsymbol{X}'\boldsymbol{P}'=\boldsymbol{0}$。所以

$$\begin{aligned}\mathrm{Var}(\boldsymbol{b}) &= \sigma^2[(\boldsymbol{X}'\boldsymbol{X})^{-1}+\boldsymbol{PP}'] = \sigma^2(\boldsymbol{X}'\boldsymbol{X})^{-1}+\sigma^2\boldsymbol{PP}' \\ &= \mathrm{Var}(\hat{\boldsymbol{\beta}})+\sigma^2\boldsymbol{PP}'\end{aligned}$$

上式右边第一项是最小二乘估计量$\hat{\boldsymbol{\beta}}$的方差－协方差矩阵,第二项是由任一非随机常数矩阵 $\boldsymbol{P}$ 产生的附加项。由于矩阵 $\boldsymbol{PP}'$的主对角线上的所有元素都是非负的,所以 $\mathrm{Var}(\boldsymbol{b})$的主对角线上的所有元素都不可能比 $\mathrm{Var}(\hat{\boldsymbol{\beta}})$的相应的主对角线上的元素小,即

$$\mathrm{Var}(b_i) \geqslant \mathrm{Var}(\hat{\beta}_i),\quad i=0,1,\cdots,k \tag{3.39}$$

至此,最小二乘估计量$\hat{\boldsymbol{\beta}}$的最小方差性得证,这就是高斯－马尔可夫定理。

高斯－马尔可夫(Gauss-Markov)定理

如果基本假定(1)~(5)成立,则最小二乘估计量$\hat{\boldsymbol{\beta}}$是$\boldsymbol{\beta}$的**最优线性无偏估计量**(Best Linear Unbiased Estimate,简记为 BLUE),也就是说在$\boldsymbol{\beta}$的所有线性无偏估计量中,$\hat{\boldsymbol{\beta}}$具有最小方差性。

在$\hat{\boldsymbol{\beta}}$具有最小方差性的证明中,我们得到了$\hat{\beta}_i$ 方差的表达式(3.33)式

$$\mathrm{Var}(\hat{\beta}_i)=\sigma^2(\boldsymbol{X}'\boldsymbol{X})^{-1}_{i+1,i+1}=\sigma^2 C_{i+1,i+1},\quad i=0,1,\cdots,k$$

这里,σ^2是未知的。我们用σ^2的无偏估计量$\hat{\sigma}^2$代替,得到$\hat{\beta}_i$ 方差的估计量

$$S^2(\hat{\beta}_i)=\hat{\sigma}^2 C_{i+1,i+1},\quad i=0,1,\cdots,k \tag{3.40}$$

于是,$\hat{\beta}_i$ 标准差的估计量为

$$S(\hat{\beta}_i)=\hat{\sigma}\sqrt{C_{i+1,i+1}},\quad i=0,1,\cdots,k \tag{3.41}$$

特别地,对于二元线性回归模型,$\hat{\beta}_1$和$\hat{\beta}_2$的方差可以用离差形式表示成

$$\mathrm{Var}(\hat{\beta}_1)=\sigma^2\frac{L_{22}}{L_{11}L_{22}-L_{12}{}^2}$$

$$\mathrm{Var}(\hat{\beta}_2)=\sigma^2\frac{L_{11}}{L_{11}L_{22}-L_{12}^{\ 2}}$$

于是，$\hat{\beta}_1$和$\hat{\beta}_2$标准差的估计量为

$$\mathrm{S}(\hat{\beta}_1)=\sqrt{\hat{\sigma}^2\frac{L_{22}}{L_{11}L_{22}-L_{12}^{\ 2}}} \tag{3.42}$$

$$S(\hat{\beta}_2)=\sqrt{\hat{\sigma}^2\frac{L_{11}}{L_{11}L_{22}-L_{12}^{\ 2}}} \tag{3.43}$$

关于L_{11}、L_{12}、L_{22}的定义见(3.17)和(3.18)式。

例 3.3　试计算§3.2 例 3.1 中$\hat{\beta}_1$ 和$\hat{\beta}_2$ 的标准差的估计值。

根据§3.2 例 3.1、例 3.2 中的计算结果，知

$$L_{11}=30,\ L_{22}=3946.4,\ L_{12}=-274$$

$$L_{1y}=-300,\ L_{2y}=3000,\ \hat{\sigma}^2=57.5973$$

代入(3.42)式和(3.43)式，得到

$$S(\hat{\beta}_1)=\sqrt{57.5973\times\frac{3946.4}{30\times3946.4-(-274)^2}}=2.2907$$

$$S(\hat{\beta}_2)=\sqrt{57.5973\times\frac{30}{30\times3946.4-(-274)^2}}=0.1997$$

我们也可以根据§3.2 例 3.1 中表 3.2 的 EViews 输出直接得到：

$S(\hat{\beta}_1)=X_1$ 的系数(Coefficient)标准差的估计值 Std.Error $=2.290749$,

$S(\hat{\beta}_2)=X_2$ 的系数(Coefficient)标准差的估计值 Std.Error $=0.199727$。

§3.4　可决系数

类似于一元线性回归模型的情形，我们要对估计的回归方程关于样本观测值的拟合优度进行评价，所用统计量是可决系数。

1. 总离差平方和的分解公式

对于多元线性回归模型情形，一元线性回归模型的总离差平方和分解公式仍然成立，即

$$TSS = ESS + SSR \tag{3.44}$$

其中

$TSS = \sum(Y_i - \overline{Y})^2 = \sum y_i{}^2$——总离差平方和；

$ESS = \sum(\hat{Y}_i - \overline{Y})^2 = \sum \hat{y}_i{}^2$——回归平方和；

$SSR = \sum(Y_i - \hat{Y}_i)^2 = \sum e_i{}^2$——残差平方和。

于是，还可以将平方和的分解公式(3.44)式写成离差形式

$$\sum y_i{}^2 = \sum \hat{y}_i{}^2 + \sum e_i{}^2 \tag{3.45}$$

2. 多元样本可决系数

在第2章里，我们利用可决系数度量估计的回归方程的拟合优度，现在将同样的概念推广到多元回归的情形。所谓多元样本可决系数 R^2，也称多元样本判定系数或多元样本决定系数，是指被解释变量 Y 中的变差能被解释变量解释的比例，即

$$R^2 = \frac{ESS}{TSS} \tag{3.46}$$

根据(3.44)式，我们也可以将 R^2 表示为

$$R^2 = 1 - \frac{SSR}{TSS} \tag{3.47}$$

3. 三个平方和的计算公式

当样本容量 $n \geqslant 30$ 时，TSS、ESS 和 SSR 这三个平方和的计算非常烦琐，但我们总能借助于一个计算机软件去实现计算工作。但是，当我们利用计算器处理一个小样本问题时，下面给出简便的计算公式。因为

$$TSS = \sum(Y_i - \overline{Y})^2 = \sum Y_i{}^2 - n\overline{Y}^2 = \boldsymbol{Y'Y} - n\overline{Y}^2 \tag{3.48}$$

由 §3.2 中的(3.24)式知

$$SSR=\sum e_i^2=\boldsymbol{Y}'\boldsymbol{Y}-\hat{\boldsymbol{\beta}}'\boldsymbol{X}'\boldsymbol{Y} \tag{3.49}$$

所以

$$\begin{aligned} ESS &= TSS-SSR=(\boldsymbol{Y}'\boldsymbol{Y}-n\overline{Y}^2)-(\boldsymbol{Y}'\boldsymbol{Y}-\hat{\boldsymbol{\beta}}'\boldsymbol{X}'\boldsymbol{Y}) \\ &= \hat{\boldsymbol{\beta}}'\boldsymbol{X}'\boldsymbol{Y}-n\overline{Y}^2 \end{aligned} \tag{3.50}$$

如果采用离差形式的样本数据,那么有

$$TSS=\sum(Y_i-\overline{Y})^2=\sum y_i^2=\boldsymbol{y}'\boldsymbol{y} \tag{3.51}$$

由§3.2中的(3.25)式知

$$SSR=\sum e_i^2=\boldsymbol{y}'\boldsymbol{y}-\hat{\hat{\boldsymbol{\beta}}}'\boldsymbol{x}'\boldsymbol{y} \tag{3.52}$$

所以

$$ESS=TSS-SSR=\sum\hat{y}_i^2=\boldsymbol{y}'\boldsymbol{y}-(\boldsymbol{y}'\boldsymbol{y}-\hat{\hat{\boldsymbol{\beta}}}'\boldsymbol{x}'\boldsymbol{y})=\hat{\hat{\boldsymbol{\beta}}}'\boldsymbol{x}'\boldsymbol{y} \tag{3.53}$$

于是在计算 R^2 时,我们可以利用下面的公式

$$R^2=\frac{ESS}{TSS}=\frac{\sum\hat{y}_i^2}{\sum y_i^2}=\frac{\hat{\boldsymbol{\beta}}'\boldsymbol{X}'\boldsymbol{Y}-n\overline{Y}^2}{\boldsymbol{Y}'\boldsymbol{Y}-n\overline{Y}^2}=\frac{\hat{\hat{\boldsymbol{\beta}}}'\boldsymbol{x}'\boldsymbol{y}}{\boldsymbol{y}'\boldsymbol{y}} \tag{3.54}$$

因为 $0\leqslant ESS\leqslant TSS$,所以总有 $0\leqslant R^2\leqslant 1$。$R^2$ 的数值越接近于1,表示 Y 对 $\overline{Y}$ 的离差能被估计的回归方程解释的部分越多,估计的回归方程对样本观测值就拟合得越好;反之,R^2 的数值越接近于0,表示 Y 对 $\overline{Y}$ 的离差能被估计的回归方程解释的部分越少,估计的回归方程对样本观测值就拟合得越差。R^2 作为度量回归值 $\hat{Y}_i$ 对样本观测值 Y_i 拟合优度的指标,显然 R^2 的数值越大越好。

R^2 有一个重要的性质,它是解释变量个数的递增函数。这就是说,在样本容量不变时,如果在回归模型中增加新的解释变量,并不会改变总离差平方和 TSS,但是可能增加回归平方和 ESS(或是可能减少残差平方和 SSR),从而可能改善模型的解释功能。所以,增加新的解释变量,不会减少 R^2 的数值,只有可能增加 R^2 的数值。这样一来,在应用过程中就容易引起一种错觉,即要想使模型拟合得好,只要在回归模型中增加新的解释变量就可以了。因此,R^2 并不能合理反映回归模型对观测数据的拟合优度。

R^2 作为拟合优度的度量出现上述问题的原因是,我们没有考虑三个平方和

的自由度。一个自然的解决办法是用平方和的自由度进行修正，以消除 R^2 对解释变量个数的依赖性。修正的可决系数定义如下：

$$\bar{R}^2 = 1 - \frac{SSR/(n-k-1)}{TSS/(n-1)} \tag{3.55}$$

其中

$\dfrac{SSR}{n-k-1} = \dfrac{\sum e_i^2}{n-k-1}$ ——随机误差项 u_i 的样本方差，即 u_i 的方差σ^2的无偏估计量；

$\dfrac{TSS}{n-1} = \dfrac{\sum(Y_i - \bar{Y})^2}{n-1}$ ——被解释变量 Y_i 的样本方差。

因为在样本容量一定的情形下，增加模型中解释变量的个数时，总离差平方和 TSS 仍保持不变，只是残差平方和 SSR 有可能减少。所以，$TSS/(n-1)$是一个常数，而 $SSR/(n-k-1)$将发生变化，既可能变大，也可能变小，从而引起$\bar{R}^2$的减少或增大，达到对 R^2 修正的目的。不难验证，$\bar{R}^2$ 与 R^2 有如下关系：

$$\bar{R}^2 = 1 - (1 - R^2)\frac{n-1}{n-k-1} \tag{3.56}$$

在样本容量一定的情形下，可以看出 $\bar{R}^2$ 有性质：

(1)若 $k \geqslant 1$，则 $\bar{R}^2 \leqslant R^2$；

(2)$\bar{R}^2$ 可能出现负值。例如：$n = 10, k = 2, R^2 = 0.1$ 时，$\bar{R}^2 = -0.157$。显然，负的拟合优度没有任何意义，在这种情形下，取 $\bar{R}^2 = 0$。

在实际应用时，一般地说，R^2 或 $\bar{R}^2$ 越大，模型拟合得越好。但是 R^2 或$\bar{R}^2$大到什么程度才算模型拟合得好，并没有一个绝对的数量标准。另外，R^2 或$\bar{R}^2$仅仅说明在给定的样本条件下，估计的回归方程对于样本观测值拟合的优度，拟合优度并不是评价模型优劣的惟一标准。我们不能仅以 R^2 或 $\bar{R}^2$ 的大小来选择模型，有时为了使有重要经济意义的解释变量保留在模型中，宁可牺牲一点拟合优度。

例 3.4 计算 §3.2 例 3.1 的可决系数。

利用(3.51)式、(3.52)式和(3.53)式，得

$$TSS = \sum y_i^2 = \boldsymbol{y}'\boldsymbol{y} = 3450$$

$$ESS = \hat{\boldsymbol{\beta}}'\boldsymbol{x}'\boldsymbol{y} = (-8.3553, 0.1801)\begin{bmatrix} -300 \\ 3000 \end{bmatrix} = 3046.8187$$

$$SSR = TSS - ESS = 403.1813$$

代入(3.54)式,得样本可决系数

$$R^2 = \frac{ESS}{TSS} = \frac{3046.8187}{3450} = 0.8831$$

再将 $R^2 = 0.8831$ 代入(3.56)式,得修正样本可决系数

$$\bar{R}^2 = 1 - (1 - R^2)\ \frac{n-1}{n-k-1} = 1 - (1 - 0.8831)\ \frac{10-1}{10-2-1} = 0.8497$$

计算结果表明,估计的回归方程与样本观测值拟合得较好。

我们也可以利用§3.2 例3.1 中的表3.2 的 EViews 输出直接得到:

R - squared = 0.883136,即 R^2,
Adjusted R - squared = 0.849746,即 $\bar{R}^2$。

§3.5　显著性检验与置信区间

1. 回归方程的显著性检验(F检验)

回归方程的显著性检验,是指在一定的显著性水平下,从总体上对模型中被解释变量与解释变量之间的线性关系是否显著成立进行的一种统计检验。

对于§3.1 中给出的多元线性回归模型(3.3)式

$$Y_i = \beta_0 + \beta_1 X_{1i} + \beta_2 X_{2i} + \cdots + \beta_k X_{ki} + u_i,\quad (i = 1, 2, \cdots, n)$$

为了从总体上检验模型中被解释变量与解释变量之间线性关系的显著性,检验的原假设为

$$\mathrm{H}_0: \beta_1 = \beta_2 = \cdots = \beta_k = 0$$

也就是说,如果原假设成立,则模型中被解释变量 Y 与解释变量 X_j, $(j = 1, \cdots, k)$ 之间都不存在线性关系。备择假设应表示为

$$\mathrm{H}_1: 至少有一个\beta_j 不等于零(j = 1, 2, \cdots, k)$$

在 H_0 成立条件下,检验的统计量

$$F=\frac{ESS/k}{SSR/(n-k-1)} \tag{3.57}$$

服从自由度为$(k,n-k-1)$的F分布。对于预先给定的显著性水平α,可从F分布表中查出相应的分子自由度为k,分母自由度为$n-k-1$的α水平上侧分位数值(临界值)$F_\alpha(k,n-k-1)$。将样本观测值和估计值代入(3.57)式中,如果计算出的结果有$F>F_\alpha(k,n-k-1)$,则否定原假设H_0,即认为总体回归方程存在显著的线性关系;否则,不否定原假设H_0,即认为总体回归方程不存在线性回归关系。

因为$R^2=\frac{ESS}{TSS}=1-\frac{SSR}{TSS}$,于是检验统计量(3.57)式还可以用可决系数$R^2$表示为

$$F=\frac{R^2/k}{(1-R^2)/(n-k-1)} \tag{3.58}$$

类似于一元回归问题,我们给出多元回归问题的方差分析表如下。

表3.3　多元线性回归方差分析表

平方和名称	表达式	自由度	均方
回归平方和	$ESS=\hat{\boldsymbol{\beta}}\boldsymbol{X}'\boldsymbol{Y}-n\overline{Y}^2=\hat{\dot{\boldsymbol{\beta}}}'\boldsymbol{x}'\boldsymbol{y}$	k	ESS/k
残差平方和	$SSR=\boldsymbol{Y}'\boldsymbol{Y}-\hat{\boldsymbol{\beta}}\boldsymbol{X}'\boldsymbol{Y}=\boldsymbol{y}'\boldsymbol{y}-\hat{\dot{\boldsymbol{\beta}}}'\boldsymbol{x}'\boldsymbol{y}$	$n-k-1$	$SSR/(n-k-1)$
总离差平方和	$TSS=\boldsymbol{Y}'\boldsymbol{Y}-n\overline{Y}^2=\boldsymbol{y}'\boldsymbol{y}$	$n-1$	

例3.5　试对§3.2例3.1中的估计的回归方程

$$\hat{Y}_i=113.8343-8.3553X_{1i}+0.1801X_{2i}$$

进行显著性F检验($\alpha=0.05$)。

提出检验的原假设

$$H_0:\beta_1=\beta_2=0$$

根据例3.4中的计算结果知

$$ESS=3046.8187,\quad SSR=403.1813,\quad n=10,\quad k=2$$

将它们代入(3.57)式中,计算检验统计量

$$F=\frac{ESS/k}{SSR/(n-k-1)}=\frac{3046.8187/2}{403.1813/(10-2-1)}=26.4493$$

对于给定的显著性水平$\alpha=0.05$,从附录4的表3中,查出分子自由度为2,分母自由度为7的F分布上侧分位数$F_{0.05}(2,7)=4.74$。因为$F=26.4493>4.74$,所以否定H_0,总体回归方程存在显著的线性关系,即在该种商品的需求量与商品价格和消费者平均收入之间的线性关系是显著的。

我们也可以利用§3.2 例3.1 中的表3.2 的 EViews 输出直接得到F统计量值:

$$F-\text{statistic}=26.44931。$$

2. 解释变量的显著性检验(t检验)

解释变量的显著性检验,是指在一定的显著性水平下,检验模型的解释变量是否对被解释变量有显著影响的一种统计检验。在上面,我们已经讨论了回归方程总体的显著性检验。对于多元线性回归模型,总体回归方程线性关系的显著性,并不意味着每个解释变量$X_1,X_2,\cdots,X_k$对被解释变量Y的影响都是显著的。因此,我们有必要对每个解释变量进行显著性检验,这样就能把对被解释变量Y影响不显著的解释变量从模型中剔除,而只在模型中保留那些对被解释变量Y影响显著的解释变量,以建立更为简单合理的多元线性回归模型。不难想象,在多元线性回归模型中,如果某个解释变量X_i对被解释变量Y的影响不显著,那么对应于该解释变量X_i的回归系数β_i的值应等于零。因此,对第i个解释变量X_i进行显著性检验,等价于检验它的回归系数β_i的值是否等于零。检验的原假设为

$$H_0:\beta_i=0,\quad i=1,2,\cdots,k$$

对立假设为

$$H_1:\beta_i\neq 0$$

根据§3.1 随机误差项的基本假定(6),u_i服从正态分布,从而被解释变量的观测值Y_i也服从正态分布。另一方面,根据§3.3 最小二乘估计量的统计特性,我们知道$\hat{\beta}_i$是被解释变量观测值$Y_1,Y_2,\cdots,Y_n$的线性函数,于是$\hat{\beta}_i$也服从正态分布。又由于$\hat{\beta}_i$的无偏性

$$E(\hat{\beta}_i)=\beta_i$$

和(3.33)式给出的$\hat{\beta}_i$的方差

$$\mathrm{Var}(\hat{\beta}_i)=\sigma^2(\boldsymbol{X}'\boldsymbol{X})^{-1}_{i+1,i+1}=\sigma^2C_{i+1,i+1}$$

有

$$\hat{\beta}_i\sim N(\beta_i,\sigma^2C_{i+1,i+1})$$

从而

$$\frac{\hat{\beta}_i-\beta_i}{\sqrt{\sigma^2C_{i+1,i+1}}}\sim N(0,1)$$

由于σ^2是未知的,我们用它的无偏估计量$\hat{\sigma}^2=\dfrac{\boldsymbol{e}'\boldsymbol{e}}{n-(k+1)}=\dfrac{\sum e_i^2}{n-k-1}$代替,记$\hat{\beta}_i$的方差 $\mathrm{Var}(\hat{\beta}_i)$的估计量为

$$S^2(\hat{\beta}_i)=\hat{\sigma}^2C_{i+1,i+1}$$

可以证明

$$t_i=\frac{\hat{\beta}_i-\beta_i}{\sqrt{\hat{\sigma}^2C_{i+1,i+1}}}=\frac{\hat{\beta}_i-\beta_i}{S(\hat{\beta}_i)}\sim t(n-k-1),\quad i=0,1,\cdots,k \tag{3.59}$$

于是在 H_0 成立条件下,检验的统计量为

$$t_i=\frac{\hat{\beta}_i}{S(\hat{\beta}_i)},\ i=0,1,\cdots,k \tag{3.60}$$

它服从自由度为$(n-k-1)$的 t 分布,其中$S(\hat{\beta}_i)$是$\hat{\beta}_i$ 标准差的估计量。对于预先给定的显著性水平 α,可从书末附表 1 t 分布表中查出相应的自由度为$f=n-k-1$,α水平的双侧分位数 $t_\alpha(f)$。将样本观测值和估计值代入(3.60)式中,如果计算出的结果有$|t_i|>t_\alpha(f)$,则否定原假设 $H_0:\beta_i=0$,接受 $H_1:\beta_i\neq0$,即认为解释变量 X_i 对被解释变量 Y 存在显著的影响;否则,不否定原假设 $H_0:\beta_i=0$,即认为解释变量 X_i 对被解释变量 Y 不存在显著的影响。

例 3.6 在§3.2 例 3.1 中,我们得到的估计的回归方程为

$$\hat{Y}_i=113.8343-8.3553X_{1i}+0.1801X_{2i}$$

试对该模型的回归系数β_1、β_2 进行显著性检验($\alpha=0.05$)。

首先提出检验的原假设

$$H_0:\beta_i=0,\quad i=1,2$$

根据表3.2中的计算结果知

$$S(\hat{\beta}_1)=2.29075,\ S(\hat{\beta}_2)=0.19973$$

将$S(\hat{\beta}_1)$和$S(\hat{\beta}_2)$的值代入检验统计量(3.60)式中,得

$$t_1=\frac{\hat{\beta}_1}{S(\hat{\beta}_1)}=\frac{-8.35534}{2.29075}=-3.6474$$

$$t_2=\frac{\hat{\beta}_2}{S(\hat{\beta}_2)}=\frac{0.18007}{0.19973}=0.9016$$

对于给定的显著性水平$\alpha=0.05$,从附录4的表1中,查出t分布的自由度为$\nu=7$的双侧分位数$t_{0.05}(7)=2.365$。因为

$|t_1|=3.6474>t_{0.05}(7)=2.365$,所以否定$H_0$,$\beta_1$显著不等于零,即可以认为该种商品的价格$X_1$对商品的需求量$Y$有显著的影响;

$|t_2|=0.9016<t_{0.05}(7)=2.365$,所以不否定$H_0:\beta_2=0$的,即可以认为消费者的平均收入$X_2$对该种商品的需求量$Y$没有显著的影响。

我们也可以利用§3.2例3.1中的表3.2的EViews输出直接得到检验的t统计量:

β_1显著性检验的t统计量:t - statistic = -3.647428,

β_2显著性检验的t统计量:t - statistic = 0.901589。

3. 回归系数的置信区间

根据(3.59)式,我们有

$$t_i=\frac{\hat{\beta}_i-\beta_i}{\sqrt{\hat{\sigma}^2C_{i+1,i+1}}}=\frac{\hat{\beta}_i-\beta_i}{S(\hat{\beta}_i)}\sim t(n-k-1),\ i=0,1,2$$

对于预先给定的α,可从t分布表中查出相应的自由度为$\nu=n-k-1$,α水平的双侧分位数$t_\alpha(\nu)$,则β_i的置信度为$(1-\alpha)$的置信区间的两个端点为

$$\hat{\beta}_i \pm t_\alpha(v) \cdot S(\hat{\beta}_i) \tag{3.61}$$

例 3.7　试对 § 3.2 例 3.1 中的回归系数建立置信度为 95% 的置信区间。

将有关的计算结果 $\hat{\beta}_1 = -8.3553, \hat{\beta}_2 = 0.1801, S(\hat{\beta}_1) = 2.2907, S(\hat{\beta}_2) = 0.1997$, $t_{0.05}(7) = 2.365$ 代入(3.61)式中,得 β_1 的置信度为 95% 的置信区间的两个端点为

$$-8.35534 \pm 2.365 \times 2.29075$$

即 β_1 的真值以 0.95 的置信度落在区间(-13.7730, -2.9377)内;β_2 的置信度为 95% 的置信区间的两个端点为

$$0.18007 \pm 2.365 \times 0.19973$$

即 β_2 的真值以 0.95 的置信度落在区间(-0.2923, 0.6524)内。

为了便于应用,我们将本章多元回归分析的主要公式汇总在表 3.4 中。

§ 3.6　预测

建立计量经济模型的一个重要目的是利用估计的回归方程进行预测。预测分为点预测和区间预测两种情形。

设多元总体线性回归模型为

$$\begin{aligned} Y_i &= \beta_0 + \beta_1 X_{1i} + \beta_2 X_{2i} + \cdots + \beta_k X_{ki} + u_i \\ &= \boldsymbol{X}_i \boldsymbol{\beta} + u_i, \quad i = 1, 2, \cdots, n \end{aligned} \tag{3.62}$$

其中

$$\begin{aligned} \boldsymbol{X}_i &= (1, X_{1i}, X_{2i}, \cdots, X_{ki}) \\ \boldsymbol{\beta} &= (\beta_0, \beta_1, \ldots, \beta_k)' \end{aligned}$$

利用最小二乘法得到的估计的回归方程为

$$\hat{Y}_i = \hat{\beta}_0 + \hat{\beta}_1 X_{1i} + \hat{\beta}_2 X_{2i} + \cdots + \hat{\beta}_k X_{ki} = \boldsymbol{X}_i \hat{\boldsymbol{\beta}} \tag{3.63}$$

其中

表 3.4　按原始数据和离差形式数据进行计算的主要公式

回归模型与统计量	原 始 数 据	离 差 形 式 数 据
多元线性回归模型	$\boldsymbol{Y}=\boldsymbol{X\beta}+\boldsymbol{U}=\boldsymbol{X}\hat{\boldsymbol{\beta}}+\boldsymbol{e}$ $\boldsymbol{Y}=\begin{bmatrix}Y_1\\Y_2\\\vdots\\Y_n\end{bmatrix},\ \boldsymbol{X}=\begin{bmatrix}1&X_{11}&X_{21}&\cdots&X_{k1}\\1&X_{12}&X_{22}&\cdots&X_{k2}\\\vdots&\vdots&\vdots&&\vdots\\1&X_{1n}&X_{2n}&\cdots&X_{kn}\end{bmatrix}$ $\boldsymbol{\beta}=\begin{bmatrix}\beta_0\\\beta_1\\\beta_2\\\vdots\\\beta_k\end{bmatrix},\ \hat{\boldsymbol{\beta}}=\begin{bmatrix}\hat{\beta}_0\\\hat{\beta}_1\\\hat{\beta}_2\\\vdots\\\hat{\beta}_k\end{bmatrix},\ \boldsymbol{U}=\begin{bmatrix}u_1\\u_2\\\vdots\\u_n\end{bmatrix},\ \boldsymbol{e}=\begin{bmatrix}e_1\\e_2\\\vdots\\e_n\end{bmatrix}$	$\boldsymbol{y}=\boldsymbol{x}\dot{\boldsymbol{\beta}}+\boldsymbol{U}-\overline{\boldsymbol{U}}=\boldsymbol{x}\hat{\dot{\boldsymbol{\beta}}}+\boldsymbol{e}$ $\boldsymbol{y}=\begin{bmatrix}y_1\\y_2\\\vdots\\y_n\end{bmatrix},\ \boldsymbol{x}=\begin{bmatrix}x_{11}&x_{21}&\cdots&x_{k1}\\x_{12}&x_{22}&\cdots&x_{k2}\\\vdots&\vdots&&\vdots\\x_{1n}&x_{2n}&\cdots&x_{kn}\end{bmatrix}$ $\dot{\boldsymbol{\beta}}=\begin{bmatrix}\beta_1\\\beta_2\\\vdots\\\beta_k\end{bmatrix},\ \hat{\dot{\boldsymbol{\beta}}}=\begin{bmatrix}\hat{\beta}_1\\\hat{\beta}_2\\\vdots\\\hat{\beta}_k\end{bmatrix},\ \boldsymbol{U}=\begin{bmatrix}u_1\\u_2\\\vdots\\u_n\end{bmatrix},\ \overline{\boldsymbol{U}}=\begin{bmatrix}\bar{u}_1\\\bar{u}_2\\\vdots\\u_n\end{bmatrix},\ \boldsymbol{e}=\begin{bmatrix}e_1\\e_2\\\vdots\\e_n\end{bmatrix}$
最小二乘估计量	$\hat{\boldsymbol{\beta}}=(\boldsymbol{X}'\boldsymbol{X})^{-1}\boldsymbol{X}'\boldsymbol{Y}$	$\hat{\dot{\boldsymbol{\beta}}}=(\boldsymbol{x}'\boldsymbol{x})^{-1}\boldsymbol{x}'\boldsymbol{y}$
估计的样本回归方程	$\hat{\boldsymbol{Y}}=\boldsymbol{X}\hat{\boldsymbol{\beta}}$	$\hat{\boldsymbol{y}}=\boldsymbol{x}\hat{\dot{\boldsymbol{\beta}}}$
总离差平方和	$TSS=\sum Y_i^2-n\overline{Y}^2=\boldsymbol{Y}'\boldsymbol{Y}-n\overline{Y}^2$	$TSS=\sum y_i^2=\boldsymbol{y}'\boldsymbol{y}$
残差平方和	$SSR=\sum e_i^2=\boldsymbol{e}'\boldsymbol{e}=\boldsymbol{Y}'\boldsymbol{Y}-\hat{\boldsymbol{\beta}}'\boldsymbol{X}'\boldsymbol{Y}$	$SSR=\boldsymbol{y}'\boldsymbol{y}-\hat{\dot{\boldsymbol{\beta}}}'\boldsymbol{x}'\boldsymbol{y}$
回归平方和	$ESS=TSS-SSR=\hat{\boldsymbol{\beta}}'\boldsymbol{X}'\boldsymbol{Y}-n\overline{Y}^2$	$ESS=\hat{\dot{\boldsymbol{\beta}}}'\boldsymbol{x}'\boldsymbol{y}$
σ^2 的无偏估计量	$\hat{\sigma}^2=Se^2=\dfrac{\sum e_i^2}{n-(k+1)}=\dfrac{\boldsymbol{e}'\boldsymbol{e}}{n-k-1}$	同原始数据公式

续表

回归模型与统计量	原始数据	离差形式数据
估计量的方差-协方差矩阵	$\mathrm{Var}(\hat{\boldsymbol{\beta}})=\sigma^2(\boldsymbol{X}'\boldsymbol{X})^{-1}$	$\mathrm{Var}(\hat{\boldsymbol{\beta}})=\sigma^2(\boldsymbol{x}'\boldsymbol{x})^{-1}$
$\hat{\boldsymbol{\beta}}_i$ 的方差	$\mathrm{Var}(\hat{\boldsymbol{\beta}}_i)=\sigma^2(\boldsymbol{X}'\boldsymbol{X})^{-1}_{i+1,i+1}$ $i=0,1,2,\cdots,k$	$\mathrm{Var}(\hat{\boldsymbol{\beta}}_i)=\sigma^2(\boldsymbol{x}'\boldsymbol{x})_{ii}^{-1}$ $i=1,2,\cdots,k$
$\hat{\boldsymbol{\beta}}_i$ 方差的估计量	$S^2(\hat{\boldsymbol{\beta}}_i)=\hat{\sigma}^2(\boldsymbol{X}'\boldsymbol{X})^{-1}_{i+1,i+1}$ $i=0,1,2,\cdots,k$	$S^2(\hat{\boldsymbol{\beta}}_i)=\hat{\sigma}^2(\boldsymbol{x}'\boldsymbol{x})_i^{-1}$ $i=1,2,\cdots,k$
$\hat{\boldsymbol{\beta}}_i$ 标准差的估计量	$S(\hat{\boldsymbol{\beta}}_i)=\hat{\sigma}\sqrt{(\boldsymbol{X}'\boldsymbol{X})^{-1}_{i+1,i+1}}$ $i=0,1,2,\cdots,k$	$S(\hat{\boldsymbol{\beta}}_i)=\hat{\sigma}\sqrt{(\boldsymbol{x}'\boldsymbol{x})_i^{-1}}$ $i=1,2,\cdots,k$
样本可决系数	$R^2=\dfrac{\hat{\boldsymbol{\beta}}'\boldsymbol{X}'\boldsymbol{Y}-n\overline{Y}^2}{\boldsymbol{Y}'\boldsymbol{Y}-n\overline{Y}^2}$	$R^2=\dfrac{\hat{\boldsymbol{\beta}}'\boldsymbol{x}'\boldsymbol{y}}{\boldsymbol{y}'\boldsymbol{y}}$
修正样本可决系数	$\overline{R}^2=1-\dfrac{SSR/(n-k-1)}{TSS/(n-1)}$ $=1-(1-R^2)\dfrac{n-1}{n-k-1}$	同原始数据公式
F 检验的统计量	$F=\dfrac{ESS/k}{SSR/(n-k-1)}=\dfrac{R^2/k}{(1-R^2)/(n-k-1)}$	同原始数据公式
t 检验的统计量	$t_i=\dfrac{\hat{\boldsymbol{\beta}}_i}{S(\hat{\boldsymbol{\beta}}_i)}\sim t(n-k-1)$ $i=1,2,\cdots,k$	同原始数据公式

$$\hat{\boldsymbol{\beta}} = (\hat{\beta}_0, \hat{\beta}_1, \cdots, \hat{\beta}_k)'$$

1. 点预测

点预测就是将解释变量 $X_1, X_2, \cdots, X_k$ 的一组特定值

$$\boldsymbol{X}_0 = (1, X_{10}, X_{20}, \cdots, X_{k0})$$

代入估计的回归方程(3.63)式中,计算被解释变量 Y_0 的点预测值

$$\hat{Y}_0 = \hat{\beta}_0 + \hat{\beta}_1 X_{10} + \hat{\beta}_2 X_{20} + \cdots + \hat{\beta}_k X_{k0} = \boldsymbol{X}_0 \hat{\boldsymbol{\beta}} \tag{3.64}$$

与一元回归情形一样,对 $\hat{Y}_0$ 有两种点预测,一种是对 Y_i 的条件期望 $E(Y_0 | \boldsymbol{X}_0)$的点估计;另一种是对单个值 Y_0 的点估计。在这里

$$E(Y_0 | \boldsymbol{X}_0) = \beta_0 + \beta_1 X_{10} + \beta_2 X_{20} + \cdots + \beta_k X_{k0} = \boldsymbol{X}_0 \boldsymbol{\beta} \tag{3.65}$$

$$Y_0 = \beta_0 + \beta_1 X_{10} + \beta_2 X_{20} + \cdots + \beta_k X_{k0} + u_0 = \boldsymbol{X}_0 \boldsymbol{\beta} + u_0 \tag{3.66}$$

2. 区间预测

在实际应用中,人们不仅关心被解释变量 Y 的估计值,而且希望能提供它所处的大致范围,也就是说,人们希望得到一个以相当大的可能性包含被解释变量 Y 的真值的区间。这个区间就是数理统计中的置信区间,我们称为**预测区间**。因为对 $\hat{Y}_0$ 有两种点预测,所以也相应有两种类型的预测区间,即关于 Y 的条件期望 $E(Y_0 | \boldsymbol{X}_0)$的预测区间和关于 Y 的个别值 Y_0 的预测区间。

(1) $E(Y_0 | \boldsymbol{X}_0)$的预测区间

首先说明 $\hat{Y}_0$ 是 $E(Y_0 | \boldsymbol{X}_0)$的无偏估计量。由(3.64)式有

$$E(\hat{Y}_0) = E(\hat{\beta}_0 + \hat{\beta}_1 X_{10} + \hat{\beta}_2 X_{20} + \cdots + \hat{\beta}_k X_{k0}) = E(\boldsymbol{X}_0 \hat{\boldsymbol{\beta}})$$

因为 $\boldsymbol{X}_0$ 是非随机的解释变量 $X_1, X_2, \cdots, X_k$ 的一组特定值组成的行向量, $E(\hat{\boldsymbol{\beta}}) = \boldsymbol{\beta}$,所以有

$$E(\hat{Y}_0) = \boldsymbol{X}_0 E(\hat{\boldsymbol{\beta}}) = \boldsymbol{X}_0 \boldsymbol{\beta} = E(Y_0 | \boldsymbol{X}_0)$$

所以,$\hat{Y}_0$ 是 $E(Y_0 | \boldsymbol{X}_0)$的无偏估计量。

接着,我们考察 $\hat{Y}_0$ 的方差。

$$
\begin{aligned}
\mathrm{Var}(\hat{Y}_0) &= \mathrm{Var}(\boldsymbol{X}_0 \hat{\boldsymbol{\beta}}) \\
&= \mathrm{E}[\boldsymbol{X}_0 \hat{\boldsymbol{\beta}} - \mathrm{E}(\boldsymbol{X}_0 \hat{\boldsymbol{\beta}})]^2 = \mathrm{E}[\boldsymbol{X}_0 \hat{\beta} - \boldsymbol{X}_0 \boldsymbol{\beta}]^2 \\
&= \mathrm{E}[\boldsymbol{X}_0(\hat{\boldsymbol{\beta}} - \boldsymbol{\beta})]^2 = \mathrm{E}[\boldsymbol{X}_0(\boldsymbol{X}'\boldsymbol{X})^{-1}\boldsymbol{X}'\boldsymbol{U}]^2 \\
&= \mathrm{E}[\boldsymbol{X}_0(\boldsymbol{X}'\boldsymbol{X})^{-1}\boldsymbol{X}'\boldsymbol{U}][\boldsymbol{X}_0(\boldsymbol{X}'\boldsymbol{X})^{-1}\boldsymbol{X}'\boldsymbol{U}]' \\
&= \mathrm{E}[\boldsymbol{X}_0(\boldsymbol{X}'\boldsymbol{X})^{-1}\boldsymbol{X}'\boldsymbol{U}\boldsymbol{U}'\boldsymbol{X}(\boldsymbol{X}'\boldsymbol{X})^{-1}\boldsymbol{X}'_0] \\
&= \boldsymbol{X}_0(\boldsymbol{X}'\boldsymbol{X})^{-1}\boldsymbol{X}'[\mathrm{E}(\boldsymbol{U}\boldsymbol{U}')]\boldsymbol{X}(\boldsymbol{X}'\boldsymbol{X})^{-1}\boldsymbol{X}'_0 \\
&= \boldsymbol{X}_0(\boldsymbol{X}'\boldsymbol{X})^{-1}\boldsymbol{X}'[\boldsymbol{\sigma}^2 I_n]\boldsymbol{X}(\boldsymbol{X}'\boldsymbol{X})^{-1}\boldsymbol{X}'_0 \\
&= \sigma^2 \boldsymbol{X}_0(\boldsymbol{X}'\boldsymbol{X})^{-1}\boldsymbol{X}'_0 \qquad (3.67)
\end{aligned}
$$

于是，$\hat{Y}_0$ 方差的估计量为

$$S^2(\hat{Y}_0) = \hat{\sigma}^2 \boldsymbol{X}_0(\boldsymbol{X}'\boldsymbol{X})^{-1}\boldsymbol{X}'_0 \qquad (3.68)$$

又由 §3.1 随机误差项的基本假定（6），u_i 服从正态分布，知被解释变量的观测值 Y_i 服从正态分布，从而 $\hat{Y}_0$ 也服从正态分布，即

$$\hat{Y}_0 \sim N[\mathrm{E}(Y_0 | \boldsymbol{X}_0),\ \sigma^2 \boldsymbol{X}_0(\boldsymbol{X}'\boldsymbol{X})^{-1}\boldsymbol{X}'_0]$$

所以有

$$\frac{\hat{Y}_0 - \mathrm{E}(Y_0 | \boldsymbol{X}_0)}{\sqrt{\sigma^2 \boldsymbol{X}_0(\boldsymbol{X}'\boldsymbol{X})^{-1}\boldsymbol{X}'_0}} \sim N(0,1)$$

由于σ^2是未知的，我们用它的无偏估计量$\hat{\sigma}^2 = \dfrac{\boldsymbol{e}'\boldsymbol{e}}{n-(k+1)} = \dfrac{\sum e_i^2}{n-k-1}$代替，则由概率统计知识有

$$t = \frac{\hat{Y}_0 - \mathrm{E}(Y_0 | \boldsymbol{X}_0)}{\sqrt{\hat{\sigma}^2 \boldsymbol{X}_0(\boldsymbol{X}'\boldsymbol{X})^{-1}\boldsymbol{X}'_0}} = \frac{\hat{Y}_0 - \mathrm{E}(Y_0 | \boldsymbol{X}_0)}{S(\hat{Y}_0)} \sim t(n-k-1)$$

对于预先给定的显著性水平α，可从 t 分布表中查出自由度为$\nu = n-k-1$，水平为α的双侧分位数 $t_\alpha(\nu)$，使

$$P\{|t| \leqslant t_\alpha(\nu)\} = 1-\alpha$$

即

$$P\left\{-t_\alpha(\nu)\leqslant\frac{\hat{Y}_0-\mathrm{E}(Y_0|\boldsymbol{X}_0)}{\sqrt{\hat{\sigma}^2\boldsymbol{X}_0(\boldsymbol{X}'\boldsymbol{X})^{-1}\boldsymbol{X}_0'}}\leqslant t_\alpha(\nu)\right\}=1-\alpha$$

于是有

$$P\{\hat{Y}_0-t_\alpha(\nu)\sqrt{\hat{\sigma}^2\boldsymbol{X}_0(\boldsymbol{X}'\boldsymbol{X})^{-1}\boldsymbol{X}_0'}\leqslant\mathrm{E}(Y_0|\boldsymbol{X}_0)$$
$$\leqslant\hat{Y}_0+t_\alpha(\nu)\sqrt{\hat{\sigma}^2\boldsymbol{X}_0(\boldsymbol{X}'\boldsymbol{X})^{-1}\boldsymbol{X}_0'}\}=1-\alpha$$

最后,得 $\mathrm{E}(Y_0|\boldsymbol{X}_0)$的置信度为$(1-\alpha)$预测区间为

$$\left(\hat{Y}_0-t_\alpha(\nu)\sqrt{\hat{\sigma}^2\boldsymbol{X}_0(\boldsymbol{X}'\boldsymbol{X})^{-1}\boldsymbol{X}_0'},\ \hat{Y}_0+t_\alpha(\nu)\sqrt{\hat{\sigma}^2\boldsymbol{X}_0(\boldsymbol{X}'\boldsymbol{X})^{-1}\boldsymbol{X}_0'}\right)$$

即

$$(\hat{Y}_0-t_\alpha(\nu)\,S(\hat{Y}_0),\ \hat{Y}_0+t_\alpha(\nu)\,S(\hat{Y}_0))\tag{3.69}$$

（2）Y_0 的预测区间

对于给定的解释变量 $X_1,X_2,\cdots,X_k$ 的一组特定值 $\boldsymbol{X}_0=(1,X_{10},X_{20},\cdots,X_{k0})$,由(3.62)式有

$$Y_0=\beta_0+\beta_1X_{10}+\beta_2X_{20}+\cdots+\beta_kX_{k0}+u_0=\boldsymbol{X}_0\boldsymbol{\beta}+u_0$$

由(3.63)式有

$$\hat{Y}_0=\beta_0+\hat{\beta}_1X_{10}+\hat{\beta}_2X_{20}+\cdots+\hat{\beta}_kX_{k0}=\boldsymbol{X}_0\hat{\boldsymbol{\beta}}$$

若将 $\hat{Y}_0$ 看作 Y 的个别值 Y_0 的点估计值时,它们的预测误差记为

$$e_0=Y_0-\hat{Y}_0$$

于是有

$$\mathrm{E}(e_0)=\mathrm{E}(Y_0-\hat{Y}_0)=\mathrm{E}(\boldsymbol{X}_0\boldsymbol{\beta}+u_0-\boldsymbol{X}_0\hat{\boldsymbol{\beta}})$$
$$=\boldsymbol{X}_0\boldsymbol{\beta}+\mathrm{E}(u_0)-\boldsymbol{X}_0\mathrm{E}(\hat{\boldsymbol{\beta}})=0$$

接着,我们考察 e_0 的方差。因为 $\hat{Y}_0$ 与 $u_1,u_2,\cdots,u_n$ 有关,而 Y_0 只与 u_0 有关,所以根据随机误差项彼此之间不相关的基本假定(3),$\hat{Y}_0$ 与 Y_0 也不相关。于是有

$$\begin{aligned}\mathrm{Var}(e_0) &= \mathrm{Var}(Y_0 - \hat{Y}_0) = \mathrm{Var}(Y_0) + \mathrm{Var}(\hat{Y}_0) \\ &= \mathrm{Var}(u_0) + \mathrm{Var}(\hat{Y}_0) = \sigma^2 + \mathrm{Var}(\hat{Y}_0)\end{aligned}$$

又由(3.67)式,$\mathrm{Var}(\hat{Y}_0) = \sigma^2 \boldsymbol{X}_0(\boldsymbol{X}'\boldsymbol{X})^{-1}\boldsymbol{X}_0'$,所以

$$\mathrm{Var}(e_0) = \sigma^2 + \sigma^2 \boldsymbol{X}_0(\boldsymbol{X}'\boldsymbol{X})^{-1}\boldsymbol{X}_0' = \sigma^2[1 + \boldsymbol{X}_0(\boldsymbol{X}'\boldsymbol{X})^{-1}\boldsymbol{X}_0']$$

于是,e_0 方差的估计量为

$$S^2(e_0) = \hat{\sigma}^2[1 + \boldsymbol{X}_0(\boldsymbol{X}'\boldsymbol{X})^{-1}\boldsymbol{X}_0'] \tag{3.70}$$

因为 Y_0 和 $\hat{Y}_0$ 都服从正态分布,因此 $e_0 = Y_0 - \hat{Y}_0$ 也服从正态分布,即

$$e_0 \sim N(0, \sigma^2[1 + \boldsymbol{X}_0(\boldsymbol{X}'\boldsymbol{X})^{-1}\boldsymbol{X}_0'])$$

所以有

$$\frac{e_0}{\sigma\sqrt{1 + \boldsymbol{X}_0(\boldsymbol{X}'\boldsymbol{X})^{-1}\boldsymbol{X}_0'}} \sim N(0,1)$$

由于σ^2是未知的,我们用它的无偏估计量$\hat{\sigma}^2 = \dfrac{\boldsymbol{e}'\boldsymbol{e}}{n-(k+1)} = \dfrac{\sum e_i^2}{n-k-1}$代替,则由概率统计知识有

$$t = \frac{e_0}{\hat{\sigma}\sqrt{1 + \boldsymbol{X}_0(\boldsymbol{X}'\boldsymbol{X})^{-1}\boldsymbol{X}_0'}} = \frac{e_0}{S(e_0)} \sim t(n-k-1)$$

对于预先给定的显著性水平α,可从 t 分布表中查出自由度为$\nu = n-k-1$,水平为α的双侧分位数 $t_\alpha(\nu)$,使

$$P\{|t| \leqslant t_\alpha(\nu)\} = 1 - \alpha$$

即
$$P\left\{-t_\alpha(\nu) \leqslant \frac{e_0}{\hat{\sigma}\sqrt{1 + \boldsymbol{X}_0(\boldsymbol{X}'\boldsymbol{X})^{-1}\boldsymbol{X}_0'}} \leqslant t_\alpha(\nu)\right\} = 1 - \alpha$$

或者

$$P\left\{-t_\alpha(\nu) \leqslant \frac{Y_0 - \hat{Y}_0}{\hat{\sigma}\sqrt{1 + \boldsymbol{X}_0(\boldsymbol{X}'\boldsymbol{X})^{-1}\boldsymbol{X}_0'}} \leqslant t_\alpha(\nu)\right\} = 1 - \alpha$$

于是有

$$P\{\hat{Y}_0 - t_\alpha(\nu)\hat{\sigma}\sqrt{1+\boldsymbol{X}_0(\boldsymbol{X}'\boldsymbol{X})^{-1}\boldsymbol{X}_0'} \leqslant Y_0 \leqslant \hat{Y}_0 + t_\alpha(\nu)\hat{\sigma}\sqrt{1+\boldsymbol{X}_0(\boldsymbol{X}'\boldsymbol{X})^{-1}\boldsymbol{X}_0'}\} = 1-\alpha$$

最后,得 Y_0 的置信度为$(1-\alpha)$的预测区间为

$$\left(\hat{Y}_0 - t_\alpha(\nu)\hat{\sigma}\sqrt{1+\boldsymbol{X}_0(\boldsymbol{X}'\boldsymbol{X})^{-1}\boldsymbol{X}_0'},\ \hat{Y}_0 + t_\alpha(\nu)\hat{\sigma}\sqrt{1+\boldsymbol{X}_0(\boldsymbol{X}'\boldsymbol{X})^{-1}\boldsymbol{X}_0'}\right)$$

即

$$(\hat{Y}_0 - t_\alpha(\nu)S(e_0),\ \hat{Y}_0 + t_\alpha(\nu)S(e_0)) \tag{3.71}$$

例 3.8　对于§3.2 例 3.1 中建立的估计的回归方程

$$\hat{Y}_i = 113.8343 - 8.35534X_{1i} + 0.18007X_{2i}$$

假设商品的价格 $X_{10}=8.5$,消费者的平均收入 $X_{20}=140$,试求 $\mathrm{E}(Y_0|\boldsymbol{X}_0)$和 Y_0 的预测区间($\alpha=0.05$)。

(1)将商品的价格 $X_{10}=8.5$ 和消费者的平均收入 $X_{20}=140$ 代入估计的回归方程,得 Y_0 和 $\mathrm{E}(Y_0|\boldsymbol{X}_0)$的点估计值

$$\hat{Y}_0 = 113.8343 - 8.35534\times 8.5 + 0.18007\times 140 = 68.0240$$

(2)$\mathrm{E}(Y_0|\boldsymbol{X}_0)$的预测区间

首先,根据(3.68)式求 $\hat{Y}_0$ 方差的估计值

$$\begin{aligned}S^2(\hat{Y}_0) &= \hat{\sigma}^2\boldsymbol{X}_0(\boldsymbol{X}'\boldsymbol{X})^{-1}\boldsymbol{X}_0' \\ &= 57.5973\times(1,8.5,140)\begin{bmatrix}10 & 60 & 794\\ 60 & 390 & 4490\\ 794 & 4490 & 66990\end{bmatrix}^{-1}\begin{bmatrix}1\\ 8.5\\ 140\end{bmatrix} \\ &= 57.5973\times(1,8.5,140)\times\frac{1}{433160}\times \\ &\quad \begin{bmatrix}5966000 & -454340 & -40260\\ -454340 & 39464 & 2740\\ -40260 & 2740 & 300\end{bmatrix}\begin{bmatrix}1\\ 8.5\\ 140\end{bmatrix} \\ &= 57.5973\times\frac{2221894}{433160} = 295.4453\end{aligned}$$

从而得到 $\hat{Y}_0$ 标准差的估计值

$$S(\hat{Y}_0)=\sqrt{295.4453}=17.1885$$

对于给定的显著性水平 $\alpha=0.05$，从附录 4 的表 1 中，查出自由度 $\nu=7$ 的 t 分布双侧检验临界值 $t_{0.05}(7)=2.365$。最后，由(3.69)式得到 $E(Y_0|\boldsymbol{X}_0)$ 的置信度为 95% 的预测区间为

$$\begin{aligned}&(\hat{Y}_0-t_{\alpha}(v)\,S(\hat{Y}_0),\ \hat{Y}_0+t_{\alpha}(v)\,S(\hat{Y}_0))\\&=(68.0240-2.365\times17.1885,\ 68.0240+2.365\times17.1885)\\&=(27.3732,\ 108.6748)\end{aligned}$$

（3）Y_0 的预测区间

首先，根据(3.70)式求 e_0 方差的估计值

$$\begin{aligned}S^2(e_0)&=\hat{\sigma}^2[1+\boldsymbol{X}_0(\boldsymbol{X}'\boldsymbol{X})^{-1}\boldsymbol{X}_0']\\&=57.5973\times\left[1+\frac{2221894}{433160}\right]=353.0426\end{aligned}$$

从而得到 e_0 标准差的估计值

$$S(e_0)=\sqrt{353.0426}=18.7894$$

于是，对于给定的显著性水平 $\alpha=0.05$，从附录 4 的表 1 中，查出自由度 $\nu=7$ 的 t 分布双侧检验临界值 $t_{0.05}(7)=2.365$。最后，由(3.71)式得到 Y_0 的置信度为 95% 的预测区间为

$$\begin{aligned}&(\hat{Y}_0-t_{\alpha}(v)\,S(e_0),\ \hat{Y}_0+t_{\alpha}(v)\,S(e_0))\\&=(68.0240-2.365\times18.7894,\ 68.0240+2.365\times18.7894)\\&=(23.5871,\ 112.4610)\end{aligned}$$

§3.7　案例分析

例 3.9　2007 年全国 31 个省级地区粮食产量多元线性回归模型分析与预测。

2007 年全国 31 个省级地区粮食产量（Y_i，万吨），粮食作物播种面积（X_i，千公顷），农用化肥施用量（Z_i，万吨）和有效灌溉面积（W_i，千公顷）数据见表 3.5

和 EViews 文件 li-3-9。建立关于粮食产量的多元线性回归模型并做回归分析。

表 3.5　粮食产量 Y_i、粮食作物播种面积 X_i、农用化肥施用量 Z_i 和有效灌溉面积 W_i 数据

省级地区	Y_i	X_i	Z_i	W_i	省级地区	Y_i	X_i	Z_i	W_i
北京	102.1	197.5	14.0	173.6	湖北	2185.4	3981.4	299.9	2095.4
天津	147.2	292.0	25.8	349.3	湖南	2692.2	4531.3	219.6	2696.6
河北	2841.6	6168.2	311.9	4579.0	广东	1284.7	2479.5	219.6	1312.0
山西	1007.1	3028.2	100.8	1255.7	广西	1396.6	2984.0	220.8	1522.3
内蒙古	1810.7	5119.9	140.3	2816.6	海南	177.5	402.6	41.7	169.9
辽宁	1835.0	3127.2	127.5	1490.5	重庆	1088.0	2195.8	84.3	633.7
吉林	2453.8	4334.7	154.4	1640.6	四川	3027.0	6450.0	238.2	2499.8
黑龙江	3462.9	10820.5	175.2	2950.3	贵州	1100.9	2821.8	82.1	779.7
上海	109.2	169.6	14.1	206.1	云南	1460.7	3994.5	158.3	1517.1
江苏	3132.2	5215.6	342.0	3835.2	西藏	93.9	171.8	4.6	156.4
浙江	728.6	1219.6	92.8	1431.4	陕西	1067.9	3099.8	158.8	1287.4
安徽	2901.4	6477.8	305.0	3403.2	甘肃	824.0	2687.0	80.1	1063.0
福建	635.1	1201.0	119.7	952.9	青海	106.2	301.8	7.6	176.6
江西	1904.0	3525.3	132.7	1839.9	宁夏	323.5	856.3	34.6	426.2
山东	4148.8	6936.5	500.3	4836.8	新疆	867.0	1379.1	131.5	3465.4
河南	5245.2	9468.0	569.7	4955.8					

资料来源：2007 年中国大陆 31 个省级地区粮食产量（Y_i，万吨）、粮食作物播种面积（X_i，千公顷）、农用化肥施用量（Z_i，万吨）和有效灌溉面积（W_i，千公顷）分别摘自《中国统计年鉴（2008）》（中国统计出版社），表12-15，表 12-13 和表 12-6。

因为粮食作物播种面积（X_i，千公顷）、农用化肥施用量（Z_i，万吨）和有效灌溉面积（W_i，千公顷）都可能是决定粮食产量（Y_i，万吨）的重要因素，首先分别观察 Y_i 对 X_i、Z_i 和 W_i 的散点图以确定模型形式。

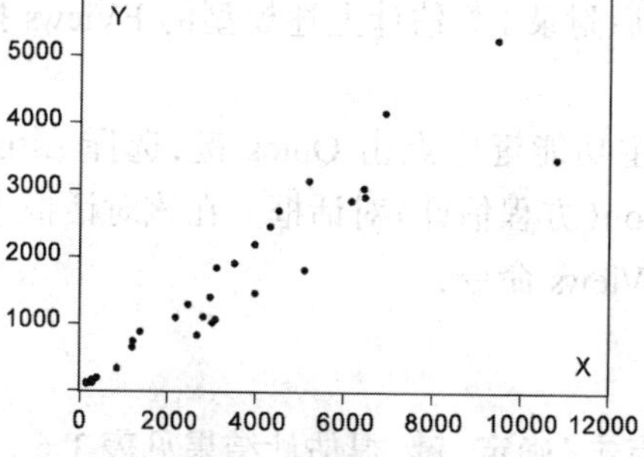

图 3.2　Y_i 和 X_i 散点图

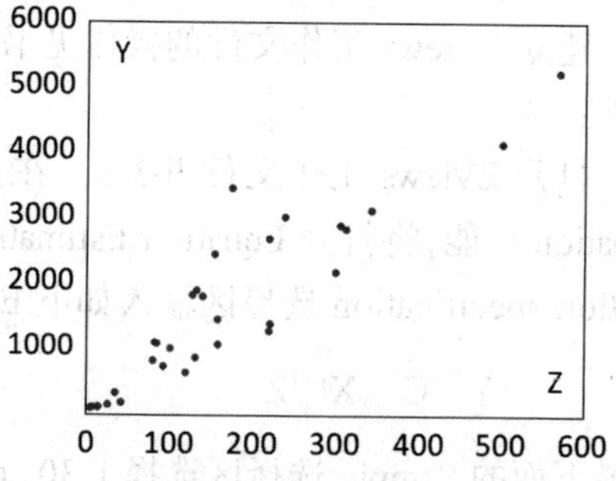

图 3.3　Y_i 和 Z_i 散点图

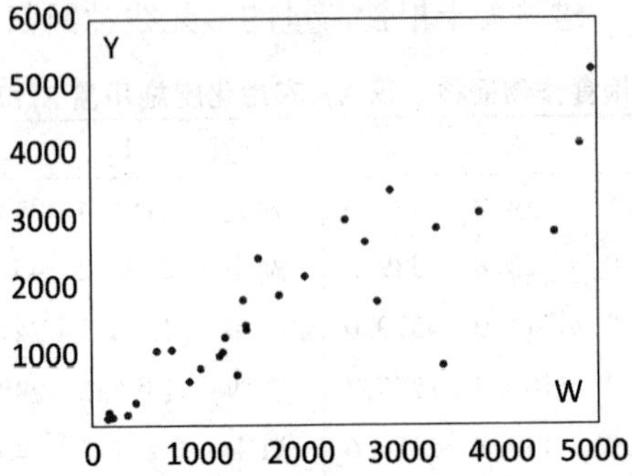

图 3.4　Y_i和 W_i的散点图

通过观察散点图,知 Y_i对 X_i、Z_i和 W_i分别呈线性关系,所以建立关于 2007 年粮食产量的多元线性回归模型如下,

$$Y_i = \beta_0 + \beta_1 X_i + \beta_2 Z_i + \beta_3 W_i + u_i$$

利用表 3.5 前 30 组数据(预留最后一组新疆的数据用于评价模型样本外预测结果)和普通最小二乘方法按上述多元线性回归模型进行估计,得结果如下,

$$\hat{Y}_i = -61.1827 + 0.2563X_i + 3.8894Z_i + 0.0953W_i$$
$$(-0.7)\qquad(6.7)\qquad(4.1)\qquad(0.8)\qquad R^2 = 0.96, n = 30$$

括号内数字是回归系数对应的 t 统计量的值。解释变量有效灌溉面积(W_i)对应的 $t = 0.8$,说明 W_i在模型里不是重要解释变量,从上式中剔除 W_i,继续估计二元线性回归模型,得结果如下,

$$\hat{Y}_i = -59.4641 + 0.2758X_i + 4.4867Z_i$$
$$(-0.7)\qquad(9.2)\qquad(7.6)\qquad R^2 = 0.96$$

上式相应 EViews 输出结果见表 3.6。

建立 EViews 工作文件的操作见书后附录 1。估计上述模型的 EViews 操作如下:

打开 EViews 工作文件 li-3-9。在主功能键中点击 Quick 键,选择 Estimate Equation 功能,将打开 Equation Estimation(方程估计)对话框。在该对话框中 Equation specification 选择区输入如下 EViews 命令,

Y　C　X　Z

在最下面的 Sample 选择区选择 1 30,点击“确定”键,得估计结果见表 3.6。

表 3.6　EViews 输出结果

Dependent Variable: Y
Method: Least Squares
Date: 04/20/20　Time: 15:21
Sample: 1 30
Included observations: 30

Variable	Coefficient	Std. Error	t-Statistic	Prob.
C	-59.46407	83.48748	-0.712251	0.4824
X	0.275751	0.029979	9.198027	0.0000
Z	4.486721	0.590322	7.600465	0.0000

R-squared	0.960363	Mean dependent var	1643.113
Adjusted R-squared	0.957427	S.D. dependent var	1333.940
S.E. of regression	275.2361	Akaike info criterion	14.16777
Sum squared resid	2045382.	Schwarz criterion	14.30789
Log likelihood	-209.5166	Hannan-Quinn criter.	14.21260
F-statistic	327.0884	Durbin-Watson stat	1.983239
Prob(F-statistic)	0.000000		

先关注回归系数 β_0 和 β_1 的 t 检验。给定检验水平 $\alpha=0.05$，查书后附表1，t分布百分位数表自由度为30 − 3 = 27的检验用临界值是$t_{0.05}(27)=2.05$。见估计结果，$\hat{\beta}_0$ 和 $\hat{\beta}_1$ 对应的 t 值分别是 9.2 和 7.6，都大于临界值 2.05，所以检验结论是两个回归系数都显著地不等于零。实际含义是粮食作物播种面积(X_i，千公顷)、农用化肥施用量(Z_i，万吨)是决定粮食产量(Y_i，万吨)的重要解释变量。维持 Z_i不变，X_i每增加 1 千公顷，粮食产量 Y_i将增加 0.2758 万吨。维持 X_i不变，农用化肥施用量 Z_i每增加 1 万吨，粮食产量 Y_i将增加 4.4867万吨。自由度取 27 的理由是回归方程中有 3 个被估回归系数，所以自由度是 30 − 3 = 27。

再看拟合优度，$R^2=0.96$，说明 Y_i的离差平方和的 96% 都被 X_i和 Z_i的变化解释。仅有 4% 是由随机误差项所决定，所以估计的回归直线对样本拟合得非常好。从以上分析知，所建模型较好地解释了粮食产量 Y_i的变化。

下面分析如何从 EViews 输出结果中得到一些统计量的值。

EViews 输出结果(表 3.6)下部左侧第 1 个值是，

$$R^2=0.960363$$

表 3.6 下部左侧第 2 个值是修正的样本可决系数，

$$\bar{R}^2=0.957427$$

第 3 个值是回归式标准误差或残差的标准误差，

$$\hat{\sigma}=275.2361$$

第 4 个值是残差平方和，

$SSR = 2045382$

知道 $R^2 = 0.9604$ 和 $SSR = 2045382$，就可以通过公式 $R^2 = 1 - SSR / TSS$ 计算出 TSS 和 ESS 的值。由 $R^2 = 1 - SSR / TSS$，得

$$TSS = SSR/(1 - R^2) = 2045382/(1 - 0.960363) = 51602845.83$$
$$ESS = TSS - SSR = 51602845.83 - 2045382 = 49557463.83$$

表3.6下部左侧第6个值是 F 统计量值。

$$F = 327.0884$$

其相应 p 值是下部左侧第7个值0.000000。这是一个很小的数，小数点以后6位，还未见到不等于0的值。F 统计量对应的检验临界值是 $F_{0.05}(2,27) = 3.35$。$F = 327.0884$ 远远大于临界值3.35，所以二元线性回归关系成立。

估计模型所用样本中没有包括新疆的数据（第31组数据）。现在用新疆粮食作物播种面积 X_{31} 和农用化肥施用量 Z_{31} 数据做解释变量进行关于新疆粮食产量的样本外预测。已知2007年新疆 $X_{31} = 1379.1$ 千公顷，$Z_{31} = 131.5$ 万吨，得 Y_{31} 的点预测结果

$$\begin{aligned}\hat{Y}_{31} &= -59.4641 + 0.2758X_{31} + 4.4867Z_{31} \\ &= -59.4641 + 0.2758 \times 1379.1 + 4.4867 \times 131.5 \\ &= 910.8927（万吨）\end{aligned}$$

2007年新疆粮食产量的预测结果是910.8927万吨。样本外的新疆粮食产量的预测误差是

$$|(867.0 - 910.8927)| / 910.8927 = 4.8\%$$

预测的EViews操作如下：

在二元线性回归模型估计窗口点击上方的功能键Forecaste，将打开Forecast窗口。在Forecast sample选择区把预测区间改为31 31。点击OK键，就可以得到 Y_{31} 新疆粮食产量预测结果，如图3.5所示。中间的点就是 Y_{31} 的点预测结果（911万吨）。上下两个点是单点 Y_{31} 的95%的预测置信区间。把光标放在点上还可以直接读出相应的值。

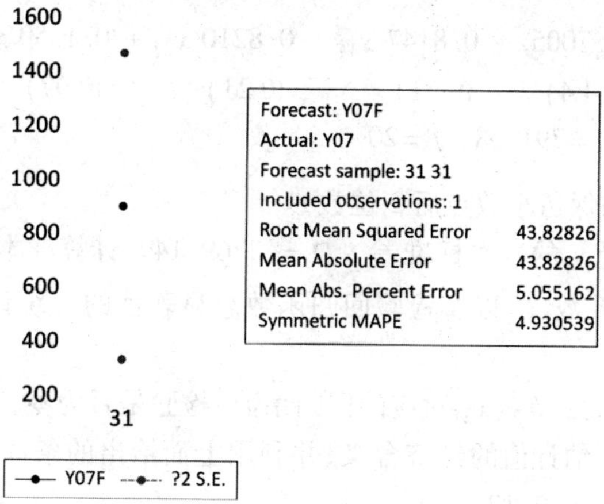

图3.5　新疆粮食产量 Y_{31} 预测结果

思考与练习题

1. 简述多元线性回归模型的基本假设,并说明在证明最小二乘估计量的无偏性和有效性的过程中,哪些基本假设起了作用。

2. 已知二元线性回归模型

$$Y_i = \beta_0 + \beta_1 X_{1i} + \beta_2 X_{2i} + u_i, \quad i = 1,2,\cdots,n$$

(1)推导未知回归系数 β_0、β_1、β_2 的最小二乘估计量 $\hat{\beta}_0$、$\hat{\beta}_1$、$\hat{\beta}_2$ 的计算公式;

(2)写出随机误差项 u_i 的方差 σ^2 的无偏估计量计算公式;

(3)推导样本回归方程拟合优度 R^2 的变量离差形式表达式;

(4)写出 F 统计量表达式;

(5)写出检验 β_1、β_2 是否等于 0 的 t 统计量表达式;

(6)当 $\boldsymbol{X_0} = (1, X_{10}, X_{20})'$ 时,写出 $\mathrm{E}(Y_0 | \boldsymbol{X_0})$ 和 Y_0 的置信度为 95% 的预测区间计算公式。

3. 一家房地产评估公司收集了某市 20 栋住宅的房地产评估数据,对该市房地产销售价格(y_i,元/平方米)与地产的评估价值(x_{1i},万元/栋)、房产的评估价值(x_{2i},万元/栋)和使用面积(x_{3i},平方米/栋)建立线性回归模型 $y_i = \beta_0 + \beta_1 x_{1i} + \beta_2 x_{2i} + \beta_3 x_{3i} + u_i$,以便对销售价格做出合理预测。估计的回归函数如下,括号内的数值表示回归参数估计量的标准差。

$$\hat{y}_i = 148.7005 + 0.8147\,x_{1i} + 0.8210\,x_{2i} + 0.1350\,x_{3i}$$
$$(574.4)\qquad (0.51)\qquad (0.21)\qquad (0.07)$$
$$s.e. = 791.68,\ T = 20$$

(计算过程与结果保留小数点后2位数)。

(1)已知变量y_t的样本标准差$S.D. = 2269.149$,计算样本可决系数R^2、可调整的样本可决系数$\bar{R}^2$以及检验回归函数总显著性的F统计量的值(保留计算过程)。

(2)对回归系数 β_2(x_{2i}对应的回归系数)检验是否为零。

(3)解释 β_2 估计值的经济含义,并利用上面给出的条件求 β_2 的95%置信区间($t_{0.05}(16) = 2.12$)。

(4)在房地产销售价格$y_i = 10000$元/平方米,房产的评估价值$x_{2i} = 6800$万元/栋的条件下,若房产的评估价值增加1%,则销售价格变化百分之多少?

4. 假设投资函数模型估计的回归方程为(括号内的数字为t统计量值)

$$\hat{I}_t = 5.0 + 0.4Y_t + 0.6I_{t-1}$$
$$(4.0)\qquad (3.2)\qquad R^2 = 0.8,\quad DW = 2.05,\ n = 24,$$

其中I_t和Y_t分别为第t期投资和国民收入。

(1)对总体回归系数β_1、β_2的显著性进行检验($\alpha = 0.05$);

(2)若总离差平方和$TSS = 25$,试求随机误差项u_t方差的估值;

(3)计算F统计量,并对模型总体的显著性进行检验($\alpha = 0.05$)。

5. 假设某国外贸进口函数模型估计的回归方程为(括号内的数字为t统计量值)

$$\hat{m}_t = 10 + 0.8P_t + 0.6Y_t$$
$$(3.7)\qquad (2.8)\qquad R^2 = 0.8,\quad DW = 1.90,\quad n = 23,$$

其中m_t为第t期该国实际外贸进口额,P_t为第t期的相对价格(该国价格与国外价格之比),Y_t为第t期该国实际GDP。

(1)写出进口的价格弹性,它的符号是正号还是负号?

(2)对总体回归系数β_1、β_2的显著性进行检验($\alpha = 0.05$);

(3)计算F统计量,并对模型总体的显著性进行检验($\alpha = 0.05$);

(4)若某一时期的相对价格$P_0 = 1.25$,实际$GDP_0 = 100$货币单位,试预测该国实际外贸进口额。

6. 已知某地区某农产品收购量 Y_t、销售量X_{1t}、出口量X_{2t}、库存量X_{3t} 1955—1984 年的样本观测值见下表（单位：万担）和 EViews 文件 xiti-3-6。试建立以收购量 Y_t 为被解释变量的多元线性回归模型并预测（$\alpha=0.05$）。

年份	*Y*	*X*1	*X*2	*X*3
1955	7.96	5.33	0.93	4.08
1956	15.34	6.82	2.90	8.30
1957	13.55	8.17	3.84	10.76
1958	10.94	9.48	3.39	8.03
1959	6.39	8.03	1.07	4.47
1960	1.49	3.58	0.46	1.39
1961	0.60	1.17	0.50	0.90
1962	0.66	0.92	0.50	0.43
1963	6.04	1.63	0.39	4.61
1964	15.41	7.73	1.43	9.11
1965	15.30	9.46	0.92	11.89
1966	19.32	13.97	0.66	16.51
1967	35.76	17.32	1.13	20.79
1968	35.03	17.36	0.22	30.01
1969	35.58	19.69	0.44	38.15
1970	31.03	21.13	0.67	34.29
1971	14.33	32.34	0.89	24.46
1973	13.88	19.57	0.13	13.61
1973	14.66	16.39	1.34	13.51
1974	19.37	17.96	1.79	11.59
1975	35.47	18.39	1.60	13.79
1976	35.49	18.83	3.19	15.03
1977	32.77	21.15	1.78	13.63
1978	32.20	19.80	1.43	13.33
1979	38.50	34.86	3.32	22.41
1980	53.72	22.96	2.80	43.89
1981	51.30	17.45	3.70	73.73
1983	34.04	16.05	3.16	88.33
1983	16.03	17.38	1.65	77.50
1984	21.79	16.79	1.37	71.34

资料来源：一个课题中用到的实际部门调查的数据。

第4章 非线性回归模型的线性化

§4.1 变量间的非线性关系

在第3章中,我们讨论的线性回归模型有如下形式:

$$Y=\beta_0+\beta_1X_1+\beta_2X_2+\cdots+\beta_kX_k+u$$

它有两个特点,即被解释变量 Y 不仅是解释变量 $X_1,X_2,\cdots,X_k$ 的线性函数,而且也是相应的参数 $\beta_0,\beta_1,\beta_2,\cdots,\beta_k$ 的线性函数。这种模型我们称之为标准的线性回归模型。然而在复杂的实际问题中,情况并非如此简单,只有很少一部分经济变量之间存在这种标准的线性关系,对于大多数经济变量而言,它们之间存在的是一种非线性关系。一般的非线性回归模型可以表示成如下形式:

$$Y=f(X_1,X_2,\cdots,X_k;\beta_0,\beta_1,\beta_2,\cdots,\beta_p)+u$$

其中 f 是关于解释变量 $X_1,X_2,\cdots,X_k$ 和未知参数 $\beta_0,\beta_1,\beta_2,\cdots,\beta_p$ 的一个非线性函数。

对于非线性回归模型,按其形式和估计方法的不同,又可分为以下三种类型:

第一种类型是,虽然被解释变量 Y 与解释变量 $X_1,X_2,\cdots,X_k$ 之间不存在线性关系,但与未知参数 $\beta_0,\beta_1,\beta_2,\cdots,\beta_p$ 之间存在着线性关系。我们把这种类型的非线性回归模型仍归入线性模型的范畴,称之为非标准线性回归模型。非标准线性回归模型一般可以表示成如下形式:

$$\begin{aligned}Y=&\beta_0+\beta_1f_1(X_1,X_2,\cdots,X_k)+\beta_2f_2(X_1,X_2,\cdots,X_k)\\&+\cdots+\beta_pf_p(X_1,X_2,\cdots,X_k)+u\end{aligned}$$

其中$f_1,\cdots,f_p$是关于$X_1,X_2,\cdots,X_k$的p个已知的非线性函数,$\beta_0,\beta_1,\beta_2,\cdots,\beta_p$是$(p+1)$个未知回归系数。不难看出,它是关于未知回归系数$\beta_0,\beta_1,\beta_2,\cdots,\beta_p$的一个线性函数。例如,根据平均成本与产量为“U”形曲线的理论,总成本Y可以用产量X的三次多项式来近似表示,得如下形式的总成本回归模型:

$$Y=\beta_0+\beta_1X+\beta_2X^2+\beta_3X^3+u$$

显然,这是一个非标准的线性回归模型。

第二种类型是,虽然被解释变量Y与解释变量$X_1,X_2,\cdots,X_k$和未知参数$\beta_0,\beta_1,\beta_2,\cdots,\beta_p$之间都不存在线性关系,但是可以通过适当的变换将其化为标准的线性回归模型。我们把这种类型的非线性回归模型称之为可线性化的非线性回归模型。例如,在实际中有广泛应用的柯布－道格拉斯(Cobb-Douglas)生产函数模型,简称C-D生产函数模型,其形式为

$$Y=AK^{\alpha}L^{\beta}e^{u}$$

其中,Y表示产出量,K表示资金投入量,L表示劳动投入量,A为效率系数,α和β分别为K和L的产出弹性系数,A、α和β均为待估的未知参数。在这个模型中,被解释变量Y无论对于解释变量K和L,还是对于未知参数A、α和β都不是线性的,所以它是一个非线性回归模型。但是只要在模型的两边取对数

$$LnY=LnA+\alpha LnK+\beta LnL+u$$

就能将C-D生产函数模型转换成关于未知参数LnA、α和β的一个标准的线性回归模型。

第三种类型是,不但被解释变量Y与解释变量$X_1,X_2,\cdots,X_k$和未知参数$\beta_0,\beta_1,\beta_2,\cdots,\beta_p$之间都不存在线性关系,而且也不能通过适当的变换将其化为标准的线性回归模型。我们把这种类型的非线性回归模型称之为不可线性化的非线性回归模型。例如模型

$$Y=\alpha_0+\alpha_1e^{\beta_1X_1}+\alpha_2e^{\beta_2X_2}+u$$

无论通过什么变换都不可能将其线性化,因而也就不可能应用前两章介绍的线性回归分析方法进行参数估计。

本章的主要目的是讨论这三种非线性回归模型常用的处理方法。

§ 4.2 线性化方法

1. 非标准线性回归模型的线性化方法

非标准线性回归模型的线性化方法是变量替换法。

设非标准线性回归模型的一般形式如下：

$$\begin{aligned}Y=\beta_0+\beta_1 f_1(X_1,X_2,\cdots,X_k)+\beta_2 f_2(X_1,X_2,\cdots,X_k)\\+\cdots+\beta_p f_p(X_1,X_2,\cdots,X_k)+u\end{aligned} \tag{4.1}$$

其中 $f_1,\cdots,f_p$ 是关于 $X_1,X_2,\cdots,X_k$ 的 p 个已知的非线性函数，$\beta_0,\beta_1,\beta_2,\cdots,\beta_p$ 是 $(p+1)$ 个未知参数。对于这种类型的模型，只要我们采用适当的变量替换，例如令

$$\begin{cases}Z_1=f_1(X_1,X_2,\cdots,X_k)\\Z_2=f_2(X_1,X_2,\cdots,X_k)\\\vdots\\Z_p=f_p(X_1,X_2,\cdots,X_k)\end{cases} \tag{4.2}$$

那么，就可以将模型(4.1)式转化为一个标准的多元线性回归模型

$$Y=\beta_0+\beta_1 Z_1+\cdots+\beta_p Z_p+u \tag{4.3}$$

其中，$Z_1,Z_2,\cdots,Z_p$ 是新的解释变量。对于给定的样本观测值$(X_{1i},X_{2i},\cdots,X_{ki};Y_i)$，$i=1,2,\cdots,n$，可以通过(4.2)式求得相应的$(Z_{1i},Z_{2i},\cdots,Z_{pi};Y_i)$，$i=1,2,\cdots,n$，并把它们作为变换后的模型(4.3)式的样本观测值。于是我们就能利用前一章介绍的多元线性回归分析方法，求出未知参数$\beta_0,\beta_1,\beta_2,\cdots,\beta_p$ 的估计值，从而得到模型(4.3)式的估计的回归方程

$$\hat{Y}=\hat{\beta}_0+\hat{\beta}_1 Z_1+\cdots+\hat{\beta}_p Z_p$$

下面我们给出在研究经济问题时经常遇到的几种非标准线性回归模型，它们经过适当的变量替换都可以化为标准的线性回归模型。

(1) 多项式函数回归模型

多项式函数回归模型的一般形式为

$$Y_i = \beta_0 + \beta_1 X_i + \beta_2 X_i^2 + \cdots + \beta_k X_i^k + u_i \tag{4.4}$$

令

$$Z_{1i} = X_i,\quad Z_{2i} = X_i^2,\quad \cdots,\quad Z_{ki} = X_i^k$$

则可将原模型化为标准的线性回归模型，

$$Y_i = \beta_0 + \beta_1 Z_{1i} + \beta_2 Z_{2i} + \cdots + \beta_k Z_{ki} + u_i \tag{4.5}$$

模型(4.5)式即可利用多元线性回归分析方法进行处理。

例 4.1　假设某企业在 15 年中每年的产量和总成本的统计数据如表 4.1 所示或见 EViews 文件 li-4-1，试估计该企业的总成本函数回归模型。

表 4.1　某企业在 15 年中每年的产量和总成本统计数据

序号	总成本 Y_i(元)	产量 X_i(件)
1	10000	100
2	28600	300
3	19500	200
4	32900	400
5	52400	600
6	42400	500
7	62900	700
8	86300	900
9	74100	800
10	100000	1000
11	133900	1200
12	115700	1100
13	154800	1300
14	178700	1400
15	203100	1500

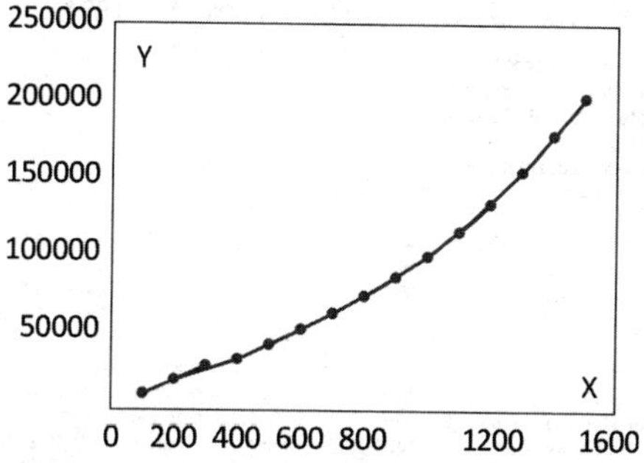

图 4.1　Y_i 和 X_i 的散点图

根据平均成本是产量的“U”形曲线理论，总成本函数回归模型有如下形式

$$Y_i = \beta_0 + \beta_1 X_i + \beta_2 X_i^2 + \beta_3 X_i^3 + u_i$$

它是关于产量 X_i 的三次多项式回归模型。作变量替换

$$Z_{1i} = X_i, \quad Z_{2i} = X_i^2, \quad Z_{3i} = X_i^3$$

可将原模型化为标准的三元线性回归模型

$$Y_i = \beta_0 + \beta_1 Z_{1i} + \beta_2 Z_{2i} + \beta_3 Z_{3i} + u_i$$

利用 EViews 的生成程序，得到新变量 Z_{1i}、Z_{2i}、Z_{3i}的数据如表 4.2 所示。

表 4.2　某企业 15 年总成本和经过变量替换的产量统计数据

序号	Y_i	Z_{1i}	Z_{2i}	Z_{3i}
1	10000	100	10000	1000000
2	28600	300	90000	27000000
3	19500	200	40000	8000000
4	32900	400	160000	64000000
5	52400	600	360000	216000000
6	42400	500	250000	125000000
7	62900	700	490000	343000000
8	86300	900	810000	729000000
9	74100	800	640000	512000000
10	100000	1000	1000000	1000000000
11	133900	1200	1440000	1728000000
12	115700	1100	1210000	1331000000
13	154800	1300	1690000	2197000000
14	178700	1400	1960000	2744000000
15	203100	1500	2250000	3375000000

利用 EViews 的最小二乘法程序，输出的结果如表 4.3 所示。

表 4.3　例 4.1 对应的 EViews 输出的结果

Dependent Variable: Y
Method: Least Squares
Date: 04/25/20　Time: 23:23
Sample: 1 15
Included observations: 15

Variable	Coefficient	Std. Error	t-Statistic	Prob.
C	2434.652	1368.921	1.778519	0.1029
Z1	85.70278	7.170616	11.95194	0.0000
Z2	-0.028405	0.010242	-2.773303	0.0181
Z3	4.05E-05	4.22E-06	9.593420	0.0000

R-squared	0.999778	Mean dependent var	86353.33
Adjusted R-squared	0.999717	S.D. dependent var	60016.44
S.E. of regression	1009.303	Akaike info criterion	16.89509
Sum squared resid	11205609	Schwarz criterion	17.08390
Log likelihood	-122.7131	Hannan-Quinn criter.	16.89307
F-statistic	16497.11	Durbin-Watson stat	2.275841
Prob(F-statistic)	0.000000		

由表 4.3,得估计的总成本回归方程为

$$\hat{Y}_i = 2434.7 + 85.7Z_{1i} - 0.03Z_{2i} + 0.00004Z_{3i}$$

即

$$\hat{Y}_i = 2434.7 + 85.7X_i - 0.03X_i^2 + 0.00004X_i^3$$

也可以对上式直接用 EViews 进行估计。命令是 Y C X X^2 X^3。

(2) 双曲函数回归模型

双曲函数回归模型的一般形式为

$$\frac{1}{Y_i} = \alpha + \beta\frac{1}{X_i} + u_i \tag{4.6}$$

令

$$Y_i^* = \frac{1}{Y_i}, \quad X_i^* = \frac{1}{X_i}$$

则可将原模型化为标准的线性回归模型

$$Y_i^* = \alpha + \beta X_i^* + u_i \tag{4.7}$$

模型(4.7)式即可利用一元线性回归分析方法进行处理。

(3) 对数函数回归模型

对数函数回归模型的一般形式为

$$Y_i = \alpha + \beta LnX_i + u_i \tag{4.8}$$

令

$$X_i^* = LnX_i$$

则可将原模型化为标准的线性回归模型

$$Y_i = \alpha + \beta X_i^* + u_i \tag{4.9}$$

模型(4.9)式即可利用一元线性回归分析方法进行处理。

(4) "S"形曲线回归模型

"S"形曲线回归模型的一般形式为

$$Y_i = \frac{1}{\alpha + \beta e^{-X_i} + u_i} \tag{4.10}$$

首先对(4.10)式作倒数变换,得

$$\frac{1}{Y_i}=\alpha+\beta e^{-X_i}+u_i$$

令

$$Y_i{}^*=\frac{1}{Y_i},\quad X_i{}^*=e^{-X_i}$$

则可将原模型化为标准的线性回归模型

$$Y_i{}^*=\alpha+\beta X_i{}^*+u_i \tag{4.11}$$

模型(4.11)式即可利用一元线性回归分析方法进行处理。

2. 可线性化的非线性回归模型的线性化方法

如果一般的非线性回归模型可以通过适当的变换实现线性化,则称之为可线性化的非线性回归模型。

下面我们给出在研究经济问题时经常遇到的几种可线性化的非线性回归模型,它们经过适当的变量替换都可以化为标准的线性回归模型。

(1)指数函数模型

指数函数模型的一般形式为

$$Y_i=Ae^{bX_i+u_i} \tag{4.12}$$

对(4.12)式两边取对数,得

$$LnY_i=LnA+bX_i+u_i$$

令

$$Y_i{}^*=LnY_i,\ \alpha=LnA$$

则可将原模型化为标准的线性回归模型

$$Y_i{}^*=\alpha+bX_i+u_i \tag{4.13}$$

模型(4.13)式即可利用一元线性回归分析方法进行处理。

(2)幂函数模型

幂函数模型的一般形式为

$$Y_i = AX_{1i}^{\beta_1} X_{2i}^{\beta_2} \cdots X_{ki}^{\beta_k} e^{u_i} \tag{4.14}$$

对(4.14)式两边取对数,得

$$LnY_i = LnA + \beta_1 LnX_{1i} + \beta_2 LnX_{2i} + \cdots + \beta_k LnX_{ki} + u_i$$

令

$$Y_i^* = LnY_i,\ \beta_0 = LnA,\ X_{1i}^* = LnX_{1i},\ X_{2i}^* = LnX_{2i}, \cdots,$$
$$X_{ki}^* = LnX_{ki}$$

则可将原模型化为标准的线性回归模型

$$Y_i^* = \beta_0 + \beta_1 X_{1i}^* + \beta_2 X_{2i}^* + \cdots + \beta_k X_{ki}^* + u_i \tag{4.15}$$

模型(4.15)式即可利用多元线性回归分析方法进行处理。

例 4.2　对于柯布－道格拉斯(C-D)生产函数模型

$$Y_i = AK_i^{\alpha} L_i^{\beta} e^{u_i}, \qquad i = 1, 2, \cdots, n$$

其中,Y_i 表示产出量,K_i 表示资金投入量,L_i 表示劳动投入量,u_i 是随机误差项, A、α、β为未知参数。这是一个 $k=2$ 的幂函数模型。试利用天津市 1980—1996 年间的有关统计资料,估计天津市全社会的 C-D 生产函数模型。

估计全社会的生产函数模型,有两个实际问题需要加以考虑。一是经济变量指标的选择,既要符合经济理论和计量模型的要求,又要考虑到我国现行统计制度的实际;二是要保证样本数据的可采集性和口径的一致性。

一般来说,作为全社会口径的产出量指标应选用地区生产总值(GDP),这是因为 GDP 是我国新国民经济核算体系的核心指标,它反映了一个国家或地区在一定时期内国民经济总的发展水平,而且有比较完整、比较规范的历史统计资料。

资金投入量指标包括两部分:固定资产原值(或净值)和定额流动资金平均余额。前者是物化了的各种基础设施与技术装备所占用的资金,后者是保证生产过程得以持续进行所必须占用的流动资金。从合理的角度和统计规范的要求,资金投入量应是固定资产净值加上定额流动资金平均余额,以此为某一时期的资金投入总量比较恰当。但长期以来我国固定资产的折旧制度不健全,固定资产的更新周期比较长,有些企业的固定资产原值早已折旧完了,但在生产上仍在使用,也就是说,有一部分固定资产的价值虽然不存在了,但还在生产过程中继续发挥着作用。如果采用固定资产净值作为资金投入量,就减少了实际投入的固定资产的价值量。所以,考虑到我国的具体情况,采用固定资产原值与定额流动资金平均余额之和作为资金投入量，是比较符合我国国情的。但是，由于我国现行统计制度尚不健全，全社会固定资产原值和定额流动资金平均余额这两个指标没有现成的数据可供利用，因此需要在广泛搜集有关原始资料的基础上，利用科学合理的方法进行推算或估算，才能得到我们所需要的这两个资金投入量数据。

劳动投入量指标我们选用全部从业人员数。劳动投入量较精确的计量单位应是劳动者在劳动中的有效利用时间，因此需要对劳动者的素质、工作的效率以及有效劳动时间的损耗等情形做出规范的量化计量。鉴于我国目前尚没有这方面的统计资料，所以只能选用全部从业人员数作为劳动投入量指标。就全社会而言，全部从业人员应包括国有企业、集体企业、私营企业等各种经济类型企业的全部职工、城镇个体劳动者、农村劳动者以及其他劳动者。

根据上述分析，采集的基础数据如表 4.4 和 EViews 文件 li-4-2 所示。

设天津市 C-D 生产函数模型为

$$GDP_i = AK_i^{\alpha} L_i^{\beta} e^{u_i}, \quad i = 1, 2, \cdots, 17$$

两边取对数，得到

$$LnGDPi = LnA + \alpha LnK_i + \beta LnL_i + u_i$$

令

$$Y_i = LnGDP_i, \ X_{1i} = LnK_i, \ X_{2i} = LnL_i,$$
$$\beta_0 = LnA, \ \beta_1 = \alpha, \ \beta_2 = \beta,$$

则可将 C-D 生产函数模型转换成标准的二元线性回归模型，

$$Y_i = \beta_0 + \beta_1 X_{1i} + \beta_2 X_{2i} + u_i$$

Y_i 与 X_{1i}、X_{2i}的散点图见图 4.2a、图 4.2b。

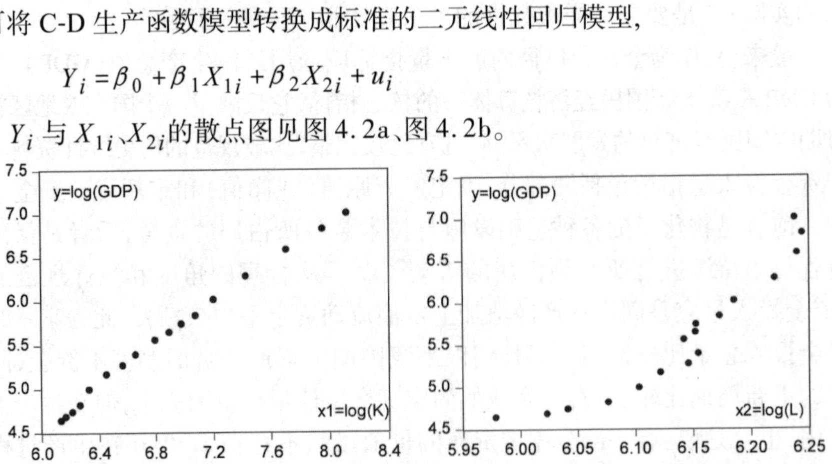

a　Y_i 与 X_{1i}的散点图　　b　Y_i 与 X_{2i}的散点图

图 4.2　Y_i 与 X_{1i}、X_{2i}的散点图

表4.4　天津市1980—1996年
地区生产总值(GDP)、资金和从业人员统计资料

年份	GDP_i(当年价格)(亿元)	资金 K_i(亿元)	从业人员 L_i(万人)
1980	103.52	461.67	394.79
1981	107.96	476.32	413.02
1982	114.10	499.13	420.50
1983	123.40	527.22	435.60
1984	147.47	561.02	447.50
1985	175.71	632.11	455.90
1986	194.67	710.51	466.94
1987	220.00	780.12	470.93
1988	259.64	895.66	465.15
1989	283.34	988.65	469.79
1990	310.95	1075.37	470.07
1991	342.75	1184.58	479.67
1992	411.24	1344.14	485.70
1993	536.10	1688.02	503.10
1994	725.14	2221.42	513.00
1995	920.11	2843.48	515.30
1996	1102.10	3364.34	512.00

资料来源:《天津统计年鉴》及作者研究项目。

利用EViews的生成程序,得到新变量 Y、X_1、X_2 的数据如表4.5所示。

表4.5　1980—1996年天津市GDP、资金和从业人员的
统计资料经过对数变换后的数据

年份	Y_i	X_{1i}	X_{2i}
1980	4.6398	6.1349	5.9784
1981	4.6818	6.1661	6.0239
1982	4.7371	6.2129	6.0414
1983	4.8154	6.2676	6.0767
1984	4.9936	6.3298	6.1037
1985	5.1688	6.4491	6.1223
1986	5.2713	6.5660	6.1462
1987	5.3936	6.6594	6.1547
1988	5.5593	6.7976	6.1424
1989	5.6466	6.8963	6.1523
1990	5.7396	6.9804	6.1529
1991	5.8370	7.0771	6.1731
1992	6.0192	7.2035	6.1856
1993	6.2843	7.4313	6.2208
1994	6.5864	7.7059	6.2403
1995	6.8245	7.9528	6.2409
1996	7.0050	8.1210	6.2383

利用 EViews 的最小二乘法程序,输出的结果如表 4.6 所示。

表 4.6 EViews 11 结果输出

Dependent Variable: Y
Method: Least Squares
Date: 04/26/20 Time: 08:00
Sample: 1980 1996
Included observations: 17

Variable	Coefficient	Std. Error	t-Statistic	Prob.
C	-10.46386	1.287010	-8.130363	0.0000
X1	1.021124	0.029404	34.72712	0.0000
X2	1.471943	0.239290	6.151284	0.0000

R-squared	0.998608	Mean dependent var	5.600196
Adjusted R-squared	0.998409	S.D. dependent var	0.749974
S.E. of regression	0.029918	Akaike info criterion	-4.021929
Sum squared resid	0.012531	Schwarz criterion	-3.874891
Log likelihood	37.18639	Hannan-Quinn criter.	-4.007313
F-statistic	5020.103	Durbin-Watson stat	1.568312
Prob(F-statistic)	0.000000		

根据表 4.6 得到估计的回归方程为(括号内的数字为 t 统计量值)

$$\hat{Y}_i = -10.4639 + 1.0211X_{1i} + 1.4719X_{2i}$$
$$(-8.1) \quad (34.7) \quad (6.2)$$
$$R^2 = 0.9986, \quad F = 5020.1, \quad DW = 1.6$$

最后,得到估计的 C-D 生产函数方程为

$$\widehat{GDP}_i = 0.00003K_i^{1.0211}L_i^{1.4719}$$

注意,如果随机误差项 u_i 满足基本假定,那么$\hat{\beta}_1 = \hat{\alpha}$、$\hat{\beta}_2 = \hat{\beta}$分别是$\alpha$、$\beta$的无偏估计量,而 $\hat{A}$ 却不是 A 的无偏估计量。这是因为虽然$\hat{\beta}_0$ 是β_0 的无偏估计量,但是由于 $\hat{A} = e^{\hat{\beta}_0}$是无偏估计量$\hat{\beta}_0$ 的非线性函数,因此 $E(\hat{A}) \neq e^{E(\hat{\beta}_0)} = e^{\beta_0} = A$。

3. 不可线性化的非线性回归模型的线性化估计方法

如果非线性回归模型无论采用怎样的变换都不可能实现其线性化,则称之为不可线性化的非线性回归模型。

假设非线性回归模型的一般形式为

$$Y = f(X_1, X_2, \cdots, X_k; \beta_1, \beta_2, \cdots, \beta_p) + u \tag{4.16}$$

其中 f 是关于 k 个解释变量 $X_1, X_2, \cdots, X_k$ 和 p 个未知参数$\beta_1, \beta_2, \cdots, \beta_p$ 的一

个非线性函数。假设用$\hat{\beta}_i,(i=1,2,\cdots,p)$表示$\beta_i$的估计量，则(4.16)式可表示为如下形式

$$Y=f(X_1,X_2,\cdots,X_k;\ \hat{\beta}_1,\hat{\beta}_2,\cdots,\hat{\beta}_p)+e$$

其中e是残差。如果我们仍采用最小二乘法准则求解$\hat{\beta}_i(i=1,2,\cdots,p)$，则应使残差平方和

$$Q=\sum e_i^2=\sum[Y_i-f(X_{1i},X_{2i},\cdots,X_{ki};\ \hat{\beta}_1,\hat{\beta}_2,\cdots,\hat{\beta}_p)]^2 \tag{4.17}$$

达到最小。对于标准线性回归模型，这一极值问题等价于解一个线性代数方程组，可以很容易地求出未知参数估计量$\hat{\beta}_1,\hat{\beta}_2,\cdots,\hat{\beta}_p$。但是对于非线性回归模型，事情就没有这么简单了，因为f是一个一般的非线性函数，因此，我们需要寻找特殊的方法来解这一非线性代数方程组。常用的非线性估计方法有三种，至于采用哪一种方法将依赖于模型的具体类型，有时也可能将其中的两种方法结合起来使用。

第一种方法是直接搜索法(Direct Search Method)。这种方法是将模型的每一个参数都选择一组数值，然后将所有可能的参数值组合代入(4.17)式中，使残差平方和Q达到最小的那一组参数值组合，就作为未知参数的估计值。如果非线性模型只有一个或两个未知参数，这种方法可能比较有效。如果非线性模型的未知参数较多，这种方法的计算量就很大。例如，如果有4个未知参数，每个参数都需要考虑10个不同的数值，那么所有可能的参数值组合就多达$10^4=10000$种！这就是说，需要计算、比较10000个残差平方和，才能找到这4个未知参数的估计值。

第二种方法是直接优化法(Direct Optimization Method)。这种方法是根据残差平方和极小化的必要条件，将(4.17)式对每一个参数β_i求偏导数，并令它们等于零，得到以下正规方程组

$$\begin{aligned}\frac{\partial Q}{\partial\hat{\beta}_i}&=-2\sum[Y_i-f(X_{1i},X_{2i},\cdots,X_{ki};\ \hat{\beta}_1,\hat{\beta}_2,\cdots,\hat{\beta}_p)]\frac{\partial f}{\partial\hat{\beta}_i}\\&=0,\ (i=1,2,\cdots,p)\end{aligned} \tag{4.18}$$

然后从中解出未知参数估计量$\hat{\beta}_1,\hat{\beta}_2,\cdots,\hat{\beta}_p$。但由于方程组(4.18)是一个非线性方程组，计算上困难很大，所以这种方法很少被人采用。

第三种方法是迭代线性化法(Iterative Linearzation Method)。这种方法的基本思想是，首先通过泰勒级数展开，将模型的非线性函数在某一组初始参数估计

值附近线性化,然后对这一线性化的函数应用普通最小二乘法,得到一组新的参数估计值。接着是使非线性函数在新的参数估计值附近线性化,对新的线性化的模型应用普通最小二乘法,又得到一组新的参数估计值。不断重复上述过程,直至参数估计值收敛为止,即第 $l+1$ 组参数估计值与第 l 组参数估计值没有显著差别时为止。这个方法的一个优点是,它有比较高的计算效率。如果被估计的非线性函数很接近一个线性函数,则只需要几次迭代就可以得到满意的结果。这个方法的另一个优点是,因为每一次迭代都是一次线性回归,因此我们可以进行标准的显著性检验、拟合优度检验等各种统计检验。

迭代线性化法的具体步骤如下:

第一步,根据经济理论和历史统计资料,选定$(\beta_{1,0},\beta_{2,0},\cdots,\beta_{p,0})$作为未知参数$(\beta_1,\beta_2,\cdots,\beta_p)$的一组初始估计值。接着将模型(4.16)式中的非线性函数 f 在这组初始估计值附近作泰勒级数展开,得

$$Y=f(X_1,X_2,\cdots,X_k;\beta_{1,0},\beta_{2,0},\cdots,\beta_{p,0})+\sum_{i=1}^{p}\left[\frac{\partial f}{\partial\beta_i}\right]_0(\beta_i-\beta_{i,0})$$

$$+\frac{1}{2}\sum_{i=1}^{p}\sum_{j=1}^{p}\left[\frac{\partial^2 f}{\partial\beta_i\partial\beta_j}\right]_0(\beta_i-\beta_{i,0})(\beta_j-\beta_{j,0})+\cdots+u \qquad (4.19)$$

偏导数符号的下标0表示这些偏导数是在点$(\beta_{1,0},\beta_{2,0},\cdots,\beta_{p,0})$处取值。在泰勒级数展开式(4.19)中,前两项就是非线性函数 f 的一个线性近似。舍掉二阶和二阶以上的高阶项,得(4.19)式的线性近似

$$Y=f(X_1,X_2,\cdots,X_k;\beta_{1,0},\beta_{2,0},\cdots,\beta_{p,0})+\sum_{i=1}^{p}\left[\frac{\partial f}{\partial\beta_i}\right]_0(\beta_i-\beta_{i,0})+v$$

其中 v 是泰勒级数展开式中的高阶项与随机误差项之和。移项整理后得

$$Y-f(X_1,X_2,\cdots,X_k;\beta_{1,0},\beta_{2,0},\cdots,\beta_{p,0})+\sum_{i=1}^{p}\beta_{i,0}\left[\frac{\partial f}{\partial\beta_i}\right]_0$$

$$=\sum_{i=1}^{p}\beta_i\left[\frac{\partial f}{\partial\beta_i}\right]_0+v \qquad (4.20)$$

我们可以将(4.20)式的左边看作一个新的被解释变量,将右边的$\left[\frac{\partial f}{\partial\beta_1}\right]_0$,$\left[\frac{\partial f}{\partial\beta_2}\right]_0,\cdots,\left[\frac{\partial f}{\partial\beta_p}\right]_0$ 看作 k 个新的解释变量。这样一来,(4.20)式就是关于未知参数$\beta_1,\beta_2,\cdots,\beta_p$ 的一个标准的线性回归模型。令

$$Y^* = Y - f(X_1, X_2, \cdots, X_k; \beta_{1,0}, \beta_{2,0}, \cdots, \beta_{p,0}) + \sum_{i=1}^{p} \beta_{i,0} \left[\frac{\partial f}{\partial \beta_i} \right]_0$$

$$Z_1 = \left[\frac{\partial f}{\partial \beta_1} \right]_0, Z_2 = \left[\frac{\partial f}{\partial \beta_2} \right]_0, \cdots, Z_p = \left[\frac{\partial f}{\partial \beta_p} \right]_0 \tag{4.21}$$

则(4.20)式就可改写成

$$Y^* = \beta_1 Z_1 + \beta_2 Z_2 + \cdots + \beta_p Z_p + v \tag{4.22}$$

第二步，对标准线性回归模型(4.22)式应用普通最小二乘法估计未知参数。由给定的样本观测值($X_{1i}, X_{2i}, \cdots, X_{ki}; Y_i$)和初始估计值($\beta_{1,0}, \beta_{2,0}, \cdots, \beta_{p,0}$)，根据(4.21)式计算出一组新的样本观测值 $Y_i{}^*, Z_{1i}, Z_{2i}, \cdots, Z_{pi}$，($i = 1, 2, \cdots, n$)。利用这组新的样本观测值，我们得到线性回归模型(4.22)式的一组新的最小二乘估计量$\beta_{1,1}, \beta_{2,1}, \cdots, \beta_{p,1}$。

第三步，将非线性函数 f 在这组新的参数估计值($\beta_{1,1}, \beta_{2,1}, \cdots, \beta_{p,1}$)附近作泰勒级数展开，线性化后得到一个新的标准线性回归模型。对这个新的标准线性回归模型再应用普通最小二乘法，又得到一组新的最小二乘估计量$\beta_{1,2}, \beta_{2,2}, \cdots, \beta_{p,2}$。

重复这一过程一直到参数估计值收敛为止，即对于预先给定的任意小的正数$\delta > 0$，不等式

$$\left| \frac{\beta_{i,l+1} - \beta_{i,l}}{\beta_{i,l}} \right| < \delta, \quad (i = 1, 2, \cdots, p)$$

成立为止。这里$\beta_{i,l+1}$表示第 $l+1$ 次迭代得到的参数估计值，$\beta_{i,l}$表示第 l 次迭代得到的参数估计值，δ表示允许误差。

注意，在应用迭代线性化法时，迭代过程有可能并不收敛。这是因为迭代过程是否收敛往往与参数初始估计值的选择有关，这时候我们应换一组参数初始估计值再进行迭代。另外，迭代线性化法不能保证残差平方和 $Q = \sum e_i{}^2$ 达到最小，它可能使残差平方和收敛于某一局部极小值而不是真正的极小值。

例 4.3　写出利用迭代线性化法估计下面的非线性消费函数回归模型的具体步骤。

$$C_i = \beta_0 + \beta_1 Y_i{}^{\beta_2} + u_i$$

其中 C_i 表示总消费，Y_i 表示可支配收入。

对于线性消费函数回归模型，应有$\beta_2 = 1$，所以我们可以考虑将参数的初始

估计值取为$\beta_{0,0}=\beta_{1,0}=\beta_{2,0}=1$。首先将非线性消费函数在这组初始估计值附近作泰勒级数展开,然后取线性近似。

$$f(\beta_0,\beta_1,\beta_2)=\beta_0+\beta_1 Y^{\beta_2}$$

$$=f(1,\ 1,\ 1)+\left[\frac{\partial f}{\partial\beta_0}\right]_0(\beta_0-1)+\left[\frac{\partial f}{\partial\beta_1}\right]_0(\beta_1-1)$$

$$+\left[\frac{\partial f}{\partial\beta_2}\right]_0(\beta_2-1)$$

因为$f(1,1,1)=1+Y$,　$\left[\frac{\partial f}{\partial\beta_0}\right]_0=1$,　$\left[\frac{\partial f}{\partial\beta_1}\right]_0=Y$,　$\left[\frac{\partial f}{\partial\beta_2}\right]_0=YLnY$

所以有

$$f(\beta_0,\beta_1,\beta_2)=1+Y+(\beta_0-1)+Y(\beta_1-1)+YLnY(\beta_2-1)$$

$$=\beta_0+\beta_1 Y+\beta_2 YLnY-YLnY$$

代入消费函数回归模型,得到

$$C_i=\beta_0+\beta_1 Y_i+\beta_2 Y_i LnY_i-Y_i LnY_i+u_i$$

移项后得

$$C_i+Y_i LnY_i=\beta_0+\beta_1 Y_i+\beta_2 Y_i LnY_i+u_i$$

令

$$Y_i^*=C_i+Y_i LnY_i,\quad X_{1i}=Y_i,\quad X_{2_i}=Y_i LnY_i$$

则将非线性消费函数回归模型化为二元线性回归模型

$$Y_i^*=\beta_0+\beta_1 X_{1_i}+\beta_2 X_{2_i}+u_i$$

利用普通最小二乘法得到一组新的未知回归系数估计值$\beta_{0,1},\beta_{1,1},\beta_{2,1}$。

将回归系数初始估计值由$\beta_{0,0}=\beta_{1,0}=\beta_{2,0}=1$换成$\beta_{0,1},\beta_{1,1},\beta_{2,1}$,重复上述步骤,又得到一组新的最小二乘估计值$\beta_{0,2},\beta_{1,2},\beta_{2,2},\cdots$,直至估计值达到预定的精度为止。

平狄克(R.S.Pindyck)和鲁宾费尔得(D.L.Rubinfeld)利用美国 1947 年第一季度至1995 年第二季度的时间序列季度数据,经过 22 次循环迭代之后达到收敛,得到估计的消费函数模型为

$$\hat{C}_i = 256.33 + 0.195 Y_i^{1.180}, \qquad R^2 = 0.9990$$

$\hat{\beta}_0$,$\hat{\beta}_1$ 和$\hat{\beta}_2$ 的标准差分别为 16.71,0.0211 和 0.0126,因此在$\alpha = 0.05$ 的显著性水平下,三个参数估计值都是显著的,而且有很高的拟合优度。

对于这个非线性消费函数模型,它的边际消费倾向为

$$MPC_i = \frac{\mathrm{d}C_i}{\mathrm{d}Y_i} = \beta_1 \beta_2 Y_i^{\beta_2 - 1} = 0.195 \times 1.180 Y_i^{1.180-1} = 0.2301 Y_i^{0.18}$$

注意,此时的边际消费倾向 MPC_i 不是一个常量,而是可支配收入 Y_i 的函数,当 $Y_i = 1000$ 时,$MPC_i = 0.7978$;当 $Y_i = 2000$ 时,$MPC_i = 0.9039$。

§4.3　案例分析

例 4.4　两要素不变替代弹性(CES)生产函数的参数估计。

两要素不变替代弹性(Constant Elasticity of Substitution)生产函数,简称 **CES 生产函数**,是由 Arrow、Chenery、Mihas 和 Solow 等人于 1961 年提出的,其一般形式如下:

$$Y = A[\delta K^{-\rho} + (1-\delta)L^{-\rho}]^{-\frac{m}{\rho}} \tag{4.23}$$

其中

A——效益系数,是广义技术进步水平的反映,应满足 $A > 0$;

δ——分配系数,应满足 $0 < \delta < 1$;

ρ——替代系数,应满足$\rho \geqslant -1$;

m——规模报酬参数,$m < 1$ 表示规模报酬递减,$m = 1$ 表示规模报酬不变,$m > 1$表示规模报酬递增。

由定义,CES 生产函数的要素替代弹性为

$$\sigma = \frac{1}{1+\rho} \tag{4.24}$$

显然,如果$\rho = 0$,则要素替代弹性为$\sigma = 1$,于是 CES 生产函数退化为 C-D 生产函数。

CES 生产函数是一个关于四参数 A、δ、ρ、m 的非线性函数,而且无法通过简单的变换实现线性化。CES 模型除了可以利用我们在 §4.2 介绍的几种方法进行

估计外,下面我们再介绍一种由 Kementa 于 1967 年提出的线性化估计方法。

对 CES 生产函数(4.23)式两边取对数,得到

$$LnY = LnA - \frac{m}{\rho}Ln[\delta K^{-\rho} + (1-\delta)L^{-\rho}] \tag{4.25}$$

设

$$f(\rho) = Ln[\delta K^{-\rho} + (1-\delta)L^{-\rho}]$$

将 $f(\rho)$ 在 $\rho=0$ 处作泰勒级数展开,取 0 阶、1 阶和 2 阶项,得

$$\begin{aligned} f(\rho) &= -[\delta LnK + (1-\delta)LnL]\rho + \frac{1}{2}\rho^2\delta(1-\delta)(LnK - LnL)^2 \\ &= -[\delta LnK + (1-\delta)LnL]\rho + \frac{1}{2}\rho^2\delta(1-\delta)\left[Ln\left(\frac{K}{L}\right)\right]^2 \end{aligned} \tag{4.26}$$

将(4.26)式代入(4.25)式,得到线性化的 CES 生产函数

$$LnY = LnA + m\delta LnK + m(1-\delta)LnL - \frac{1}{2}m\rho\delta(1-\delta)\left[Ln\left(\frac{K}{L}\right)\right]^2 \tag{4.27}$$

设 $Z = LnY$ 为被解释变量,$X_1 = LnK, X_2 = LnL, X_3 = \left[Ln\left(\frac{K}{L}\right)\right]^2$ 为解释变量,$\beta_0 = LnA, \beta_1 = m\delta, \beta_2 = m(1-\delta)$, $\beta_3 = -\frac{1}{2}m\rho\delta(1-\delta)$ 为未知参数,则可将线性化的 CES 生产函数(4.27)式改写为一个简单的线性回归模型

$$Z = \beta_0 + \beta_1 X_1 + \beta_2 X_2 + \beta_3 X_3 + u \tag{4.28}$$

利用 OLS 法可以得到 β_0、β_1、β_2、β_3 的估计值 $\hat{\beta}_0$、$\hat{\beta}_1$、$\hat{\beta}_2$、$\hat{\beta}_3$,进而得到 CES 生产函数的结构参数 A、δ、ρ、m 的估计值:

$$\hat{A} = e^{\hat{\beta}_0}$$

$$\hat{\delta} = \frac{\hat{\beta}_1}{\hat{\beta}_1 + \hat{\beta}_2}$$

$$\hat{\rho} = \frac{-2\hat{\beta}_3(\hat{\beta}_1 + \hat{\beta}_2)}{\hat{\beta}_1\hat{\beta}_2}$$

$$\hat{m} = \hat{\beta}_1 + \hat{\beta}_2$$

(4.27)式的前三项相当于 $\rho=0$ 时的 CES 生产函数,显然,它是 C-D 生产函

数的形式。最后一项是对$\rho=0$情形的一个调整,调整的幅度取决于ρ的大小。由此可见,用(4.27)式近似 CES 生产函数 $Y=A[\delta K^{-\rho}+(1-\delta)L^{-\rho}]^{-\frac{m}{\rho}}$,近似误差的大小与$\rho$偏离 0 的程度有关。所以,若$\rho$的估计量$\hat{\rho}$接近于 0,则参数估计量是较好的近似;若$\rho$的估计量$\hat{\rho}$与 0 相差较大,则参数估计量不是较好的近似。

根据 §4.2 例 4.2 表 4.4 的天津市 1980—1996 年 GDP、资金和从业人员的统计资料,利用 EViews 的生成程序,得到新变量 Z_i、X_{1i}、X_{2i}、X_{3i} 的数据如表 4.7所示。

表 4.7　1980—1996 年天津市 GDP、资金和从业人员的统计资料经过对数变换后的数据

年份	$Z_i=Ln(GDP_i)$	$X_{1i}=LnK_i$	$X_{2i}=LnL_i$	$X_{3i}=\left[Ln\left(\frac{K_i}{L_i}\right)\right]^2$
1980	4.6398	6.1349	5.9784	0.0245
1981	4.6818	6.1661	6.0235	0.0203
1982	4.7371	6.2129	6.0414	0.0294
1983	4.8154	6.2676	6.0767	0.0364
1984	4.9936	6.3298	6.1037	0.0511
1985	5.1688	6.4491	6.1223	0.1068
1986	5.2713	6.5660	6.1462	0.1762
1987	5.3936	6.6594	6.1547	0.2548
1988	5.5593	6.7976	6.1424	0.4293
1989	5.6466	6.8963	6.1523	0.5536
1990	5.7396	6.9804	6.1529	0.6848
1991	5.8370	7.0771	6.1731	0.8173
1992	6.0192	7.2035	6.1856	1.0362
1993	6.2843	7.4313	6.2208	1.4654
1994	6.5864	7.7059	6.2403	2.1481
1995	6.8245	7.9528	6.2447	2.9174
1996	7.0050	8.1210	6.2383	3.5444

利用 EViews 的最小二乘法程序,输出的结果如表 4.8 所示。残差图见图 4.3.

表 4.8 例 4.4 对应的 EViews 输出的结果

Dependent Variable: Z
Method: Least Squares
Date: 12/01/14 Time: 18:52
Sample: 1980 1996
Included observations: 17

Variable	Coefficient	Std. Error	t-Statistic	Prob.
C	-8.714523	1.475951	-5.904344	0.0001
X1	1.169303	0.080377	14.54773	0.0000
X2	1.029326	0.314436	3.273563	0.0060
X3	-0.060194	0.030779	-1.955664	0.0723

R-squared	0.998924	Mean dependent var	5.600196
Adjusted R-squared	0.998676	S.D. dependent var	0.749974
S.E. of regression	0.027291	Akaike info criterion	-4.162176
Sum squared resid	0.009683	Schwarz criterion	-3.966125
Log likelihood	39.37849	Hannan-Quinn criter.	-4.142688
F-statistic	4023.243	Durbin-Watson stat	1.741752
Prob(F-statistic)	0.000000		

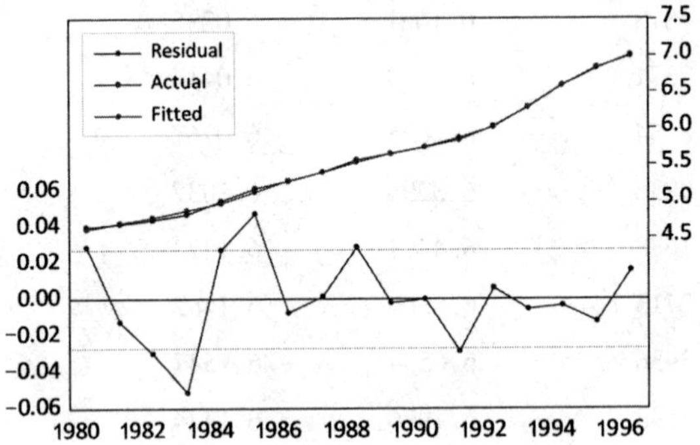

图 4.3 Y_i 与其拟合值比较及残差图

$$Ln\ \widehat{GDP}_i = -8.7145 + 1.1693LnK_i + 1.0293LnL_i - 0.0602\left[Ln\left(\frac{K_i}{L_i}\right)\right]^2$$

$$(-5.9) \qquad (14.5) \qquad (3.3) \qquad (-2.0)$$

$$R^2 = 0.9989,\ F = 4023.243,\ DW = 1.7418$$

于是,得到 A、δ、ρ、m 的估计值

$$\hat{A} = e^{\hat{\beta}_0} = e^{-8.7145} = 0.00016$$

$$\hat{\delta} = \frac{\hat{\beta}_1}{\hat{\beta}_1 + \hat{\beta}_2} = \frac{1.1693}{1.1693 + 1.0293} = 0.5318$$

$$\hat{\rho} = \frac{-2\hat{\beta}_3(\hat{\beta}_1 + \hat{\beta}_2)}{\hat{\beta}_1 \hat{\beta}_2} = \frac{-2 \times (-0.0602) \times (1.1693 + 1.0293)}{1.1693 \times 1.0293}$$

$$=0.2199$$

$$\hat{m}=\hat{\beta}_1+\hat{\beta}_2=1.1693+1.0293=2.1986$$

所以,估计的 CES 生产函数为

$$\widehat{GDP}_i=0.00016[0.5318K_i^{-0.2199}+0.4682L_i^{-0.2199}]^{-2.1986/0.2199}$$

最后将$\hat{\rho}=0.2199$代入(4.24)式,得 K 与 L 的替代弹性σ的估计值为

$$\hat{\sigma}=\frac{1}{1+\hat{\rho}}=\frac{1}{1+0.2199}=0.8197$$

因为比较接近于 1,而 C-D 生产函数的替代弹性是 1,这就表明了 C-D 生产函数模型可能是较适宜的形式。

思考与练习题

1. 某商场 1990—1998 年间皮鞋销售额(万元)的统计资料如下表所示。

年份	1990	1991	1992	1993	1994	1995	1996	1997	1998
时间 t	1	2	3	4	5	6	7	8	9
销售额 Y_t	4.1	5.3	7.2	9.6	12.9	17.1	23.2	29.5	37.4

考虑指数函数回归模型 $LnY=\alpha+\beta t+u_t$,试利用上表的数据进行回归分析,并预测 1999 年该商场皮鞋的销售额。

2. 美国在 1790—1990 年间每 10 年的人口总数 Y_t(百万人)的统计资料如下表所示。

年份	人口总数	年份	人口总数
1790	3.929	1900	75.994
1800	5.308	1910	91.972
1810	7.329	1920	105.710
1820	9.638	1930	122.775
1830	12.866	1940	131.669
1840	17.069	1950	151.325
1850	23.191	1960	179.323
1860	31.443	1970	203.211
1870	39.818	1980	228.795
1880	50.155	1990	251.305
1890	62.947		

考虑指数增长模型：$Y=Ae^{\alpha t+u_t}$，试利用上表的数据进行回归分析，并预测美国2000年的人口总数。

3.2020年2月18日至3月30日中国现有新型冠状病毒肺炎确诊病例数(W_t)见表和EViews文件：xiti-4-3。试建立适合的非线性函数回归模型拟合序列变化过程。

2020年	t	W_t	2020年	t	W_t	2020年	t	W_t
2月18日	1	57805	3月3日	15	27433	3月17日	29	8056
2月19日	2	56303	3月4日	16	25352	3月18日	30	7263
2月20日	3	54965	3月5日	17	23784	3月19日	31	6569
2月21日	4	53284	3月6日	18	22177	3月20日	32	6013
2月22日	5	51606	3月7日	19	20533	3月21日	33	5549
2月23日	6	49824	3月8日	20	19016	3月22日	34	5120
2月24日	7	47672	3月9日	21	17721	3月23日	35	4735
2月25日	8	45604	3月10日	22	16145	3月24日	36	4287
2月26日	9	43258	3月11日	23	14831	3月25日	37	3947
2月27日	10	39919	3月12日	24	13526	3月26日	38	3460
2月28日	11	37414	3月13日	25	12094	3月27日	39	3128
2月29日	12	35329	3月14日	26	10734	3月28日	40	2691
3月1日	13	32652	3月15日	27	9898	3月29日	41	2396
3月2日	14	30004	3月16日	28	8976	3月30日	42	2161

资料来源：国家卫健委网站。

4. 1980—2011年广西城镇家庭平均每人全年消费性支出(简称人均消费性支出，CP_t，单位：人民币元)和广西人均国内生产总值(简称人均GDP，$GDPP_t$，单位：人民币元)数据见下表和EViews文件：xiti-4-4。试建立CP_t关于$GDPP_t$的回归模型，并解释实际意义。

年份	CP_t	$GDPP_t$	年份	CP_t	$GDPP_t$	年份	CP_t	$GDPP_t$
1980	413.40	277.7666	1991	1583.63	1210.811	2002	5413.40	5558.000
1981	423.12	317.2718	1992	1739.89	1489.521	2003	5763.50	6169.000
1982	442.20	353.9452	1993	2303.03	1981.581	2004	6445.70	7461.000
1983	465.60	362.9081	1994	3326.82	2674.758	2005	7032.80	8590.000
1984	541.76	398.6037	1995	4045.83	3303.676	2006	6792.00	10121.000
1985	663.74	471.2721	1996	4339.42	3706.402	2007	8151.30	12277.000
1986	739.57	525.4785	1997	4452.70	3928.334	2008	9627.40	14652.000
1987	860.73	606.7882	1998	4381.09	4346.000	2009	10352.40	16045.000
1988	1198.12	770.2973	1999	4587.22	4444.000	2010	11490.10	20219.000
1989	1296.48	927.2982	2000	4852.31	4652.000	2011	12848.40	25326.000
1990	1338.10	1066.144	2001	5224.73	5058.000			

5. 1990—2014 年中国税收（Y_t，亿元）数据见表和 EViews 文件：xiti-4-5。试建立中国税收 Y_t 与时间 t 的非线性关系回归模型。

年份	t	税收 Y_t	年份	t	税收 Y_t	年份	t	税收 Y_t
1990	1	57805	1998	9	27433	2006	17	8056
1991	2	56303	1999	10	25352	2007	18	7263
1992	3	54965	2000	11	23784	2008	19	6569
1993	4	53284	2001	12	22177	2009	20	6013
1994	5	51606	2002	13	20533	2010	21	5549
1995	6	49824	2003	14	19016	2011	22	5120
1996	7	47672	2004	15	17721	2012	23	4735
1997	8	45604	2005	16	16145	2013	24	4287

第 5 章 异方差

第5章至第8章集中讨论当回归模型假定条件不成立,而用普通最小二乘法估计模型时,会给模型参数估计量带来什么影响以及如何改进对参数估计量的估计。第5章讨论异方差,第6章讨论自相关,第7章讨论多重共线性,第8章讨论随机解释变量等问题。

注意,以下讨论都是在回归模型某一个假定条件被违反,而其他假定条件都成立的条件下进行的。

§5.1 异方差的概念

第2章对线性回归模型提出了若干基本假设,在这些基本假定下应用普通最小二乘法可以得到未知回归系数$\beta_0, \beta_1, \cdots, \beta_K$的最佳线性无偏估计量。当时提出的一个重要假设就是同方差性,然而在经济问题中完全符合假定条件的情况很少。应用普通最小二乘法估计回归模型

$$Y_t = \beta_0 + \beta_1 X_{t1} + \cdots + \beta_k X_{tk} + u_t$$

时,假设 $\text{Var}(u_t) = \sigma^2 =$ 常数, $t = 1, 2, \cdots, T$,称为**同方差性**或**齐次方差性**,若 $\text{Var}(u_t) = {\sigma_t}^2 \neq$ 常数,即:

$$\text{Var}(u_i) \neq \text{Var}(u_j), \quad i \neq j, \; i, \; j = 1, 2, \cdots, T$$

此时称 u_t 具有**异方差性**。用矩阵表示

$$\text{Var}(u) = \begin{pmatrix} {\sigma_1}^2 & 0 & \cdots & 0 \\ 0 & {\sigma_2}^2 & \cdots & 0 \\ \vdots & \vdots & \ddots & \vdots \\ 0 & 0 & \cdots & {\sigma_T}^2 \end{pmatrix}$$

下面研究异方差性给计量经济模型的估计带来的影响。

图5.1显示了一元线性回归模型中随机误差变量 u_t 的方差随 x_t 的增加而变化的情景,不过这只是异方差的一种特殊情况。

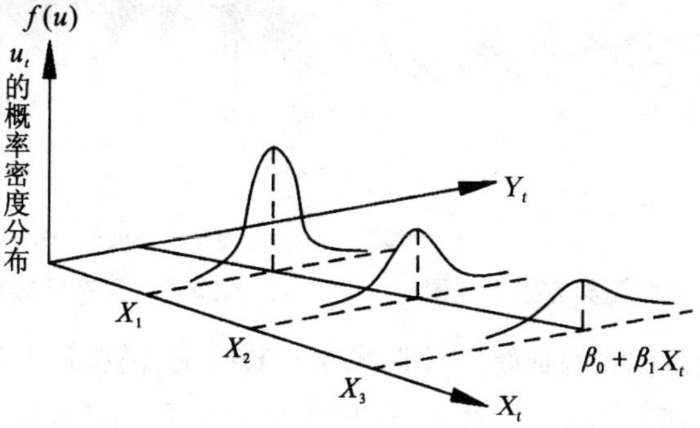

图5.1　异方差

对于一元线性回归模型 $Y_t=\beta_0+\beta_1X_t+u_t$,异方差性在散点图上的反映就是随机误差项方差随解释变量的变化而变动。图5.2至图5.5表示随机误差项随解释变量变化的四种不同的变化形式。其中图5.2表示当解释变量 X_t 变化时,随机误差项 u_t 在回归直线固定的距离之内,并不随 X_t 的变化而变化,此时 u_t 是同方差的;图5.3表示当 X_t 变化时,随机误差项 u_t 的方差随 X_t 的增加而增加,为异方差的递增形式;图5.4表示当 X_t 增加时,u_t 的方差随之减小,是异方差的递减形式;图5.5为异方差的复杂形式,当 X 变化时,u_t 的方差没有一定的变动规律。

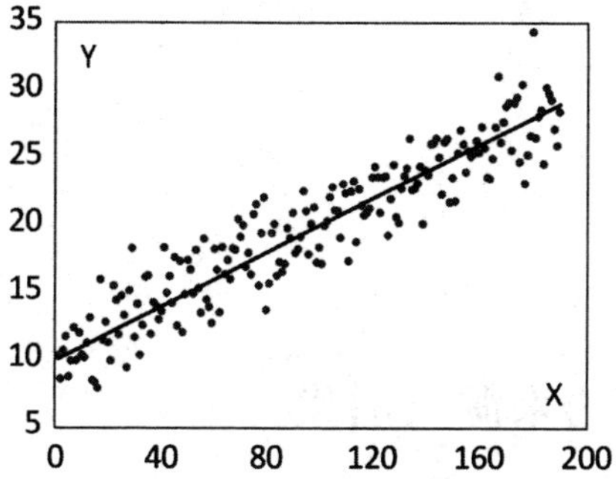

图5.2　同方差示意图

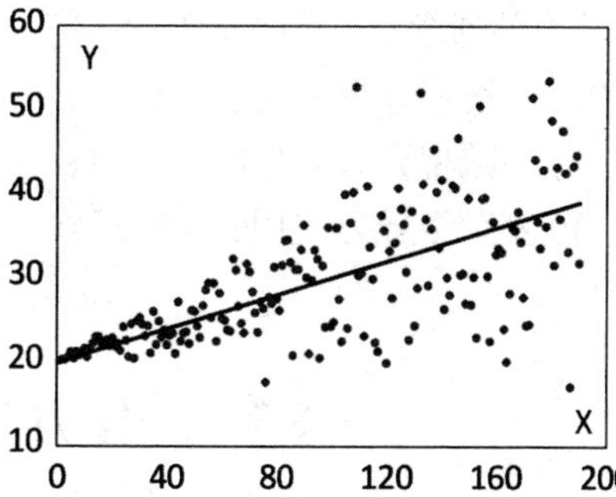

图5.3　递增型异方差示意图

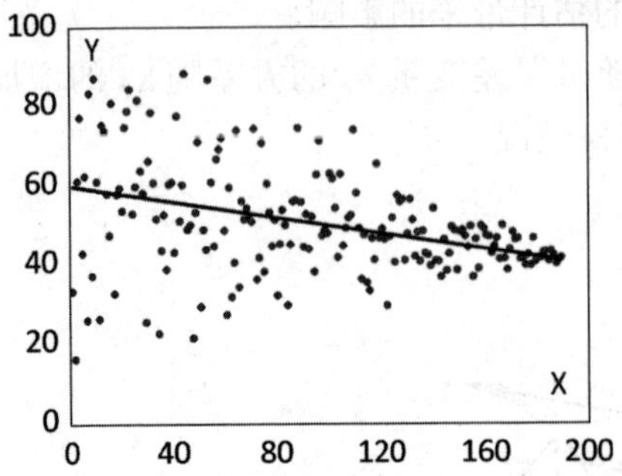

图 5.4　递减型异方差示意图

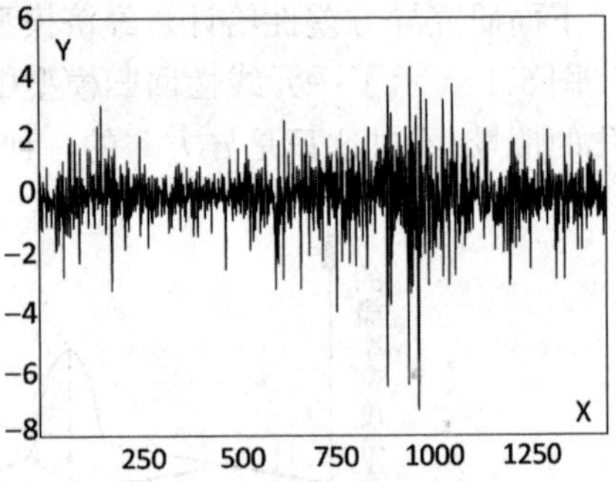

图 5.5　复杂型异方差示意图

若将计量经济模型写成矩阵的形式 $\boldsymbol{Y}=\boldsymbol{X\beta}+\boldsymbol{U}$,随机误差项 $\boldsymbol{U}$ 若满足计量经济学基本假定,则 $\mathrm{E}(\boldsymbol{UU}')=\sigma^2\boldsymbol{I}_T$,这个式子表明 $\boldsymbol{U}$ 的各元素互不相关且具有相同的方差。但实际情况并不总是这样令人满意,在实际中常有

$$\mathrm{E}(\boldsymbol{UU}')=\sigma^2\boldsymbol{\Psi}$$

其中$\boldsymbol{\Psi}$是一个已知的实正定对称矩阵,$\boldsymbol{\Psi}$的主对角线两侧的元素均为零,主对角线上的元素各不相同,即

$$\mathrm{E}(\boldsymbol{UU}')=\sigma^2\begin{pmatrix}\phi_1 & 0 & \cdots & 0\\ 0 & & & \vdots\\ \vdots & & \ddots & 0\\ 0 & \cdots & & \phi_T\end{pmatrix},\ \underset{i\neq j}{\phi_i\neq\phi_j},\ \forall i,\ j=1,2,\cdots,T \tag{5.1}$$

异方差通常有三种表现形式:

(1)递增型异方差(见图 5.3);

(2)递减型异方差(见图 5.4);

(3)复杂型异方差(见图 5.5)。

§5.2　异方差的来源与后果

在实际经济问题中,异方差的现象很多,例如,在用截面数据估计企业或住户的计量模型时,大误差值 u_i 可能产生于大企业或高收入的住户,而小误差值则与小企业或低收入住户有关。这种情况意味着 u_t 具有不同的方差,即异方差性。

但有时异方差来源于测量误差和模型中被省略的一些因素对被解释变量的

影响。有时异方差性产生于计量经济模型所研究的问题本身,例如在研究家庭收入与储蓄关系的计量模型中,Y_t 表示储蓄,X_t 表示收入,储蓄计量模型为 $Y_t=\beta_0+\beta_1 X_t+u_t$。显然,高收入家庭储蓄额的差异性要比低收入家庭大,此时容易产生递增型的异方差。经济问题的异方差性大多是递增型的,见图5.3。

此外,用分组数据来估计经济计量模型也是异方差性的一个重要来源。例如,根据经济学中的绝对收入假说建立消费 Y_t 计量模型:

$$Y_t=\beta_0+\beta_1 I_t+u_t,\ t=1,2,\cdots,T \tag{5.2}$$

将居民按照收入等距离分成 T 组,取组平均数为样本观测值。不妨设居民收入服从正态分布,所以处于每个组中的人数是不等的,中等收入组的人数最多,高收入组和低收入组的人数少,因此样本观测值的观测误差随着解释变量的观测值不同而不同,则对不同的样本点,随机误差项的方差互不相同,这样就产生了异方差性。

在经济计量模型中,大多数异方差性是有规律的,但也有例外,随机误差项的方差与解释变量观测值之间并没有什么规律。比如生产函数 $Y=AK^{\alpha}L^{\beta}e^{u}$ 的异方差来源于许多复杂的因素,它们可能是投资环境,也可能是劳动力的素质等。

计量模型中若存在异方差性,采用普通最小二乘法估计模型参数,估计量仍具有线性特性和无偏性,但不具有最小方差性(即有效性)。下面分析这些后果。

设计量模型

$$\boldsymbol{Y}=\boldsymbol{X\beta}+\boldsymbol{U}$$

其中 $\boldsymbol{X}$ 为 $T\times(k+1)$阶矩阵,$\boldsymbol{Y}$ 为 $T\times 1$ 阶矩阵,$\boldsymbol{\beta}$为$(k+1)\times 1$ 阶矩阵,$\boldsymbol{U}$ 为$T\times 1$ 阶随机误差项矩阵,即

$$\boldsymbol{X}=\begin{pmatrix}1 & X_{11} & \cdots & X_{1k}\\ 1 & X_{21} & \cdots & X_{2k}\\ \vdots & \vdots & \ddots & \vdots\\ 1 & X_{T1} & \cdots & X_{Tk}\end{pmatrix},\quad \boldsymbol{Y}=\begin{pmatrix}Y_1\\ \vdots\\ Y_T\end{pmatrix},\quad \boldsymbol{\beta}=\begin{pmatrix}\beta_0\\ \beta_1\\ \vdots\\ \beta_k\end{pmatrix},\quad \boldsymbol{U}=\begin{pmatrix}u_1\\ u_2\\ \vdots\\ u_T\end{pmatrix}$$

且 $\mathrm{Var}(\boldsymbol{U})=\mathrm{E}(\boldsymbol{UU}')=\sigma^2\boldsymbol{\Psi}\neq\sigma^2\boldsymbol{I}_T$,$\boldsymbol{\Psi}$为对角线上元素各不相同的对角矩阵,从而该计量模型存在异方差性。由普通最小二乘法得$\boldsymbol{\beta}$的估计量

$$\hat{\boldsymbol{\beta}}=(\boldsymbol{X}'\boldsymbol{X})^{-1}\boldsymbol{X}'\boldsymbol{Y}$$

1. 当计量模型中存在异方差时，OLS 估计量仍具线性性和无偏性

证明：由于$\hat{\boldsymbol{\beta}}=(\boldsymbol{X}'\boldsymbol{X})^{-1}\boldsymbol{X}'\boldsymbol{Y}$是$\boldsymbol{Y}$的一次函数，显然$\hat{\boldsymbol{\beta}}$是关于$Y$线性的。下面证明无偏性。

$$
\begin{aligned}
\mathrm{E}(\hat{\boldsymbol{\beta}}) &= \mathrm{E}[(\boldsymbol{X}'\boldsymbol{X})^{-1}\boldsymbol{X}'\boldsymbol{Y}] = \mathrm{E}[(\boldsymbol{X}'\boldsymbol{X})^{-1}\boldsymbol{X}'(\boldsymbol{X}\boldsymbol{\beta}+\boldsymbol{U})] \\
&= \mathrm{E}[(\boldsymbol{X}'\boldsymbol{X})^{-1}\boldsymbol{X}'\boldsymbol{X}\boldsymbol{\beta}+(\boldsymbol{X}'\boldsymbol{X})^{-1}\boldsymbol{X}'\boldsymbol{U}] \\
&= \mathrm{E}(\boldsymbol{\beta})+(\boldsymbol{X}'\boldsymbol{X})^{-1}\boldsymbol{X}'\mathrm{E}(\boldsymbol{U})=\boldsymbol{\beta}
\end{aligned}
$$

上面的推导用到了假设$\mathrm{E}(\boldsymbol{U})=0$和$X$是非随机的。所以，$\hat{\boldsymbol{\beta}}=(\boldsymbol{X}'\boldsymbol{X})^{-1}\boldsymbol{X}'\boldsymbol{Y}$仍是$\boldsymbol{\beta}$的无偏估计量。

2. 当计量模型存在异方差时，OLS 估计量不再是有效估计量

现在求$\hat{\boldsymbol{\beta}}$的协方差矩阵。

$$
\begin{aligned}
\mathrm{E}(\hat{\boldsymbol{\beta}}-\boldsymbol{\beta})(\hat{\boldsymbol{\beta}}-\boldsymbol{\beta})' &= \mathrm{E}[(\boldsymbol{X}'\boldsymbol{X})^{-1}\boldsymbol{X}'\boldsymbol{Y}-\boldsymbol{\beta}][(\boldsymbol{X}'\boldsymbol{X})^{-1}\boldsymbol{X}'\boldsymbol{Y}-\beta]' \\
&= \mathrm{E}[(\boldsymbol{X}'\boldsymbol{X})^{-1}\boldsymbol{X}'(\boldsymbol{X}\boldsymbol{\beta}+\boldsymbol{U})-\boldsymbol{\beta}][(\boldsymbol{X}'\boldsymbol{X})^{-1}\boldsymbol{X}'(\boldsymbol{X}\boldsymbol{\beta}+\boldsymbol{U})-\boldsymbol{\beta}]' \\
&= \mathrm{E}[\boldsymbol{\beta}+(\boldsymbol{X}'\boldsymbol{X})^{-1}\boldsymbol{X}'\boldsymbol{U}-\boldsymbol{\beta}][\boldsymbol{\beta}+(\boldsymbol{X}'\boldsymbol{X})^{-1}\boldsymbol{X}'\boldsymbol{U}-\boldsymbol{\beta}]' \\
&= \mathrm{E}[(\boldsymbol{X}'\boldsymbol{X})^{-1}\boldsymbol{X}'\boldsymbol{U}][(\boldsymbol{X}'\boldsymbol{X})^{-1}\boldsymbol{X}'\boldsymbol{U}]' \\
&= \mathrm{E}[(\boldsymbol{X}'\boldsymbol{X})^{-1}\boldsymbol{X}'\boldsymbol{U}][\boldsymbol{U}'\boldsymbol{X}(\boldsymbol{X}'\boldsymbol{X})^{-1}] \\
&= (\boldsymbol{X}'\boldsymbol{X})^{-1}\boldsymbol{X}'\boldsymbol{E}(\boldsymbol{U}\boldsymbol{U}')\boldsymbol{X}(\boldsymbol{X}'\boldsymbol{X})^{-1} \\
&= \sigma^2(\boldsymbol{X}'\boldsymbol{X})^{-1}\boldsymbol{X}'\boldsymbol{\Psi}\boldsymbol{X}(\boldsymbol{X}'\boldsymbol{X})^{-1}
\end{aligned}
$$

由第 3 章知当计量模型具有同方差性时，$\hat{\boldsymbol{\beta}}$的方差协方差矩阵为

$$\mathrm{E}(\hat{\boldsymbol{\beta}}-\boldsymbol{\beta})(\hat{\boldsymbol{\beta}}-\boldsymbol{\beta})'=\sigma^2(\boldsymbol{X}'\boldsymbol{X})^{-1}$$

所以当计量模型中存在异方差时，$\sigma^2(\boldsymbol{X}'\boldsymbol{X})^{-1}$不再是$\hat{\boldsymbol{\beta}}$的协方差矩阵的正确计算公式，应用计算机相关程序进行模拟，表明当存在异方差时，$\sigma^2(\boldsymbol{X}'\boldsymbol{X})^{-1}$的元素会夸大真实的方差和协方差，因此$\hat{\boldsymbol{\beta}}$的有效性不能得到保障。由此会导致$\boldsymbol{\beta}$的相关检验和置信区间失效，进而引起预测失效。以一元回归模型为例

$$Y_t=\beta_0+\beta_1X_t+u_t,\quad t=1,2,\cdots,T \tag{5.3}$$

计量模型显著性检验之一是构造t统计量

$$t=\frac{\hat{\beta}_1}{S(\hat{\beta}_1)}$$

当误差项 u_t 同方差时，$\hat{\beta}_1$ 的标准差的估计量 $S(\hat{\beta}_1)$是一个固定的值，当 u_t 是异方差时，$S(\hat{\beta}_1)$与 X_t 的变化有关，因而 $S(\hat{\beta}_1)$不是固定的值，所以$\hat{\beta}_1$ 的置信区间是变动的，因而预测值也不稳定。

§5.3　异方差检验

由于异方差性的存在使得普通最小二乘估计量不再是最佳线性无偏估计量（BLUE），且给计量经济模型带来不良后果，因而许多计量经济学家对异方差性进行了研究。由前面的分析可知，异方差性经常发生在横截面的样本资料中，时间序列样本资料也有可能产生递增型的异方差，有时由于抽样技术的原因也容易发生异方差。由于异方差产生的原因有所不同，计量经济学家提出了许多针对不同问题的异方差检验方法。

1. 图示法

检验异方差性最原始的方法就是图示法。设 $Y_t=\beta_0+\beta_1X_t+u_t$ 用样本资料采用普通最小二乘法对模型进行估计，得 $\hat{Y}_t=\hat{\beta}_0+\hat{\beta}_1X_t$。由此得到残差：

$$e_t=Y_t-\hat{Y}_t=Y_t-\hat{\beta}_0-\hat{\beta}_1X_t=\hat{u}_t,\quad t=1,2,\cdots,T \tag{5.4}$$

若 e_t 随 X_t 而变化，说明 u_t 可能存在异方差，此目的可以通过做 ${e_t}^2$ 与 X_t 或 Y_t 的散点图来实现。

如果 ${e_t}^2$ 不随 X_t 或 Y_t 的变化而变化，则误差项 u_t 无异方差性（见图5.2）；若 ${e_t}^2$ 随 X_t 或 Y_t 的变化而变化，说明随机误差项 u_t 存在异方差性（图5.3、图5.5）。但这只不过是异方差的几种表现形式，异方差性的表现远不止这些。

2. 戈德菲尔德－夸特（Goldfeld-Quandt）检验

这种方法是戈德菲尔德和夸特于1965年提出的，常用于检验递增型异方差，此种方法使用的前提是大样本容量。戈德菲尔德－夸特检验的零假设为：

$$H_0:{\sigma_1}^2={\sigma_2}^2=\cdots={\sigma_T}^2$$

备择假设为

$$H_1: \sigma_1^{\ 2} < \sigma_2^{\ 2} < \cdots < \sigma_T^{\ 2}$$

对于截面样本,样本观测值可以按递增方差排列。检验统计量来源于去掉中间几个样本观测值后,将剩余观测值分为两组,各自作回归模型估计产生的残差平方和之比。检验的步骤如下:

(1)将观测值按递增的误差方差排列,由于假定是递增型的异方差,所以可将解释变量 X_t 的值按升序排列。

(2)任意选择 C 个中间观测值略去。经验表明,略去数目 C 的大小,大约相当于样本观测值个数的1/4。剩下的 $T-C$ 个样本观测值平均分成两组,每组样本观测值的个数为$\frac{T-C}{2}$。

(3)计算两个回归,一个使用前$\frac{T-C}{2}$个观测值,另一个使用后$\frac{T-C}{2}$个观测值。并分别计算两个残差平方和,由前面的样本回归产生的残差平方和为$\sum e_{1t}^{\ 2}$,后面样本产生的残差平方和为$\sum e_{2t}^{\ 2}$。

(4)构造 F 统计量。

$$F = \frac{\sum e_{2t}^{\ 2}}{\sum e_{1t}^{\ 2}} \tag{5.5}$$

则在 H_0 成立条件下,$F \sim F(v_1, v_2)$,其中 $v_1 = v_2 = \frac{T-C}{2} - k - 1$,$k$ 为该回归模型中解释变量的个数。如果模型中不存在递增型异方差,则$\sum e_{t2}^{\ 2}$与$\sum e_{t1}^{\ 2}$应大致相等,此时 F 的值应接近于1;如果存在递增型异方差性,F 的值应远远大于1。

(5)给定显著性水平α,查 F 分布表可得临界值 $F_\alpha(v_1, v_2)$,若用样本计算的$F > F_\alpha$,则备择假设 H_1 成立,说明计量模型存在异方差性,否则模型不存在异方差。

戈德菲尔德-夸特检验的功效取决于 C 的大小,但 C 的最优选择不明显。C 取大的数值一般 F 统计量会增大,很可能增加检验的功效,但自由度的减小又会降低检验的功效。近年来从经验中得出更为合理的值为:当 $T=30$ 时,$C=4$;当 $T=60$ 时,$C=10$。此外,两个回归所用的观测值的个数是否相同并不重要。如果两个观测个数不同,可以通过改变自由度和统计量计算公式来调整。这种检验是否恰当在很大程度上还依赖于我们按递增异方差排列观测值的能力。如果方差与解释变量之一或者可能未包含在方程中的某个外生变量直接相关,那么这种排序是合理的,此检验很可能证明是有用的。当观测值没有正确排序时,此检验的功效就值得怀疑。此外值得注意的是,戈德菲尔德-夸特检验是一种精确检验，不依赖于渐近特性。

3. 怀特（White）检验

怀特检验是异方差更一般的检验方法，1980 年由怀特提出来的怀特检验不需要对异方差的性质做任何假定，最重要的是要先估计回归模型。

设一般的计量经济模型为：

$$y_t = \beta_0 + \beta_1 x_{1t} + \cdots + \beta_k x_{kt} + u_t \tag{5.6}$$

因此检验模型是否存在异方差，相当于检验

$$H_0: E(u_t^2 | X) = \sigma^2$$

是否成立。此时，模型仍满足 $E(u_t | X) = 0$；$E(u_t u_s | X) = 0, s \neq t$，那么随机误差项的方差协方差矩阵 $\boldsymbol{\Omega}$ 是一个对角矩阵，但不一定是标准对角矩阵。这意味着模型中包含许多未知参数。如果样本容量为 T，则未知参数有

$$\sigma_1^2, \sigma_2^2, \sigma_T^2, \beta_0, \beta_1, \cdots, \beta_k$$

模型中共有 $T+k+1$ 个未知参数，要估计这么多的未知参数是非常困难的。但是，怀特导出了 OLS 估计量的方差协方差矩阵的一致估计。

在一般情况下，当 $E(\boldsymbol{UU}'|X) = \boldsymbol{\Omega}$ 时，

$$\begin{aligned} E\{(\hat{\boldsymbol{\beta}} - \boldsymbol{\beta})(\hat{\boldsymbol{\beta}} - \boldsymbol{\beta})' | \boldsymbol{X}\} &= E\{(\boldsymbol{X}'\boldsymbol{X})^{-1}\boldsymbol{X}'\boldsymbol{UU}'\boldsymbol{X}(\boldsymbol{X}'\boldsymbol{X})^{-1} | \boldsymbol{X}\} \\ &= (\boldsymbol{X}'\boldsymbol{X})^{-1} E(\boldsymbol{X}'\boldsymbol{UU}'\boldsymbol{X}) | \boldsymbol{X}(\boldsymbol{X}'\boldsymbol{X})^{-1} \\ &= (\boldsymbol{X}'\boldsymbol{X})^{-1}\boldsymbol{X}'\boldsymbol{\Omega}\boldsymbol{X}(\boldsymbol{X}'\boldsymbol{X})^{-1} \end{aligned}$$

在原来残差与解释变量线性关系的基础上再加入解释变量的平方项与交叉项，因此得到辅助回归模型，以原回归模型含有 3 个解释变量为例写出辅助回归的一般形式：

$$\begin{aligned} e_t^2 = {} & \alpha_0 + \alpha_1 x_{1t} + \alpha_2 x_{2t} + \alpha_3 x_{3t} + \alpha_4 x_{1t}^2 + \alpha_5 x_{2t}^2 \\ & + \alpha_6 x_{3t}^2 + \alpha_7 x_{1t} x_{2t} + \alpha_8 x_{1t} x_{3t} + \alpha_9 x_{2t} x_{3t} + \varepsilon_t \end{aligned} \tag{5.7}$$

那么，检验原模型是否存在异方差就相当于检验此辅助回归模型的回归参数除常数项外是否为零。提出相应的原假设与备择假设

$H_0: \alpha_i = 0, \quad i = 1, \cdots, 9$

$H_1: \alpha_1, \cdots, \alpha_9$ 中至少有一个不等于零

如果 H_0 成立，则相当于 e_t^2 是一个常数，原模型不存在异方差性，否则原模型存

在异方差性。对辅助回归模型进行 OLS 估计,得到 R^2。

当 H_0 成立时检验统计量

$$WT(9) = TR^2$$

服从自由度为 9 的 χ^2 分布。其中,T 是辅助回归式的样本容量,R^2 是辅助回归式的可决系数。

一般情况下,检验统计量为

$$WT(g) = TR^2$$

当 H_0 成立时,WT 服从自由度为 g 的 χ^2 分布,其中 $g = \frac{(k+1)(k+2)}{2} - 1$,$k$ 是原回归式(5.6)中回归因子的个数(不包括常数项)。

给定显著性水平α,查临界值 $\chi^2_\alpha(g)$,如果

$$WT(g) = TR^2 \leqslant \chi^2_\alpha(g)$$

则 H_0 成立,那么原模型不存在异方差。

怀特检验的一般步骤:

(1)用 OLS 方法估计原回归模型,得到残差平方序列 ${e_t}^2$。

(2)构造辅助回归模型

$$ {e_t}^2 = f(x_{1t}, \cdots, x_{kt}, {x_{1t}}^2, \cdots, {x_{kt}}^2, x_{1t}x_{2t}, \cdots, x_{(k-1)t}x_{kt}) \tag{5.8}$$

其中 $f(\cdot)$是含常数项的线性函数。用 OLS 方法估计此模型得到 R^2。

(3)给定显著性水平α,计算 $WT(g) = TR^2$,与临界值 χ^2_α 进行比较以确定是否接受原假设,进而确定原回归模型是否存在异方差。

4. 戈里瑟(H. Glejser)检验

前面介绍的戈德菲尔德-夸特检验只能检验计量模型的异方差是否存在,不能找出异方差性的具体表现形式。1969 年戈里瑟提出了另一种异方差的检验方法。它不但可以检验异方差是否存在,而且可以近似探测随机误差项的方差是怎样随解释变量的变化而变化的。其检验的基本思想是假设方差与解释变量之间存在某种幂关系,这是积性异方差的一种表现形式。一般假定${\sigma_t}^2 = f(X_t)$是 X_t 的幂函数 $\mathrm{Var}(u_t) = {\sigma_t}^2$,以

$$Y_t = \beta_0 + \beta_1 X_t + u_t$$

为例,其检验步骤是:

(1)首先用普通最小二乘法估计经济计量模型的回归系数,求出随机误差项 u_t 的估计值 e_t,$(t=1,2,\cdots,T)$。

(2)用 $|e_t|$ 与解释变量 X_t 的不同幂次进行回归模拟,例如

$$|e_t| = \alpha_1 X_t + v_t$$
$$|e_t| = \alpha_1 \sqrt{X_t} + v_t$$
$$|e_t| = \alpha_1 \frac{1}{X_t} + v_t$$
$$|e_t| = \alpha_1 \frac{1}{\sqrt{X_t}} + v_t$$
$$\vdots \qquad \vdots$$
$$|e_t| = \alpha_0 + \alpha_1 X_t^{\,p} + v_t$$

其中 v_t 是误差项,p 是可以确定的常数。用普通最小二乘法估计上述各回归模型,利用样本决定系数 R^2,t 统计量进行显著性检验。

原假设 H_0: $\alpha_1 = 0$

备择假设 H_1: $\alpha_1 \neq 0$

若检验结论是推翻 H_0,则说明原计量经济模型存在该种形式的异方差。

(3)不仅可以用 $|e_t|$ 与认为与异方差有关系的一个解释变量的不同幂次进行回归模拟,而且可以用 $|e_t|$ 与可能产生异方差的多个解释变量进行回归模拟,如

$$|e_t| = \alpha_0 + \alpha_1 X_{1t} + \alpha_2 X_{2t} + \alpha_3 X_{3t} + v_t \tag{5.9}$$

等用决定系数、t 统计量、F 统计量检验回归式的回归系数是否显著不等零。若显著,说明随机误差项存在异方差性。

戈里瑟检验的优点是,不仅检验了异方差性是否存在,同时也给出了异方差存在时的具体表现形式,为克服异方差提供了方便。但是,由于构造 $|e_t|$ 与解释变量的回归式是探测性的,如果试验模型选得不恰当,则检验不出是否存在异方差性。

§5.4　异方差的修正方法——加权最小二乘法

在计量经济模型中异方差性是经常发生的。由于异方差性会给模型的估计带来影响,必须寻找合理的解决办法,对原计量模型进行某种变换,使变换后的

模型具有同方差性,满足普通最小二乘法的假定条件。

考虑计量模型

$$\boldsymbol{Y}=\boldsymbol{X\beta}+\boldsymbol{U}$$

式中　$\mathrm{E}(\boldsymbol{U})=0$,

$$\mathrm{E}(\boldsymbol{UU}')=\boldsymbol{\Phi}=\begin{pmatrix}\sigma_1{}^2 & 0 & \cdots & 0\\ 0 & \sigma_2{}^2 & \cdots & 0\\ \vdots & \vdots & \ddots & \vdots\\ 0 & 0 & \cdots & \sigma_T{}^2\end{pmatrix}$$

模型中存在异方差性。为了研究方便,将矩阵

$$\boldsymbol{X}=\begin{pmatrix}1 & X_{11} & \cdots & X_{1k}\\ 1 & X_{21} & \cdots & X_{2k}\\ \vdots & \vdots & & \vdots\\ 1 & X_{T1} & \cdots & X_{Tk}\end{pmatrix}$$

写成分块矩阵的形式

$$\boldsymbol{X}=\begin{pmatrix}X_1'\\ X_2'\\ \vdots\\ X_T'\end{pmatrix},\quad \boldsymbol{X_t}=\begin{pmatrix}1\\ X_{t1}\\ X_{t2}\\ \vdots\\ X_{tk}\end{pmatrix},\quad t=1,2,\cdots,T$$

如果可以找到一个矩阵 $\boldsymbol{P}$,使得 $\boldsymbol{P}'\boldsymbol{P}=\boldsymbol{\Phi}^{-1}$

$$\boldsymbol{\Phi}^{-1}=\begin{pmatrix}\sigma_1{}^{-2} & \cdots & 0\\ \vdots & \ddots & \vdots\\ 0 & \cdots & \sigma_T{}^{-2}\end{pmatrix},\quad 则\ \boldsymbol{P}=\begin{pmatrix}\sigma_1{}^{-1} & \cdots & 0\\ \vdots & \ddots & \vdots\\ 0 & \cdots & \sigma_T{}^{-1}\end{pmatrix}$$

用 $\boldsymbol{P}$ 矩阵去变换观测值,令 $\boldsymbol{Y}^*=\boldsymbol{PY}$, $\boldsymbol{X}^*=\boldsymbol{PX}$,则变换后的样本观测值为

$$\boldsymbol{Y}^*=\begin{pmatrix}Y_1{}^*\\ Y_2{}^*\\ \vdots\\ Y_T{}^*\end{pmatrix}=\begin{pmatrix}\sigma_1{}^{-1} & 0 & \cdots & 0\\ 0 & \sigma_2{}^{-1} & \cdots & 0\\ \vdots & \vdots & \ddots & \vdots\\ 0 & 0 & \cdots & \sigma_T{}^{-1}\end{pmatrix}\begin{pmatrix}Y_1\\ Y_2\\ \vdots\\ Y_T\end{pmatrix}=\begin{pmatrix}Y_1/\sigma_1\\ Y_2/\sigma_2\\ \vdots\\ Y_T/\sigma_T\end{pmatrix}$$

$$\boldsymbol{X}^*=\begin{pmatrix} X_1^{*\prime} \\ X_2^{*\prime} \\ \vdots \\ X_T^{*\prime} \end{pmatrix}=\begin{pmatrix} \sigma_1^{-1} & 0 & \cdots & 0 \\ 0 & \sigma_2^{-1} & \cdots & 0 \\ \vdots & \vdots & \ddots & \vdots \\ 0 & 0 & \cdots & \sigma_T^{-1} \end{pmatrix}\begin{pmatrix} X_1' \\ X_2' \\ \vdots \\ X_T' \end{pmatrix}=\begin{pmatrix} X_1'/\sigma_1 \\ X_2'/\sigma_2 \\ \vdots \\ X_T'/\sigma_T \end{pmatrix}$$

变换后的模型为 $\boldsymbol{PY}=\boldsymbol{PX\beta}+\boldsymbol{PU}$,即

$$\boldsymbol{Y}^*=\boldsymbol{X}^*\boldsymbol{\beta}+\boldsymbol{V},\quad \boldsymbol{V}=\boldsymbol{PU} \tag{5.10}$$

则变换后计量模型的第 t 个观测值可以写成

$$\frac{Y_t}{\sigma_t}=\frac{X_t'}{\sigma_t}\beta+\frac{u_t}{\sigma_t}$$

$\frac{u_t}{\sigma_t}=V_t$ 为变换后的随机误差项,$\mathrm{Var}(V_t)=\mathrm{Var}\left(\frac{u_t}{\sigma_t}\right)=\frac{1}{\sigma_t^2}\mathrm{Var}(u_t)=1$。所以变换后的模型具有同方差性。可对变换后模型应用普通最小二乘法。这种方法称为**加权最小二乘法**,每个观测值都是用随机误差项的标准差的倒数赋权。加权最小二乘估计量是使

$$\begin{aligned}\sum_{t=1}^{T}\left(\frac{u_t}{\sigma_t}\right)^2 &=(\boldsymbol{Y}^*-\boldsymbol{X}^*\boldsymbol{\beta})'(\boldsymbol{Y}^*-\boldsymbol{X}^*\boldsymbol{\beta}) \\ &=(\boldsymbol{PY}-\boldsymbol{PX\beta})'(\boldsymbol{PY}-\boldsymbol{PX\beta}) \\ &=(\boldsymbol{Y}-\boldsymbol{X\beta})'\boldsymbol{P}'\boldsymbol{P}(\boldsymbol{Y}-\boldsymbol{X\beta}) \\ &=(\boldsymbol{Y}-\boldsymbol{X\beta})'\boldsymbol{\Phi}^{-1}(\boldsymbol{Y}-\boldsymbol{X\beta})\end{aligned} \tag{5.11}$$

达到最小的那个$\boldsymbol{\beta}$。σ_t 较小的那些观测值比较可靠,赋权较大,从而在估计过程中起的作用比那些较不可靠的观测值所起的作用大(由于后者的σ_t 较大)。

若σ_t 是已知的,从而$\boldsymbol{\Phi}$也是已知的。异方差的问题似乎已经得到了解决,但一般情况下σ_t 是未知的,σ_t 可能是某些解释变量的函数,不妨设$\sigma_t=f(X_{t1},\cdots,X_{tK})$,则权数为

$$1/f(\boldsymbol{X}_{t1},\cdots,X_{tk})$$

设 $\boldsymbol{Y}=\boldsymbol{X\beta}+\boldsymbol{U}$, $\mathrm{E}(\boldsymbol{UU}')=\boldsymbol{\Phi}$,则$\boldsymbol{\beta}$的加权最小二乘估计量(也可称为广义最小二乘估计量)为

$$\hat{\boldsymbol{\beta}}=(\boldsymbol{X}^{*\prime}\boldsymbol{X}^*)^{-1}\boldsymbol{X}^{*\prime}\boldsymbol{Y}^*=(\boldsymbol{X}'\boldsymbol{P}'\boldsymbol{PX})^{-1}\boldsymbol{X}'\boldsymbol{P}'\boldsymbol{PY}$$

$$=(\boldsymbol{X}'\boldsymbol{\Phi}^{-1}\boldsymbol{X})^{-1}\boldsymbol{X}'\boldsymbol{\Phi}^{-1}\boldsymbol{Y} \tag{5.12}$$

$\hat{\boldsymbol{\beta}}$ 的方差协方差矩阵记为 $\boldsymbol{\Omega}_{\hat{\beta}}$

$$\boldsymbol{\Omega}_{\hat{\beta}}=(\boldsymbol{X}^{*\prime}\boldsymbol{X}^{*})^{-1}=(\boldsymbol{X}'\boldsymbol{\Phi}^{-1}\boldsymbol{X})^{-1} \tag{5.13}$$

其对角线元素为$\hat{\beta}_j$，$(j=0,1,\cdots,k)$的方差,可用来进行区间估计和假设检验。但是,在大多数异方差模型中,各个不同的方差是未知的,加权最小二乘法至多只能用于未知方差容易被描述的那些情况。不过在一些特定的情况下,可以把各随机误差项合理地假定为某些解释变量的已知函数。下面看一个简单的例子。

考虑计量模型

$$Y_t=\beta_0+\beta_1X_t+\beta_2X_t^2+u_t$$

这只是一个抽象的模型,它可以表示一个工业成本模型或者一个消费模型,也可以赋予其他经济意义。u_t 的方差可能与 X_t 直接相关。为了明确起见,不妨设 ${\sigma_t}^2=\mathrm{Var}(u_t)=\sigma^2{X_t}^2$，$\sigma^2$ 为比例常数,且σ^2 未知,则

$$\boldsymbol{\Phi}=\sigma^2\boldsymbol{\Psi}=\sigma^2\begin{pmatrix}{X_1}^2 & 0 & \cdots & 0\\ 0 & {X_2}^2 & \cdots & 0\\ \vdots & \vdots & \ddots & \vdots\\ 0 & 0 & \cdots & {X_T}^2\end{pmatrix},\quad \boldsymbol{P}=\begin{pmatrix}\dfrac{1}{X_1} & \cdots & 0\\ \vdots & \ddots & \vdots\\ 0 & \cdots & \dfrac{1}{X_T}\end{pmatrix}$$

则$\boldsymbol{\beta}$的加权最小二乘估计量为

$$\hat{\boldsymbol{\beta}}=\begin{pmatrix}\hat{\beta}_0\\ \hat{\beta}_1\\ \hat{\beta}_2\end{pmatrix}=(\boldsymbol{X}'\boldsymbol{\Phi}^{-1}\boldsymbol{X})^{-1}\boldsymbol{X}'\boldsymbol{\Phi}^{-1}\boldsymbol{Y}=(\boldsymbol{X}'\sigma^2\boldsymbol{\Psi}^{-1}\boldsymbol{X})^{-1}\boldsymbol{X}'\sigma^2\boldsymbol{\Psi}^{-1}\boldsymbol{Y}$$

$$=(\boldsymbol{X}'\boldsymbol{\Psi}^{-1}\boldsymbol{X})^{-1}\boldsymbol{X}'\boldsymbol{\Psi}^{-1}\boldsymbol{Y} \tag{5.14}$$

变换后的模型为

$$\frac{Y_t}{X_t}=\beta_0\left(\frac{1}{X_t}\right)+\beta_1+\beta_2X_t+\frac{u_t}{X_t} \tag{5.15}$$

加权最小二乘法可以得到令人满意的估计量。

§5.5　案例分析

例5.1　2007年全国31个省级地区粮食产量(Y_i:万吨)和粮食播种面积(X_i:千公顷)的数据见表5.1和EViews文件li-5-1。Y_i和X_i的散点图见图5.6。由图5.6知Y_i和X_i的关系是线性的。用Y_i和X_i的数据建立一元线性回归模型。

表5.1　粮食产量(Y_i:万吨)和粮食播种面积(X_i:千公顷)数据

省级地区	Y_i	X_i	省级地区	Y_i	X_i
北京	102.1	197.5	湖北	2185.4	3981.4
天津	147.2	292.0	湖南	2692.2	4531.3
河北	2841.6	6168.2	广东	1284.7	2479.5
山西	1007.1	3028.2	广西	1396.6	2984.0
内蒙古	1810.7	5119.9	海南	177.5	402.6
辽宁	1835.0	3127.2	重庆	1088.0	2195.8
吉林	2453.8	4334.7	四川	3027.0	6450.0
黑龙江	3462.9	10820.5	贵州	1100.9	2821.8
上海	109.2	169.6	云南	1460.7	3994.5
江苏	3132.2	5215.6	西藏	93.9	171.8
浙江	728.6	1219.6	陕西	1067.9	3099.8
安徽	2901.4	6477.8	甘肃	824.0	2687.0
福建	635.1	1201.0	青海	106.2	301.8
江西	1904.0	3525.3	宁夏	323.5	856.3
山东	4148.8	6936.5	新疆	867.0	1379.1
河南	5245.2	9468.0			

资料来源:2007年中国大陆31个省级地区粮食产量(Y_i,万吨),粮食作物播种面积(X_i,千公顷)数据分别摘自《中国统计年鉴(2008)》(中国统计出版社),表12-15、表12-13。

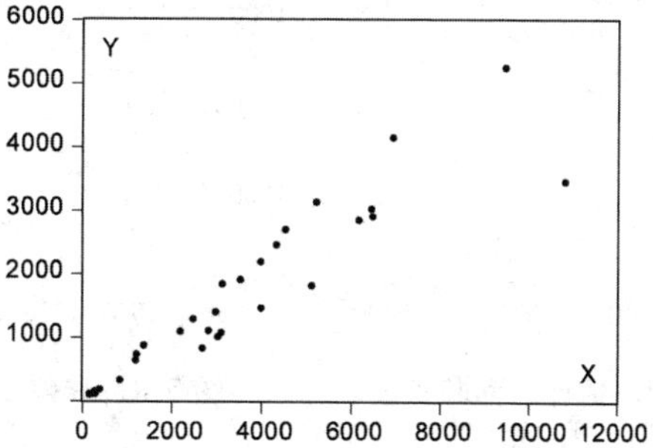

图5.6　Y_i与X_i的散点图

$$Y_i = \beta_0 + \beta_1 X_i + u_i$$

得最小二乘估计结果如下，

$$\hat{Y}_i = 75.0583 + 0.4528X_i \qquad (5.16)$$
$$(0.5) \qquad (14.3) \qquad R^2 = 0.88$$

括号内数字是回归系数对应的t统计量的值。相应 EViews 输出结果见表 5.2。估计的回归直线见图 5.7。观察图 5.7，数据存在明显的异方差。进一步画残差 e_i对 X_i的散点图，即图 5.8。从图中可以看出，e_i随着 X_i的增大呈现递增型异方差特征。下面对模型是否存在异方差进行统计检验。

表 5.2 （5.16）式 EViews 输出结果

Dependent Variable: Y
Method: Least Squares
Date: 03/19/20 Time: 18:58
Sample: 1 31
Included observations: 31

Variable	Coefficient	Std. Error	t-Statistic	Prob.
C	75.05827	136.9544	0.548053	0.5878
X	0.452805	0.031580	14.33852	0.0000

R-squared	0.876382	Mean dependent var	1618.077
Adjusted R-squared	0.872119	S.D. dependent var	1318.906
S.E. of regression	471.6467	Akaike info criterion	15.21268
Sum squared resid	6451068.	Schwarz criterion	15.30519
Log likelihood	-233.7965	Hannan-Quinn criter.	15.24284
F-statistic	205.5932	Durbin-Watson stat	1.499621
Prob(F-statistic)	0.000000		

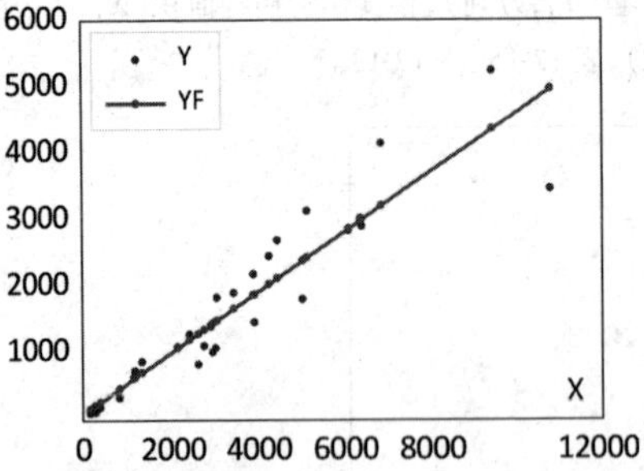

图 5.7 散点图与估计的回归直线

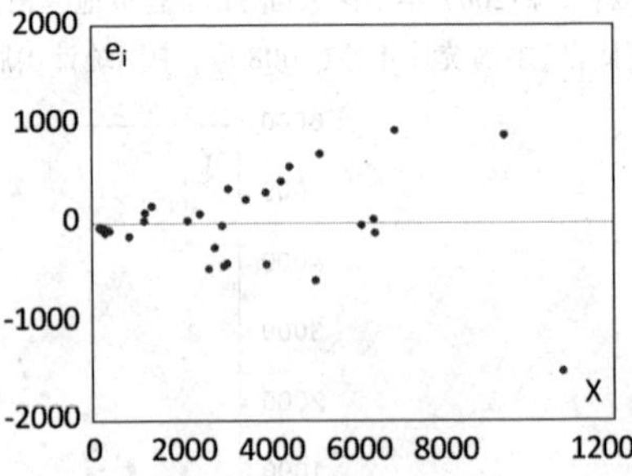

图 5.8 残差 e_i对 X_i的散点图

1. 戈德菲尔德－夸特检验

首先把 31 组（Y_i，X_i）样本观测值，按 X_i值的大小做升序排列，Y_i也伴随 X_i

值做调整,见表5.3。去掉中间第13～19组观测值,即表5.3中灰色区域数据和图5.9中圆圈代表的7个观测点。用前12组观测值和后12组观测值分别做一元线性回归,即用图5.9中圆圈左侧的12个黑点数据和右侧12个黑点数据分别做一元线性回归。

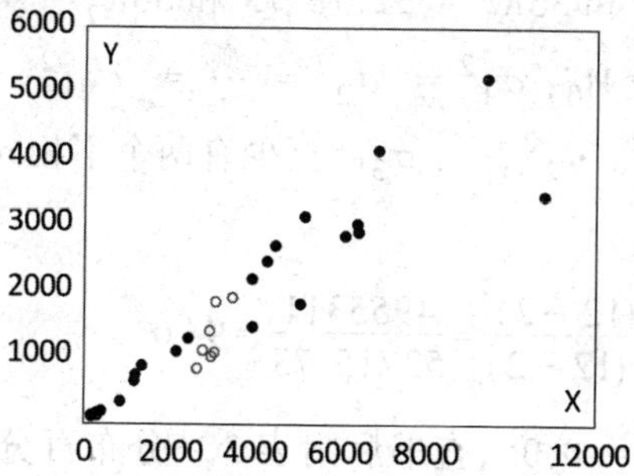

图5.9　戈德菲尔德－夸特检验示意图

表5.3　按X_i排序后粮食播种面积(X_i)和粮食产量(Y_i)数据

序号	X_i	Y_i	序号	X_i	Y_i
1	169.6	109.2	17	3099.8	1835.0
2	171.8	93.9	18	3127.2	1904.0
3	197.5	102.1	19	3525.3	2185.4
4	292.0	147.2	20	3981.4	1460.7
5	301.8	106.2	21	3994.5	2453.8
6	402.6	177.5	22	4334.7	2692.2
7	856.3	323.5	23	4531.3	1810.7
8	1201.0	635.1	24	5119.9	3132.2
9	1219.6	728.6	25	5215.6	2841.6
10	1379.1	867.0	26	6168.2	3027.0
11	2195.8	1088.0	27	6450.0	2901.4
12	2479.5	1284.7	28	6477.8	4148.8
13	2687.0	1100.9	29	6936.5	5245.2
14	2821.8	1396.6	30	9468.0	3462.9
15	2984.0	1007.1	31	10820.5	2185.4
16	3028.2	1067.9			

第1个子样本的回归结果是,

$$\hat{Y}_i = -7.1126 + 0.5290X$$
$$(-0.2)\quad (19.5)\qquad R^2 = 0.97,\quad SSR_1 = 52715.73$$

第 2 个子样本的回归结果是，

$$\hat{Y}_i = 760.0811 + 0.3570X$$
$$(1.2) \qquad (3.6) \qquad R^2 = 0.57, \quad SSR_2 = 4955311$$

得到两个残差平方和 $SSR_1 = 52715.73$ 和 $SSR_2 = 4955311$。

设定同方差原假设 $H_0: \sigma_1{}^2 = \sigma_2{}^2 = \cdots = \sigma_{31}{}^2$

被择假设 $H_1: \sigma_1{}^2, \sigma_2{}^2, \cdots, \sigma_{31}{}^2$ 至少有两个不相同。

计算 F 统计量值，

$$F = \frac{4955311/(12-2)}{52715.73/(12-2)} = \frac{4955311}{52715.73} = 94.0$$

给定检验水平 $\alpha = 0.05$，查书后附表 3，F 分布百分位数表，自由度为 $f_1 = f_2 = 10$ 的检验用临界值是 $F_{0.05}(10,10) = 2.98$。因为 $F = 94.0 > F_{0.05}(10,10) = 2.98$，所以推翻原假设，认为模型误差序列存在递增型异方差。

2. 怀特检验

见(5.16)式，因为其中只含有 1 个解释变量，怀特检验辅助回归式是，

$$e_i{}^2 = \alpha_0 + \alpha_1 X_i + \alpha_2 X_i^2 + v_t \tag{5.17}$$

其中 $e_i{}^2$ 是取自(5.16)式估计式的残差的平方，v_i 表示随机误差项。怀特检验辅助式的估计结果如下，

$$\hat{e}_i{}^2 = 92888.31 - 93.1555X_i + 0.0230X_i{}^2 \tag{5.18}$$
$$(1.1) \qquad (5.3) \qquad (-2.2) \qquad R^2 = 0.6721, \; T = 31$$

因为 $TR^2 = 31 \times 0.6721 = 20.8 > \chi_{0.05}{}^2(2) = 6.0$，所以结论是推翻原假设，即结论是模型误差项中存在异方差。怀特检验的 EViews 输出结果见表 5.4。

表 5.4　怀特检验的 EViews 输出结果

Heteroskedasticity Test: White
Null hypothesis: Homoskedasticity

F-statistic	44.84770	Prob. F(2,28)	0.0000
Obs*R-squared	23.62503	Prob. Chi-Square(2)	0.0000
Scaled explained SS	45.46316	Prob. Chi-Square(2)	0.0000

怀特检验的 EViews 操作：

在(5.16)式的 EViews 估计结果窗口点击 View 选 Residual Diagnostic 下的 Heteroskedasticity Tests 功能，在打开的窗口中选择 White，点击 OK 键，就可得

到怀特检验式(5.18),怀特检验结果见表5.4。

3. 戈里瑟检验

用(5.16)式的残差$|e_i|$做如下戈里瑟检验回归式,

$$|\hat{e}_i| = -8.8860 + 0.0935X_i \qquad (5.19)$$
$$(-0.1) \qquad (6.1) \qquad R^2 = 0.5599,\ F = 36.8946,\ T=31$$

因为$TR^2 = 31 \times 0.5599 = 17.4 > \chi^2_{0.05}(1) = 3.8$, $t = 6.1 > t_{0.05}(29) = 2.1$,即表明$e_i$与$X_i$有关系,所以结论是推翻原假设,即模型误差项中存在异方差。戈里瑟(Glejser)检验的 EViews 输出结果见表5.5。

表5.5 戈里瑟检验的 EViews 输出结果

Heteroskedasticity Test: Glejser
Null hypothesis: Homoskedasticity

F-statistic	36.89464	Prob. F(1,29)	0.0000
Obs*R-squared	17.35701	Prob. Chi-Square(1)	0.0000
Scaled explained SS	24.10286	Prob. Chi-Square(1)	0.0000

戈里瑟检验的 EViews 操作:

在(5.16)式的 EViews 估计结果窗口点击 View 选 Residual Diagnostic 下的 Heteroskedasticity Tests 功能,在打开的窗口中选择 Glejser,点击 OK 键,就可得到戈里瑟检验回归式(5.19)和检验结果如表5.5 所示。

通过观察散点图、残差图以及作戈德菲尔德-夸特检验、怀特检验、戈里瑟检验,结论都是回归式(5.16)存在异方差。

下面介绍怎样克服异方差。通过(5.19)式知(5.16)式的残差$|e_i|$和X_i存在线性关系,这意味着一元线性回归模型$Y_i = \beta_0 + \beta_1 X_i + u_i$中的误差项的方差$\sigma_t^2$与$X_i^2$有关系。所以应该以$1/X_i$为权数乘原回归模型得,

$$Y_i/X_i = \beta_0/X_i + \beta_1 + u_i/X_i$$

对上式做最小二乘估计,得

$$\hat{Y}_i/X_i = 0.4710 + 11.3511(1/X_i) \qquad (5.20)$$
$$(21.5) \qquad (1.1) \qquad R^2 = 0.0369$$

对上式用怀特检验方法检验异方差,检验式如下,

$$\hat{e}_i^2 = 0.0102 + 0.3448(1/X_i) - 236.2751(1/X_i)^2$$
$$(4.4) \quad (0.1) \qquad (-0.3) \qquad R^2 = 0.0401,\quad T = 31$$

因为$TR^2 = 31 \times 0.0401 = 1.24 < \chi^2_{0.05}(2) = 6.0$，或者说，$p = 0.5372 > 0.05$，所以结论是推翻原假设，即结论是模型(5.20)的误差项中不再存在异方差。怀特检验的 EViews 输出结果见表 5.6。

表 5.6　怀特检验的 EViews 输出结果

Heteroskedasticity Test: White
Null hypothesis: Homoskedasticity

F-statistic	0.585049	Prob. F(2,28)	0.5637
Obs*R-squared	1.243500	Prob. Chi-Square(2)	0.5370
Scaled explained SS	0.412099	Prob. Chi-Square(2)	0.8138

把(5.20)式还原成原模型形式，

$$\hat{Y}_i = 11.3511 + 0.4710X_i \tag{5.21}$$

(5.16)式中斜率 0.4528 是普通最小二乘法估计结果。(5.21)式中的斜率 0.4710是加权最小二乘法估计结果。从估计量特性分析，0.4710 的估计结果比 0.4528 更具有有效性。回归系数 0.4710 的实际含义是 2007 年耕地面积每增加一千公顷，粮食产量平均增加 0.4710 万吨。

用(5.21)式预测。把 31 个 X_i观测值分别代入(5.21)式，得样本内预测结果，见图 5.10 中直线上的 31 个点。

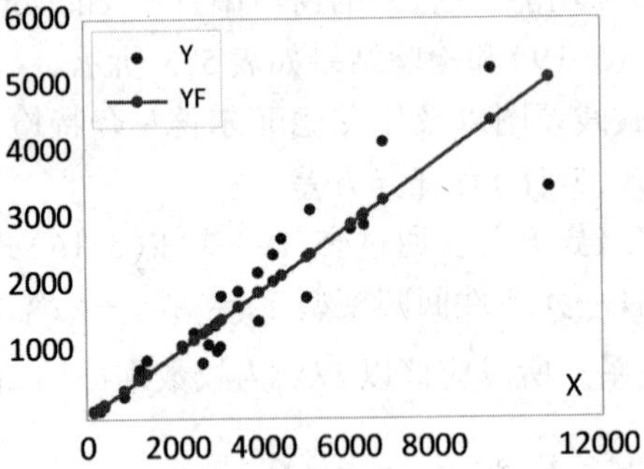

图 5.10　加权最小二乘法估计的回归直线

§5.6　异方差问题小结

本章在一般化计量经济模型方面向前迈进了一步，使计量经济模型适合更大范围的数据生成过程。异方差在经济数据中广泛存在。在这里介绍了几种常用的异方差检查方法,戈德菲尔德-夸特检验、White 检验、戈里瑟检验是常用的检验方法。White 检验适用于检验递增或递减型异方差。戈德菲尔德-夸特检验适合于检验递增型异方差,但不能确定异方差的具体形式。戈里瑟检验不但能检验是否存在异方差,而且还能探测到异方差的存在形式。

在模型的估计方面介绍了加权最小二乘法。定义

$$\boldsymbol{\Phi} = \mathrm{diag}({\sigma_1}^2, {\sigma_2}^2, \cdots, {\sigma_T}^2)$$

则 $\boldsymbol{Y} = \boldsymbol{X\beta} + \boldsymbol{U}$ 的加权最小二乘估计量

$$\hat{\boldsymbol{\beta}} = (\boldsymbol{X}'\boldsymbol{\Phi}^{-1}\boldsymbol{X})^{-1}\boldsymbol{X}'\boldsymbol{\Phi}^{-1}\boldsymbol{Y}$$

此估计量具有线性性、无偏性、有效性。

需要进一步研究的问题是$\boldsymbol{\Phi}$的确定问题,即${\sigma_t}^2$ 与解释变量之间按照什么样的规律而变化。从经济学的角度看,在不同的经济领域,${\sigma_t}^2$ 是否有规律可循,这有待于进一步探索。

思考与练习题

1.考虑模型 $Y_t = \beta X_t + u_t$, $(t = 1, 2, \cdots, T)$ 中,X_t 是单一解释变量,β是未知参数,且 $\mathrm{E}(u_t) = 0$, $\mathrm{E}({u_t}^2) = {\sigma_t}^2$, $\mathrm{E}(u_t u_s) = 0$, $\forall t \neq s, t = 1, 2, \cdots, T; S = 1, 2, \cdots, T$。

(1)试分别讨论σ_t^2在满足哪些假定条件时,下列估计量才是最佳线性无偏估计量?

$$① \hat{\beta} = \frac{\sum X_t Y_t}{\sum {X_t}^2}, \quad ② \hat{\beta} = \frac{\sum Y_t}{\sum X_t}, \quad ③ \hat{\beta} = \frac{1}{T}\sum\left(\frac{Y_t}{X_t}\right)$$

(2)令${\sigma_t}^2 = \sigma^2 {X_t}^2$, $\sum {X_t}^2 = T$,证明

$$\frac{V(\hat{\beta})}{V(b)} = \frac{T}{\sum {X_t}^4}$$

式中,$V(\hat{\beta})$是加权最小二乘估计量的方差,$V(b)$是 OLS 估计量的方差。

2.已知我国 29 个省级地区 1994 年城镇居民人均生活费支出(Y_i,元)、可支配收入(X_i,元)的截面数据见下表和 EViews 文件 xiti-5-2。建立一元回归模型

$$Y_i = \beta_0 + \beta_1 X_i + u_i$$

并分别用怀特、戈里瑟方法检验随机误差项是否存在异方差。

省级地区	Y_i	X_i	省级地区	Y_i	X_i
北京	2940.0	3547.0	河南	1609.0	1963.0
天津	2322.0	2769.0	湖北	2048.0	2450.0
河北	1898.0	2334.0	湖南	2087.0	2688.0
山西	1560.0	1957.0	广东	3777.0	4632.0
内蒙古	1585.0	1893.0	广西	2303.0	2895.0
辽宁	1977.0	2314.0	海南	2404.0	3072.0
吉林	1596.0	1953.0	四川	2034.0	2421.0
黑龙江	1660.0	1960.0	贵州	1876.0	2313.0
上海	3530.0	4297.0	云南	2186.0	2653.0
江苏	2311.0	2774.0	陕西	1714.0	2102.0
浙江	2856.0	3626.0	甘肃	1680.0	2003.0
安徽	1846.0	2248.0	青海	1870.0	2127.0
福建	2341.0	2839.0	宁夏	1877.0	2171.0
江西	1577.0	1919.0	新疆	1835.0	2423.0
山东	1947.0	2515.0			

3. 已知我国 31 个省级地区 2017 年粮食产量（Y_i，万吨）和粮食作物播种面积（X_i，千公顷）的数据见下表和 EViews 文件 xiti-5-3。建立一元回归模型

$$Y_i = \beta_0 + \beta_1 X_i + u_i$$

并分别用怀特、戈里瑟方法检验随机误差项 u_i 是否存在异方差。

省级地区	Y_i	X_i	省级地区	Y_i	X_i
北京	41.1	66.8	湖北	2846.1	4853.0
天津	212.3	351.4	湖南	3073.6	4978.9
河北	3829.2	6658.5	广东	1208.6	2169.7
山西	1355.1	3180.9	广西	1370.5	2853.1
内蒙古	3254.5	6780.9	海南	138.1	282.5
辽宁	2330.7	3467.5	重庆	1079.9	2030.7
吉林	4154	5544.0	四川	3488.9	6292.0
黑龙江	7410.3	14154.3	贵州	1242.4	3052.8
上海	99.8	133.1	云南	1843.4	4169.2
江苏	3610.8	5527.3	西藏	106.5	185.6
浙江	580.1	977.2	陕西	1194.2	3019.4
安徽	4019.7	7321.8	甘肃	1105.9	2647.2
福建	487.2	833.2	青海	102.5	282.6
江西	2221.7	3786.3	宁夏	370.1	722.5
山东	5374.3	8455.6	新疆	1484.7	2295.9
河南	6524.2	10915.1			

第 6 章　自相关

§6.1　非自相关假定

由第 2 章知回归模型的假定条件之一是

$$\mathrm{Cov}(u_i, u_j) = \mathrm{E}(u_i u_j) = 0, \quad (i, j \in T,\ i \neq j)$$

即误差项 u_t 的取值在时间上是相互无关的，称误差项 u_t 非自相关。如果

$$\mathrm{Cov}(u_i, u_j) \neq 0, \quad (i, j \in T,\ i \neq j)$$

则称误差项 u_t 存在自相关。

自相关又称序列相关，原指一随机变量在时间上与其滞后项之间的相关。这里主要是指回归模型中随机误差项 u_t 与其滞后项的相关关系。自相关也是相关关系的一种。

自相关按形式可分为两类。

(1) 一阶自回归形式

当误差项 u_t 只与其滞后一期值 u_{t-1} 有关时，即

$$u_t = f(u_{t-1}) + v_t$$

称 u_t 具有一阶自回归形式。

(2) 高阶自回归形式

当误差项 u_t 的本期值不仅与其前一期值有关，而且与其前若干期的值都有关系时，即

$$u_t = f(u_{t-1}, u_{t-2}, \cdots) + v_t$$

则称 u_t 具有高阶自回归形式。

因计量经济模型中自相关的最常见形式是一阶线性自回归形式，所以下面重点讨论误差项的这种形式。

$$u_t = \alpha_1 u_{t-1} + v_t \tag{6.1}$$

其中α_1 是自回归系数，v_t 是随机误差项。v_t 满足通常假设

$$\mathrm{E}(v_t) = 0,\ t = 1, 2, \cdots, T$$

$$\mathrm{Var}(v_t) = \sigma_v{}^2,\ t = 1, 2, \cdots, T$$

$$\mathrm{Cov}(v_i, v_j) = 0,\ i \neq j, i, j = 1, 2, \cdots, T$$

$$\mathrm{Cov}(u_{t-1}, v_t) = 0,\ t = 1, 2, \cdots, T$$

依据普通最小二乘法公式，模型(6.1)中α_1 的估计公式是

$$\hat{\alpha}_1 = \frac{\sum_{t=2}^{T} u_t u_{t-1}}{\sum_{t=2}^{T} u_{t-1}{}^2} \tag{6.2}$$

其中 T 是样本容量。若把 u_t, u_{t-1} 看作两个变量，则它们的相关系数是

$$\hat{\rho} = \frac{\sum_{t=2}^{T} u_t u_{t-1}}{\sqrt{\sum_{t=2}^{T} u_t{}^2}\sqrt{\sum_{t=2}^{T} u_{t-1}{}^2}} \tag{6.3}$$

对于充分大样本容量显然有

$$\sum_{t=2}^{T} u_t{}^2 \approx \sum_{t=2}^{T} u_{t-1}{}^2 \tag{6.4}$$

把以上关系式代入(6.3)式得

$$\hat{\rho} \approx \frac{\sum_{t=2}^{T} u_t u_{t-1}}{\sum_{t=2}^{T} u_{t-1}{}^2} = \hat{\alpha}_1$$

因而对于总体参数有$\rho = \alpha_1$，即一阶线性自回归形式的自回归系数等于该两个

变量的相关系数。因此原回归模型中误差项 u_t 的一阶自回归形式（见模型(6.1)）可表示为

$$u_t = \rho u_{t-1} + v_t \tag{6.5}$$

由第 2 章知相关系数ρ的取值范围是[-1,1]。当$\rho>0$时，称 u_t 存在正自相关；当$\rho<0$时，称 u_t 存在负自相关；当$\rho=0$时，称 u_t 不存在自相关或非自相关。图 6.1 (a)、(c)、(e)分别给出具有正自相关、负自相关和非自相关的三个序列。为便于理解时间序列的正负自相关特征，图 6.1(b)、(d)、(f)分别给出图 6.1(a)、(c)、(e)中变量对其一阶滞后变量的散点图，正负自相关以及非自相关性展现得更为明了。

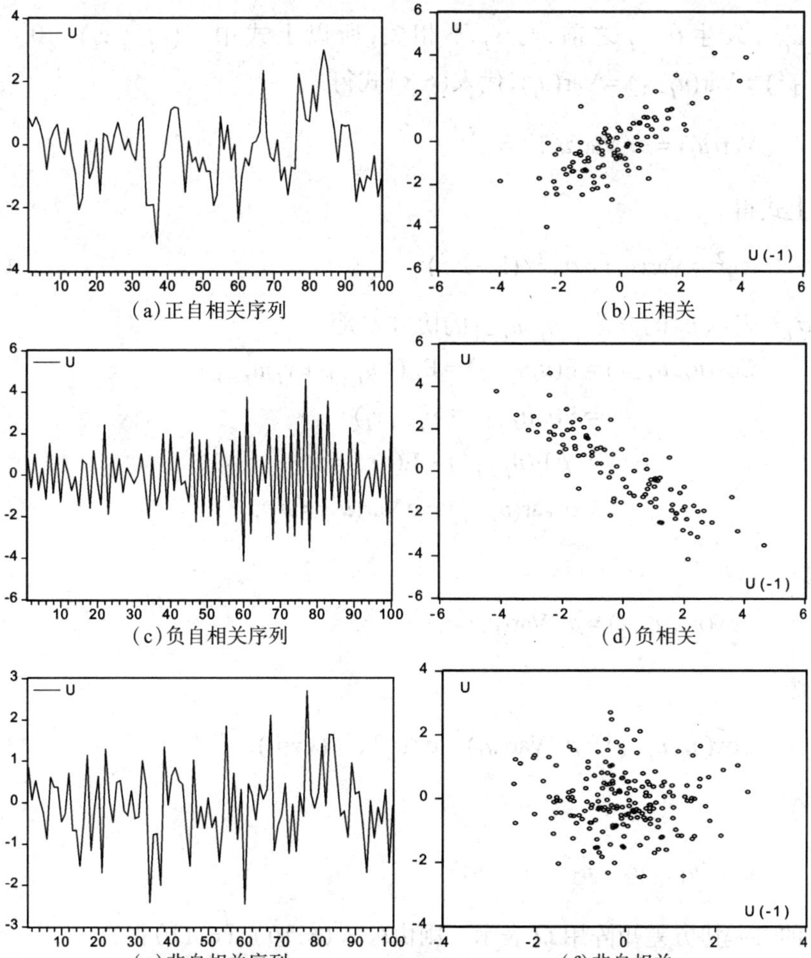

(a)正自相关序列　(b)正相关

(c)负自相关序列　(d)负相关

(e)非自相关序列　(f)非自相关

图 6.1　自相关序列对其一阶滞后变量的散点图

下面推导当误差项 u_t 为一阶线性自回归形式时 u_t 的期望、方差与协方差公式。由上式有

$$E(u_t) = E(\rho u_{t-1} + v_t) = \rho E(u_{t-1}) + E(v_t) \tag{6.6}$$

因为对于平稳序列有 $E(u_t) = E(u_{t-1})$，整理上式得

$$E(u_t) = E(v_t)/(1-\rho) = 0 \tag{6.7}$$

$$\begin{aligned} Var(u_t) &= E(u_t)^2 = E(\rho u_{t-1} + v_t)^2 \\ &= E(\rho^2 u_{t-1}{}^2 + v_t{}^2 + 2\rho u_{t-1} v_t) \\ &= \rho^2 E(u_{t-1}{}^2) + E(v_t{}^2) + 2\rho E(u_{t-1} v_t) \end{aligned} \tag{6.8}$$

因为 u_{t-1} 发生在 v_t 之前，与 v_t 不相关，所以上式中 $E(u_{t-1} v_t) = 0$。因为 $E(u_{t-1}{}^2) = Var(u_{t-1}) = Var(u_t)$，代入(6.8)式得

$$Var(u_t) = \rho^2 Var(u_t) + \sigma_v{}^2$$

整理上式得

$$\sigma_u{}^2 = Var(u_t) = \sigma_v{}^2/(1-\rho^2) \tag{6.9}$$

其中$\sigma_u{}^2$ 表示 u_t 的方差。u_t, u_{t-1}的协方差是

$$\begin{aligned} Cov(u_t, u_{t-1}) &= E(u_t u_{t-1}) = E[(\rho u_{t-1} + v_t)u_{t-1}] \\ &= E(\rho u_{t-1}{}^2 + u_{t-1} v_t) \\ &= \rho E(u_{t-1}{}^2) + E(u_{t-1} v_t) \\ &= \rho Var(u_{t-1}) = \rho Var(u_t) = \rho \sigma_u{}^2 \end{aligned} \tag{6.10}$$

同理

$$Cov(u_t, u_{t-2}) = \rho^2 Var(u_t) = \rho^2 \sigma_u{}^2$$

一般地

$$Cov(u_t, u_{t-s}) = \rho^s Var(u_t) = \rho^s \sigma_u{}^2, \quad (s \neq 0) \tag{6.11}$$

令

$$\boldsymbol{U} = (u_1 \quad u_2 \quad u_3 \quad \cdots \quad u_T)'$$

且 $\boldsymbol{U}$ 的方差协方差矩阵用 $\boldsymbol{\Omega}$ 表示。则由公式(6.10)，(6.11)得

$$E(UU') = \boldsymbol{\Omega} = \sigma_u{}^2 \begin{bmatrix} 1 & \rho & \rho^2 & \cdots & \rho^{T-1} \\ \rho & 1 & \rho & \cdots & \rho^{T-2} \\ \vdots & \vdots & \vdots & \ddots & \vdots \\ \rho^{T-1} & \rho^{T-2} & \rho^{T-3} & \cdots & 1 \end{bmatrix} \tag{6.12}$$

其中$\sigma_u{}^2 = \sigma_v{}^2/(1-\rho^2)$(见(6.9式))。从而验证了当回归模型的误差项 u_t 存在一阶自回归形式时,$\mathrm{Cov}(u_i, u_j) \neq 0$。同理,也可证明当 u_t 存在高阶自回归形式时,仍有 $\mathrm{Cov}(u_i, u_j) \neq 0$。

注意:①经济问题中的自相关主要表现为正自相关(原因见§6.3)。②自相关主要发生于时间序列数据中。

§6.2　自相关的来源与后果

1. 自相关的来源

误差项存在自相关,主要有如下几个原因。

(1)模型的数学形式不妥。若所用的数学模型与变量间的真实关系不一致,误差项常表现出自相关。例如对图6.2中的数据来说,显然用图中的曲线拟合是正确的。当错误地用直线拟合时,必然使模型的误差项呈现正自相关。由经济理论知,平均成本与产量呈抛物线关系,当用线性回归模型拟合时,误差项必存在自相关。

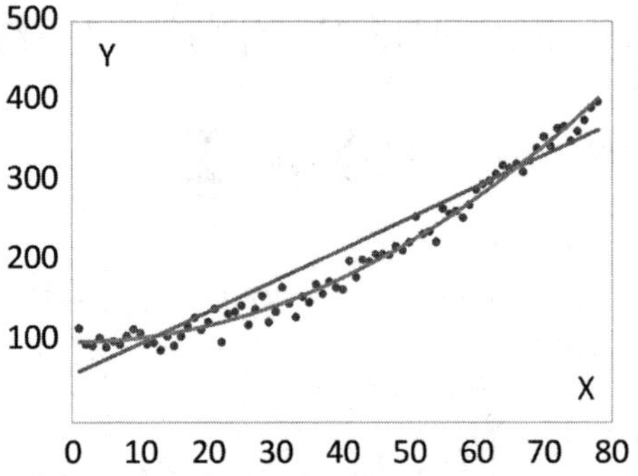

图6.2　拟合的回归函数形式不妥导致模型误差序列自相关

(2)惯性。大多数经济时间序列都存在正自相关,其本期值往往受滞后值影响，突出特征就是惯性与低灵敏度。如国民生产总值、固定资产投资、国民消费、物价指数等随时间缓慢地变化，从而建立模型时导致误差项正自相关。

(3)回归模型中略去了带有自相关的重要解释变量。若丢掉了应该列入模型的带有自相关的重要解释变量，那么它的影响必然归并到误差项 u_t 中，从而使误差项呈现自相关。当然略去多个带有自相关的解释变量也许因互相抵消并不使误差项呈现自相关。

2. 自相关的后果

当误差项 u_t 存在自相关时，模型参数的最小二乘估计量具有如下特性。

(1)回归系数的最小二乘估计量 $\hat{\beta}_j$ 仍具有无偏性。以一元线性回归模型

$$Y_t=\beta_0+\beta_1X_t+u_t,\quad (t=1,2,\cdots,T)$$

为例，

$$\mathrm{E}(\hat{\beta}_1)=\mathrm{E}\left(\beta_1+\left(\sum_{t=1}^{T}x_tu_t\Big/\sum_{t=1}^{T}x_t{}^2\right)\right)=\beta_1+\left(\sum_{t=1}^{T}x_t\mathrm{E}(u_t)\Big/\sum_{t=1}^{T}x_t{}^2\right)=\beta_1$$

其中 $x_t=X_t-\overline{X}$。同理可证

$$\mathrm{E}(\hat{\beta}_0)=\beta_0$$

对于多元回归模型也有类似结果。由此可见，只要假定条件 $\mathrm{Cov}(x_{jt},u_t)=0$ 成立，回归系数 $\hat{\beta}_j$ 仍具有无偏性。

(2) $\mathrm{Var}(\hat{\beta}_j)$ 不再具有最小方差性。用普通最小二乘法求到的 $\mathrm{Var}(\hat{\beta}_j)$ 将低估真实的方差。下面以一元线性回归模型中 $\hat{\beta}_1$ 的方差为例给予说明。

$$\begin{aligned}
\mathrm{Var}(\hat{\beta}_1)&=\mathrm{E}(\hat{\beta}_1-\beta_1)^2=\mathrm{E}\left(\sum_{t=1}^{T}x_tu_t\Big/\sum_{t=1}^{T}x_t{}^2\right)^2\\
&=\left(\frac{1}{\sum_{t=1}^{T}x_t{}^2}\right)^2\mathrm{E}(x_1u_1+x_2u_2+\cdots+x_Tu_T)^2\\
&=\left(\frac{1}{\sum_{t=1}^{T}x_t{}^2}\right)^2\mathrm{E}[x_1{}^2u_1{}^2+x_2{}^2u_2{}^2+\cdots+x_T{}^2u_T{}^2\\
&\quad+2(x_1x_2u_1u_2+x_1x_3u_1u_3+\cdots+x_{T-1}x_Tu_{T-1}u_T)]
\end{aligned}$$

$$= \sum_{t=1}^{T}\left(\frac{x_t}{\sum_{t=1}^{T} x_t^2}\right)^2 \mathrm{E}(u_t^2) + 2\sum_{t<s}\frac{x_t x_s}{(\sum_{t=1}^{T} x_t^2)^2}\mathrm{E}(u_t u_s)$$

$$= \frac{\mathrm{Var}(u_t)}{\sum_{t=1}^{T} x_t^2} + 2\sum_{t<s}\frac{x_t x_s}{(\sum_{t=1}^{T} x_t^2)^2}\mathrm{Cov}(u_t u_s) \tag{6.13}$$

当误差项 u_t 不存在自相关时，$\mathrm{Cov}(u_t, u_s) = 0, s > t$，所以(6.13)式变为

$$\mathrm{Var}(\hat{\beta}_1) = \sigma_u^2 \Big/ \sum_{t=1}^{T} x_t^2 \tag{6.14}$$

当误差项 u_t 具有一阶自回归形式时，把(6.11)式的结果代入(6.13)式，则

$$\mathrm{Var}(\hat{\beta}_1) = \sigma_u^2 \Big/ \sum_{t=1}^{T} x_t^2 + 2\sigma_u^2 \sum_{t<s}\frac{x_t x_s}{(\sum_{t=1}^{T} x_t^2)^2}\rho^{s-t}, \quad s > t \tag{6.15}$$

在以上的估计式中 $x_t = X_t - \overline{X}$。

比较(6.14)式和(6.15)式，可以看出误差项 u_t 有无自相关，$\hat{\beta}_1$ 的方差大不相同。当 u_t、X_t 分别表现为正自相关时（对于经济变量常常如此），上式右侧第二项是正的。在这种情形下，$\hat{\beta}_1$ 的方差将大于误差项不存在自相关时 $\hat{\beta}_1$ 的方差。这时若仍用普通最小二乘法公式计算 $\hat{\beta}_1$ 的方差（如(6.14)式），它只是真实方差（如(6.15)式）的一部分，所以将低估 $\hat{\beta}_1$ 的方差。

同理，在多元回归模型中，用普通最小二乘法得到的 $\hat{\beta}_j$ 的方差会低估真实的方差值。

(3)有可能低估误差项 u_t 的方差。

当误差项 u_t 不存在自相关时，其方差的估计公式是

$$S_u^2 = \left(\sum_{t=1}^{T} e_t^2\right) \Big/ (T-2) \tag{6.16}$$

可以证明（略），当 u_t 存在一阶自相关时，若仍用上式估计 u_t 的方差，常会低估 u_t 的真实方差。

把(6.16)式代入(6.14)式的分子，计算 $\hat{\beta}_1$ 的样本方差。这将使对 $\mathrm{Var}(\hat{\beta}_1)$

的低估变得更为严重。低估回归系数估计量的方差,等于夸大了回归系数的抽样精度,过高地估计统计量 t 的值,从而把不重要的解释变量保留在模型里,使显著性检验失去意义。

(4)由于 u_t 存在自相关时,$\mathrm{Var}(\hat{\beta}_1)$和 $S_u{}^2$ 都变大,都不具有最小方差性,所以用依据普通最小二乘法得到的回归方程去预测,预测变量会失去有效性。

§6.3 自相关检验

下面介绍自相关的一种判别方法(图示法)和三种检验方法。

1. 图示法

图示法就是依据回归模型的残差 e_t 对时间 t 的序列图做出判断。由于残差 e_t 是对误差项 u_t 的估计,所以尽管误差项 u_t 观测不到,但可以通过 e_t 的变化判断 u_t 是否存在自相关。

图示法的具体步骤是:(1)用给定的样本估计回归模型,计算残差 $e_t, t=(1, 2, \cdots, T)$,绘制残差图。(2)分析残差图。若残差图与图 6.1a类似,则说明 u_t 存在正自相关;若与图 6.1c 类似,则说明 u_t 存在负自相关;若与图 6.1e 类似,则说明 u_t 不存在自相关。

由于存在惯性,经济变量,特别是宏观经济变量剔出趋势之后,不可能表现出如图 6.1c 那样震荡式的变化。其变化形式常与图 6.1a 相类似(缓慢地穿越均值水平线),所以经济变量的变化常表现为正自相关。

2. *DW* (Durbin-Watson)检验法

***DW* 检验**是杜宾(J.Durbin)和沃森(G.S.Watson)于 1951 年提出的。它是利用残差 e_t 构成的统计量推断模型误差项 u_t 是否存在自相关。使用 *DW* 检验,应首先满足如下三个条件:

(1)误差项 u_t 的自相关为一阶自回归形式。

(2)被解释变量的滞后值 Y_{t-1} 不能在回归模型中作为解释变量。

(3)样本容量应充分大($T>15$)。

DW 检验步骤如下。对于(6.5)式给出假设

$$H_0: \rho=0, \quad (u_t \text{ 不存在一阶自相关})$$

$H_1: \rho \neq 0$，　(u_t 存在一阶自相关)

用回归模型残差值 e_t 计算统计量 DW 值。

$$DW = \frac{\sum_{t=2}^{T}(e_t - e_{t-1})^2}{\sum_{t=1}^{T} e_t^2} \tag{6.17}$$

其中分子是残差的一阶差分平方和，分母是残差平方和。把上式展开

$$DW = \frac{\sum_{t=2}^{T} e_t^2 + \sum_{t=2}^{T} e_{t-1}^2 - 2\sum_{t=2}^{T} e_t e_{t-1}}{\sum_{t=1}^{T} e_t^2} \tag{6.18}$$

因为在样本容量充分大的条件下有

$$\sum_{t=2}^{T} e_t^2 \approx \sum_{t=2}^{T} e_{t-1}^2 \approx \sum_{t=1}^{T} e_t^2 \tag{6.19}$$

代入(6.18)式，可表示为

$$DW \approx \frac{2\sum_{t=2}^{T} e_{t-1}^2 - 2\sum_{t=2}^{T} e_t e_{t-1}}{\sum_{t=2}^{T} e_{t-1}^2} = 2\left(1 - \frac{\sum_{t=2}^{T} e_t e_{t-1}}{\sum_{t=2}^{T} e_{t-1}^2}\right) = 2(1 - \hat{\rho}) \tag{6.20}$$

因为ρ的取值范围是[-1,1]，所以 DW 统计量的取值范围是[0,4]。ρ与 DW 值的对应关系见表6.1。

表6.1　ρ与 DW 值的对应关系及意义

ρ	DW	u_t 的表现
$\rho = 0$	$DW = 2$	u_t 非自相关
$\rho = 1$	$DW = 0$	u_t 完全正自相关
$\rho = -1$	$DW = 4$	u_t 完全负自相关
$0 < \rho < 1$	$0 < DW < 2$	u_t 有某种程度的正自相关
$-1 < \rho < 0$	$2 < DW < 4$	u_t 有某种程度的负自相关

实际中 $DW = 0,2,4$ 的情形是很少见的。当 DW 取值在(0,2)、(2,4)之间时，怎样判别误差项 u_t 是否存在自相关呢？推导统计量 DW 的精确抽样分布是

困难的,因为 DW 是依据残差 e_t 计算的,而 e_t 的值又与 X_t 的形式有关。DW 检验与其他统计检验不同,它没有唯一的临界值用来制定判别规则。然而 Durbin 和 Watson 根据样本容量和原回归模型回归系数个数,在给定的显著性水平下,给出了检验用的上、下两个临界值 d_U 和 d_L。判别规则如下:

(1)若 DW 取值在$(0,d_L)$之间,拒绝原假设 H_0,认为 u_t 存在一阶正自相关。

(2)若 DW 取值在$(4-d_L,4)$之间,拒绝原假设 H_0,认为 u_t 存在一阶负自相关。

(3)若 DW 取值在$(d_U,4-d_U)$之间,接受原假设 H_0,认为 u_t 非自相关。

(4)若 DW 取值在(d_L,d_U)或$(4-d_U,4-d_L)$之间,这种检验没有结论,即不能判别 u_t 是否存在一阶自相关。判别规则可用图 6.3 表示。

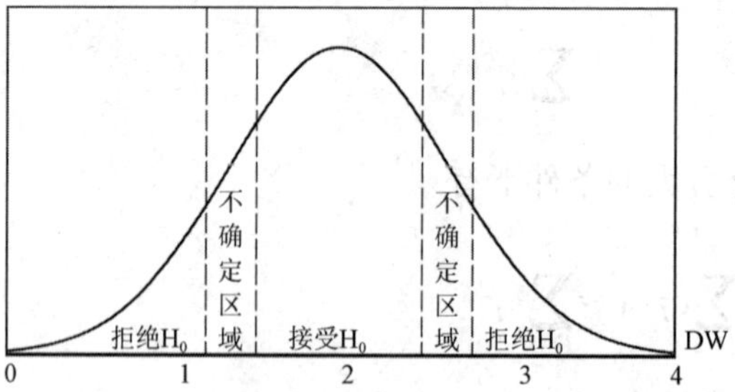

图 6.3　一阶自相关 *DW* 检验的判别规则示意图

当 DW 值落在"不确定"区域时,有两种处理方法。(1)加大样本容量或重新选取样本,重作 DW 检验。有时 DW 值会离开不确定区域。(2)选用其他检验方法。

附表 4 给出检验水平$\alpha=0.05$ 条件下 DW 检验临界值。DW 检验临界值与 3 个参数有关。(1)检验水平α;(2)样本容量 T;(3)原回归模型中解释变量的个数 k(不包括常数项)。

应用 DW 检验应注意如下 3 点:

(1)DW 统计量只适用于检验一阶自相关形式。

(2)应用 DW 检验,样本容量不应太小。

(3)若原回归式的解释变量中含有因变量的滞后项,不能使用 DW 检验。这种条件下的自相关检验参见§8.2 第 3 小节。

EViews 的最小二乘回归输出结果中直接给出回归式的 DW 值。

3. *LM* 检验(亦称 *BG* 检验)法

DW 统计量只适用于一阶自相关检验,而对于高阶自相关检验并不适用。

利用LM统计量可建立一个适用性更强的自相关检验方法,既可检验一阶自相关,也可检验高阶自相关。LM检验由Breusch-Godfrey提出。LM检验是通过一个辅助回归式完成的,具体步骤如下。

对于多元回归模型

$$Y_t = \beta_0 + \beta_1 X_{1t} + \beta_2 X_{2t} + \cdots + \beta_k X_{kt} + u_t \tag{6.21}$$

考虑误差项为n阶自回归形式

$$u_t = \rho_1 u_{t-1} + \cdots + \rho_n u_{t-n} + v_t \tag{6.22}$$

其中v_t为随机误差项,符合各种假定条件。零假设为

$$H_0: \rho_1 = \rho_2 = \cdots = \rho_n = 0$$

这表明u_t不存在n阶自相关。用估计(6.21)式得到的残差建立辅助回归式,

$$\begin{aligned} e_t = & \hat{\rho}_1 e_{t-1} + \cdots + \hat{\rho}_n e_{t-n} + \beta_0 + \beta_1 X_{1t} + \beta_2 X_{2t} \\ & + \cdots + \beta_k X_{kt} + v_t \end{aligned} \tag{6.23}$$

其中e_t是(6.21)式中u_t的估计值。估计上式,并计算确定系数R^2。构造LM统计量,

$$LM = TR^2 \tag{6.24}$$

其中T表示(6.21)式的样本容量。R^2为(6.23)估计式的确定系数。在零假设成立条件下,LM统计量渐近服从$\chi^2(n)$分布。其中n为(6.22)式中自回归阶数。如果零假设成立,LM统计量的值将很小,小于临界值。

判别规则是,

若$LM = TR^2 \leqslant \chi^2_\alpha(n)$,接受$H_0$;

若$LM = TR^2 > \chi^2_\alpha(n)$,拒绝$H_0$。

在EViews的最小二乘回归结果窗口中直接含有LM自相关检验的程序。具体操作是点击最小二乘回归窗口中的功能键View,选Residual Tests/Serial Correlation LM Test…,在随后弹出的滞后期对话框中给出最大滞后期(即(6.22)式中的n)。点击OK键,即可得到LM自相关检验结果。

4. 回归检验法

回归检验法的步骤如下:

(1)用给定样本估计回归模型并计算残差 e_t。

(2)对残差序列 e_t, $(t=1,2,\cdots,T)$,用普通最小二乘法进行不同形式的回归拟合。如

$$
\begin{aligned}
&e_t=\rho e_{t-1}+v_t\\
&e_t=\rho_1 e_{t-1}+\rho_2 e_{t-2}+v_t\\
&e_t=\rho e_{t-1}^2+v_t\\
&e_t=\rho\sqrt{e_{t-1}}+v_t\\
&\quad\cdots
\end{aligned}
$$

(3)对上述各种拟合形式进行显著性检验,若某个回归式的估计参数具有显著性(不为零),则说明误差项存在该种形式的自相关。否则不存在该种形式的自相关。

回归检验法的优点是:(1)适合于任何形式的自相关检验;(2)若结论是存在自相关,则同时能提供出自相关的具体形式与自回归系数的估计值。缺点是计算量大。

§6.4　自相关的解决方法

如果模型的误差项存在自相关,首先应分析产生自相关的原因。如果自相关是由于错误地设定模型的数学形式所致,那么就应当修改模型的数学形式。怎样查明自相关是由于模型数学形式不妥造成的呢？一种方法是用残差 e_t 对解释变量的较高次幂进行回归,然后对新的残差作 DW 检验,如果此时自相关消失,则说明模型的数学形式不妥。

如果自相关是由于模型中省略了重要解释变量造成的,那么解决办法就是找出略去的解释变量,把它作为重要解释变量列入模型。怎样查明自相关是由于略去重要解释变量引起的？一种方法是用残差 e_t 对那些可能影响被解释变量但又未被列入模型的解释变量作回归,并作显著性检验,从而确定该解释变量的重要性。如果是重要解释变量,就应该列入模型。

只有当以上两种引起自相关的原因都消除后,才能认为误差项 u_t“真正”存在自相关。在这种情况下,解决办法是变换原回归模型,使变换后模型的随机误差项消除自相关,进而利用普通最小二乘法估计回归参数。这种估计方法称作**广义最小二乘法**。下面介绍这种方法。

设原回归模型是

$$Y_t=\beta_0+\beta_1X_{1t}+\beta_2X_{2t}+\cdots+\beta_kX_{kt}+u_t,\quad (t=1,2,\cdots,T) \tag{6.25}$$

其中 u_t 具有一阶自回归形式

$$u_t=\rho u_{t-1}+v_t$$

其中 v_t 满足通常的假定条件,把上式代入(6.25)式

$$Y_t=\beta_0+\beta_1X_{1t}+\beta_2X_{2t}+\cdots+\beta_kX_{kt}+\rho u_{t-1}+v_t \tag{6.26}$$

求模型(6.25)的$(t-1)$期关系式,并在两侧同时乘以ρ

$$\rho Y_{t-1}=\rho\beta_0+\rho\beta_1X_{1t-1}+\rho\beta_2X_{2t-1}+\cdots+\rho\beta_kX_{kt-1}+\rho u_{t-1}$$

用(6.26)式与上式相减,得

$$\begin{aligned}Y_t-\rho Y_{t-1}=&\beta_0(1-\rho)+\beta_1(X_{1t}-\rho X_{1t-1})+\cdots\\&+\beta_k(X_{kt}-\rho X_{kt-1})+v_t\end{aligned} \tag{6.27}$$

令

$$Y_t^*=Y_t-\rho Y_{t-1} \tag{6.28}$$

$$X_{jt}^*=X_{jt}-\rho X_{jt-1},\ j=1,2,\cdots,k \tag{6.29}$$

$$\beta_0^*=\beta_0(1-\rho) \tag{6.30}$$

则模型(6.27)表示如下

$$Y_t^*=\beta_0^*+\beta_1X_{1t}^*+\beta_2X_{2t}^*+\cdots+\beta_kX_{kt}^*+v_t,\quad (t=2,3,\cdots,T) \tag{6.31}$$

上式中的误差项 v_t 是非自相关的,满足假定条件,所以可对模型(6.31)应用最小二乘法估计回归参数。所得回归系数估计量具有最佳线性无偏性。(6.28)式和(6.29)式的变换称作**广义差分变换**。

注意:

(1)上式中的$\beta_1,\cdots,\beta_k$ 就是原模型(6.25)中的$\beta_1,\cdots,\beta_k$,而β_0^*与模型(6.25)中的β_0 有如下关系

$$\beta_0=\beta_0^*/(1-\rho) \tag{6.32}$$

用 OLS 法估计(6.31)式得到的$\hat\beta_0,\hat\beta_1,\cdots,\hat\beta_k$ 称作(6.25)式中相应回归系数的广义最小二乘估计量。

(2)这种变换损失了一个观测值,样本容量由 T 变成($T-1$)。为避免这种损失,卡迪亚拉(K. R. Kadiyala,1968)提出对 Y_t 与 $X_{jt}(j=1,2,\cdots,k)$的第一个观测值分别做如下定义

$$Y_1^* = Y_1\sqrt{1-\rho^2} \tag{6.33}$$

$$X_{j1}^* = X_{j1}\sqrt{1-\rho^2},\quad (j=1,2,\cdots,k) \tag{6.34}$$

于是对模型(6.31),样本容量仍然为 T。

这种变换的目的就是使相应误差项 u_1 的方差与其他误差项 $u_2,u_3,\cdots,u_T$ 的方差保持相等。作上述变换后,有

$$u_1^* = u_1\sqrt{1-\rho^2}$$

则

$$\mathrm{Var}(u_1^*) = (1-\rho^2)\mathrm{Var}(u_1)$$

把(6.9)式代入上式

$$\mathrm{Var}(u_1^*) = (1-\rho^2)[(\sigma_v^2/(1-\rho^2)] = \sigma_v^2 \tag{6.35}$$

与其他随机误差项的方差相同。

(3)当误差项 u_t 的自相关具有高阶自回归形式时,仍可用与上述相类似的方法进行广义差分变换。比如 u_t 具有二阶自回归形式,

$$u_t = \rho_1 u_{t-1} + \rho_2 u_{t-2} + v_t$$

则变换过程应首先求出原模型($t-1$)期与($t-2$)期的两个关系式,然后利用与上述相类似的变换方法建立随机误差项符合假定条件的广义差分模型。若 u_t 具有 k 阶自回归形式,则首先求 k 个不同滞后期的关系式,然后通过广义差分变换使模型的误差项符合假定条件。需要注意的是,对二阶自回归形式作广义差分变换后,要损失两个观测值;对 k 阶自回归形式作广义差分变换后,将损失 k 个观测值。

(4)当用广义差分变量回归的结果中仍存在自相关时,可以对广义差分变量继续进行广义差分,直至回归模型中不存在自相关为止。

§6.5　克服自相关的矩阵描述

下面用矩阵代数形式介绍广义最小二乘法。对于线性回归模型

$$\boldsymbol{Y}=\boldsymbol{X\beta}+\boldsymbol{U} \tag{6.36}$$

假定 $\mathrm{E}(\boldsymbol{UU}')=\sigma^2\boldsymbol{I}$不成立。误差项 u_t 具有一阶自回归形式的自相关

$$u_t=\rho u_{t-1}+v_t \tag{6.37}$$

则 $\mathrm{Cov}(\boldsymbol{U})$由(6.12)式给出,

$$\mathrm{Cov}(\boldsymbol{U})=\mathrm{E}(\boldsymbol{UU}')=\boldsymbol{\Omega}$$

$$=\sigma_u{}^2\begin{bmatrix} 1 & \rho & \rho^2 & \cdots & \rho^{T-1} \\ \rho & 1 & \rho & \cdots & \rho^{T-2} \\ \vdots & \vdots & \vdots & \ddots & \vdots \\ \rho^{T-1} & \rho^{T-2} & \rho^{T-3} & \cdots & 1 \end{bmatrix} \tag{6.38}$$

其中$\sigma_u{}^2=\sigma_v{}^2/(1-\rho^2)$。令

$$\boldsymbol{M}=\begin{bmatrix} \sqrt{1-\rho^2} & 0 & \cdots & 0 & 0 \\ -\rho & 1 & \cdots & 0 & 0 \\ \vdots & \vdots & \ddots & \vdots & \vdots \\ 0 & 0 & \cdots & -\rho & 1 \end{bmatrix}$$

则

$$\boldsymbol{M\Omega M}'=\sigma_v{}^2\boldsymbol{I} \tag{6.39}$$

用 $\boldsymbol{M}$ 左乘模型(6.36),

$$\boldsymbol{MY}=\boldsymbol{MX\beta}+\boldsymbol{MU} \tag{6.40}$$

令

$$\boldsymbol{Y}^*=\boldsymbol{MY},\ \boldsymbol{X}^*=\boldsymbol{MX},\ \boldsymbol{U}^*=\boldsymbol{MU}$$

则模型(6.40)表示为

$$\boldsymbol{Y}^* = \boldsymbol{X}^* \boldsymbol{\beta} + \boldsymbol{U}^* \tag{6.41}$$

其中

$$\boldsymbol{Y}^* = \boldsymbol{MY} = \begin{bmatrix} Y_1\sqrt{1-\rho^2} \\ Y_2 - \rho Y_1 \\ \vdots \\ Y_T - \rho Y_{T-1} \end{bmatrix} = \begin{bmatrix} Y_1^* \\ Y_2^* \\ \vdots \\ Y_T^* \end{bmatrix} \tag{6.42}$$

$$\boldsymbol{X}^* = \boldsymbol{MX} = \begin{bmatrix} X_{11}\sqrt{1-\rho^2} & X_{21}\sqrt{1-\rho^2} & \cdots & X_{k1}\sqrt{1-\rho^2} \\ X_{12} - \rho X_{11} & X_{22} - \rho X_{21} & \cdots & X_{k2} - \rho X_{k1} \\ \vdots & \vdots & \ddots & \vdots \\ X_{1T} - \rho X_{1T-1} & X_{2T} - \rho X_{2T-1} & \cdots & X_{kT} - \rho X_{kT-1} \end{bmatrix}$$

$$= \begin{bmatrix} X_{11}^* & X_{21}^* & \cdots & X_{k1}^* \\ X_{12}^* & X_{22}^* & \cdots & X_{k2}^* \\ \vdots & \vdots & \ddots & \vdots \\ X_{1T}^* & X_{2T}^* & \cdots & X_{kT}^* \end{bmatrix} \tag{6.43}$$

$$\boldsymbol{U}^* = \boldsymbol{MU} = \begin{bmatrix} u_1\sqrt{1-\rho^2} \\ u_2 - \rho u_1 \\ u_3 - \rho u_2 \\ \vdots \\ u_T - \rho u_{T-1} \end{bmatrix} = \begin{bmatrix} u_1\sqrt{1-\rho^2} \\ v_2 \\ v_3 \\ \vdots \\ v_T \end{bmatrix} \tag{6.44}$$

(6.42)式和(6.43)式中带 * 号变量的变换规则与(6.28)式和(6.29)式中相应带 * 号的变量变换规则相同,所以(6.41)式是广义差分变换模型的矩阵表达式。因为

$$\mathrm{E}(\boldsymbol{U}^* \boldsymbol{U}^{*\prime}) = \mathrm{E}(\boldsymbol{MUU'M'}) = \boldsymbol{M\Omega M'} = \sigma_v^2 \boldsymbol{I}$$

上式推导引用了(6.39)式。说明变换后模型(6.41)的误差项中不再有自相关。用普通最小二乘法估计(6.41)式中的$\boldsymbol{\beta}$

$$\hat{\boldsymbol{\beta}}^* = (\boldsymbol{X}^{*\prime}\boldsymbol{X}^*)^{-1}\boldsymbol{X}^{*\prime}\boldsymbol{Y}^* \tag{6.45}$$

则$\hat{\boldsymbol{\beta}}^*$具有最佳线性无偏性。用上式计算的估计量$\hat{\boldsymbol{\beta}}$ 是(6.36)式的广义最小二乘估计量。

把原数据代入(6.45)式

$$\begin{aligned}\hat{\boldsymbol{\beta}}^* &= [(\boldsymbol{MX})'(\boldsymbol{MY})]^{-1}(\boldsymbol{MX})'(\boldsymbol{MY}) = (\boldsymbol{X}'\boldsymbol{M}'\boldsymbol{MX})^{-1}\boldsymbol{X}'\boldsymbol{M}'\boldsymbol{MY} \\ &= (\boldsymbol{X}'\boldsymbol{\Omega}^{-1}\boldsymbol{X})^{-1}\boldsymbol{X}'\boldsymbol{\Omega}^{-1}\boldsymbol{Y}\end{aligned} \tag{6.46}$$

其中

$$\boldsymbol{\Omega}^{-1} = \frac{1}{\sigma_v^2}\boldsymbol{M}'\boldsymbol{M} = \begin{bmatrix} 1 & -\rho & 0 & \cdots & 0 & 0 & 0 \\ -\rho & 1+\rho^2 & -\rho & \cdots & 0 & 0 & 0 \\ \vdots & \vdots & \vdots & \ddots & \vdots & \vdots & \vdots \\ 0 & 0 & 0 & \cdots & -\rho & 1+\rho^2 & -\rho \\ 0 & 0 & 0 & \cdots & 0 & -\rho & 1 \end{bmatrix} \tag{6.47}$$

§6.6　自相关系数的估计

上一节介绍了解决自相关的方法。这种方法的应用还有赖于知道ρ值。下面介绍两种估计ρ的方法。

1. 用 DW 统计量的值计算ρ

由(6.20)式,得

$$\hat{\rho} = 1 - (DW/2) \tag{6.48}$$

在实际建模过程中,误差项如果存在自相关,则一阶正自相关形式是最常见的。当用专用计算机软件估计模型时,DW 值已经同时计算出来。那么,就可以利用(6.48)式计算一阶自相关系数 ρ 的估计值 $\hat{\rho}$。注意,用此法时样本容量不宜过小,且自相关属于一阶自相关。

2. 直接拟合法——以模型残差序列为数据，用回归方法直接估计自相关系数

采用6.3节自相关检验中的第4种方法——回归检验法，估计自相关系数。比如，用估计模型的残差 e_t 做如下回归。

$$e_t = \rho e_{t-1} + v_t \tag{6.49}$$

$$e_t = \rho_1 e_{t-1} + \rho_2 e_{t-2} + v_t$$

$$e_t = \rho_1 e_{t-1} + \rho_2 e_{t-2} + \rho_3 e_{t-3} + v_t$$

$$\cdots$$

如果经检验 $\rho_1, \rho_2, \rho_3 = 0$，那么模型误差序列一定是非自相关形式。

如果经检验 $\rho_1 \neq 0$，而 $\rho_2, \rho_3 \cdots = 0$，那么模型误差序列一定是一阶自相关形式。$\hat{\rho}_1$ 就是对一阶自相关系数的估计，反之则不存在自相关。

如果 $\rho_1, \rho_2 \neq 0$ 或者 $\rho_2 \neq 0$ 而 $\rho_3 \cdots = 0$，那么模型误差序列一定是二阶自相关形式。$\hat{\rho}_1$ 和 $\hat{\rho}_2$ 就是对二阶自相关系数的估计。

在专用计算机软件广泛普及的今天，采用本方法估计自相关系数非常容易。以软件 EViews 为例，在得到模型的估计结果之后，残差序列同时被自动保存在工作文件（work file）的 resid 序列中。用 Quick，create series 功能重新创建一个与 resid 相同的序列，比如定义为 res，则 res 序列就是（6.49）式及以下各式中的 e_t。按这些公式就可以直接估计自相关系数。

注意：如果模型误差项存在二阶自相关形式，则应该用当期、滞后一期、滞后二期3个方程进行广义差分克服自相关。详细步骤见本章例6.2。

§6.7 案例分析

例6.1 天津市城镇居民人均消费与人均可支配收入的关系

改革开放以来，天津市城镇居民人均消费性支出（$CONSUM_t$）、人均可支配收入（$INCOME_t$）以及消费价格指数（$PRICE_t$）数据（1978—2000年）见表6.2和 EViews 文件 li-6-1。现在研究人均消费与人均可支配收入的关系。

表6.2　天津市城镇居民人均消费与人均可支配收入数据

年份	城镇居民人均消费性支出(元)($CONSUM_t$)	城镇居民人均可支配收入(元)($INCOME_t$)	城镇居民消费价格指数($PRICE_t$)
1978	344.88	388.32	1.000
1979	385.20	425.40	1.010
1980	474.72	526.92	1.062
1981	485.88	539.52	1.075
1982	496.56	576.72	1.081
1983	520.84	604.31	1.086
1984	599.64	728.17	1.106
1985	770.64	875.52	1.250
1986	949.08	1069.61	1.336
1987	1071.04	1187.49	1.426
1988	1278.87	1329.70	1.667
1989	1291.09	1477.77	1.912
1990	1440.47	1638.92	1.970
1991	1585.71	1844.98	2.171
1992	1907.17	2238.38	2.418
1993	2322.19	2769.26	2.844
1994	3301.37	3982.13	3.526
1995	4064.10	4929.53	4.066
1996	4679.61	5967.71	4.432
1997	5204.29	6608.56	4.569
1998	5471.01	7110.54	4.546
1999	5851.53	7649.83	4.496
2000	6121.07	8140.55	4.478

资料来源:《天津统计年鉴(2001)》,中国统计出版社。

先定义不变价格(1978 =1)的人均消费性支出(Y_t)和人均可支配收入(X_t)。令

$$Y_t = CONSUM_t / PRICE_t$$

$$X_t = INCOME_t / PRICE_t$$

得到关于 Y_t 和 X_t 的散点图,如图6.4 所示。显然 Y_t 和 X_t 服从线性关系。假定所建立的回归模型形式是

$$Y_t = \beta_0 + \beta_1 X_t + u_t \tag{6.50}$$

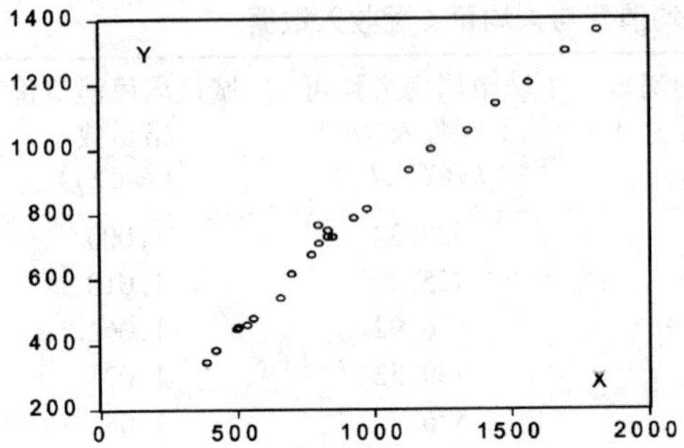

图 6.4　Y_t 和 X_t 的散点图

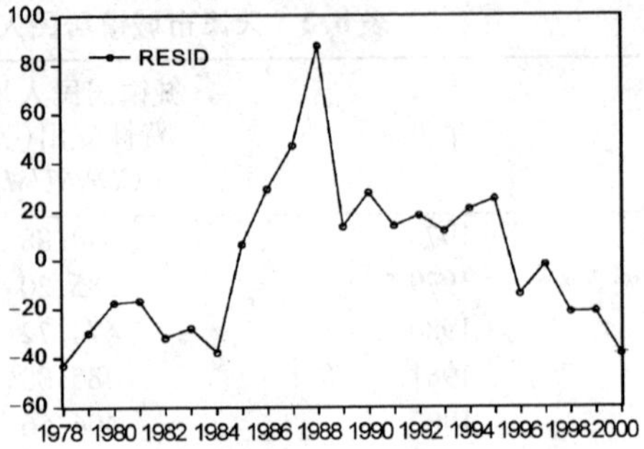

图 6.5　残差图

(1)估计线性回归模型并计算残差

用普通最小二乘法求估计的回归方程结果如下

$$\hat{Y}_t = 111.44 + 0.7118X_t \tag{6.51}$$
$$(6.5) \qquad (42.1)$$
$$R^2 = 0.9883,\ s.e. = 32.8,\ DW = 0.60, T = 23$$

回归方程拟合效果比较好,但是 DW 值比较低。残差图见图 6.5。

(2)分别用 DW、LM 统计量检验误差项 u_t 是否存在自相关

已知 $DW = 0.60$,若给定 $a = 0.05$,查附表 4,得 DW 检验临界值 $d_L = 1.26$,$d_U = 1.44$。因为 $DW = 0.60 < 1.26$,依据判别规则,认为误差项 u_t 存在严重的正自相关。

$LM(BG)$自相关检验辅助回归式估计结果是

$$e_t = 0.6790e_{t-1} + 3.1710 - 0.0047X_t + v_t \tag{6.52}$$
$$(3.9) \qquad (0.2) \qquad (-0.4)$$
$$R^2 = 0.43,\ DW = 2.00,\ LM = TR^2 = 23 \times 0.43 = 9.89$$

因为 $\chi^2_{0.05}(1) = 3.84$,$LM = 9.89 > 3.84$,所以 LM 检验结果也说明(6.51)式的误差项存在一阶正自相关。

(3)用广义最小二乘法估计回归参数

首先估计自相关系数$\hat{\rho}$。依据(6.48)式,

$$\hat{\rho} = 1 - \frac{DW}{2} = 1 - \frac{0.60}{2} = 0.70 \tag{6.53}$$

对原变量做广义差分变换。令

$$GDY_t = Y_t - 0.70Y_{t-1}$$

$$GDX_t = X_t - 0.70X_{t-1}$$

以 GDY_t、GDX_t（1979—2000 年）为样本再次回归，得

$$GDY_t = 45.2489 + 0.6782GDX_t \quad (6.54)$$
$$(3.7) \qquad (20.0)$$
$$R^2 = 0.95, s.e. = 23.2, DW = 2.31, T = 22(1979—2000)$$

回归方程拟合效果仍然比较好，且 $DW = 2.31$。查附表 4，$d_L = 1.26$，$d_U = 1.44$。因为 $DW = 2.31 < (4 - 1.43) = 2.57$，依据判别规则，误差项已消除自相关。残差图见图 6.6。

由（6.54）式，$\hat{\beta}_0^* = 45.2489$。依据（6.32）式，

$$\hat{\beta}_0 = \hat{\beta}_0^* / (1 - \hat{\rho}) = 45.2489/(1 - 0.70) = 150.8297$$

则原模型（6.50）的广义最小二乘估计结果是

$$\hat{Y}_t = 150.8297 + 0.6782X_t$$

经济含义是天津市城镇居民人均消费性支出平均占人均可支配收入的 67.82%。

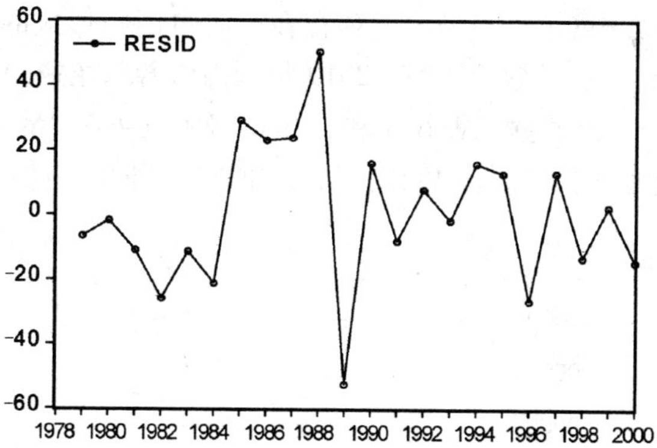

图 6.6　残差图

注意：

（1）回归方程（6.54）式与（6.51）式相比，R^2 值有所下降，但不应该因此不相信（6.54）式的估计结果。原因是（6.54）式中的变量是广义差分变量，而不是原变量。两个回归式所用变量不同，所以不可以直接比较确定系数 R^2 的值。

（2）（6.54）式中的回归系数与（6.51）式中的回归系数有差别。计量经济理论认为用广义差分变换模型得到的回归系数估计量的特性优于误差项存在自相

关的模型。所以模型(6.54)中的回归系数的统计特性更好,0.6782 应该比 0.7118更可信。从实际情形分析,特别是最近几年,天津市城镇居民人均消费边际系数为 0.6782 更可信,0.7118 偏高。

(3)用 EViews 生成新变量的方法如下。假设已经建立关于CONSUM,INCOME 和 PRICE 的工作文件。假设变量 Y_t 和 X_t 分别用 Y 和 X 表示,从工作文件主菜单中点击Quick键,选择 Generate Series ...功能。这时会打开一个生成序列(Generate Series by Equation)对话框。在对话框中输入如下命令(每次只能输入一个命令),

Y = CONSUM/PRICE

X = INCOME/PRICE

点击 OK 键,变量 Y 和 X 将自动显示在工作文件中。EViews 的 OLS 估计方法见第 2 章。

用 EViews 进行 *LM*(*BG*)自相关检验非常方便。以(6.51)式为例,具体步骤如下。在(6.51)式回归输出窗口中点击View键,选择 Residual Tests/Serial Correlation *LM* Test ...功能,会弹出一个设定滞后期(Lag Specification)对话框。输入 1,点击 OK 键,就会得到 $LM = TR^2 = 9.89$ 的 *LM*(*BG*)检验结果。

例 6.2 国内旅游总花费和国内游客数的回归关系研究

本案例主要用来展示当模型误差项存在二阶自回归形式的自相关时,怎样用广义差分法估计模型参数。1994—2019 年国内旅游总花费(Y_t,亿元)和国内游客数(X_t,百万人次)数据见表 6.3 和 EViews 文件 li-6-2。散点图见图6.7。Y_t 与 X_t的变化近似线性关系。首先用 Y_t与 X_t建立线性回归模型,

$$Y_t = \beta_0 + \beta_1 X_t + u_t \tag{6.55}$$

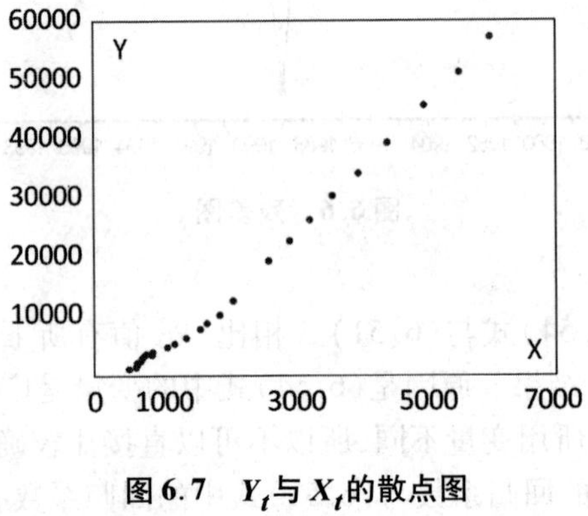

图 6.7 Y_t与 X_t的散点图

(1)估计线性回归模型(6.55)并计算残差。

用普通最小二乘法求到的估计结果如下,

$$\hat{Y}_t = -6019.609 + 10.1359 X_t \quad (6.56)$$
$$(-11.3) \qquad (51.6)$$
$$R^2 = 0.9911,\ DW = 0.13426,\ T = 26,\ (1994—2019)$$

回归方程拟合的效果比较好($R^2 = 0.9911$),但是 DW 值很低。

(2)检验误差项 u_t 是否存在自相关。

已知 $DW = 0.13426$,若给定 $\alpha = 0.05$,查附表 4,$d_L = 1.30$,$d_U = 1.46$。因为 $DW = 0.13426 < 1.30$,依据判别规则,认为误差项 u_t 存在严重的正自相关。残差序列见图 6.8。

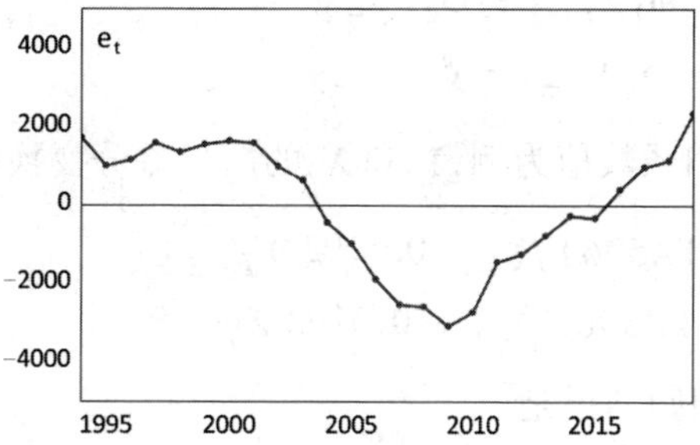

图 6.8　(6.56)式残差序列图

对残差序列的拟合发现,u_t 存在二阶自相关。回归式如下

$$e_t = 1.4596\, e_{t-1} - 0.5192\, e_{t-2} + v_t \quad (6.57)$$
$$(7.2) \qquad (-2.6)$$
$$R^2 = 0.90,\ DW = 1.95,\ (1996—2019)$$

其中 e_t 表示(6.56)式的残差。因为 e_{t-1}、e_{t-2} 的回归系数都显著地不为零,且 $DW = 1.95$,说明(6.56)式的误差项 u_t 具有二阶自回归形式的自相关。

(3)用广义差分法消除自相关,估计回归参数。

首先推导二阶自相关 $u_t = \phi_1 u_{t-1} + \phi_2 u_{t-2} + v_t$ 条件下的广义差分变换式。设模型为

$$Y_t = \beta_0 + \beta_1 X_t + u_t \quad (6.58)$$

写出上式的滞后 1 期、2 期表达式并分别乘以 ϕ_1、ϕ_2,得

$$\phi_1 Y_{t-1} = \phi_1 \beta_0 + \phi_1 \beta_1 X_{t-1} + \phi_1 u_{t-1} \quad (6.59)$$
$$\phi_2 Y_{t-2} = \phi_2 \beta_0 + \phi_2 \beta_1 X_{t-2} + \phi_2 u_{t-2} \quad (6.60)$$

用以上三式做如下运算，

$$\begin{aligned} & Y_t - \phi_1 Y_{t-1} - \phi_2 Y_{t-2} \\ = & \beta_0 - \phi_1 \beta_0 - \phi_2 \beta_0 + \beta_1 X_t - \phi_1 \beta_1 X_{t-1} - \phi_2 \beta_1 X_{t-2} \\ & + u_t - \phi_1 u_{t-1} - \phi_2 u_{t-2} \end{aligned}$$

由二阶自相关关系式 $u_t = \phi_1 u_{t-1} + \phi_2 u_{t-2} + v_t$，有 $u_t - \phi_1 u_{t-1} - \phi_2 u_{t-2} = v_t$。代入上式并整理，得

$$\begin{aligned} & (Y_t - \phi_1 Y_{t-1} - \phi_2 Y_{t-2}) \\ = & \beta_0(1 - \phi_1 - \phi_2) + \beta_1(X_t - \phi_1 X_{t-1} - \phi_2 X_{t-2}) + v_t \end{aligned} \tag{6.61}$$

所以，变量的二阶广义差分变换应该是

$$GY_t = Y_t - \phi_1 Y_{t-1} - \phi_2 Y_{t-2} \tag{6.62}$$

$$GX_t = X_t - \phi_1 X_{t-1} - \phi_2 X_{t-2} \tag{6.63}$$

以(6.57)式中自回归系数值为例，Y_t和 X_t的广义差分变换应该是

$$GY_t = Y_t - 1.4596 Y_{t-1} + 0.5192\ Y_{t-2}$$

$$GX_t = X_t - 1.4596 X_{t-1} + 0.5192\ X_{t-2}$$

广义最小二乘回归结果是

$$\hat{GY}_t = -471.1176 + 10.8524\ GX_t \tag{6.64}$$

$$(-2.8) \qquad (19.9) \qquad R^2 = 0.95, DW = 2.2, (1996—2019)$$

$DW = 2.2$。说明(6.64)式不存在自相关。残差序列见图 6.9。

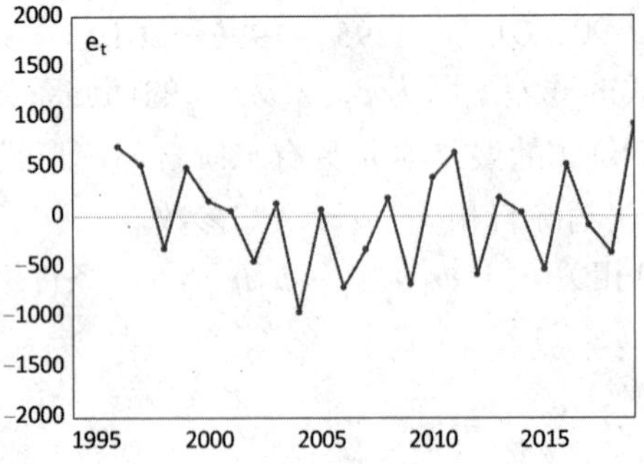

图 6.9 (6.64)式残差序列图

比较(6.61)式和(6.64)式的截距项，有

$$\hat{\beta}_0^* = \hat{\beta}_0(1 - \hat{\phi}_1 - \hat{\phi}_2) = \hat{\beta}_0(1 - 1.4596 + 0.5192) = -471.1176$$

$$\hat{\beta}_0 = -471.1176 /(1 - 1.4596 + 0.5192) = -7904.6577$$

所以,原模型(6.55)的广义最小二乘估计结果是

$$\hat{Y}_t = -7904.6577 + 10.8524 X_t \qquad (6.65)$$

比较(6.56)与(6.65)式,回归系数稍有差别。计量经济学理论认为广义最小二乘估计量的特性优于误差项存在自相关条件下的最小二乘估计量的特性。广义最小二乘估计值 10.8524 比最小二乘估计值 10.1359 更可信。

(6.65)式的经济含义是国内游客数每增加 1 百万人次,国内旅游总花费将增加 10.8524 亿元人民币。

表 6.3　国内旅游总花费(Y_t)和国内游客数(X_t)数据

年份	Y_t(亿元)	X_t(百万人次)	年份	Y_t(亿元)	X_t(百万人次)
1994	1023.50	524	2007	7770.60	1610
1995	1375.70	629	2008	8749.30	1712
1996	1638.40	640	2009	10183.70	1902
1997	2112.70	644	2010	12579.77	2103
1998	2391.20	695	2011	19305.39	2641
1999	2831.90	719	2012	22706.20	2957
2000	3175.50	744	2013	26276.10	3262
2001	3522.40	784	2014	30311.90	3611
2002	3878.40	878	2015	34195.10	4000
2003	3442.27	870	2016	39390.00	4440
2004	4710.71	1102	2017	45660.80	5001
2005	5285.86	1212	2018	51278.30	5539
2006	6229.74	1394	2019	57251.00	6010

资料来源:国家统计局网站,http://data.stats.gov.cn/easyquery.htm? cn = C01。

思考与练习题

1. 经济变量中的自相关为什么多是正自相关?

2. DW 统计量的取值范围是多少?

3. 已知某行业的年销售额(X_t,万元)以及该行业内某公司的年销售额(Y_t,万元)数据如下表和 EViews 文件 xiti-6-3。(1)以 X_t 为解释变量,Y_t 为被解释变量,建立一元线性回归模型。(2)观察残差图。(3)计算 DW 统计量的值。(4)用差分法和广义差分法建立模型,消除自相关。

年份	Y_t	X_t	年份	Y_t	X_t
1975	20.96	127.3	1985	24.54	148.3
1976	21.40	130.0	1986	24.30	146.4
1977	21.96	132.7	1987	25.00	150.2
1978	21.52	129.4	1988	25.64	153.1
1979	22.39	135.0	1989	26.36	157.3
1980	22.76	137.1	1990	26.98	160.7
1981	23.48	141.2	1991	27.52	164.2
1982	23.66	142.8	1992	27.78	165.6
1983	24.10	145.5	1993	28.24	168.7
1984	24.01	145.3	1994	28.78	171.7

4. 中国储蓄存款总额（Y_t，亿元）与 GDP_t（亿元）数据（1960—2001 年）如下表和 EViews 文件 xiti-6-4。（1）以 $LnGDP_t$ 为解释变量，LnY_t 为被解释变量建立一元线性回归模型。（2）观察残差图。（3）用直接拟合法估计残差序列自相关形式。（4）用广义差分法建立模型，消除自相关。

年份	GDP	储蓄（Y）	年	GDP	储蓄（Y）
1960	1457.0	66.3	1981	4862.4	523.7
1961	1220.0	55.4	1982	5294.7	675.4
1962	1149.3	41.1	1983	5934.5	892.5
1963	1233.3	45.7	1984	7171.0	1214.7
1964	1454.0	55.5	1985	8964.4	1622.6
1965	1716.1	65.2	1986	10202.2	2238.5
1966	1868.0	72.3	1987	11962.5	3081.4
1967	1773.9	73.9	1988	14928.3	3822.2
1968	1723.1	78.3	1989	16909.2	5196.4
1969	1937.9	75.9	1990	18547.9	7119.8
1970	2252.7	79.5	1991	21617.8	9141.6
1971	2426.4	90.3	1992	26638.1	11758.0
1972	2518.1	105.2	1993	34634.4	15203.5
1973	2720.9	121.2	1994	46759.4	21518.8
1974	2789.9	136.5	1995	58478.1	29662.3
1975	2997.3	149.6	1996	67884.6	38520.8
1976	2943.7	159.1	1997	74462.6	46279.8
1977	3201.9	181.6	1998	78345.2	53407.5
1978	3624.1	210.6	1999	82067.46	59621.8
1979	4038.2	281.0	2000	89442.2	64332.4
1980	4517.8	399.5	2001	95933.3	73762.4

资料来源：《中国统计年鉴（2002）》《中国金融年鉴（2002）》。

第 7 章　多重共线性

§7.1　多重共线性的概念

考虑被解释变量 Y 关于 k 个解释变量 $X_1, X_2, \cdots, X_k$ 的多元线性回归模型

$$Y_i = \beta_0 + \beta_1 X_{1i} + \beta_2 X_{2i} + \cdots + \beta_k X_{ki} + u_i, \quad (i = 1, 2, \cdots, n)$$

其矩阵表达式为

$$\boldsymbol{Y} = \boldsymbol{X\beta} + \boldsymbol{U}$$

其中

$$\boldsymbol{Y} = \begin{bmatrix} Y_1 \\ Y_2 \\ \vdots \\ Y_n \end{bmatrix}, \quad \boldsymbol{\beta} = \begin{bmatrix} \beta_0 \\ \beta_1 \\ \vdots \\ \beta_k \end{bmatrix}, \quad \boldsymbol{U} = \begin{bmatrix} u_1 \\ u_2 \\ \vdots \\ u_n \end{bmatrix}$$

$$\boldsymbol{X} = \begin{bmatrix} 1 & X_{11} & X_{21} & \cdots & X_{k1} \\ 1 & X_{12} & X_{22} & \cdots & X_{k2} \\ \vdots & \vdots & \vdots & \ddots & \vdots \\ 1 & X_{1n} & X_{2n} & \cdots & X_{kn} \end{bmatrix}$$

参数向量$\boldsymbol{\beta}$的最小二乘估计量为

$$\hat{\boldsymbol{\beta}} = (\boldsymbol{X}'\boldsymbol{X})^{-1}\boldsymbol{X}'\boldsymbol{Y}$$

这一表达式成立的前提条件是解释变量 $X_1, X_2, \cdots, X_k$ 之间不是完全线性相关

的，即不存在不全为0的常数 $c_0, c_1, \cdots, c_k$，使得

$$c_0 + c_1 X_{1i} + c_2 X_{2i} + \cdots + c_k X_{ki} = 0, \quad (i = 1, 2, \cdots, n)$$

如果解释变量 $X_1, X_2, \cdots, X_k$ 之间线性相关，则矩阵 $\boldsymbol{X}$ 不是满秩的，其秩小于 $k+1$，必有

$$|\boldsymbol{X}'\boldsymbol{X}| = 0$$

从而 $(\boldsymbol{X}'\boldsymbol{X})^{-1}$ 不存在，因此最小二乘估计量 $\hat{\boldsymbol{\beta}}$ 不是唯一确定的，即最小二乘法失效，此时称该模型存在**完全的多重共线性**。

一般情况下，完全的多重共线性并不多见，通常是

$$c_0 + c_1 X_{1i} + c_2 X_{2i} + \cdots + c_k X_{ki} \approx 0, \quad (i = 1, 2, \cdots, n)$$

此时称模型存在**近似的多重共线性**。在近似的多重共线性下，虽然矩阵 $\boldsymbol{X}$ 是满秩的，其秩等于 $k+1$，从而 $(\boldsymbol{X}'\boldsymbol{X})^{-1}$ 存在，即最小二乘估计量 $\hat{\boldsymbol{\beta}}$ 是唯一确定的。但由于 $|\boldsymbol{X}'\boldsymbol{X}| \approx 0$，记 $(\boldsymbol{X}'\boldsymbol{X})^*$ 为 $\boldsymbol{X}'\boldsymbol{X}$ 的伴随矩阵，则

$$(\boldsymbol{X}'\boldsymbol{X})^{-1} = \frac{1}{|\boldsymbol{X}'\boldsymbol{X}|}(\boldsymbol{X}'\boldsymbol{X})^*$$

因此矩阵 $(\boldsymbol{X}'\boldsymbol{X})^{-1}$ 中元素的绝对值较大，其主对角线上元素值较大，使得 $\hat{\boldsymbol{\beta}}$ 的方差

$$\mathrm{Var}(\hat{\boldsymbol{\beta}}) = (\boldsymbol{X}'\boldsymbol{X})^{-1}\sigma_u^2$$

较大。一般地，解释变量之间线性关系越强，$\hat{\boldsymbol{\beta}}$ 的方差越大，从而最小二乘估计量 $\hat{\boldsymbol{\beta}}$ 的抽样精度越低。

完全的多重共线性和近似的多重共线性统称为**多重共线性**。二者的区别是，在完全的多重共线性下，一定存在某个 $c_j \neq 0$，使得

$$\boldsymbol{X}_{ji} = -\frac{c_0}{c_j} - \frac{c_1}{c_j}X_{1i} - \frac{c_2}{c_j}X_{2i} - \cdots - \frac{c_{j-1}}{c_j}X_{j-1,i} - \frac{c_{j+1}}{c_j}X_{j+1,i} - \cdots - \frac{c_k}{c_j}X_{ki}, \quad (i = 1, 2, \cdots, n)$$

即解释变量 X_j 可由其他解释变量的精确线性组合表示，它们的复相关系数为1。在近似的多重共线性下则得不到这样的精确线性组合，它们的复相关系数近

似为1。

此外,不存在多重共线性只说明解释变量之间没有线性关系,但不排除它们之间存在某种非线性关系。

§7.2　多重共线性的来源与后果

1. 多重共线性的来源

多重共线性是多元线性回归模型中普遍存在的现象。计量经济分析依据两个原则,一是**相关性原则**,即认为经济变量之间存在相互依存关系,甚至存在因果关系,这是回归分析的基础;另一是**连贯性原则**,即认为经济变量自身存在惯性,前后期是相关的,这是时间序列分析的基础。在多元线性回归模型中,这两种情形均可导致多重共线性。

(1)许多经济变量在时间上有共同变动的趋势。例如,在经济繁荣时期,收入、消费、储蓄、投资、就业等都趋向于增长;在经济衰退时期,都趋向于下降。经济变量之间的这种相关因素是造成多重共线性的主要根源。

(2)把一些解释变量的滞后值也作为解释变量在模型中使用,连贯性原则说明解释变量与其滞后变量通常是相关的。例如,在消费函数中,解释变量除了包括现期收入外,通常还包括过去的收入,而现期收入的一部分一般由前期值决定,二者是相关的。几乎可以肯定带有解释变量滞后值的模型存在多重共线性。

多重共线性一般与时间序列有关,但在截面数据中也经常出现。例如,在生产函数中,大企业拥有大量的劳动力和资本,小企业只有较少的劳动力和资本,对截面数据样本,投入的劳动量与资本量通常是高度相关的。

在多元线性回归模型中,我们关心的并不是多重共线性的有无,而是多重共线性的程度。当多重共线性的程度过高时,将给最小二乘估计量带来严重的后果。

2. 多重共线性的后果

多元线性回归模型中如果存在完全的多重共线性,则回归系数的最小二乘估计量是不确定的,其标准差为无穷大;如果存在近似的多重共线性,则回归系数的最小二乘估计量是确定的,而且具有无偏性,但其方差较大,常产生以下后果:

(1)回归系数β估计值不精确,也不稳定,样本观测值稍有变动,增加或减少解释变量等都会使回归系数估计值发生较大变化,甚至出现符号错误,从而不能正确反映解释变量对被解释变量的影响。

(2)回归系数估计量的标准差较大,使回归系数的显著性 t 检验增加了接受零假设的可能,从而舍去对被解释变量有显著影响的解释变量。

多重共线性产生的后果具有一定的不确定性,在一些模型中,程度并不高的多重共线性可能带来了严重的后果;而在另一些模型中,较高程度的多重共线性却没有造成不利的影响,甚至参数估计量的标准差也不大。一般地,模型中存在多重共线性,便有造成不利后果的可能。

例如,对二元线性回归模型

$$Y_i = \beta_0 + \beta_1 X_{1i} + \beta_2 X_{2i} + u_i, \quad (i = 1, 2, \cdots, n)$$

若解释变量 X_1 与 X_2 存在精确线性关系

$$X_{2i} = \alpha_0 + \alpha_1 X_{1i}, \quad (i = 1, 2, \cdots, n)$$

将该关系式代入二元线性回归模型参数估计量的表达式中,经过简单计算,可得

$$\hat{\beta}_1 = \frac{0}{0}, \qquad \hat{\beta}_2 = \frac{0}{0}$$

所以回归系数的估计值不确定。将该关系式代入二元线性回归模型参数估计量的方差表达式中,可得

$$\mathrm{Var}(\hat{\beta}_1) = \infty, \quad \mathrm{Var}(\hat{\beta}_2) = \infty$$

即$\hat{\beta}_1$ 和$\hat{\beta}_2$ 的方差为无穷大,也不是确定的。

需要指出的是,在近似的多重共线性下,只要模型满足其他经典假设,回归系数的最小二乘估计量仍具有线性、无偏性,但不再具有最小方差性,所以无偏性并不保证对某个给定样本回归系数估计值离真值很近。

§7.3 多重共线性的检验

在多元线性回归模型中,由于多重共线性是普遍存在的,造成的后果也比较复杂,有些后果可能来自其他因素的影响,因此对多重共线性的检验缺少统一的

准则。一般地,可以从解释变量之间的相关性和参数最小二乘估计量的结果等多个方面进行考察,即计算参数估计量的标准差、解释变量之间的偏相关系数,做出综合判断。

1. 两个解释变量的相关性检验

对有两个解释变量的模型,可以利用解释变量样本观测值的散点图来考察二者是否存在显著的线性关系;或者计算两个解释变量之间的相关系数 r,$|r|$越接近1,二者的线性关系越强。也可以建立两个解释变量之间的线性回归模型,拟合优度 R^2 越接近1,解释变量之间的线性关系越显著。

2. 多个解释变量的相关性检验

对有多个解释变量的模型,可以分别用其中一个解释变量对其他所有解释变量进行线性回归,并计算拟合优度 ${R_1}^2,{R_2}^2,\cdots,{R_k}^2$,其中拟合优度最大且接近1的,说明对应的解释变量与其他所有解释变量之间线性关系显著。也可计算两两解释变量的相关系数,其值接近1或-1,说明相应解释变量之间线性关系显著。

3. 回归系数估计值的经济检验

考察回归系数最小二乘估计值的符号和大小,如果不符合经济理论或实际情况,说明模型中可能存在多重共线性。

4. 回归系数估计值的稳定性

增加或减少解释变量,变动样本观测值,考察回归系数估计值的变化,如果变化明显,说明模型中可能存在多重共线性。

5. 回归系数估计值的统计检验

若多元线性回归模型的拟合优度 R^2 较大,但回归系数估计值在统计上均不显著,即 t 检验值的绝对值过小,说明模型存在多重共线性。

§7.4　多重共线性的修正方法

如果多重共线性对回归系数的估计值没有严重影响,可以不进行修正。如果多重共线性只影响到某些不重要解释变量对应回归系数的估计值,可以从模型中略去这些解释变量。如果多重共线性对重要解释变量回归系数的估计值有严重影响,就应当进行修正。在模型满足古典假设的条件下,由于回归系数的最小二乘估计量是最佳线性无偏估计,所以修正的基本思路不是改变回归系数估计方法,而是修改模型本身,包括解释变量的取舍、模型数学形式的选择,甚至换一个新的样本。解决方法要根据具体情况确定。

1. 增加样本观测值

如果多重共线性是由样本引起的,例如测量误差或偶然的样本,但解释变量的总体不存在多重共线性,则可以通过收集更多的观测值增加样本容量,来避免或减弱多重共线性,如将时间序列和截面数据合并成面板数据。当解释变量的总体存在多重共线性时,增加样本容量不能降低解释变量之间的线性关系。

2. 略去不重要的解释变量

如果多重共线性是由不重要的解释变量引起的,则可以从模型中略去这些解释变量,来减弱多重共线性。但它们对被解释变量的影响归入随机项中,可能使随机项不满足零均值的假设,因此保留在模型中的解释变量对应参数的估计量可能是有偏差的。此外,省略解释变量还可能导致异方差和自相关问题,所以需对比哪种情况造成的后果更严重。

3. 用被解释变量的滞后值代替解释变量的滞后值

如果多重共线性是由解释变量的现期值与其过去值高度相关引起的,则可以用被解释变量的一期滞后值代替解释变量的滞后值,来避免多重共线性。例如,个人消费 Y_t 取决于现期收入 X_t 和过去收入 $X_{t-1}, X_{t-2}, \cdots$,模型为

$$Y_t = \beta_0 + \beta_1 X_t + \beta_2 X_{t-1} + \beta_3 X_{t-2} + \cdots + u_t, \quad (t = 1, 2, \cdots, T)$$

通常 X_t, X_{t-1}, $\cdots$是高度相关的,用消费的前一期值 Y_{t-1}代替 X_{t-1}, X_{t-2}, $\cdots$ 对现期 Y_t 的影响,得模型

$$Y_t = \beta_0 + \beta_1 X_t + \rho Y_{t-1} + u_t^*, \quad (t = 1, 2, \cdots, T)$$

一般地, X_t 与 Y_{t-1}的线性关系较弱。

4. 利用回归系数之间的关系

如果多重共线性是由某些解释变量引起的,根据经济理论和实际分析又知

道它们对应的回归系数之间满足一定的关系,则可以通过回归系数代换减少或避免多重共线性。例如,产出量 Y 取决于资金投入量 K 和劳动力投入量 L,模型为

$$LnY_i = LnA + \alpha LnL_i + \beta LnK_i + u_i, \quad (i = 1, 2, \cdots, n)$$

通常 L 与 K 是高度相关的,如果已知该生产函数是规模报酬不变的,即

$$\alpha + \beta = 1$$

则将$\beta = 1 - \alpha$代入模型中,得到

$$Ln\frac{Y_i}{K_i} = LnA + \alpha Ln\frac{L_i}{K_i} + u_i, \quad (i = 1, 2, \cdots, n)$$

从而消除了多重共线性。

5. 利用解释变量之间的关系

如果造成多重共线性的解释变量之间满足一定的关系,则可以在模型中引入附加方程,将单方程模型化为联立方程模型,利用联立方程中的方法估计参数来克服多重共线性。

6. 变换模型的形式

如果某些解释变量之间高度相关,根据研究的目的等实际情况,可以通过改变模型形式来避免多重共线性。例如,某产品的销售量 Y 取决于其出厂价格 X_1、市场价格 X_2 和市场总供应量 X_3,模型为

$$LnY_i = \beta_0 + \beta_1 LnX_{1i} + \beta_2 LnX_{2i} + \beta_3 LnX_{3i} + u_i, \quad (i = 1, 2, \cdots, n)$$

通常 X_1 与 X_2 是高度相关的,如果研究目的主要是为了预测某厂该产品销售量,则可以用相对价格$\frac{X_1}{X_2}$来代替 X_1、X_2 对 Y 的影响,得

$$LnY_i = \alpha_0 + \alpha_1 Ln\frac{X_{1i}}{X_{2i}} + \alpha_2 LnX_{3i} + u_i, \quad (i = 1, 2, \cdots, n)$$

从而克服了 X_1 与 X_2 的相关性。

7. 对数据进行中心化处理

数据的中心化处理突出了数值之间的差异,有可能降低变量的相关性。例

如,在多项式回归模型

$$Y_i = \beta_0 + \beta_1 X_i + \beta_2 X_i^2 + \cdots + \beta_k X_i^k + u_i, \quad (i = 1, 2, \cdots, n)$$

中,通常存在一定程度的多重共线性。设

$$X_{ji} = X_i^j, \quad (j = 1, 2, \cdots, k;\ i = 1, 2, \cdots, n)$$

模型化为

$$Y_i = \beta_0 + \beta_1 X_{1i} + \beta_2 X_{2i} + \dots + \beta_k X_{ki} + u_i, \quad (i = 1, 2, \cdots, n)$$

可以对数据进行中心化,即设

$$\overline{X}_j = \frac{1}{n} \sum_{i=1}^{n} X_{ji}$$

$$X_{ji}^* = X_{ji} - \overline{X}_j, \quad (j = 1, 2, \cdots, k;\ i = 1, 2, \cdots, n)$$

得

$$Y_i = \beta_0 + \beta_1 X_{1i}^* + \beta_2 X_{2i}^* + \cdots + \beta_k X_{ki}^* + u_i, \quad (i = 1, 2, \cdots, n)$$

多重共线性程度有所降低。

8. 修正 Frisch 法(逐步回归法)

该方法不仅可以对多重共线性进行检验,同时也是处理多重共线性问题的一种有效方法,其步骤为:

(1)用被解释变量分别对每个解释变量进行回归,根据经济理论和统计检验从中选择一个最合适的回归方程作为基本回归方程,通常选取拟合优度 R^2 最大的回归方程。

(2)在基本回归方程中逐个增加其他解释变量,重新进行线性回归。如果新增加的这个解释变量提高了回归方程的拟合优度 R^2,并且回归方程中的其他参数统计上仍然显著,就在模型中保留该解释变量;如果新增加的解释变量没有提高回归方程的拟合优度,则不在模型中保留该解释变量;如果新增加的解释变量提高了回归方程的拟合优度,并且回归方程中某些回归系数的数值或符号等受到显著的影响,说明模型中存在多重共线性,对该解释变量和与之相关的其他解释变量进行比较,在模型中保留对被解释变量影响较大的,略去影响较小的。

§7.5　案例分析

本节用一个实例说明修正 Frisch 法。

例 7.1　表 7.1 是天津市 1974—1987 年粮食销售量 Y_t（万吨/年）、常住人口数 X_{1t}（万人）、人均收入 X_{2t}（元/年）、肉销售量 X_{3t}（万吨/年）、蛋销售量 X_{4t}（万吨/年）、鱼虾销售量 X_{5t}（万吨/年）的数据资料，也见 EViews 文件 xiti-7-1。

表 7.1　估计天津市粮食需求的数据

年份	Y_t	X_{1t}	X_{2t}	X_{3t}	X_{4t}	X_{5t}
1974	98.45	560.20	153.20	6.53	1.23	1.89
1975	100.70	603.11	190.00	9.12	1.30	2.03
1976	102.80	668.05	240.30	8.10	1.80	2.71
1977	133.95	715.47	301.12	10.10	2.09	3.00
1978	140.13	724.27	361.00	10.93	2.39	3.29
1979	143.11	736.13	420.00	11.85	3.90	5.24
1980	146.15	748.91	491.76	12.28	5.13	6.83
1981	144.60	760.32	501.00	13.50	5.47	8.36
1982	148.94	774.92	529.20	15.29	6.09	10.07
1983	158.55	785.30	552.72	18.10	7.97	12.57
1984	169.68	795.50	771.16	19.61	10.18	15.12
1985	162.14	804.80	811.80	17.22	11.79	18.25
1986	170.09	814.94	988.43	18.60	11.54	20.59
1987	178.69	828.73	1094.65	23.53	11.68	23.37

资料来源：《天津统计年鉴(1988)》。

利用表 7.1 中的数据，用 EViews 进行最小二乘估计，得

$$\hat{Y}_t = -3.497 + 0.125X_{1t} + 0.074X_{2t} + 2.678X_{3t} + 3.453X_{4t} - 4.491X_{5t}$$
$$(-0.1) \quad (2.1) \quad (1.9) \quad (2.1) \quad (1.4) \quad (-2.0)$$
$$R^2 = 0.970, \quad \overline{R}^2 = 0.952, \quad DW = 1.97, \quad F = 52.53$$

其中括号内的数字是 t 值。给定显著水平 $\alpha = 0.05$，回归系数估计值都没有显著性。查附表 3，F 分布表，得临界值为 $F_{0.05}(5,8) = 3.69$。因为 $F = 52.53 > 3.69$，结论是回归方程整体有显著性。

分别计算 $X_{1t}, X_{2t}, X_{3t}, X_{4t}, X_{5t}$ 的两两相关系数，得

$$r_{12} = 0.867, \quad r_{13} = 0.882$$
$$r_{14} = 0.852, \quad r_{15} = 0.821$$
$$r_{23} = 0.946, \quad r_{24} = 0.965$$

$r_{25}=0.983$， $r_{34}=0.941$

$r_{35}=0.948$， $r_{45}=0.982$

可见解释变量之间是高度相关的。为了检验和处理多重共线性，采用修正Frisch法。

（1）对 Y_t 分别做关于 X_{1t}，X_{2t}，X_{3t}，X_{4t}，X_{5t}的最小二乘回归，得

① $\hat{Y}_t=-90.921+0.317X_{1t}$

$(-4.7)\quad(12.2)$

$R^2=0.925$，$\overline{R}^2=0.919$，$DW=1.537$，$F=147.619$

② $\hat{Y}_t=99.614+0.0815X_{2t}$

$(15.5)\quad(7.6)$

$R^2=0.828$，$\overline{R}^2=0.813$，$DW=0.639$，$F=57.564$

③ $\hat{Y}_t=74.648+4.893X_{3t}$

$(9.0)\quad(8.7)$

$R^2=0.863$，$\overline{R}^2=0.851$，$DW=0.814$，$F=75.369$

④ $\hat{Y}_t=108.865+5.740X_{4t}$

$(18.3)\quad(6.8)$

$R^2=0.796$，$\overline{R}^2=0.779$，$DW=0.769$，$F=46.829$

⑤ $\hat{Y}_t=113.375+3.081X_{5t}$

$(18.7)\quad(6.0)$

$R^2=0.75$，$\overline{R}^2=0.73$，$DW=0.59$，$F=36.16$

其中括号内的数字是 t 值。根据经济理论分析和回归结果，易知天津市常住人口数 X_{1t}是最重要的解释变量，所以选取第一个回归方程为基本回归方程。

（2）加入肉销售量 X_{3t}，对 Y_t 做关于 X_{1t}，X_{3t}的最小二乘回归，得

$$\hat{Y}_t=-39.795+0.212X_{1t}+1.909X_{3t}$$

$$(-1.6)\quad(4.7)\quad(2.6)$$

$$R^2=0.954，\overline{R}^2=0.946，DW=1.656，F=113.922$$

可以看出，加入 X_{3t}后，拟合优度 R^2 和 $\overline{R}^2$ 均有所增加，参数估计值的符号也正确，并且没有影响 X_{1t}系数的显著性，所以在模型中保留 X_{3t}。

（3）加入人均收入 X_{2t}，对 Y_t 做关于 X_{1t}，X_{2t}，X_{3t}的最小二乘回归，得

$$\hat{Y}_t = -34.777 + 0.207X_{1t} + 0.009X_{2t} + 1.456X_{3t}$$
$$(-1.3) \qquad (4.3) \qquad (0.5) \qquad (1.2)$$
$$R^2 = 0.955, \quad \overline{R}^2 = 0.942, \quad DW = 1.683, \quad F = 70.839$$

可以看出,在加入 X_{2t}后,拟合优度 R^2 增加不显著,$\overline{R}^2$ 有所减小,并且 X_{2t}和 X_{3t}系数均不显著,说明存在严重的多重共线性。比较 X_{2t}和 X_{3t},肉销售量比人均收入对粮食销售量的影响大,所以在模型中保留 X_{3t},略去 X_{2t}。

(4)加入蛋销售量 X_{4t},对 Y_t 做关于 X_{1t}, X_{3t}, X_{4t}的最小二乘回归,得

$$\hat{Y}_t = -37.999 + 0.210X_{1t} + 1.746X_{3t} + 0.235X_{4t}$$
$$(-1.4) \qquad (4.4) \qquad (1.5) \qquad (0.2)$$
$$R^2 = 0.954, \quad \overline{R}^2 = 0.940, \quad DW = 1.674, \quad F = 69.281$$

可以看出,在加入 X_{4t}后,拟合优度 R^2 没有增加,$\overline{R}^2$ 有所减小,并且 X_{3t}和 X_{4t}系数均不显著,说明存在严重的多重共线性。比较 X_{3t}和 X_{4t},肉销售量比蛋销售量对粮食销售量的影响大,所以在模型中保留 X_{3t},略去 X_{4t}。

(5)加入鱼虾销售量 X_{5t},对 Y_t 做关于 X_{1t},X_{3t},X_{5t}的最小二乘回归,得

$$\hat{Y}_t = -40.823 + 0.211X_{1t} + 2.145X_{3t} - 0.157X_{5t}$$
$$(-1.5) \qquad (4.4) \qquad (1.6) \qquad (-0.2)$$
$$R^2 = 0.954, \quad \overline{R}^2 = 0.940, \quad DW = 1.635, \quad F = 69.352$$

可以看出,加入 X_{5t}后,拟合优度 R^2 没有增加,$\overline{R}^2$ 有所减小,且 X_{3t}和 X_{5t}的系数均不显著,应略去 X_{5t}。

综上所述,得到 Y_t 关于 X_{1t}和 X_{3t}的回归方程,其中的常数项不显著。略去常数项,得到回归方程

$$\hat{Y}_t = 0.141X_{1t} + 2.802X_{3t}$$
$$(14.6) \qquad (5.8)$$
$$R^2 = 0.943, \quad \overline{R}^2 = 0.939, \quad DW = 1.29, \quad F = 199.83$$

该模型中回归系数均显著且符号正确,虽然解释变量之间仍存在高度线性关系,但多重共线性并没有造成不利后果,所以该模型是较好的粮食需求方程。

思考与练习题

1. 什么是多重共线性?

2. 多重共线性在多元线性回归模型中普遍存在的主要原因有哪些?

3. 多重共线性可能造成哪些不利后果?

4. 多重共线性的检验有哪些适当的方法?

5. 如何看待多元线性回归模型中的多重共线性问题?

6. 多重共线性的修正方法有哪些?

7. 修正 Frisch 法的步骤是什么?

8.下表是被解释变量 Y_t,解释变量 X_{1t}、X_{2t}、X_{3t}、X_{4t}的时间序列观测值表,也见 EViews 文件 xiti-7-8。

序号	Y_t	X_{1t}	X_{2t}	X_{3t}	X_{4t}
1	6.0	40.1	5.5	108	63
2	6.0	40.3	4.7	94	72
3	6.5	47.5	5.2	108	86
4	7.1	49.2	6.8	100	100
5	7.2	52.3	7.3	99	107
6	7.6	58.0	8.7	99	111
7	8.0	61.3	10.2	101	114
8	9.0	62.5	14.1	97	116
9	9.0	64.7	17.1	93	119
10	9.3	66.8	21.3	102	121

(1)采用适当的方法检验多重共线性。

(2)多重共线性对参数估计值有何影响?

(3)用修正 Frisch 法确定一个较好的回归模型。

9.如果解释变量之间的相关系数为 0,称它们是正交的。对模型

$$Y_t = \beta_0 + \beta_1 X_{1t} + \beta_2 X_{2t} + u_t, \quad (t = 1, 2, \cdots, T)$$

若 X_{1t}与 X_{2t}是正交的,证明下列结论:

(1)二元线性回归的最小二乘估计量$\hat{\beta}_1$、$\hat{\beta}_2$ 分别等于 Y_t 对 X_{1t}、Y_t 对 X_{2t} 一元线性回归的最小二乘估计量。

(2)二元线性回归的回归平方和是两个一元线性回归的回归平方和之和。

第 8 章　模型中的特殊解释变量

§ 8.1　随机解释变量

按照回归模型经典假定，模型中的解释变量均为非随机变量，它们与随机误差项 u 相互独立，$\mathrm{Cov}(X_j, u)=0, j=1,2,\cdots,K$。如果此假定成立，要求 X_j 是外生变量，并且其取值是事先精确给定的，没有测量误差。

但是，在实际经济现象中，这种假定条件常常是不成立的。如果模型中的解释变量是随机变量，并且和 u 不独立，最小二乘估计量将是有偏的。

下面讨论，当解释变量为随机变量时仍然用最小二乘法，其估计量将产生什么样的后果以及解决的办法。

1. 估计量的渐近特征

如果一个变量是随机变量，它的精确抽样分布是很难得到的，只能有渐近结果。例如我们已经讨论过，当线性回归模型满足最小二乘法的假定条件时，其回归系数的最小二乘估计量具有无偏性和有效性。有时最小二乘估计量并不具有这种统计特征，但随着样本容量的增加却具有了这种特征。下面，我们首先讨论估计量的渐近无偏性和一致性的概念。

（1）渐近无偏性

设 $\hat{\beta}^n$ 是参数 β 的估计量，其中 n 为样本容量。设依次抽样的样本容量 n 分别为 $n_1<n_2<\cdots<n_r$，则 $\hat{\beta}^n$ 是一个随机变量，其数学期望为 $\mathrm{E}(\hat{\beta}^n)$，方差为 $\mathrm{Var}(\hat{\beta}^n)=\mathrm{E}[\hat{\beta}^n-\mathrm{E}(\hat{\beta}^n)]^2$。随着样本容量 n 取值的不同，得到下面随机变量序列

$$\{\hat{\beta}^{n}\} = \hat{\beta}^{n_1}, \hat{\beta}^{n_2}, \cdots, \hat{\beta}^{n_r}$$

$$\{\mathrm{E}(\hat{\beta}^{n})\} = \mathrm{E}(\hat{\beta}^{n_1}), \mathrm{E}(\hat{\beta}^{n_2}), \cdots, \mathrm{E}(\hat{\beta}^{n_r})$$

$$\{\mathrm{Var}(\hat{\beta}^{n})\} = \mathrm{E}[\hat{\beta}^{n_1} - \mathrm{E}(\hat{\beta}^{n_1})]^2, \mathrm{E}[\hat{\beta}^{n_2} - \mathrm{E}(\hat{\beta}^{n_2})]^2, \cdots, \mathrm{E}[\hat{\beta}^{n_r} - \mathrm{E}(\hat{\beta}^{n_r})]^2$$

所谓**渐近分布**是指，当样本容量 $n \to \infty$ 时，上面各随机变量序列分别收敛到一定分布。对于均值、方差有以下关系式：

$$\lim_{n\to\infty} \mathrm{E}(\hat{\beta}^{n}) = \mathrm{E}(\hat{\beta})$$

$$\lim_{n\to\infty} \mathrm{Var}(\hat{\beta}^{n}) = \mathrm{E}[\hat{\beta} - \mathrm{E}(\hat{\beta})]^2$$

其中 $\mathrm{E}(\hat{\beta})$和 $\mathrm{E}[\hat{\beta} - \mathrm{E}(\hat{\beta})]^2$ 分别为$\hat{\beta}^{n}$ 的渐近期望值和渐近方差。

如果

$$\lim_{n\to\infty} \mathrm{E}(\hat{\beta}^{n}) = \beta$$

称$\hat{\beta}^{n}$ 为β的渐近无偏估计量。即当样本容量 n 充分大时，$\hat{\beta}^{n}$ 的均值趋向于总体参数β。

以上的讨论是在样本容量充分大的情况下进行的。有时小样本估计量是有偏的，但其估计量具有渐近无偏性，我们就可以增加样本，以优化估计结果。

（2）一致性

所谓**一致性估计**是指对于任意给定的两个任意小的正数ε和η，总存在一个充分大的样本容量 n_0，使得当 $n > n_0$ 时，满足

$$P\{ \left| \hat{\beta}^{n} - \beta \right| < \varepsilon \} > 1 - \eta$$

称估计序列$\hat{\beta}^{n}$ 是β的一致性估计序列。即当样本容量 n 充分大时，$\hat{\beta}^{n}$ 值趋于总体真实值的概率接近 1，记为

$$P \lim_{n\to\infty} \hat{\beta}^{n} = \beta$$

为书写方便，简记为

$$P\mathrm{lim}\hat{\beta} = \beta$$

Plim 表示概率极限。概率极限有以下运算法则：

$$P\mathrm{lim}(C_1 X_1 + C_2 X_2) = C_1 P\mathrm{lim}(X_1) + C_2 P\mathrm{lim}(X_2)$$

$$Plim(X_1X_2)=Plim(X_1)Plim(X_2)$$

$$Plim\left(\frac{X_1}{X_2}\right)=\frac{PlimX_1}{PlimX_2}$$

$$Plim(X^{-1})=(PlimX)^{-1}$$

由数理统计的理论可知，要想得到一个一致性估计量，必须满足两个条件：

$$\lim_{n\to\infty}E(\hat{\beta}^n)=\beta\text{和}\lim_{n\to\infty}Var(\hat{\beta}^n)=0$$

即估计量$\hat{\beta}^n$ 具有渐近无偏性，并且当样本容量充分大时，$\hat{\beta}^n$ 的方差趋近于零。

2. 随机解释变量模型最小二乘估计量的统计特征

下面讨论当解释变量为随机变量时，最小二乘估计量的统计特征。为方便起见，以一元线性回归模型为例进行讨论。

给定一元线性回归模型

$$Y_i=\beta_0+\beta_1X_i+u_i \tag{8.1}$$

其中 X 是随机变量。此外，模型满足最小二乘法的其他假定条件。

由(2.30)式

$$\hat{\beta}_1=\beta_1+\sum_{t=1}^{T}K_iu_i=\beta_1+\frac{\sum x_iu_i}{\sum x_i^2} \tag{8.2}$$

其中 $x_i=X_i-\overline{X}$。随机解释变量 X 可能出现下列三种情况：

(1) 如果随机解释变量 X_i 与随机项 u_i 是相互独立的，即 $E(X_iu_i)=E(X_i)E(u_i)=0$，最小二乘估计量仍然是无偏的。

事实上，由于

$$\sum x_iu_i=\sum(X_i-\overline{X})u_i=\sum X_iu_i-\overline{X}\sum u_i$$

因此

$$E(\hat{\beta}_1)=\beta_1+\frac{1}{\sum x_i^2}\left[\sum E(X_iu_i)-\overline{X}\sum E(u_i)\right]=\beta_1$$

说明$\hat{\beta}_1$ 是β_1 的无偏估计量。

与此类似，可以证明$\hat{\beta}_0$ 是β_0 的无偏估计量。

(2)如果随机解释变量 X_i 与随机项 u_i 不独立,但有 $P\lim \frac{1}{n}\sum X_i u_i = 0$ 成立, β_1 的最小二乘估计量 $\hat{\beta}_1$ 是有偏的一致估计量。

事实上,由于 X_i 与 u_i 不独立,即 $E(X_i u_i) \neq 0$,于是 $E(x_i u_i) \neq 0$,所以

$$E(\hat{\beta}_1) \neq \beta_1$$

说明最小二乘估计量是有偏的。

因为有

$$P\lim \frac{1}{n}\sum X_i u_i = 0$$

所以

$$P\lim \hat{\beta}_1 = \beta_1 + P\lim \frac{\sum x_i u_i}{\sum x_i^2} = \beta_1 + \frac{P\lim \frac{1}{n}\sum X_i u_i - \bar{X} P\lim \frac{1}{n}\sum u_i}{P\lim \frac{1}{n}\sum x_i^2}$$

在假定 $P\lim \frac{1}{n}\sum x_i^2 \neq 0$ 的情况下,分子中的第一项等于零,第二项中的 $P\lim \frac{1}{n}\sum u_i$ 是 $E(u_i)$ 的一致估计量,也等于零。于是

$$P\lim \hat{\beta}_1 = \beta_1$$

说明最小二乘估计量 $\hat{\beta}_1$ 虽是有偏的,但它是 β_1 的一致估计量。

与此类似,可以证明 $\hat{\beta}_0$ 是有偏的,但它是 β_0 的一致估计量。

(3)如果随机解释变量 X_i 与随机项 u_i 具有高度的相关关系, $Cov(X_i, u_i) \neq 0$,最小二乘估计量 $\hat{\beta}_1$ 是有偏的,也不是 β_1 的一致估计量。由于

$$Cov(X_i, u_i) \neq 0$$

所以

$$P\lim \frac{1}{n}\sum X_i u_i = Cov(X_i, u_i) \neq 0$$

即

$$\text{Plim}\hat{\beta}_1 = \beta_1 + \frac{\text{Plim}\,\frac{1}{n}\sum X_i u_i - \overline{X}\text{Plim}\,\frac{1}{n}\sum u_i}{\text{Plim}\,\frac{1}{n}\sum x_i^2} \neq \beta_1$$

说明最小二乘估计量$\hat{\beta}_1$是有偏的，也不是β_1的一致估计量。

类似地，可以证明$\hat{\beta}_0$是有偏的，也不是β_0的一致估计量。

当解释变量为随机变量时，最常见的是第三种情况，这时研究随机解释变量的估计方法就显得尤为重要。

3. 工具变量法

工具变量法的基本思路是，当随机解释变量 X_i 与扰动项 u_i 高度相关时，设法找到另外一个变量 Z_i，它与 X_i 高度相关，与 u_i 无关，从而用 Z_i 替换 X_i。变量 Z_i 称为**工具变量**。

（1）对于一元线性回归模型

$$Y_i = \beta_0 + \beta_1 X_i + u_i$$

假设 X_i 为随机变量且与扰动项 u_i 高度相关。此外，u_i 满足最小二乘法的其他假定条件：$E(u_i) = 0$；$\text{Var}(u_i) = \sigma_u^2$；$\text{Cov}(u_i, u_j) = 0, i, j = 1, 2, \cdots, n, (i \neq j)$。工具变量法的估计步骤为：

① 寻找工具变量 Z_i，它满足以下条件：它必须是有实际经济意义的变量；它与 X_i 高度相关，与 u_i 不相关。

② 第二章在用最小二乘法求回归系数估计量的表达式时，推导出正规方程组

$$\begin{cases} \sum(Y_i - \hat{\beta}_0 - \hat{\beta}_1 X_i) = 0 \\ \sum(Y_i - \hat{\beta}_0 - \hat{\beta}_1 X_i)X_i = 0 \end{cases} \tag{8.3}$$

用 Z_i 替换(8.3)式第二个式子中的后一个 X_i，有

$$\begin{cases} \sum(Y_i - \hat{\beta}_0 - \hat{\beta}_1 X_i) = 0 \\ \sum(Y_i - \hat{\beta}_0 - \hat{\beta}_1 X_i)Z_i = 0 \end{cases} \tag{8.4}$$

解以上线性方程组，得β_1的工具变量法估计式

$$\hat{\beta}_{1IV} = \frac{\sum(Z_i - \overline{Z})(Y_i - \overline{Y})}{\sum(Z_i - \overline{Z})(X_i - \overline{X})} = \frac{\sum z_i y_i}{\sum z_i x_i} \tag{8.5}$$

其中 $z_i = Z_i - \overline{Z}$。β_0 的工具变量法估计式为

$$\hat{\beta}_{0IV} = \overline{Y} - \hat{\beta}_{1IV}\overline{X}$$

(2)对于多元线性回归模型

$$Y_i = \beta_0 + \beta_1 X_{1i} + \beta_2 X_{2i} + \cdots + \beta_k X_{ki} + u_i$$

不妨假设 X_{2i}和 X_{ki}为随机变量且与扰动项 u_i 高度相关。此外,满足最小二乘法的其他假定条件:$\mathrm{E}(u_i) = 0$;$\mathrm{Var}(u_i) = \sigma_u{}^2$;$\mathrm{Cov}(u_i, u_s) = 0, i, s = 1, 2, \cdots, n, (i \neq s)$;$\mathrm{Cov}(X_{ji}, u_i) = 0, j \neq 2, k$;解释变量之间无多重共线性。工具变量法的步骤为:

① 寻找工具变量 Z_{2i}、Z_{ki},且其满足以下条件:它们必须是有实际经济意义的变量;与它们所对应的随机解释变量高度相关;与 u_i 不相关;与多元线性回归模型中其他解释变量不相关;工具变量 Z_{2i}、Z_{ki}之间不相关。

② 除 X_{2i}和 X_{ki}之外,其他外生变量及常数项均由其自身作为工具变量。可得工具变量矩阵:

$$\boldsymbol{Z} = \begin{bmatrix} 1 & X_{11} & Z_{21} & X_{31} & \cdots & Z_{k1} \\ 1 & X_{12} & Z_{22} & X_{32} & \cdots & Z_{k2} \\ \vdots & \vdots & \vdots & \vdots & \ddots & \vdots \\ 1 & X_{1n} & Z_{2n} & X_{3n} & \cdots & Z_{kn} \end{bmatrix}$$

用 $\boldsymbol{Z}'$替换多元线性回归模型参数估计量表达式$\hat{\boldsymbol{\beta}} = (\boldsymbol{X}'\boldsymbol{X})^{-1}\boldsymbol{X}'\boldsymbol{Y}$ 中的 $\boldsymbol{X}'$,得多元线性回归模型工具变量法参数估计量表达式

$$\hat{\boldsymbol{\beta}}_{IV} = (\boldsymbol{Z}'\boldsymbol{X})^{-1}\boldsymbol{Z}'\boldsymbol{Y} \tag{8.6}$$

其中 $\boldsymbol{Z}'$是矩阵 $\boldsymbol{Z}$ 的转置矩阵。

4. 工具变量法估计量的统计性质

仍以一元线性回归模型为例

$$\hat{\beta}_{1IV} = \beta_1 + \frac{\sum z_i u_i}{\sum z_i x_i} = \beta_1 + \frac{\sum Z_i u_i - \overline{Z}\sum u_i}{\sum z_i x_i}$$

于是

$$P\lim\hat{\beta}_{1IV}=\beta_1+\frac{P\lim\frac{1}{n}\sum Z_iu_i-\bar{Z}P\lim\frac{1}{n}\sum u_i}{P\lim\frac{1}{n}\sum z_ix_i}$$

因为 Z_i 和 u_i 不相关,$Cov(Z_i,u_i)=0$。由前面的分析知上式分子中的两项均等于零,于是

$$P\lim\hat{\beta}_{1IV}=\beta_1$$

说明工具变量法的回归系数估计量$\hat{\beta}_{1IV}$是β_1 的一致估计量。

类似地,可以证明$\hat{\beta}_{0IV}$是β_0 的一致估计量。

虽然工具变量法是解决随机解释变量与随机项相关时的一种比较简便的估计方法,但实际运用时却很难找到这样的工具变量。即使能找到,因为寻找的工具变量存在很大的随意性,不同工具变量的估计结果差别是比较大的。

5. 例子

例 8.1　已知 1978—1998 年我国国内生产总值 Y_t、最终消费 C_{1t}、资本形成总额 K 的样本观测值见表 8.1 和 EViews 文件 li-8-1。

表 8.1　Y_t、C_{1t}和 K_t 的数据　　(单位:亿元)

年份	Y_t	C_{1t}	K_t
1978	3605.5	2239.1	1377.9
1979	4073.9	2619.4	1474.2
1980	4551.3	2976.1	1590.0
1981	4901.4	3309.1	1581.0
1982	5489.2	3637.9	1760.2
1983	6076.3	4020.5	2005.0
1984	7164.3	4694.5	2468.6
1985	8792.1	5773.0	3386.0
1986	10132.8	6542.0	3846.0
1987	11784.0	7451.2	4322.0
1988	14704.0	9360.1	5495.0
1989	16466.0	10556.5	6095.0
1990	18319.5	11365.2	6444.0
1991	21280.4	13145.9	7515.0
1992	25863.6	15952.1	9636.0
1993	34500.6	20182.1	12998.0
1994	47110.9	27216.2	19260.6
1995	58510.5	33635.0	23877.0
1996	68330.4	40003.9	26867.2
1997	74894.3	43579.4	28457.6
1998	79853.3	46405.9	30396.0

资料来源:国家统计局国民经济综合司. 新中国五十年统计资料汇编[M]. 北京:中国统计出版社,1999。

建立国民经济系统的最终消费模型

$$C_{1t}=\beta_0+\beta_1 Y_t+u_t$$

由于最终消费 C_{1t}是国内生产总值 Y_t 的一部分，因此 C_{1t}和 Y_t 均受随机项 u_t 的影响，即 Y_t 为随机解释变量且与 u_t 高度相关。资本形成总额 K_t 是 Y_t 的一部分，与 Y_t 高度相关，假设 K_t 与 u_t 不相关，则可用 K_t 做 Y_t 的工具变量。于是

$$\hat{\beta}_{1IV}=\frac{\sum k_t c_{1t}}{\sum k_t y_t}=0.5726$$

其中 $c_{1t}=C_{1t}-\overline{C}_1, y_t=Y_t-\overline{Y}, k_t=K_t-\overline{K}$。

$$\hat{\beta}_{0IV}=\overline{C}_1-\hat{\beta}_{1IV}\overline{Y}=630.29$$

即　$\hat{C}_{1t}=630.29+0.5726Y_t$

6. 工具变量法的 EViews 估计

EViews 软件中的工具变量法使用 TSLS 命令。工具变量个数不能少于解释变量个数。例如，前面介绍的多元线性回归模型中，假设 X_2、X_k 为随机变量，其工具变量分别为 Z_2、Z_k，设 $k=4$，工具变量法操作如下：

主菜单→Quick→Estimate Equation

打开估计模型对话框，在估计方法中选择 TSLS。从而弹出另一个设定框，在方程设定区填入

Y　C　X_1　X_2　X_3　X_4

在工具变量列写区填入

C　X_1　Z_2　X_3　Z_4

在工具变量表中，常数项 C 也可以不写，此时系统自动将 C 加在工具变量表中。

例 8.1 最终消费模型中，以 K 作工具变量，在方程设定区输入

C1　C　Y

在工具变量列写区填入 C　K。注意，这里 C1 代表本例中的最终消费，C 是 EViews 中的符号，代表常数项。估计结果：

$$\hat{C}1_t=628.26+0.5727Y_t$$
$$(6.6)\qquad(212.8)\qquad R^2=0.9996$$

括号内的数字是回归系数对应的 t 统计量值。

§8.2　滞后变量

在实际经济现象中,对某一经济变量的影响,有时取决于同期的各种因素,有时也取决于过去某些时期的各种因素。例如,某商品的需求量,不仅取决于消费者同期的收入,也取决于上一期的收入。建立它们之间关系的线性回归模型

$$Y_t = \beta_0 + \beta_1 X_{1t} + \beta_2 X_{2t} + \beta_3 X_{2,t-1} + u_t$$

其中:Y_t——某商品需求量;

X_{1t}——某商品价格;

X_{2t}——消费者收入;

$X_{2,t-1}$——消费者上一期收入。

$X_{2,t-1}$叫作 X_{2t}的一阶滞后变量。模型中还可能出现 $X_{2,t-2}, X_{2,t-3}, \cdots$,他们分别称为二阶,三阶,……滞后变量。被解释变量的滞后变量也可以作解释变量。当回归模型中出现 m 阶滞后变量时,估计模型参数时的样本个数实际为 $n-m$,估计区间为$(m+1,n)$。$\sum e_i^2$ 的自由度为 $n-m-k-1$,其中 k 为回归模型中解释变量的个数。

1. 外生变量分布滞后模型

外生变量分布滞后模型是指在解释变量中,包括外生变量及其滞后变量的模型。其一般形式为

$$Y_t = \alpha + \beta_0 X_t + \beta_1 X_{t-1} + \beta_2 X_{t-2} + \cdots + \beta_m X_{t-m} + u_t \tag{8.7}$$

$$Y_t = \alpha + \beta_0 X_t + \beta_1 X_{t-1} + \beta_2 X_{t-2} + \cdots + u_t \tag{8.8}$$

(8.7)式的最大滞后长度 m 是一个确定数,称为**有限分布滞后模型**。(8.8)式称为**无限分布滞后模型**。在以上两个模型中,均假设 u_t 满足最小二乘法的假定条件:$E(u_t)=0$;$Var(u_t)=\sigma_u{}^2$;$Cov(u_i,u_s)=0$, $i,s=1,2,\cdots,n$, $(i\neq s)$;外生变量 X_t 及其滞后项与 u_t 无相关关系。

外生变量分布滞后模型用最小二乘法估计存在几个问题:

(1)对于有限分布滞后模型,由前面分析可知,由于滞后变量的存在,使 $\sum e_i^2$ 的自由度变小,$v=n-m-(m+1)-1$。滞后长度 m 越大,自由度越小,最

小二乘估计量偏差越大。

(2)由于大部分时间序列存在自相关,当 X_t 存在自相关时,模型中解释变量之间存在高度多重共线性。

(3)对于无限分布滞后模型,最小二乘法根本无法使用。

针对以上问题,人们提出了许多估计方法,下面介绍其中的几种。

2. 有限分布滞后模型的估计

(1)经验权数法

经验权数法是从经验出发,为各阶滞后变量指定权数。例如,递减滞后形式中,近期 X_t 对 Y_t 的影响大于远期的影响,人们常常根据实际情况给出各阶滞后变量的权数,且权数是递减的。例如 $m=4$,指定递减权数分别为$\frac{1}{2}$,$\frac{1}{3}$,$\frac{1}{4}$,$\frac{1}{5}$,$\frac{1}{6}$。令

$$W_t=\frac{1}{2}X_t+\frac{1}{3}X_{t-1}+\frac{1}{4}X_{t-2}+\frac{1}{5}X_{t-3}+\frac{1}{6}X_{t-4}$$

代入(8.7)式(设定 $m=4$)

$$Y_t=\alpha_0+\alpha_1 W_t+u_t \tag{8.9}$$

用最小二乘法估计出α_0 和α_1 后,(8.7)式中 X_t 及其滞后变量的回归系数分别为$\frac{1}{2}\alpha_1$,$\frac{1}{3}\alpha_1$,$\frac{1}{4}\alpha_1$,$\frac{1}{5}\alpha_1$,$\frac{1}{6}\alpha_1$。

另外,人们还常常使用矩形滞后形式、"倒 V 形"滞后形式等。矩形滞后形式是为各阶滞后变量指定相同的权数;"倒 V 形"滞后形式为各阶滞后变量指定的权数是先递增后递减,其形状呈倒写的"V"。

(2)阿尔蒙(Almon)多项式法

对于有限分布滞后模型,阿尔蒙建议滞后变量回归系数β_j 用某个多项式近似表示

$$\beta_j=\alpha_0+\alpha_1 j+\alpha_2 j^2+\cdots+\alpha_r j^r \tag{8.10}$$

其中 $r<m$,如果知道了α项及 r 的值,则可求出β_j 的估计值。实际应用中,一般取 $r\leqslant 4$。

由(8.10)式知

$$\begin{cases} \beta_0 = \alpha_0 \\ \beta_1 = \alpha_0 + \alpha_1 + \alpha_2 + \cdots + \alpha_r \\ \beta_2 = \alpha_0 + 2\alpha_1 + 2^2\alpha_2 + \cdots + 2^r\alpha_r \\ \vdots \quad \vdots \quad \vdots \quad \vdots \quad \vdots \\ \beta_m = \alpha_0 + m\alpha_1 + m^2\alpha_2 + \cdots + m^r\alpha_r \end{cases} \tag{8.11}$$

(8.11)式建立了有限分布滞后模型的回归系数β项与多项式α项之间的关系,称作"β方程组"。如果知道了α项,很容易求出β项。

将(8.10)式代入(8.7)式,得

$$\begin{aligned} Y_t &= \alpha + \sum_{j=0}^{m} \beta_j X_{t-j} + u_t \\ &= \alpha + \sum_{j=0}^{m} (\alpha_0 + \alpha_1 j + \alpha_2 j^2 + \cdots + \alpha_r j^r) X_{t-j} + u_t \\ &= \alpha + \alpha_0 \sum_{j=0}^{m} X_{t-j} + \alpha_1 \sum_{j=0}^{m} j X_{t-j} + \alpha_2 \sum_{j=0}^{m} j^2 X_{t-j} + \cdots \\ &\quad + \alpha_r \sum_{j=0}^{m} j^r X_{t-j} + u_t \end{aligned} \tag{8.12}$$

令

$$\begin{aligned} &W_{0t} = \sum_{j=0}^{m} X_{t-j},\ W_{1t} = \sum_{j=0}^{m} j X_{t-j} = \sum_{j=1}^{m} j X_{t-j} \\ &W_{2t} = \sum_{j=1}^{m} j^2 X_{t-j},\ \cdots,\ W_{rt} = \sum_{j=1}^{m} j^r X_{t-j} \end{aligned} \tag{8.13}$$

将(8.13)式代入(8.12)式

$$Y_t = \alpha + \alpha_0 W_{0t} + \alpha_1 W_{1t} + \alpha_2 W_{2t} + \ldots + \alpha_r W_{rt} + u_t \tag{8.14}$$

(8.14)式中,W 项均是由已知序列 X_t 及其滞后项计算出来的,由(8.13)式的计算公式可以看出,W 项之间的多重共线性已大大减弱。前面已假设(8.7)式中的 u_t 满足最小二乘法的假定条件,用最小二乘法求(8.14)式的回归系数的估计量$\hat{\alpha}$、$\hat{\alpha}_j$,$(j=0,1,2,\cdots,r)$。由 $r<m$ 知,(8.14)式的自由度大于(8.7)式的自由度,提高了估计精度。

(3)阿尔蒙多项式的 EViews 估计

例如,外生变量分布滞后模型为

$$Y_t = \alpha + \beta_0 X_t + \beta_1 X_{t-1} + \beta_2 X_{t-2} + \beta_3 X_{t-3} + \beta_4 X_{t-4} + u_t$$

取阿尔蒙多项式的次数 $r=2$,用 EViews 估计的操作如下:

主菜单→Quick→Estimate Equation

打开估计模型对话框,选择 Least squares,输入

Y C PDL(X,4,2)

在 PDL 后面的参数中,第 1 个为外生变量分布滞后模型中的外生变量名,第 2 个为分布滞后模型的滞后阶数,第 3 个为阿尔蒙多项式的次数。

下面举一个实际经济问题中的例子。

例 8.2 已知我国某地区某农产品收购量 Y_t、库存量 X_t 1955—1984 年的样本观测值,见表 8.2 和 EViews 文件 li-8-2。农产品的收购量不仅与同期库存量有关,而且与前几年库存量有关,建立外生变量分布滞后模型

$$Y_t = \alpha + \beta_0 X_t + \beta_1 X_{t-1} + \beta_2 X_{t-2} + \beta_3 X_{t-3} + u_t$$

试估计之。

表 8.2 Y 和 X 的数据 (单位:万担)

年份	Y_t	X_t	年份	Y_t	X_t
1955	7.96	4.08	1970	21.02	34.29
1956	15.24	8.30	1971	14.33	24.46
1957	12.55	10.76	1972	12.88	13.61
1958	10.94	8.03	1973	14.66	13.51
1959	6.39	4.47	1974	19.37	11.59
1960	1.49	1.29	1975	25.47	13.79
1961	0.60	0.90	1976	25.49	15.03
1962	0.66	0.43	1977	22.77	13.62
1963	6.04	4.61	1978	22.20	13.23
1964	15.41	9.11	1979	38.50	22.41
1965	15.20	11.89	1980	52.72	43.89
1966	19.22	16.51	1981	51.30	73.72
1967	25.76	20.79	1982	34.04	88.23
1968	35.02	30.01	1983	16.03	77.50
1969	25.58	38.15	1984	21.79	71.34

资料来源:一个实际研究课题的调查数据。

取阿尔蒙多项式的次数 $r=2$,用 EViews 估计的操作如下:

主菜单→Quick→Estimate Equation

打开估计模型对话框,选择 Least squares,输入

Y C PDL(X,3,2)

中间结果：

$$\hat{Y}_t = 10.83 - 0.60PDL01 - 0.90PDL02 + 0.77PDL03$$
$$(4.47)\quad(-4.05)\quad(-6.32)\quad(4.98)$$
$$R^2 = 0.72,\quad \overline{R}^2 = 0.68,\quad F = 19.84$$

最终结果：

$$\hat{Y}_t = 10.83 + 1.07X_t - 0.60X_{t-1} - 0.73X_{t-2} + 0.68X_{t-3}$$
$$(4.47)\quad(6.85)\quad(-4.05)\quad(-5.53)\quad(3.11)$$

注：我们用手工计算了 $W_{0t} = \sum_{j=0}^{3} X_{t-j}$，$W_{1t} = \sum_{j=0}^{3} jX_{t-j}$，$W_{2t} = \sum_{j=0}^{3} j^2 X_{t-j}$，用最小二乘法估计

$$\hat{Y}_t = \alpha + \alpha_0 W_{0t} + \alpha_1 W_{1t} + \alpha_2 W_{2t} + u$$

中间结果：

$$\hat{Y}_t = 10.83 + 1.07W_{0t} - 2.44W_{1t} + 0.77W_{2t}$$
$$(4.47)\quad(6.85)\quad(-5.46)\quad(4.98)$$
$$R^2 = 0.72,\quad \overline{R}^2 = 0.68,\quad F = 19.84$$

再由"**β**方程组"计算$\hat{\beta}_j (j=0,1,2,3)$，计算结果$\hat{\beta}_0 = 1.07$，$\hat{\beta}_1 = -0.60$，$\hat{\beta}_2 = -0.73$，$\hat{\beta}_3 = -0.68$，最终估计结果与用 EViews 的估计结果是一样的。由此可见，EViews 估计的中间结果与用阿尔蒙多项式的中间结果不一样，但最终估计结果是相同的。

事实上，EViews 使用的多项式与本节所讲的阿尔蒙多项式稍有不同，其方法如下：

$$令\quad \overline{m} = \begin{cases} m/s, & 当\ m\ 为偶数 \\ (m-1)/2, & 当\ m\ 为奇数 \end{cases}$$

$$\beta_j = \alpha_0 + \alpha_1 (j-\overline{m}) + \alpha_2 (j-\overline{m})^2 + \cdots + \alpha_r (j-\overline{m})^r$$

将β_j代入(8.7)式，整理得

$$Y_t = \alpha + \alpha_0 Z_{0t} + \alpha_1 Z_{1t} + \alpha_2 Z_{2t} + \cdots + \alpha_r Z_{rt} + u_t$$

其中 $Z_{0t} = \sum_{j=0}^{m} X_{t-j}$，$Z_{1t} = \sum_{j=0}^{m} (j-\overline{m}) X_{t-j}$，$Z_{2t} = \sum_{j=0}^{m} (j-\overline{m})^2 X_{t-j}$，…，

$Z_{rt}=\sum_{j=0}^{m}(j-\overline{m})^{r}X_{t-j}$，此处对 r 的限制同前。

3. 自回归模型

将

$$Y_t=\alpha+\beta_0X_t+\beta_1Y_{t-1}+\beta_2Y_{t-2}+\cdots+\beta_mY_{t-m}+u_t \tag{8.15}$$

称为**自回归模型或内生变量分布滞后模型**。在自回归模型中，假设 u_t 满足 $E(u_t)=0$；$Var(u_t)=\sigma_u{}^2$；$Cov(u_t,u_s)=0$，t，s = 1，2，…，n，$(t\neq s)$；$Cov(X_t,u_t)=0$；且 X_t 为外生变量，与 Y_t 的各阶滞后变量均不相关。

对于前面给出的无限分布滞后模型(8.8)式，经过变换后往往变成自回归模型。下面我们要讨论的是如何将无限分布滞后模型变换为自回归模型，以及变换后的自回归模型的估计方法。

(1)自回归模型的变换——柯依克(Koyck)变换模型

对于无限分布滞后模型(8.8)式，假设所有的β具有相同的符号(此处假定为正号)，分布滞后变量的参数是按几何级数递减的，即

$$\beta_j=\beta_0\lambda^j,\quad j=1,2,\cdots \tag{8.16}$$

其中 $0<\lambda<1$ 称作分布滞后衰减率。由此可以看出，解释变量的滞后阶数越高，对 Y_t 的影响就越小。

将(8.16)式代入(8.8)式得

$$Y_t=\alpha+\beta_0X_t+\beta_0\lambda X_{t-1}+\beta_0\lambda^2X_{t-2}+\cdots+u_t \tag{8.17}$$

将(8.17)式滞后一期并乘以λ

$$\lambda Y_{t-1}=\alpha\lambda+\beta_0\lambda X_{t-1}+\beta_0\lambda^2X_{t-2}+\cdots+\lambda u_{t-1} \tag{8.18}$$

(8.17)式减去(8.18)式得

$$Y_t-\lambda Y_{t-1}=\alpha(1-\lambda)+\beta_0X_t+(u_t-\lambda u_{t-1})$$

整理得

$$Y_t=\alpha(1-\lambda)+\beta_0X_t+\lambda Y_{t-1}+v_t \tag{8.19}$$

其中 $v_t=u_t-\lambda u_{t-1}$。(8.19)式称为**柯依克变换模型**，是一个自回归模型。

通过柯依克变换，将一个无限分布滞后模型化为自回归模型，模型中除包括

X_t 外,还有 Y_t 的一阶滞后变量 Y_{t-1},仅有三个参数需要估计:α,β_0,λ。另外,由模型的变换可以看出,解释变量之间的多重共线性已大大减弱。

(2)自回归模型的估计

由前面的变换可知,柯依克变换模型为自回归模型。其一般形式为

$$Y_t = \beta_0 + \beta_1 X_t + \beta_2 Y_{t-1} + v_t \tag{8.20}$$

在(8.20)式中,解释变量中含有被解释变量的滞后变量 Y_{t-1},它与随机项 v_t 若具有相关关系,用最小二乘法估计将导致偏误并且是非一致的。为了研究此类问题的估计方法,首先对随机项 v_t 进行讨论。

柯依克变换模型(8.19)式中 $v_t = u_t - \lambda u_{t-1}, \lambda \neq 0$。$v_t$ 与 v_{t-1} 的协方差为

$$\begin{aligned}
&\mathrm{Cov}(v_t, v_{t-1}) = \mathrm{E}(v_t v_{t-1}) \\
&= \mathrm{E}(u_t - \lambda u_{t-1})(u_{t-1} - \lambda u_{t-2}) \\
&= \mathrm{E}(u_t u_{t-1} - \lambda u_{t-1}^2 - \lambda u_t u_{t-2} + \lambda^2 u_{t-1} u_{t-2})
\end{aligned}$$

由假设 $\mathrm{Cov}(u_t, u_s) = \mathrm{E}(u_t u_s) = 0, t \neq s$,所以

$$\mathrm{Cov}(v_t, v_{t-1}) = \mathrm{E}(-\lambda u_{t-1}^2) = -\lambda \sigma_u{}^2$$

因此柯依克变换模型的随机项 v_t 存在自相关。又由于 Y_t 与 v_t 高度相关,Y_{t-1} 与 v_{t-1} 高度相关,因此 Y_{t-1} 与 v_t 高度相关。此类模型估计方法用广义差分法和工具变量法。

(3)自回归模型随机误差项自相关检验

当解释变量中包括被解释变量的滞后变量 Y_{t-1} 时,DW 统计量检验随机项自相关具有渐近偏误。为此,杜宾(Durbin)又提出了解决这一问题的 H 统计量。

当随机项 u_t 一阶自相关时,杜宾将自相关系数 ρ 的估计值 $\hat{\rho}$ 用下列公式近似计算

$$\hat{\rho} \approx 1 - \frac{1}{2} d$$

其中 d 为 DW 统计量计算值。

H 统计量由下式确定

$$H = \hat{\rho} \sqrt{\frac{n}{1 - n\mathrm{Var}(\hat{\beta}_2)}} \approx \left(1 - \frac{1}{2} d\right) \sqrt{\frac{n}{1 - n\mathrm{Var}(\hat{\beta}_2)}} \tag{8.21}$$

式中，$\hat{\beta}_2$ 是(8.20)式 Y_{t-1} 的系数估计值，n 是样本容量，$\mathrm{Var}(\hat{\beta}_2)$是$\hat{\beta}_2$ 的方差。

由于 d 值为对称分布（关于 $d=2$ 对称），H 值也是对称分布，且呈正态分布，$H \sim N(0,1)$，即标准正态分布。H 检验的过程如下：

提出原假设 $H_0:\rho=0$

备择假设 $H_1:\rho\neq 0$

给出显著水平α，查正态分布表得临界值 Z_α，当$|H|\leqslant Z_\alpha$时，接受原假设 H_0，$\rho=0$，自回归模型(8.20)式的随机误差项无自相关；当$|H|>Z_\alpha$时，拒绝原假设，接受备择假设 H_1，$\rho\neq 0$，自回归模型(8.20)式的随机误差项存在一阶自相关。

H 检验应注意以下几个问题：

①H 检验的原线性回归模型的解释变量中只能包括被解释变量的一阶滞后变量，外生变量的个数不限。

②如果 $n\mathrm{Var}(\hat{\beta}_2)>1$，则 H 为复数，实际中这种情况很少出现。

③H 检验对大样本($n\geqslant 30$)较为适用。因为人们只知道大样本情况下 H 的分布特征。

§8.3　虚拟变量

1. 为什么引入虚拟变量

前几章介绍的解释变量都可以在取值范围内连续取值，称作定量解释变量。在建立回归模型的过程中，被解释变量（因变量）不仅受定量解释变量影响，有时还受一些非定量解释变量影响，如性别、民族、国籍、战争、自然灾害和政治体制等。它们只表示某种特征的存在与不存在，所以称作**定性变量**。当它们对被解释变量（因变量）产生影响时，当然也应该包括在回归模型中。

怎样才能把定性变量包括在模型中？显然应该把它们量化。由于定性变量通常是表明某种特征或属性是否存在，如男性、非男性，城市户口、非城市户口，经济特区、非经济特区，所以量化的一般方法是取值 0 或 1。可以用 1 表示该属性存在，0 表示该属性不存在（也可相反）。把这种取值为 0、1 的变量称作**虚拟变量**，用 D(Dummy)表示。在模型中虚拟变量用来描述定性变量。当虚拟变量作为解释变量时,对其回归系数的一切估计和统计检验方法都与定量解释变量相同。

当一个定性变量含有 m 个类别时,应向模型引入 $m-1$ 个虚拟变量。比如"性别"含男性与女性两个类别,所以当"性别"作为解释变量时,应向模型引入一个虚拟变量。取值方式是

$$D=\begin{cases}1 & (\text{男性})\\ 0 & (\text{女性})\end{cases} \quad \text{或} \quad D=\begin{cases}1 & (\text{女性})\\ 0 & (\text{男性})\end{cases}$$

例如定性变量"学历"含有四个类别,即大学学历、中学学历、小学学历和无学历。当用"学历"作为解释变量时,应向模型引入三个虚拟变量。一种取值方式是

$$D_1=\begin{cases}1 & (\text{大学学历})\\ 0 & (\text{非大学学历})\end{cases}, \quad D_2=\begin{cases}1 & (\text{中学学历})\\ 0 & (\text{非中学学历})\end{cases},$$

$$D_3=\begin{cases}1 & (\text{小学学历})\\ 0 & (\text{非小学学历})\end{cases}$$

注意:(1)当定性变量含有 m 个类别时,模型不能引入 m 个虚拟变量。最多只能引入 $m-1$ 个虚拟变量,否则当模型中存在截距项时就会产生完全多重共线性,无法估计回归系数。比如,对于季节数据引入 4 个虚拟变量,数据如表 8.3 所示:

表 8.3　引入的 4 个虚拟变量

t	单位列向量	x_t	D_1	D_2	D_3	D_4
1995.1	1	x_1	1	0	0	0
1995.2	1	x_2	0	1	0	0
1995.3	1	x_3	0	0	1	0
1995.4	1	x_4	0	0	0	1
1996.1	1	x_5	1	0	0	0
1996.2	1	x_6	0	1	0	0
1996.3	1	x_7	0	0	1	0
1996.4	1	x_8	0	0	0	1
1997.1	1	x_9	1	0	0	0

则必然会有,截距项对应的单位向量等于 $D_1+D_2+D_3+D_4$。这意味着虚拟变量之间存在完全多重共线性。

(2)把虚拟变量取值为 0 所对应的类别称作基础类别。例如,按上面对"学历"的赋值方法,"无学历"为基础类别。

(3)当定性变量含有 m 个类别时,不能把虚拟变量的值设成如下形式

$$D=\begin{cases}0, & (\text{第一个类别})\\ 1, & (\text{第二个类别})\\ \vdots & \vdots\\ m-1, & (\text{第 } m \text{ 个类别})\end{cases}$$

这种赋值法在一般情形下与虚拟变量赋值是完全不同的。

(4)回归模型可以只用虚拟变量作为解释变量,也可以用定量变量和虚拟变量一起作为解释变量。

2. 用虚拟变量测量截距变动

下面给出的模型都属于用虚拟变量测量截距变动的模型。

$$Y_i=\beta_0+\beta_1 D+u_i \tag{8.22}$$

$$Y_i=\beta_0+\beta_1 X_i+\beta_2 D+u_i \tag{8.23}$$

$$\vdots$$

以模型(8.23)为例,当 $D=1,0$ 时,回归函数分别是

$$\mathrm{E}(Y_i)=(\beta_0+\beta_2)+\beta_1 X_i \qquad (D=1) \tag{8.24}$$

$$\mathrm{E}(Y_i)=\beta_0+\beta_1 X_i \qquad (D=0) \tag{8.25}$$

由此可见,向模型引入虚拟变量,其数学意义就是回归函数截距项发生变化。对虚拟变量的系数作显著性检验,就是判别两条回归直线(8.24)式、(8.25)式的截距项之间是否存在显著性差异。

例 8.3　随机调查美国旧金山地区 20 个家庭的储蓄情况,拟建立年储蓄额 Y_i(千美元)对年收入 X_i(千美元)的回归模型。Y_i 和 X_i 的数据见表 8.4 和 EViews 文件 li-8-3。相应散点图见图 8.1。通过对样本点的分析发现,居于上部的6个黑点都是自己有房的家庭;居于下部的14个点(用圆圈表示)都是租房

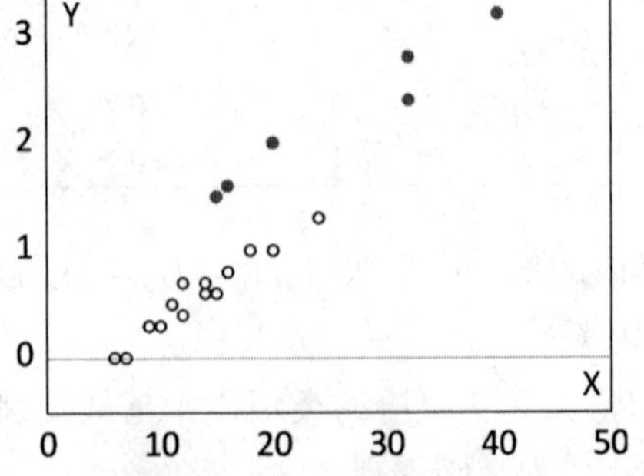

图 8.1　家庭年储蓄额 Y_i 与收入额 X_i 的散点图

住的家庭。而这两类家庭所对应的观测点各自都表现出明显的线性关系。于是给模型加入一个定性变量"住房状况",用 D 表示。虚拟变量 D 定义如下:

表 8.4 家庭年储蓄额 Y_i 与收入额 X_i 的数据

i	Y_i	X_i	D	i	Y_i	X_i	D
1	1.0	20.0	0	11	0.3	9.0	0
2	1.3	24.0	0	12	0.0	6.0	0
3	0.7	12.0	0	13	1.0	18.0	0
4	0.8	16.0	0	14	2.0	20.0	1
5	0.5	11.0	0	15	0.4	12.0	0
6	2.4	32.0	1	16	0.7	14.0	0
7	0.3	10.0	0	17	1.5	15.0	1
8	3.2	40.0	1	18	1.6	16.0	1
9	2.8	32.0	1	19	0.6	15.0	0
10	0.0	7.0	0	20	0.6	14.0	0

$$D=\begin{cases}1 & (\text{有房户})\\0 & (\text{租房户})\end{cases}$$

建立回归模型

$$Y_i=\beta_0+\beta_1X_i+\beta_2D_i+u_t$$

利用表8.3中数据得回归方程如下

$$\hat{Y}_i=-0.3204+0.0675X_i+0.8273D_i \tag{8.26}$$
$$(-5.2)\qquad(16.9)\qquad(11.0)$$
$$R^2=0.99,\ DW=2.27$$

由于回归系数0.8273显著地不为零,说明对住房状况不同的两类家庭来说,回归函数截距项确实明显不同。当模型不引入虚拟变量"住房状况"时,得回归方程如下:

$$\hat{Y}_i=-0.5667+0.0963X_i \tag{8.27}$$
$$(-3.5)\qquad(11.6)$$
$$R^2=0.88,\ DW=1.85$$

比较回归方程(8.26)和(8.27),前者的确定系数为0.99,后者的确定系数仅为0.88。说明该回归模型引入虚拟变量非常必要。

"季节"是在研究经济问题中常常遇到的定性因素。比如,酒、肉的销量在冬季要超过其他季节,而饮料的销量又以夏季为最大。当建立这类问题的计量模型时,就要考虑把"季节"因素引入模型。由于一年有四个季节,所以这是一个含有四个类别的定性变量。应该向模型引入三个虚拟变量。举例如下。

例 8.4　表 8.5 给出 1982 年第 1 季度至 1988 年第 4 季度全国按季节市场用煤销售量 Y_t（万吨）数据（摘自 1987 年和 1989 年的《中国统计年鉴》），也见 EViews 文件 li-8-4。图 8.2 是关于煤销量对时间 t 的序列图。

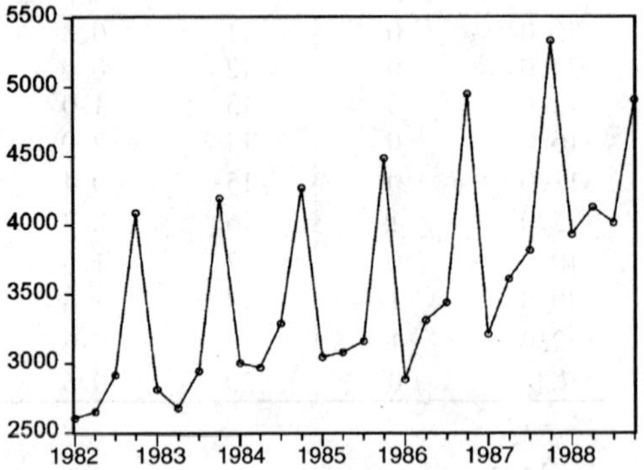

图 8.2　煤销量对时间 t 的序列图

从图 8.2 中看出，煤销售量随季节不同呈明显的周期性变化。由于受取暖用煤的影响，每年第四季度的销售量大大高于其他季度。给出三个虚拟变量，设

$$D_1 = \begin{cases} 1 & (\text{第四季度}) \\ 0 & (\text{其他季度}) \end{cases},\quad D_2 = \begin{cases} 1 & (\text{第三季度}) \\ 0 & (\text{其他季度}) \end{cases},$$

$$D_3 = \begin{cases} 1 & (\text{第二季度}) \\ 0 & (\text{其他季度}) \end{cases}$$

这里是以第一季度为基础类别（也可以取其他季度为基础类别）。

表 8.5　全国按季节市场用煤销售量数据

时间	Y_t	t	D_1	D_2	D_3	时间	Y_t	t	D_1	D_2	D_3
1982.1	2599.8	1	0	0	0	1985.3	3159.1	15	0	1	0
1982.2	2647.2	2	0	0	1	1985.4	4483.2	16	1	0	0
1982.3	2912.7	3	0	1	0	1986.1	2881.8	17	0	0	0
1982.4	4087.0	4	1	0	0	1986.2	3308.7	18	0	0	1
1983.1	2806.5	5	0	0	0	1986.3	3437.5	19	0	1	0
1983.2	2672.1	6	0	0	1	1986.4	4946.8	20	1	0	0
1983.3	2943.6	7	0	1	0	1987.1	3209.0	21	0	0	0
1983.4	4193.4	8	1	0	0	1987.2	3608.1	22	0	0	1
1984.1	3001.9	9	0	0	0	1987.3	3815.6	23	0	1	0
1984.2	2969.5	10	0	0	1	1987.4	5332.3	24	1	0	0
1984.3	3287.5	11	0	1	0	1988.1	3929.8	25	0	0	0
1984.4	4270.6	12	1	0	0	1988.2	4126.2	26	0	0	1
1985.1	3044.1	13	0	0	0	1988.3	4015.1	27	0	1	0
1985.2	3078.8	14	0	0	1	1988.4	4904.2	28	1	0	0

资料来源：中国统计年鉴[M]. 北京：中国统计出版社，1987，1989。

设模型为

$$Y_t = \beta_0 + \beta_1 t + \beta_2 D_1 + \beta_3 D_2 + \beta_4 D_3 + u_i \tag{8.28}$$

以时间 t 为解释变量(1982 年第 1 季度取 $t=1$)的煤销售量(Y_t)模型估计结果如下：

$$\hat{Y}_t = 2431.20 + 49.00t + 1388.09D_1 + 201.84D_2 + 85.00D_3$$
$$(26.04)\quad (10.81)\quad (13.43)\quad (1.96)\quad (0.83)$$
$$R^2 = 0.95,\quad DW = 1.2,\quad s.e. = 191.7,$$
$$F = 100.4,\quad T = 28,\quad t_{0.05}(28-5) = 2.07$$

由于 D_2、D_3 的系数没有显著性，说明第二、三季度可以归并入基础类别第一季度。于是只考虑加入一个虚拟变量 D_1，把季节因素分为第四季度和第一、二、三季度两类。从上式中剔除虚拟变量 D_2、D_3，得煤销售量(Y_t)模型如下：

$$\hat{Y}_t = 2515.86 + 49.73t + 1290.91D_1 \tag{8.29}$$
$$(32.03)\quad (10.63)\quad (14.79)$$
$$R^2 = 0.94,\quad DW = 1.4,\quad s.e. = 198.7,$$
$$F = 184.9,\quad T = 28,\quad t_{0.05}(25) = 2.06$$

这里第一、二、三季度为基础类别。

注意： 当模型含有 k 个定性变量，每个变量含有 $m_i,(i=1,2,\cdots,k)$ 个类别时，应设 $\sum_{i=1}^{k}(m_i - 1)$ 个虚拟变量。

3. 测量斜率变动

以上介绍了虚拟变量影响回归函数的截距。实际上，也可以用虚拟变量考察回归函数的斜率是否发生变化。方法是在模型中加入定量变量与虚拟变量的乘积项。

设模型如下

$$Y_i = \beta_0 + \beta_1 X_i + \beta_2 D_i + \beta_3 (X_i D_i) + u_i \tag{8.30}$$

按 β_2、β_3 是否为零，回归函数可有如下四种形式。

$$E(Y_i) = \beta_0 + \beta_1 X_i, \qquad (\text{当}\beta_2 = \beta_3 = 0)$$
$$E(Y_i) = (\beta_0 + \beta_2) + (\beta_1 + \beta_3) X_i, \qquad (\text{当}\beta_2 \neq 0, \beta_3 \neq 0)$$

$$E(Y_i) = \beta_0 + (\beta_1 + \beta_3)X_i, \qquad (当\beta_2 = 0, \beta_3 \neq 0)$$
$$E(Y_i) = (\beta_0 + \beta_2) + \beta_1 X_i, \qquad (当\beta_2 \neq 0, \beta_3 = 0)$$

截距、斜率同时发生变化的两种情形见图 8.3 和 8.4。

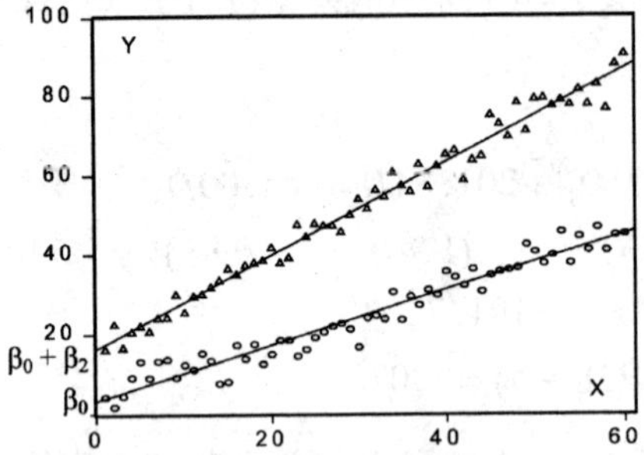

图 8.3　情形 1

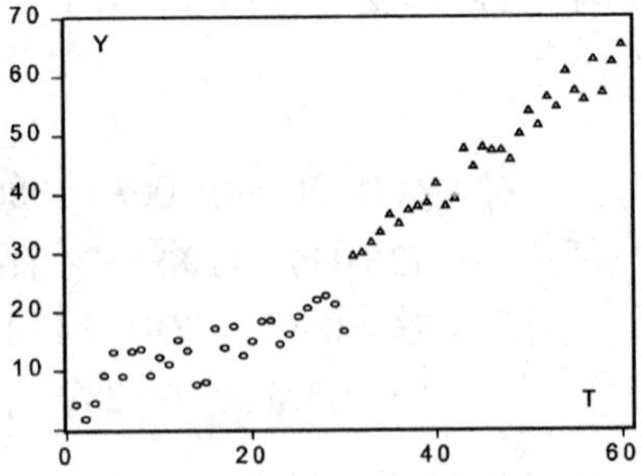

图 8.4　情形 2

例 8.5　中国普通高等学校招生数(Y_t,万人)数据(1990—2006 年)见表 8.6和 EViews 文件 li-8-5。试检验 1999 年开始中国普通高等学校招生数 Y_t的增长速度是否发生明显变化。定义虚拟变量 du_t如下,

$$du_t = \begin{cases} 0, & (1990—1998\text{ 年}) \\ 1, & (1999—2006\text{ 年}) \end{cases}$$

以时间 t 为解释变量,因为要考察普通高等学校招生数 Y_t的增长速度是否发生明显变化,应该建立如下回归模型,

$$Y_t = \beta_0 + \beta_1 t + \beta_2 du_t + \beta_3 t \times du_t + u_t$$

得最小二乘估计结果如下,

$$\hat{Y}_t = 57.5944 + 5.7767t - 460.4980du_t + 50.4495\, t \times du_t$$
$$(13.1) \qquad (7.4) \qquad (-34.0) \qquad (41.4)$$
$$R^2 = 0.9989, DW = 1.5, (1990—2006\text{ 年})$$

按 $du_t = 0,1$ 写成两个表达式,

$$\hat{Y}_t = \begin{cases} 57.5944 + 5.7767t, & (du_t = 0, 1990—1998\text{ 年}) \\ -402.9036 + 56.2262t, & (du_t = 1, 1999—2006\text{ 年}) \end{cases}$$

上式说明,1998 以前,高校招生数平均每年增加 5.7767 万人。1998 以后,随着我国高校扩大招生规模政策的实施,平均每年增加 56.2262 万人。无论截距和斜率都发生了明显变化。2006 年与 1990 年相比高校招生数扩大了近 8 倍。普

通高等学校招生数 Y_t 序列图和拟合的回归直线见图 8.5。

表 8.6　普通高等学校招生数 Y_t 数据　　（单位：万人）

年份	Y_t	t	du_t	$t\times du_t$	年份	Y_t	t	du_t	$t\times du_t$
1990	60.9	1	0	0	1999	159.7	10	1	10
1991	62.0	2	0	0	2000	220.6	11	1	11
1992	75.4	3	0	0	2001	268.3	12	1	12
1993	92.4	4	0	0	2002	320.5	13	1	13
1994	90.0	5	0	0	2003	382.2	14	1	14
1995	92.6	6	0	0	2004	447.3	15	1	15
1996	96.6	7	0	0	2005	504.5	16	1	16
1997	100.0	8	0	0	2006	546.1	17	1	17
1998	108.4	9	0	0					

资料来源：中国国家统计局网站，http://data. stats. gov. cn/easyquery. htm? cn = C01。

表 8.7　EViews 输出结果

Dependent Variable: Y
Method: Least Squares
Date: 04/19/20　Time: 09:22
Sample: 1990 2006
Included observations: 17

Variable	Coefficient	Std. Error	t-Statistic	Prob.
C	57.59444	4.401599	13.08489	0.0000
T	5.776667	0.782185	7.385297	0.0000
DU	-460.4980	13.53708	-34.01753	0.0000
T*DU	50.44952	1.218947	41.38780	0.0000

R-squared	0.998923	Mean dependent var	213.3824
Adjusted R-squared	0.998675	S.D. dependent var	166.4447
S.E. of regression	6.058777	Akaike info criterion	6.643217
Sum squared resid	477.2141	Schwarz criterion	6.839267
Log likelihood	-52.46735	Hannan-Quinn criter.	6.662705
F-statistic	4020.692	Durbin-Watson stat	1.540705
Prob(F-statistic)	0.000000		

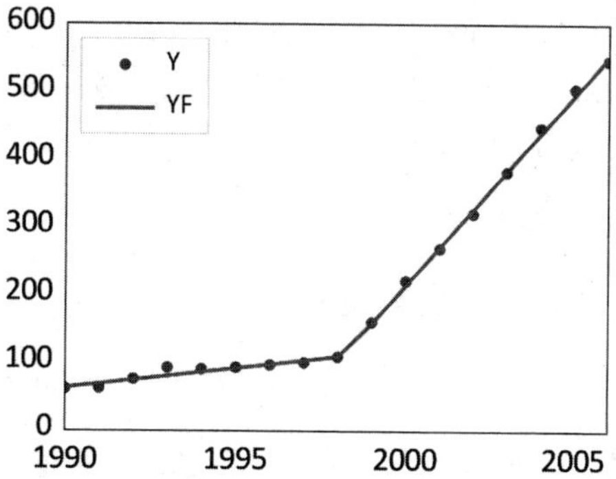

图 8.5　中国普通高等学校招生数（Y_t，万人）

4. 分段线性回归

应该注意到,当在模型中使用虚拟变量时,回归函数在两个时期的交汇处就不再是连续的了。能否既可以用虚拟变量描述出模型结构的变化,又使回归函数保持连续呢？这就是分段线性回归模型所研究的内容。分段线性回归函数是样条函数的特例,其中的每一段都是线性的。

考虑下面的模型

$$Y_t = \beta_0 + \beta_1 X_t + \beta_2 (X_t - X_{b1}) D_1 + u_t \tag{8.31}$$

其中 X_{b1} 表示结构发生变化的 $t = b_1$ 时刻的 X_t 值。

$$D_1 = \begin{cases} 0, & (1 \leqslant t \leqslant b_1) \\ 1, & (b_1 < t \leqslant T) \end{cases}$$

当 $D_1 = 0$ 时,

$$\mathrm{E}(Y_t) = \beta_0 + \beta_1 X_t \tag{8.32}$$

当 $D_1 = 1$ 时,

$$\mathrm{E}(Y_t) = (\beta_0 - \beta_2 X_{b1}) + (\beta_1 + \beta_2) X_t \tag{8.33}$$

当 $X_t = X_{b1}$ 时,(8.33)式等于(8.32)式。尽管两个子时段回归函数不同,但是在结构发生突变的那一刻,两个子时段回归函数是连续的。

如果回归函数在两个时刻 $t = b_1, b_2$,(且 $b_1 < b_2$)发生结构变化时,定义两个虚拟变量如下:

$$D_1 = \begin{cases} 0, & (1 \leqslant t \leqslant b_1) \\ 1, & (b_1 < t \leqslant T) \end{cases}$$

$$D_2 = \begin{cases} 0, & (1 \leqslant t \leqslant b_2) \\ 1, & (b_2 < t \leqslant T) \end{cases}$$

其中 $t = 1, 2, 3, \cdots, T$ 相应的分段线性回归模型是

$$Y_t = \beta_0 + \beta_1 X_t + \beta_2 (X_t - X_{b1}) D_1 + \beta_3 (X_t - X_{b2}) D_2 + u_t \tag{8.34}$$

三个直线段的回归函数分别是

$$E(Y_t)=\begin{cases}\beta_0+\beta_1X_t, & (1\leqslant t\leqslant b_1)\\(\beta_0-\beta_2X_{b1})+(\beta_1+\beta_2)X_t, & (b_1<t\leqslant b_2)\\(\beta_0-\beta_2X_{b1}-\beta_3X_{b2})+(\beta_1+\beta_2+\beta_3)X_t, & (b_2<t\leqslant T)\end{cases}$$

其中 $b_1<b_2$，T 为样本容量。当函数关系中包括三个以上结构突变点时，可以按上述方法类推。

例 8.6　中国货币流通量数据（1952—1998 年）见表 8.8，对数的中国货币流通量序列 LM_t 见图 8.6。通过对 LM_t 序列的分析，可知从中华人民共和国成立初期到 1961 年（三年经济困难时期开始）的增加速度比较快。1962—1978 年，由于处于经济困难恢复期和受"文化大革命"的影响，LM_t 的增加速度明显减缓。1978 年改革开放以后，进入社会主义市场经济时期，LM_t 的增加速度是中华人民共和国成立以来最快的一个时期。下面以 1961 年和 1978 年为结构突变点建立分段线性回归函数。

表 8.8　中国货币流通量（M）数据（1952—1998 年）

年份	M_t	t	D_1	D_2	年份	M_t	t	D_1	D_2
1952	27.5	1	0	0	1976	204.0	25	1	0
1953	39.4	2	0	0	1977	195.4	26	1	0
1954	41.2	3	0	0	1978	212.0	27	1	0
1955	40.3	4	0	0	1979	267.7	28	1	1
1956	57.3	5	0	0	1980	346.2	29	1	1
1957	52.8	6	0	0	1981	396.3	30	1	1
1958	67.8	7	0	0	1982	439.1	31	1	1
1959	75.1	8	0	0	1983	529.8	32	1	1
1960	95.9	9	0	0	1984	792.1	33	1	1
1961	125.7	10	0	0	1985	987.8	34	1	1
1962	106.5	11	1	0	1986	1218.4	35	1	1
1963	89.9	12	1	0	1987	1454.5	36	1	1
1964	80.0	13	1	0	1988	2134.0	37	1	1
1965	90.8	14	1	0	1989	2344.0	38	1	1
1966	108.5	15	1	0	1990	2644.0	39	1	1
1967	121.9	16	1	0	1991	3177.8	40	1	1
1968	134.1	17	1	0	1992	4336.0	41	1	1
1969	137.1	18	1	0	1993	5864.7	42	1	1
1970	123.6	19	1	0	1994	7288.6	43	1	1
1971	136.2	20	1	0	1995	7885.3	44	1	1
1972	151.2	21	1	0	1996	8802.0	45	1	1
1973	166.1	22	1	0	1997	10177.6	46	1	1
1974	176.6	23	1	0	1998	11204.2	47	1	1
1975	182.6	24	1	0					

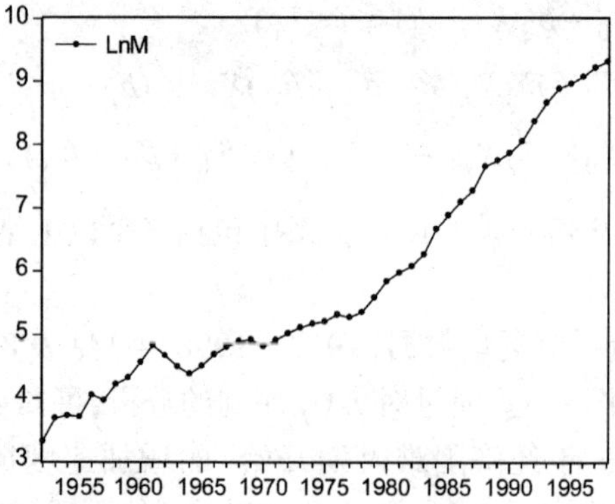

图 8.6　对数的货币流通量序列 LM_t(1952—1998 年)

定义两个虚拟变量如下：

$$D_1 = \begin{cases} 0, & 1 \leqslant t \leqslant 10, (1952\text{—}1961) \\ 1, & 10 < t \leqslant 47, (1962\text{—}1998) \end{cases}$$

$$D_2 = \begin{cases} 0, & 1 \leqslant t \leqslant 27, (1952\text{—}1978) \\ 1, & 27 < t \leqslant 47, (1979\text{—}1998) \end{cases}$$

$$\widehat{LM}_t = 3.3288 + 0.1187t - 0.0694(t-10)D_1 + 0.1620(t-27)D_2 \quad (8.35)$$

$$(43.8) \quad (11.8) \quad (-5.4) \quad\quad (23.9)$$

$$R^2 = 0.9955, DW = 1.0, F = 3192.9, T = 47$$

按三个不同时期得到的回归函数如下：

$$\widehat{LM}_t = \begin{cases} 3.3288 + 0.1187t, & 1 \leqslant t \leqslant 10, (1952\text{—}1961) \\ 4.0230 + 0.0493t, & 10 < t \leqslant 27, (1962\text{—}1978) \\ -0.3497 + 0.2112t, & 27 < t \leqslant 47, (1979\text{—}1998) \end{cases}$$

上述分段回归函数在 1961 年($t=10$)和 1978 年($t=27$)是连续的。折点的纵坐标分别是 4.5158 和 5.3541。1978 年改革开放以后的 LM_t 的年增长系数是最高的,1961 年以前次之,1962—1978 年期间再次之。分段回归的拟合函数见图 8.7。

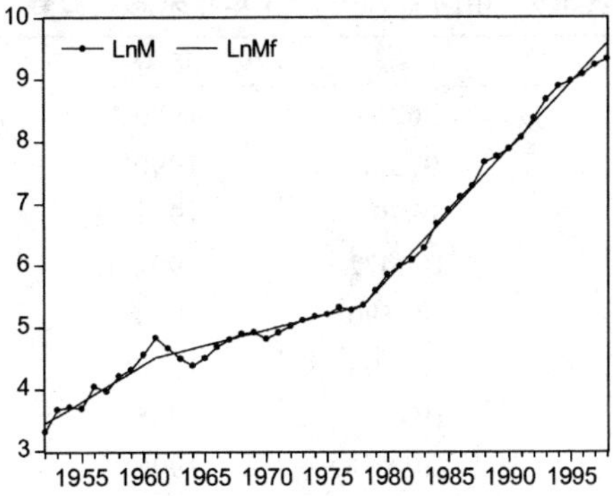

图 8.7　LM_t 的观测值序列(LM)与拟合值序列(LMF)

§8.4　时间变量

在许多情况下,人们用时间序列的观测时期所代表的时间作为模型的解释变量,用来表示被解释变量随时间推移的自发变化趋势。这种变量称为**时间变量,**也叫作**趋势变量**。时间变量通常用 t 表示,如 $t=1980,1981,\cdots,1999$。但一般取 $t=1,2,3,\cdots,n$。有时人们为了计算方便,取

$t=\cdots,-3,-2,-1,0,1,2,3,\cdots$,当 n 为奇数时

$t=\cdots,-5,-3,-1,1,3,5,\cdots$,当 n 为偶数时

这时 $\bar{t}=0$,简化了计算过程。

时间变量在用时间序列构建的计量经济模型中得到广泛的应用,它可以单独作为一元线性回归模型中的解释变量,也可以作为多元线性回归模型中的一个解释变量,其对应的回归系数表示被解释变量随时间变化的变化趋势。时间变量经常用在预测模型中。

例 8.7　已知我国 1978—1998 年年末总人口 L_t(万人)的样本观测值见表 8.9 和 EViews 文件 li-8-7。求 1999—2001 年我国总人口预测值。

首先作时间序列 t 与 L_t 之间的散点图,见图 8.8,可以看出,L_t 的变化趋势应该是一个多项式函数,建立三次多项式函数回归模型

$$L_t=\hat{\beta}_0+\hat{\beta}_1 t+\hat{\beta}_2 t^2+\hat{\beta}_3 t^3+e_t$$

表 8.9　中国 1978—1998 年年末总人口数　　（单位：万人）

年份	t	L_t	年份	t	L_t
1978	1	96259	1989	12	112704
1979	2	97542	1990	13	114333
1980	3	98705	1991	14	115823
1981	4	100072	1992	15	117171
1982	5	101590	1993	16	118517
1983	6	103008	1994	17	119850
1984	7	104357	1995	18	121121
1985	8	105851	1996	19	122389
1986	9	107507	1997	20	123626
1987	10	109300	1998	21	124810
1988	11	111026			

资料来源：国家统计局国民经济综合统计司. 新中国五十年统计资料汇编[M]. 北京：中国统计出版社，1999。

用 EViews 估计的步骤及估计结果如下：

主菜单→Quick→Estimate Equation

打开估计模型对话框，选择 Least Squares，输入

L　C　t　t^2　t^3

样本区间选择框中分别输入 1978，1998。估计结果为：

$$\hat{L}_t = 95235.62 + 997.40t + 60.54t^2 - 1.97t^3$$

$$(607.5) \quad (16.5) \quad (9.6) \quad (-10.5) \qquad R^2 = 0.9998$$

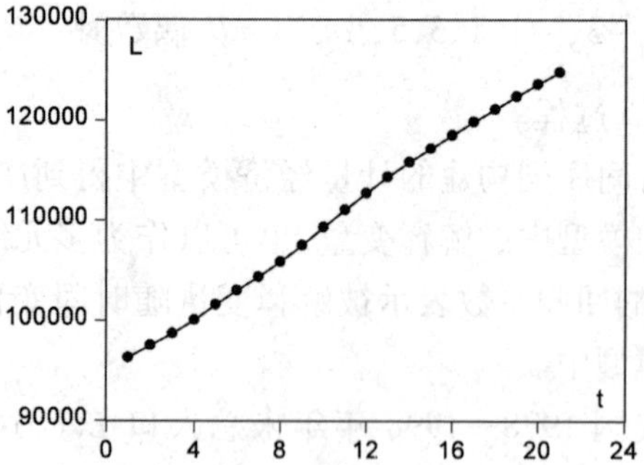

图 8.8　总人口 L_t 序列图（1978—1998 年）

从估计结果可以看出，4 个 t 统计量绝对值都很大，表明可以用时间变量 t 的 3 次多项式函数回归模型描述我国总人口变化。$R^2 = 0.9998$，说明样本回归方程对样本点的拟合优度很高。

下面用 EViews 命令求我国总人口 1999—2001 年预测值。首先通过

主菜单→Quick→Sample

把工作文件的样本区间改为 1978,2001。在回归式窗口中点击 Forecast,从而得到 L 的预测值序列 LF。预测结果:L_{1999} = 125481.4(万人),L_{2000} = 126207.6(万人),L_{2001} = 126782.8(万人)。

得全样本观测值 L_t 及其预测值 LF_t 两个时间序列如图 8.9 所示。从图中可以看出,预测结果是比较好的。

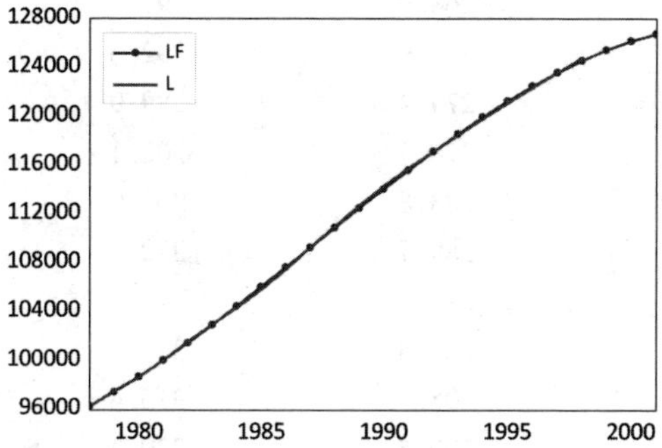

图 8.9　总人口 L_t 序列和预测值序列 LF_t 比较图

思考与练习题

1. 当模型中出现随机解释变量时,回归系数最小二乘估计量具有什么特征?

2. 选择工具变量应具有什么特点?简述工具变量法的主要步骤。

3. 已知某地区居民的消费支出 Y_t、可支配收入 X_t、流动资产 Z_t、1955 年第 1 季度至 1961 年第 2 季度的样本观测值(单位:10 亿美元)见下表和 EViews 文件 xiti-8-3。试用 Z_t 作为工具变量,估计消费函数

$$Y_t = \beta_0 + \beta_1 X_t + u_t$$

时间	Y_t	X_t	Z_t
1955.1	248.7	263.0	207.6
1955.2	253.7	271.5	209.4
1955.3	259.9	276.5	211.1
1955.4	261.8	281.4	213.2
1956.1	263.2	282.0	214.1
1956.2	263.7	286.2	216.5

续表

时间	Y_t	X_t	Z_t
1956.3	263.4	287.7	217.3
1956.4	266.9	291.0	217.3
1957.1	268.9	291.1	218.2
1957.2	270.4	294.6	218.5
1957.3	273.4	296.1	219.8
1957.4	272.1	293.3	219.5
1958.1	268.9	291.3	220.5
1958.2	270.9	292.6	222.7
1958.3	274.4	299.9	225.0
1958.4	278.7	302.1	229.1
1959.1	283.8	305.9	232.2
1959.2	289.7	312.5	235.2
1959.3	290.8	311.3	237.2
1959.4	292.8	313.2	237.7
1960.1	295.4	315.4	238.0
1960.2	299.5	320.3	238.4
1960.3	298.6	321.0	240.1
1960.4	299.6	320.1	243.3
1961.1	297.0	318.4	246.1
1961.2	301.6	324.8	250.0

4. 外生变量分布滞后模型用最小二乘法估计存在哪些问题？

5. 叙述用阿尔蒙多项式法估计外生变量有限分布滞后模型的方法步骤，对多项式的次数 r 有哪些限制？为什么？

6. 试说明自回归模型随机扰动项自相关的检验，用此检验应注意哪些问题？说明此检验与 DW 检验的关系。

7. 给出分布滞后模型

$$Y_t = \alpha + \beta_0 X_t + \beta_1 X_{t-1} + \beta_2 X_{t-2} + \beta_3 X_{t-3} + \beta_4 X_{t-4} + u_t$$

取阿尔蒙多项式的次数 $r=2$。假如由 n 个样本观测值求出了二阶多项式的参数估计值分别为：

$$\hat{\alpha}_0 = 0.3,\ \hat{\alpha}_1 = 0.51,\ \hat{\alpha}_2 = -0.1$$

试计算β_0、β_1、β_2、β_3 和β_4 的估计值。

8. 如果一个定性变量含有 k 个类别，为什么不能设 k 个虚拟变量？

9.1982—1986 年按季节全国酒销售量 Y_i(万吨)数据如下表和 EViews 文件 xiti-8-9。试建立酒销售量 Y_i 对时间 t 的季节销售模型。

i	Y_i	t	i	Y_t	t
1982.1	92.7	1	1984.3	97.8	11
1982.2	79.3	2	1984.4	93.6	12
1982.3	80.1	3	1985.1	111.5	13
1982.4	86.7	4	1985.2	98.4	14
1983.1	104.1	5	1985.3	97.7	15
1983.2	89.7	6	1985.4	94.0	16
1983.3	90.2	7	1986.1	115.2	17
1983.4	90.2	8	1986.2	113.8	18
1984.1	107.9	9	1986.3	119.2	19
1984.2	96.7	10	1986.4	111.1	20

资料来源:中国统计年鉴(1987)[M]. 北京:中国统计出版社,1987。

10.1996 年1 季度至2000 年4 季度中国季度 GDP_t(万亿元人民币)数据如下表和 EViews 文件 xiti-8-10。试建立中国季度 GDP_t 对时间 t 的回归模型。

时间	GDP_t	t	D_1	D_2	D_3
1996.1	1.3156	1	1	0	0
1996.2	1.6600	2	0	1	0
1996.3	1.5919	3	0	0	1
1996.4	2.22096	4	0	0	0
1997.1	1.46856	5	1	0	0
1997.2	1.84948	6	0	1	0
1997.3	1.79720	7	0	0	1
1997.4	2.36200	8	0	0	0
1998.1	1.58994	9	1	0	0
1998.2	1.88316	10	0	1	0
1998.3	1.97044	11	0	0	1
1998.4	2.51176	12	0	0	0
1999.1	1.6784	13	1	0	0
1999.2	1.9405	14	0	1	0
1999.3	2.0611	15	0	0	1
1999.4	2.5254	16	0	0	0
2000.1	1.8173	17	1	0	0
2000.2	2.1318	18	0	1	0
2000.3	2.2633	19	0	0	1
2000.4	2.7280	20	0	0	0

资料来源:中国统计年鉴(1998)(2001)[M]. 北京:中国统计出版社,1998,2001。

第 9 章　联立方程模型

§9.1　联立方程模型的概念

前面讨论的单方程模型,只能描述经济变量之间的单向因果关系,即若干解释变量的变化引起被解释变量变化。但经济现象是错综复杂的,许多经济变量之间存在交错的双向或多向因果关系。例如,某种商品的价格影响着对该商品的需求和供给;同时,需求和供给的关系又影响着该商品的价格。为了描述变量之间的多向因果关系,就需要建立由多个单方程组成的多方程模型。

含有两个以上方程的模型称为**联立方程模型**,其中每个方程都描述了变量间的一个因果关系,所描述的经济系统中有多少因果关系,联立方程模型中对应就有多少个方程。

1. 联立方程模型中变量的分类

在联立方程模型中,某些变量可能是一个方程中的解释变量,同时又是另一个方程中的被解释变量。为了明确起见,从模型的角度,需要对变量进行分类。

(1)内生变量

由模型系统决定其取值的变量称为**内生变量**。内生变量受模型中其他变量的影响,也可能影响其他内生变量,即内生变量是某个方程中的被解释变量,同时可能又是某些方程中的解释变量。在单方程模型中,内生变量就是被解释变量。

内生变量一般受随机误差项的影响,是随机变量,它与随机误差项之间不是独立的。如果内生变量在某个方程中作为解释变量,则该方程就存在随机解释变量问题,方程中回归系数的最小二乘估计量一般是有偏的和不一致的,此时最小二乘法不是一个好的回归系数估计方法。

(2)外生变量

由模型系统以外的因素决定其取值的变量称为**外生变量**。外生变量只影响模型中的其他变量,而不受其他变量的影响,因此只能在方程中作为解释变量。在单方程模型中,外生变量就是解释变量。

外生变量不受模型系统内的随机项影响,它与模型系统内的随机误差项之间是独立的。

(3)预定变量(前定变量)

内生变量的滞后值称为**预定内生变量**。预定内生变量的取值虽然由模型系统内所决定,但它不受现期的模型系统内的随机误差项影响,二者之间是独立的。

预定内生变量与外生变量统称为**预定变量**。预定变量影响现期模型系统中的其他变量,但不受它们影响,因此只能在现期的方程中作为解释变量,且与其中的随机误差项独立。如果某个方程中只有预定变量作为解释变量,解释变量中没有内生变量,则该方程中参数的最小二乘估计量具有无偏性和最小方差性。

2. 联立方程模型中方程的分类

联立方程模型中的方程可分为两类。

(1)随机方程式(行为方程式)

方程中含有随机误差项和未知回归系数的称为**随机方程**。随机方程中的参数需要估计。

(2)非随机方程式(定义方程式)

不含有随机误差项和未知回归系数的方程称为**非随机方程**。非随机方程式不需要估计参数。

例 9.1　考虑一个简化的凯恩斯宏观经济模型

消费方程：　$C_t = a_0 + a_1 Y_t + u_{1t}$

投资方程：　$I_t = b_0 + b_1 Y_t + b_2 Y_{t-1} + u_{2t}$

收入方程：　$Y_t = C_t + I_t + G_t$

其中

C_t——t 期的消费额;

I_t——t 期的投资额;

Y_t——t 期的国民收入;

G_t——t 期的政府支出额;

Y_{t-1}——$t-1$ 期的国民收入。

这是一个联立方程模型,描述了多个因果关系。模型中的内生变量包括

C_t、I_t 和 Y_t，外生变量为 G_t，预定内生变量为 Y_{t-1}，预定变量包括 G_t 和 Y_{t-1}。消费方程和投资方程是随机方程式，需要估计参数；收入方程是非随机方程式，不需要估计参数。

§9.2 联立方程模型的分类

联立方程模型可分为结构模型和简化模型。

1. 结构模型

描述经济变量之间直接影响关系的模型，称为**结构模型**。结构模型是在对经济变量的影响关系进行经济理论分析基础上建立的，反映了内生变量直接受预定变量、其他内生变量和随机项影响的因果关系。

结构模型中的方程称为**结构方程**，结构方程中变量的系数称为**结构参数**。结构参数表示结构方程中的解释变量对被解释变量的直接影响的大小。所有的结构参数组成的矩阵称为**结构参数矩阵**。

例如，例 9.1 中简化的凯恩斯宏观经济模型是根据经济理论分析建立的，反映了消费、投资、国民收入、政府支出各经济变量之间直接的影响和被影响关系，是联立方程模型中的结构模型。引入虚拟变量 $X_t=1$，该模型可以表示为

$$\begin{cases} C_t+0I_t-a_1Y_t+0Y_{t-1}+0G_t-a_0X_t=u_{1t} \\ 0C_t+I_t-b_1Y_t-b_2Y_{t-1}+0G_t-b_0X_t=u_{2t} \\ -C_t-I_t+Y_t+0Y_{t-1}-G_t+0X_t=0 \end{cases}$$

所以结构参数矩阵为

$$\begin{matrix} C_t & I_t & Y_t & Y_{t-1} & G_t & X_t \end{matrix}$$
$$\begin{bmatrix} 1 & 0 & -a_1 & 0 & 0 & -a_0 \\ 0 & 1 & -b_1 & -b_2 & 0 & -b_0 \\ -1 & -1 & 1 & 0 & -1 & 0 \end{bmatrix}$$

例 9.2 某种农产品的市场局部均衡模型

需求方程： $D_t=a_0+a_1P_t+a_2Y_t+u_{1t}$

供给方程： $S_t=b_0+b_1P_{t-1}+b_2W_t+u_{2t}$

均衡方程 $D_t = S_t$

其中

D_t——t 期农产品的需求量；

S_t——t 期农产品的供给量；

P_t——t 期农产品的价格；

Y_t——t 期的消费者收入水平；

W_t——t 期影响农产品的天气状况；

P_{t-1}——$t-1$ 期农产品的价格。

该模型是直接根据经济理论建立的，因此是结构模型。内生变量包括 D_t、S_t 和 P_t（均衡方程确定了 t 期的价格水平），外生变量包括 Y_t 和 W_t，预定内生变量为 P_{t-1}，预定变量包括 Y_t、W_t 和 P_{t-1}。需求方程和供给方程是随机方程式，有参数需要估计；均衡方程是非随机方程式，不需估计参数。

将模型表示为（引入虚拟变量 $X_t = 1$）

$$\begin{cases} D_t + 0S_t - a_1 P_t - a_2 Y_t + 0P_{t-1} + 0W_t - a_0 X_t = u_{1t} \\ 0D_t + S_t + 0P_t + 0Y_t - b_1 P_{t-1} - b_2 W_t - b_0 X_t = u_{2t} \\ D_t - S_t + 0P_t + 0Y_t + 0P_{t-1} + 0W_t + 0X_t = 0 \end{cases}$$

所以结构参数矩阵为

$$\begin{matrix} D_t & S_t & P_t & Y_t & P_{t-1} & W_t & X_t \end{matrix}$$
$$\begin{bmatrix} 1 & 0 & -a_1 & -a_2 & 0 & 0 & -a_0 \\ 0 & 1 & 0 & 0 & -b_1 & -b_2 & -b_0 \\ 1 & -1 & 0 & 0 & 0 & 0 & 0 \end{bmatrix}$$

联立方程模型的参数估计实质上是对每个随机方程式的参数估计。在结构方程中，可能有内生变量作为解释变量，因为它与随机误差项相关，方程存在随机解释变量问题，当解释变量与随机误差项相关时，就使模型不再满足古典假定中的全部条件，并使参数的最小二乘估计量是有偏且不一致的（参见第 8 章随机解释变量一节），所以不能应用最小二乘法估计参数，即对存在内生变量作为解释变量的结构方程，回归系数最小二乘估计量是有偏的，这种偏倚称为**联立方程偏倚**。例如，例 9.1 中的消费方程和投资方程中，内生变量 Y_t 作为解释变量；例 9.2 中的需求方程中，内生变量 P_t 作为解释变量，因此方程的最小二乘估计量有偏。

在结构方程中，如果不存在内生变量作为解释变量，则可以对该结构方程应用最小二乘法估计参数。例如，例 9.2 中的供给方程，只有预定变量 P_{t-1} 和 W_t

作为解释变量,因此方程的最小二乘估计量是无偏的。

结构模型的一般形式可表示为

$$\boldsymbol{A}\boldsymbol{Y}_t + \boldsymbol{B}\boldsymbol{X}_t = \boldsymbol{U}_t \tag{9.1}$$

其中

$\boldsymbol{Y}_t = (Y_{1t}, Y_{2t}, \cdots, Y_{mt})'$,为 m 个内生变量组成的向量;

$X_t = (X_{1t}, X_{2t}, \cdots, X_{kt})'$,为 k 个预定变量组成的向量;

$\boldsymbol{U}_t = (u_{1t}, u_{2t}, \cdots, u_{mt})'$,为 m 个随机项组成的向量。

模型中包括 m 个结构方程,结构参数矩阵为 $\boldsymbol{A},\boldsymbol{B}$。其中

$$\boldsymbol{A} = \begin{bmatrix} a_{11} & a_{12} & \cdots & a_{1m} \\ a_{21} & a_{22} & \cdots & a_{2m} \\ \vdots & \vdots & \vdots & \vdots \\ a_{m1} & a_{m2} & \cdots & a_{mm} \end{bmatrix}, \quad \boldsymbol{B} = \begin{bmatrix} b_{11} & b_{12} & \cdots & b_{1k} \\ b_{21} & b_{22} & \cdots & b_{2k} \\ \vdots & \vdots & \vdots & \vdots \\ b_{m1} & b_{m2} & \cdots & b_{mk} \end{bmatrix}$$

2. 简化模型

对有内生变量作为解释变量的结构方程,应用最小二乘法会得到回归系数的有偏和非一致估计量,对这种结构方程的回归系数估计,基本思路是解决内生变量作为解释变量的问题。显然,通过结构模型求解方程组的办法可以将内生变量表示为仅仅是预定变量和随机项的函数。

由(9.1)式,得

$$\boldsymbol{Y}_t = -\boldsymbol{A}^{-1}\boldsymbol{B}\,\boldsymbol{X}_t + \boldsymbol{A}^{-1}\boldsymbol{U}_t$$

记

$$\boldsymbol{C} = -\boldsymbol{A}^{-1}\boldsymbol{B}$$

$$\boldsymbol{V}_t = \boldsymbol{A}^{-1}\boldsymbol{U}_t$$

则

$$\boldsymbol{Y}_t = \boldsymbol{C}\boldsymbol{X}_t + \boldsymbol{V}_t \tag{9.2}$$

(9.2)式称为(9.1)式结构模型所对应的**简化模型**。简化模型中的方程称为**简化方程**,简化方程中变量的待估参数称为**简化参数**。由于简化模型反映了预定变量对内生变量直接和间接影响的综合,即总影响,因此简化参数表示简化方程中预定变量对内生变量的总影响的大小。

所有简化参数组成的矩阵 $\boldsymbol{C}$ 称为简化参数矩阵。简化参数矩阵 $\boldsymbol{C}$ 与结构

参数矩阵 $\boldsymbol{A}, \boldsymbol{B}$ 满足关系式

$$\boldsymbol{C} = -\boldsymbol{A}^{-1}\boldsymbol{B} \tag{9.3}$$

(9.3)式称为**参数关系式**。显然,已知结构参数矩阵,利用(9.3)式就可以计算出简化参数矩阵,再利用(9.2)式就得到简化模型。

例如,在例9.1中,将简化的凯恩斯宏观经济模型写成矩阵表示的一般形式,得

$$\begin{bmatrix} 1 & 0 & -a_1 \\ 0 & 1 & -b_1 \\ -1 & -1 & 1 \end{bmatrix}\begin{bmatrix} \boldsymbol{C}_t \\ \boldsymbol{I}_t \\ \boldsymbol{Y}_t \end{bmatrix} + \begin{bmatrix} 0 & 0 & -a_0 \\ -b_2 & 0 & -b_0 \\ 0 & -1 & 0 \end{bmatrix}\begin{bmatrix} \boldsymbol{Y}_{t-1} \\ \boldsymbol{G}_t \\ \boldsymbol{X}_t \end{bmatrix} = \begin{bmatrix} u_{1t} \\ u_{2t} \\ 0 \end{bmatrix}$$

故

$$\boldsymbol{A} = \begin{bmatrix} 1 & 0 & -a_1 \\ 0 & 1 & -b_1 \\ -1 & -1 & 1 \end{bmatrix}, \boldsymbol{B} = \begin{bmatrix} 0 & 0 & -a_0 \\ -b_2 & 0 & -b_0 \\ 0 & -1 & 0 \end{bmatrix}$$

由(9.3)式得

$$\boldsymbol{C} = \frac{1}{1 - a_1 - b_1}\begin{bmatrix} a_1 b_2 & a_1 & a_0 - a_0 b_1 + a_1 b_0 \\ b_2(1 - a_1) & b_1 & b_0 + a_0 b_1 - a_1 b_0 \\ b_2 & 1 & a_0 + b_0 \end{bmatrix}$$

简化模型为

$$C_t = \frac{a_1 b_2}{1 - a_1 - b_1}Y_{t-1} + \frac{a_1}{1 - a_1 - b_1}G_t + \frac{a_0 - a_0 b_1 + a_1 b_0}{1 - a_1 - b_1}X_t + v_{1t}$$

$$I_t = \frac{b_0(1 - a_1)}{1 - a_1 - b_1}Y_{t-1} + \frac{b_1}{1 - a_1 - b_1}G_t + \frac{b_0 + a_0 b_1 - a_1 b_0}{1 - a_1 - b_1}X_t + v_{2t}$$

$$Y_t = \frac{b_2}{1 - a_1 - b_1}Y_{t-1} + \frac{1}{1 - a_1 - b_1}G_t + \frac{a_0 + b_0}{1 - a_1 - b_1}X_t + v_{3t}$$

简化模型也可以根据结构模型的具体情况直接求出。例如,在例9.1中,将消费方程和投资方程代入收入方程中,可以先得到 Y_t 的简化方程,再将其代入消费方程和投资方程中分别整理后,就得到 C_t 和 I_t 的简化方程。

在例9.2中,将需求方程和供给方程代入均衡方程中,可以先得到 P_t 的简

化方程,再利用供给方程和均衡方程,得到简化模型

$$D_t = S_t = b_0 + b_1 P_{t-1} + b_2 W_t + u_{2t}$$

$$P_t = \frac{b_0 - a_0}{a_1} + \frac{b_1}{a_1} P_{t-1} - \frac{a_2}{a_1} Y_t + \frac{b_2}{a_1} W_t + v_t$$

在简化方程中,只有预定变量作为解释变量,它与随机项不相关,因此简化方程不存在随机解释变量问题,简化参数的最小二乘估计量具有无偏性和最小方差性。由于预定变量的值不是根据同期模型确定的,简化模型可以用于经济预测和经济结构分析,反映预定变量对内生变量的总影响。

对有内生变量作为解释变量的结构方程,其结构参数不能直接采用最小二乘法估计,而所有的简化方程都可以采用最小二乘法来估计简化参数,能否利用简化参数的最小二乘估计值和参数关系式得到结构参数的估计值呢?

例 9.3　某商品的市场局部均衡模型为

需求方程:　$D_t = a_0 + a_1 P_t + a_2 Y_t + u_{1t}$

供给方程:　$S_t = b_0 + b_1 P_t + b_2 W_t + u_{2t}$

均衡方程:　$D_t = S_t$

此模型中变量的含义同例 9.2,与例 9.2 的区别是将供给方程中的 P_{t-1} 替换为 P_t。这是一个结构模型,随机方程式(需求方程和供给方程)中均有内生变量 P_t 作为解释变量,存在随机解释变量问题,不能直接用最小二乘法估计参数。

将需求方程和供给方程代入均衡方程中,得

$$P_t = \frac{b_0 - a_0}{a_1 - b_1} + \frac{b_2}{a_1 - b_1} W_t - \frac{a_2}{a_1 - b_1} Y_t + v_{1t} = c_1 + c_2 W_t + c_3 Y_t + v_{1t}$$

再将 P_t 代入需求方程或者供给方程,得

$$D_t = S_t = \frac{a_1 b_0 - a_0 b_1}{a_1 - b_1} + \frac{a_1 b_2}{a_1 - b_1} W_t - \frac{a_2 b_1}{a_1 - b_1} Y_t + v_{2t}$$

$$= c_4 + c_5 W_t + c_6 Y_t + v_{2t}$$

参数关系式为

$$c_1 = \frac{b_0 - a_0}{a_1 - b_1}, \quad c_2 = \frac{b_2}{a_1 - b_1}, \quad c_3 = \frac{-a_2}{a_1 - b_1}$$

$$c_4 = \frac{a_1 b_0 - a_0 b_1}{a_1 - b_1}, c_5 = \frac{a_1 b_2}{a_1 - b_1}, \quad c_6 = \frac{-a_2 b_1}{a_1 - b_1}$$

根据上述关系,可得

$$a_1 = \frac{c_5}{c_2}, \quad b_1 = \frac{c_6}{c_3}, \quad a_2 = -c_3(a_1 - b_1)$$

$$b_2 = c_2(a_1 - b_1), \quad a_0 = c_4 - a_1 c_1, \quad b_0 = c_4 - b_1 c_1$$

对 P_t、D_t(或 S_t)的简化方程应用最小二乘法,得到简化参数 $c_1, c_2, \cdots, c_6$ 的估计值 $\hat{c}_1, \hat{c}_2, \cdots, \hat{c}_6$。利用上面的关系式,可以得到结构参数的估计值

$$\hat{a}_1 = \frac{\hat{c}_5}{\hat{c}_2}, \quad \hat{b}_1 = \frac{\hat{c}_6}{\hat{c}_3}, \quad \hat{a}_2 = -\hat{c}_3(\hat{a}_1 - \hat{b}_1),$$

$$\hat{b}_2 = \hat{c}_2(\hat{a}_1 - \hat{b}_1), \quad \hat{a}_0 = \hat{c}_4 - \hat{a}_1 \hat{c}_1, \quad \hat{b}_0 = \hat{c}_4 - \hat{b}_1 \hat{c}_1$$

可以证明,利用简化参数的最小二乘估计量和参数关系式得到的结构参数估计量虽然仍是有偏的,但具有一致性,因此是相对最小二乘估计量具有较好统计性质的估计量。

§9.3　联立方程模型的识别

对有内生变量作为解释变量的结构方程,其参数估计值不一定能利用简化参数的最小二乘估计值和参数关系式体系得到,即使能够得到结构参数估计值,也不一定是唯一的。

例 9.4　某商品的市场局部均衡模型为

需求方程：　$D_t = a_0 + a_1 P_t + a_2 Y_t + a_3 P_t' + u_{1t}$

供给方程：　$S_t = b_0 + b_1 P_t + u_{2t}$

均衡方程：　$D_t = S_t$

其中 P_t' 为该商品的替代品价格。需求方程和供给方程均有内生变量 P_t 作为解释变量,因此不能直接采用最小二乘法估计结构参数。将需求方程和供给方程代入均衡方程,解得

$$P_t = \frac{b_0 - a_0}{a_1 - b_1} - \frac{a_2}{a_1 - b_1} Y_t - \frac{a_3}{a_1 - b_1} P_t' + v_{1t} = c_1 + c_2 Y_t + c_3 P_t' + v_{1t}$$

再将 P_t 代入需求方程或者供给方程,本例代入供给方程较简便,得

$$D_t = S_t = \frac{a_1 b_0 - a_0 b_1}{a_1 - b_1} - \frac{a_2 b_1}{a_1 - b_1} Y_t - \frac{a_3 b_1}{a_1 - b_1} P_t' + v_{1t}$$
$$= c_4 + c_5 Y_t + c_6 P_t{}' + v_{2t}$$

参数关系式为

$$c_1 = \frac{b_0 - a_0}{a_1 - b_1}, \quad c_2 = \frac{-a_2}{a_1 - b_1}, \quad c_3 = \frac{-a_3}{a_1 - b_1}$$
$$c_4 = \frac{a_1 b_0 - a_0 b_1}{a_1 - b_1}, \quad c_5 = \frac{-a_2 b_1}{a_1 - b_1}, \quad c_6 = \frac{-a_3 b_1}{a_1 - b_1}$$

根据上述关系,可得

$$b_1 = \frac{c_5}{c_2} \text{或} \frac{c_6}{c_3}, \quad b_0 = c_4 - c_1 b_1, \quad a_0, a_1, a_2, a_3 \text{ 无解}$$

对 P_t、D_t 的简化方程应用最小二乘法,得到 $c_1, c_2, \cdots, c_6$ 的最小二乘估计值 $\hat{c}_1, \hat{c}_2, \cdots, \hat{c}_6$,利用上面的关系,得

$$\hat{b}_1 = \frac{\hat{c}_5}{\hat{c}_2}, \text{或} \frac{\hat{c}_6}{\hat{c}_3}, \quad \hat{b}_0 = \hat{c}_4 - \hat{c}_1 \hat{b}_1, \quad \hat{a}_0, \hat{a}_1, \hat{a}_2, \hat{a}_3 \text{ 无解}$$

即通过简化参数的最小二乘估计值和参数关系式,得到供给方程参数的两个估计值,得不到需求方程参数的估计值。

例 9.3 和例 9.4 说明,利用简化参数估计值和参数关系式来求解结构参数估计值,存在三种情况,即**有唯一解**、**有多个解**、**无解**,这取决于结构模型和所分析的结构方程。据此可将结构方程和结构模型分为三类。

1. 恰好识别

如果通过简化模型的参数估计值和参数关系式可以得到结构方程的参数估计值的唯一解,则称该结构方程**恰好识别**。如果结构模型中的每个随机方程式都是恰好识别的,则称该结构模型恰好识别。

例如,例 9.3 中的需求方程和供给方程都是恰好识别的,从而结构模型是恰好识别的。

根据定义,如果某个结构方程是恰好识别的,就可以利用简化模型参数的最小二乘估计值和参数关系式求出该结构方程的参数估计值,相应的估计量虽然是有偏的,但具有一致性(参数关系式是非线性关系式,据此得到结构方程的参数估计。关于简化模型参数的最小二乘估计是非线性关系,而非线性关系一般

不能传递无偏性等统计性质,但可以传递一致性)。当然,如果某个结构方程中只有预定变量作为解释变量,没有内生变量作为解释变量,则可以对该结构方程直接采用最小二乘法,得到结构参数的无偏和最小方差估计量。

2. 过度识别

如果通过简化模型的参数估计值和参数关系式可以得到结构方程的参数估计值的多个解,则称该结构方程**过度识别**。

例如,例 9.4 中的供给方程是过度识别的。

如果某个结构方程是恰好识别的或者是过度识别的,则称该结构方程**可识别**。如果结构模型中的每个随机方程式都是可识别的,称该结构模型可识别。可识别但不是恰好识别的结构模型称为过度识别。

根据定义,如果某个结构方程是过度识别的,就不能利用简化模型参数的估计值和参数关系式求出该结构方程的参数估计值,因为在多个结构参数估计值中无法做出选择,但可以采用其他方法得到该结构方程参数的有偏但一致的估计量。

例如,在例 9.4 中,不知道 $\hat{b}_1$ 应该取$\dfrac{\hat{c}_5}{\hat{c}_2}$还是$\dfrac{\hat{c}_6}{\hat{c}_3}$,因此 $\hat{b}_0$ 也不确定。

3. 不可识别

如果通过简化模型参数的估计值和参数关系式得不到结构方程的参数估计值,则称该结构方程**不可识别**。如果结构模型中存在随机方程式不可识别,则称该结构模型不可识别。

例如,例 9.4 中的需求方程是不可识别的,从而该结构模型是不可识别的。

可以证明,如果某个结构方程是不可识别的,那么采用任何方法都得不到该结构方程参数的估计值,即参数的估计是没有意义的。

4. 可识别的等价定义

结构方程是否可识别,有如下的**等价定义**:如果结构方程与结构模型中的全部结构方程的任意线性组合具有不同的统计形式,即含有不完全相同的内生变量或预定变量,则称该结构方程可识别;否则,称为不可识别。

例如,在例 9.4 中,对任意实数λ,有

$$\begin{aligned} D_t = S_t &= \lambda D_t + (1-\lambda)S_t \\ &= [\lambda a_0 + (1-\lambda)b_0] + [\lambda a_1 + (1-\lambda)b_1]P_t \\ &\quad + \lambda a_2 Y_t + \lambda a_3 P_t' + u_{3t} \end{aligned}$$

当$\lambda \neq 0$时,该方程与供给方程含有不完全相同的变量,即统计形式不同;当$\lambda = 0$时,该方程就化为供给方程,因此,供给方程可识别。显然,存在实数λ使该方程与需求方程具有相同的统计形式,事实上,只要$\lambda \neq 0$,该方程与需求方程就有完全相同的变量,所以需求方程不可识别,此时,对该方程所做的参数估计,不能确定所得估计值是对应哪一个λ值的方程,即不能确定估计了哪一个方程,因此参数估计值是没有意义的。

确定联立方程模型的识别状况是介于建立模型和估计参数之间的一个步骤。如果模型中存在不可识别的结构方程,就需要修改模型,使模型中的每个结构方程都是可识别的,才能进行参数估计。

下面的例子是最常用的商品市场局部均衡的一个数理经济模型

需求方程：　$D_t = a_0 + a_1 P_t$

供给方程：　$S_t = b_0 + b_1 P_t$

均衡方程：　$D_t = S_t$

在需求方程和供给方程中引入随机项,将该数理模型化为计量模型

需求方程：　$D_t = a_0 + a_1 P_t + u_{1t}$

供给方程：　$S_t = b_0 + b_1 P_t + u_{2t}$

均衡方程：　$D_t = S_t$

对任意的实数λ,显然有

$$\begin{aligned} D_t = S_t &= \lambda D_t + (1-\lambda) S_t \\ &= [\lambda a_0 + (1-\lambda) b_0] + [\lambda a_1 + (1-\lambda) b_1] P_t + u_{3t} \end{aligned}$$

该方程与需求方程、供给方程均具有相同的统计形式,即有完全相同的变量,所以需求方程和供给方程均不可识别。利用D_t(或S_t)与P_t的观测值所给出的参数估计,不能确定是估计了需求方程,还是供给方程,或对应于哪一个λ值时的上述方程,因此不能进行参数估计,该计量模型需要修改。

可以证明,上面对可识别和不可识别的两种定义是等价的。对不可识别的结构方程,其参数的任何估计方法都是无效的。以下讨论联立方程模型的识别条件。

§9.4　联立方程模型的识别条件

某个结构方程甚至结构模型是否可识别,可以利用可识别和不可识别的两

种定义方式进行判别，此外，也可以利用下面的条件判别。

1. 结构方程识别的阶条件

对结构模型中的第 i 个结构方程，记 K 为结构模型中内生变量和预定变量的总个数，M_i 为第 i 个结构方程中内生变量和预定变量的总个数，G 为结构模型中内生变量即结构方程的个数，当 $K-M_i \geqslant G-1$ 时，阶条件成立。可以证明：

(1)当 $K-M_i=G-1$ 时，此时如果第 i 个结构方程可识别，则为恰好识别。

(2)当 $K-M_i>G-1$ 时，此时如果第 i 个结构方程可识别，则为过度识别。

(3)当 $K-M_i<G-1$ 时，称阶条件不成立，第 i 个结构方程一定不可识别。

阶条件是对应结构方程可识别的一个必要条件，即如果阶条件不成立，则对应的结构方程不可识别；如果阶条件成立，则对应的结构方程是否可识别不能确定，还需要进一步通过其他方法，如秩条件来判别。

2. 结构方程识别的秩条件

对第 i 个结构方程，其识别的秩条件步骤如下：

(1)写出结构模型对应的结构参数矩阵（常数项可引入虚拟变量 $X_t=1$）$(\boldsymbol{A}\ \boldsymbol{B})$。

(2)删去第 i 个结构方程对应系数所在的一行。

(3)删去第 i 个结构方程对应系数所在的一行中非零系数所在的各列。

(4)对余下的子矩阵$(\boldsymbol{A}_0,\boldsymbol{B}_0)$，如果其秩等于 $G-1$，则称秩条件成立，第 i 个结构方程一定可识别；如果$(\boldsymbol{A}_0,\boldsymbol{B}_0)$的秩不等于 $G-1$，则称秩条件不成立，第 i 个结构方程一定不可识别。

秩条件是对应结构方程是否可识别的一个充分必要条件，$\text{rank}(\boldsymbol{A}_0,\boldsymbol{B}_0)=G-1$，即秩条件成立，则对应的结构方程一定可识别；$\text{rank}(\boldsymbol{A}_0,\boldsymbol{B}_0)\neq G-1$，即秩条件不成立，则对应的结构方程一定不可识别。利用秩条件可以判别结构方程是否可识别，但不能确定是恰好识别还是过度识别。

综合阶条件和秩条件，对任意需估计参数的结构方程，都可以判别它是否可识别，是恰好识别还是过度识别。具体步骤为：

首先检验阶条件，若阶条件不成立，则所讨论的结构方程不可识别。若阶条件成立，则再检验秩条件；若秩条件不成立，则所讨论的结构方程不可识别；若秩条件成立，则结构方程可识别。此时若阶条件取“=”号，结构方程是恰好识别的；若阶条件取“>”号，结构方程是过度识别的。

上述方法是阶条件与秩条件的结合，也可以综合阶条件和可识别的等价定义来确定结构方程的识别状况。可识别的等价定义与秩条件是相当的，都只能判定结构方程是否可识别，而不能判定是恰好识别还是过度识别。

例 9.5　某个简化的凯恩斯宏观经济模型

消费方程：　$C_t = a_0 + a_1 Y_t + a_2 T_t + u_{1t}$

投资方程：　$I_t = b_0 + b_1 Y_t + b_2 Y_{t-1} + u_{2t}$

税收方程：　$T_t = c_0 + c_1 Y_t + u_{3t}$

收入方程：　$Y_t = C_t + I_t + G_t$

其中 T_t 为税收，其他变量含义同例 9.1。

该结构模型中，内生变量包括 C_t, I_t, T_t 和 Y_t；外生变量为 G_t，滞后内生变量为 Y_{t-1}，预定变量包括 G_t 和 Y_{t-1}。消费方程、投资方程和税收方程为随机方程式，均需要估计参数，因为都包含内生变量 Y_t 作为解释变量，不能直接采用最小二乘法估计参数。收入方程为非随机方程式，不需要估计参数和进行识别。

下面讨论消费方程、投资方程和税收方程的可识别性。为了利用阶条件和秩条件，首先写出结构模型的一般形式（引入虚拟变量 $X_t = 1$，事实上，不引入虚拟变量 X_t，同时在结构参数矩阵 $(\boldsymbol{A}\ \boldsymbol{B})$ 中略去常数项所在列，识别结果是相同的）。

$$\begin{cases} C_t + 0I_t - a_2 T_t - a_1 Y_t + 0Y_{t-1} + 0G_t - a_0 X_t = u_{1t} \\ 0C_t + I_t + 0T_t - b_1 Y_t - b_2 Y_{t-1} + 0G_t - b_0 X_t = u_{2t} \\ 0C_t + 0I_t + T_t - c_1 Y_t + 0Y_{t-1} + 0G_t - c_0 X_t = u_{3t} \\ -C_t - I_t + 0T_t + Y_t + 0Y_{t-1} - G_t + 0X_t = 0 \end{cases}$$

结构参数矩阵为

$$\begin{array}{c} \\ (\boldsymbol{A}\ \boldsymbol{B}) = \end{array} \begin{array}{c} \begin{array}{ccccccc} C_t & I_t & T_t & Y_t & Y_{t-1} & G_t & X_t \end{array} \\ \begin{bmatrix} 1 & 0 & -a_2 & -a_1 & 0 & 0 & -a_0 \\ 0 & 1 & 0 & -b_1 & -b_2 & 0 & -b_0 \\ 0 & 0 & 1 & -c_1 & 0 & 0 & -c_0 \\ -1 & -1 & 0 & 1 & 0 & -1 & 0 \end{bmatrix} \end{array}$$

此外，$(\boldsymbol{A}\ \boldsymbol{B})$ 的列数为结构模型的变量总数，$(\boldsymbol{A}\ \boldsymbol{B})$ 的行数为结构模型的方程个数，即

$$K = 7,\ G = 4$$

（1）消费方程。在阶条件中，$M_1 = 4$，即矩阵 $(\boldsymbol{A}\ \boldsymbol{B})$ 中第一行的非零元素个数，所以

$$K - M_1 = G - 1 = 3$$

阶条件成立,且取等号。

在秩条件中,删去($\boldsymbol{A}$ $\boldsymbol{B}$)中的第一行和第一、三、四、七各列,得到子矩阵

$$(\boldsymbol{A}_0\ \boldsymbol{B}_0) = \begin{bmatrix} 1 & -b_2 & 0 \\ 0 & 0 & 0 \\ -1 & 0 & -1 \end{bmatrix}$$

因为

$$\text{rank}(\boldsymbol{A}_0\ \boldsymbol{B}_0) = 2 < G - 1 = 3$$

秩条件不成立,所以消费方程不可识别。

(2)投资方程。在阶条件中,$M_2 = 4$,即矩阵($\boldsymbol{A}$ $\boldsymbol{B}$)中第二行的非零元素个数,

$$K - M_2 = G - 1 = 3$$

阶条件成立,且取等号。

在秩条件中,删去矩阵($\boldsymbol{A}$ $\boldsymbol{B}$)中的第二行和第二、四、五、七各列,得到子矩阵

$$(\boldsymbol{A}_0\ \boldsymbol{B}_0) = \begin{bmatrix} 1 & -a_2 & 0 \\ 0 & 1 & 0 \\ -1 & 0 & -1 \end{bmatrix}$$

因为

$$\text{rank}(\boldsymbol{A}_0\ \boldsymbol{B}_0) = 3 = G - 1$$

秩条件成立,故投资方程可识别。

结合阶条件,投资方程是恰好识别的。

(3)税收方程。在阶条件中,$M_3 = 3$,即矩阵($\boldsymbol{A}$ $\boldsymbol{B}$)中第三行的非零元素个数,则

$$K - M_3 = 4 > G - 1 = 3$$

阶条件成立,且取大于号。

在秩条件中,删去($\boldsymbol{A}$ $\boldsymbol{B}$)中的第三行和第三、四、七各列,得到子矩阵

$$(\boldsymbol{A}_0\ \boldsymbol{B}_0) = \begin{bmatrix} 1 & 0 & 0 & 0 \\ 0 & 1 & -b_2 & 0 \\ -1 & -1 & 0 & -1 \end{bmatrix}$$

因为

$$\mathrm{rank}(\boldsymbol{A}_0\ \boldsymbol{B}_0) = 3 = G - 1$$

秩条件成立，税收方程可识别。

结合阶条件，税收方程是过度识别的。

收入方程是非随机方程，不需要进行参数估计，因此不需要进行识别。

综上所述，因为消费方程是不可识别的，所以该结构模型是不可识别的，需要修改模型。

对联立方程模型，在进行参数估计之前，首先要分析其识别的状态。不可识别的结构方程，任何参数估计方法都是无效的。对恰好识别和过度识别的结构方程，可以选择适当的方法进行参数估计。以下假定结构方程都是可识别的。

§9.5　联立方程模型的估计

结构方程的识别状况决定了该方程的参数估计方法。

1. 间接最小二乘法

对某个结构方程，如果它是恰好识别的，则其待估的结构参数可以通过简化模型的简化参数和参数关系式来唯一确定，因此只要求得简化参数的估计值，再利用参数关系式，就可得到该方程结构参数的估计值，称此估计方法为**间接最小二乘法**。具体步骤如下：

(1)写出结构模型对应的简化模型；

(2)对简化模型中的每个简化方程应用最小二乘法求出简化参数的估计值；

(3)利用简化参数的估计值和参数关系式解出被估计结构方程的结构参数估计值。

间接最小二乘法适用于被估计的结构方程是恰好识别的，该结构方程中存在内生变量作为解释变量，与随机项相关，存在随机解释变量问题，因而不能直接用最小二乘法估计参数。此外，简化模型中的每个简化方程都必须满足关于随机误差项的假定条件，以保证简化参数的最小二乘估计量具有无偏性和最小方差性，而且简化方程中的多重共线性程度不能太高，否则简化参数估计值的误差会传递到结构参数的估计值上。

在上述条件下，结构参数的**间接最小二乘估计量**具有这样的统计性质：小样本下是有偏的，但大样本下是一致的。而对结构参数直接采用最小二乘估计会得到有偏且不一致的估计量。

由于参数关系式反映了结构参数与简化参数的非线性关系，即使得到的简化参数的估计量具有线性、无偏性、最小方差性和一致性，也只是将一致性传递给结构参数的估计量。非线性关系一般不能传递线性、无偏性和最小方差性等统计性质。

2. 工具变量法

对可识别的结构方程，如果存在内生变量作为解释变量，它与随机项相关，就不能直接应用最小二乘法估计参数。**工具变量法**的思路是，用合适的预定变量作为工具变量"代替"结构方程中的内生变量，从而降低解释变量与随机项之间的相关程度，再利用最小二乘法进行参数估计。具体步骤如下：

（1）选择适当的预定变量作为工具变量，"代替"结构方程中作为解释变量的内生变量。

工具变量应满足以下条件：①工具变量与所"代替"的内生变量之间高度相关；②工具变量与结构方程中的随机项不相关；③工具变量与结构方程中其他解释变量之间的多重共线性程度低；④在同一个结构方程中的多个工具变量之间的多重共线性程度低。

（2）对进行变量"替换"后的结构方程应用最小二乘法来估计结构参数，即用每个解释变量乘以结构方程两边，并对所有的样本观测值求和，其中与随机项的乘积和为零（这由工具变量与随机项不相关保证），从而得到与未知结构参数同样多的线性方程，解这个线性方程组，得到结构参数的估计值。

需说明的是，工具变量对结构方程中作为解释变量的内生变量的"代替"是部分代替，即将结构方程最小二乘估计所满足的一个条件方程：残差项与作为解释变量的内生变量的乘积关于所有的样本观测值求和等于零的方程（这是一个不甚合理的方程，因为随机项与作为解释变量的内生变量相关，残差项作为随机项的一个估计，它也应当与作为解释变量的内生变量相关，而该方程则意味着二者不相关），替换为残差项与工具变量乘积关于所有的样本观测值求和等于零的方程（这是一个较合理的方程，因为随机项与工具变量不相关，残差项作为随机项的一个估计，它应当与工具变量不相关，该方程意味着二者不相关）。

工具变量法既适用于恰好识别的结构方程，也适用于过度识别的结构方程，该结构方程中存在内生变量作为解释变量，与随机项相关，因而不能直接用最小二乘法估计参数。工具变量法的关键是找到合适的工具变量替代结构方程中作为解释变量的内生变量,而工具变量需满足的条件苛刻,限制了工具变量法的广泛应用。此外,进行变量替换后,新的随机项中含有工具变量的信息,它与作为解释变量的工具变量之间存在一定程度的相关,即结构方程中仍然存在随机解释变量问题,要求新的随机项应渐近地(即在大样本条件下)满足古典假设。

在上述前提下,结构参数的**工具变量估计量**具有这样的统计性质:小样本条件下是有偏的,但大样本条件下是一致的。因此工具变量法比直接对结构方程采用最小二乘法要好。

工具变量的选取要结合具体情况,通常可以选取外生变量或内生变量拟合值来作为工具变量。

例 9.6　对联立方程模型

$$\begin{cases} Y_{1t} = a_1 X_{1t} + a_2 X_{2t} + a_3 Y_{2t} + u_{1t} \\ Y_{2t} = b_1 X_{3t} + b_2 Y_{1t} + u_{2t} \end{cases}$$

其中

Y_{1t}, Y_{2t}——内生变量;

X_{1t}, X_{2t}, X_{3t}——外生变量。

显然,二结构方程与它们的任意线性组合(自身除外)具有不同的统计形式,因此都是可识别的。

对第一个方程,内生变量 Y_{2t} 作为解释变量,由第二个方程可知 Y_{2t} 与外生变量 X_{3t} 相关,因此选取 X_{3t} 作为 Y_{2t} 的工具变量,再利用最小二乘法,得

$$\begin{cases} \sum_t X_{1t} u_{1t} = 0 \\ \sum_t X_{2t} u_{1t} = 0 \\ \sum_t X_{3t} u_{1t} = 0 \end{cases}$$

即

$$\begin{cases} \sum_t X_{1t}(Y_{1t} - a_1 X_{1t} - a_2 X_{2t} - a_3 Y_{2t}) = 0 \\ \sum_t X_{2t}(Y_{1t} - a_1 X_{1t} - a_2 X_{2t} - a_3 Y_{2t}) = 0 \\ \sum_t X_{3t}(Y_{1t} - a_1 X_{1t} - a_2 X_{2t} - a_3 Y_{2t}) = 0 \end{cases}$$

解这个方程组，得到 a_1、a_2、a_3 的估计值。

对第二个方程，内生变量 Y_{1t} 作为解释变量。由第一个方程可知 Y_{1t} 与 X_{1t}、X_{2t} 均相关。若选取 X_{1t} 作为 Y_{1t} 的工具变量，利用最小二乘法，第二个方程两边分别乘以 X_{1t}、X_{3t} 再求和，得

$$\begin{cases}\sum_t X_{1t}u_{2t} = 0\\ \sum_t X_{3t}u_{2t} = 0\end{cases}$$

即

$$\begin{cases}\sum_t X_{1t}(Y_{2t} - b_1X_{3t} - b_2Y_{1t}) = 0\\ \sum_t X_{3t}(Y_{2t} - b_1X_{3t} - b_2Y_{1t}) = 0\end{cases}$$

解这个方程组，得到 b_1、b_2 的估计值。

若选取 X_{2t} 作为 Y_{1t} 的工具变量，再利用最小二乘法，得

$$\begin{cases}\sum_t X_{2t}u_{2t} = 0\\ \sum_t X_{3t}u_{2t} = 0\end{cases}$$

即

$$\begin{cases}\sum_t X_{2t}(Y_{2t} - b_1X_{3t} - b_2Y_{1t}) = 0\\ \sum_t X_{3t}(Y_{2t} - b_1X_{3t} - b_2Y_{1t}) = 0\end{cases}$$

解这个方程组，也可得到 b_1、b_2 的估计值。

工具变量法虽然适用于恰好识别的结构方程，但对恰好识别的结构方程，最好用间接最小二乘法。

3. 两阶段最小二乘法

工具变量法存在一些缺点，当可供选择的工具变量多于作为解释变量的内生变量时，工具变量的选取具有一定的随意性，而选择不同的工具变量就会得到不同的参数估计值。一般情况下，内生变量都与多个预定变量相关。

此外,联立方程模型的本质特征是描述变量之间的交错因果关系。每个内生变量都影响模型中的其他内生变量;每个预定变量都直接或间接地影响所有的内生变量,而未被选为工具变量的某些预定变量,其对内生变量的影响被忽略了。把全部预定变量的线性组合作为工具变量,可以消除上述缺点,这正是**两阶段最小二乘法**的思路。具体步骤如下:

(1)对作为解释变量的内生变量 Y_i 的简化方程应用最小二乘法,得到其估计量 $\hat{Y}_i$。

(2)将 $Y_i=\hat{Y}_i+\hat{v}_i$ 代入被估计的结构方程的右边,代替作为解释变量的内生变量 Y_i,再次应用最小二乘法,得到结构参数的估计值。

其中,$\hat{v}_i$ 被归入新的随机项中,并不需要计算出来。

两阶段最小二乘法既适用于恰好识别的结构方程,也适用于过度识别的结构方程,该结构方程中存在内生变量作为解释变量,与随机项相关,因而不能直接用最小二乘法估计参数。两阶段最小二乘法实质上是间接最小二乘法和工具变量法的结合,却同时克服了间接最小二乘法不适用于过度识别的结构方程的缺点,以及工具变量法中工具变量选取中带来的缺点。两阶段最小二乘法不需要通过参数关系式求解结构参数,而且简化方程反映了预定变量对作为解释变量的内生变量的总影响,即所有可以选择的工具变量的线性组合来代替该内生变量,因此,两阶段最小二乘法是一种工具变量法。应用两阶段最小二乘法要求对应结构方程和简化方程中的随机项满足古典假设,预定变量之间多重共线性的程度低,且样本容量大。

在上述前提下,结构参数的**两阶段最小二乘估计量**具有这样的统计性质:小样本下是有偏的,但大样本下是一致的。

对过度识别的结构方程,两阶段最小二乘法是最重要的参数估计方法。对恰好识别的结构方程,最好用间接最小二乘法估计参数。

例如,在例9.6中,先讨论模型的识别状况。结构模型的一般形式为

$$\begin{cases}Y_{1t}-a_3Y_{2t}-a_1X_{1t}-a_2X_{2t}+0X_{3t}=u_{1t}\\-b_2Y_{1t}+Y_{2t}+0X_{1t}+0X_{2t}-b_1X_{3t}=u_{2t}\end{cases}$$

结构参数矩阵为

$$\begin{array}{cc} & \begin{array}{ccccc}Y_{1t} & Y_{2t} & X_{1t} & X_{2t} & X_{3t}\end{array}\\ (\boldsymbol{A}\ \boldsymbol{B})= & \begin{bmatrix}1 & -a_3 & -a_1 & -a_2 & 0\\ -b_2 & 1 & 0 & 0 & -b_1\end{bmatrix}\end{array}$$

此外,$(\boldsymbol{A}\ \boldsymbol{B})$的列数为结构模型的变量总数,$(\boldsymbol{A}\ \boldsymbol{B})$的行数为结构模型的方程个数,即

$$K=5,G=2$$

(1)第一个方程。在阶条件中,$M_1=4$,即矩阵$(\boldsymbol{A}\ \boldsymbol{B})$中第一行的非零元素个数,则

$$K-M_1=G-1=1$$

阶条件成立,且取等号。

在秩条件中,删去矩阵$(\boldsymbol{A}\ \boldsymbol{B})$中的第一行和第一、二、三、四各列,得到子矩阵

$$(\boldsymbol{A}_0\ \boldsymbol{B}_0)=(-b_1)$$

因为

$$\text{rank}(\boldsymbol{A}_0\ \boldsymbol{B}_0)=G-1=1$$

秩条件成立,所以第一个方程可识别。结合阶条件,第一个方程恰好识别。

(2)第二个方程。在阶条件中,$M_2=3$,即矩阵$(\boldsymbol{A}\ \boldsymbol{B})$中第二行的非零元素个数,则

$$K-M_2=2>G-1=1$$

阶条件成立,且取大于号。

在秩条件中,删去矩阵$(\boldsymbol{A}\ \boldsymbol{B})$中的第二行和第一、二、五各列,得到子矩阵

$$(\boldsymbol{A}_0\ \boldsymbol{B}_0)=(-a_1,-a_2)$$

因为

$$\text{rank}(\boldsymbol{A}_0\ \boldsymbol{B}_0)=G-1=1$$

秩条件成立,第二个方程可识别。结合阶条件,第二个方程过度识别。

下面对模型进行参数估计。

(1)第一个方程。应用间接最小二乘法估计参数。

第一步,将第二个方程代入第一个方程,得到 Y_{1t}的简化方程

$$\begin{aligned}Y_{1t}&=\frac{a_1}{1-a_3b_2}X_{1t}+\frac{a_2}{1-a_3b_2}X_{2t}+\frac{a_3b_1}{1-a_3b_2}X_{3t}+v_{1t}\\&=c_1X_{1t}+c_2X_{2t}+c_3X_{3t}+v_{1t}\end{aligned}$$

将第一个方程代入第二个方程，得到 Y_{2t} 的简化方程

$$
\begin{aligned}
Y_{2t} &= \frac{a_1 b_2}{1 - a_3 b_2} X_{1t} + \frac{a_2 b_2}{1 - a_3 b_2} X_{2t} + \frac{b_1}{1 - a_3 b_2} X_{3t} + v_{2t} \\
&= c_4 X_{1t} + c_5 X_{2t} + c_6 X_{3t} + v_{2t}
\end{aligned}
$$

参数关系式为

$$
c_1 = \frac{a_1}{1 - a_3 b_2}, \qquad c_2 = \frac{a_2}{1 - a_3 b_2}, \qquad c_3 = \frac{a_3 b_1}{1 - a_3 b_2},
$$

$$
c_4 = \frac{a_1 b_2}{1 - a_3 b_2}, \qquad c_5 = \frac{a_2 b_2}{1 - a_3 b_2}, \qquad c_6 = \frac{b_1}{1 - a_3 b_2}
$$

解得

$$
a_3 = \frac{c_3}{c_6}, \quad a_1 - c_1 - a_3 c_4, \quad a_2 = c_2 - a_3 c_5
$$

第二步，对 Y_{1t} 和 Y_{2t} 的简化方程分别应用最小二乘法，得到 $c_1, c_2, \cdots, c_6$ 的估计值 $\hat{c}_1, \hat{c}_2, \cdots, \hat{c}_6$。

第三步，将 $\hat{c}_1, \hat{c}_2, \cdots, \hat{c}_6$ 代入上述关系式中，求得 a_1, a_2, a_3 的估计值

$$
\hat{a}_3 = \frac{\hat{c}_3}{\hat{c}_6}, \quad \hat{a}_1 = \hat{c}_1 - \hat{a}_3 \hat{c}_4, \quad \hat{a}_2 = \hat{c}_2 - \hat{a}_3 \hat{c}_5
$$

(2)第二个方程。应用两阶段最小二乘法估计参数。该方程中内生变量 Y_{1t} 作为解释变量。

第一步，对 Y_{1t} 的简化方程

$$
Y_{1t} = c_1 X_{1t} + c_2 X_{2t} + c_3 X_{3t} + v_{1t}
$$

应用最小二乘法，得到

$$
Y_{1t} = \hat{Y}_{1t} + \hat{v}_{1t}
$$

第二步，将 $Y_{1t} = \hat{Y}_{1t} + \hat{v}_{1t}$ 代入第二个方程，得

$$
Y_{2t} = b_1 X_{3t} + b_2 \hat{Y}_{1t} + u_{2t}^*
$$

对该方程应用最小二乘法求得参数 b_1、b_2 的估计量 $\hat{b}_1$、$\hat{b}_2$。

需要强调的是，不论结构方程是否可识别，是恰好识别还是过度识别，简化方程都可以直接应用最小二乘法估计参数，并据此进行经济预测、经济结构分析等，它反映了预定变量对内生变量的总影响。

此外，如果某个结构方程中不存在内生变量作为解释变量，则可以直接用最小二乘法进行参数估计。

§9.6　案例分析

例 9.7　天津市 1978—2000 年居民消费 C_t、政府消费 G_t、资本形成总额 I_t、国民收入 Y_t（用国内生产总值减去货物和服务净出口表示）数据如表 9.1 和 EViews 文件 li-9-7 所示。

表 9.1　天津市 C_t、G_t、I_t、Y_t 数据　（单位：亿元）

年份	C_t	G_t	I_t	Y_t	$\hat{Y}_t$
1978	26.52	3.66	26.40	56.58	—
1979	29.90	4.11	33.27	67.28	91.002
1980	35.48	4.14	35.66	75.28	103.299
1981	37.31	6.41	25.06	68.78	104.105
1982	40.72	6.50	34.81	82.03	85.393
1983	45.20	7.72	41.94	94.86	103.117
1984	50.63	9.74	48.30	108.67	117.036
1985	60.60	11.26	88.64	160.51	130.119
1986	68.66	13.45	101.10	183.21	208.704
1987	76.31	20.96	92.70	189.93	233.767
1988	97.16	29.26	142.27	268.69	227.186
1989	109.05	34.05	137.20	280.30	330.340
1990	115.38	28.30	134.37	278.05	318.620
1991	130.16	35.10	163.65	328.91	297.032
1992	147.90	42.18	227.18	417.26	360.661
1993	186.31	58.54	316.61	560.46	495.059
1994	241.56	82.20	430.90	754.66	684.284
1995	317.62	85.33	514.24	917.19	925.681
1996	389.35	123.97	599.16	1112.48	1048.731
1997	443.89	131.88	667.47	1243.24	1245.570
1998	470.08	152.64	729.69	1352.41	1361.707
1999	503.82	212.98	722.70	1439.50	1523.777
2000	557.34	247.37	817.15	1621.86	1612.926

资料来源：天津统计年鉴（2001）[M]. 北京：中国统计出版社，2001。

建立如下简单的凯恩斯宏观经济模型

消费方程： $C_t = a_0 + a_1 Y_t + a_2 C_{t-1} + u_{1t}$

投资方程： $I_t = b_0 + b_1 Y_{t-1} + u_{2t}$

收入方程： $Y_t = C_t + I_t + G_t$

在该联立方程模型中，收入方程是非随机方程式，不需要进行识别和参数估计。投资方程是随机方程式，但解释变量只有滞后内生变量 Y_{t-1}，它与随机项 u_{2t}不相关，可以直接采用最小二乘法估计参数 b_0 和 b_1，得到线性、无偏、最小方差、一致的估计量，不需要进行识别。消费方程是随机方程式，且存在内生变量 Y_t 作为解释变量，它与随机项 u_{1t}相关，因此不能直接采用最小二乘法估计参数，否则会得到有偏且不一致的估计量。

首先分析消费方程的识别状态，结构模型的一般形式为

$$\begin{cases} C_t + 0I_t - a_1 Y_t - a_2 C_{t-1} + 0Y_{t-1} + 0G_t - a_0 = u_{1t} \\ 0C_t + I_t + 0Y_t + 0C_{t-1} - b_1 Y_{t-1} + 0G_t - b_0 = u_{2t} \\ -C_t - I_t + Y_t + 0C_{t-1} + 0Y_{t-1} - G_t = 0 \end{cases}$$

结构参数矩阵为（略去常数项）

$$\begin{matrix} & C_t & I_t & Y_t & C_{t-1} & Y_{t-1} & G_t \end{matrix}$$

$$(\boldsymbol{A}\ \boldsymbol{B}) = \begin{bmatrix} 1 & 0 & -a_1 & -a_2 & 0 & 0 \\ 0 & 1 & 0 & 0 & -b_1 & 0 \\ -1 & -1 & 1 & 0 & 0 & -1 \end{bmatrix}$$

此外，$(\boldsymbol{A}\ \boldsymbol{B})$的列数为结构模型的变量总数，$(\boldsymbol{A}\ \boldsymbol{B})$的行数为结构模型的方程个数，即

$$K = 6, G = 3$$

对于消费方程，在阶条件中，$M_1 = 3$，即矩阵$(\boldsymbol{A}\ \boldsymbol{B})$中第一行的非零元素个数，故

$$K - M_1 = 3 > G - 1 = 2$$

阶条件成立，且取大于号。

在秩条件中，删去矩阵$(\boldsymbol{A}\ \boldsymbol{B})$中的第一行和第一、三、四各列，得到子矩阵

$$(\boldsymbol{A}_0\ \boldsymbol{B}_0) = \begin{bmatrix} 1 & -b_1 & 0 \\ -1 & 0 & -1 \end{bmatrix}$$

因为

$$\text{rank}(\boldsymbol{A}_0\ \boldsymbol{B}_0)=2=G-1$$

秩条件成立，所以消费方程可识别。

结合阶条件，消费方程是过度识别的。从而采用两阶段最小二乘法估计参数。

第一步，作为解释变量的内生变量 Y_t 的简化方程为

$$Y_t=c_0+c_1G_t+c_2Y_{t-1}+c_3C_{t-1}+v_t$$

对该方程应用最小二乘法得到

$$\hat{Y}_t=50.240+0.209G_t+2.065Y_{t-1}-2.901C_{t-1}$$
$$(2.6)\quad(0.3)\quad(4.8)\quad(-2.3)$$
$$R^2=0.993,\quad \overline{R}^2=0.992,\quad DW=1.567,\quad F=897.223$$

第二步，利用上式计算 Y_t 的拟合值 $\hat{Y}_t$（见表9.1），在消费方程中用 $\hat{Y}_t$ 的值代替 Y_t 的观测值，再次应用最小二乘法进行参数估计，得到消费方程的估计式

$$\hat{C}_t=8.629+0.261\hat{Y}_t+0.258C_{t-1}$$
$$(2.4)\quad(5.0)\quad(1.5)$$
$$R^2=0.996,\quad \overline{R}^2=0.996,\quad DW=1.267,\quad F=2370.892$$

上述估计结果说明，本期消费与本期收入、前期消费同向变化。在前期消费不变的条件下，本期收入增加1个单位，将使本期消费增加0.261个单位；在本期收入不变的条件下，前期消费增加1个单位，将使本期消费增加0.258个单位。

对消费方程直接应用最小二乘法估计参数的结果为

$$\hat{C}_t=8.528+0.248Y_t+0.300C_{t-1}$$
$$(4.8)\quad(13.0)\quad(4.8)$$
$$R^2=0.999,\quad \overline{R}^2=0.999,\quad DW=1.424,\quad F=10176.03$$

投资方程显然满足古典假设，可应用最小二乘法估计参数，结果为

$$\hat{I}_t=11.436+0.583Y_{t-1}$$
$$(0.9)\quad(30.4)$$
$$R^2=0.979,\quad \overline{R}^2=0.978,\quad DW=0.657,\quad F=923.081$$

上式说明，本期投资与前期国民收入同向变化，前期国民收入每增加1个单

位,将使本期投资增加 0.583 个单位。

在本例中,消费方程的最小二乘估计结果要略优于两阶段最小二乘估计结果。对有内生变量作为解释变量的结构方程,最小二乘估计量的统计性质是有偏和不一致的,两阶段最小二乘估计量的统计性质是有偏和一致的,因此最小二乘估计量不如两阶段最小二乘估计量优越,即少了一致性这个统计性质。但一致性只有在大样本下才有意义,它是一个渐近的统计性质,在小样本下,一致性没有任何意义,这说明,在小样本情况下,对有内生变量作为解释变量的结构方程,采用最小二乘法还是采用两阶段最小二乘法(或间接最小二乘法),参数估计量的统计性质并无本质差异;而且最小二乘法计算量小,回归的拟合优度最高,所以在小样本条件下,可以对有内生变量作为解释变量的结构方程直接应用最小二乘法进行估计。本案例的估计结果也说明了这一点。

§9.7 两阶段最小二乘法的 EViews 估计

首先用 Create 命令、Data 命令建立变量的数据文件。

点击 Objects 选 New Object→System。在打开的 System 窗口输入下述预定变量和方程信息:

```
Inst    CT(-1)    YT(-1)    GT
CT = C(1) + C(2) * YT + C(3) * CT(-1)
IT = C(4) + C(5) * YT(-1)
```

其中,Inst 命令后面列出联立方程模型中的所有预定变量。模型中的变量分别记为

CT——居民消费;

GT——政府消费;

IT——资本形成总额;

YT——国民收入;

CT(-1)——前一期居民消费;

YT(-1)——前一期国民收入。

第二、三行是需估计参数的随机方程式,即消费方程和投资方程。收入方程不需要估计参数,所以不必列出。

需注意的是,EViews 中 C 代表常数项,不能作为变量的名称,因此在模型中所有变量的原名称后增加了 T。

下面用两阶段最小二乘法估计参数。

继续上面的操作，在 System 窗口中按 Estimate 键，选择 Two-Stage Least Squares，即两阶段最小二乘法，得到估计结果如表9.2。

表9.2是两阶段最小二乘法的 EViews 估计结果。

表9.2 例9.7两阶段最小二乘法 EViews 估计结果

System: LI_9_6
Estimation Method: Two-Stage Least Squares
Date: 03/23/20 Time: 21:21
Sample: 1979 2000
Included observations: 22
Total system (balanced) observations 44

	Coefficient	Std. Error	t-Statistic	Prob.
C(1)	8.627191	1.785287	4.832384	0.0000
C(2)	0.260973	0.025568	10.20684	0.0000
C(3)	0.258276	0.083474	3.094110	0.0036
C(4)	11.48495	12.33330	0.931215	0.3575
C(5)	0.582793	0.019218	30.32529	0.0000
Determinant residual covariance		40426.12		

Equation: CT=C(1)+C(2)*YT+C(3)*CT(-1)
Instruments: CT(-1) YT(-1) GT C
Observations: 22

R-squared	0.999046	Mean dependent var	188.8377
Adjusted R-squared	0.998945	S.D. dependent var	174.7081
S.E. of regression	5.674291	Sum squared resid	611.7539
Durbin-Watson stat	1.438808		

Equation: IT=C(4)+C(5)*YT(-1)
Instruments: CT(-1) YT(-1) GT C
Observations: 22

R-squared	0.978715	Mean dependent var	277.4577
Adjusted R-squared	0.977651	S.D. dependent var	272.0485
S.E. of regression	40.67046	Sum squared resid	33081.73
Durbin-Watson stat	0.654598		

以联立方程的形式给出的估计结果为：

$$\begin{cases} \hat{C}_t = 8.627 + 0.261\hat{Y}_t + 0.258Y_{t-1} \\ \hat{I}_t = 11.485 + 0.583Y_{t-1} \\ Y_t = C_t + I_t + G_t \end{cases}$$

思考与练习题

1. 什么是联立方程模型?

2. 联立方程模型中的变量可以分为几类?其含义各是什么?

3. 联立方程模型中的方程可以分为几类?其含义各是什么?

4. 联立方程模型可以分为几类?其含义各是什么?

5. 写出结构模型的一般形式和结构参数矩阵。

6. 写出简化模型的一般形式和参数关系式的表达式。

7. 联立方程模型的识别状况可以分为几类?其含义各是什么?

8. 结构方程可识别与不可识别的等价定义是什么?

9. 叙述识别的阶条件和秩条件的步骤。

10. 联立方程模型的估计有哪些方法?其步骤、适用条件和统计性质各是什么?

11. 某农产品的市场局部均衡模型为

需求方程: $D_t = a_0 + a_1 P_t + a_2 Y_t + u_{1t}$

供给方程: $S_t = b_0 + b_1 P_t + b_2 P_{t-1} + u_{2t}$

均衡方程: $D_t = S_t$

其中,D_t——t 时期的需求量;

S_t——t 时期的供给量;

Y_t——t 时期的消费者收入水平;

P_t——t 时期产品的价格;

P_{t-1}——$t-1$ 时期产品的价格。

问题:(1)指出模型中的内生变量、外生变量和预定变量。

(2)推导出简化模型,建立结构参数与简化参数的关系表达式。

(3)利用阶条件和秩条件分析模型的识别状态。

(4)写出参数估计的基本步骤。

12. 某简化的宏观经济模型为

消费方程: $C_t = a_0 + a_1 Y_t + u_{1t}$

投资方程: $I_t = b_0 + b_1 P_t + u_{2t}$

收入方程: $Y_t = C_t + I_t + G_t$

其中,C_t——t 时期的消费额;

I_t——t 时期的投资额；

Y_t——t 时期的国民收入；

P_t——t 时期的利润；

G_t——t 时期的政府支出额。

问题：(1)指出模型中的内生变量、外生变量和预定变量。

(2)利用阶条件和秩条件分析模型的识别状态。

(3)利用下表中的数据(单位：亿元)和 EViews 文件 xiti-9-12，估计该模型。

序号	Y_t	C_t	I_t	P_t	G_t
1	484	311	75	29	97
2	504	325	75	27	104
3	520	335	72	27	113
4	560	355	83	31	122
5	591	375	87	33	128
6	632	401	94	38	137
7	685	433	108	47	144
8	750	466	121	50	162
9	794	492	116	47	185
10	866	537	126	50	203

第 10 章　模型的诊断与检验

在建立模型过程中,要对模型参数以及模型的各种假定条件做出检验和判断。这些检验与判断要通过运用统计量来完成。在第 2 章和第 3 章已经介绍过检验单个回归系数显著性的 t 统计量和检验模型回归系数总显著性的 F 统计量。在第 5 章介绍了模型误差项是否存在异方差的 White 检验、Glejser 检验;在第 6 章介绍了模型误差项是否存在自相关的 DW 检验和 BG 检验。

为保证知识的完整性,本章开始先简要总结模型回归系数总显著性的 F 检验、单个回归系数显著性的 t 检验。然后再介绍几个在建模过程中也很常用的其他检验方法。他们是检验模型若干约束条件是否成立的 F 检验和似然比(LR)检验、Wald 检验、拉格朗日乘子(LM)检验、邹(Chow)突变点检验、模型误差项的正态分布 JB (Jarque-Bera)检验以及 Granger 因果性检验。

§10.1　模型总显著性的 F 检验

以多元线性回归模型

$$y_t = \beta_0 + \beta_1 x_{1t} + \beta_2 x_{2t} + \cdots + \beta_k x_{kt} + u_t \tag{10.1}$$

为例,原假设与备择假设分别是

$$\mathrm{H}_0: \beta_1 = \beta_2 = \cdots = \beta_k = 0; \quad \mathrm{H}_1: \beta_j \text{ 不全为零}$$

在原假设成立的条件下,统计量

$$F = \frac{ESS/k}{SSR/(T-k-1)} \sim F(k, T-k-1) \tag{10.2}$$

其中,ESS 指回归平方和,SSR 指残差平方和,$k+1$ 表示模型中被估回归系数个数,T 表示样本容量。

判别规则是,

若 $F \leqslant F_\alpha(k, T-k-1)$,接受 H_0;

若 $F > F_\alpha(k, T-k-1)$,拒绝 H_0。

详见第 3 章。

§10.2　模型单个回归参数显著性的 t 检验

对于多元线性回归模型

$$y_t = \beta_0 + \beta_1 x_{1t} + \beta_2 x_{2t} + \cdots + \beta_k x_{kt} + u_t$$

如果 F 检验的结论是接受原假设,则检验停止。如果 F 检验的结论是拒绝原假设,则进一步作 t 检验。检验模型中哪个(或哪些)解释变量是重要解释变量,哪个是可以删除的变量。原假设与备择假设分别是

$H_0: \beta_j = 0$;

$H_1: \beta_j \neq 0$,　$(j = 1, 2, \cdots, k)$。

注意:这是作 k 个 t 检验。在原假设成立条件下,统计量

$$t = \frac{\hat{\beta}_j}{s(\hat{\beta}_j)} \sim t(T-k-1), \quad (j = 1, 2, \cdots, k) \qquad (10.3)$$

其中 $\hat{\beta}_j$ 是对 β_j 的估计,$s(\hat{\beta}_j)$,$(j = 1, 2, \cdots, k)$ 是 $\hat{\beta}_j$ 的样本标准差。

判别规则是,

若 $|t| \leqslant t_\alpha(T-k-1)$,接受 H_0;

若 $|t| > t_\alpha(T-k-1)$,拒绝 H_0。

其中 α 是检验水平,详见第 2 章。

§10.3 检验若干线性约束条件是否成立的 F 检验

线性约束条件的 F 检验可以用来检验回归系数的一个或多个线性约束条件，如 $H_0: \beta_1=0,\ \beta_2=0,\ \alpha_1+\beta_0+\beta_1=1,\ \beta_1/\beta_2=0.8$ 等是否成立的检验。

以 k 元线性回归模型

$$y_t=\beta_0+\beta_1 x_{1t}+\beta_2 x_{2t}+\cdots+\beta_k x_{kt}+u_t \tag{10.4}$$

为例，比如要检验模型中最后 m 个回归系数是否为零。原假设 $\beta_{k-m+1}=\cdots=\beta_k=0$，则原假设成立条件下模型表达式是

$$y_t=\beta_0+\beta_1 x_{1t}+\beta_2 x_{2t}+\cdots+\beta_{k-m} x_{k-mt}+u_t \tag{10.5}$$

(10.4)式称作无约束模型，即未施加约束条件的模型。(10.5)式称作约束模型，即施加了约束条件的模型。

在原假设 $\beta_{k-m+1}=\cdots=\beta_k=0$ 成立条件下，统计量

$$F=\frac{(SSR_r-SSR_u)/m}{SSR_u/(T-k-1)}\sim F(m,T-k-1) \tag{10.6}$$

服从第一自由度为 m、第二自由度为 $T-k-1$ 的 F 分布。其中 SSR_r 表示由估计约束模型(10.5)得到的残差平方和；SSR_u 表示由估计无约束模型(10.4)得到的残差平方和；m 表示约束条件个数；T 表示样本容量；$k+1$ 表示无约束模型中被估回归系数的个数。

判别规则是，若 $F\leqslant F_\alpha(m,T-k-1)$，约束条件成立，若 $F>F_\alpha(m,T-k-1)$，约束条件不成立。

这里所介绍的 F 检验与检验模型总显著性的 F 统计量实际上是一个统计量。注意：F 检验只能检验线性约束条件。

例 10.1 建立中国国债发行额模型

数据见表 10.2 和 EViews 文件 li-10-1。首先分析中国国债发行额序列的特征（见图 10.1）。1980 年国债发行额是 43.01 亿元，占 GDP 当年总量的 1%，2001 年国债发行额是 4604 亿元，占 GDP 当年总量的 4.8%。以当年价格计算，22 年间（1980—2001 年）增长了 106 倍。平均年增长率是 24.9%。

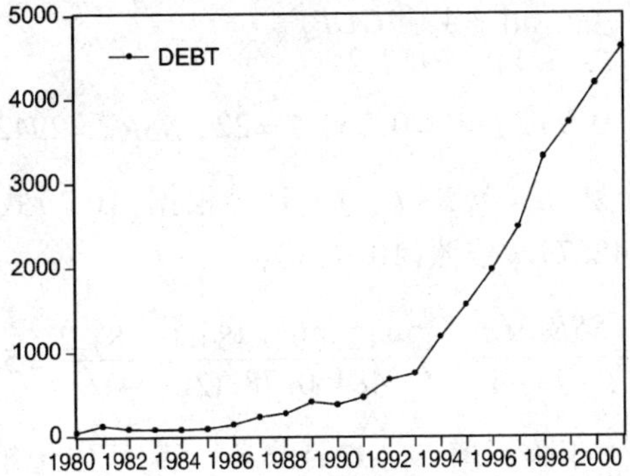

图10.1　中国国债发行额序列图

样本期间中国正处在社会主义市场经济体制逐步完善，宏观经济运行平稳阶段。国债发行总量应该与经济总规模、财政赤字的多少、每年的还本付息能力有关系。选择3个解释变量——国内生产总值、财政赤字额、年还本付息额，根据散点图（略）建立中国国债发行额模型如下：

$$DEBT_t = \beta_0 + \beta_1 GDP_t + \beta_2 DEF_t + \beta_3 REPAY_t + u_t$$

其中 $DEBT_t$ 表示国债发行总额（单位：亿元），GDP_t 表示年国内生产总值（单位：百亿元），DEF_t 表示年财政赤字额（单位：亿元），$REPAY_t$ 表示年还本付息额（单位：亿元）。用1980—2001年数据得输出结果如下；

$$\underset{}{\widehat{DEBT}_t} = \underset{(0.2)}{4.31} + \underset{(2.2)}{0.35 GDP_t} + \underset{(31.5)}{1.00 DEF_t} + \underset{(17.8)}{0.88 REPAY_t} \tag{10.7}$$

$$R^2 = 0.999,\ DW = 2.12,\ T = 22,\ SSR_u = 48460.78$$

由上述4个变量的相关系数矩阵（见表10.1）知，$DEBT_t$ 和 GDP_t 的相关性最强。那么是否可以从模型中删掉 DEF_t 和 $REPAY_t$ 呢？

表10.1　变量 $DEBT_t$、GDP_t、DEF_t，$REPAY_t$ 相关系数矩阵

Correlation				
	DEBT	GDP	DEF	REPAY
DEBT	1.000000	0.967751	0.945247	0.944498
GDP	0.967751	1.000000	0.869643	0.954508
DEF	0.945247	0.869643	1.000000	0.787957
REPAY	0.944498	0.954508	0.787957	1.000000

可以用 F 统计量完成上述检验。原假设 H_0 是 $\beta_3 = \beta_4 = 0$（约束 DEF_t 和 $REPAY_t$ 的系数为零）。给出约束模型估计结果如下，

$$\widehat{DEBT_t} = -388.40 + 4.49GDP_t \tag{10.8}$$
$$(-3.1) \quad (17.2)$$

$$R^2 = 0.94,\ DW = 0.25,\ T = 22,\ SSR_r = 2942679$$

已知约束条件个数 $m=2$，$T-k-1=18$。根据(10.7)式、(10.8)式，$SSR_u=48460.78$，$SSR_r=2942679$。依照(10.6)式，

$$F=\frac{(SSR_r-SSR_u)/m}{SSR_u/(T-K-1)}=\frac{(2942679-48460.78)/2}{48460.78/(22-4)}=537.5$$

因为 $F=537.5$ 远远大于临界值 $F_{0.05}(2,18)=3.55$，所以拒绝原假设。不能从模型中删除解释变量 DEF_t 和 $REPAY_t$。

变量 $DEBT_t$、GDP_t、DEF_t 和 $REPAY_t$ 的数据见表 10.2。

表 10.2　变量 $DEBT_t$、GDP_t、DEF_t 和 $REPAY_t$ 的数据

年份	$DEBT_t$(亿元)	GDP_t(百亿元)	DEF_t(亿元)	$REPAY_t$(亿元)
1980	43.01	45.178	68.90	28.58
1981	121.74	48.624	-37.38	62.89
1982	83.86	52.947	17.65	55.52
1983	79.41	59.345	42.57	42.47
1984	77.34	71.710	58.16	28.90
1985	89.85	89.644	-0.57	39.56
1986	138.25	102.022	82.90	50.17
1987	223.55	119.625	62.83	79.83
1988	270.78	149.283	133.97	76.76
1989	407.97	169.092	158.88	72.37
1990	375.45	185.479	146.49	190.07
1991	461.40	216.178	237.14	246.80
1992	669.68	266.381	258.83	438.57
1993	739.22	346.344	293.35	336.22
1994	1175.25	467.594	574.52	499.36
1995	1549.76	584.781	581.52	882.96
1996	1967.28	678.846	529.56	1355.03
1997	2476.82	744.626	582.42	1918.37
1998	3310.93	783.452	922.23	2352.92
1999	3715.03	820.6746	1743.59	1910.53
2000	4180.10	894.422	2491.27	1579.82
2001	4604.00	959.333	2516.54	2007.73

资料来源：中国统计年鉴(2002)[M]. 北京：中国统计出版社，2002。

EViews 可以有三种途径完成上述检验。

(1)在(10.7)式输出结果窗口中点击 View，选 Coefficient Diagnostics，Wald Test Coefficient Restrictions 功能(Wald 参数约束检验)，在随后弹出的对

话框中填入 c(3) = c(4) = 0，可得如表 10.3 的结果。其中 $F = 537.5$。

表 10.3　F 检验的 EViews 计算结果

Wald Test:
Equation: EQ01

Test Statistic	Value	df	Probability
F-statistic	537.5060	(2, 18)	0.0000
Chi-square	1075.012	2	0.0000

Null Hypothesis: C(3)=C(4)=0
Null Hypothesis Summary:

Normalized Restriction (= 0)	Value	Std. Err.
C(3)	0.995403	0.031613
C(4)	0.879760	0.049508

Restrictions are linear in coefficients.

（2）在（10.7）式输出结果窗口中点击 View，选 Coefficient Tests，Redundant Variables Test-Likelihood Ratio 功能（模型中是否存在多余的不重要解释变量），接着在随后弹出的对话框中填入 DEF，REPAY，可得表 10.4。计算结果同样是 $F = 537.5$。

表 10.4　F 和 LR 检验的 EViews 计算结果

Redundant Variables Test
Equation: EQ01
Redundant variables: DEF REPAY
Specification: DEBT C GDP DEF REPAY
Null hypothesis: DEF REPAY are jointly insignificant

	Value	df	Probability
F-statistic	537.5060	(2, 18)	0.0000
Likelihood ratio	90.33906	2	0.0000

F-test summary:

	Sum of Sq.	df	Mean Squares
Test SSR	2894218.	2	1447109.
Restricted SSR	2942679.	20	147133.9
Unrestricted SSR	48460.78	18	2692.266

LR test summary:

	Value
Restricted LogL	-161.0583
Unrestricted LogL	-115.8888

（3）在（10.8）式输出结果窗口中点击 View，选 Coefficient Tests，Omitted

Variables Test-Likelihood Ratio 功能(模型中是否丢了重要的解释变量),在随后弹出的对话框中填入拟加入的解释变量 DEF 和 REPAY,可得到如表 10.5 的结果。同样是$F=537.5$。

表 10.5　*F* 和 *LR* 检验的 EViews 计算结果

Omitted Variables Test
Equation: EQ02
Omitted Variables: DEF REPAY
Specification: DEBT C GDP
Null hypothesis: DEF REPAY are jointly insignificant

	Value	df	Probability
F-statistic	537.5060	(2, 18)	0.0000
Likelihood ratio	90.33906	2	0.0000

§10.4　似然比(*LR*)检验

似然比(*LR*)检验的基本思路是如果约束条件成立,则相应约束模型与非约束模型的极大似然函数值应该是近似相等的。用

$$\log L(\hat{\beta},\hat{\sigma}^2) = -\frac{T}{2}\log(2\pi\hat{\sigma}^2) - \frac{\sum \hat{e}_t^2}{2\hat{\sigma}^2}$$

表示由估计非约束模型得到的极大似然函数。其中$\hat{\beta}$ 和$\hat{\sigma}^2$ 分别是对β(参数集合)、σ^2(误差项方差)的极大似然估计。用

$$\log L(\tilde{\beta},\tilde{\sigma}^2) = -\frac{T}{2}\log(2\pi\tilde{\sigma}^2) - \frac{\sum \tilde{e}_t^2}{2\tilde{\sigma}^2}$$

表示由估计约束模型得到的极大似然函数。其中$\tilde{\beta}$ 和 $\tilde{\sigma}^2$分别是对β(参数集合)和σ^2 的极大似然估计。似然比(*LR*)统计量定义为

$$LR = -2[\log L(\tilde{\beta},\tilde{\sigma}^2) - \log L(\hat{\beta},\hat{\sigma}^2)] \tag{10.9}$$

其中括号内是两个似然函数之比(似然比检验由此而得名)的对数。在原假设"约束条件成立"条件下

$$LR \sim \chi^2(m) \tag{10.10}$$

其中 m 表示约束条件个数。用样本计算 LR 统计量。

判别规则是，

若 $LR \leqslant \chi^2_\alpha(m)$，则接受零假设，约束条件成立。

若 $LR > \chi^2_\alpha(m)$，则拒绝零假设，约束条件不成立。

例 10.2　仍以例 10.1 为例。用 LR 统计量检验原假设 $\beta_3=\beta_4=0$ 是否成立。用 1980—2001 年数据得非约束模型估计结果如下：

$$\widehat{DEBT}_t = \underset{(0.2)}{4.31} + \underset{(2.2)}{0.35}GDP_t + \underset{(31.5)}{0.99}DEF_t + \underset{(17.8)}{0.88}REPAY_t \tag{10.11}$$

$$R^2=0.9990,\ DW=2.12,\ T=22,\ \log L=-115.8888$$

得约束模型估计结果如下，

$$\widehat{DEBT}_t = \underset{(-3.1)}{-388.40} + \underset{(17.2)}{4.49}GDP_t \tag{10.12}$$

$$R^2=0.94,\ DW=0.25,\ T=22,\ \log L=-161.0583$$

按(10.9)式计算 LR 统计量的值，

$$\begin{aligned} LR &= -2[\log L(\tilde{\beta},\tilde{\sigma}^2)-\log L(\hat{\beta},\hat{\sigma}^2)] \\ &= -2(-161.0583+115.8888)=90.34 \end{aligned}$$

因为 $LR=90.34>\chi^2_{0.05}(2)=5.99$，所以推翻原假设。结论是不能从模型中删除解释变量 DEF_t 和 $REPAY_t$。检验结果与上面的 F 检验结论相一致。

似然比(LR)检验的 EViews 操作有两种途径。

(1)在(10.11)式非约束模型估计结果窗口中点击 View，选 Coefficient Diagnostic, Redundant Variables Test-Likelihood Ratio 功能(模型中是否存在多余的不重要解释变量)，在随后弹出的对话框中填入 DEF 和 $REPAY$，可得结果，如表 10.4 所示。其中 $LR=90.34$，与上面的计算结果相同。

(2)在(10.12)式约束模型估计结果窗口中点击 View，选 Coefficient Diagnostic, Omitted Variables Test-Likelihood Ratio 功能(模型中是否丢了重要的解释变量)，在随后弹出的对话框中填入拟加入的解释变量 DEF 和 $REPAY$，可得结果，如表 10.5所示。其中 $LR=90.34$，与上面的计算结果相同。

§10.5　沃尔德(Wald)检验

沃尔德检验由沃尔德(Wald)于1943年提出。由10.3节和10.4节知计算F和LR统计量需要估计非约束和约束两个模型,而沃尔德检验的优点是只需估计无约束一个模型。当约束模型的估计很困难时,此方法尤其适用。另外,F和LR检验只适用于检验线性约束条件,而沃尔德检验适用于线性与非线性约束条件的检验。

沃尔德检验的原理是测量无约束估计量与约束估计量之间的距离。先举一个简单的例子说明检验原理。

比如对如下无约束模型

$$y_t = \beta_1 x_{1t} + \beta_2 x_{2t} + \beta_3 x_{3t} + v_t \tag{10.13}$$

检验线性约束条件$\beta_2 = \beta_3$是否成立。则约束模型表示为

$$y_t = \beta_1 x_{1t} + \beta_2 (x_{2t} + x_{3t}) + v_t$$

其中β_2也可以用β_3表示。因为对约束估计量$\tilde{\beta}_2$和$\tilde{\beta}_3$来说,必然有$\tilde{\beta}_2 - \tilde{\beta}_3 = 0$,所以沃尔德检验只需对无约束模型(10.13)进行估计。

如果约束条件成立,则无约束估计量$(\hat{\beta}_2 - \hat{\beta}_3)$应该近似为零。如果约束条件不成立,则无约束估计量$(\hat{\beta}_2 - \hat{\beta}_3)$应该显著地不为零。关键是要找到一个准则,从而判断什么是显著地不为零。

首先需要知道$(\hat{\beta}_2 - \hat{\beta}_3)$的抽样分布。依据经典回归的假定条件,$(\hat{\beta}_2 - \hat{\beta}_3)$服从均值为$(\beta_2 - \beta_3)$,方差为$\mathrm{Var}(\hat{\beta}_2 - \hat{\beta}_3)$的正态分布。定义$W$统计量为,

$$W = (\hat{\beta}_2 - \hat{\beta}_3) \Big/ \sqrt{\mathrm{Var}(\hat{\beta}_2 - \hat{\beta}_3)} \sim N(0, 1)$$

在约束条件成立条件下,W渐近服从$N(0,1)$分布。通常$\mathrm{Var}(\hat{\beta}_2 - \hat{\beta}_3)$是未知的,使用的是$\mathrm{Var}(\hat{\beta}_2 - \hat{\beta}_3)$的样本估计量。

下面讨论多个约束条件的情形。假定若干约束条件是以联合检验的形式给出,

$$\boldsymbol{f}(\beta)=\mathbf{0} \tag{10.14}$$

其中$\boldsymbol{f}(\beta)$表示由约束条件组成的列向量。用$\tilde{\beta}$表示施加约束条件后对参数集合$\{\beta_1,\beta_2,\cdots,\beta_k\}$的估计。若把$\tilde{\beta}$代入上式，则上式一定成立。当把无约束估计值$\hat{\beta}$代入上式时，通常上式不会成立。$W$ 统计量定义如下，

$$W=\boldsymbol{f}(\hat{\beta})'[\operatorname{Var}(\boldsymbol{f}(\hat{\beta}))]^{-1}\boldsymbol{f}(\hat{\beta}) \tag{10.15}$$

其中$\boldsymbol{f}(\hat{\beta})$是用$\hat{\beta}$ 代替β后的$\boldsymbol{f}(\beta)$表达式，$\operatorname{Var}(\boldsymbol{f}(\hat{\beta}))$是$\boldsymbol{f}(\hat{\beta})$的估计的方差协方差矩阵。计算公式如下：

$$\operatorname{Var}(\boldsymbol{f}(\hat{\beta}))=\left(\frac{\partial \boldsymbol{f}(\hat{\beta})}{\partial\hat{\beta}}\right)(\operatorname{Var}(\hat{\beta}))\left(\frac{\partial \boldsymbol{f}(\hat{\beta})}{\partial\hat{\beta}}\right)' \tag{10.16}$$

其中$\partial\boldsymbol{f}(\hat{\beta})/\partial\hat{\beta}$ 表示$\boldsymbol{f}(\beta)$用无约束估计量$\hat{\beta}$ 代替后的偏导数矩阵，其中第 i 行第 j 列位置上的元素表示第 i 个约束条件对第 j 个无约束估计量的偏导数值。$\operatorname{Var}(\hat{\beta})$是$\hat{\beta}$ 的估计的方差协方差矩阵。

在约束条件成立条件下，$W=\boldsymbol{f}(\hat{\beta})'[\operatorname{Var}(\boldsymbol{f}(\hat{\beta}))]^{-1}\boldsymbol{f}(\hat{\beta})$渐近服从 $\chi^2(m)$分布。

$$W=\boldsymbol{f}(\hat{\beta})'[\operatorname{Var}(\boldsymbol{f}(\hat{\beta}))]^{-1}\boldsymbol{f}(\hat{\beta})\sim\chi^2(m)$$

其中 m 表示被检验的约束条件的个数，

举一个非线性约束的例子如下：

假定对模型

$$y_t=\hat{\beta}_1x_{t1}+\hat{\beta}_2x_{t2}+\hat{\beta}_3x_{t3}+u_t \tag{10.17}$$

检验约束条件$\beta_1\beta_2=\beta_3$ 是否成立。用$\hat{\beta}_1$，$\hat{\beta}_2$ 和$\hat{\beta}_3$ 分别表示β_1，β_2 和β_3 的非约束估计量。$\hat{\beta}_1$，$\hat{\beta}_2$ 和$\hat{\beta}_3$ 既可以是极大似然估计量，也可以是最小二乘估计量。因为对于本例，$\boldsymbol{f}(\hat{\boldsymbol{\beta}})$只含有一个约束条件，所以改用标量$f(\hat{\beta})$表示，有

$$f(\hat{\boldsymbol{\beta}})=\hat{\beta}_1\hat{\beta}_2-\hat{\beta}_3 \tag{10.18}$$

$$\frac{\partial f(\hat{\beta})}{\partial\hat{\beta}}=\left(\frac{\partial f(\hat{\beta})}{\partial\hat{\beta}_1}\quad\frac{\partial f(\hat{\beta})}{\partial\hat{\beta}_2}\quad\frac{\partial f(\hat{\beta})}{\partial\hat{\beta}_3}\right)=(\hat{\beta}_2\quad\hat{\beta}_1\quad -1) \tag{10.19}$$

$$\mathrm{Var}(\hat{\beta})=\begin{bmatrix}\mathrm{Var}(\hat{\beta}_1) & \mathrm{Cov}(\hat{\beta}_1\hat{\beta}_2) & \mathrm{Cov}(\hat{\beta}_1\hat{\beta}_3)\\ \mathrm{Cov}(\hat{\beta}_1\hat{\beta}_2) & \mathrm{Var}(\hat{\beta}_2) & \mathrm{Cov}(\hat{\beta}_2\hat{\beta}_3)\\ \mathrm{Cov}(\hat{\beta}_1\hat{\beta}_3) & \mathrm{Cov}(\hat{\beta}_2\hat{\beta}_3) & \mathrm{Var}(\hat{\beta}_3)\end{bmatrix} \tag{10.20}$$

和

$$\mathrm{Var}(\boldsymbol{f}(\hat{\beta}))=(\hat{\beta}_2 \quad \hat{\beta}_1 \quad -1)\mathrm{Var}(\hat{\beta})\begin{bmatrix}\hat{\beta}_2\\ \hat{\beta}_1\\ -1\end{bmatrix}$$

根据(10.15)式,W 统计量的具体表达式是,

$$W=\frac{(\hat{\beta}_1\hat{\beta}_2-\hat{\beta}_3)^2}{(\hat{\beta}_2 \quad \hat{\beta}_1 \quad -1)[\mathrm{Var}(\hat{\beta})]\begin{bmatrix}\hat{\beta}_2\\ \hat{\beta}_1\\ -1\end{bmatrix}}$$

在原假设$\beta_1\beta_2=\beta_3$ 成立的条件下,W 统计量渐近服从 $\chi^2(1)$分布。

例 10.3 1958—1972 年中国台湾制造业产值(y_t)、劳动力(x_{1t})和实际资本投入(x_{2t})数据见表 10.6 和 EViews 文件 li-10-3。得中国台湾制造业生产函数如下,

$$\widehat{Lny}_t=-8.4010+0.6731Lnx_{1t}+1.1816Lnx_{2t} \tag{10.21}$$
$$(-3.1) \qquad (4.4) \qquad (3.9)$$
$$R^2=0.98,\ F=335.8,\ DW=1.3,\ T=15,$$

试检验劳动力和实际资本两个弹性系数的比 $\beta_2/\beta_3=0.5$ 是否成立。

变换约束条件为

$$\beta_2-0.5\beta_3=0$$

因为只有一个约束条件,则

$$\boldsymbol{f}(\hat{\boldsymbol{\beta}})=f(\hat{\beta})=\beta_2-0.5\beta_3$$

$$\frac{\partial f(\hat{\beta})}{\partial \hat{\beta}} = \left(\frac{\partial f(\hat{\beta})}{\partial \hat{\beta}_1} \quad \frac{\partial f(\hat{\beta})}{\partial \hat{\beta}_2} \quad \frac{\partial f(\hat{\beta})}{\partial \hat{\beta}_3}\right) = (0 \quad 1 \quad -0.5)$$

表 10.6　中国台湾制造业产值、劳动力和实际资本投入数据

年份	制造业产值(y_t)（百万元新台币）	劳动力(x_{1t})（千人）	资本投入(x_{2t})（百万元新台币）
1958	8911.4	281.5	120753
1959	10873.2	284.4	122242
1960	11132.5	289.0	125263
1961	12086.5	375.8	128539
1962	12767.5	375.2	131427
1963	16347.1	402.5	134267
1964	19542.7	478.0	139038
1965	21075.9	553.4	146450
1966	23052.0	616.7	153714
1967	26128.2	695.7	164783
1968	29563.7	790.3	176864
1969	33376.6	816.0	188146
1970	38354.3	848.4	205841
1971	46868.3	873.1	221748
1972	54308.0	999.2	239715

资料来源:古扎拉蒂. 计量经济学[M]. 林少宫,译. 北京:中国人民大学出版社, 2000: 210 - 211。

由 EViews 文件 li-10-3 知

$$\mathrm{Var}(\hat{\beta}) = \begin{bmatrix} 7.3860 & 0.3776 & -0.8157 \\ 0.3776 & 0.0235 & -0.0439 \\ -0.8157 & -0.0439 & 0.0912 \end{bmatrix}$$

$$\mathrm{Var}(f(\hat{\beta})) = \left(\frac{\partial f(\hat{\beta})}{\partial \hat{\beta}}\right)(\mathrm{Var}(\hat{\beta}))\left(\frac{\partial f(\hat{\beta})}{\partial \hat{\beta}}\right)'$$

$$= [0 \ 1 \ -0.5]\begin{bmatrix} 7.3860 & 0.3776 & -0.8157 \\ 0.3776 & 0.0235 & -0.0439 \\ -0.8157 & -0.0439 & 0.0912 \end{bmatrix}\begin{bmatrix} 0 \\ 1 \\ -0.5 \end{bmatrix}$$

$$= 0.0903$$

$$f(\hat{\boldsymbol{\beta}}) = f(\hat{\beta}) = \beta_2 - 0.5\beta_3 = (0.6731 - 0.5 \times 1.1816) = 0.0823$$

$$W = f(\hat{\beta})'[\mathrm{Var}(f(\hat{\beta}))]^{-1} f(\hat{\beta})$$

$$= 0.0823\left(\frac{1}{0.0903}\right)0.0823 = \frac{(0.0823)^2}{0.0903} = 0.0750$$

因为 $W = 0.0750 < \chi^2_{0.05}(1) = 3.8$,所以,约束条件 $\beta_2/\beta_3 = 0.5$ 被接受,原

假设成立。

沃尔德检验的 EViews 操作方法是在(10.21)式对应的窗口中点击 View,选 Coefficient Diagnostics, Wald Test-Coefficient Restrictions 功能,并在随后弹出的对话框中填入C(2)/C(3) =0.5,得输出结果如表 10.7 所示。其中 χ^2 =0.065728 是 Wald 统计量的值。上式 W =0.0750 与此略有出入。

表 10.7　Wald 检验的 EViews 计算结果

Wald Test:
Equation: EQ01

Test Statistic	Value	df	Probability
t-statistic	0.256375	12	0.8020
F-statistic	0.065728	(1, 12)	0.8020
Chi-square	0.065728	1	0.7977

因为 W =0.065728 对应的概率大于 0.05,说明统计量落在原假设的接收域。结论是接受原假设(约束条件成立)。

§ 10.6　拉格朗日乘子(*LM*)检验

与 W 检验不同的是拉格朗日(Lagrange)乘子(*LM*)检验只需估计约束模型。所以当施加约束条件后模型形式变得简单时,更适用于这种检验。*LM* 检验是由艾奇逊－西尔维(Aitchison-Silvey,1960)提出的。*LM* 检验另一种表达式是由拉奥(Rao,1948)提出的,称为得分检验。*LM* 乘子检验可以检验线性约束和非线性约束条件的原假设。

首先给出非约束模型的对数似然函数

$$\log L(\beta,\sigma^2) \tag{10.22}$$

对于非约束极大似然估计量$\hat{\beta}_j$ 必然有

$$\frac{\partial \log L}{\partial \hat{\beta}_j}=0, \quad \forall j$$

若约束条件成立,则施加约束条件下β_j 的极大似然估计量 $\tilde{\beta}_j$应与不施加约束条件下β_j的极大似然估计量$\hat{\beta}_j$非常接近。也就是说，$\partial \log L/\partial \tilde{\beta}_j$应近似为零。$LM$检验的原理是如果$\partial \log L/\partial \tilde{\beta}_j$显著地不为零，则约束条件不成立。$LM$统计量定义为

$$LM=\left(\frac{\partial \log L}{\partial \tilde{\beta}}\right)'(I(\tilde{\beta}))^{-1}\left(\frac{\partial \log L}{\partial \tilde{\beta}}\right) \tag{10.23}$$

其中$(\partial \log L/\partial \tilde{\beta})$是以$(\partial \log L/\partial \beta_j)$为元素组成的列向量，同时用$\tilde{\beta}_j$替换了$\beta_j$。$I(\tilde{\beta})$称为**信息矩阵**，其逆矩阵是$\tilde{\beta}$的方差协方差矩阵。在约束条件成立条件下，$LM$渐近服从$\chi^2(m)$分布。

$$LM \sim \chi^2(m)$$

其中m表示约束条件个数。

假定有两个约束条件$f_1(\beta)=0$和$f_2(\beta)=0$。为求这两个约束条件下的对数似然函数(10.22)式的极大似然估计量，应按拉格朗日乘子法则建立如下函数，

$$\log L^* = \log L + \lambda_1 f_1(\beta) + \lambda_2 f_2(\beta) \tag{10.24}$$

其中λ_1、λ_2为拉格朗日乘子，求解约束极值问题应对所有的j都满足$\partial \log L^*/\partial \beta_j=0$，即

$$\frac{\partial \log L^*}{\partial \beta_j}=\frac{\partial \log L}{\partial \beta_j}+\lambda_1\frac{\partial f_1(\beta)}{\partial \beta_j}+\lambda_2\frac{\partial f_2(\beta)}{\partial \beta_j}=0, \quad \forall j$$

由上式得

$$\frac{\partial \log L}{\partial \beta_j}=-\lambda_1\frac{\partial f_1(\beta)}{\partial \beta_j}-\lambda_2\frac{\partial f_2(\beta)}{\partial \beta_j}, \quad \forall j \tag{10.25}$$

当上式中的β_j用$\tilde{\beta}_j$代替后，如果显著地不为零，则约束条件不成立。根据上式，只有当λ_1、λ_2不为零时，$\partial \log L/\partial \beta_j$才显著地不为零。所以判别规则是如果$\lambda_1$、$\lambda_2$显著地不为零，则拒绝约束条件。因为(10.25)式是$\partial \log L/\partial \tilde{\beta}_j$的函数，所以称$LM$为拉格朗日乘子统计量。

对于线性回归模型，通常并不是按(10.23)式，而是通过一个辅助回归式计算LM统计量的值。LM统计量与辅助回归式的可决系数R^2有直接联系，而辅助回归式的形式直接与被检验的约束条件有关。

LM检验的辅助回归式计算步骤如下：

（1）确定 LM 辅助回归式的因变量 e_t。用 OLS 法估计约束模型，计算残差序列 e_t，并把 e_t 作为 LM 辅助回归式的因变量。

（2）确定 LM 辅助回归式的解释变量。例如非约束模型如下式，

$$y_t = \beta_0 + \beta_1 x_{1t} + \beta_2 x_{2t} + \cdots + \beta_k x_{kt} + u_t \qquad (10.26)$$

把上式改写成如下形式

$$e_t = y_t - \beta_0 - \beta_1 x_{1t} - \beta_2 x_{2t} - \cdots - \beta_k x_{kt} \qquad (10.27)$$

则 LM 辅助回归式中的解释变量按如下形式确定，

$$-\frac{\partial e_t}{\partial \beta_j}, \qquad j = 0, 1, \cdots, k.$$

对于非约束模型（10.26），LM 辅助回归式中的解释变量是 $1, x_{1t}, x_{2t}, \cdots, x_{kt}$。第一个解释变量 1 表明常数项应包括在 LM 辅助回归式中。

（3）建立 LM 辅助回归式如下

$$e_t = \alpha_0 + \alpha_1 x_{1t} + \alpha_2 x_{2t} + \cdots + \alpha_k x_{kt} + v_t \qquad (10.28)$$

其中 e_t 由第一步得到。

（4）用 OLS 法估计上式并计算可决系数 R^2。

（5）用第四步得到的 R^2 计算 LM 统计量的值。

$$LM = TR^2$$

其中 T 表示样本容量。由于上式计算的 LM 的值与（10.23）式定义的 LM 的值相等（证明略）。在零假设成立的前提下，TR^2 渐近服从 m 个自由度的 $\chi^2(m)$ 分布，

$$LM = TR^2 \sim \chi^2(m)$$

其中 m 表示约束条件个数。

例 10.4 仍以例 10.3 为例，对中国台湾制造业生产函数

$$\widehat{Lny}_t = -8.4010 + 0.6731 Lnx_{1t} + 1.1816 Lnx_{2t}$$
$$(13.1) \qquad (4.4) \qquad (3.9)$$

$$R^2 = 0.98, F = 335.8, DW = 1.3, T = 15, (1958—1972)$$

用 LM 统计量检验 Lnx_{2t} 的系数 $\beta_3 = 0$ 是否成立。

(1)用 OLS 法估计约束模型,计算残差序列 e_t,

$$\widehat{Lny}_t = 2.16 + 1.24\ Lnx_{1t} + e_t$$
$$(4.9)\ (17.6) \qquad R^2 = 0.96,\ F = 312$$

并把 e_t 作为 LM 辅助回归式的因变量。

(2)确定 LM 辅助回归式的解释变量,如非约束模型,如下式,

$$Lny_t = \beta_1 + \beta_2 Lnx_{1t} + \beta_3 Lnx_{2t} + u_t \tag{10.29}$$

把上式改写成如下形式

$$u_t = Lny_t - \beta_1 - \beta_2 Lnx_{1t} - \beta_3 Lnx_{2t} \tag{10.30}$$

则 LM 辅助回归式中的解释变量按如下形式确定,

$$-\frac{\partial u_t}{\partial \beta_j}, \qquad j = 1, 2, 3$$

对于非约束模型(10.29),LM 辅助回归式中的解释变量是 1,Lnx_{1t},Lnx_{2t}。第一个解释变量 1 表明常数项应包括在 LM 辅助回归式中。

(3)建立 LM 辅助回归式如下

$$e_t = \alpha_0 + \alpha_1 Lnx_{1t} + \alpha_2 Lnx_{2t} + v_t$$

其中 e_t 由第一步得到。

(4)用 OLS 法估计上式并计算可决系数 R^2。

$$\hat{e}_t = -10.5651 - 0.5685\, Lnx_{1t} + 1.1816 Lnx_{2t}$$
$$(-3.9) \quad (-3.7) \qquad\qquad (3.9)$$
$$R^2 = 0.56,\ F = 7.65,\ DW = 1.3$$

(5)用第四步得到的 R^2 计算 LM 统计量的值。

$$LM = TR^2 = 0.56 \times 15 = 8.4 > \chi^2_{0.05}(1) = 3.8$$

原假设 $\beta_3 = 0$ 不成立。

例 10.5　证明自相关 BG 检验属于 LM 检验。

以二元线性回归模型为例,检验误差项中是否存在一阶自相关。非约束模型是

$$y_t = \beta_0 + \beta_1 x_{1t} + \beta_2 x_{2t} + u_t, \quad u_t = \rho u_{t-1} + v_t$$

即

$$y_t = \beta_0 + \beta_1 x_{1t} + \beta_2 x_{2t} + \rho u_{t-1} + v_t \tag{10.31}$$

约束模型是

$$y_t = \beta_0 + \beta_1 x_{1t} + \beta_2 x_{2t} + u_t, \quad (\rho = 0) \tag{10.32}$$

用 OLS 法估计(10.32)式,得到 e_t 作为 LM 辅助回归式的因变量。由非约束模型(10.31)知 LM 辅助回归式的解释变量是 $1, x_{1t}, x_{2t}, u_{t-1}$,所以 LM 辅助回归式是

$$e_t = \alpha_0 + \alpha_1 x_{1t} + \alpha_2 x_{2t} + \alpha_3 e_{t-1} + v_t$$

上式正是自相关 BG 检验式。从中提取 R^2 计算统计量 $LM = TR^2$。

§10.7　邹(Chow)突变点检验

邹突变点检验由邹至庄 1960 年提出。当研究同一问题在不同时段得到两个子样本时,需要考察两个不同时段的回归系数是否相同,即回归系数在不同时段是否稳定。当然这一检验也适用于两个截面样本的情形。

两个样本容量分别用 n_1 和 n_2 表示,并定义 $T = n_1 + n_2$。假定所建立的多元回归模型形式为,

$$y_t = \theta_0 + \theta_1 x_{1t} + \cdots + \theta_k x_{kt} + u_t$$

以 T、n_1 和 n_2 为样本分别对上述模型进行估计,所得结果用表 10.8 表示。

表 10.8　三个回归式的样本容量、残差平方和、相应自由度和回归系数符号

序号	样本容量	残差平方和	相应自由度	回归系数
1	T	SSR_T	$T-k-1$	$\theta_j,\ j=1,\cdots,k$
2	n_1	SSR_1	n_1-k-1	$\alpha_j,\ j=1,\cdots,k$
3	n_2	SSR_2	n_2-k-1	$\beta_j,\ j=1,\cdots,k$

注:三次回归的模型形式应相同。

原假设与备择假设:

$H_0: \alpha_j = \beta_j, \quad j = 1, \cdots, k;$

$H_1: \alpha_j, \beta_j$,不全对应相等。

则所用统计量定义为

$$F = \frac{[SSR_T - (SSR_1 + SSR_2)]/[T - k - 1 - (n_1 - k - 1 + n_2 - k - 1)]}{(SSR_1 + SSR_2)/(n_1 - k - 1 + n_2 - k - 1)}$$

$$= \frac{[SSR_T - (SSR_1 + SSR_2)]/(k+1)}{(SSR_1 + SSR_2)/(T - 2k - 2)} \sim F(k+1, T-2k-2) \qquad (10.33)$$

检验规则是

若 $F \leqslant F_{\alpha}(k+1, T-2k-2)$,接受 H_0(回归系数无显著性变化)

若 $F > F_{\alpha}(k+1, T-2k-2)$,拒绝 H_0(回归系数有显著性变化)

例 10.6　全国 30 个地区(不包括重庆市和港澳台地区)1993 年、1998 年和 2004 年耕地面积(land,百万公顷)和农业产值(output,百亿元)数据见表 10.9 和 EViews 文件 li-10-6。首先,用邹突变点检验方法检验 1993 年和 1998 年对数的农业产值与对数的耕地面积之间的关系是否出现显著性变化。

表 10.9　1993 年、1998 年、2004 年全国 30 个地区耕地面积和农业产值数据

序号	地区	1993 年耕地面积(千公顷)	1998 年耕地面积(千公顷)	2004 年耕地面积(千公顷)	1993 年农业产值(亿元)	1998 年农业产值(亿元)	2004 年农业产值(亿元)
1	北京	405.8	399.5	343.9	51.11	89.16	92.7
2	天津	428.8	426.1	485.6	44.27	98.83	95.3
3	河北	6536.0	6517.3	6883.3	344.52	885.88	1135.7
4	山西	3669.4	3645.1	4588.6	106.02	249.46	290.5
5	内蒙古	5171.7	5491.4	8201.0	142.08	335.32	411.5
6	辽宁	3429.7	3389.7	4174.8	250.30	534.71	611.3
7	吉林	3937.8	3953.2	5578.4	174.63	394.86	486.2
8	黑龙江	8913.2	8995.3	11773.0	235.36	517.59	620.2
9	上海	301.8	290.0	315.1	40.52	89.10	109.3
10	江苏	4495.2	4448.3	5061.7	518.55	1096.88	1242.4
11	浙江	1661.2	1617.8	2125.3	274.85	522.98	592.6
12	安徽	4317.4	4291.1	5971.7	357.05	679.61	842
13	福建	1219.4	1204.0	1434.7	190.28	410.96	525.8
14	江西	2326.1	2308.4	2993.4	196.14	361.54	491.1
15	山东	6758.8	6696.0	7689.3	526.66	1219.85	1891.7
16	河南	6870.4	6805.8	8110.3	475.52	1159.55	1602.9
17	湖北	3392.5	3358.0	4949.5	301.99	688.06	921.6
18	湖南	3272.9	3249.7	3953.0	325.96	628.69	874.0
19	广东	2356.5	2317.3	3272.2	486.46	861.98	960.0

续表

序号	地区	1993 年耕地面积（千公顷）	1998 年耕地面积（千公顷）	2004 年耕地面积（千公顷）	1993 年农业产值（亿元）	1998 年农业产值（亿元）	2004 年农业产值（亿元）
20	广西	2606.6	2614.2	4407.9	214.24	476.24	623.1
21	海南	431.5	429.2	762.1	53.53	117.73	170.9
22	四川	6231.5	6189.6	9169.1	516.22	823.71	987.7
23	贵州	1845.3	1840.0	4903.5	126.20	274.55	317.7
24	云南	2854.7	2870.6	6421.6	179.39	381.26	516.9
25	西藏	223.6	222.1	362.6	10.05	22.43	26.6
26	陕西	3458.4	3393.4	5140.5	179.41	340.87	413.7
27	甘肃	3480.6	3482.5	5024.7	99.14	252.55	331.4
28	青海	581.4	589.9	688.0	15.18	31.42	34.2
29	宁夏	803.1	807.2	1268.8	22.69	53.81	71.3
30	新疆	3120.2	3128.3	3985.7	145.82	387.36	515.0

资料来源:《中国统计年鉴(1994)》第 329、330 页。《中国统计年鉴(1999)》第 381、382 页。《中国统计年鉴(2005)》第 447、448 页。

用 1993 年和 1998 年数据画的散点图见图 10.2。其中圆点是 1998 年对数的农业产值对对数的耕地面积的观测点。圆圈是 1993 年对数的农业产值对对数的耕地面积的观测点。从图中可以看出,在耕地面积增加不大的情况下各地区农业产值都有显著的增加。

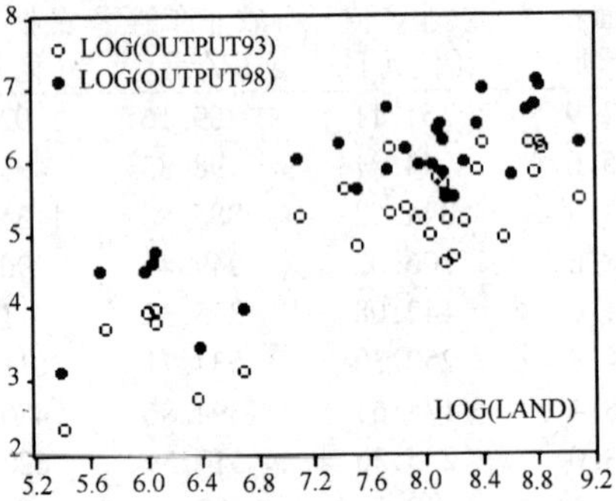

图 10.2　1993 年和 1998 年农业产值与耕地面积散点图

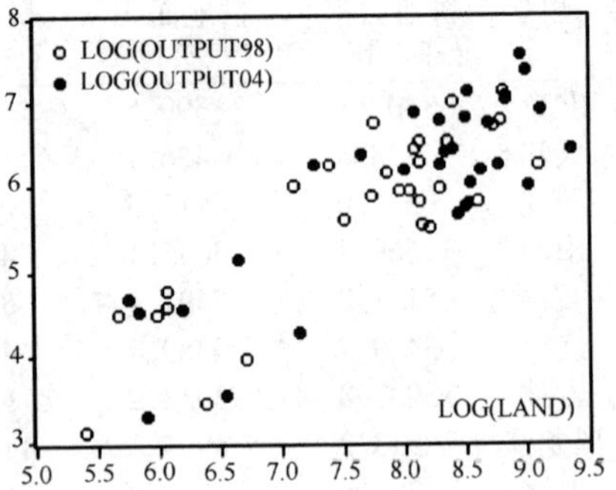

图 10.3　1998 年和 2004 年农业产值与耕地面积散点图

建立原假设与备择假设:

$H_0: \alpha_1 = \beta_1$;

$H_1: \alpha_1 \neq \beta_1$。

用 1993 年和 1998 年数据(各 30 个观测点)以及用 1993 年和 1998 年合并数据(60 个观测点)得到三个回归式如下:

$$\widehat{Lnoutput}_t = -1.6595 + 0.8666 Lnland_t$$
$$(-2.0) \quad (8.2)$$
$$R^2 = 0.70,\ SSR_1 = 9.7564,\ T = 30,\ (1993 \text{ 年数据})$$

$$\widehat{Lnoutput}_t = -0.9167 + 0.8698 Lnland_t$$
$$(-1.2) \quad (8.8)$$
$$R^2 = 0.74,\ SSR_2 = 8.4440,\ T = 30,\ (1998 \text{ 年数据})$$

$$\widehat{Lnoutput}_t = 1.2817 + 0.8674 Lnland_t$$
$$(-1.9) \quad (10.0) \qquad (10.34)$$
$$R^2 = 0.63,\ SSR_T = 27.0339,\ T = 60,\ (1993 \text{ 年和 } 1998 \text{ 年数据})$$

用上面三个回归式中的 SSR（残差平方和）等数字整理如表 10.10。按(10.33)式计算 F 统计量的值。

表 10.10　三个回归式的样本容量、残差平方和、相应自由度和回归系数符号

序号	样本容量	残差平方和	相应自由度	回归系数
1	$T = 60$	$SSR_T = 27.0339$	$T - k - 1 = 58$	θ_1
2	$n_1 = 30$	$SSR_1 = 9.7564$	$n_1 - k - 1 = 28$	α_1
3	$n_2 = 30$	$SSR_2 = 8.4440$	$n_2 - k - 1 = 28$	β_1

注：三次回归的模型形式 $Lnoutput_t = \theta_0 + \theta_1 Lnland_t + u_t$。

$$F = \frac{[SSR_T - (SSR_1 + SSR_2)]/(k+1)}{(SSR_1 + SSR_2)/(T - 2k - 2)}$$

$$= \frac{[27.0339 - (8.4440 + 9.7564)]/2}{(8.4440 + 9.7564)/56} = 13.59$$

因为 $F = 13.59 > F_{0.05}(2,56) = 3.17$，所以 30 个地区两个年度的模型结构发生了很大变化，即在播种面积近似相等的条件下，农业产值有了很大提高。

邹突变点检验的 EViews 操作是在(10.34)式输出结果窗口中点击 View，选 Stability Tests，Chow Breakpoint 功能，在随后弹出的对话框中填入 31，得结果如表 10.11 所示。其中 $F = 13.59$，与上面的计算结果相同。

进一步考察 30 个地区 1998 年和 2004 年对数的农业产值（$Lnoutput_t$）和对数的耕地面积（$Lnland$，百万公顷）之间的关系。散点图见图 10.3。从图中可以看出，在耕地面积略有增加的情况下各地区农业产值都没有显著的增加。

表 10.11 Chow 检验结果

Chow Breakpoint Test: 31
Null Hypothesis: No breaks at specified breakpoints
Varying regressors: All equation variables
Equation Sample: 1 60

F-statistic	13.58969	Prob. F(2,56)	0.0000
Log likelihood ratio	23.73887	Prob. Chi-Square(2)	0.0000
Wald Statistic	27.17938	Prob. Chi-Square(2)	0.0000

用1998年和2004年数据(各30个观测点)以及用1998年和2004年合并数据(60个观测点)得到三个回归式如下:

$$\widehat{Lnoutput}_t = -0.9167 + 0.8698 Lnland_t$$
$$(-1.2) \quad (8.8)$$
$$R^2 = 0.74,\ SSR_1 = 8.4440,\ T = 30,\ (1998\text{ 年数据})$$

$$\widehat{Lnoutput}_t = -0.7678 + 0.8439 Lnland_t$$
$$(-0.9) \quad (7.8)$$
$$R^2 = 0.69,\ SSR_2 = 10.7883,\ T = 30,\ (2004\text{ 年数据})$$

$$\widehat{Lnoutput}_t = -0.8109 + 0.8526 Lnland_t \tag{10.35}$$
$$(-1.9) \quad (10.0)$$
$$R^2 = 0.71,\ SSR_T = 19.2863,\ T = 60,\ (1998\text{ 年和 } 2004\text{ 年数据})$$

用上面三个回归式中的 SSR(残差平方和)等数字整理如表 10.12 所示。按(10.33)式计算 F 统计量的值。

表 10.12 三个回归式的样本容量、残差平方和、相应自由度和回归系数符号

序号	样本容量	残差平方和	相应自由度	回归系数
1	$T=60$	$SSR_T=19.2863$	$T-k-1=58$	θ_1
2	$n_1=30$	$SSR_1=8.4440$	$n_1-k-1=28$	α_1
3	$n_2=30$	$SSR_2=10.7883$	$n_2-k-1=28$	β_1

注:三次回归的模型形式 $Lnoutput_t = \beta_0 + \beta_1 Lnland_t + u_t$。

$$F = \frac{[SSR_T - (SSR_1 + SSR_2)]/(k+1)}{(SSR_1 + SSR_2)/(T-2k-2)}$$
$$= \frac{[19.2863 - (8.4440 + 10.7883)]/2}{(8.4440 + 10.7883)/56} = 0.0786$$

因为 $F = 0.0786 < F_{0.05}(2, 56) = 3.17$,所以1998年和2004年两个年度30个地区的模型结构未发生显著性变化,即耕地面积略有增加的情况下,各地区农业产

值未发生显著性增加。EViews 给出的输出结果如表 10.13 所示。其中 $F=0.0785$。

表 10.13　Chow 检验结果

Chow Breakpoint Test: 31
Null Hypothesis: No breaks at specified breakpoints
Varying regressors: All equation variables
Equation Sample: 1 60

F-statistic	0.078520	Prob. F(2,56)	0.9246
Log likelihood ratio	0.168021	Prob. Chi-Square(2)	0.9194
Wald Statistic	0.157039	Prob. Chi-Square(2)	0.9245

例 10.7　中国居民对数的消费水平时间序列(1952—1994 年)见图 10.14,数据见表 10.16 和 EViews 文件 li-10-7。从图中可以明显地看出 1978 年改革开放以后,对数的居民消费水平增加速度明显高于改革开放之前。现在用邹突变点检验方法检验 1978 年是否为一个突变点,即 1978 年以后,对数的居民消费水平年增加速度是否明显高于改革开放之前。

建立原假设与备择假设:

$$H_0: \alpha_1=\beta_1;\ H_1: \alpha_1\neq\beta_1。$$

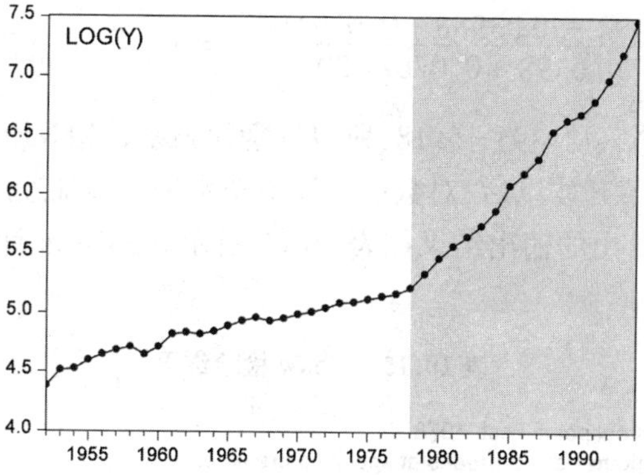

图 10.4　LnY_t 序列图

用 1952—1977 年、1978—1994 年以及 1952—1994 年数据回归得到的三个回归式如下:

$$\widehat{Lny}_t=4.4752+0.0276t$$
$$(272.0)\quad(25.9)$$
$$R^2=0.97, SSR_1=0.0398, T=26, (1952—1977), 1952\text{ 年}, t=1$$

$$\widehat{Lny}_t = 1.5288 + 0.1340t$$
$$(12.2) \quad (37.8)$$
$$R^2 = 0.99, SSR_2 = 0.0767, T = 17, (1978—1994), 1952 \text{年}, t = 1$$

$$\widehat{Lny}_t = 4.0679 + 0.0601t$$
$$(42.2) \quad (15.8)$$
$$R^2 = 0.86, SSR_T - 3.9492, T = 43, (1952—1994), 1952 \text{年}, t = 1$$

用上面三个回归式中的 SSR（残差平方和）等数字整理如表 10.14 所示。按(10.33)式计算 F 统计量的值。

表 10.14　三个回归式的样本容量、残差平方和、相应自由度和回归系数符号

序号	样本容量	残差平方和	相应自由度	回归系数
1	$T = 43$	$SSR_T = 3.9492$	$T - k - 1 = 39$	θ_1
2	$n_1 = 26$	$SSR_1 = 0.0399$	$n_1 - k - 1 = 24$	α_1
3	$n_2 = 17$	$SSR_2 = 0.0767$	$n_2 - k - 1 = 15$	β_1

注：三次回归的模型形式 $Lnoutput_t = \beta_0 + \beta_1 Lnland_t + u_t$。

$$F = \frac{[SSR_T - (SSR_1 + SSR_2)]/(k+1)}{(SSR_1 + SSR_2)/(T - 2k - 2)}$$
$$= \frac{[3.9492 - (0.03988 + 0.0767)]/2}{(0.0398 + 0.0767)/39} = 641.5$$

因为 $F = 641.5 > F_{0.05}(2,39) = 5.18$，所以推翻回归系数相等原假设。即 1978 年是结构突变点，改革开放以后，对数的居民消费水平年增加速度明显高于改革开放之前。EViews 给出的输出结果如表 10.15 所示。EViews 计算的 F 值是 641.2。

表 10.15　Chow 检验结果

Chow Breakpoint Test: 1978
Null Hypothesis: No breaks at specified breakpoints
Varying regressors: All equation variables
Equation Sample: 1952 1994

F-statistic	641.2290	Prob. F(2,39)	0.0000
Log likelihood ratio	151.4860	Prob. Chi-Square(2)	0.0000
Wald Statistic	1282.458	Prob. Chi-Square(2)	0.0000

中国居民消费水平数据见表 10.16。

表 10.16　中国居民消费水平　　（单位：人民币元）

年份	居民消费水平	年份	居民消费水平	年份	居民消费水平
1952	80	1967	143	1982	284
1953	91	1968	139	1983	311
1954	92	1969	142	1984	354
1955	99	1970	147	1985	437
1956	104	1971	150	1986	485
1957	108	1972	155	1987	550
1958	111	1973	162	1988	693
1959	104	1974	163	1989	762
1960	111	1975	167	1990	803
1961	124	1976	171	1991	896
1962	126	1977	175	1992	1070
1963	124	1978	184	1993	1331
1964	127	1979	207	1994	1746
1965	133	1980	236		
1966	139	1981	262		

资料来源：新中国五十年统计资料汇编[M]. 北京：中国统计出版社，1999：23。

§10.8　*JB* (Jarque-Bera)正态分布检验

在对模型诊断的过程中可以用 *JB* 统计量检验误差项是否服从正态分布。实际上，*JB* 统计量可以检验任何随机变量是否服从正态分布。

在给出 *JB* 统计量的定义之前，先给出偏度和峰度的定义。对于时间序列 $(y_1, y_2, \cdots, y_T)$，**偏度** S 定义为，

$$S = \frac{1}{T}\sum_{t=1}^{T}\left(\frac{y_t - \bar{y}}{s}\right)^3 \tag{10.36}$$

其中，y_t 是观测值，$\bar{y}$ 是样本平均数，s 表示 y_t 的标准差，$s = \sqrt{\dfrac{\sum_{t=1}^{T}(y_t - \bar{y})^2}{T-1}}$，$T$ 是样本容量。由公式知，若分布是以 $\bar{y}$ 对称的，则偏度为零。所以若 y_t 服从正态分布，则偏度为零；若分布是右偏倚的，则偏度 $S > 0$；若分布是左偏倚的，则偏度 $S < 0$。

图 10.5 给出左偏、对称、右偏三种分布类型。生产线上产品的物理指标测量值一般服从正态分布。人群的寿命值一般服从左偏分布。当今中国家庭的收

入值服从右偏分布。

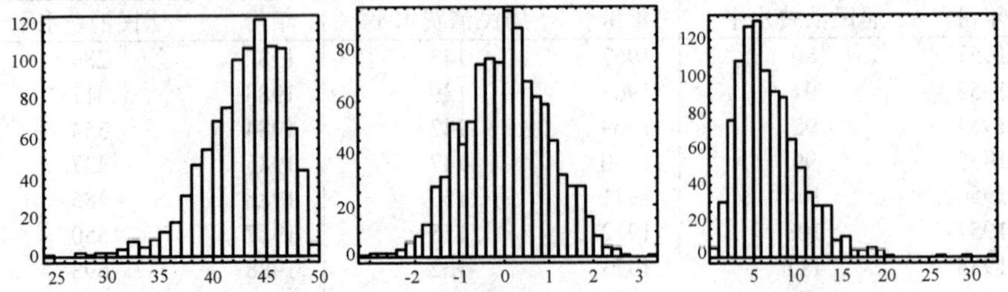

(a)左偏分布　　(b)正态分布　　(c)右偏分布

图 10.5　三种分布类型

对于一个分布，除了用偏度描述分布的对称性之外，还有一种特征需要描述，即峰度。

峰度 K **定义为**

$$K=\frac{1}{T}\sum_{t=1}^{T}\left(\frac{y_t-\bar{y}}{s}\right)^4 \tag{10.37}$$

其中，y_t 是观测值，$\bar{y}$ 是样本平均数，s 是样本标准差，T 是样本容量。峰度也称为峭度。可以证明，正态分布的峰度为 3。如果一个分布的两侧尾部比正态分布的两侧尾部"厚"，则该分布的峰度 $K>3$，反之则 $K<3$。

用偏度和峰度定义检验正态分布性的 JB（Jarque-Bera）统计量如下，

$$JB=\frac{T-n}{6}\left[S^2+\frac{1}{4}(K-3)^2\right]\sim\chi^2(2) \tag{10.38}$$

其中，T 表示观测值个数，S 表示偏度，K 表示峰度。如果检验对象是直接获取的观测值时间序列，取 $n=0$。如果检验对象是估计模型的残差序列，则取 n 等于原回归模型中解释变量的个数。在原假设成立的条件下，JB 统计量服从两个自由度的 χ^2 分布。判别规则是

若 $JB\leqslant\chi^2_\alpha(2)$，该分布为正态分布，

若 $JB>\chi^2_\alpha(2)$，该分布不是正态分布。

其中，α 表示检验水平。当用样本计算偏度和峰度时，T 应换为 $T-1$，σ^2 用 y_t 的样本方差 s^2 代替。

JB 正态分布检验的 EViews 操作是点击数据组窗口中的 View 键，选 Descriptive Statistics/Histogram and Stats 功能，或者点击 Quick 键，选 Series Statistics/Histogram and Stats 功能，都能得到上述计算结果。

图 10.6 是一个含有 1000 个数值序列的计算结果。因为 $JB=3.81<\chi^2_{0.05}(2)=5.99$,所以其分布为正态分布。

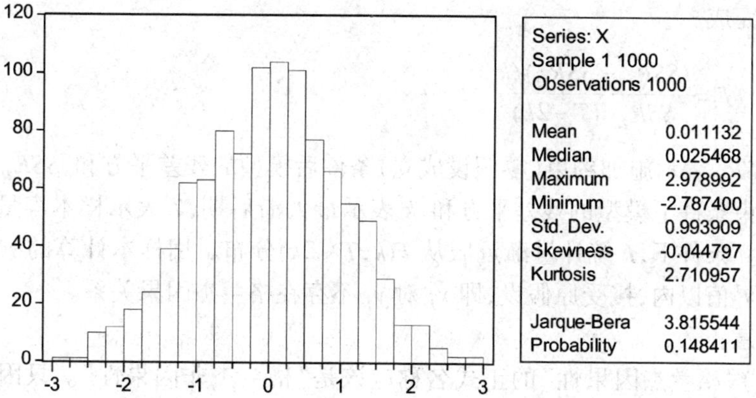

图 10.6　特征数与正态分布检验

§10.9　格兰杰(Granger)因果性检验

以两变量为例,定义格兰杰非因果性检验如下:

如果由 y_t 和 x_t 滞后变量所决定的 y_t 的条件分布与仅由 y_t 滞后变量所决定的条件分布相同,即

$$f(y_t|y_{t-1},\cdots,x_{t-1},\cdots)=f(y_t|y_{t-1},\cdots)$$

则称 x_{t-1} 对 y_t 不存在格兰杰因果关系。

格兰杰因果性的另一种表述是其他条件不变,若加上 x_t 的滞后变量后对 y_t 的预测精度不存在显著性改善,则称 x_{t-1} 对 y_t 不存在格兰杰因果性关系。

根据以上定义,格兰杰因果性检验式如下:

$$y_t=\sum_{i=1}^{k}\alpha_i y_{t-i}+\sum_{i=1}^{k}\beta_i x_{t-i}+u_t \tag{10.39}$$

如有必要,常数项、趋势项、季节虚拟变量等都可以包括在上式中。则检验 x_t 对 y_t 不存在格兰杰因果关系的零假设是

$$H_0:\beta_1=\beta_2=\cdots=\beta_k=0$$

显然如果(10.39)式中的 x_t 的滞后变量的回归系数估计值全部不存在显著性,

则上述假设不能被拒绝。换句话说,如果 x_t 的任何一个滞后变量的回归系数的估计值存在显著性,则结论应是 x_t 对 y_t 存在格兰杰因果关系。上述检验可用 F 统计量完成。

$$F=\frac{(SSR_r-SSR_u)/k}{SSR_u/(T-2k)} \tag{10.40}$$

其中,SSR_r 表示施加约束(零假设成立)条件后模型的残差平方和,SSR_u 表示不施加约束条件下模型的残差平方和,k 表示最大滞后期,T 表示样本容量。在零假设成立条件下,F 统计量渐近服从 $F(k,T-2k)$ 分布。用样本计算的 F 值如果落在临界值以内,接受原假设,即 x_t 对 y_t 不存在格兰杰因果关系。

注意:

(1)"格兰杰因果性"的正式名称应该是"格兰杰非因果性"。只因口语都希望简单,所以称作"格兰杰因果性"。

(2)为简便,通常把 x_{t-1} 对 y_t 存在(或不存在)格兰杰因果关系表述为 x_t(去掉下标 -1)对 y_t 存在(或不存在)格兰杰因果关系(严格讲,这种表述是不正确的)。

(3)格兰杰因果关系与哲学意义的因果关系还是有区别的。如果说"x_t 是 y_t 的格兰杰原因"只是表明"x_t 滞后项中包括了预测 y_t 的有效信息"。

(4)顾名思义,这个概念首先由格兰杰(Granger)在 1969 年提出。西姆斯(Sims)在 1972 年也提出了因果性定义。这两个定义是一致的。

例 10.8 以 661 天(1999 年 1 月 4 日至 2001 年 10 月 5 日)的上证综指(SH_t)和深证成指(SZ_t)数据为例,进行双向的 Granger 非因果性分析,数据见 EViews 文件 li-10-8。SH_t 和 SZ_t 的走势图见图 10.7。两个序列存在高度的相关关系(见图 10.8),那么两个序列间可能存在双向因果关系,也有可能存在单向因果关系。

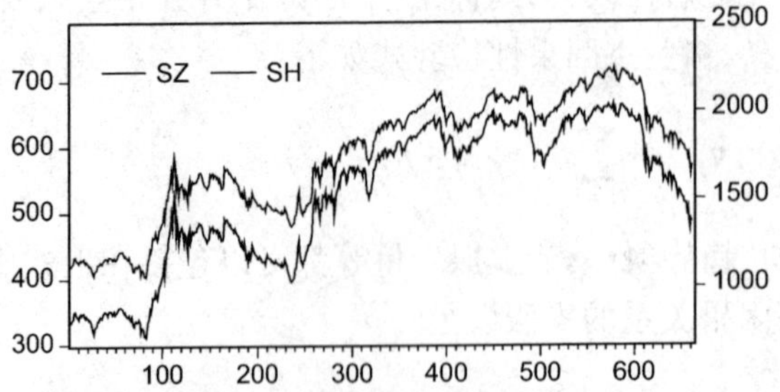

图 10.7 上证综指和深证成指序列图

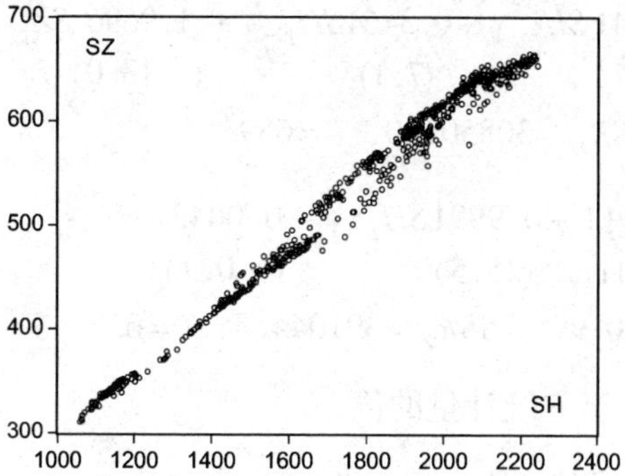

图 10.8　上证综指和深证成指散点图

首先做关于滞后 2 期的 SH_t 是否是 SZ_t 的 Granger 非因果性原因的检验。建立零假设

$H_0: \beta_1 = \beta_2 = 0$,（下式中 SH_t 的两个滞后变量的回归系数为零）；

H_1：下式中 SH_t 的两个滞后变量的回归系数不全为零。

估计非约束模型和约束模型两个回归式如下：

$$\widehat{SZ}_t = 4.3186 + 1.0468 SZ_{t-1} + 0.0056 SZ_{t-2} - 0.0286 SH_{t-1} + 0.0105 SH_{t-2}$$
$$(2.6)\qquad (19.7)\qquad (0.1)\qquad (-1.6)\qquad (0.6)$$
$$R^2 = 0.995,\ SSR_u = 38153.33,\ T = 659$$

$$\widehat{SZ}_t = 2.8977 + 0.9926 SZ_{t-1} + 0.0023 SZ_{t-2}$$
$$(1.9)\qquad (25.4)\qquad (0.1)$$
$$R^2 = 0.995,\ SSR_r = 38460.94,\ T = 659$$

依据（10.40）式计算 F 统计量的值，

$$F = \frac{(SSR_r - SSR_u)/k}{SSR_u/(T - kN)} = \frac{(38460.94 - 38153.33)/2}{38153.33/(659 - 5)} = 2.63643$$

因为 $F = 2.63643 < F_{0.05}(2,654) = 3.00$，所以接受原假设。$SH_t$ 不是 SZ_t 变化的 Granger 原因。

下面做关于滞后 2 期的 SZ_t 是否是 SH_t 的 Granger 因果性原因的检验。建立零假设

$H_0: \beta_1 = \beta_2 = 0$,（下式中 SZ_t 的两个滞后变量的回归系数为零）；

H_1：下式中 SZ_t 的两个滞后变量的回归系数不全为零。

分别估计非约束回归式和约束回归式如下：

$$\widehat{SH}_t = 14.9303 + 0.5341\,SH_{t-1} + 0.3464SH_{t-2} + 1.9696\,SZ_{t-1} - 0.1600\,SZ_{t-2}$$
$$(3.1)\quad (10.7)\quad (7.3)\quad (-13.0)\quad (-10.1)$$
$$R^2 = 0.996,\ SSR_u = 308501.0,\ T = 659$$

$$\widehat{SH}_t = 10.1411 + 0.9991SH_{t-1} - 0.0045\,SH_{t-2}$$
$$(2.0)\quad (25.5)\quad (-0.1)$$
$$R^2 = 0.995,\ SSR_r = 391044.3,\ T = 659$$

依据(10.40)式计算 F 统计量的值，

$$F = \frac{(SSR_r - SSR_u)/k}{SSR_u/(T - kN)} = \frac{(391044.3 - 308501.0)/2}{308501.0/(659 - 5)} = 87.4929$$

因为 $F = 87.4929 > F_{0.05}(2, 654) = 3.00$，所以拒绝原假设。$SZ_t$ 是 SH_t 变化的 Granger 原因。

通过 EViews 计算的 Granger 因果性检验的两个 F 统计量的值见表 10.17。SH_t 和 SZ_t 之间存在单向因果关系，即 SZ_t 是 SH_t 变化的 Granger 原因，但 SH_t 不是 SZ_t 变化的 Granger 原因。

Granger 非因果性检验的 EViews 操作是，打开 SH_t 和 SZ_t 的数剧组窗口，点击 View 键，选 Granger Causility 功能。在随后打开的对话框口中填上滞后期数 2，点击 OK 键，即可得到表 10.17 的检验结果。

表 10.17　Granger 因果性检验结果

Pairwise Granger Causality Tests
Date: 05/05/20　Time: 11:03
Sample: 1 661
Lags: 2

Null Hypothesis:	Obs	F-Statistic	Prob.
SZ does not Granger Cause SH	659	87.4929	2.E-34
SH does not Granger Cause SZ		2.63647	0.0724

用滞后 5、10、15、20、25 期的检验式分别检验，结果见表 10.18。

表 10.18　滞后 5、10、15、20、25 期 Granger 非因果性检验式的检验结果

Granger 非因果性检验原假设	$k=5$	$k=10$	$k=15$	$k=20$	$k=25$	检验结论
H_0：上海综指不是深圳成指变化的 Granger 原因	1.08	1.36	1.21	1.29	1.40	接受 H_0
H_0：深圳成指不是上海综指变化的 Granger 原因	43.9	23.4	15.9	12.6	10.3	拒绝 H_0

结论都是上海综指不是深圳成指变化的 Granger 原因，但深圳成指是上海综指变化的 Granger 原因。

注意：

（1）滞后期 k 的选取是任意的。实际上是一个判断问题。以检验 x_t 和 y_t 之间的因果性为例，如果 x_{t-1} 对 y_t 存在显著性影响，则不必再做滞后期更长的检验。如果 x_{t-1} 对 y_t 不存在显著性影响，则应该再做滞后期更长的检验。一般来说，要检验若干个不同滞后期 k 的格兰杰因果关系检验，且结论相同时，才可以最终下结论。

（2）当做 x_t 是否为导致 y_t 变化的格兰杰原因检验时，如果 z_t 也是 y_t 变化的格兰杰原因，且 z_t 又与 x_t 相关，这时在 x_t 是否为导致 y_t 变化的格兰杰因果关系检验式的右端应加入 z_t 的滞后项。

（3）不存在协整关系的非平稳变量之间不能进行格兰杰因果关系检验。

思考与练习题

1. 见第 4 章例 4.2，在表 4.6 EViews 输出结果（li-4-2）基础上检验解释变量 X_{2t} 的回归系数 $\beta_2 = 0$ 是否成立。（1）给出 Wald 检验的 EViews 输出结果。（2）写出 t 统计量计算过程。（3）写出约束 $\beta_2 = 0$ 的 F 统计量的计算过程与检验结果，并用 EViews 输出结果中的 t、F 值验证自己的计算是否正确。

2. 以二元线性回归模型 $y_t = \beta_0 + \beta_1 x_{t1} + \beta_2 x_{t2} + u_t$ 为例证明，检验线性约束条件 $\beta_1 = \beta_2 = 0$ 是否成立的 F 统计量

$$F = \frac{(SSR_r - SSR_u)/2}{SSR_u/(\mathrm{T} - 3)} \sim F(2, T-3)$$

与检验模型总显著性 $\beta_1 = \beta_2 = 0$ 的 F 统计量

$$F = \frac{ESS/(3-1)}{SSR/(T-3)} \sim F(3-1, T-3)$$

实际上是一个统计量（其中 T 表示样本容量）。

3. 用第 13 章例 13.1（li-13-1）中数据和 EViews 检验中国对数的进口序列 $Lnim_t$ 和出口序列 $Lnex_t$ 之间是否存在格兰杰因果关系。

4. 用第 13 章 xiti-13-4 数据和 EViews 检验深证成指日收盘价 $Index_t$ 和 $LnIndex_t$ 是否服从正态分布，给出输出结果。

5. 例 8.5（EViews 文件 li-8-5）中，中国普通高等学校招生数（Y_t，万人）序列（1990—2006 年）见表 8.5。试用 Chow 突变点检验法检验在 1999 年该序列 Y_t 是否发生结构突变。

第 11 章　时间序列模型

本章介绍的时间序列分析方法是伯克斯和詹金斯(Box - Jenkins)1970 年提出的。目前这种方法已广泛应用于自然科学和社会科学的各个领域,特别是经济领域。这种建模方法的特点是不考虑其他解释变量的作用,而是依据变量本身的变化规律,利用外推机制描述时间序列的变化。当时间序列非平稳时,首先要通过差分使序列平稳后再建立时间序列模型。对于给定的时间序列,模型形式的选择通常并不是唯一的。在实际建模过程中经验越丰富,模型形式的选择就越准确合理。

§11.1　时间序列定义

首先介绍两个定义。

随机过程:随时间由随机变量组成的一个有序序列称为随机过程。用$\{x, t \in T\}$表示。简记为$\{x_t\}$或x_t。随机过程也常简称为过程。

时间序列:随机过程的一次观测结果称为时间序列。也用$\{x_t, t \in T\}$表示,并简记为$\{x_t\}$或x_t。时间序列中的元素称为观测值。

随机过程和时间序列一般分为两类。一类是离散型的,一类是连续型的。本书只考虑离散型随机过程和时间序列,即观测值是从相同时间间隔点上得到的。离散型时间序列可通过两种方法获得:一种是抽样于连续变化的序列。比如某市每日中午 12 点观测到的气温值序列;工业流程控制过程中,对压力、液面、温度等监控指标定时刻采集的观测值序列。另一种是计算一定时间间隔内的累积值。比如中国的年基本建设投资额序列、农作物年产量序列等。

在介绍时间序列模型之前,首先给出滞后算子的符号并介绍一种最基本的随机过程。用L表示一阶**滞后算子**,定义

$$Lx_t = x_{t-1}$$

则 k 阶滞后算子定义为

$$L^k x_t = x_{t-k}$$

白噪声过程：对于一个随机过程 $\{x_t, t \in T\}$，如果 $E(x_t) = 0, Var(x_t) = \sigma^2 < \infty, \forall t \in T; Cov(x_t, x_{t+k}) = 0, (t+k) \in T, k \neq 0$，则称 $\{x_t\}$ 为白噪声过程。

白噪声是平稳的随机过程，其均值为零，方差为固定值。随机变量之间非相关。图 11.1 给出由期望为 0，方差为 1 的白噪声过程产生的一个时间序列 x_t。白噪声过程 x_t 的均值与方差都不随时间而变化。

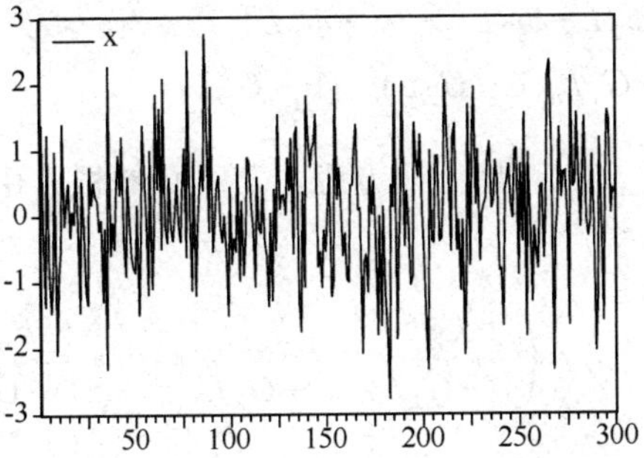

图 11.1　由白噪声过程产生的时间序列

§ 11.2　时间序列模型的分类

时间序列模型一般分为四种类型，用来描述自回归过程、移动平均过程、自回归移动平均过程和单整自回归移动平均过程。

1. 自回归过程

如果一个线性随机过程可表达为

$$x_t = \phi_1 x_{t-1} + \phi_2 x_{t-2} + \cdots + \phi_p x_{t-p} + u_t \tag{11.1}$$

其中 $\phi_i, i = 1, \cdots, p$ 是自回归系数，u_t 是白噪声过程，则这个线性过程 x_t 称为 p **阶自回归过程**，用 AR(p) 表示。它是由 x_t 的 p 个滞后变量的加权和以及白噪声 u_t

相加而成的。(11.1)式可用滞后算子表示为

$$(1-\phi_1 L-\phi_2 L^2-\cdots-\phi_p L^p)x_t=\Phi(L)x_t=u_t \tag{11.2}$$

其中 $\Phi(L)=1-\phi_1 L-\phi_2 L^2-\cdots-\phi_p L^p$ 称为**自回归算子或自回归特征多项式。**

与自回归模型常联系在一起的是平稳性问题。对于自回归过程 AR(p),如果**特征方程**

$$\Phi(L)=0 \tag{11.3}$$

的所有根的绝对值都大于1,则该过程是一个平稳的过程。对于一般的自回归过程 AR(p),特征多项式可以分解为

$$\begin{aligned}\Phi(L)&=1-\phi_1 L-\phi_2 L^2-\cdots-\phi_p L^p\\&=(1-G_1 L)(1-G_2 L)\cdots(1-G_p L)\end{aligned}$$

其中 $G_1{}^{-1},G_2{}^{-1},\cdots,G_p{}^{-1}$ 是特征方程$\Phi(L)=0$ 的根。由(11.2)式,x_t 可表达为

$$x_t=\Phi(L)^{-1}u_t=\left(\frac{k_1}{1-G_1 L}+\frac{k_2}{1-G_2 L}+\cdots+\frac{k_p}{1-G_p L}\right)u_t \tag{11.4}$$

其中 $k_1,k_2,\cdots,k_p$ 是待定常数。x_t 具有平稳性的条件是$\Phi(L)^{-1}$必须收敛,即应有 $|G_i|<1,i=1,2,\cdots,p$。而 $G_i{}^{-1},i=1,2,\cdots,p$ 是特征方程$\Phi(L)=0$ 的根,所以保证 AR(p)过程具有平稳性的条件是特征方程的全部根必须在单位圆(半径为1)之外,即 $|1/G_i|>1$。

保证 AR(p)过程平稳的一个必要但不充分的条件是 p 个自回归系数之和要小于1,即

$$\sum_{i=1}^{p}\phi_i<1 \tag{11.5}$$

AR(p)过程中最常用的是一阶自回归过程(见图 11.2)

$$x_t=\phi_1 x_{t-1}+u_t \tag{11.6}$$

和二阶自回归过程

$$x_t=\phi_1 x_{t-1}+\phi_2 x_{t-2}+u_t \tag{11.7}$$

对于一阶自回归过程(11.6),保持其平稳的条件是特征方程

$$\Phi(L) = (1 - \phi_1 L) = 0$$

的根的绝对值必须大于 1，即满足

$$|1/\phi_1| > 1$$

或

$$|\phi_1| < 1 \tag{11.8}$$

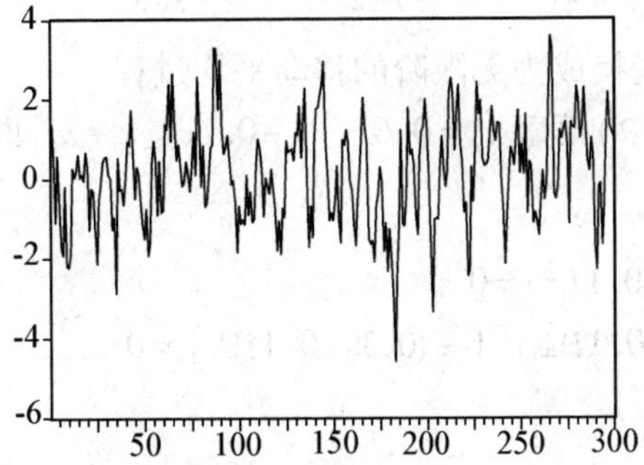

图 11.2　AR(1)序列

在$|\phi_1| < 1$条件下，一阶自回归过程(11.6)式可写为

$$(1 - \phi_1 L)\, x_t = u_t$$

$$x_t = (1 - \phi_1 L)^{-1} u_t = [1 + \phi_1 L + (\phi_1 L)^2 + (\phi_1 L)^3 + \cdots] u_t$$

$$= \left(\sum_{i=0}^{\infty} \phi_1{}^i L^i \right) u_t \tag{11.9}$$

既然 x_t 是平稳过程，$\sum_{i=0}^{\infty} \phi_1{}^i L^i$ 必须收敛，即一阶自回归系数ϕ_1必须满足$|\phi_1| < 1$。这是容易理解的，如果$|\phi_1| \geqslant 1$，$(1 - \phi_1 L)^{-1}$ 发散，于是 x_t 变成一个非平稳随机过程。

由 AR(1)过程(11.6)式，有

$$x_t = u_t + \phi_1 u_{t-1} + \phi_1{}^2 x_{t-2} = u_t + \phi_1 u_{t-1} + \phi_1{}^2 u_{t-2} + \cdots$$

因为 u_t 是一个白噪声过程，所以对于平稳的 AR(1)过程(11.6)式

$$\mathrm{E}(x_t) = 0$$

$$\mathrm{Var}(x_t) = \mathrm{E}(x_t)^2 = \mathrm{E}(u_t + \phi_1 u_{t-1} + \phi_1{}^2 u_{t-2} + \cdots)^2$$

$$= \sigma_u{}^2 + \phi_1{}^2 \sigma_u{}^2 + \phi_1{}^4 \sigma_u{}^2 + \cdots = \frac{1}{1 - \phi^2} \sigma_u{}^2$$

例 11.1　有 AR(1)过程

$$x_t = 0.6x_{t-1} + u_t$$

现改写为

$$(1-0.6L)x_t = u_t$$

$$x_t = \frac{1}{1-0.6L}u_t = (1+0.6L+0.36L^2+0.216L^3+\cdots)u_t$$

$$= u_t + 0.6u_{t-1} + 0.36u_{t-2} + 0.216u_{t-3} + \cdots$$

平稳的 AR(1)过程变换成为无限阶的移动平均过程。

例 11.2　有 AR(2)模型 $x_t = 0.6x_{t-1} - 0.1x_{t-2} + u_t$，即$(1-0.6L+0.1L^2)x_t = u_t$。其特征方程是

$$(1-0.6L+0.1L^2) = 0$$

$$[1-(0.3-0.1i)L][1-(0.3+0.1i)L] = 0$$

特征方程的两个根是

$$L_1 = 1/(0.3-0.1i) = 3+i$$

$$L_2 = 1/(0.3+0.1i) = 3-i$$

因为两个根都在单位圆之外，所以 x_t 是平稳的随机过程。

2. 移动平均过程

如果一个线性随机过程可用下式表达

$$x_t = u_t + \theta_1 u_{t-1} + \theta_2 u_{t-2} + \cdots + \theta_q u_{t-q} \tag{11.10}$$

其中$\theta_1, \theta_2, \cdots, \theta_q$ 是移动平均系数，u_t 为白噪声过程，则称(11.10)式为 **q 阶移动平均过程**，记为 MA(q)。因为 x_t 是由 u_t 和 u_t 的 q 个滞后项的加权和构造而成，所以称其为移动平均过程。“移动”指随着时间 t 变化，“平均”指形如加权和之意。上式还可以用滞后算子写为

$$x_t = (1+\theta_1 L + \theta_2 L^2 + \cdots + \theta_q L^q)u_t$$

或

$$x_t = \Theta(L)u_t \tag{11.11}$$

其中$\Theta(L) = (1+\theta_1 L + \theta_2 L^2 + \cdots + \theta_q L^q)$称为移动平均算子或移动平均特征多项式。由定义知，任何一个 q 阶移动平均过程都是由 $q+1$ 个白噪声变量的加权和组成的，所以任何一个有限阶移动平均过程都是平稳的过程。

与移动平均过程相联系的一个重要概念是可逆性。移动平均过程具有可逆性的条件是特征方程

$$\Theta(L)=(1+\theta_1 L+\theta_2 L^2+\cdots+\theta_q L^q)=0$$

的全部根的绝对值必须都大于 1。由(11.11)式 $x_t=\Theta(L)u_t$，有$\Theta(L)^{-1}x_t=u_t$。由于$\Theta(L)$可表示为

$$\Theta(L)=(1-H_1 L)(1-H_2 L)\cdots(1-H_q L)$$

所以，根据有理真分式部分分式展开法，必有，

$$\Theta(L)^{-1}=\left(\frac{m_1}{1-H_1 L}+\frac{m_2}{1-H_2 L}+\cdots+\frac{m_q}{1-H_q L}\right) \tag{11.12}$$

其中 $m_1,\cdots,m_q$ 是待定系数。可见，保证 MA(q)过程可以转换成一个无限阶自回归过程，即MA(q)具有可逆性的条件是$\Theta(L)^{-1}$收敛。即必须有$|H_j|<1$ 或 $|H_j^{-1}|>1, j=1,2,\cdots,q$ 成立。而 H_j^{-1} 是特征方程$\Theta(L)=0$ 的根，所以 MA(q)过程具有可逆性的条件是特征方程 $\Theta(L)=0$的根必须在单位圆之外(因为 $x_t=\Theta(L)u_t$ 是平稳的，如果变换成$\Theta(L)^{-1}x_t=u_t$ 后变得不平稳，显然失去可逆性)。

注意，对于无限阶的移动平均过程

$$x_t=\sum_{i=0}^{\infty}(\theta_i u_{t-i})=u_t(1+\theta_1 L+\theta_2 L^2+\cdots) \tag{11.13}$$

其方差为

$$\mathrm{Var}(x_t)=\sum_{i=0}^{\infty}(\theta_i^2\mathrm{Var}(u_{t-i}))=\sigma_u^2\sum_{i=0}^{\infty}\theta_i^2$$

很明显，虽然有限阶移动平均过程都是平稳的，但对于无限阶移动平均过程还需另加约束条件才能保证其平稳性。这个条件就是$\{x_t\}$的方差必须为有限值，即

$$\sum_{i=0}^{\infty}\theta_i^2<\infty$$

MA(q)过程中最常见的是一阶移动平均过程

$$x_t=(1+\theta_1 L)u_t \tag{11.14}$$

其具有可逆性的条件是$(1+\theta_1 L)=0$ 的根(绝对值)应大于 1，即$|1/\theta_1|>1$ 或

$|\theta_1|<1$。当$|\theta_1|<1$时，MA(1)过程(11.14)式可以变换为

$$u_t=(1+\theta_1 L)^{-1}x_t=(1-\theta_1 L+\theta_1{}^2L^2-\theta_1{}^3L^3+\cdots)x_t \tag{11.15}$$

整理上式

$$x_t=\theta_1 x_{t-1}-\theta_1{}^2x_{t-2}+\theta_1{}^3x_{t-3}+\cdots+u_t$$

这是一个无限阶的以几何衰减为权数的自回归过程。对于MA(1)过程(11.14)式有

$$E(x_t)=E(u_t)+E(\theta_1 u_{t-1})=0$$
$$\mathrm{Var}(x_t)=\mathrm{Var}(u_t)+\mathrm{Var}(\theta_1 u_{t-1})=(1+\theta_1{}^2)\sigma_u{}^2$$

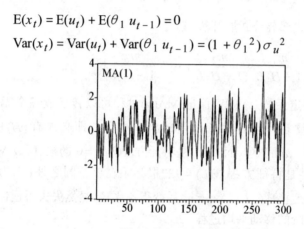

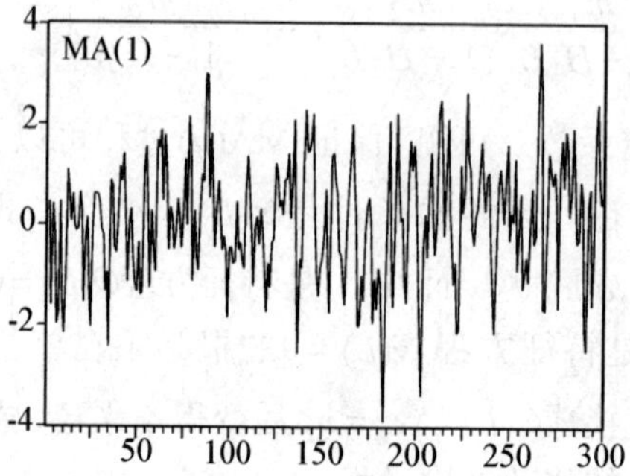

图 11.3　MA(1)时间序列

注意：(1)对于AR(*p*)过程，不必考虑可逆性问题，只需考虑平稳性问题。条件是$\Phi(L)=0$的根(绝对值)必须大于1。(2)对于MA(*q*)过程，不必考虑平稳性问题，只需考虑可逆性问题。条件是$\theta(L)=0$的根(绝对值)必须大于1。

3. 自回归移动平均过程

由自回归和移动平均两部分共同构造的随机过程称为**自回归移动平均过程**，记为ARMA(p,q)，其中p、q分别表示自回归和移动平均分量的最大滞后阶数。ARMA(p,q)的一般表达式是

$$x_t=\phi_1 x_{t-1}+\phi_2 x_{t-2}+\cdots+\phi_p x_{t-p}+u_t+\theta_1 u_{t-1}+\theta_2 u_{t-2}+\cdots+\theta_q u_{t-q} \tag{11.16}$$

或

$$(1-\phi_1 L-\phi_2 L^2-\cdots-\phi_p L^p)x_t=(1+\theta_1 L+\theta_2 L^2+\cdots+\theta_q L^q)u_t$$
$$\Phi(L)x_t=\Theta(L)u_t \tag{11.17}$$

其中$\Phi(L)$和$\Theta(L)$分别表示关于 L 的 p、q 阶特征多项式,分别称为**自回归算子**和**移动平均算子**。

ARMA(p,q)过程的平稳性只依赖于其自回归部分,即$\Phi(L)=0$ 的全部根取值在单位圆之外(绝对值大于 1)。其可逆性则只依赖于移动平均部分,即$\Theta(L)=0$ 的根取值应在单位圆之外。

以 ARMA(1,1)为例

$$x_t-\phi_1 x_{t-1}=u_t+\theta_1 u_{t-1} \tag{11.18}$$

或

$$(1-\phi_1 L)x_t=(1+\theta_1 L)u_t$$

很明显,只有当 $-1<\phi_1<1$ 和 $-1<\theta_1<1$ 时,上述模型才是平稳的、可逆的。

由 ARMA(1,1)过程生成的时间序列见图 11.4。

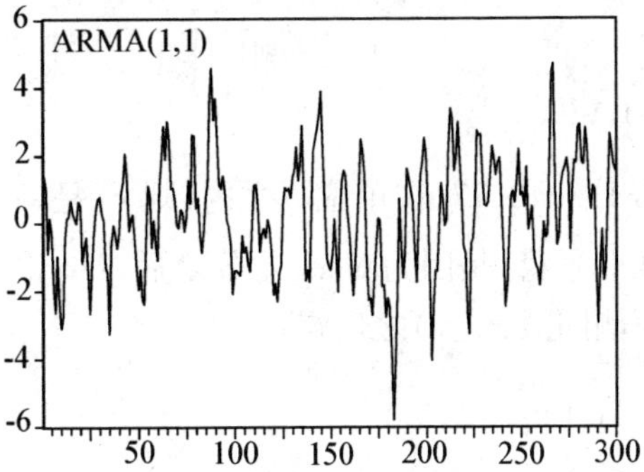

图 11.4　ARMA(1,1)时间序列

实际中对于非季节性时间序列,ARMA(p,q)模型的最高阶数一般不会超过 2。

4. 单整自回归移动平均过程

以上介绍了三种平稳的随机过程。对于 ARMA 过程(包括 AR 过程),如果特征方程$\Phi(L)=0$ 的全部根取值在单位圆之外,则该过程是平稳的;如果若干个或全部根取值在单位圆之内或之上,则该过程是非平稳的。在介绍非平稳过程之前,先给出差分概念。

用随机变量 x_t 的当期项减去其滞后项从而得到新序列的计算方法称为**差分**。若减数为滞后一期变量则称为一阶差分,若减数为滞后 k 期变量则称为 k 阶差分。

例如,对于随机过程 x_t,**一阶差分**可表示为

$$x_t - x_{t-1} = Dx_t = (1 - L)x_t = x_t - L\,x_t \tag{11.19}$$

其中 D 称为**一阶差分算子**。L 是一阶滞后算子。k 阶差分表示为

$$x_t - x_{t-k} = D_k x_t = (1 - L^k)x_t = x_t - L^k x_t \tag{11.20}$$

二次一阶差分表示为

$$\begin{aligned} D^2 x_t &= DDx_t = Dx_t - Dx_{t-1} = (x_t - x_{t-1}) - (x_{t-1} - x_{t-2}) \\ &= x_t - 2x_{t-1} + x_{t-2} \end{aligned}$$

或

$$D^2 x_t = (1 - L)^2 x_t = (1 - 2L + L^2)x_t = x_t - 2x_{t-1} + x_{t-2} \tag{11.21}$$

以上两式运算结果相同,说明差分算子和滞后算子可以直接参与运算。

首先看特征方程$\Phi(L) = 0$ 的全部根取值在单位圆之内的情形。例如,有随机过程

$$x_t = 1.3x_{t-1} + u_t \tag{11.22}$$

特征方程的根等于1/1.3 =0.77,在单位圆之内,则 x_t 是一个强非平稳的随机过程。之所以称之为强非平稳,是因为对 x_t 差分之后,Dx_t 仍是一个非平稳过程。把 x_t 差分(即上式两侧同减 x_{t-1})之后得

$$Dx_t = 0.3x_{t-1} + u_t$$

因为 Dx_t 是由非平稳过程 x_t 和白噪声过程 u_t 相加构成,所以 Dx_t 仍然是非平稳过程。

除此之外还有第三种情形,即特征方程的若干个根的值恰好在单位圆上。这种根称为**单位根**,该过程也是非平稳的。但该过程的特点是经过相应次差分之后可以转化为一个平稳过程。虽然自然科学领域中的许多时间序列都是平稳的,但经济领域中多数宏观经济时间序列却都是非平稳的,即其方差是随时间的变化而变化的。伯克斯 - 詹金斯(Box-Jenkins)积数十年理论与实践的研究指出,时间序列的非平稳性是多种多样的,然而幸运的是经济时间序列常常具有这种特殊的齐次非平稳特性。对于一个非季节性经济时间序列,常常可以用含有一个或多个单位根的随机过程模型描述。

下面介绍含有单位根的非平稳随机过程。假设一个随机过程含有 d 个单位根,则其经过 d 次差分之后可以变换成为一个平稳的自回归移动平均过程。

考虑如下模型

$$\Phi(L)D^d y_t = \Theta(L)u_t \tag{11.23}$$

其中 $D^d y_t$ 表示 y_t 经过 d 次差分变为平稳过程；$\Phi(L)$是平稳过程的自回归算子。$\Theta(L)$是平稳过程的移动平均算子。若取

$$x_t = D^d y_t \tag{11.24}$$

则(11.23)式可表示为

$$\Phi(L)x_t = \Theta(L)u_t \tag{11.25}$$

说明 y_t 经过 d 次差分之后，可用一个平稳的、可逆的 ARMA 过程 x_t 表示。

随机过程 y_t 若经过 d 次差分之后可变换为一个以$\Phi(L)$为 p 阶自回归算子、$\Theta(L)$为 q 阶移动平均算子的平稳、可逆的随机过程，则称 y_t 为(p,d,q)阶**单整自回归移动平均过程**，记为 ARIMA(p,d,q)。这种取名的目的是与后面的称谓相一致。ARIMA 过程也称为综合自回归移动平均过程或单积自回归移动平均过程。其中$\Phi(L)D^d$ 称为**广义自回归算子**。

(11.23)式是随机过程的一般表达式。当 $p\neq0,d=0,q\neq0$ 时，(11.23)式变成 ARMA(p,q)过程。当 $d=0,p\neq0,q=0$ 时，ARIMA 过程变成 AR(p)过程；当 $d=0,p=0,q\neq0$ 时，ARIMA 过程变成 MA(q)过程；而当 $p=d=q=0$ 时，ARIMA 过程退化成白噪声过程。对于非季节性经济时间序列，p、d、q 的值很少有大于 2 的情景。这些参数的常见取值是 0、1 和 2。

下面介绍一种典型的非平稳随机过程，即随机游走过程。对于下面的表达式

$$x_t = x_{t-1} + u_t \tag{11.26}$$

如果 u_t 是白噪声过程，则称 x_t 为**随机游走过程**。"随机游走"一词首次出现于 1905 年自然(*Nature*)杂志第 72 卷 Pearson K .和 Rayleigh L.的一篇通信中。该信件的题目是"随机游走问题"。文中讨论寻找一个被放在野地中央醉汉的最佳策略是从投放点开始搜索。

由上式知，随机游走过程的一阶差分为白噪声过程。随机游走过程(11.26)式的均值为零方差为无限大。对(11.26)式进行迭代运算，

$$x_t = x_{t-1} + u_t = u_t + u_{t-1} + x_{t-2} = u_t + u_{t-1} + u_{t-2} + \cdots$$
$$\mathrm{E}(x_t) = 0$$

$$\mathrm{Var}(x_t) = \mathrm{Var}(u_t + u_{t-1} + u_{t-2} + \cdots) = \sum_{-\infty}^{t} \sigma_u{}^2 \to \infty$$

这使得它的均值稳定变得毫无意义。随机游走过程是$p = q = 0$, $d = 1$条件下的ARIMA(p,d,q)过程。因为$\phi_1 = 1$,随机游走过程(11.26)式的特征方程中含有单位根,所以随机游走过程是非平稳的随机过程。

图11.5给出由随机游走过程产生的一个时间序列。它的方差随时间变得越来越大。

由(11.26)式知,随机游走过程的一阶差分为白噪声过程。

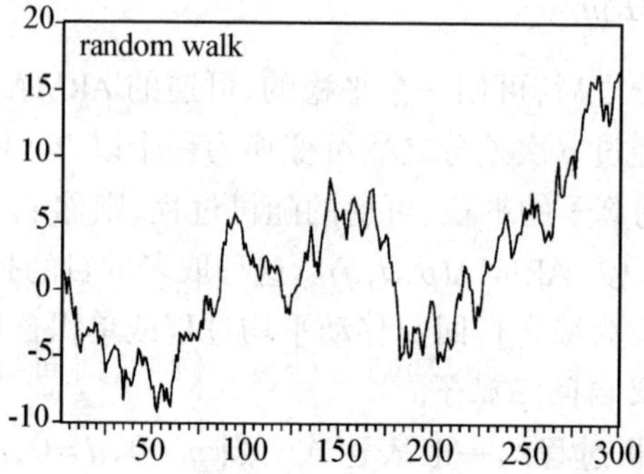

图 11.5　由随机游走过程产生的时间序列

§11.3　Wold 分解定理

Wold 分解定理:任何二阶平稳过程 x_t,都可以被表示为

$$x_t - \mu - d_t = u_t + \psi_1 u_{t-1} + \psi_2 u_{t-2} + \cdots + = \sum_{j=0}^{\infty} \psi_j u_{t-j} \tag{11.27}$$

其中μ是 x_t 的期望。d_t 是 x_t 的线性确定性成分,如周期性成分、时间 t 的多项式和指数形式等。$\psi_0 = 1$, $\sum_{j=0}^{\infty} \psi_j{}^2 < \infty$。$u_t$ 为白噪声过程。x_t 可以直接用其滞后值预测,u_t 表示用 x_t 的滞后项预测 x_t 时的误差,即

$$u_t = x_t - \mathrm{E}(x_t \mid x_{t-1}, x_{t-2}, \cdots)$$

$\sum_{j=0}^{\infty}\psi_j u_{t-j}$称为 x_t 的线性非确定性成分。当 $d_t=0$ 时，称 x_t 为纯线性非确定性过程。

Wold 分解定理由 Wold 在 1938 年提出。Wold 分解定理只要求过程二阶平稳即可。从原理上讲，要得到过程的 Wold 分解，就必须知道无限个ψ_j参数，这对于一个有限样本来说是不可能的。实际中，可以对ψ_j做另一种假定，即可以把$\Psi(L)$看作两个有限特征多项式的商，

$$\psi(L)=\sum_{j=0}^{\infty}\psi_j L^j=\frac{\Theta(L)}{\Phi(L)}=\frac{1+\theta_1 L+\theta_2 L^2+\cdots+\theta_q L^q}{1-\phi_1 L-\phi_2 L^2-\cdots-\phi_p L^p} \tag{11.28}$$

注意，无论原序列中含有何种确定性成分，在前面介绍的模型种类和后面介绍的自相关函数、偏自相关函数中都假设在原序列中已经剔除了所有确定性成分，是一个纯的随机过程（过程中不含有任何确定性成分）。如果一个序列如下式，

$$x_t=\mu+d_t+u_t+\psi_1 u_{t-1}+\psi_2 u_{t-2}+\cdots$$

则所有研究都是在$(x_t-\mu-d_t)$的基础上进行。例如，前面给出的各类模型中都不含有均值项、时间趋势项就是这个道理。

下面以漂移项非零的平稳过程为例，讨论漂移项与均值的关系。设有非零漂移项平稳 ARMA(2,1)过程如下，

$$x_t=0.05+0.2x_{t-1}+0.4x_{t-2}+u_t+0.3u_{t-1} \tag{11.29}$$

漂移项等于 0.05。则 x_t 的期望可由下式计算，

$$\begin{aligned}&\mathrm{E}(x_t)-0.2\mathrm{E}(x_{t-1})-0.4\mathrm{E}(x_{t-2})\\&\quad=(1-0.2-0.4)\mathrm{E}(x_t)=\Phi(1)\mathrm{E}(x_t)=0.05\end{aligned}$$

$$\mu=\mathrm{E}(x_t)=0.05/\Phi(1)=0.05/(1-0.2-0.4)=0.05/0.4=0.125$$

其中$\Phi(1)=(1-0.2-0.4)=0.4$ 是自回归特征多项式$\Phi(L)$当 $L=1$ 时的值。$\mu\Phi(1)=0.05$就是漂移项与均值的关系。(11.29)式也可以用 x_t 先减均值的方式表示为相应参数的 ARMA(2,1)过程。

$$(x_t-0.125)=0.2(x_{t-1}-0.125)+0.4(x_{t-2}-0.125)+u_t+0.3u_{t-1}$$

这是因为上式化简后得

$$x_t=0.125(1-0.2-0.4)+0.2x_{t-1}+0.4x_{t-2}+u_t+0.3u_{t-1}$$

$$=0.05+0.2x_{t-1}+0.4x_{t-2}+u_t+0.3u_{t-1}$$

与(11.29)式相同,所以有关系式,

$$\Phi(1)\ \mu=(1-0.2-0.4)\ 0.125=0.05 \tag{11.30}$$

下面用一般表达式描述这个问题。设有漂移项非零的平稳 ARMA(p,q)过程如下,

$$\Phi(L)\ x_t=\alpha+\Theta(L)\ u_t \tag{11.31}$$

其中α表示漂移项。则过程 x_t 的期望是

$$\mathrm{E}(x_t)=\alpha/\Phi(1)=\alpha/(1-\phi_1-\phi_2-\cdots-\phi_p)=\mu \tag{11.32}$$

所以期望μ和漂移项α的关系可以表示为

$$\Phi(1)\ \mu=\alpha$$

(11.31)式可以表示为 x_t 减均值的相应参数的 ARMA(2,1)过程。

$$\Phi(L)\ (x_t-\mu)=\Theta(L)u_t \tag{11.33}$$

这是因为打开$(x_t-\mu)$,上式可以写为

$$\Phi(L)\ x_t=\Phi(1)\ \mu+\Theta(L)u_t=\alpha+\Theta(L)\ u_t \tag{11.34}$$

与(11.31)式相同。

(11.31)式与(11.33)式等价,任何漂移项非零的平稳过程都可以通过对序列先退均值(或确定性成分),然后建立 ARMA 模型研究。所以,前面给出的四类模型不失一般性。

图 11.6 是二阶平稳序列 y_t 和(y_t+8)两个序列的时序图。序列(y_t+8)当然可以通过先减均值 8,而后对 y_t 建立模型进行研究。因为序列 y_t 和(y_t+8)的模型结构相同,只不过均值相异而已。

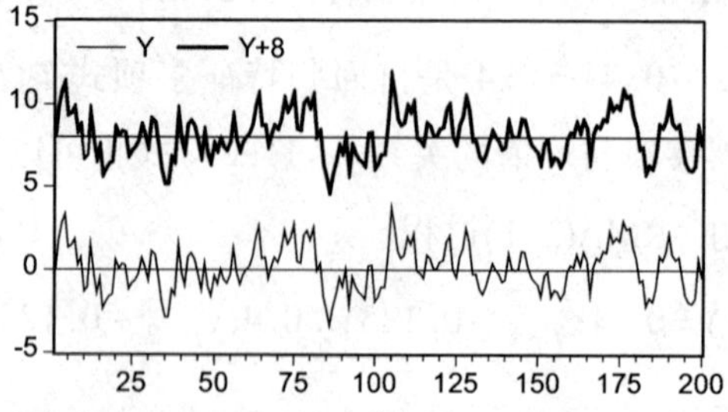

图 11.6　Y_t 与 Y_t+8 序列比较

如何判别一个序列是自回归过程还是移动平均过程?如何判别其过程的阶

数呢？下一节将进行介绍。

§11.4　自相关函数

以上介绍了随机过程的几种模型。实际中单凭对时间序列的观察很难确定其属于哪一种模型，而自相关函数和偏自相关函数是分析随机过程和识别模型类别的有力工具。

1. 自协方差与自相关函数

在给出自相关函数定义之前先介绍自协方差函数概念。由 §11.1 知，随机过程 $\{x_t\}$ 中的每一个元素 $x_t, t = 1, 2, \cdots$ 都是随机变量。对于平稳的随机过程，其期望为常数。这里用 μ 表示，即

$$E(x_t) = \mu,\ t = 1, 2, \cdots \tag{11.35}$$

随机过程的取值将以 μ 为中心上下变动。平稳随机过程的方差也是一个常量。

$$\begin{aligned} \mathrm{Var}(x_t) &= E[(x_t - E(x_t))^2] \\ &= E[(x_t - \mu)^2] = \sigma_x{}^2, \quad t = 1, 2, \cdots \end{aligned} \tag{11.36}$$

$\sigma_x{}^2$ 用来度量随机过程中变量取值对其均值 μ 的离散程度。

相隔 k 期的两个随机变量 x_t 与 x_{t-k} 的协方差，即滞后 k 期的自协方差，定义为

$$\gamma_k = \mathrm{Cov}(x_t, x_{t-k}) = E[(x_t - \mu)(x_{t-k} - \mu)] \tag{11.37}$$

自协方差序列

$$\gamma_k,\ k = 0, 1, \cdots, K \tag{11.38}$$

称为随机过程 $\{x_t\}$ 的**自协方差函数**，其中 K 一般为有限值。当 $k = 0$ 时，

$$\gamma_0 = \mathrm{Var}(x_t) = \sigma_x{}^2 \tag{11.39}$$

退化为方差。自协方差 γ_k 是有量纲的，它的测量单位与变量的测量单位有关。为消除量纲，给出更方便的自相关系数定义

$$\rho_k = \frac{\mathrm{Cov}(x_t, x_{t-k})}{\sqrt{\mathrm{Var}(x_t)}\sqrt{\mathrm{Var}(x_{t-k})}} = \frac{\mathrm{E}[(x_t-\mu)(x_{t-k}-\mu)]}{\sqrt{\mathrm{E}[(x_t-\mu)^2]}\sqrt{\mathrm{E}[(x_{t-k}-\mu)^2]}} \quad (11.40)$$

ρ_k 是无量纲的。

因为对于一个平稳过程,有

$$\mathrm{Var}(x_t) = \mathrm{Var}(x_{t-k}) = \sigma_x{}^2$$

所以上式可以改写为

$$\rho_k = \frac{\mathrm{Cov}(x_t, x_{t-k})}{\sigma_x{}^2} = \frac{\mathrm{E}[(x_t-\mu)(x_{t-k}-\mu)]}{\sigma_x{}^2} = \frac{\gamma_k}{\sigma_x{}^2} \quad (11.41)$$

由于$\gamma_0 = \sigma_x{}^2$,上式可表示为

$$\rho_k = \frac{\gamma_k}{\gamma_0}$$

当 $k=0$ 时,有$\rho_0 = 1$(自相关系数为 1)。

以滞后期 k 为变量的自相关系数列

$$\rho_k,\ k = 0, 1, \cdots, K \quad (11.42)$$

称为**自相关函数**,其中 K 为有限值。自相关函数是随机变量与其不同滞后期变量的相关系数的序列,可以用来考察变量与其滞后变量的自相关程度。因为$\rho_k = \rho_{-k}$,即 x_t 与 x_{t-k},x_{t+k}的自相关系数相等,所以自相关函数是以零为对称的,又因为$\rho_0 = 1$,实际研究中只需给出自相关函数的正半部分即可。

2. 自回归过程的自相关函数

(1)平稳 AR(1)过程的自相关函数

AR(1)过程如下:

$$x_t = \phi_1 x_{t-1} + u_t,\ |\phi_1| < 1 \quad (11.43)$$

用 x_{t-k}同乘上式两侧

$$x_{t-k}x_t = \phi_1 x_{t-k}x_{t-1} + x_{t-k}u_t$$

两侧同取期望(其中 $\mathrm{E}(x_{t-k}u_t) = 0$),得

$$\gamma_k = \phi_1 \gamma_{k-1}$$

两侧同除γ_0，得

$$\rho_k = \phi_1 \rho_{k-1} = \phi_1 \phi_1 \rho_{k-2} = \cdots = \phi_1{}^k \rho_0$$

因为$\rho_0 = 1$，所以有

$$\rho_k = \phi_1{}^k, \quad (k \geqslant 0) \tag{11.44}$$

对于平稳序列，有$|\phi_1| < 1$，所以当ϕ_1的值为正且小于1时，随着k的增大，自相关函数指数衰减至零。当ϕ_1的值为负且大于-1时，随着k的增大，自相关函数正负交错地指数衰减至零。见图11.7。因为对于经济时间序列，ϕ_1取值一般为正，所以第一种情形（图11.7a）常见。指数衰减至零的表现形式说明随着时间间隔的加长，变量之间的关系变得越来越弱。

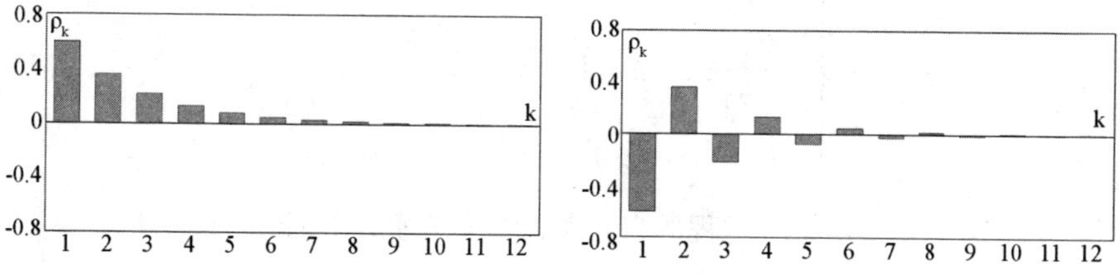

a. $0 < \phi_1 < 1$　　b. $-1 < \phi_1 < 0$

图11.7　AR(1)过程的自相关函数

（2）对于AR(p)过程，按特征方程根的取值不同，自相关函数有两种不同表现：①当特征方程的根为实数时，自相关函数将随着k的增加而几何衰减至零，称为指数衰减。②当特征方程的根中含有一对共轭复根时，自相关函数将按正弦振荡形式衰减。实际中的平稳自回归过程的自相关函数常由指数衰减和正弦衰减两部分混合而成。从（11.44）式可以看出，当特征方程的根取值远离± 1时，k不必很大，自相关函数就会衰减接近零。当有一个实数根接近± 1时，自相关函数将衰减得很慢，近似于线性衰减，称x_t具有拖尾特征。当有两个以上的根取值接近1时，自相关函数同样会衰减得很慢。

3. 移动平均过程的自相关函数

先看MA(1)过程的自相关函数。对于MA(1)过程

$$x_t = u_t + \theta_1 u_{t-1}$$

有

$$\gamma_k = \mathrm{E}[(u_t + \theta_1 u_{t-1})(u_{t-k} + \theta_1 u_{t-k-1})]$$

当 $k=0$ 时

$$\gamma_0 = \mathrm{E}(u_t^2 + \theta_1 u_t u_{t-1} + \theta_1 u_t u_{t-1} + \theta_1^2 u_{t-1}^2) = (1+\theta_1^2)\sigma^2$$

当 $k=1$ 时

$$\begin{aligned}\gamma_1 &= \mathrm{E}(u_t u_{t-1} + \theta_1 u_{t-1}^2 + \theta_1 u_t u_{t-2} + \theta_1^2 u_{t-1} u_{t-2}) \\ &= \theta_1 \mathrm{E}(u_{t-1}^2) = \theta_1 \sigma^2\end{aligned}$$

当 $k>1$ 时

$$\gamma_k = 0$$

综合以上三种情形，MA(1)过程自相关函数为

$$\rho_k = \frac{\gamma_k}{\gamma_0} = \begin{cases} 1, & k=0 \\ \dfrac{\theta_1}{1+\theta_1^2}, & k=1 \\ 0, & k>1 \end{cases} \tag{11.45}$$

见图 11.8。可见，MA(1)过程的自相关函数具有截尾特征。当 $k>1$ 时，$\rho_k=0$。

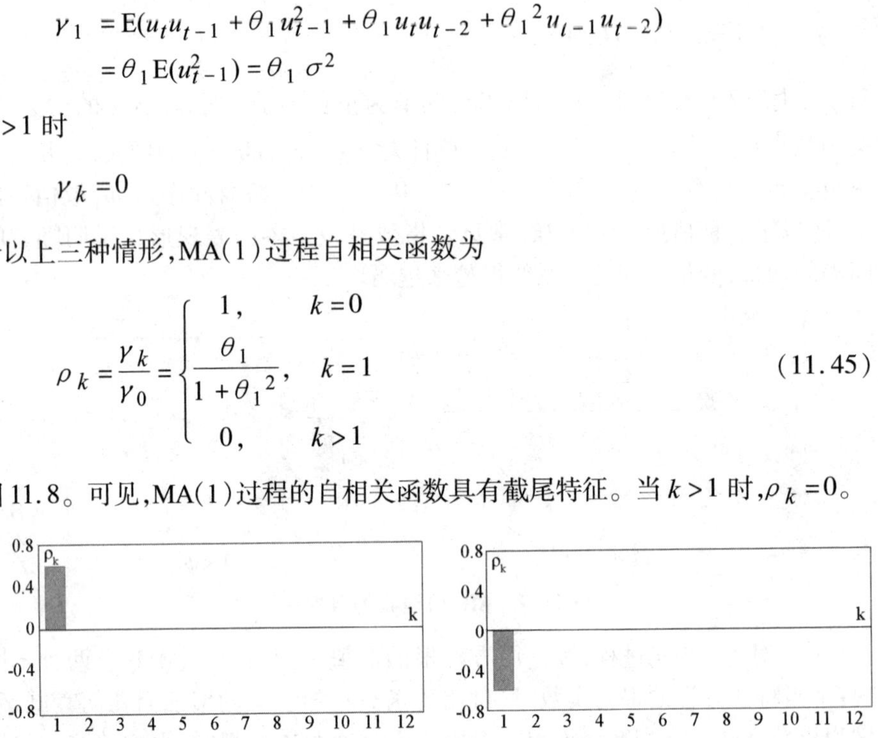

a. $0<\theta_1<1$　　b. $-1<\theta_1<0$

图 11.8　MA(1)过程的自相关函数

同理，MA(q)过程的自相关函数也具有截尾特征。当 $k \leqslant q$ 时，自相关函数呈衰减特征。当 $k>q$ 时，自相关函数为零，具有截尾特征。

4. ARMA 过程的自相关函数

对于 ARMA(1,1)过程，

$$\rho_k = \phi_1^{k-1} \frac{(1+\theta_1\phi_1)(\phi_1+\theta_1)}{(\theta_1+\phi_1)^2 + (1-\phi_1^2)}, \quad k \geqslant 1, (\text{证明略})$$

自相关函数从 ρ_1 开始指数衰减。ρ_1 的大小取决于 ϕ_1 和 θ_1。ρ_1 的符号取决于

$(\phi_1+\theta_1)$。若$\phi_1>0$,指数衰减是平滑的,或正或负。若$\phi_1<0$,自相关函数为正负交替式指数衰减。

对于高阶的 ARMA 过程,自相关函数的表现形式比较复杂,有可能呈指数衰减、正弦衰减或二者的混合衰减。其取值与自回归参数及移动平均参数有关。

5. 相关图

对于一个有限时间序列$(x_1, x_2, \cdots, x_T)$,用样本平均数

$$\bar{x}=\frac{1}{T}\sum_{t=1}^{T}x_t$$

估计总体均值μ,用样本方差

$$s^2=\frac{1}{T}\sum_{t=1}^{T}(x_t-\bar{x})^2$$

估计总体方差${\sigma_x}^2$。

用样本自相关函数估计随机过程的自相关函数,称其为**相关图**或**估计的自相关函数**,记为

$$r_k=\frac{C_k}{C_0},\qquad k=0,1,2,\cdots,K \tag{11.46}$$

样本自相关系数 r_k 是对真实自相关系数ρ_k 的估计。其中样本协方差

$$C_k=\frac{1}{T}\sum_{t=1}^{T-k}(x_t-\bar{x})(x_{t+k}-\bar{x}),\quad k=0,1,2,\cdots,K \tag{11.47}$$

是对真实协方差γ_k 的估计。

$$C_0=\frac{1}{T}\sum_{t=1}^{T}(x_t-\bar{x})^2 \tag{11.48}$$

是对γ_0 的估计。T 是时间序列数据的样本容量。实际中 T 不应太小,最好能大于 60。相关图是由 K 个估计的自相关系数组成的系数列。对于分析非季节性序列的相关图特征,一般取 $K=15$ 就足够了。

一个随机过程的自相关函数通常是未知的。相关图是对自相关函数的估计。由于 MA 过程和 ARMA 过程中的 MA 分量的自相关函数具有截尾特性,所以通过相关图可以估计 MA 过程的阶数 q。相关图是识别 MA 过程阶数和 ARMA过程中 MA 分量阶数的一个重要方法。

§11.5　偏自相关函数

偏自相关函数是描述随机过程结构特征的另一种方法。用ϕ_{kj}表示 k 阶自回归式中第 j 个回归系数,则 k 阶自回归模型表示为

$$x_t = \phi_{k1}x_{t-1} + \phi_{k2}x_{t-2} + \cdots + \phi_{kk}x_{t-k} + u_t \tag{11.49}$$

其中ϕ_{kk}是最后一个回归系数。若把 ϕ_{kk}看作滞后期 k 的函数,则称

$$\phi_{kk},\ k = 1, 2, \cdots \tag{11.50}$$

为**偏自相关函数**。它由下式中的$\phi_{11}, \phi_{22}, \cdots, \phi_{kk}$组成。

$$\begin{aligned} x_t &= \phi_{11}x_{t-1} + u_t \\ x_t &= \phi_{21}x_{t-1} + \phi_{22}x_{t-2} + u_t \\ &\vdots \\ x_t &= \phi_{k1}x_{t-1} + \phi_{k2}x_{t-2} + \cdots + \phi_{kk}x_{t-k} + u_t \end{aligned}$$

因偏自相关函数中每一个回归系数ϕ_{kk}恰好表示 x_t 与 x_{t-k}在排除了其中间变量 $x_{t-1}, x_{t-2}, \cdots, x_{t-k+1}$影响后的自相关系数,即

$$x_t - \phi_{k1}x_{t-1} - \phi_{k2}x_{t-2} - \cdots - \phi_{kk-1}x_{t-k+1} = \phi_{kk}x_{t-k} + u_t \tag{11.51}$$

中的ϕ_{kk},所以偏自相关函数由此得名。

对于 AR(p)过程,当 $k \leqslant p$ 时,$\phi_{kk} \neq 0$;当 $k > p$ 时,$\phi_{kk} = 0$。偏自相关函数在滞后期 p 以后有截尾特性,因此可用此特性识别AR(p)过程的阶数。

对于 AR(1)过程,当 $k = 1$ 时,$\phi_{11} \neq 0$;当 $k > 1$ 时,$\phi_{kk} = 0$,所以AR(1)过程的偏自相关函数特征是在 $k = 1$ 时出现峰值($\phi_{11} = \rho_1$),然后截尾。

因为任何一个可逆的 MA(q)过程都可以转换成一个无限阶的、系数按几何递减的 AR 过程,所以 MA(q)过程的偏自相关函数呈缓慢衰减特征,称拖尾特征。

MA(1)过程的偏自相关函数呈指数衰减特征。若$\theta_1 > 0$,偏自相关函数呈交替改变符号式指数衰减;若$\theta_1 < 0$,偏自相关函数呈负数的指数衰减。见图 11.9。

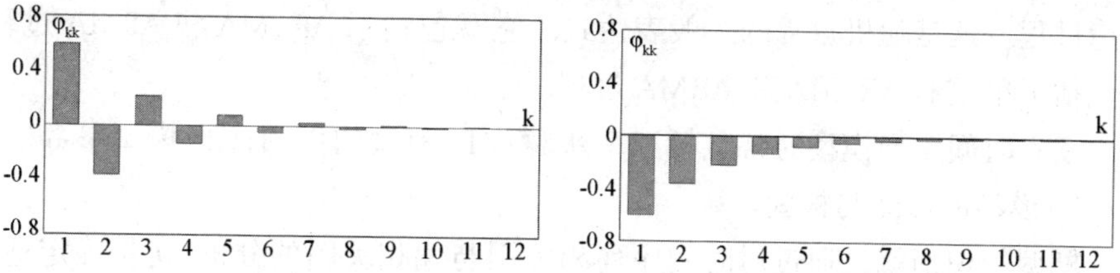

a. $\theta_1 > 0$　　　　b. $\theta_1 < 0$

图 11.9　MA(1)过程的偏自相关函数

对于 MA(2)过程，若$\Theta(L)=0$ 的根是实数，偏自相关函数由两个指数衰减形式叠加而成。若$\Theta(L)=0$ 的根是复数，偏自相关函数呈正弦衰减特征（拖尾特征）。

ARMA(p,q)过程的偏自相关函数也是无限延长的，其表现形式与 MA(q)过程的偏自相关函数相类似。根据模型中移动平均分量的阶数 q 以及参数 $\theta_i(i=1,\cdots,q)$的不同，偏自相关函数呈指数衰减和（或）正弦衰减混合形式。

对于时间序列数据，偏自相关函数通常是未知的。估计的偏自相关函数

$$\hat{\phi}_{kk},\ k=1,2,\cdots,K \tag{11.52}$$

称为**偏相关图**。其中$\hat{\phi}_{kk}$是对（11.51）式中ϕ_{kk}的估计。偏相关图是由 k 个估计的偏自相关系数组成的系数列。对于分析非季节性序列的偏相关图，实际中取 $k=15$就足够了。

一个随机过程的偏自相关函数通常是未知的。偏相关图是对偏自相关函数的估计。因为 AR 过程和 ARMA 过程中 AR 分量的偏自相关函数具有截尾特性，所以可利用偏相关图估计自回归过程的阶数 p。偏相关图是识别 AR 过程和 ARMA 过程中 AR 分量阶数的一个重要方法。

§ 11.6　时间序列模型的建立与预测

ARIMA 过程用

$$\Phi(L)D^d y_t=\theta_0+\Theta(L)u_t \tag{11.53}$$

表示。其中$\Phi(L)$和$\Theta(L)$分别是 p 阶自回归和 q 阶移动平均算子。它们的根都在单位圆之外。θ_0 是位移项（也称漂移项）。$D^d y_t$ 表示对 y_t 进行 d 次差分后的

平稳过程。这是随机过程的一般表达式。它既包括了 AR、MA 和 ARMA 过程，也包括了单整的 AR、MA 和 ARMA 过程。

建立时间序列模型通常包括三个步骤：(1)模型的识别；(2)模型参数的估计；(3)模型的诊断与检验。

模型的识别就是通过对时间序列相关图与偏相关图的分析，初步确定适合于给定样本的 ARIMA 模型形式，即确定 d、p、q 的值。

模型参数的估计就是待初步确定模型形式后对模型参数进行估计。

诊断与检验就是以样本为基础检验所拟合的模型，以求发现某些不妥之处。如果估计的模型中的某些参数估计值不能通过显著性检验，或者残差序列不能近似为一个白噪声序列，应返回第一步再次对模型进行识别。如果上述两个问题都不存在，就可以接受所建立的模型。建模过程用图 11.10 表示。下面对建模过程做详细论述。

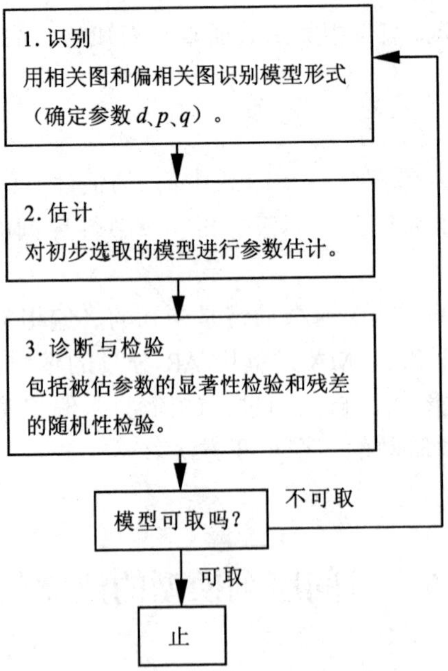

图 11.10　建立时间序列模型的步骤

1. 模型的识别

模型的识别主要依赖于对时间序列相关图与偏相关图的分析。在对经济时间序列进行分析之前，通常对样本数据取对数，目的是消除数据中可能存在的异方差。识别的第一步是通过相关图判断建模序列是否平稳。由§11.2 知,如果一个随机过程是平稳的,其特征方程的根都应在单位圆之外。自相关函数呈指数衰减,正弦衰减或二者混合。由§11.3 知,如果$\Phi(L)=0$ 的根接近单位圆,自相关函数将衰减得很慢。如果$\Phi(L)=0$的根在单位圆上,对于有限样本,自相关函数也衰减得很慢,但特征是近似线性衰减。所以在分析相关图时,如果发现其衰减得很慢,即可认为该时间序列是非平稳的。对于无限样本,自相关函数将不衰减。

第 13 章中介绍的单位根 DF、ADF 检验是专门用来检验随机过程、时间序列平稳性的,所以在学习了第 13 章的知识后也可以用 DF、ADF 检验判别随机过程的平稳性。用 DF、ADF 检验判别随机过程的平稳性更正规。

对于非平稳时间序列,在建立 ARIMA 模型之前,首先应通过差分把非平稳时间序列变换为平稳的时间序列,然后建立模型。对于非平稳经济时间序列,通常进行一次或二次差分就足够了。具体做法是对非平稳时间序列进行差分的同时,分析差分序列的相关图或通过单位根检验以判断差分序列的平稳性(见第 13 章),直至得到一个平稳序列。对于经济时间序列,差分次数 d 通常取 0,1 或 2。

实际建模中也要防止过度差分。对于一个序列,差分后若数据的极差变大,说明差分次数太多了。

在平稳时间序列基础上识别 ARMA 模型阶数。序列的相关图与偏相关图可以为识别模型参数 p(自回归分量的最大滞后阶数)和 q(移动平均分量的最大滞后阶数)的值提供信息。比如:(1)相关图表现为拖尾衰减特征,而偏相关图在 p 期后出现截止特征,则该过程是一个 p 阶自回归过程。(2)相关图在 q 期后出现截止而偏相关图呈拖尾衰减特征,则该过程是一个 q 阶移动平均过程。(3)相关图与偏相关图都呈拖尾衰减特征,说明这是一个混合形式的随机过程。

为识别自回归部分和移动平均部分的阶数,可以认为该过程由 AR 和 MA 两部分叠加而成。ARMA(p,q)过程的相关图在 $q-p$ 滞后期之后由指数衰减和正弦衰减组成。而 ARMA(p,q)过程的偏相关图则是在 $p-q$ 滞后期之后由指数衰减和(或)正弦衰减所控制。当相关图、偏相关图都表现为缓慢的衰减过程时,说明这是一个 p,q 阶数都大于等于1 的 ARIMA 过程。当相关图出现两个峰值后呈指数衰减,而偏相关图出现一个峰值后呈指数或正弦衰减,说明这是一个 ARMA(1,2)过程。模型阶数的正确识别与实际经验有很大关系。ARMA(p,d,q)过程的自相关函数与偏自相关函数的表现形式见表 11.1 至表 11.9。这些图表可以帮助读者增加识别经验。

表 11.1　ARIMA(0,1,0)过程($Dx_t = u_t$)的自相关函数和偏自相关函数

自相关函数	偏自相关函数
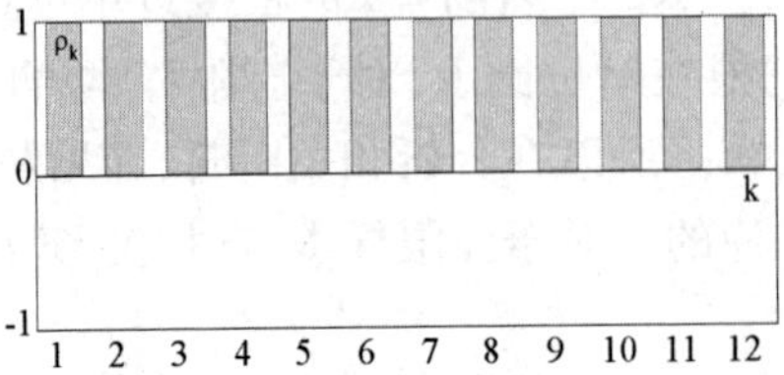	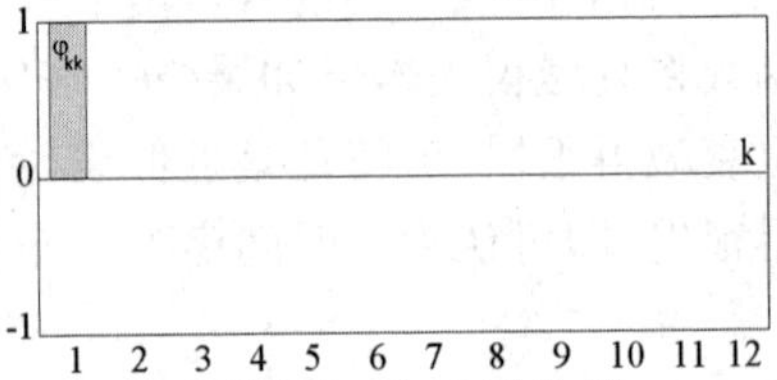
不衰减或缓慢地近似线性衰减	$k=1$ 时为 1，$k>1$ 时为零

表 11.2　AR(1)过程($x_t = \phi_1 x_{t-1} + u_t$)的自相关函数和偏自相关函数

自相关函数	偏自相关函数
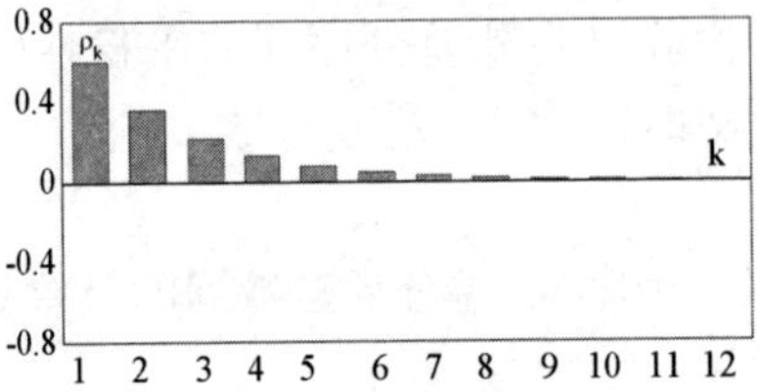	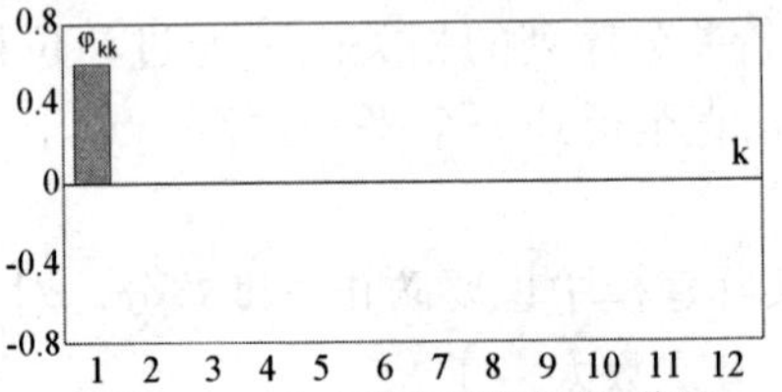
若$\phi_1>0$，平滑地指数衰减	若$\phi_1>0$，$k=1$时有正峰值然后截尾
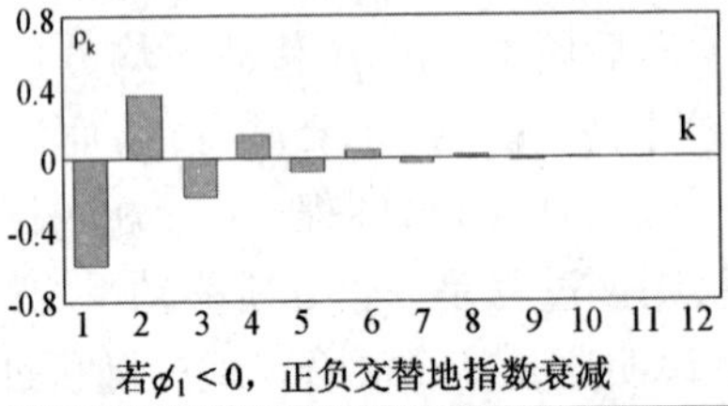	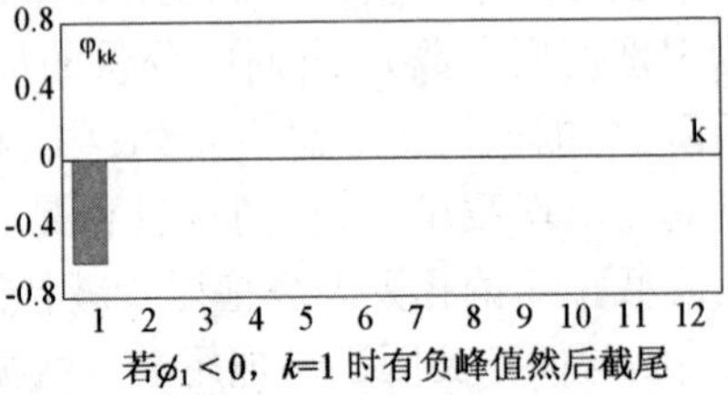
若$\phi_1<0$，正负交替地指数衰减	若$\phi_1<0$，$k=1$时有负峰值然后截尾

表 11.3　AR(2)过程($x_t=\phi_1x_{t-1}+\phi_2x_{t-2}+u_t$)的自相关函数和偏自相关函数

自相关函数	偏自相关函数
两个特征根为实根，且 $\phi_1>0$，$\phi_2>0$ 情形	
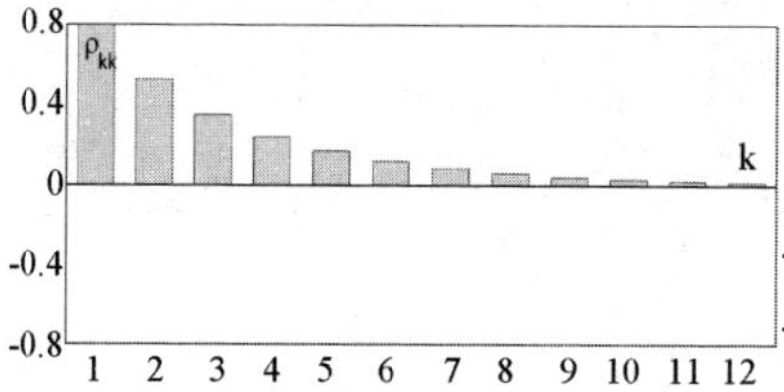	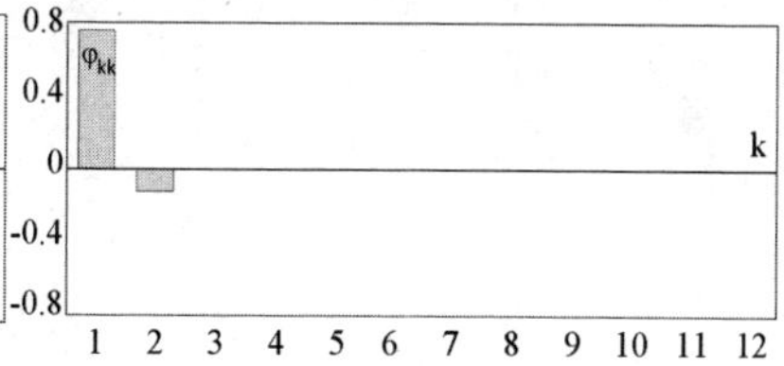
指数衰减	k=1, 2 处有两个峰值然后截尾
两个特征根为共轭复根，且 $\phi_1>0$，$\phi_2<0$ 情形	
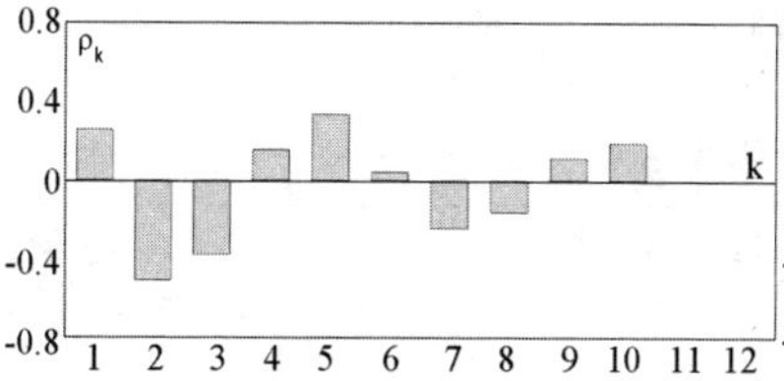	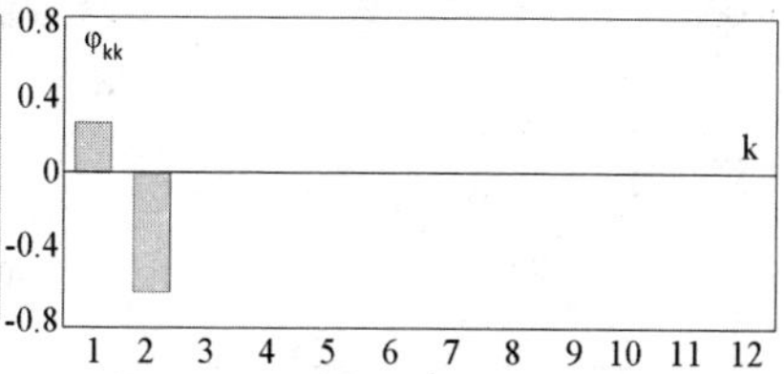
正弦衰减	k=1, 2 处有两个峰值然后截尾

表 11.4　MA(1)过程($x_t=u_t+\theta_1u_{t-1}$)的自相关函数和偏自相关函数

自相关函数	偏自相关函数
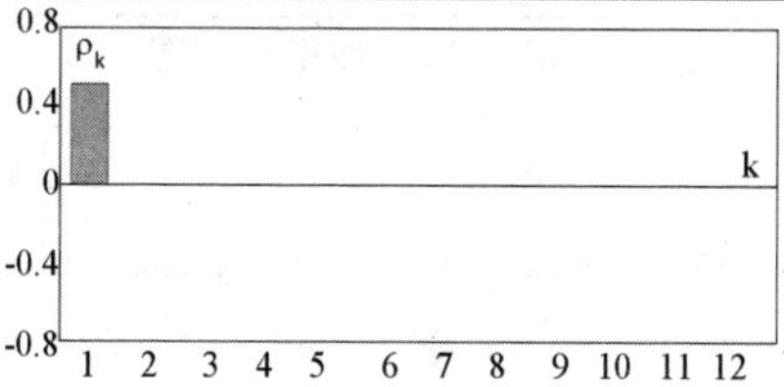	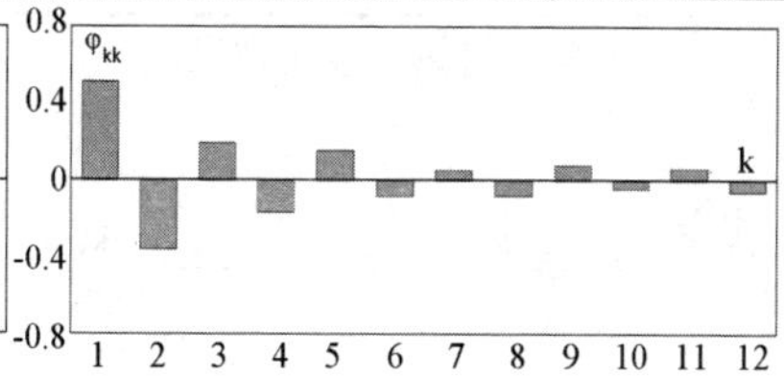
若$\theta_1>0$，k=1 时有正峰值然后截尾	若$\theta_1>0$，交替式指数衰减
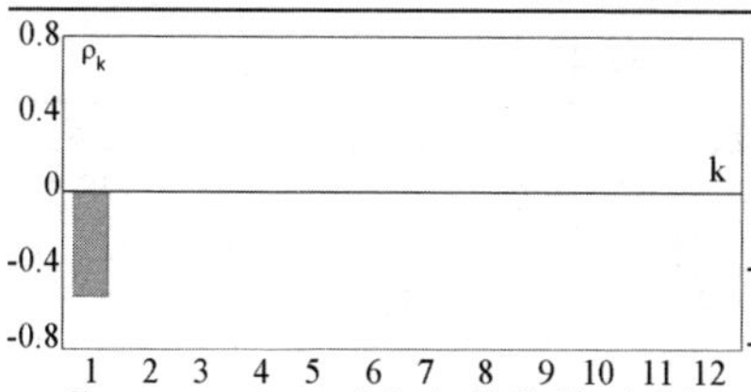	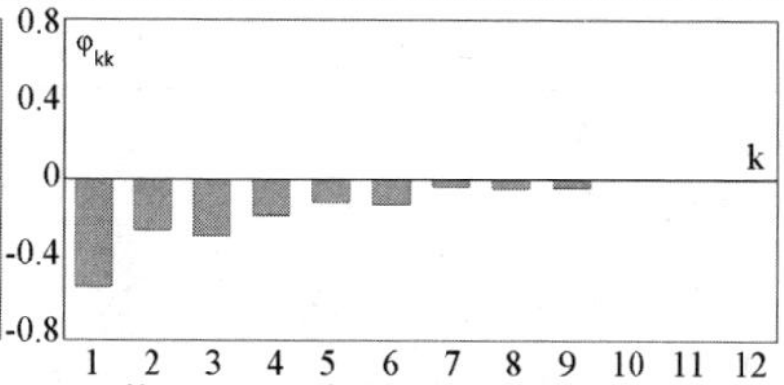
若$\theta_1<0$，k=1 时有负峰值然后截尾	若$\theta_1<0$，负的平滑式指数衰减

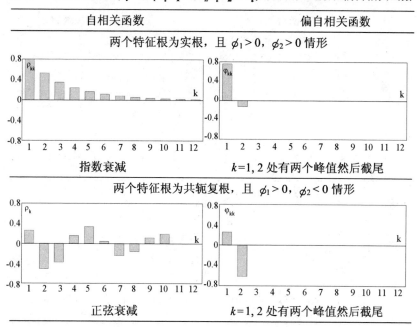

表 11.5　MA(2)过程($x_t = u_t + \theta_1 u_{t-1} + \theta_2 u_{t-2}$)的自相关函数和偏自相关函数

自相关函数	偏自相关函数

两个特征根为实根，且$\theta_1>0$，$\theta_2<0$ 情形

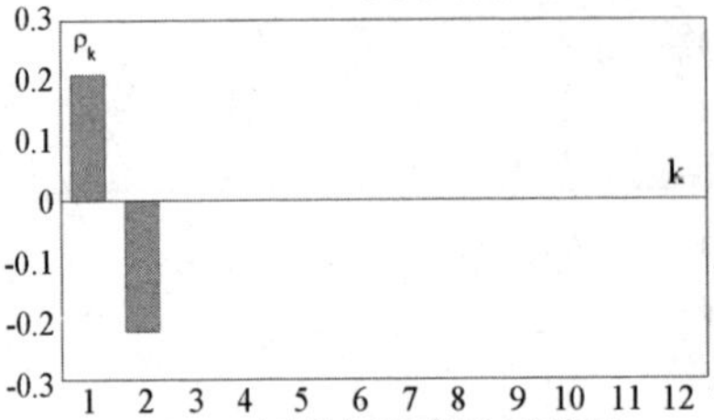

k=1, 2 有两个峰值然后截尾

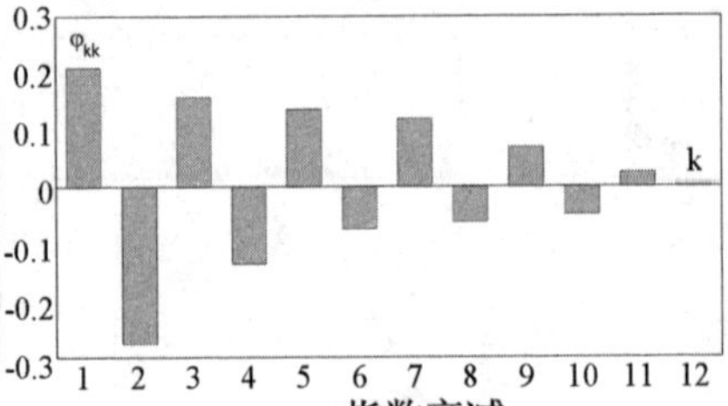

指数衰减

两个特征根为共轭复根，且$\theta_1>0$，$\theta_2>0$

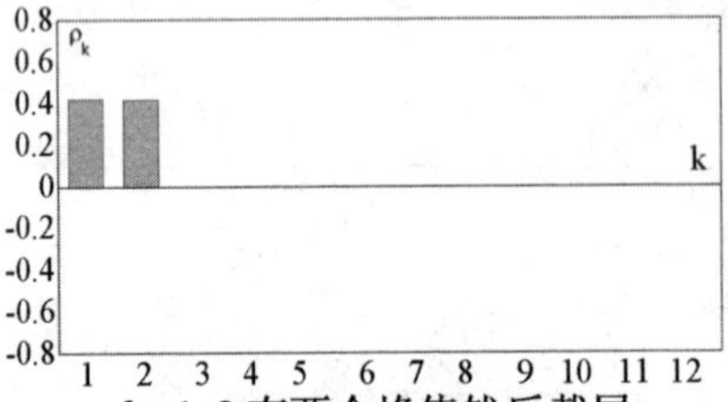

k=1, 2 有两个峰值然后截尾

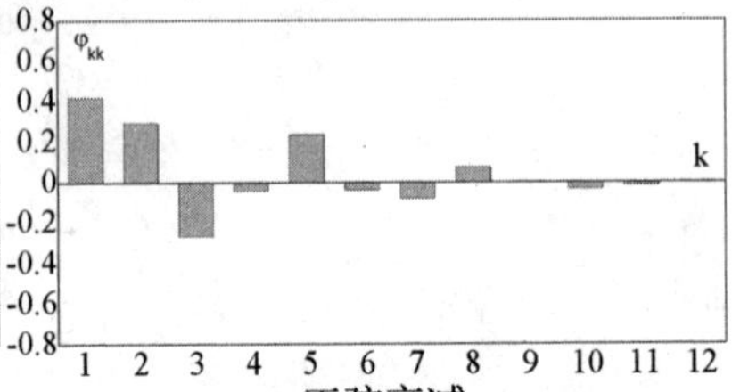

正弦衰减

表 11.6　ARMA(1,1)过程($x_t = \phi_1 x_{t-1} + u_t + \theta_1 u_{t-1}$)的自相关函数和偏自相关函数

自相关函数	偏自相关函数
k=1 有峰值然后按指数衰减	k=1 有峰值然后按指数衰减

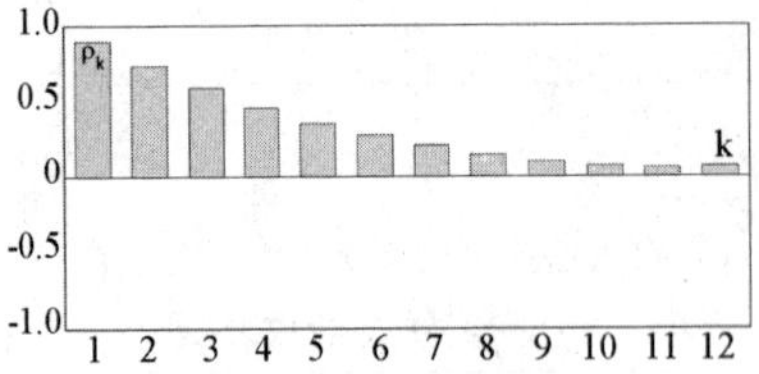

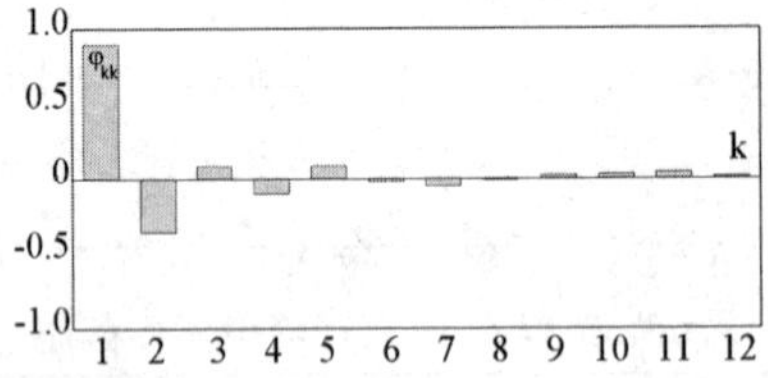

$\phi_1>0$，$\theta_1>0$ 情形

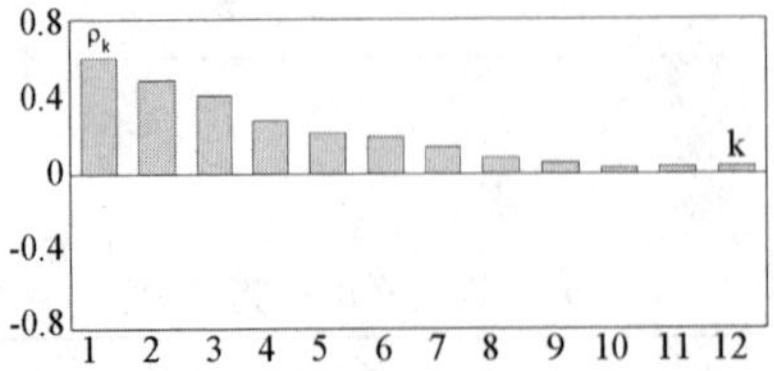

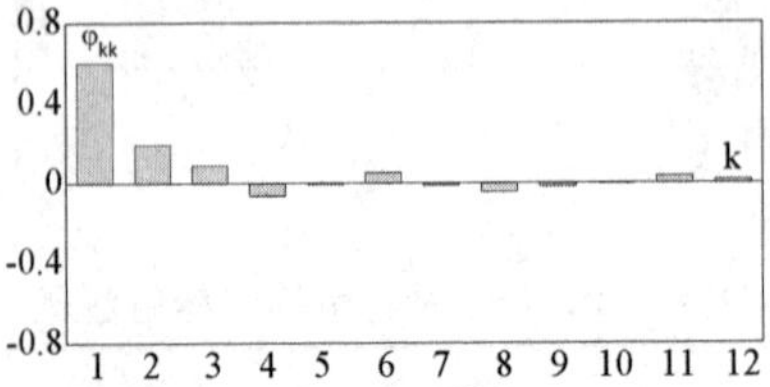

$\phi_1>0$，$\theta_1<0$ 情形

表 11.7　ARMA(2,1)过程($x_t=\phi_1x_{t-1}+\phi_2x_{t-2}+u_t+\theta_1u_{t-1}$)自相关函数、偏自相关函数

自相关函数	偏自相关函数
$\phi_1>0$，$\phi_2<0$，$\theta_1>0$ 情形	
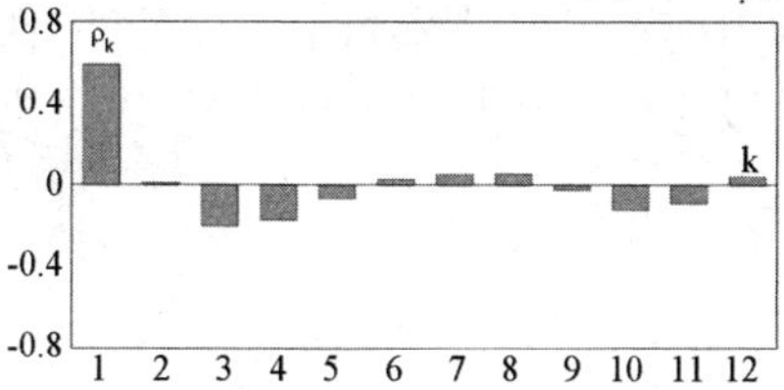	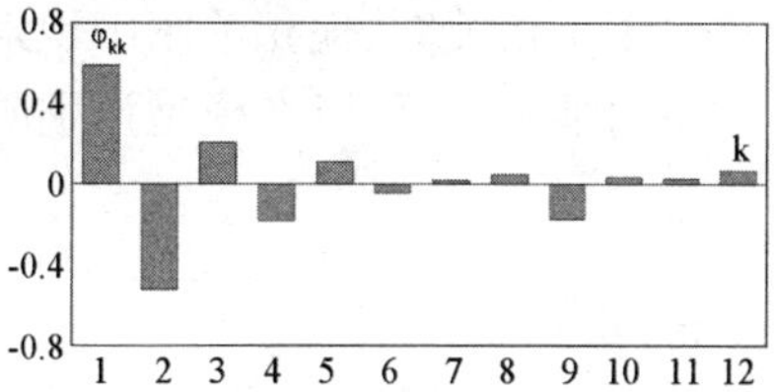
k=1 有峰值然后按指数或正弦衰减	k=1, 2 有两个峰值然后按指数衰减

表 11.8　ARMA(1,2)过程($x_t=\phi_1x_{t-1}+u_t+\theta_1u_{t-1}+\theta_2u_{t-2}$)自相关函数、偏自相关函数

自相关函数	偏自相关函数
k=1, 2 有两个峰值然后按指数衰减	k=1 有峰值然后按指数或正弦衰减
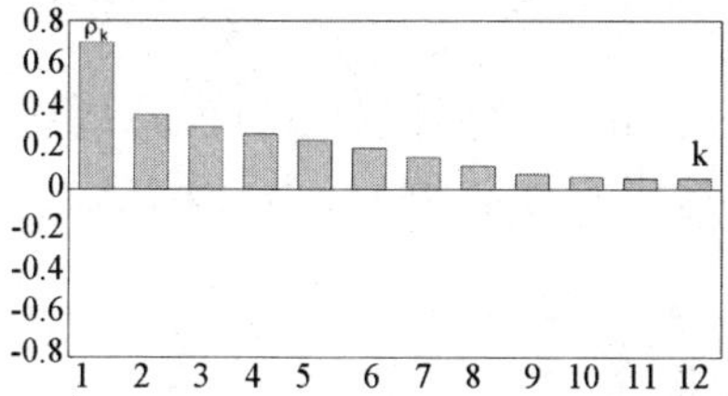	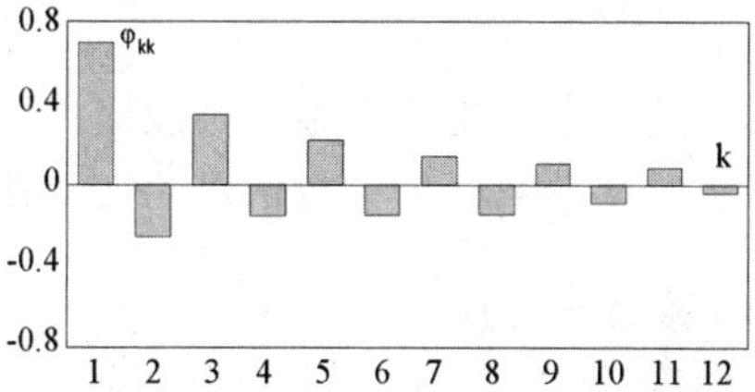
$\phi_1>0$，$\theta_1>0$，$\theta_2<0$ 情形	

表 11.9　ARMA(2,2)过程($x_t=\phi_1x_{t-1}+\phi_2x_{t-2}+u_t+\theta_1u_{t-1}+\theta_2u_{t-2}$)自相关、偏自相关函数

自相关函数	偏自相关函数
k=1,2 有两个峰值然后按指数或正弦衰减	k=1, 2 有两个峰值然后按指数或正弦衰减
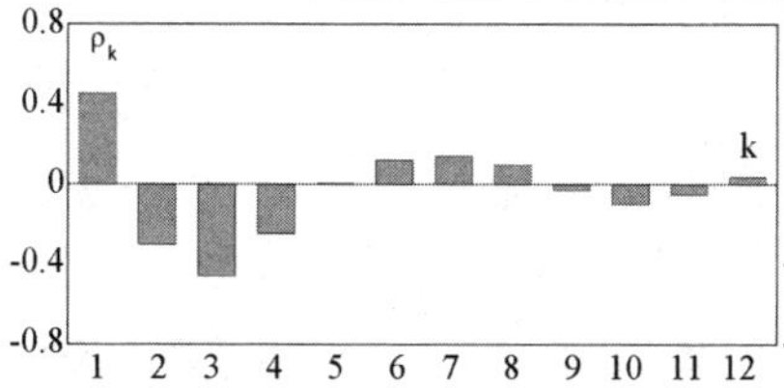	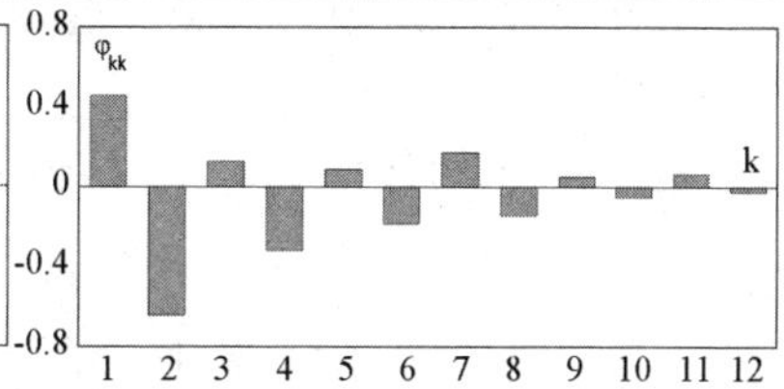
$\phi_1>0$，$\phi_2<0$，$\theta_1>0$，$\theta_2<0$ 情形	

识别实际上是利用相关图、偏相关图分别估计自相关函数与偏自相关函数的特征。与自相关函数相比,相关图具有较大方差,并表现为更高的自相关。实际中,相关图、偏相关图的特征不会像自相关函数与偏自相关函数那样"规范",所以应该善于从相关图、偏相关图中识别出模型的真实参数 p、q。另外,估计的模型形式不是唯一的,所以在模型识别阶段应多选择几种模型形式,以供进一步选择。

2. 模型参数的估计

对 AR(p)模型的估计非常容易,见模型(11.1)。因为滞后变量 $x_{t-1}, x_{t-2}, \cdots, x_{t-p}$都发生在 t 期之前,这些滞后变量与误差项 u_t 相互独立,所以对 AR(p)模型的参数进行 OLS 估计,则所得参数估计量具有一致性。

对 MA(q)和 ARMA(p, q)模型的估计要困难得多。把 ARMA(p, q)模型(11.17)改写成如下形式

$$\frac{\Phi(L)}{\Theta(L)}x_t = u_t \tag{11.54}$$

显然,这是一个非线性模型。不能简单地用 OLS 法估计参数。随着计算机的广泛应用,对这类模型的参数估计一般采用迭代式的非线性最小二乘法。

3. 诊断与检验

完成模型的识别与参数估计后,应对估计结果进行诊断与检验,以求发现所选用的模型是否正确。若不合理,应该知道下一步怎样修改。

这一阶段主要检验拟合的模型是否正确。一是检验模型参数的估计值是否具有统计显著性;二是检验残差序列的随机性。参数估计值的显著性检验是通过 t 统计量完成的,而模型拟合的优劣以及残差序列随机性的判别是用伯克斯－皮尔斯(Box-Pierce,1970)提出的 Q 统计量完成的。

若拟合模型的误差项为白噪声过程,统计量

$$Q = T(T+2)\sum_{k=1}^{K}\frac{r_k^{\,2}}{T-k} \sim \chi^2(K-p-q) \tag{11.55}$$

渐近服从 $\chi^2(K-p-q)$分布,其中 T 表示样本容量,r_k 表示用残差序列计算的自相关系数值,K 表示自相关系数的个数或最大滞后期,p 表示模型自回归部分的最大滞后值,q 表示移动平均部分的最大滞后值。实际上($p+q$)在这里是指被估参数的个数。

这时的原假设为

$H_0: \rho_1 = \rho_2 = \cdots = \rho_K = 0$（模型的误差序列是白噪声过程）。

用残差序列计算自相关系数估计值，进而计算 Q 统计量的值。若拟合的模型不正确，残差序列中必含有自相关成分，Q 值将很大。反之，Q 值将很小。判别规则是：

若 $Q \leqslant \chi^2_\alpha(K-p-q)$，则接受 H_0；

若 $Q > \chi^2_\alpha(K-p-q)$，则拒绝 H_0。

其中 α 表示检验水平。书末附表 2 给出 χ^2 检验临界值表。

4. 时间序列模型预测

下面就以 ARMA(1,1)模型为例具体介绍预测方法。其他形式时间序列 ARMA(p,q)模型的预测方法与此类似。

设对时间序列样本 $\{x_t\}$，$t = 1,2,\cdots,T$ 所拟合的模型是

$$x_t = \phi_1 x_{t-1} + u_t + \theta_1 u_{t-1} \tag{11.56}$$

则理论上 $T+1$ 期 x_t 的值应按下式计算

$$x_{T+1} = \phi_1 x_T + u_{T+1} + \theta_1 u_T \tag{11.57}$$

用估计的参数 $\hat{\phi}_1$、$\hat{\theta}_1$ 和残差 e_T 分别代替上式中的 ϕ_1、θ_1 和 u_T。上式中的 u_{T+1} 是未知的，但知 $\mathrm{E}(u_{T+1}) = 0$，所以取 $u_{T+1} = 0$。x_T 是已知的（样本值）。对 x_{T+1} 的预测按下式进行

$$\hat{x}_{T+1} = \hat{\phi}_1 x_T + \hat{\theta}_1 e_T \tag{11.58}$$

仿照（11.57）式，理论上 x_{T+2} 的预测式是

$$x_{T+2} = \phi_1 x_{T+1} + u_{T+2} + \theta_1 u_{T+1}$$

取 $u_{T+1} = 0$，$u_{T+2} = 0$，则 x_{T+2} 的实际预测式是

$$\hat{x}_{T+2} = \hat{\phi}_1 \hat{x}_{T+1} \tag{11.59}$$

其中 $\hat{x}_{T+1}$ 是上一步得到的预测值。以此类推，x_{T+3} 的预测式是

$$\hat{x}_{T+3}=\hat{\phi}_1\hat{x}_{T+2} \tag{11.60}$$

由上可见,随着预测期的加长,预测式(11.57)中移动平均项逐步淡出预测模型,预测式变成了纯自回归形式。

若上面所用的 x_t 是由一个差分变量计算而来的,设 $Dy_t=x_t$,则得到的预测值 $\hat{x}_T$ 相当于 $D\hat{y}_t$,$(t=T+1,T+2,\cdots)$。因为

$$y_t=y_{t-1}+Dy_t$$

所以原序列 $T+1$ 期预测值应按下式计算

$$\hat{y}_{T+1}=y_T+D\hat{y}_{T+1}=y_T+\hat{x}_{T+1} \tag{11.61}$$

对于 $t>T+1$,预测式是

$$\hat{y}_t=\hat{y}_{t-1}+D\hat{y}_t,\quad t=T+2,\ T+3,\cdots \tag{11.62}$$

其中 $\hat{y}_{t-1}$是相应上一步的预测结果。

§11.7　案例分析

例 11.1　中国总人口时间序列模型

通过这个例子介绍怎样建立 ARIMA 模型。

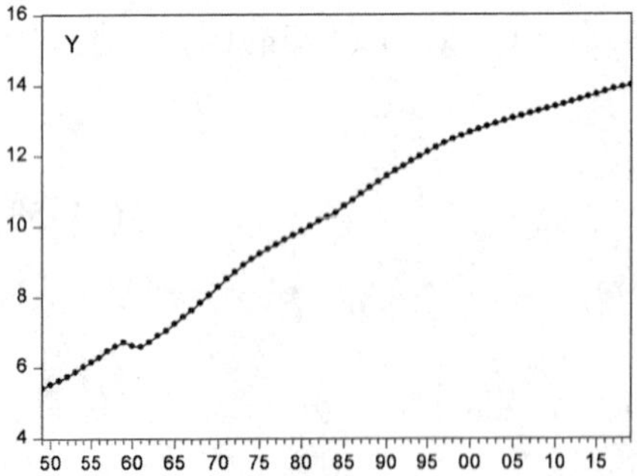

图 11.11 中国总人口序列(1949—2019)

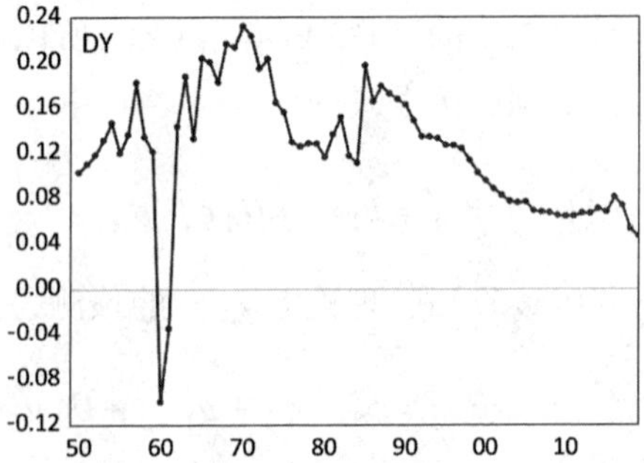

图 11.12 中国总人口一阶差分序列(1950—2019)

中国总人口时间序列数据(1949—2019)见表 11.10 和 EViews 文件li-11-1。从人口序列图 11.11 可以看出,我国人口总水平除在 1960 和 1961 两年出现回落外,其余年份基本上保持线性增长趋势。70 年间平均每年增加人口 1226.3

万人,年平均增长率为1.3658%。尽管总人口数逐年增加,实际上的年人口增长率是逐渐下降的。我国20世纪70年代开始执行计划生育政策。若以1970年为界,把70年分为两个时期,即执行计划生育政策以前(1949—1970年)和执行计划生育政策以后(1971—2019),则前一个时期的人口年平均增长率为2.05%,后一个时期的年平均增长率为1.07%。从人口序列的变化特征看,这是一个非平稳序列。

表11.10　中国人口时间序列 Y_t 数据　(单位:亿人)

年份	总人口数 Y_t	年份	总人口数 Y_t	年份	总人口数 Y_t	年份	总人口数 Y_t
1949	5.4167	1967	7.6368	1985	10.5851	2003	12.9227
1950	5.5196	1968	7.8534	1986	10.7507	2004	12.9988
1951	5.6300	1969	8.0671	1987	10.9300	2005	13.0756
1952	5.7482	1970	8.2992	1988	11.1026	2006	13.1448
1953	5.8796	1971	8.5229	1989	11.2704	2007	13.2129
1954	6.0266	1972	8.7177	1990	11.4333	2008	13.2802
1955	6.1465	1973	8.9211	1991	11.5823	2009	13.3450
1956	6.2828	1974	9.0859	1992	11.7171	2010	13.4091
1957	6.4653	1975	9.2420	1993	11.8517	2011	13.4735
1958	6.5994	1976	9.3717	1994	11.9850	2012	13.5404
1959	6.7207	1977	9.4974	1995	12.1121	2013	13.6072
1960	6.6207	1978	9.6259	1996	12.2389	2014	13.6782
1961	6.5859	1979	9.7542	1997	12.3626	2015	13.7462
1962	6.7295	1980	9.8705	1998	12.4761	2016	13.8271
1963	6.9172	1981	10.0072	1999	12.5786	2016	13.9008
1964	7.0499	1982	10.1590	2000	12.6743	2018	13.9538
1965	7.2538	1983	10.2764	2001	12.7627	2019	14.0005
1966	7.4542	1984	10.3876	2002	12.8453		

资料来源:中国统计局网站. http://data.stats.gov.cn/easyquery.htm? cn = C01。

人口差分序列 DY_t 见图11.12。中华人民共和国成立初期由于进入和平环境,同时随着国民经济的迅速恢复,人口的年净增数从1950年的1029万人猛增到1957年的1825万人。由于粮食短缺,三年经济困难时期是中华人民共和国成立后我国唯一一次人口净负增长时期(1960年和1961年),人口净增值不但没有增加,反而减少。随着经济形势的好转,从1962年开始人口年增加值迅速恢复到1500万的水平,随后呈连年递增态势。1970年是我国历史上人口增加最多的一个年份,增加2321万人。随着20世纪70年代初计划生育政策的实施,从1971年开始,年人口增加值逐年下降,至1980年基本回落到中华人民共和国成立初期水平。1981—1994年人口增加值大幅回升,主要原因是受1962—1966年高出生率的影响(1963年为4.37%)。这种回升的第二个影响周期在 2016 年出现，但强度大大减弱。1987 年以后，人口增加值再一次呈逐年下降趋势，一直延续到 2015 年。2016 年出现一个小高峰之后，人口增加值下降进一步加快。至 2019 年人口增加值只有 470 万。由于现在的人口基数大于以往年份，所以人口增长率却是中华人民共和国成立以来最低的（2019 年为 0.33%）。从 DY_t 的变化特征看，1960 年、1961 年数据可看作两个离群值，其他年份数据则表现为正常特征。

下面通过对总人口序列 Y_t 和总人口差分序列 DY_t 的相关图、偏相关图进行分析，判别 Y_t 序列平稳性以及识别 ARIMA 模型形式。

$K=10$ 的中国总人口序列 Y_t 的相关图、偏相关图见图 11.13。因为序列 Y_t 的估计的自相关系数（相关图）近似线性衰减，所以人口序列 Y_t 是一个非平稳序列。$K=10$ 的总人口差分序列 DY_t 的相关图、偏相关图见图 11.14。因为 DY_t 的相关图和偏相关图呈指数函数形式衰减，说明总人口差分序列 DY_t 是平稳序列。应该用 DY_t 序列建立 ARMA 模型。

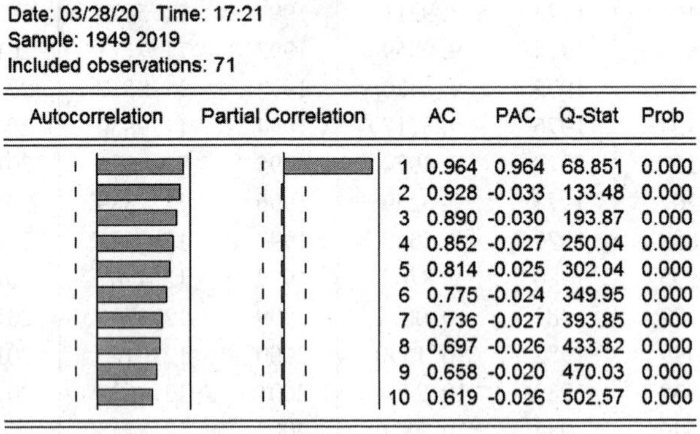
Date: 03/28/20 Time: 17:21
Sample: 1949 2019
Included observations: 71
Autocorrelation
Partial Correlation
AC PAC Q-Stat Prob
1 0.964 0.964 68.851 0.000
2 0.928 -0.033 133.48 0.000
3 0.890 -0.030 193.87 0.000
4 0.852 -0.027 250.04 0.000
5 0.814 -0.025 302.04 0.000
6 0.775 -0.024 349.95 0.000
7 0.736 -0.027 393.85 0.000
8 0.697 -0.026 433.82 0.000
9 0.658 -0.020 470.03 0.000
10 0.619 -0.026 502.57 0.000

图 11.13　序列 Y_t 的相关图、偏相关图

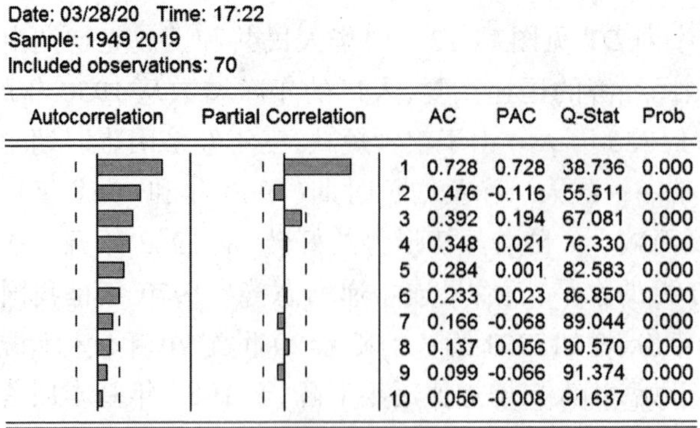
Date: 03/28/20 Time: 17:22
Sample: 1949 2019
Included observations: 70
Autocorrelation
Partial Correlation
AC PAC Q-Stat Prob
1 0.728 0.728 38.736 0.000
2 0.476 -0.116 55.511 0.000
3 0.392 0.194 67.081 0.000
4 0.348 0.021 76.330 0.000
5 0.284 0.001 82.583 0.000
6 0.233 0.023 86.850 0.000
7 0.166 -0.068 89.044 0.000
8 0.137 0.056 90.570 0.000
9 0.099 -0.066 91.374 0.000
10 0.056 -0.008 91.637 0.000

图 11.14　序列 DY_t 的相关图、偏相关图

下面通过分析 DY_t 的相关图、偏相关图确立 ARIMA 模型形式（识别 p 和 q）。

（1）如果把偏自相关系数 $\hat{\phi}_{11}=0.728$ 看作峰值，然后呈截尾特征（因为从 $\hat{\phi}_{22}$ 起，偏自相关系数都没有显著性），把相关图看作拖尾特征，则应该用 DY_t 建立 AR(1) 模型。

（2）如果把自相关系数 r_1 和偏自相关系数 $\hat{\phi}_{11}$ 看作峰值，然后随滞后期的增加各自呈拖尾特征，则应该用 DY_t 建立 ARMA(1,1) 模型。

分别对 DY_t 序列（1950—2018 年数据）按 AR(1)、ARMA(1,1) 模型进行估计，得到的结果见（11.63）式和（11.64）式。

AR(1) 模型的 EViews 估计结果如下：

$$DY_t = \underset{(6.6)}{0.1219} + \underset{(8.7)}{0.7395}\,(DY_{t-1} - 0.1219) + u_t \tag{11.63}$$

$$Q(10) = 4.8,\ (p = 0.85),\ \chi^2_{0.05}(10-1) = 16.9,\ T = 68$$

ARMA(1, 1) 模型的 EViews 10 估计结果如下：

$$DY_t = \underset{(7.8)}{0.1225} + \underset{(4.7)}{0.6152}(DY_{t-1} - 0.1225) + u_t + \underset{(1.7)}{0.2655}u_{t-1} \tag{11.64}$$

$$Q(10) = 3.4,\ (p = 0.91),\ \chi^2_{0.05}(10-2) = 15.5,\ T = 68$$

（11.63）式通过了三个检验。（1）DY_t 的均值项 0.1219 和一阶自回归系数 0.7395 都通过了 t 检验，两个系数都显著地不等于零。（2）0.7395 是根的倒数，说明特征根在单位圆以外。（3）观察残差序列的相关图（见图 11.15），$Q(1)$，$Q(2)$，…都通过了 Q 检验。所以（11. 63）式是一个备选模型。

关于（11.64）式，（1）DY_t 的均值项 0.1225 和一阶自回归系数 0.6152 都通过了 t 检验，两个系数都显著地不等于零。（2）0.6152 是根的倒数，说明特征根在单位圆以外。（3）观察残差序列的相关图，$Q(1)$，$Q(2)$，…都通过了 Q 检验。以 $Q(10)$ 为例，$Q(10) = 4.8 < \chi^2_{0.05}(K-p-q) = \chi^2_{0.05}(10-2) = 15.5$，$Q$ 检验合格。

（11.64）式唯一有一点不足是移动平均系数 0.2655 未能通过显著性检验。再者（11.64）式含有三个参数，（11.63）式只含有两个参数，综合评价，（11.63）式是最终选定的模型。

（11.63）式对应的 EViews 输出结果和模型残差的相关图以及 Q 检验的输出结果分别见表 11.11 和图 11.15。

表 11.11　(11.63)式的 EViews 11 输出结果

Dependent Variable: D(Y)
Method: ARMA Conditional Least Squares (Marquardt - EViews legacy)
Date: 03/28/20　Time: 17:44
Sample (adjusted): 1951 2018
Included observations: 68 after adjustments
Convergence achieved after 3 iterations

Variable	Coefficient	Std. Error	t-Statistic	Prob.
C	0.121949	0.018484	6.597604	0.0000
AR(1)	0.739483	0.084777	8.722718	0.0000

R-squared	0.535492	Mean dependent var	0.124032
Adjusted R-squared	0.528454	S.D. dependent var	0.057755
S.E. of regression	0.039660	Akaike info criterion	-3.587990
Sum squared resid	0.103811	Schwarz criterion	-3.522711
Log likelihood	123.9917	Hannan-Quinn criter.	-3.562124
F-statistic	76.08581	Durbin-Watson stat	1.821997
Prob(F-statistic)	0.000000		
Inverted AR Roots	.74		

Date: 03/28/20　Time: 17:46
Sample: 1949 2018
Included observations: 68
Q-statistic probabilities adjusted for 1 ARMA term

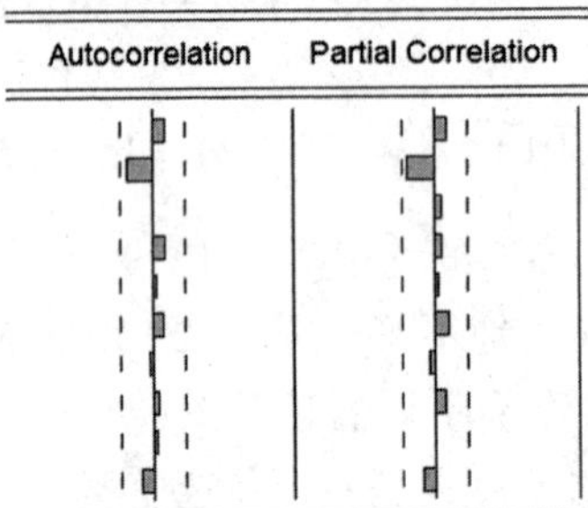

	AC	PAC	Q-Stat	Prob
1	0.084	0.084	0.4970	
2	-0.190	-0.199	3.1074	0.078
3	0.006	0.044	3.1103	0.211
4	0.085	0.044	3.6486	0.302
5	0.024	0.021	3.6932	0.449
6	0.066	0.091	4.0306	0.545
7	-0.024	-0.037	4.0751	0.667
8	0.034	0.069	4.1659	0.760
9	0.024	-0.003	4.2142	0.837
10	-0.083	-0.083	4.7851	0.853

图 11.15　(11.63)式残差序列的 Q 检验结果

注意：

(1)EViews 11 的输出格式表示的是，对序列 $(DY_{t-1}-0.1219)$建立的 AR(1)和 ARMA(1, 1)模型，并不是对 DY_t建立 AR(1)和 ARMA(1, 1)模型。

(2)(11.63)式中的 0.1219 是 DY_t的均值，不是漂移项。0.1219 的实际含义是 70 年间年平均人口净增值是 1219 万人。自回归系数 0.7395 的实际含义是人口差分序列 DY_t上一期的值平均以 0.7395 倍强度影响本期值。影响 DY_t值的另一个因素是随机误差项。

整理(11.63)式，得

$$DY_t = 0.0318 + 0.7395\ DY_{t-1} + u_t \tag{11.65}$$

漂移项 $\alpha = 0.0318$。对于 DY_t 来说,建立的是带有漂移项的 AR(1)模型。对上式两侧求期望,就会求得,

$$\mu = 0.0318 / (1 - 0.7395) = 0.1221$$

由样本知 $Y_{2019} = 14.0005$,$DY_{2019} = 0.0467$。下面用(11.65)式进行样本外一期 2019 年总人口值的预测。

$$DY_{2019} = 0.0318 + 0.7395 DY_{2018} + u_t = 0.0318 + 0.7395 \times 0.0530 = 0.0710$$

$$Y_{2019} = Y_{2018} + DY_{2019} = 13.9538 + 0.0710 = 14.0248$$

EViews 给出的预测值是 14.025。

已知 2019 年中国人口实际数是 14.0005 亿人。预测相对误差为

$$\eta = \frac{14.0248 - 14.0005}{14.0005} = 0.0017 \tag{11.66}$$

附录:用 EViews 估计时间序列模型的方法。

(1)在打开工作文件的基础上,从 EViews 主菜单中点击 Quick 键,选择 Estimate Equation 功能,弹出 Equation specification 对话框,输入 1 阶自回归时间序列模型估计命令如下:

D(Y)　C　AR(1)

其中 C 表示均值,AR(1)表示 DY_{t-1}。点击 OK 键。即可得到表 11.11 的输出结果。

(2)模型中若含有移动平均项,EViews 命令用 MA(q)表示。

(3)点击时间序列模型估计结果窗口中的 View 键,选 Residual Diagnostics, Correlogram-Q-statistics 功能,在随后弹出的对话框中指定相关图的最大滞后期数,比如选 10,点击 OK 键,即可得到模型残差序列的相关与偏相关图以及 $Q(1)$,…, $Q(9)$ 9 个统计量值。

(4)点击时间序列模型估计结果窗口中的 Forcast 键,在随后弹出的对话框中做出适当选择,就可以得到 Y_t 和 DY_t 的动态和静态、样本内和样本外的预测值。

§11.8　回归与 ARMA 组合模型

已经学习了回归模型和时间序列模型,如果把这两种分析方法结合在一起,建模质量会更高,会得到比其中任何一种方法都好的预测结果。

例如,有如下回归模型

$$y_t = \beta_0 + \beta_1 x_t + u_t \tag{11.67}$$

其中,x_t 是解释变量,y_t 是被解释变量,u_t 是随机误差项。上述模型的估计式是

$$y_t = \hat{\beta}_0 + \hat{\beta}_1 x_t + e_t$$

令 $e_t = 0$,用上式可预测 y_t 的值。e_t 是一个平稳的、非自相关的残差序列。当 e_t 存在自相关时,时间序列分析的一个有效应用是对残差序列 e_t 建立 ARMA 模型。然后将上式中的残差项用 ARMA 模型替换。在利用上述模型预测 y_t 时,可以利用 ARMA 模型先预测出 e_t 的值。有时,这会使 y_t 的预测值更准确。

这种回归与时间序列相结合的模型形式是

$$y_t = \hat{\beta}_0 + \hat{\beta}_1 x_t + \Phi^{-1}(L)\Theta(L)v_t \tag{11.68}$$

其中 $e_t = \Phi^{-1}(L)\Theta(L)v_t$,或写成$\Phi(L)e_t = \Theta(L)v_t$。$v_t$ 是服从正态分布的、非自相关的误差项。v_t 的方差一般与 e_t 不一样。这种回归与时间序列相组合的模型称作**回归与时间序列组合模型**,简称 **regARIMA 模型**。

注意:

(1)如果(11.68)式中的 e_t 是一个 AR(1)过程,则回归与 ARMA 组合模型表达的就是误差项为一阶自相关的经典回归模型。

(2)以(11.68)式为例,按 Wold 分解定理,也可以对回归与 ARMA 组合模型作如下理解:$y_t - \beta_0 - \beta_1 x_t = u_t$表示在 y_t 中剔除了确定性影响$\beta_0 + \beta_1 x_t$ 后所得序列 u_t 是一个不含任何确定性成分的平稳的随机序列。用 u_t 建立时间序列模型。

回归与 ARMA 组合模型也可以由被解释变量及其滞后项、一个或多个解释变量及其滞后项、描述随机误差序列的时间序列模型三部分组成。

只含有一个解释变量的 regARIMA 模型,即一元回归与 ARMA 组合模型的一般形式是

$$A(L)y_t = B(L)x_t + \Phi^{-1}(L)\Theta(L)v_t$$

其中 $u_t = \Phi^{-1}(L)\Theta(L)v_t$。$A(L)$是 y_t 的特征多项式,$B(L)$是 x_t 的特征多项式。$\Phi(L)$是 u_t 的特征多项式,$\Theta(L)$是 v_t 的特征多项式。在实际应用中,回归与ARMA组合模型的结构部分可以利用经济理论和计量经济分析方法得到,而其时间序列部分(u_t)可以通过时间序列模型的分析方法得到。

例 11.2　中国储蓄存款年底余额 Y_t 与 GDP_t 关系研究

1970—2014 年中国储蓄存款年底余额（Y_t，亿元）与 GDP_t（亿元）数据见表 11.12 和 EViews 文件 li-11-2。为消除回归模型中存在的异方差问题，下面采用 Y_t 和 GDP_t 的对数变量进行建模分析。

1970—2014 年对数的储蓄存款年底余额（LnY_t，亿元）与对数的 GDP（$LnGDP_t$，亿元）散点图如图 11.16 所示。LnY_t 与 $LnGDP_t$ 应该存在二次多项式关系，所以建立如下回归模型，

$$LnY_t = \beta_0 + \beta_1 LnGDP_t + \beta_2 LnGDP_t^2 + u_t \tag{11.69}$$

得最小二乘估计结果如下，

表 11.12　中国储蓄存款总额 Y_t 与 GDP_t 数据　（单位：亿元人民币）

年份	存款总额 Y_t	GDP_t	年份	存款总额 Y_t	GDP_t
1970	79.50	2279.70	1993	15203.50	35673.20
1971	90.30	2456.90	1994	21518.80	48637.50
1972	105.20	2552.40	1995	29662.30	61339.90
1973	121.20	2756.20	1996	38520.80	71813.60
1974	136.50	2827.70	1997	46279.80	79715.00
1975	149.60	3039.50	1998	53407.50	85195.50
1976	159.10	2988.60	1999	59621.80	90564.40
1977	181.60	3250.00	2000	64332.38	100280.10
1978	210.60	3678.70	2001	73762.43	110863.10
1979	281.00	4100.50	2002	86910.65	121717.40
1980	399.50	4587.60	2003	103617.70	137422.00
1981	523.70	4935.80	2004	119555.40	161840.20
1982	675.40	5373.40	2005	141051.00	187318.90
1983	892.50	6020.90	2006	161587.30	219438.50
1984	1214.70	7278.50	2007	172534.20	270092.30
1985	1622.60	9098.90	2008	217885.40	319244.60
1986	2238.50	10376.20	2009	260771.70	348517.70
1987	3081.40	12174.60	2010	303302.50	412119.30
1988	3822.20	15180.40	2011	343635.90	487940.20
1989	5196.40	17179.70	2012	399551.00	538580.00
1990	7119.80	18872.90	2013	447601.60	592963.20
1991	9141.60	22005.60	2014	485261.30	643563.10
1992	11758.0	27194.50			

资料来源：中国统计局网站．http://data.stats.gov.cn/easyquery.htm? cn = C01。

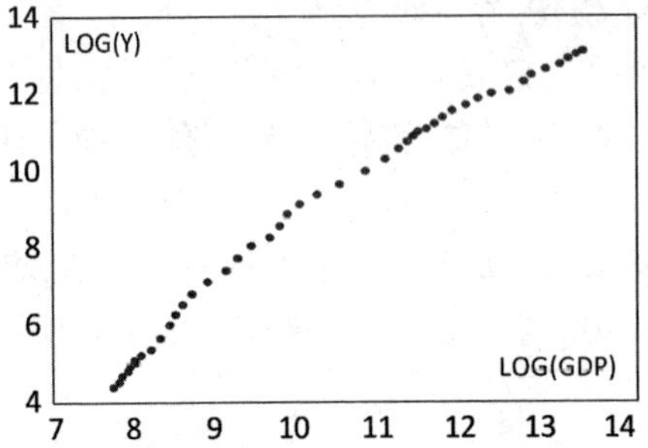

图 11.16　LnY_t与 $LnGDP_t$的散点图

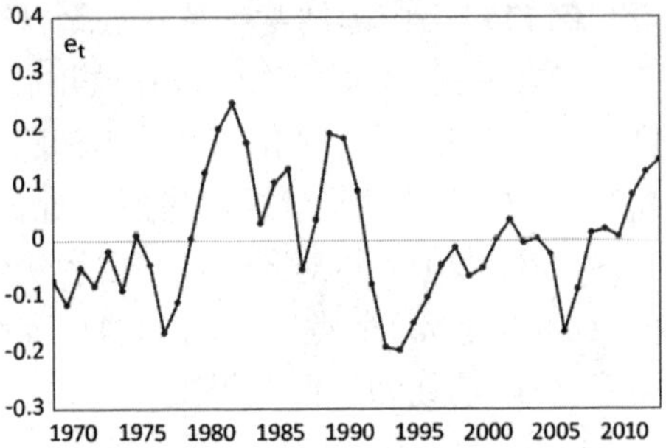

图 11.17　(11.69)式的残差图

$$Ln\hat{Y}_t = -21.7242 + 4.4709\,LnGDP_t - 0.1405 LnGDP_t^2 \qquad (11.70)$$
$$(-31.8)\qquad(33.2)\qquad\qquad(-21.8)$$

$$R^2 = 0.9986,\ DW = 0.54,\ T = 45,\ (1970—2014)$$

模型的拟合优度很高,但 DW 值很低,误差项存在严重的正自相关(变化周期长,见图 11.17)。采用直接拟合法估计正自相关的具体形式,

$$e_t = 0.7213 e_{t-1}$$
$$(8.1)$$
$$R^2 = 0.52,\ DW = 1.51,\ T = 45,\ (1970—2014)$$

若检验水平为 0.05,查附表 4,DW 两个临界值是 1.43 和 1.62。而上式计算的 $DW = 1.51$,正巧落在判别不明区。为谨慎起见,做残差的二阶自回归估计,得

$$e_t = 0.8799 e_{t-1} - 0.2385 e_{t-2}$$
$$(6.4)\qquad(-1.7)$$
$$R^2 = 0.56,\ DW = 1.81,\ T = 45,\ (1970—2014)$$

若以检验水平为 0.10 衡量,模型存在二阶自相关。为得到(11.69)式回归系数更有效的估计结果,下面用本节介绍的组合模型方法克服自相关,即在(11.70)式基础上,进一步加入残差的滞后一期和二期项。估计的组合模型是

$$LnY_t = \beta_0 + \beta_1 LnGDP_t + \beta_2 LnGDP_t^2 + u_{t-1} + u_{t-2} + v_t \qquad (11.71)$$

估计结果如下,

$$LnY_t = -21.2984 + 4.3869\,LnGDP_t - 0.1364\,LnGDP_t^2 + 0.9697 e_{t-1} - 0.3382 e_{t-2} + v_t$$
$$(-14.2)\quad(14.9)\quad(-9.7)\quad(6.6)\quad(-2.5) \qquad (11.72)$$
$$R^2 = 0.9994,\ DW = 1.88,\ T = 45,\ (1970—2014)$$

其中 v_t 是白噪声项。经检验,模型系数估计量都显著不等于零,模型中既不存在自相关,也不存在异方差。自回归部分的两个特征根都在单位圆之外。$LnGDP_t$ 和 $LnGDP_t^2$ 的回归系数 4.3869 和 0.1364 的有效性要分别优于(11.70)式的 4.4709 和 0.1405。通过组合模型得到的结构回归式是

$$LnY_t = -21.2984 + 4.3869\ LnGDP_t - 0.1364 LnGDP_t^2$$

上式是一个二次多项式,所以储蓄存款年底余额对 GDP_t 的弹性是一个函数。

$$dLnY_t/dLnGDP_t = 4.3869 - 0.2728 LnGDP_t$$

将 GDP_{1970} = 2279.7(亿元),GDP_{1992} = 27194.5(亿元)和 GDP_{2014} = 643563.1(亿元)代入上式计算弹性系数值,分别得 3.47,3.18 和 2.80。这说明 GDP_t 每变化 1%,储蓄存款年底余额 Y_t 在 1970 年、1992 年和 2014 年对 GDP_t 的弹性值分别是 3.47%、3.18% 和 2.80%,呈逐年减少的特征。

(11.72)式的 EViews 估计结果见表 11.13。其中 AR(1)、AR(2)分别表示 e_{t-1} 和 e_{t-2};SIGMASQ 是对模型残差、方差的估计。输出结果最后一行给出的是残差序列建立 AR(2)模型的两个根的倒数值。

表 11.13　(11.72)式 EViews 输出结果

Dependent Variable: LOG(Y)
Method: ARMA Maximum Likelihood (OPG - BHHH)
Date: 03/29/20 Time: 22:41
Sample: 1970 2014
Included observations: 45
Convergence achieved after 25 iterations
Coefficient covariance computed using outer product of gradients

Variable	Coefficient	Std. Error	t-Statistic	Prob.
C	-21.29836	1.497190	-14.22555	0.0000
LOG(GDP)	4.386862	0.294927	14.87440	0.0000
(LOG(GDP))^2	-0.136422	0.014112	-9.667174	0.0000
AR(1)	0.969668	0.147919	6.555420	0.0000
AR(2)	-0.338178	0.134895	-2.506972	0.0165
SIGMASQ	0.004982	0.001338	3.723922	0.0006

R-squared	0.999397	Mean dependent var	8.989064
Adjusted R-squared	0.999320	S.D. dependent var	2.906469
S.E. of regression	0.075818	Akaike info criterion	-2.175456
Sum squared resid	0.224186	Schwarz criterion	-1.934567
Log likelihood	54.94775	Hannan-Quinn criter.	-2.085655
F-statistic	12924.36	Durbin-Watson stat	1.875330
Prob(F-statistic)	0.000000		

Inverted AR Roots	.48-.32i	.48+.32i

注意:

(1)组合模型估计方法要求对 ARMA 模型的设定一定要正确,否则对回归系数的估计带来很大影响。

(2)(11.72)式的 EViews 估计命令是

Log(Y)　C　log(GDP)　log(GDP)^2　AR(1)　AR(2)

(3)利用(11.72)式预测时,EViews 有两种预测方法:一种是利用(11.72)式但忽略 e_{t-1} 和 e_{t-2} 的值进行预测,称结构预测;另一种方法是完全按(11.72)式进行预测,称非结构预测。

思考与练习题

1. 为什么当时间序列的相关图为缓慢衰减时,说明该时间序列是非平稳的?

2. 全国公路客运量(Y_t,万人)数据如下表和 EViews 文件 xiti-11-2,试建立我国公路客运人数的时间序列模型。

年份	Y_t	年份	Y_t	年份	Y_t	年份	Y_t
1950	1809	1963	32857	1976	108718	1989	644508
1951	2301	1964	37313	1977	122919	1990	648085
1952	3350	1965	43693	1978	149229	1991	682681
1953	4559	1966	54437	1979	178618	1992	731774
1954	7439	1967	53874	1980	222799	1993	860719
1955	8648	1968	47125	1981	261559	1994	953940
1956	10312	1969	56266	1982	300610	1995	1040810
1957	18224	1970	61812	1983	336965	1996	1122110
1958	23772	1971	71227	1984	390336	1997	1204583
1959	31063	1972	80676	1985	476486	1998	1257332
1960	32569	1973	89771	1986	544259		
1961	27601	1974	95481	1987	593682		
1962	30737	1975	101350	1988	650473		

3. 天津市国内生产总值(X_t,亿元)数据如下表和 EViews 文件 xiti-11-3,试建立天津市国内生产总值的时间序列模型。

年份	X_t	年份	X_t	年份	X_t	年份	X_t
1952	12.80	1964	30.59	1976	65.25	1988	259.64
1953	17.58	1965	35.96	1977	67.73	1989	283.34
1954	16.98	1966	39.31	1978	82.65	1990	310.95
1955	17.12	1967	33.62	1979	93.00	1991	342.75
1956	20.70	1968	34.77	1980	103.52	1992	411.24
1957	24.11	1969	42.87	1981	107.96	1993	536.10
1958	32.49	1970	50.99	1982	114.10	1994	725.14
1959	41.25	1971	55.12	1983	123.40	1995	917.65
1960	42.66	1972	56.37	1984	147.47	1996	1099.47
1961	28.41	1973	60.33	1985	175.71	1997	1235.28
1962	24.25	1974	66.69	1986	194.67	1998	1336.38
1963	26.65	1975	69.73	1987	220.00		

4. Y_t 的差分变量 DY_t 的自相关图和偏自相关图如下，Y_t 有可能是个什么形式的过程？写出 Y_t 的表达式。能事先说出参数的符号吗？

Autocorrelation	Partial Correlation		AC	PAC	Q-Stat	Prob
		1	0.443	0.443	196.25	0.000
		2	0.025	-0.212	196.88	0.000
		3	0.037	0.153	198.28	0.000
		4	0.018	-0.084	198.62	0.000
		5	-0.014	0.026	198.82	0.000
		6	-0.024	-0.037	199.42	0.000
		7	-0.011	0.019	199.53	0.000
		8	0.004	-0.003	199.55	0.000

5. 对于二阶自回归过程 $x_t = \phi_1 x_{t-1} + \phi_2 x_{t-2} + u_t$，试总结有几种判别和检验 x_t 平稳性的方法。

6. 若二阶自回归过程为 $x_t = 0.053 - 0.8x_{t-1} + 0.2x_{t-2} + u_t$，求 x_t 序列的特征方程的根。过程 x_t 具有平稳性吗？x_t 的相关图表现为何种变化特征？

7. 对于平稳 ARMA(1, 1)过程 $x_t = \phi_1 x_{t-1} + u_t + \theta_1 u_{t-1}$，$u_t \sim (0, \sigma^2)$，试推导 x_t的自相关函数 ρ_k的表达式，

$$\rho_k = \phi_1{}^{k-1}\frac{(1+\theta_1\phi_1)(\phi_1+\theta_1)}{1+\theta_1{}^2+2\theta_1\phi_1},\quad k \geqslant 1$$

第 12 章　面板数据模型

面板数据(Panel Data)是指固定一组调查对象在等间隔时点连续观测得到的数据,是具有截面和时间两个特征的数据。

面板数据的采集相对较早。1968 年以来美国专门的研究机构相继建立了 PSID(Panel Study of Income Dynamics)、LRHS(Longitudinal Retirement History Study)、CPS(Current Population Survey)和 HRS(Health Retirement Study)面板数据库。德国、加拿大和欧共体等也分别于 20 世纪 80 年代、90 年代和 21 世纪初建立了关于社会、经济、家庭的面板数据库。对面板数据建模的理论方法与应用研究则大约落后 10 年,始于 20 世纪 70 年代末和 80 年代初,但发展非常快。据统计,在 1989 年被 SSCI 收录的有关面板数据的论文只有 29 篇,10 年之后的 1999 年被 SSCI 收录的有关面板数据的论文已达 650 篇。关于面板数据的计量经济理论与应用研究近年来呈现突飞猛进的发展态势。经过 40 多年的发展,面板数据建模研究已经成为计量经济学体系中的一个重要组成部分。现在几乎每本经济类学术期刊中都有关于面板数据的论文登载。

这一章共分 6 节,主要介绍面板数据的定义、分类、估计方法、模型的设定与检验、建模案例分析以及 EViews 11 操作方法。

§12.1　面板数据定义

时间序列数据或截面数据都是一维数据。时间序列数据是变量按等时间间隔得到的数据;截面数据是变量在固定时点得到的一组数据。面板数据是同时在时间和截面上取得的二维数据。所以,面板数据也称作时间序列与截面混合数据(pooled time series and cross section data)。面板数据是截面上的个体在不同时点的重复观测数据。

面板(panel)原指对一组固定调查对象的多次观测过程。近年来,面板数据已经成为计量经济学中的专业术语。

1978—2005 年中国各省级地区城镇家庭消费性支出占可支配收入比率值面板数据如图 12.1。其一个坐标表示时间,另一个坐标表示地区。面板数据从横截面(cross section)看,是由若干个体(entity,unit,individual)在某一时点构成的截面观测值,从纵剖面(longitudinal section)看,每个个体都是一个时间序列。由图 12.1 可以看出,自改革开放以来,28 年间各省消费对收入比值序列均呈逐年下降态势,尤其是在后期这个比值下降得更快。

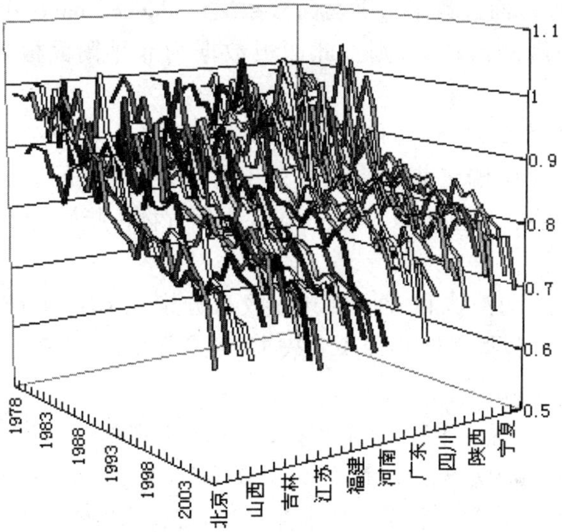

图 12.1　1978—2005 年中国各省级地区城镇家庭消费性支出与可支配收入比值的面板数据图

面板数据用双下标变量表示。例如

$$y_{it},\quad i=1,2,\cdots,N;\ t=1,2,\cdots,T$$

其中,i 对应面板数据中不同个体,N 表示面板数据中的个体数,t 对应面板数据中不同时点,T 表示时间序列的最大长度。若固定 t 不变,$y_{i\cdot}$,$(i=1,2,\cdots,N)$是横截面上的 N 个随机变量;若固定 i 不变,$y_{\cdot t}$,$(t=1,2,\cdots,T)$是纵剖面上的一个时间序列(个体)。

面板数据分为两种特征。一种是截面上个体数少,而每个个体的时间跨度长。另一种是截面上个体数多,而每个个体的时间跨度短。常使用的面板数据主要指后一种情形。

利用面板数据建立模型的好处是:(1)由于观测值的增多,可以增加估计量的抽样精度。(2)对于固定效应模型,如果估计方法恰当,能得到参数的一致估计量,甚至是有效估计量。(3)面板数据可以建立动态模型(即自回归模型),比单纯截面数据建模可以获得动态信息。

仍以图 12.1 1978—2005 年 29 个省份的面板数据为例。若固定在某一年份上,它是由 29 个比率值组成的截面数据;若固定在某一省份上,它是由 28 个比率值组成的一个时间序列。面板数据由 29 个个体组成,共有 812 个观测值。

对于面板数据 y_{it}, $i=1,2,\cdots,N$; $t=1,2,\cdots,T$,如果每个个体在相同的时点都有观测值,则称此面板数据为**平衡面板数据**(balanced panel data)。若面板数据中的个体存在观测值缺失,则称此面板数据为**非平衡面板数据**(unbalanced panel data)。

例 12.1　15 个省级地区的居民家庭人均消费和人均可支配收入关系分析。

1996—2002 年中国东北、华北、华东 15 个省级地区的居民家庭人均消费($consume_{it}$),人均可支配收入($income_{it}$)以及各省物价指数(p_{it})数据见 EViews 数据文件 li-12-1。

不变价格的人均消费和人均可支配收入分别用 CP_{it} 和 IP_{it} 表示。CP_{it} 和 IP_{it} 数据见 EViews 数据文件 li-12-1 和表 12.1、表 12.2。计算公式是

$$CP_{it} = consume_{it}/p_{it},\ IP_{it} = income_{it}/p_{it}$$

数据是 7 年的,每一年有 15 个数据,共 105 组观测值,属于平衡面板数据。AH、BJ、FJ、HB、HLJ、JL、JS、JX、LN、NMG、SD、SH、SX、TJ、ZJ 分别表示安徽省、北京市、福建省、河北省、黑龙江省、吉林省、江苏省、江西省、辽宁省、内蒙古自治区、山东省、上海市、山西省、天津市、浙江省,是这组面板数据代表 15 个省级地区的个体标识。

人均消费(CP_{it})对人均可支配收入(IP_{it})的散点图见图 12.2。图中每一种符号代表某一年度 15 个省级地区的截面数据(共有 7 个截面)。散点图显示人均消费(CP_{it})与人均可支配收入(IP_{it})的关系是线性的,并存在一定程度的递增型异方差。对 CP_{it} 和 IP_{it} 分别取对数,并用 $LnCP_{it}$、$LnIP_{it}$ 表示。

15 个省级地区 7 年间对数的人均消费($LnCP_{it}$)与对数的人均可支配收入($LnIP_{it}$)的面板数据散点图见图 12.3[每种符号代表一个个体(地区)]。这 105 组观测值仍呈明显的线性关系。与图 12.2 相比,异方差性得到有效克服,所以应该建立关于人均消费的对数线性面板数据模型。

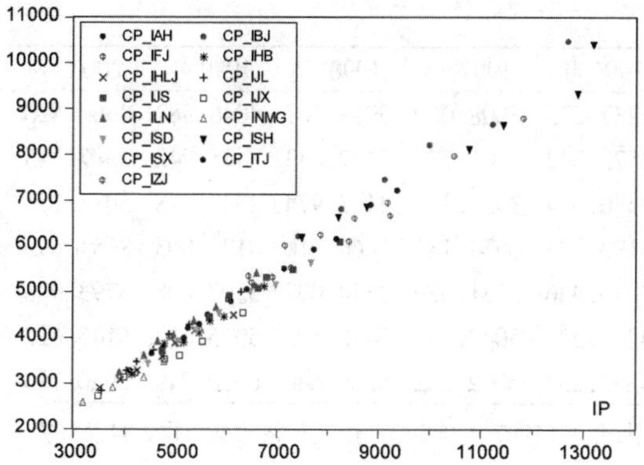

图 12.2　人均消费与收入的面板数据散点图(15 个个体叠加)

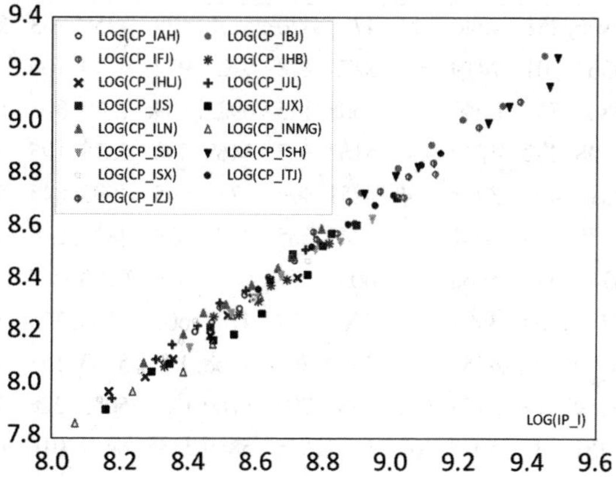

图 12.3　$LnCP_{it}$与 $LnIP_{it}$面板数据散点图(15 个个体叠加)

表 12.1　中国 15 个省级地区的居民家庭人均消费(CP_{it})数据(不变价格)

地区人均消费	1996 年	1997 年	1998 年	1999 年	2000 年	2001 年	2002 年
CP - AH(安徽)	3282.466	3646.150	3777.410	3989.581	4203.555	4495.174	4784.364
CP – BJ(北京)	5133.978	6203.048	6807.451	7453.757	8206.271	8654.433	10473.12
CP – FJ(福建)	4011.775	4853.441	5197.041	5314.521	5522.762	6094.336	6665.005
CP – HB(河北)	3197.339	3868.319	3896.778	4104.281	4361.555	4457.463	5120.485
CP – HLJ(黑龙江)	2904.687	3077.989	3289.990	3596.839	3890.580	4159.087	4493.535
CP – JL(吉林)	2833.321	3286.432	3477.560	3736.408	4077.961	4281.560	4998.874
CP – JS(江苏)	3712.260	4457.788	4918.944	5076.910	5317.862	5488.829	6091.331
CP – JX(江西)	2714.124	3136.873	3234.465	3531.775	3612.722	3914.080	4544.775

续表

地区人均消费	1996 年	1997 年	1998 年	1999 年	2000 年	2001 年	2002 年
CP – LN(辽宁)	3237.275	3608.060	3918.167	4046.582	4360.420	4654.420	5402.063
CP – NMG(内蒙古)	2572.342	2901.722	3127.633	3475.942	3877.345	4170.596	4850.180
CP – SD(山东)	3440.684	3930.574	4168.974	4546.878	5011.976	5159.538	5635.770
CP – SH(上海)	6193.333	6634.183	6866.410	8125.803	8651.893	9336.100	10411.94
CP – SX(山西)	2813.336	3131.629	3314.097	3507.008	3793.908	4131.273	4787.561
CP – TJ(天津)	4293.220	5047.672	5498.503	5916.613	6145.622	6904.368	7220.843
CP – ZJ(浙江)	5342.234	6002.082	6236.640	6600.749	6950.713	7968.327	8792.210

资料来源:《中国统计年鉴(1997—2003)》。不变价格数据经作者自己计算。

表 12.2　中国 15 个省级地区的居民家庭人均收入(IP_{it})数据(不变价格)

地区人均收入	1996 年	1997 年	1998 年	1999 年	2000 年	2001 年	2002 年
IP - AH(安徽)	4106.251	4540.247	4770.470	5178.528	5256.753	5640.597	6093.333
IP – BJ(北京)	6569.901	7419.905	8273.418	9127.992	9999.700	11229.66	12692.38
IP – FJ(福建)	4884.731	6040.944	6505.145	6922.109	7279.393	8422.573	9235.538
IP – HB(河北)	4148.282	4790.986	5167.317	5468.940	5678.195	5955.045	6747.152
IP – HLJ(黑龙江)	3518.497	3918.314	4251.494	4747.045	4997.843	5382.808	6143.565
IP – JL(吉林)	3549.935	4041.061	4240.565	4571.439	4878.296	5271.925	6291.618
IP – JS(江苏)	4744.547	5668.830	6054.175	6624.316	6793.437	7316.567	8243.589
IP – JX(江西)	3487.269	3991.490	4209.327	4787.606	5088.315	5533.688	6329.311
IP – LN(辽宁)	3899.194	4382.250	4649.789	4968.164	5363.153	5797.010	6597.088
IP – NMG(内蒙古)	3189.414	3774.804	4383.706	4780.090	5063.228	5502.873	6038.922
IP – SD(山东)	4461.934	5049.407	5412.555	5849.909	6477.016	6975.521	7668.036
IP – SH(上海)	7489.451	8209.037	8773.100	10770.09	11432.20	12883.46	13183.88
IP – SX(山西)	3431.594	3869.952	4156.927	4360.050	4546.785	5401.854	6335.732
IP – TJ(天津)	5474.963	6409.690	7146.271	7734.914	8173.193	8852.470	9375.060
IP – ZJ(浙江)	6446.515	7158.288	7860.341	8530.314	9187.287	10485.64	11822.00

资料来源:《中国统计年鉴(1997—2003)》。不变价格数据经作者自己计算。

§12.2　面板数据模型分类

面板数据模型通常分为三类,即混合模型、固定效应模型和随机效应模型。固定效应模型又可分为个体固定效应模型、时点固定效应模型和个体时点双固定效应模型。而随机效应模型又可分为个体随机效应模型、时点随机效应模型和个体时点双随机效应模型。实际中经常使用的是个体固定效应模型和个体随机效应模型。下面分别介绍。

1. 混合模型

如果一个面板数据模型定义为，

$$y_{it} = \alpha + \boldsymbol{X}_{it}{}'\boldsymbol{\beta} + u_{it}, \quad i = 1, 2, \cdots, N; t = 1, 2, \cdots, T \tag{12.1}$$

其中 y_{it} 是被解释变量（标量）；α 表示截距项，是一个常量；$\boldsymbol{X}_{it}$ 是 $k \times 1$ 阶解释变量列向量（包括 k 个解释变量）；β 是 $k \times 1$ 阶回归系数列向量（包括 k 个回归系数）；u_{it} 是随机误差项，其中 $i = 1, 2, \cdots, N$。N 表示面板数据中的个体数，$t = 1, 2, \cdots, T$。T 表示面板数据中时间的长度。此模型称为**混合模型**（pooled model）。混合模型的特点是无论对任何个体和截面，回归系数 α 和 $\boldsymbol{\beta}$ 都是相同的。

混合模型(12.1)的假定条件是，

假定 1：$E(u_{it}) = 0, i = 1, 2, \cdots, N; t = 1, 2, \cdots, T$。随机误差项 u_{it} 的期望等于零。

假定 2：$\mathrm{Var}(u_{it}) = \sigma^2, i = 1, 2, \cdots, N; t = 1, 2, \cdots, T$。$u_{it}$ 具有同方差性。

假定 3：$\mathrm{Cov}(u_{it}, u_{i't'}) = 0$，若 $i \neq i'$，或 $t \neq t'$。不同个体和不同时点对应的 u_{it} 相互独立。

假定 4：$\mathrm{Cov}(u_{it}, x_{jit}) = 0$。对所有的 $j = 1, 2, \cdots, k$，以及 i, t。其中 x_{jit} 是 $\boldsymbol{X}_{it}$ 的分量。

假定 5：$\mathrm{rk}(\boldsymbol{X}_{it}{}'\boldsymbol{X}_{it}) = \mathrm{rk}(\boldsymbol{X}_{it}) = k$。$\boldsymbol{X}_{it}$ 不降秩。解释变量不存在完全共线性。

假定 6：当 $N \to \infty, T \to \infty$ 时，$T^{-1}\boldsymbol{X}_{it}{}'\boldsymbol{X}_{it} \to \boldsymbol{Q}$。其中 $\boldsymbol{Q}$ 是一个有限值的非退化矩阵，即解释变量具有有限方差，解释变量具有平稳性。

如果模型是正确设定的，那么无论是 $N \to \infty$，还是 $T \to \infty$，模型参数的混合最小二乘（Pooled OLS）都是无偏、有效、一致估计量。

实际中，用面板数据建立混合模型的情形很少见，原因就是不同个体或不同截面，特别是不同个体之间很自然会存在差异。

2. 固定效应模型

固定效应模型（fixed effects model）分为三种类型，即个体固定效应模型、时点固定效应模型和个体时点双固定效应模型。

(1) 个体固定效应模型（entity fixed effects model）

如果一个面板数据模型定义为，

$$y_{it} = \alpha_i + \boldsymbol{X}_{it}{}' \boldsymbol{\beta} + u_{it}, \quad i=1,2,\cdots,N;t=1,2,\cdots,T \tag{12.2}$$

其中y_{it}是被解释变量(标量),$\boldsymbol{X}_{it}$是$k \times 1$阶解释变量列向量(包括k个解释变量),α_i是随机变量,α_i随个体i变化,但不随时间t变化。α_i与$\boldsymbol{X}_{it}$相关;$\boldsymbol{\beta}$是$k \times 1$阶回归系数列向量,对于不同个体回归系数$\boldsymbol{\beta}$值相同。u_{it}是随机误差项,则称此模型(12.2)为**个体固定效应模型**。

个体固定效应模型(12.2)的假定条件是,

假定1:$\mathrm{E}(u_{it})=0, i=1,2,\cdots,N;t=1,2,\cdots,T$。随机误差项$u_{it}$的期望等于零。

假定2:$\mathrm{Var}(u_{it})=\sigma^2, i=1,2,\cdots,N;t=1,2,\cdots,T$。$u_{it}$具有同方差性。

假定3:$\mathrm{Cov}(u_{it},u_{i't'})=0$,若$i \neq i'$,或$t \neq t'$。不同个体和不同时点对应的$u_{it}$相互独立。

假定4:$\mathrm{Cov}(u_{it},x_{jit})=0$。对所有的$j=1,2,\cdots,k$,以及$i,t$。

假定5:$\mathrm{rk}(\boldsymbol{X}_{it}{}'\boldsymbol{X}_{it}) = \mathrm{rk}(\boldsymbol{X}_{it}) = k$。$\boldsymbol{X}_{it}$不降秩。解释变量不存在完全共线性。

假定6:当$N \to \infty, T \to \infty$时,$T^{-1}\boldsymbol{X}_{it}{}'\boldsymbol{X}_{it} \to \boldsymbol{Q}$。其中$\boldsymbol{Q}$是一个有限值的非退化矩阵,即解释变量具有有限方差,解释变量具有平稳性。

可见,混合模型(12.1)和个体固定效应模型(12.2)的唯一区别是,α在混合模型中是一个常量,而α_i在个体固定效应模型中是一个随机变量,且与解释变量$\boldsymbol{X}_{it}$相关。α_i中包含只随个体不同而变化,但不随时点变化的解释y_{it}变化的因素。

如果模型是正确设定的,那么无论是当$N \to \infty$,还是$T \to \infty$,模型回归系数的最小二乘虚拟变量(LSDV)估计量都是无偏、有效、一致估计量。

个体固定效应模型(12.2)的假定条件下,每个个体对应的随机误差项u_{it}的期望也是零。

$$\mathrm{E}(u_{it} \mid \alpha_i, \boldsymbol{X}_{it}) = 0, \quad i=1,2,\cdots,N \tag{12.3}$$

α_i作为随机变量描述不同个体建立的回归函数间的差异。因为α_i是不可观测的,且与可观测的解释变量$\boldsymbol{X}_{it}$的变化相联系,所以称(12.2)式为个体固定效应模型。

个体固定效应模型也可以表示为

$$y_{it} = \alpha_1 D_1 + \alpha_2 D_2 + \cdots + \alpha_N D_N + \boldsymbol{X}_{it}{}' \boldsymbol{\beta} + u_{it}, \quad t=1,2,\cdots,T \tag{12.4}$$

其中

$$D_i = \begin{cases} 1, & \text{如果属于第 } i \text{ 个个体}, i=1,2,\ldots,N \\ 0, & \text{其他。} \end{cases}$$

对于个体固定效应模型,个体效应 α_i 未知,$E(\alpha_i | \boldsymbol{X}_{it})$ 随 $\boldsymbol{X}_{it}$ 而变化,但不知怎样与 $\boldsymbol{X}_{it}$ 变化,所以 $\mathrm{E}(y_{it} | \boldsymbol{X}_{it})$ 不可识别。对于短期面板数据,如果个体固定效应模型是正确设定的,那么 $\boldsymbol{\beta}$ 的混合 OLS 估计量不具有一致性。相应解释见第 12.3 小节。但是对个体固定效应模型可以识别边际效应。

$$\boldsymbol{\beta} = \partial \mathrm{E}(y_{it} | \alpha_i, \boldsymbol{X}_{it}) / \partial \boldsymbol{X}_{it}$$

个体固定效应模型的估计方法有多种,首先设法从模型中除去 α_i 的影响,从而保证 $\boldsymbol{\beta}$ 估计量的一致性。(详见第 12.3 节)

下面解释设定个体固定效应模型的原因。假定有面板数据模型

$$y_{it} = \beta_0 + \beta_1 x_{it} + \beta_2 z_i + u_{it}, \quad i=1,2,\cdots,N; t=1,2,\cdots,T \tag{12.5}$$

其中 β_0 为常数,不随时点、截面变化;z_i 表示随个体变化,但不随时点变化的难以观测的解释变量。

以案例 12.1 为例,“省家庭平均人口数”就是符合这种要求的一个解释变量。对于短期面板来说,这是一个基本不随时间变化的量,但是对于不同的省份,这个变量的值是不同的。很明显,“省家庭平均人口数”对家庭人均消费 (CP_{it}) 是有解释作用的。

上述模型可以被解释为含有 N 个截距,即每个个体都对应一个不同截距的模型。令 $\alpha_i = \beta_0 + \beta_2 z_i$,于是(12.5)式变为

$$y_{it} = \alpha_i + \beta_1 x_{it} + u_{it}, \quad i=1,2,\cdots,N;\ t=1,2,\cdots,T$$

这正是个体固定效应模型的形式。对于个体,回归函数的斜率相同(都是 β_1),截距 α_i 却因个体不同而变化。可见个体固定效应模型中的截距项 α_i 中包括了那些随个体变化但不随时间变化的难以观测的变量的影响。α_i 是一个随机变量。因为 z_i 是不随时间变化的量,所以当对个体固定效应模型中的变量进行差分时,可以剔除那些 z_i 的影响,即剔除 α_i 的影响。

在实际中,个体固定效应模型是一种常用的面板数据模型。

如果 y_{it} 的若干滞后项作为解释变量加入个体固定效应模型(12.2)中,则称此模型为面板数据动态模型。以只有一个滞后项 y_{it-1} 作为解释变量为例,表达式如下,

$$y_{it} = \phi_1 y_{it-1} + \alpha_i + \boldsymbol{X}_{it}' \boldsymbol{\beta} + u_{it}, \quad i = 1, 2, \cdots, N; t = 1, 2, \cdots, T \quad (12.6)$$

其中 ϕ_1 是自回归系数，应满足 $|\phi_1| < 1$。这种模型的优点是可以考察 y_{it} 的滞后变量 y_{it-1} 对 y_{it} 有多大的解释能力。但实际应用中要牢记，由于 y_{it-1} 与 α_i、u_{it} 相关，破坏了模型的经典假定条件，所以这种模型的回归系数 ϕ_1、β_1 的 OLS 估计量都是有偏的、不一致的估计量。时间跨度 T 越小时，这些回归系数估计量的偏倚就越严重。

如果个体固定效应模型(12.2)中的误差项 u_{it} 服从 ARMA 过程，则称此模型为面板数据回归与 ARMA 组合模型(regARIMA 模型)。以 u_{it} 服从 AR(1)过程为例，即

$$u_{it} = \phi_1 u_{it-1} + v_{it}$$

v_{it} 作为误差项满足各种经典假定条件，则个体固定效应模型(12.2)表示为，

$$\begin{aligned} y_{it} &= \alpha_i + \boldsymbol{X}_{it}' \boldsymbol{\beta} + u_{it} \\ &= \alpha_i + \boldsymbol{X}_{it}' \boldsymbol{\beta} + \phi_1 u_{it-1} + v_{it}, i = 1, 2, \cdots, N; t = 1, 2, \cdots, T \end{aligned} \quad (12.7)$$

实际应用中，如果个体固定效应模型(12.2)的估计式的 DW 值很低，即残差序列存在自相关，则可以考虑使用这种模型。其好处是：(1)对 u_{it} 的变化规律有了更深一步了解。(2)因为 v_{it} 作为误差项满足各种经典假定条件，所以对(12.7)式的估计将提高 α_i 和 $\boldsymbol{\beta}$ 估计量的有效性。

唯一需要注意的是，估计这种模型需要对 u_{it} 服从何种 ARMA 过程掌握准确，如果选定的 ARMA 模型结构与真实的 ARMA 结构不一致，则会直接影响到对 α_i 和 $\boldsymbol{\beta}$ 的估计。

(2)时点固定效应模型

如果一个面板数据模型定义为，

$$y_{it} = \gamma_t + \boldsymbol{X}_{it}' \boldsymbol{\beta} + u_{it}, \quad i = 1, 2, \cdots, N; t = 1, 2, \cdots, T \quad (12.8)$$

其中 y_{it} 为被解释变量(标量)，$\boldsymbol{X}_{it}$ 为 $k \times 1$ 阶解释变量列向量(包括 k 个回归变量)，$\boldsymbol{\beta}$ 为 $k \times 1$ 阶回归系数列向量，γ_t 是模型截距项，是随机变量，表示对于 T 个截面有 T 个不同的截距项，且其变化与 $\boldsymbol{X}_{it}$ 有关系；u_{it} 为随机误差项(标量)，满足通常假定条件。则称此模型为**时点固定效应模型**(time fixed effects model)。

时点固定效应模型(12.8)的假定条件与个体固定效应模型的假定条件类似，唯一区别是这里假定 γ_t 与 $\boldsymbol{X}_{it}$ 存在相关性。

时点固定效应模型也可以用虚拟变量形式表示为

$$y_{it}=\gamma_1 W_1+\gamma_2 W_2+\cdots+\gamma_T W_T+X_{it}'\beta+u_{it},\ i=1,2,\cdots,N;t=1,2,\cdots,T$$

其中

$$W_t=\begin{cases}1,\text{如果属于第 } t \text{ 截面},\\0,\text{其他(不属于第 } t \text{ 截面)。}\end{cases}\quad t=1,2,\ldots,T$$

设定时点固定效应模型的原因解释如下。假定有面板数据模型

$$y_{it}=\gamma_0+\beta_1 x_{it}+\beta_2 z_t+u_{it},\quad i=1,2,\cdots,N;t=1,2,\cdots,T \qquad (12.9)$$

其中 γ_0 为常数,不随时间、截面变化;z_t 表示随不同截面(时间)变化但不随个体变化的难以观测的变量。

以例 12.1 为例,"全国居民消费价格指数(CPI)"就是符合这种要求的一个解释变量。对于不同时点,这是一个变化的量,但是对于不同省份(个体),这是一个不变化的量。"全国居民消费价格指数(CPI)"是引起家庭人均消费(CP_{it})变化的解释因素之一。

上述模型可以被解释为含有 T 个截距,即每个截面都对应一个不同截距的回归模型。令 $\gamma_t=\gamma_0+\beta_2 z_t$,于是(12.9)式变为

$$y_{it}=\gamma_t+\beta_1 x_{it}+u_{it},\quad i=1,2,\cdots,N;t=1,2,\cdots,T$$

这正是时点固定效应模型形式。对于每个截面,回归函数的斜率(β_1)相同,γ_t 却因截面不同(时点)而异。可见,时点固定效应模型中的截距项 γ_t 包括了那些随不同截面(时点)变化,但不随个体变化的难以观测的变量的影响。

(3)个体时点双固定效应模型

如果一个面板数据模型定义为,

$$y_{it}=\alpha_i+\gamma_t+\boldsymbol{X}_{it}'\boldsymbol{\beta}+u_{it},\quad i=1,2,\cdots,N;t=1,2,\cdots,T \qquad (12.10)$$

其中 y_{it} 是被解释变量;$\boldsymbol{X}_{it}$ 是 $k\times1$ 阶解释变量列向量(包括 k 个解释变量);α_i 是随机变量,表示对于 N 个个体有 N 个不同的截距项,且其变化与 $\boldsymbol{X}_{it}$ 有关系;γ_t 是随机变量,表示对于 T 个截面(时间)有 T 个不同的截距项,且其变化与 $\boldsymbol{X}_{it}$ 有关系;$\boldsymbol{\beta}$ 是 $k\times1$ 阶回归系数列向量;u_{it} 是误差项;则称此模型为**个体时点双固定效应模型**(time and entity fixed effects model)。本模型假定条件与个体固定效应模型(12.2)的假定条件类似,满足假定($u_{it}|\ \boldsymbol{X}_{it},\ \alpha_i,\ \gamma_t$)$=0$。区别是这

里假定α_i和 γ_t分别与$\boldsymbol{X}_{it}$存在相关性。

如果模型形式是正确设定的，并且满足模型通常的假定条件，对模型(12.10)进行混合 OLS 估计，全部参数估计量都不是一致估计量。原因就是α_i、γ_t与$\boldsymbol{X}_{it}$相关，破坏了对回归模型的基本假定条件。正如个体固定效应模型可以得到一致的、甚至有效的估计量一样，一些估计方法也可以使个体时点双固定效应模型得到更有效的回归系数估计量。

3. 随机效应模型

对于面板数据模型

$$y_{it} = \beta_0 + \boldsymbol{X}_{it}'\boldsymbol{\beta} + v_i + u_{it},\quad i=1,2,\cdots,N;\ t=1,2,\cdots,T \tag{12.11}$$

如果y_{it}是被解释变量（标量），$\boldsymbol{X}_{it}$是$k\times1$阶解释变量列向量（包括k个回归变量），$\boldsymbol{\beta}$是$k\times1$阶回归系数列向量。对于不同个体回归系数$\boldsymbol{\beta}$相同。β_0是常数项。v_i是随机变量，其分布与$\boldsymbol{X}_{it}$无关；u_{it}为误差项，这种模型称作**个体随机效应模型**（entity random effects model）。

其假定条件是

假定1：$E(u_{it})=0, i=1,2,\cdots,N; t=1,2,\cdots,T$。随机误差项$u_{it}$的期望等于零。

假定2：$Var(u_{it})=\sigma_u^2, i=1,2,\cdots,N; t=1,2,\cdots,T$。$u_{it}$具有同方差性。

假定3：$Cov(u_{it},u_{i't'})=0$，若$i\neq i'$，或$t\neq t'$。不同个体和不同时点对应的u_{it}相互独立。

假定4：$Cov(u_{it},x_{jit})=0$。对所有的$j=1,2,\cdots,k$，以及i,t。

假定5：$E(v_i)=0, i=1,2,\cdots,N$。随机误差项u_{it}的期望等于零。

假定6：$Var(v_i)=\sigma_v^2, i=1,2,\cdots,N$。$v_i$具有同方差性。

假定7：$Cov(v_i,v_{i'})=0$，若$i\neq i'$。不同个体对应的v_i相互独立。

假定8：$Cov(v_i,x_{jit})=0$。对所有的$j=1,2,\cdots,k$，以及i,t。

假定9：$Cov(v_i,u_{it})=0$。对所有的i和t。

假定10：$rk(\boldsymbol{X}_{it}'\boldsymbol{X}_{it})=rk(\boldsymbol{X}_{it})=k$。$\boldsymbol{X}_{it}$不降秩。解释变量不存在完全共线性。

假定11：$N\to\infty, T\to\infty$时，$T^{-1}\boldsymbol{X}'\boldsymbol{X}\to Q$。其中$Q$是一个有限值的非退化矩阵。

进一步假定，

$$v_i \sim iid(0,\sigma_v^2)$$
$$u_{it} \sim iid(0,\sigma_u^2)$$

但并未限定是何种分布（*iid* 表示独立同分布）。

对于个体随机效应模型，$\mathrm{E}(v_i \mid \boldsymbol{X}_{it})=0$，则 $\mathrm{E}(y_{it} \mid \boldsymbol{X}_{it}) = \beta_0 + \boldsymbol{X}_{it}'\boldsymbol{\beta}$，对 y_{it} 可以识别，所以随机效应模型参数的混合 OLS 估计量具有一致性，但不具有有效性。

相类似，也可以定义时点随机效应模型和个体时点双随机效应模型（略），但个体随机效应模型在实际中较为常用。

注意：术语"随机效应模型"和"固定效应模型"用得并不十分恰当，原因是固定效应模型和随机效应模型中的 α_i 都是随机变量，所以上述术语容易产生误解。其实固定效应模型应该称之为"相关效应模型"，而随机效应模型应该称之为"非相关效应模型"。这种称谓从含义上更为准确。

§12.3　面板数据模型的估计方法

面板数据模型中回归系数 $\boldsymbol{\beta}$ 的估计量既不同于截面数据条件下的回归系数估计量，也不同于时间序列条件下的回归系数估计量，其性质随模型类型的设定是否正确、是否采用了相应正确的估计方法而不同。面板数据模型中的解释变量 $\boldsymbol{X}_{it}$ 可以是时变的，也可以是非时变的（例如含有虚拟变量）。下面针对不同类型的面板数据模型介绍 5 种估计方法。

1. 混合最小二乘（Pooled OLS）估计

混合最小二乘估计方法是在时间上和截面上把 NT 个观测值混合在一起，然后用 OLS 法估计模型参数。给定混合模型

$$y_{it} = \alpha + \boldsymbol{X}_{it}'\boldsymbol{\beta} + u_{it},\quad i=1,2,\cdots,N;\ t=1,2,\cdots,T$$

假定条件见模型（12.1）。如果模型是正确设定的，且那些假定条件都成立，那么无论是 $N\to\infty$，还是 $T\to\infty$，模型参数的混合最小二乘估计量都具有无偏性、有效性和一致性。

对混合模型通常采用的是混合最小二乘（Pooled OLS）估计法。

把上述模型写成向量形式，

$$\boldsymbol{Y} = \boldsymbol{Z}\boldsymbol{\theta} + \boldsymbol{u} \tag{12.12}$$

其中，$\boldsymbol{Y} = (y'_1 \cdots y'_N)'$ 和 $\boldsymbol{u} = (u'_1 \cdots u'_N)'$ 都是 $NT\times 1$ 阶列向量。

$\boldsymbol{\theta} = (\alpha\ \boldsymbol{\beta}')'_{(k+1)\times1}$列向量。$\mathbf{Z} = (\mathbf{1}\ \mathbf{X}_{it}')'_{NT\times(k+1)}$阶矩阵,其第一列是单位列向量。假定条件是$E(\boldsymbol{u}\mid\mathbf{Z})=0$,误差项$\boldsymbol{u}$是严格外生的。$\mathrm{E}(\boldsymbol{u}\boldsymbol{u}'\mid\mathbf{Z}) = \boldsymbol{\Omega}$,则$\boldsymbol{\theta}$的混合 OLS 估计公式是

$$\hat{\boldsymbol{\theta}} = (\mathbf{Z}'\mathbf{Z})^{-1}\mathbf{Z}'\boldsymbol{Y} \tag{12.13}$$

然而,对于经济面板数据,即使在随机误差项 u_{it}服从独立同分布条件下,由 OLS 法得到的方差协方差矩阵通常也不会满足假定条件。因为对于每个个体 i 的误差项 u_{it}来说,通常是序列相关的。NT 个自相关观测值要比 NT 个相互独立的观测值包含的信息少。从而导致随机误差项 u_{it}的标准差常常被低估,估计量的精度被虚假夸大。

如果模型存在个体固定效应,即 α_i 与 $\boldsymbol{X}_{it}$相关,那么对模型应用混合 OLS 估计方法,估计量不再具有一致性。解释如下:

假定模型实为个体固定效应模型 $y_{it} = \alpha_i + X_{it}'\beta + u_{it}$,但却被当作混合模型来估计,则相当于模型被写为

$$y_{it} = \beta_0 + \boldsymbol{X}_{it}'\boldsymbol{\beta} + (\alpha_i - \beta_0 + u_{it}) = \beta_0 + X_{it}'\beta + w_{it}$$

其中 $w_{it} = (\alpha_i - \beta_0 + u_{it})$。因为 α_i 与 $\boldsymbol{X}_{it}$相关,也即 w_{it}与 $\boldsymbol{X}_{it}$相关,从而破坏了模型的经典假定条件,所以个体固定效应模型的回归系数若采用混合 OLS 估计,估计量不再具有一致性。

2. 组内估计

对于短期面板数据,**组内(within)估计**的原理是先把面板数据中每个个体的观测值变换为对其平均数的离差观测值,然后利用离差变换数据用 OLS 法估计模型回归系数 $\boldsymbol{\beta}$。以个体固定效应模型

$$y_{it} = \alpha_i + \boldsymbol{X}_{it}'\boldsymbol{\beta} + u_{it} \tag{12.14}$$

为例,具体步骤是先对个体计算平均数 $\bar{y}_i$、$\bar{\boldsymbol{X}}_i$,$i=1,2,\cdots,N$,得如下模型,

$$\frac{1}{T}\sum_{t=1}^{T} y_{it} = \frac{1}{T}\sum_{t=1}^{T}\alpha_i + \sum_{t=1}^{T}\boldsymbol{X}_{it}'\boldsymbol{\beta} + \frac{1}{T}\sum_{t=1}^{T}u_{it}$$

$$\bar{y}_i = \alpha_i + \bar{\boldsymbol{X}}_i'\boldsymbol{\beta} + \bar{u}_i,\ i=1,2,\cdots,N \tag{12.15}$$

其中$\bar{y}_i$、$\bar{\boldsymbol{X}}_i$、$\bar{u}_i$ 的定义如下,

$$\bar{y}_i = T^{-1}\sum_{t=1}^{T} y_{it}, i = 1,2,\cdots,N$$

$$\bar{\boldsymbol{X}}_i = T^{-1}\sum_{t=1}^{T} \boldsymbol{X}_{it}, i = 1,2,\cdots,N, (\bar{\boldsymbol{X}}_i \text{ 是 } k\times 1 \text{ 阶列向量})$$

$$\bar{u}_i = T^{-1}\sum_{t=1}^{T} u_{it}, i = 1,2,\cdots,N$$

因为 α_i 在第 i 个个体内不变化，所以 $\frac{1}{T}\sum_{t=1}^{T}\alpha_i = \alpha_i$。用(12.14)式和(12.15)式相减，消去了 α_i，得

$$y_{it} - \bar{y}_i = (\boldsymbol{X}_{it} - \bar{\boldsymbol{X}}_i)'\boldsymbol{\beta} + (u_{it} - \bar{u}_i),\quad i = 1,2,\cdots,N; t = 1,2,\cdots,T \tag{12.16}$$

此模型称作组内模型。对上式应用 OLS 估计，得

$$\hat{\boldsymbol{\beta}}_w = \frac{\sum_{i=1}^{N}\sum_{t=1}^{T}(\boldsymbol{X}_{it} - \bar{\boldsymbol{X}}_i)(y_{it} - \bar{y}_i)}{\sum_{i=1}^{N}\sum_{t=1}^{T}(\boldsymbol{X}_{it} - \bar{\boldsymbol{X}}_i)(\boldsymbol{X}_{it} - \bar{\boldsymbol{X}}_i)'} \tag{12.17}$$

所得 $\hat{\boldsymbol{\beta}}_w$ 称作组内(within)估计量(如果称作离差变换 OLS 估计量则更容易理解其本意)。其中下标 w 是组内英文的字头(通过(12.25)式理解"组内"的概念则更容易些)。因为在(12.16)式中消去了 α_i，不再含有违反假定条件的情形，所以，对于个体固定效应模型，$\boldsymbol{\beta}$ 的组内估计量是一致估计量。如果 u_{it} 还满足独立同分布条件，$\boldsymbol{\beta}$ 的组内估计量 $\hat{\boldsymbol{\beta}}_w$ 不但具有一致性而且还具有无偏性和有效性。

如果对个体固定效应项 α_i 感兴趣，可继续按下式估计 α_i。

$$\hat{\alpha}_i = \bar{y}_i - \bar{\boldsymbol{X}}_i'\hat{\boldsymbol{\beta}}_w,\ i = 1,2,\cdots,N \tag{12.18}$$

其中 $\hat{\boldsymbol{\beta}}_w$ 由(12.17)式计算。当 $T\to\infty$ 时，$\hat{\alpha}_i$ 是 α_i 的无偏、一致估计量。

利用组内(中心化)数据，计算回归系数估计量 $\hat{\boldsymbol{\beta}}$ 的方差协方差矩阵如下，

$$\hat{Var}(\hat{\boldsymbol{\beta}}_w) = \hat{\sigma}^2\left[\sum_{i=1}^{N}\sum_{t=1}^{T}(\boldsymbol{X}_{it} - \bar{\boldsymbol{X}}_i)(\boldsymbol{X}_{it} - \bar{\boldsymbol{X}}_i)'\right]^{-1} \tag{12.19}$$

其中，$\hat{\sigma}_u^2 = \frac{\sum_{i=1}^{N}\sum_{t=1}^{T}\hat{u}_{it}^2}{NT - N - k}$。

在短期面板条件下，即便 α_i 的分布以及 α_i 和 X_{it} 的关系都已经知道，α_i 的估计量仍不具有一致性。

3. 最小二乘虚拟变量估计法

以个体固定效应模型为例，

$$y_{it} = \alpha_i + X_{it}'\beta + u_{it}, \quad i = 1,2,\cdots,N;\ t = 1,2,\cdots,T$$

用 N 个虚拟变量 $D_i, i = 1,2,\cdots,N$ 区别 N 个不同的 α_i，

$$y_{it} = \alpha_1 D_1 + \alpha_2 D_2 + \cdots + \alpha_N D_N + \boldsymbol{X}_{it}'\boldsymbol{\beta} + u_{it}, \quad t = 1,2,\cdots,T$$

对上式利用 OLS 法估计回归系数，称这种方法为**最小二乘虚拟变量估计法**（least square dummy variable estimation，LSDV）。如果模型是正确设定的，且符合模型全部假定条件，则回归系数估计量是无偏的、有效的、一致估计量。

注意，最小二乘虚拟变量估计（LSDV）法与组内（within）估计法从原理上讲是同一种估计法（证明略）。

4. 一阶差分估计

在短期面板条件下，**一阶差分（first difference）估计**就是用个体固定效应模型中解释变量与被解释变量的差分变量构成的模型进行 OLS 估计。具体步骤是，对个体固定效应模型

$$y_{it} = \alpha_i + \boldsymbol{X}_{it}'\boldsymbol{\beta} + u_{it}$$

取其滞后一期关系式（也可以是滞后若干期的关系式），

$$y_{it-1} = \alpha_i + \boldsymbol{X}_{it-1}'\boldsymbol{\beta} + u_{it-1}$$

上两式相减，得一阶差分模型（α_i 被消去）

$$y_{it} - y_{it-1} = (\boldsymbol{X}_{it} - \boldsymbol{X}_{it-1})'\boldsymbol{\beta} + (u_{it} - u_{it-1}),\ i = 1,2,\cdots,N;\ t = 2,\cdots,T$$

令 $\Delta y_{it} = y_{it} - y_{it-1}$，$\Delta \boldsymbol{X}_{it} = \boldsymbol{X}_{it} - \boldsymbol{X}_{it-1}$，$\Delta u_{it} = u_{it} - u_{it-1}$，上式写为，

$$\Delta y_{it} = \Delta \boldsymbol{X}_{it}'\boldsymbol{\beta} + \Delta u_{it}, \quad i = 1,2,\cdots,N; t = 2,\cdots,T \tag{12.20}$$

对上式应用 OLS 法估计 $\boldsymbol{\beta}$，得到 $\boldsymbol{\beta}$ 的一阶差分估计公式

$$\hat{\boldsymbol{\beta}}_{FD} = \frac{\sum_{i=1}^{N}\sum_{t=2}^{T}\Delta \boldsymbol{X}_{it}\Delta y_{it}}{\sum_{i=1}^{N}\sum_{t=2}^{T}\Delta \boldsymbol{X}_{it}\Delta \boldsymbol{X}_{it}'} \tag{12.21}$$

其中 $\hat{\boldsymbol{\beta}}_{FD}$的下标 FD 是一阶差分的英文缩写。若 $T>2$ 时，u_{it}服从独立同分布；$\mathrm{E}(\Delta \boldsymbol{X}_{it}\Delta u_{it})=0$假定条件成立，则 $\boldsymbol{\beta}$ 的一阶差分估计量 $\hat{\boldsymbol{\beta}}_{FD}$具有一致性，但不如组内估计量（或者 LSDV 估计量）$\hat{\boldsymbol{\beta}}_{w}$ 更有效。

5. 可行 GLS 估计法（随机效应估计法）

对于随机效应模型，有多种方法可以得到回归系数的一致估计量。比如(1)应用广义最小二乘法（GLS）；(2)如果随机效应项和随机误差项服从正态分布，应用极大似然估计（ML）法；(3)使用普通最小二乘法（OLS）；(4)使用离差变换 OLS 估计法和一阶差分变换 OLS 估计法。

模型回归系数的 GLS 估计量和 ML 估计量是渐近相等的。但是在有限样本条件下，估计结果并不一样。

模型回归系数的 OLS 估计量、组内估计量和一阶差分估计量对于随机效应模型来说虽然都是一致估计量，但都不是有效估计量。

对于随机效应模型，常用的估计方法是**可行** GLS（feasible GLS）**估计法**，也称作**随机效应估计法**。只要模型假定条件成立，可行 GLS 估计量不但是一致估计量，而且是有效估计量。

下面以个体随机效应模型为例介绍可行 GLS 估计法。

有个体随机效应模型

$$y_{it}=\beta_0+\boldsymbol{X}_{it}'\boldsymbol{\beta}+(v_i+u_{it})$$

其中 β_0 为常数。v_i、u_{it}是服从独立同分布的随机项。v_i 只与个体 i 有关系，与时间 t 无关。假定条件见模型(12.11)。

对上式计算平均值，得

$$\bar{y}_i=\beta_0+\bar{\boldsymbol{X}}_i'\boldsymbol{\beta}+(v_i+\bar{u}_i)$$

其中 $\bar{y}_i$、$\bar{X}_i$、$\bar{u}_i$ 的定义见(12.15)式。因为 v_i 只与个体 i 有关系，与时间 t 无关，所以在平均值表达式中仍写为 v_i。上式两侧同乘 $\hat{\lambda}$ 后与个体随机效应模型表达式相减，得

$$y_{it} - \hat{\lambda}\bar{y}_i = (1-\hat{\lambda})\beta_0 + (\boldsymbol{X}_{it} - \hat{\lambda}\bar{\boldsymbol{X}}_i)'\boldsymbol{\beta} + w_{it} \tag{12.22}$$

其中 $w_{it} = (1-\hat{\lambda})v_i + (u_{it} - \hat{\lambda}\bar{u}_i)$ 渐近服从独立同分布,其中定义, $\lambda = 1 - \dfrac{\sigma_u}{\sqrt{\sigma_u{}^2 + T\sigma_\alpha{}^2}}$, $\hat{\lambda}$ 是 λ 的一致估计量。对(12.22)式应用 OLS 估计,则所得 $\boldsymbol{\beta}$ 的估计量称为可行 GLS 估计量或随机效应估计量。当 $\hat{\lambda} = 0$ 时,(12.22)式等同于混合模型的混合 OLS 估计式;当 $\hat{\lambda} = 1$ 时,(12.22)式等同于组内估计(12.16)式。

下面推导 β_0 和 $\boldsymbol{\beta}$ 的可行 GLS 估计表达式。由(12.22)式得,

$$y_{it} - \hat{\lambda}\bar{y}_i = \beta_0 - \hat{\lambda}\beta_0 + \boldsymbol{X}_{it}'\boldsymbol{\beta} - \hat{\lambda}\bar{\boldsymbol{X}}_i'\boldsymbol{\beta} + w_{it}$$

$$y_{it} - \hat{\lambda}\bar{y}_i = \beta_0 + \boldsymbol{X}_{it}'\boldsymbol{\beta} - \hat{\lambda}\beta_0 - \hat{\lambda}\bar{\boldsymbol{X}}_i'\boldsymbol{\beta} + w_{it}$$

$$y_{it} - \hat{\lambda}\bar{y}_i = [1 \quad \boldsymbol{X}_{it}']\begin{bmatrix}\beta_0\\ \boldsymbol{\beta}\end{bmatrix} - \hat{\lambda}[1 \quad \bar{\boldsymbol{X}}_i']\begin{bmatrix}\beta_0\\ \boldsymbol{\beta}\end{bmatrix} + w_{it}$$

令 $\boldsymbol{Z}_{it} = [1 \quad \boldsymbol{X}_{it}']$, $\bar{\boldsymbol{Z}}_i = [1 \quad \bar{\boldsymbol{X}}_i']$, $\boldsymbol{\theta} = \begin{bmatrix}\beta_0\\ \boldsymbol{\beta}\end{bmatrix}$。上式写为

$$y_{it} - \hat{\lambda}\bar{y}_i = \boldsymbol{Z}_{it}\boldsymbol{\theta} - \hat{\lambda}\bar{\boldsymbol{Z}}_i\boldsymbol{\theta} + w_{it} = (\boldsymbol{Z}_{it} - \hat{\lambda}\bar{\boldsymbol{Z}}_i)\boldsymbol{\theta} + w_{it} \tag{12.23}$$

对上式进行 OLS 估计,得

$$\hat{\boldsymbol{\theta}}_{RE} = \begin{bmatrix}\hat{\beta}_0\\ \hat{\boldsymbol{\beta}}\end{bmatrix} = \frac{\sum_{i=1}^{N}\sum_{t=1}^{T}(\boldsymbol{Z}_{it} - \hat{\lambda}\bar{\boldsymbol{Z}}_i)(y_{it} - \hat{\lambda}\bar{y}_i)}{\sum_{i=1}^{N}\sum_{t=1}^{T}(\boldsymbol{Z}_{it} - \hat{\lambda}\bar{\boldsymbol{Z}}_i)(\boldsymbol{Z}_{it} - \hat{\lambda}\bar{\boldsymbol{Z}}_i)'} \tag{12.24}$$

$\hat{\boldsymbol{\theta}}_{RE} = [\hat{\beta}_0 \quad \hat{\boldsymbol{\beta}}']'$就是个体随机效应模型(12.11)回归系数的可行 GLS 估计量。当 $NT \to \infty$,无论是由于 $N \to \infty$, $T \to \infty$,还是 NT 同时趋近于 ∞,可行 GLS 估计量都是有效、一致估计量。

如果 v_i、u_{it} 都服从独立同分布假定, $\hat{\boldsymbol{\theta}}_{RE}$ 的方差协方差矩阵 $\mathrm{Var}(\hat{\boldsymbol{\theta}}_{RE})$,可以通过下式计算,

$$\widehat{Var}(\hat{\boldsymbol{\theta}}_{RE}) = \hat{\sigma}_u^2\left[\sum_{i=1}^{N}\sum_{t=1}^{T}(\boldsymbol{Z}_{it} - \hat{\lambda}\bar{\boldsymbol{Z}}_i)(\boldsymbol{Z}_{it} - \hat{\lambda}\bar{\boldsymbol{Z}}_i)'\right]^{-1}$$

其中 $\hat{\sigma}_u^2$ 的估计公式是

$$\hat{\sigma}_u^2 = \frac{1}{N(T-1)-k}\sum_{i=1}^{N}\sum_{t=1}^{T}[(y_{it}-\bar{y}_i)-(\boldsymbol{X}_{it}-\bar{\boldsymbol{X}}_i)'\hat{\boldsymbol{\beta}}_w]^2$$

$\hat{\boldsymbol{\beta}}_w$ 是 $\boldsymbol{\beta}$ 的组内估计值。

对于随机效应模型,因为(12.23)式没有破坏模型的假定条件以及 v_i 与 $\boldsymbol{X}_{it}$ 不相关的假定,所以,可行 GLS 估计量不但是一致估计量,而且是有效估计量。而对于个体固定效应模型,假定 v_i 与 $\boldsymbol{X}_{it}$ 是相关的,从而破坏了模型的经典假定条件,所以,对于个体固定效应模型,可行 GLS 估计量不是一致估计量。

在实际的面板数据中,N 个个体之间相互独立的假定通常是成立的,但是个体之间却常常是序列自相关的,且存在异方差。为了得到正确的统计推断,需要克服这两个问题。

对于第 i 个个体,当 $N\to\infty$,$\boldsymbol{X}_{i.}$ 的方差协方差矩阵仍然是 $T\times T$ 阶有限值的,所以可以用以前的方法克服异方差。

6. 面板数据模型拟合优度的测量

用 OLS 法估计回归模型中的参数时,回归函数对数据拟合的优劣是用可决系数 R^2,即回归平方和与总平方和的比值评价的。这个比值越接近 1,说明拟合的效果越好。这种方法在评价面板数据模型拟合的优劣时,却遇到了困难。因为在面板数据模型的估计过程中使用的不都是 OLS 法。所以,在评价面板数据模型拟合优度时,定义的是面板数据实际观测值与其拟合值相关系数的平方。这样定义的优点是,无论面板数据模型是用何种方法估计的,上述相关系数的平方取值都在[0,1]之间。

如果模型是用 OLS 法估计的(且模型中含有常数项),面板数据 y_{it} 的总离差平方和平均可以被分解为组内离差平方和平均和组间离差平方和平均的和,即

$$\frac{1}{NT}\sum_{i=1}^{N}\sum_{t=1}^{T}(y_{it}-\bar{y})^2 = \frac{1}{NT}\sum_{i=1}^{N}\sum_{t=1}^{T}(y_{it}-\bar{y}_i)^2 + \frac{1}{N}\sum_{i=1}^{N}(y_i-\bar{y})^2 \quad (12.25)$$

其中 $\bar{y}$ 表示总样本的平均值。$\bar{y}_i$ 表示每个个体的平均值。等号右侧第一项中的和式部分表示组内离差平方和,第二项中的和式部分表示组间离差平方和。

对于用组内 OLS 法估计的面板数据模型(固定效应模型)拟合优度定义为

$$R_w{}^2 = r^2(\hat{y}_{it}-\hat{\bar{y}}_i, y_{it}-\bar{y}_i)$$

其中 $R_w{}^2$ 表示拟合优度,w 是组内(within)英文的字头。$r^2(\hat{y}_{it}-\hat{\bar{y}}_i, y_{it}-\bar{y}_i)$ 表

示$(\hat{y}_{it}-\hat{\bar{y}}_i)$和$(y_{it}-\bar{y}_i)$相关系数的平方。$\hat{y}_{it}$是对$y_{it}$的估计；$\hat{\bar{y}}_i$是对$\bar{y}_i$的估计；$(\hat{y}_{it}-\hat{\bar{y}}_i)=(\boldsymbol{X}_{it}-\bar{\boldsymbol{X}}_i)'\hat{\boldsymbol{\beta}}_{FE}$。

对于用组间估计的面板数据模型，拟合优度定义为

$$R_b{}^2=r^2(\hat{\bar{y}}_i,\bar{y}_i)$$

其中$R_b{}^2$表示拟合优度，b是组间(between)英文的字头。$r^2(\hat{\bar{y}}_i,\bar{y}_i)$表示$\hat{\bar{y}}_i$和$\bar{y}_i$相关系数的平方。$\hat{\bar{y}}_i$是对$\bar{y}_i$的估计；$\hat{\bar{y}}_i=\bar{\boldsymbol{X}}_i'\hat{\boldsymbol{\beta}}_b$，其中$\hat{\boldsymbol{\beta}}_b$是$\boldsymbol{\beta}$的组间估计量。(如果用式(12.15)进行OLS估计，就称$\boldsymbol{\beta}$的估计量是组间估计量，因为估计$\boldsymbol{\beta}$时，所做的计算是求不同个体的$\bar{y}_i$和$\bar{\boldsymbol{X}}_i$分别对总平均值$\bar{y}$和$\bar{\boldsymbol{X}}$的离差。这种运算发生在个体之间，所以称作组间估计。)

如果用全部的离差计算OLS估计量，拟合优度$R_a{}^2$定义为，

$$R_a{}^2=r^2(\hat{y}_{it},y_{it})$$

其中$\hat{y}_{it}$是对y_{it}的估计，$r^2(\hat{y}_{it},y_{it})$表示$\hat{y}_{it}$和y_{it}相关系数的平方。

上述三个公式可适用于评价所有的面板数据估计模型。如果R^2是用来评价随机效用模型，其值要比用OLS法估计的模型对应的拟合优度值稍小一些。

§12.4 面板数据模型的设定与检验

这里所说的检验包括两类情形。一类是对于一组经济面板数据应该建立何种模型类型的检验，其中包括混合模型、固定效应模型和随机效应模型。一类是对面板数据模型中，回归系数或回归系数之间是否存在某种约束的检验。

对于前一类检验介绍两个统计量——F统计量和H(Hausman)统计量。F统计量用于检验应该建立混合模型还是固定效应模型。H统计量用于检验应该建立随机效应模型还是固定效应模型。

对于后一类检验介绍三个统计量——F、LR和Wald统计量。三个统计量都是用来决定解释变量的取舍，或者回归系数之间的某种约束。

先介绍第一类检验的F和H两个统计量，然后介绍第二类检验的F、LR、Wald三个统计量。

1. *F* 检验

F 统计量用来检验对于一组面板数据应该建立混合模型还是固定效应模型。这里介绍的 F 统计量与第10章介绍的 F 统计量理论上是一个统计量。只不过在这里是应用于面板数据模型的检验而已。

面板数据建模的一项任务就是判别模型中是否存在固定效应。

F 统计量通常定义为

$$F=\frac{(SSR_r-SSR_u)/m}{SSR_u/(T-k)}$$

其中 SSR_r 表示估计的约束模型的残差平方和，SSR_u 表示估计的非约束模型的残差平方和，m 表示约束条件个数，T 表示样本容量，k 表示非约束模型中被估回归系数个数。在原假设“约束条件成立”条件下，F 统计量服从自由度为 $(m, T-k)$ 的 F 分布。

$$F \sim F(m,T-k)$$

以检验建立混合模型还是个体固定效应模型为例，这里，混合模型是约束模型（约束 N 个 α_i 相等），个体固定效应模型是非约束模型（α_i 可以随个体不同）。建立假设

H_0：$\alpha_i=\alpha, i=1,2,\cdots,N$。模型中不同个体的截距相同（即混合模型）。

H_1：模型中不同个体的截距项 α_i 不同（即个体固定效应模型）。

F 统计量定义为，

$$F=\frac{(SSR_r-SSR_u)/(N-1)}{SSR_u/(NT-N-k)} \tag{12.26}$$

其中 SSR_r 表示估计的约束模型，即混合模型的残差平方和，SSR_u 表示估计的非约束模型，即个体固定效应模型的残差平方和。分子对应的自由度，即约束条件个数为 $N-1$。分母对应的自由度为 $NT-N-k$。其中 N 表示个体数，k 表示非约束模型（个体固定效应模型）中解释变量对应的回归系数的个数。F 统计量在 H_0 成立条件下服从自由度为 $(N-1, NT-N-k)$ 的 F 分布。检验规则是，

若用样本计算的 $F \leqslant F_\alpha(N-1, NT-N-k)$，则接受原假设，建立混合模型。

若用样本计算的 $F > F_\alpha(N-1, NT-N-k)$，则拒绝原假设，建立个体固定效应模型。

应该建立混合模型还是时点固定效应模型，请读者自己考虑 F 统计量中自由度的计算方法。

2. *H*(豪斯曼)检验

H 检验用于检验一个参数的两种估计量差异的显著性。*H* 检验由豪斯曼(Hausman)1978 年提出①,是在杜宾(Durbin,1914 年提出)和吴(Wu,1973 年提出)基础上发展起来的。所以 *H* 检验也称作吴-杜宾检验和杜宾-吴-豪斯曼检验。

先介绍 ***H* 检验**原理。

比如在检验单一回归方程中某个解释变量的内生性问题时得到相应回归系数的两个估计量,一个是 OLS 估计量,一个是 2SLS(两阶段最小二乘)估计量。其中 2SLS 估计量用来克服解释变量可能存在的内生性。如果模型的解释变量中不存在内生性变量,那么 OLS 估计量和 2SLS 估计量都具有一致性,都有相同的概率极限分布。如果模型的解释变量中存在内生性变量,那么回归系数的 OLS 估计量是不一致的,而 2SLS 估计量仍具有一致性,两个估计量将有不同的概率极限分布。

更一般地,假定用两种方法得到 m 个回归系数的两组估计量 $\hat{\theta}$ 和 $\tilde{\theta}$(都是 $m\times1$ 阶的),则 *H* 检验的零假设和被择假设是,

$$H_0:\mathrm{plim}(\hat{\theta}-\tilde{\theta})=0$$

$$H_1:\mathrm{plim}(\hat{\theta}-\tilde{\theta})\neq 0$$

假定相应两个估计量的差作为一个统计量也具有一致性,在 H_0 成立的条件下,统计量$\sqrt{N}(\hat{\theta}-\tilde{\theta})$ 渐近服从多元正态分布。

$$\sqrt{N}(\hat{\theta}-\tilde{\theta})\xrightarrow{d}N(0,\mathrm{Var}(\hat{\theta}-\tilde{\theta}))$$

其中 $\mathrm{Var}(\hat{\theta}-\tilde{\theta})$是$\sqrt{N}(\hat{\theta}-\tilde{\theta})$的极限分布方差协方差矩阵。则 *H* 统计量定义为

$$H=(\hat{\theta}-\tilde{\theta})'[\widehat{\mathrm{Var}}(\hat{\theta}-\tilde{\theta})]^{-1}(\hat{\theta}-\tilde{\theta})\rightarrow\chi^2(m) \tag{12.27}$$

其中$\widehat{\mathrm{Var}}(\hat{\theta}-\tilde{\theta})$是$(\hat{\theta}-\tilde{\theta})$的估计的方差协方差矩阵。在 H_0 成立条件下,*H* 统计量渐近服从$\chi^2(m)$分布。其中 m 表示零假设中回归系数的个数。

H 检验原理很简单,但实际中得到 $\mathrm{Var}(\hat{\theta}-\tilde{\theta})$的一致估计量$\widehat{\mathrm{Var}}(\hat{\theta}-\tilde{\theta})$却

---

① Hausman J A. Specification tests in econometrics. Econometrica, 1978, 46: 1251 - 1272.

并不容易。一般来说，

$$\hat{\mathrm{Var}}(\hat{\theta}-\tilde{\theta}) = \mathrm{Var}(\hat{\theta}) + \mathrm{Var}(\tilde{\theta}) - 2\mathrm{Cov}(\hat{\theta},\tilde{\theta}) \tag{12.28}$$

其中 $\mathrm{Var}(\hat{\theta})$、$\mathrm{Var}(\tilde{\theta})$ 在一般软件计算中都能给出。但 $\mathrm{Cov}(\hat{\theta},\tilde{\theta})$ 不能给出，致使 H 统计量(12.27)式中的 $\hat{\mathrm{Var}}(\hat{\theta}-\tilde{\theta})$ 在实际应用中无法计算。

实际中也常进行如下检验。

H_0：模型中所有解释变量都是外生的。

H_1：模型中某些解释变量是内生的。

在原假设成立的条件下，解释变量回归系数的 OLS 估计量 $\hat{\theta}$ 是有效估计量。则有 $\mathrm{Cov}(\hat{\theta},\tilde{\theta}) = \mathrm{Var}(\hat{\theta})$。于是(12.28)式变为

$$\mathrm{Var}(\hat{\theta}-\tilde{\theta}) = \mathrm{Var}(\hat{\theta}) + \mathrm{Var}(\tilde{\theta}) - 2\mathrm{Cov}(\hat{\theta},\tilde{\theta}) = \mathrm{Var}(\tilde{\theta}) - \mathrm{Var}(\hat{\theta}) \tag{12.29}$$

把(12.29)式结果代入(12.27)式，得

$$H = (\hat{\theta}-\tilde{\theta})'[\hat{\mathrm{Var}}(\tilde{\theta}) - \hat{\mathrm{Var}}(\hat{\theta})]^{-1}(\hat{\theta}-\tilde{\theta}) \tag{12.30}$$

其中 $\hat{\mathrm{Var}}(\hat{\theta})$ 和 $\hat{\mathrm{Var}}(\tilde{\theta})$ 分别是对 $\mathrm{Var}(\hat{\theta})$ 和 $\mathrm{Var}(\tilde{\theta})$ 的估计。与(12.27)式比较，这个结果只要求计算 $\mathrm{Var}(\hat{\theta})$ 和 $\mathrm{Var}(\tilde{\theta})$，$H$ 统计量(12.30)式具有实用性。原假设成立条件下，(12.30)式定义的 H 统计量渐近服从 $\chi^2(m)$ 分布。

当 θ 是标量，即只表示一个参数时，(12.30)式定义的 H 统计量退化为标量形式，

$$H = \frac{(\hat{\theta}-\tilde{\theta})^2}{\hat{\mathrm{Var}}(\hat{\theta}-\tilde{\theta})} = \frac{(\hat{\theta}-\tilde{\theta})^2}{\hat{\mathrm{Var}}(\tilde{\theta}) - \hat{\mathrm{Var}}(\hat{\theta})} \sim \chi^2(1) \tag{12.31}$$

其中 $\hat{\mathrm{Var}}(\hat{\theta}-\tilde{\theta})$ 表示 $(\hat{\theta}-\tilde{\theta})$ 的样本方差；$\hat{\mathrm{Var}}(\tilde{\theta})$ 和 $\hat{\mathrm{Var}}(\hat{\theta})$ 分别表示 $\tilde{\theta}$ 和 $\hat{\theta}$ 的样本方差。

H 检验用途很广，可用来做模型丢失变量的检验、变量内生性检验、模型形式设定检验、模型嵌套检验、建模顺序检验等。

下面以检验模型是个体随机效应模型还是个体固定效应模型为例，介绍面板数据中利用 H 统计量确定模型形式的检验。

假定面板数据模型的误差项 u_{it} 满足通常的假定条件，如果真实的模型是随

机效应模型,那么 $\boldsymbol{\beta}$ 的组内估计量 $\hat{\boldsymbol{\beta}}_W$ 和可行 GLS 估计量 $\tilde{\boldsymbol{\beta}}_{RE}$ 都具有一致性。如果真实的模型是个体固定效应模型,则参数 $\boldsymbol{\beta}$ 的组内估计量 $\hat{\boldsymbol{\beta}}_W$ 是一致估计量,但可行 GLS 估计量 $\tilde{\boldsymbol{\beta}}_{RE}$ 是非一致估计量。那么,当对一个面板数据模型同时进行组内估计和可行 GLS 估计时,如果回归系数的两种估计结果差别小,则说明应该建立随机效应模型;如果回归系数的两种估计结果差别大,说明应该建立个体固定效应模型。可以通过 H 统计量检验($\tilde{\boldsymbol{\beta}}_{RE}-\hat{\boldsymbol{\beta}}_W$)的非零显著性,从而检验面板数据模型中是否存在个体固定效应。H 检验原理总结于表 12.3。

表 12.3 两类不同模型组内估计量与可行 GLS 估计量性质比较

个体效应模型	组内估计	可行 GLS 估计	$\lvert \hat{\boldsymbol{\beta}}_W-\tilde{\boldsymbol{\beta}}_{RE} \rvert$
个体随机效应模型	估计量 $\hat{\boldsymbol{\beta}}_W$ 具有一致性	估计量 $\tilde{\boldsymbol{\beta}}_{RE}$ 具有一致性	小
个体固定效应模型	估计量 $\hat{\boldsymbol{\beta}}_W$ 具有一致性	估计量 $\tilde{\boldsymbol{\beta}}_{RE}$ 不具有一致性	大

原假设与备择假设是

H_0:个体效应 α_i 与解释变量 $\boldsymbol{X}_{it}$ 无关(个体随机效应模型);

H_1:个体效应 α_i 与解释变量 $\boldsymbol{X}_{it}$ 相关(个体固定效应模型)。

对于面板数据多元回归模型,H 统计量用(12.30)式计算。对于一元回归模型,H 统计量用(12.31)式计算。

判别规则是

若用样本计算的 $H \leqslant \chi^2_\alpha(m)$,则接受原假设,应该建立个体随机效应模型。

若用样本计算的 $H > \chi^2_\alpha(m)$,则拒绝原假设,应该建立个体固定效应模型。$\chi^2_\alpha(m)$ 中的 α 表示检验水平,m 表示被检验的回归系数个数。

3. Wald 检验

下面介绍面板数据模型中对部分回归系数进行约束的检验。先介绍 Wald 检验,然后介绍 F 和 LR 检验。

面板数据模型中可以利用 Wald 统计量对部分回归系数的约束条件是否成立进行检验。Wald 统计量的定义与第 10 章完全一样,其定义是

$$W=\boldsymbol{f}(\hat{\boldsymbol{\beta}})'_{(1\times m)}\operatorname{Var}(\boldsymbol{f}(\hat{\boldsymbol{\beta}}))^{-1}_{(m\times m)}\boldsymbol{f}(\hat{\boldsymbol{\beta}})_{(m\times 1)} \tag{12.32}$$

其中 $\boldsymbol{f}(\beta)$ 表示由约束条件改写成 $\boldsymbol{f}(\beta)=0$ 所组成的 $\boldsymbol{f}(\beta)$ 形式的列向量。m 表示被检验的约束条件的个数,

$$\mathrm{Var}(\boldsymbol{f}(\hat{\beta}))=\left[\frac{\partial \boldsymbol{f}(\hat{\boldsymbol{\beta}})}{\partial \hat{\boldsymbol{\beta}}}\right]_{(m\times k)}[\mathrm{Var}(\hat{\boldsymbol{\beta}})]_{(k\times k)}\left[\frac{\partial \boldsymbol{f}(\hat{\boldsymbol{\beta}})}{\partial \hat{\boldsymbol{\beta}}}\right]'_{(k\times m)}$$

其中 k 表示面板数据模型中解释变量的个数。在原假设 $\boldsymbol{f}(\beta)=0$ 成立的条件下，Wald 统计量渐近服从 m 个自由度的 $\chi^2(m)$ 分布。检验规则是

若用样本计算的 $W\leqslant\chi^2_\alpha(m)$，则约束条件成立，

若用样本计算的 $W>\chi^2_\alpha(m)$，则约束条件不成立。

详细讨论见第 10 章。

4. *F* 检验和 *LR* 检验

面板数据模型中同样可以利用 F 和 LR 统计量检验部分回归系数的约束条件是否成立。F 统计量的定义是

$$F=\frac{(SSR_r-SSR_u)/m}{SSR_u/(NT-k)} \tag{12.33}$$

其中 SSR_r 表示估计的约束模型的残差平方和；SSR_u 表示估计无约束模型的残差平方和；m 表示约束条件个数；T 表示面板数据的时期数；N 表示面板数据的个体数；k 表示无约束模型中被估回归系数的个数。在约束成立条件下 $F\sim F(m,NT-k)$。判别规则是，

若用样本计算的 $F\leqslant F_\alpha(m,NT-k)$，则约束条件成立，

若用样本计算的 $F>F_\alpha(m,NT-k)$，则约束条件不成立。

其中 α 指检验水平。NT 指面板数据中观测值的个数。

LR 统计量的定义是

$$LR=-2[\log L(\tilde{\boldsymbol{\beta}},\tilde{\sigma}^2)-\log L(\hat{\boldsymbol{\beta}},\hat{\sigma}^2)] \tag{12.34}$$

其中 $\log L(\tilde{\boldsymbol{\beta}},\tilde{\sigma}^2)$ 表示估计约束模型的对数极大似然函数值，$\log L(\hat{\boldsymbol{\beta}},\hat{\sigma}^2)$ 表示估计非约束模型的对数极大似然函数值，m 表示要检验的约束条件个数。在约束成立条件下 $LR\sim\chi^2(m)$。判别规则是，

若用样本计算的 $LR\leqslant\chi^2_\alpha(m)$，则约束条件成立，

若用样本计算的 $LR>\chi^2_\alpha(m)$，则约束条件不成立。

$\chi^2_\alpha(m)$ 中的 α 指检验水平。对 F 和 LR 统计量的讨论详见第 10 章。

§12.5 面板数据建模案例分析

继续第12.1节关于案例12.1的分析。通过分析散点图,为有效克服异方差,应该建立对数变量的面板数据线性回归模型。首先估计混合模型,得混合OLS估计结果如下,

$$Ln\hat{C}P_{it} = 0.0187 + 0.9694\ LnIP_{it} \quad (12.35)$$
$$(0.2) \qquad (79.2)$$
$$R^2 = 0.984,\ SSR_r = 0.1702,\ DW = 0.62,\ T = 7,\ N = 15,\ TN = 105$$

个体固定效应模型的估计结果是

$$Ln\hat{C}P_{it} = 0.6839D_1 + \cdots + 0.7312\ D_{15} + 0.8925\ LnIP_{it} \quad (12.36)$$
$$(60.6)$$
$$R^2 = 0.9937,\ SSR_u = 0.0667,\ DW = 1.51,\ T = 7,\ N = 15,\ TN = 105$$

其中 $D_1, ..., D_{15}$ 的定义是

$$D_i = \begin{cases} 1, & 属于第\ i\ 个个体, \\ 0, & 不属于第\ i\ 个个体, \end{cases} \quad i = 1, 2, ..., 15$$

个体随机效应模型的估计结果是

$$Ln\hat{C}P_{it} = 0.4691\ D_1 + \cdots + 0.4985\ D_{15} + 0.9177\ LnIP_{it} \quad (12.37)$$
$$(70.7)$$
$$R^2 = 0.9810,\ SSR = 0.1998,\ DW = 0.51,\ T = 7,\ N = 15,\ TN = 105$$

其中 $D_1, ..., D_{15}$ 的定义见(12.36)式。

用 F 统计量检验应该建立混合模型还是个体固定效应模型。由(12.35)式和(12.36)式知,$SSR_r = 0.1702, SSR_u = 0.0667, T = 7, N = 15$。按(12.26)式计算,

$$F = \frac{(SSR_r - SSR_u)/(N-1)}{SSR_u/(NT-N-1)} = \frac{(0.1702 - 0.0667)/14}{0.0667/(105-15-1)} = \frac{0.0074}{0.00075} = 9.87$$

$$F_{0.05}(14,\ 89) = 1.78$$

因为 $F = 9.87 > F_{0.05}(14,\ 89) = 1.78$,推翻原假设,比较上述两种模型,建立个体固定效应模型比混合模型合理。

EViews 的检验结果见表12.4。其中 cross-section F 指的是(多余个体效应的)F

检验,cross-section Chi-square 指的是(多余个体效应的)LR(似然比)检验。

表 12.4　F 检验的 EViews 输出结果

Redundant Fixed Effects Tests
Pool: POOL01
Test cross-section fixed effects

Effects Test	Statistic	d.f.	Prob.
Cross-section F	9.864884	(14,89)	0.0000
Cross-section Chi-square	98.363053	14	0.0000

因为 F 和 LR 检验相对的 p 值都小于 0.05,结论是推翻建立混合模型的原假设。应该建立个体固定效应模型。

用 H 统计量检验应该建立个体固定效应模型还是个体随机效应模型？由(12.36)式知，$\hat{\beta}_W = 0.892481$, $s_{(\hat{\beta}_W)} = 0.014739$。由(12.37)式知，$\tilde{\beta}_{RE} = 0.917660$, $s_{(\tilde{\beta}_{RE})} = 0.012976$。因为被比较的回归系数只有 1 个($\beta_1$),所以原假设成立条件下 $H \sim \chi^2(1)$。

按(12.31)式计算,

$$H = \frac{(\hat{\beta}_W - \tilde{\beta}_{RE})^2}{[\hat{\mathrm{Var}}(\hat{\beta}_W)]^2 - [\hat{\mathrm{Var}}(\tilde{\beta}_{RE})]^2} = \frac{(0.892481 - 0.917660)^2}{0.014739^2 - 0.012976^2} = 12.98 \quad (12.38)$$

因为 $H = 12.98 > \chi^2_{0.05}(1) = 3.8$,结论是推翻原假设。模型存在个体固定效应。应该建立个体固定效应模型。

EViews 11 的检验结果见表 12.5。也可以依据 EViews 11 输出结果中的参数值按照(12.31)式计算,

表 12.5　H 检验的 EViews 输出结果

Correlated Random Effects - Hausman Test
Pool: POOL01
Test cross-section random effects

Test Summary	Chi-Sq. Statistic	Chi-Sq. d.f.	Prob.
Cross-section random	12.979986	1	0.0003

Cross-section random effects test comparisons:

Variable	Fixed	Random	Var(Diff.)	Prob.
LOG(IP?)	0.892481	0.917660	0.000049	0.0003

$$H=\frac{(\hat{\beta}_W-\tilde{\beta}_{RE})^2}{\hat{\mathrm{Var}}(\hat{\beta}_W-\tilde{\beta}_{RE})}=\frac{(0.892481-0.917660)^2}{0.000049}=12.94$$

(计算结果12.94与EViews计算结果12.979986稍有不同,系运算过程中保留小数点后位数不同所致。)因为$H=12.94>\chi^2_{0.05}(1)=3.8$,或者12.979986对应的$p$值远小于0.05,所以结论是应该建立个体固定效应模型。

综上分析,针对15个省级地区的居民家庭人均消费和人均可支配收入关系应该建立个体固定效应模型。(12.36)式是最终估计结果。其经济含义是人均可支配收入每增加1%,人均消费增加0.8925%。人均消费的增加慢于人均可支配收入的增加。

以(12.36)式为依据,安徽省和北京市的1996—2002年样本内人均消费($LnCP_{AHt}$和$LnCP_{BJt}$)预测结果与实际值的比较分别见图12.4和12.5。图中散点代表实际观测值,回归直线上的点代表拟合值。

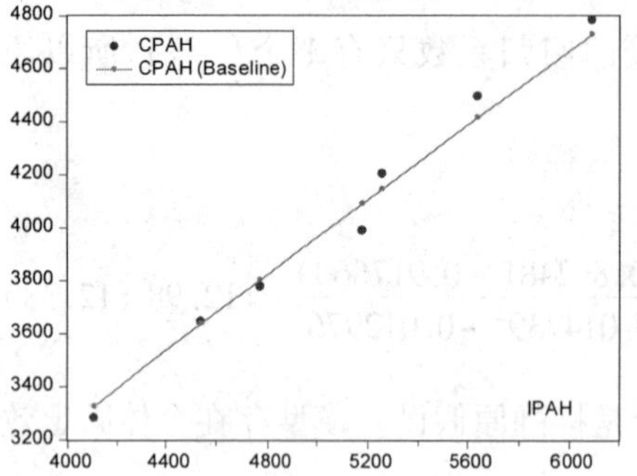

图12.4　安徽省人均消费预测值与实际值比较

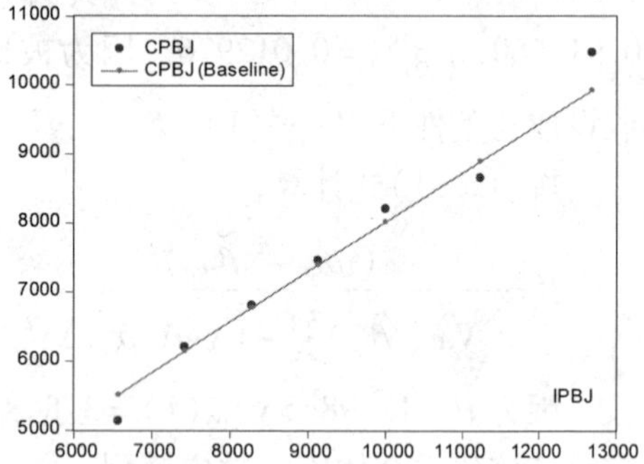

图12.5　北京市人均消费预测值与实际值比较

例12.2　柯布-道格拉斯生产函数研究

数据信息来自莫瑞(Murray)的《现代计量经济学》(机械工业出版社,2009),摘自网站:www. aw - be. com/murry和EViews文件li-12-2。这里对案例做了改写。

资本和劳动对产出有多大贡献一直是经济学中长期关注的问题。在估计生产函数时,可以得到劳动和资本对产出贡献的一种度量指标。哈佛大学的格里历切斯(Zvi Griliches)和巴黎国民统计局的马里斯(Jacques Mairesse),多次利用大型的企业面板数据估计柯布-道格拉斯生产函数。马里斯提供的面板数据包含来自16个国家的625个企业长达8年的共5000组观测数据。

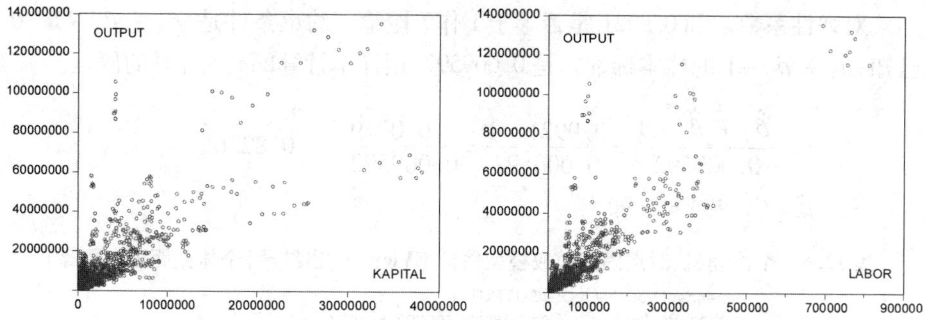

（a）产出与资本散点图　　（b）产出与劳动力散点图

图 12.6　625 个企业的产出变量分别对资本和劳动力变量的散点图

图 12.6 给出 625 个企业产出变量（$output_{it}$）分别对资本（$kapital_{it}$）和劳动力（$labor_{it}$）变量的散点图。从图中可以看出数据的关系存在明显的递增型异方差特征。该 625 个企业对数的产出变量分别对对数的资本和对数的劳动力变量的散点图见图 12.7。从图中可以看出，异方差特征得到有效克服，从而得知用这组面板数据建立对数变量的线性回归模型是一个最好的选择。

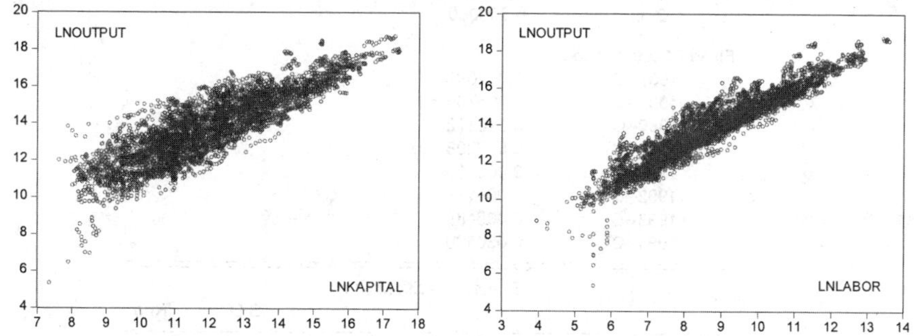

（a）对数的产出与对数的资本散点图　　（b）对数的产出与对数的劳动力散点图

图 12.7　625 个企业对数的产出变量分别对对数的资本和对数的劳动力变量散点图

该案例首先给出一个个体随机效应、截面固定效应的柯布 – 道格拉斯生产函数模型的估计结果，

$$L\hat{n}output_{it} = \underset{(39.7)}{4.1657} + \cdots + \underset{(25.8)}{0.2989}\ LnKapi_{it} + \underset{(58.9)}{0.6932}\ LnLabor_{it} \qquad (12.39)$$

$R^2 = 0.820$, $SSR = 1732.11$, $DW = 0.0462$, $T = 8$, $N = 625$, $TN = 5000$

EViews 输出结果见表 12.6（3 ~ 625 个个体随机效应估计值被省略）。

产出变量（$output_{it}$）对资本（$kapital_{it}$）和劳动力（$labor_{it}$）变量的弹性系数分别是 0.2989 和 0.6932。二者之和是 0.9921。

对弹性系数之和0.9921是否等于1作t检验。约束条件是 $\beta_1+\beta_2-1=0$。已知 $\beta_1+\beta_2-1$ 的样本标准差是0.009592,用样本计算的t统计量的值是

$$t=\frac{\hat{\beta}_1+\hat{\beta}_2-1}{0.009592}=\frac{0.9921-1}{0.009592}=\frac{-0.0079}{0.009592}=-0.8236$$

$$t_{0.05}(4990)=1.96$$

表12.6 个体随机、时点固定效应模型估计EViews输出结果(个体截距项有删除)

Dependent Variable: LOG(OUTPUT?)
Method: Pooled EGLS (Cross-section random effects)
Date: 05/08/20 Time: 18:05
Sample: 1987 1994
Included observations: 8
Cross-sections included: 625
Total pool (balanced) observations: 5000
Swamy and Arora estimator of component variances

Variable	Coefficient	Std. Error	t-Statistic	Prob.
C	4.165682	0.104866	39.72390	0.0000
LOG(KAPI?)	0.298934	0.011588	25.79624	0.0000
LOG(LABOR?)	0.693189	0.011761	58.93991	0.0000
Random Effects (Cross)				
1--C	-0.318626			
2--C	0.200060			
......				
Fixed Effects (Period)				
1987--C	-0.062090			
1988--C	-0.005769			
1989--C	0.010172			
1990--C	0.010208			
1991--C	0.003590			
1992--C	0.008179			
1993--C	0.005189			
1994--C	0.030520			

Effects Specification

	S.D.	Rho
Cross-section random	0.557931	0.9307
Period fixed (dummy variables)		
Idiosyncratic random	0.152279	0.0693

Weighted Statistics

Root MSE	0.152612	R-squared	0.714410
Mean dependent var	13.78478	Adjusted R-squared	0.713895
S.D. dependent var	0.285601	S.E. of regression	0.152764
Sum squared resid	116.4515	F-statistic	1386.953
Durbin-Watson stat	0.686825	Prob(F-statistic)	0.000000

Unweighted Statistics

R-squared	0.892043	Mean dependent var	13.78478
Sum squared resid	1732.113	Durbin-Watson stat	0.046176

因为$|-0.8236| < t_{0.05}(4990) = 1.96$（$t$ 统计量自由度的计算公式是 5000 - 10 = 4990，其中 10 表示 10 个截面对应的常数项）。经检验弹性系数之和0.9936与 1 没有显著性差异。结论是这些企业的产出属于规模报酬不变的关系。

这与柯布 - 道格拉斯利用美国数据得到的结果相似。如果市场是完全竞争的，而且企业是利润最大化的，那么，这些估计值就与规模报酬不变的生产理论相一致。对于本例，劳动决定产出的 70%，资本决定产出的 30%。

注意：

（1）表 12.6 EViews 输出结果的倒数第三部分 Effects Specification（效应设定）还报告了个体随机误差（cross - section random）和随机误差项（idiosyncratic random）的标准差估计值。在这种情况下，总干扰方差的 93% 来自个体随机误差，6.9% 来自随机误差项 u_{it}。这说明，625 个制造业企业之间的个体差异非常大。

（2）个体随机、时点固定效应模型估计结果中的设定还包含了一个时间的“固定效应”，也就是说，模型中为每个年度包含了一个虚拟变量。这些年度虚拟变量描述了生产技术的逐年变化（见输出结果中间位置的 Fixed Effects（Period））。

下面再来看看，如果按着第 12.3 节的检验方法，本例的面板数据应该建立哪种类型的模型呢？

利用 F 统计量可以检验该面板数据中是否存在个体固定效应。混合模型对应的 $SSR_r = 1673.8$，个体固定效应模型对应的 $SSR_u = 103.626$。个体固定效应模型对混合模型相当于施加了 625 - 1 = 624 个常数项等于零的约束条件。非约束模型（个体固定效应模型）对应的自由度是 5000 - 625 - 2 = 4373。代入（12.26）式定义的 F 统计量，并计算，

$$F = \frac{(SSR_r - SSR_u)/(N-1)}{SSR_u/(NT-N-k)} = \frac{(1673.8 - 103.626)/624}{103.626/4373} = 106.17$$

$$F_{0.05}(624, 4373) = 1.0$$

因为 $106.17 > F_{0.05}(624, 4373) = 1.0$（$F$ 统计量分母自由度的计算公式是 5000 - 625 - 2）= 4373，所以结论是推翻原假设（建立混合模型）。应该建立个体固定效应模型。F 检验的 EViews 输出结果见表 12.7。

表 12.7　F 检验的 EViews 输出结果

Redundant Fixed Effects Tests
Pool: POOL01
Test cross-section fixed effects

Effects Test	Statistic	d.f.	Prob.
Cross-section F	106.187605	(624,4373)	0.0000
Cross-section Chi-square	13910.316347	624	0.0000

Hausman 检验结果见表 12.8。因为 $H=45.8$ 对应的 p 值是 0.000,所以推翻了建立随机效应模型的原假设,结论是应该建立个体固定效应模型。

表 12.8 Hausman 检验结果

Correlated Random Effects - Hausman Test
Pool: POOL01
Test cross-section random effects

Test Summary	Chi-Sq. Statistic	Chi-Sq. d.f.	Prob.
Cross-section random	45.825193	2	0.0000

Cross-section random effects test comparisons:

Variable	Fixed	Random	Var(Diff.)	Prob.
LOG(KAPI?)	0.370230	0.343229	0.000028	0.0000
LOG(LABOR?)	0.646840	0.673506	0.000040	0.0000

个体固定效应模型的估计结果见表 12.9。估计式是

$$L\hat{n}output_{it}=3.7111+\cdots+0.3702\ LnKapi_{it}+0.6468\ LnLabor_{it} \quad (12.40)$$
$$(29.1) \qquad (33.4) \qquad (50.1)$$
$$R^2=0.9935,\ SSR=103.62,\ DW=0.78,\ T=8,\ N=625$$

产出变量($output_{it}$)对资本($kapital_{it}$)和劳动力($labor_{it}$)变量的弹性系数分别是 0.3702 和 0.6468。二者之和是 1.017。

表 12.9 个体固定效应模型估计结果(个体截距项的值有删减)

Dependent Variable: LOG(OUTPUT?)
Method: Pooled Least Squares
Date: 05/08/20 Time: 17:56
Sample: 1987 1994
Included observations: 8
Cross-sections included: 625
Total pool (balanced) observations: 5000

Variable	Coefficient	Std. Error	t-Statistic	Prob.
C	3.711146	0.127481	29.11144	0.0000
LOG(KAPI?)	0.370230	0.011084	33.40370	0.0000
LOG(LABOR?)	0.646840	0.012924	50.05043	0.0000
Fixed Effects (Cross)				
1--C	-0.423408			
2--C	0.131873			
......				
625--C	-0.977043			

Effects Specification

Cross-section fixed (dummy variables)

Root MSE	0.143963	R-squared	0.993541
Mean dependent var	13.78478	Adjusted R-squared	0.992617
S.D. dependent var	1.791519	S.E. of regression	0.153938
Akaike info criterion	-0.787727	Sum squared resid	103.6260
Schwarz criterion	0.029529	Log likelihood	2596.319
Hannan-Quinn criter.	-0.501292	F-statistic	1074.604
Durbin-Watson stat	0.784886	Prob(F-statistic)	0.000000

对弹性系数之和 1.017 是否等于 1 作 t 检验。约束条件是 $\beta_1+\beta_2-1=0$。已知 $(\hat{\beta}_1+\hat{\beta}_2-1)=0.0171$，$(\hat{\beta}_1+\hat{\beta}_2-1)$ 的样本标准差是 0.0124，用样本计算的 t 统计量的值是

$$t=\frac{\hat{\beta}_1+\hat{\beta}_2-1}{s_{(\hat{\beta}_1+\hat{\beta}_2-1)}}=\frac{0.0171}{0.0124}=1.3790$$

$$t_{0.05}(4373)=1.96$$

因为 $|1.3790|<t_{0.05}(4373)=1.96$。经检验，弹性系数之和 1.017 与 1 没有显著性差异。结论是这些企业的产出属于规模报酬不变的关系。

可见，建立个体固定效应模型得到的结论是这些企业的产出与资本、劳动力的关系依然是属于规模报酬不变关系。

实际上，个体与时点双固定效应模型也是一种可行的选择。经计算，模型的两个弹性系数之和是 0.9708。经检验，0.9708 显著地不等于 1，即小于 1。虽然制造业企业在这个模型基础上分析，是存在着规模报酬递减关系，但是实际上 0.9708 已经非常接近 1 了。

关于双固定效应模型的 EViews 估计，以及规模报酬不变假设的 Wald 检验的 EViews 操作读者可以自己练习。

例 12.3　中国财政支出与财政收入的关系研究（EViews 文件:li-12-3）

从早期的平衡预算思想到凯恩斯的功能财政思想，政府和学者逐渐接受了为了维持经济稳定，财政收支可以不等的观念。但随着近些年地方政府债务融资额度的逐渐加大以及中央政府债券的发行，使得财政赤字问题已经成为政府管理者和研究人员关注的焦点。因此，深入研究我国财政支出与财政收入的关系，估计财政支出与收入之间的弹性系数，为经济和财政政策制定提供实证检验依据，具有重要的理论与现实意义。

本例选取财政支出（zc_{it}）作为被解释变量、财政收入（sr_{it}）作为解释变量，分析二者之间的弹性关系。数据摘自《中国统计年鉴》《中国金融年鉴》，共选取 2003—2010 年 31 个省级地区的 248 组数据。数据的计量单位为亿元人民币。

财政支出（zc_{it}）与财政收入（sr_{it}）的面板数据散点图见图 12.8（每种符号代表 1 个个体）。从图中可以看出，zc_{it} 与 sr_{it} 的关系存在明显的递增型异方差。

对数变换变量 $Lnzc_{it}$ 与 $Lnsr_{it}$ 的散点图见图 12.9。图中左侧用"×"号表示的 8 个观测点代表的是西藏自治区财政支出与财政收入的观测值。它一方面显示西藏自治区财政支出与财政收入的水平值规模相对于其他省级地区比较小；另

一方面西藏自治区财政支出与财政收入的比值却远高于其他省级地区，导致该 8 个散点远离其他省市的 240 个观测点。这实际上体现了中央政府在资金上对西藏自治区的大力支持。

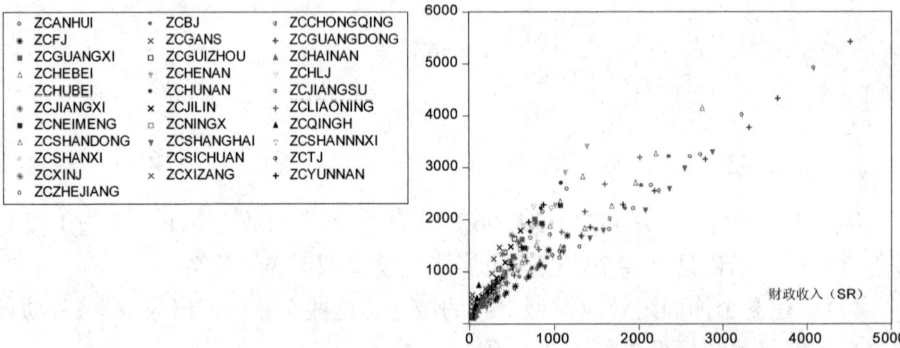

图 12.8　财政支出(zc_{it})与财政收入(sr_{it})数据散点图

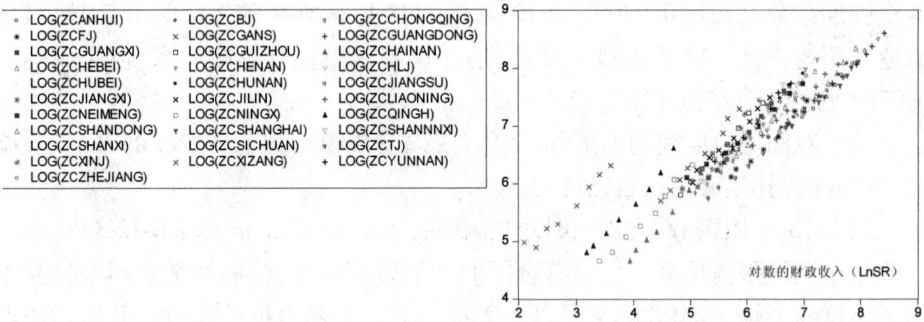

图 12.9　对数的财政支出($Lnzc_{it}$)与对数的财政收入($Lnsr_{it}$)数据散点图

见图 12.9，如果不考虑西藏自治区的 8 个散点，数据取对数后同方差性的特征表现得非常明显。由于这 8 个观测值只占全部 248 个观测值的 3%，所以在下面的分析中仍包含着西藏自治区的数据，并采用如下对数线性模型进行研究。

$$Lnzc_{it} = \alpha_i + \beta\ Lnsr_{it} + u_{it}$$

经计算，对数变量混合模型的估计结果是，

$$\widehat{Lnzc}_{it} = 2.9125 + 0.6511\ Lnsr_{it} \tag{12.41}$$

$$(28.2)\qquad(38.9)$$

$$R^2 = 0.8601,\ SSR_r = 23.2654,\ DW = 0.10,\ T = 8,\ N = 31$$

对数变量个体固定效应模型的估计结果如下，

$$L\hat{n}zc_{it} = 0.6676 + \cdots + 1.0217\ Lnsr_{it} \tag{12.42}$$
$$(10.8) \qquad\qquad (100.6)$$
$$R^2 = 0.9919,\ SSR_r = 1.3483,\ DW = 0.96,\ T = 8,\ N = 31$$

对数变量个体随机效应模型的估计结果如下，

$$L\hat{n}zc_{it} = 0.8473 + \cdots + 0.9921\ Lnsr_{it} \tag{12.43}$$
$$(11.8) \qquad\qquad (101.0)$$
$$R^2 = 0.9646,\ SSR_r = 2.3395,\ DW = 0.54,\ T = 8,\ N = 31$$

下面用 F 统计量检验应该建立混合模型还是个体固定效应模型，EViews 检验结果如表 12.10 所示。

表 12.10　F 检验结果

Redundant Fixed Effects Tests
Pool: SHOUZHI
Test cross-section fixed effects

Effects Test	Statistic	d.f.	Prob.
Cross-section F	117.043106	(30,216)	0.0000
Cross-section Chi-square	706.343469	30	0.0000

因为 F 统计量的值 117.04 对应的 p 值小于 0.05，结论是推翻原假设。因此，建立个体固定效应模型更为合适。

用 H 统计量检验应该建立混合模型还是个体固定效应模型。EViews 检验结果如表 12.11。

表 12.11　Huansman 检验结果

Correlated Random Effects - Hausman Test
Pool: SHOUZHI
Test cross-section random effects

Test Summary	Chi-Sq. Statistic	Chi-Sq. d.f.	Prob.
Cross-section random	129.810416	1	0.0000

Cross-section random effects test comparisons:

Variable	Fixed	Random	Var(Diff.)	Prob.
LOG(SR?)	1.021742	0.992071	0.000007	0.0000

因为 H 统计量的值 129.81 对应的 p 值小于 0.05，检验结论是推翻原假设，即建立个体固定效应模型更为合适。综合考虑 F 和 H 的检验结果，应该建立个体固定效应模型。个体固定效应模型估计(12.38)式对应的 EViews 估计结果见表 12.12(中间省略了 29 个省级地区的个体常数项估计值)。

zc_{it} 对 sr_{it} 的弹性系数估计值是 1.0217。下面检验弹性系数值 1.0217 是否显著地不等于 1，检验结果见表 12.13。因为 t、F、Wald 三种统计量的值对应的 p 值都小于 0.05，所以有充分的理由认为弹性系数值 1.0217 显著地不等于 1，即大于 1。实际含义是在这 8 年中，从全国范围看，我国执行的是赤字财政政策。

从表 12.12 EViews 估计结果可知，$DW = 0.96$，说明模型残差序列存在自相关。为克服自相关，对该个体固定效应模型进一步建立回归与 ARMA 组合模型(regARMA 模型)。关于回归与 ARMA 组合模型的概念见第 11 章。

表 12.12　个体固定效应模型的 EViews 估计结果(29 个个体常数项估计值省略)

Dependent Variable: LOG(ZC?)
Method: Pooled Least Squares
Date: 05/08/20 Time: 18:20
Sample: 2003 2010
Included observations: 8
Cross-sections included: 31
Total pool (balanced) observations: 248

Variable	Coefficient	Std. Error	t-Statistic	Prob.
C	0.667552	0.061734	10.81337	0.0000
LOG(SR?)	1.021742	0.010160	100.5673	0.0000
Fixed Effects (Cross)				
BJ--C	-0.680626			
TJ--C	-0.497095			
......				

Effects Specification

Cross-section fixed (dummy variables)

Root MSE	0.073733	R-squared	0.991895
Mean dependent var	6.855436	Adjusted R-squared	0.990732
S.D. dependent var	0.820664	S.E. of regression	0.079006
Akaike info criterion	-2.118680	Sum squared resid	1.348250
Schwarz criterion	-1.665334	Log likelihood	294.7163
Hannan-Quinn criter.	-1.936180	F-statistic	852.7366
Durbin-Watson stat	0.955052	Prob(F-statistic)	0.000000

经查，该模型(12.42)的残差是 AR(1)形式的序列，所以在模型(12.42)中继续加入 AR(1)项，再次进行估计，得估计结果

$$L\hat{n}zc_{it} = 0.4754 + \cdots + 1.0514\ Lnsr_{it} + 0.4654\ AR(1) \qquad (12.44)$$

$$(4.1) \qquad (57.7) \qquad (8.0)$$

$$R^2 = 0.9946,\ SSR = 0.7186,\ DW = 2.0,\ T = 8,\ N = 31$$

上式的拟合优度极高，且消除了异方差、自相关。弹性系数值 1.0514 比 1.0217 更可信。经检验，弹性系数值 1.0514 同样显著地不等于 1（见表 12.13），即大于 1。实际含义是，若财政收入增加 1%，平均来看，财政支出增加 1.0514%。这再一次说明我国在 2003—2010 年间执行的是赤字财政政策。

在分析过程中也可以尝试去掉西藏自治区的数据再次进行模型估计，发现去掉该 8 组观测值后对模型弹性系数值的估计影响不大。

通过以上分析给出两点结论：

（1）估计模型（12.44）的拟合优度很高，说明财政收入和前一期财政支出解释了当期财政支出变化的 99% 以上，也印证了政府历年财政支出的自相关性。

（2）财政收入（sr_{it}）每增加 1%，财政支出（zc_{it}）增加 1.0514% 个单位，属于赤字财政。这与我国近些年地方政府发行债券数量增长、财政赤字增加的现实相吻合。

表 12.13　Wald 检验的 EViews 输出结果

Wald Test:
Pool: POOL01

Test Statistic	Value	df	Probability
t-statistic	2.818028	184	0.0054
F-statistic	7.941279	(1, 184)	0.0054
Chi-square	7.941279	1	0.0048

Null Hypothesis: C(2)=1
Null Hypothesis Summary:

Normalized Restriction (= 0)	Value	Std. Err.
-1 + C(2)	0.051364	0.018227

Restrictions are linear in coefficients.

§12.6　面板数据建模的 EViews 8 ~ 11 操作

利用例 12.1 中数据（EViews 文件 li-12-1），即 1996—2002 年 15 个省级地区城镇居民家庭年人均消费性支出和年人均收入数据介绍怎样建立面板数据的 EViews 工作文件以及如何进行面板数据模型的估计、选择、检验与预测等。

关于面板数据,EViews 有两种建立工作文件的方法。一种是 pool(混合)数据工作文件;一种是 panel(面板)数据工作文件。本节介绍 pool(混合)数据工作文件的建立,模型的估计、检验与预测。第二节介绍 panel(面板)数据工作文件的建立、模型的估计与检验。

1. Pool(混合)数据工作文件的建立,模型的估计、检验与预测

双击 EViews 8 ~ 11 图标从而打开 EViews 软件。从 EViews 主选单中单击 File 功能键,选择 New、Workfile,将弹出如图 12. 10 的对话框。该对话框共有三个选项区:(1) Workfile structure type(工作文件类型);(2) Date specification(日期设定);(3) Workfile names (optional) (工作文件名)。

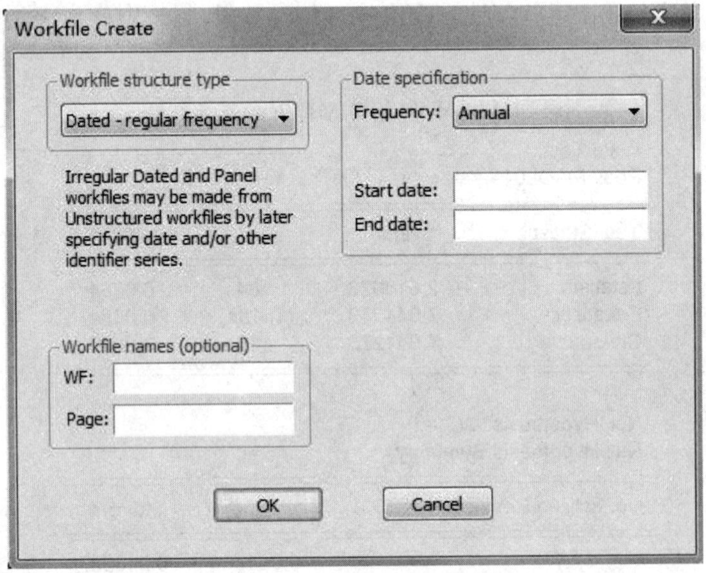

图 12. 10 Workfile Create(创建工作文件)对话框

Workfile structure type 选项区中共有三种工作文件类型可供选择,分别是 Unstructured/Undated(非结构/非日期的),Dated-regular frequency(日期的 - 规律的频率),Balanced Panel(均衡面板)类型。这里,选择 Dated - regular frequency 类型工作文件。

选择 Dated-regular frequency 后,在 Date specification(日期设定)选项区选择 Annual(默认的选择)。在 Start date 选项框中填入 1996,在 End date 选项框中填入 2002。

在 Workfile names (optional) (文件名) 选项区的 WF 选项框中填入 li-12-1,

点击 OK 键，将自动弹出工作文件 li-12-1 窗口。

首先输入年度面板数据值(1996—2002)。在打开工作文件 li-12-1 窗口的基础上，点击 EViews 主功能菜单上的 Objects 键，选 New Object 功能，从而打开 New Object(新对象)选择窗。在 Type of Object 选择区选择 Pool(混合数据)，并在 Name of Object 选择区为混合数据起名 Pool01(初始显示为 Untitled)。点击 OK 键，从而打开混合数据(Pool)窗口。在 Pool 窗口中输入 15 个地区的标识 AH(安徽)、BJ(北京)……ZJ(浙江)，如图 12.11 所示。

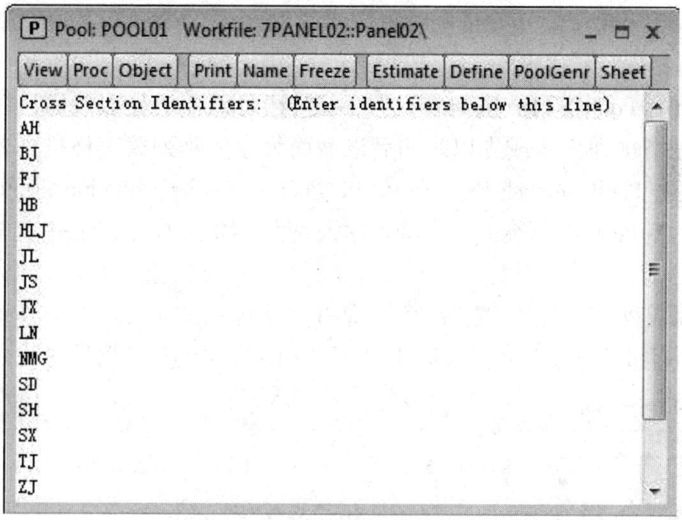

图 12.11　输入建立面板数据所用个体名称

接着在新建的 Pool(混合数据)窗口的工具栏中点击 Sheet 键(第二种路径是，点击 View 键，选 Spreadsheet (stacked data)功能)，从而打开 Series List(列写序列名)窗口，定义时间序列变量 consume?、income? 和 p?。其中符号? 表示与变量 consume、income 和 p 相联系的 15 个地区的下标名(15 个个体)，如图 12.12 所示。

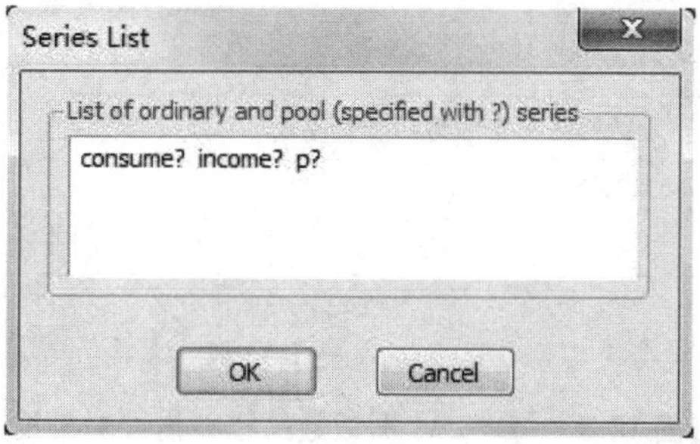

图 12.12　输入建立面板数据所用变量名称

点击 OK 键,Pool(混合数据)窗口变成了一个空数据表格窗口。点击 Pool 窗口功能栏中的 Edit +/- 键,使 EViews 处于可编辑状态。可以通过键盘输入数据,也可以用复制和粘贴的方法从其他数据源粘入数据。

输入完数据后继续点击 Pool 窗口中的功能键 PoolGenr,会打开一个 Generate Series by Equation 对话框。在 Enter equation 输入框中输入,cp? = consume?/p?。目的是生成不变价格的人均消费变量 CP_{it}。与上述操作类似,在 Enter equation输入框中输入,ip? = income?/p?,从而生成不变价格的人均可支配收入变量 IP_{it}。这样操作的好处是同时可以生成15 个个体的 CP_{it} 和 IP_{it} 数据值。至此,数据的输入工作完成。

注意,(1)Pool 窗口点击 Order +/ -键,还可以变换先以截面后以时间为序的阵列式表格排列方式或先以时间后以截面为序的阵列式表格排列方式。

(2)点击 PoolGener 或 Proc/Generate Pool Series by Equation 键,可以通过公式用已有的变量生成新变量。提醒,输入变量名时,不要忘记带变量后缀"?"(表示个体)。

建立面板数据工作文件之后,就可以估计模型。在 Pool 窗口点击 Estimation 键,随后弹出 Pooled Estimation(混合估计)对话框(EViews 的对话框见图 12.13)。

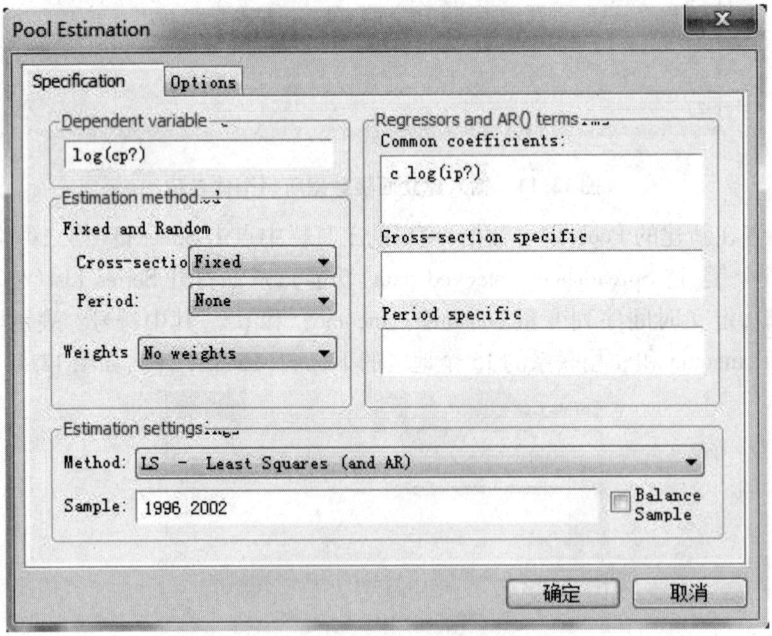

图 12.13　EViews 面板数据模型估计对话框

EViews 的面板数据模型估计(Pool Estimation)窗口分成了两个模块:Specification(设定)和 Options(选择)。主要设定都集中在 Specification(设定)模块中。下面介绍 Specification(设定)模块。

Specification(设定)模块共有 4 个选择区。左侧自上而下依次是 Dependent Variable (被解释变量)选择框,Estimation Method(估计方法)选项区,Estimation Settings(估计方法设定)选项区。右侧是 Regressors and AR( ) Terms(回归变量与 AR 项)选择区。

Dependent Variable (被解释变量)选择框用于填入被解释变量名。

在 Estimation Method(估计方法)选项区内有 3 个选项框,用于选择模型类型。

(1)Cross - section(横跨个体)选项框中包括 None(不选)、Fixed(固定)、Random(随机)选项,分别用来进行无个体效应、个体固定效应和个体随机效应的设定(见图 12.14)。

(2)Period(时点)选项框中也包括 None(不选)、Fixed(固定)、Random(随机)三项选择分别用来进行无时点效应、时点固定效应或时点随机效应设定(见图12.15)。

通过对上述两个选项框的选择可以估计混合模型以及各种搭配的固定效应和随机效应模型。

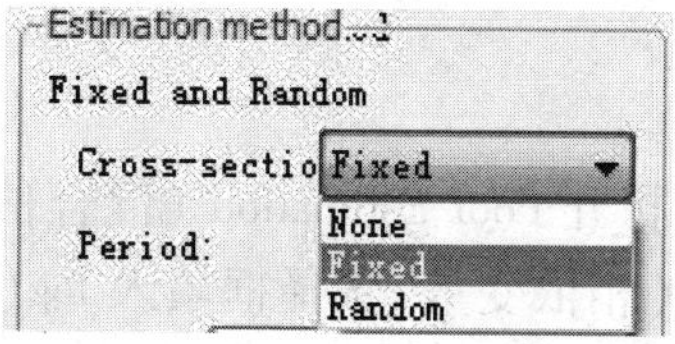

图 12.14　Cross - section(横跨个体)包括 3 个选项

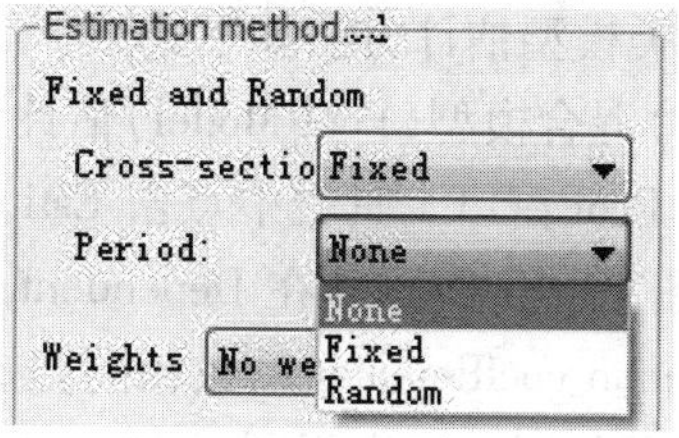

图 12.15　Period(时间)包括 3 个选项

(3)Weights(权数)可以在 5 种加权方法中做选择(见图 12.16)。EViews 默认的选择是不加权(No weights)。

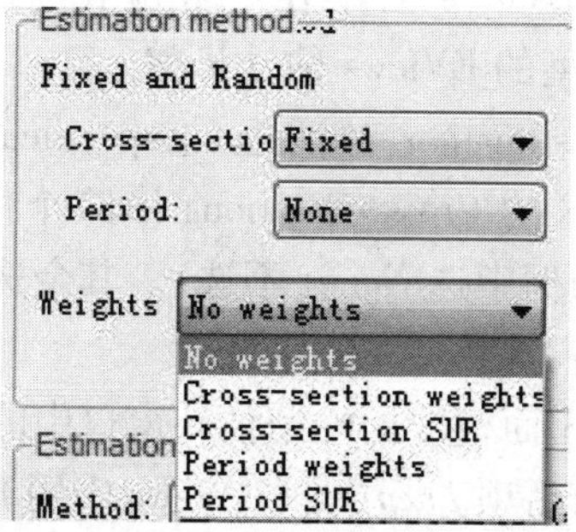

图 12.16　Weight(权数)包括 6 个选项

见图 12.13，在 Estimation Settings（估计方法设定）选择区的 Method 选择框中包括两种估计方法：一种为 LS（最小二乘）方法，一种为 TSLS（两阶段最小二乘）方法。

见图 12.13，在 Regressors and AR( ) Terms（回归变量与 AR 项）选择区，若把变量填入 Common coefficients（共同系数）框内意味着解释变量的回归系数（$\boldsymbol{\beta}$）在横跨个体和不同时点时保持相同。如果把解释变量填入 Cross - section specific（横跨个体设定）框内意味着解释变量的回归系数（$\boldsymbol{\beta}$）随个体不同而不同。如果把解释变量填入 Period specific（时点设定）框内意味着解释变量的回归系数（$\boldsymbol{\beta}$）随时点（截面）不同而不同。

图 12.13 给出的就是估计个体固定效应模型的选择结果。点击确定键就可以得到估计结果。

对于个体固定效应模型，如有必要，可以在 Common coefficients 选择框和 Cross section specific 选择框中填入 AR 项。如果把 AR 项填在 Common coefficients 选择框中，相当于假设模型不同个体对应的残差序列具有相同的自回归系数值；如果把 AR 项填在 Cross section specific 选择框中，相当于假设模型中每个个体的残差序列具有各自的自回归系数值。

三类模型估计方法如下：

（1）混合模型（Pool Model）估计步骤

在 Pool 窗口工具栏中点击 Estimate 键，打开 Pool Estimation（混合估计）窗口，如图 12.13 所示。在 Dependent variable（相依变量）选择框填入 log（CP?）；在 Common coefficients（系数相同）选择框填入 log（IP?）；在 Cross section specific（个体不同，回归系数不同）选择框中保持空白；在 Period specific（时点设定）选择框中保持空白；在 Fixed and random 选择区的 Cross - section 和 Period 选择框中选择 None；在 Weights（权数）选择框默认位置处于 No weights。最后点击“确定”键。将得到混合模型 EViews 估计结果，相应表达式见（12.36）式。

（2）个体固定效应模型的 EViews 估计步骤

在 EViews 的 Pool Estimation 对话框的 specification 模块中的 Estimation Method（估计方法）选项区的 Cross - section（横跨个体）选项框中选 Fixed（固定），在 Period（时间）选项框中选 None（不选）。其余选项同上。点击“确定”键，得EViews 11输出结果如表 12.14。

注意，如果在图 12.13 面板数据模型估计窗口中的 Common coefficients 选择框中填入被解释变量的滞后项 $Lncp_{it-1}$（EViews 中用 log（CP?（ -1））表示），那么估计的就是面板数据动态模型。

(3)个体随机效应模型的 EViews 估计步骤

在 EViews 的 Pool Estimation 对话框的 specification 模块中的 Estimation Method(估计方法)选项区的 Cross - section(横跨个体)选项框中选 Random(随机),在 Period(时间)选项框中选 None(不选)。其余选项同上。点击"确定"键,将得到 EViews 个体随机效应模型估计结果。

表 12.14 个体固定效应模型的 EViews 估计结果

Dependent Variable: LOG(CP?)
Method: Pooled Least Squares
Date: 05/08/20 Time: 18:27
Sample: 1996 2002
Included observations: 7
Cross-sections included: 15
Total pool (balanced) observations: 105

Variable	Coefficient	Std. Error	t-Statistic	Prob.
C	0.687774	0.128181	5.365647	0.0000
LOG(IP?)	0.892481	0.014739	60.55436	0.0000
Fixed Effects (Cross)				
AH--C	-0.003886			
BJ--C	0.082071			
FJ--C	0.001281			
HB--C	-0.031971			
HLJ--C	-0.035595			
JL--C	0.012434			
JS--C	-0.001722			
JX--C	-0.075906			
LN--C	0.030938			
NMG--C	-0.052464			
SD--C	-0.024234			
SH--C	0.051996			
SX--C	-0.009596			
TJ--C	0.013234			
ZJ--C	0.043419			

Effects Specification

Cross-section fixed (dummy variables)

Root MSE	0.025203	R-squared	0.993669
Mean dependent var	8.448005	Adjusted R-squared	0.992601
S.D. dependent var	0.318262	S.E. of regression	0.027375
Akaike info criterion	-4.218922	Sum squared resid	0.066697
Schwarz criterion	-3.814509	Log likelihood	237.4934
Hannan-Quinn criter.	-4.055046	F-statistic	931.1897
Durbin-Watson stat	1.511160	Prob(F-statistic)	0.000000

回归系数 $\boldsymbol{\beta}$ 随个体或时点不同的面板数据模型的 EViews 估计步骤如下:

以个体固定效应模型为例。在 Pool Estimation(混合估计)窗口的 Specification 模块中的 Regressors and AR( ) Terms(回归变量与 AR 项)选择区如果把 log(IP?)填写在 Cross section specification 选择框处,则输出结果中每个个体对应的解释变量的回归系数 $\boldsymbol{\beta}$ 的估计值不同。如果把 log(IP?)填写在 Period specification 处,则输出结果中每个截面对应的解释变量的回归系数的 $\boldsymbol{\beta}$ 估计值不同。

在个体固定效应模型估计结果窗口点击 View 键,选 Fixed/Random Effects Testing, Redundant Fixed Effects - Likehood Ratio 功能,可以直接得到应该建立固定效应模型还是混合模型的 F 以及似然比 LR 检验结果(分别用 Cross - section F 和 Cross - section Chi - square 表示)。

在随机效应模型估计结果窗口点击 View 键,选 Fixed/Random Effects Testing, Correlated Random Effect - Hausman Test 功能,可以直接得到应该建立随机效应模型还是固定效应模型的 Hausman 检验结果。

在任何种类的面板数据模型估计(Pool Estimation)结果窗口点击 View 键,选 Coefficient Tests 功能可以对模型的回归系数进行 F、Wald、LR 检验。

沃尔德参数约束检验的 EViews 操作方法:

在面板数据模型估计窗口中点击 View,选 Coefficient Diagnostics, Wald - Coefficient Restrictions 功能,以例 12.2 为例,对于检验两个弹性系数之和是否为 1,可在随后弹出的对话框中填入 EViews 命令,

$$c(2) + c(3) - 1 = 0$$

其中c(2)代表产出 $output_{it}$ 对资本 $kapital_{it}$ 的弹性系数(在输出结果中排序第二),c(3)代表产出 $output_{it}$ 对人力 $labor_{it}$ 的弹性系数(在输出结果中排序第三)。点击 OK 键,得输出结果如表 12.15 所示。

表 12.15　Wald 检验的 EViews 输出结果

Wald Test:
Pool: POOL01

Test Statistic	Value	df	Probability
t-statistic	1.372731	4373	0.1699
F-statistic	1.884390	(1, 4373)	0.1699
Chi-square	1.884390	1	0.1698

Null Hypothesis: C(2)+C(3)-1=0
Null Hypothesis Summary:

Normalized Restriction (= 0)	Value	Std. Err.
-1 + C(2) + C(3)	0.017071	0.012435

Restrictions are linear in coefficients.

面板数据模型的预测:

以个体固定效应模型为例,在 EViews 个体固定效应回归结果窗口点击 Proc

键,选 make model 功能,将打开一个对话框。点击 solve 键。在打开的对话框中可以选择静态预测。如果是动态模型,还可以选择动态预测。预测操作结束后,在工作文件中将自动生成一组带0后缀的变量紧跟在相应变量的后面。

注意:

(1)个体固定效应模型的 EViews 输出结果中有公共截距项。写输出结果时,应与个体常数项相加才是相应个体的常数项的值。

(2)当对个体固定效应模型选择加权估计时,输出结果将给出加权估计和非加权估计两类统计量评价结果。

(3)在选择个体固定效应模型条件下,在 Regressors and AR( ) Terms(回归变量与 AR 项)选项框中填不填 c 输出结果都会有公共常数项出现。

(4)估计个体固定效应模型时,如有必要,可以在 Regressors and AR( ) Terms(回归变量与 AR 项)选择区的相应选择框中填入 AR 项克服自相关。

(5)估计个体时点双固定效应模型和时点固定效应模型时,不可以加 AR 项。

(6)输出结果的联立方程组形式表达式可以通过点击 Pool 窗口中的第一个功能键,View 选 Representations 功能获得。

(7)通过点击 Pool 窗口中的第一个功能键,View 选 Residuals,Table, Graphs 以及选 Residual Diagnostics, Covariance Matrix, Correlation Matrix 功能可以分别得到按个体计算的残差序列表、残差序列图、残差序列的方差协方差矩阵、残差序列的相关系数矩阵等。

(8)EViews 可以做平衡面板数据模型估计,也可以做非平衡面板数据模型估计。默认的选择是做非平衡面板数据模型估计。如果点击 Pooled Estimation 对话框的 Specification 模块右下方的小方块,并使√符号出现,则只能做平衡面板数据模型估计。这意味着要删去那些导致非平衡的面板数据值,人为地减小样本容量。建议选择默认状态。

(9)EViews 对混合模型采用混合 OLS 估计法估计回归系数。

(10)EViews 对个体固定效应模型采用 LSDV 估计法估计回归系数。

(11)EViews 对随机效应模型采用可行 GLS(feasible GLS)估计法估计回归系数。

2. 面板数据(panel)型工作文件的建立、模型估计与检验

仍以例12.1的数据为例,建立面板数据(Panel)型工作文件(1996—2002)。

打开 EViews 软件。从 EViews 主选单中单击 File 功能键,选择 New, Workfile,将弹出如图12.17的对话框。该对话框共有三个选项区:(1)Workfile structure type(文件类型);(2)Date specification(日期设定);(3)Workfile names (optional)(文件名)。

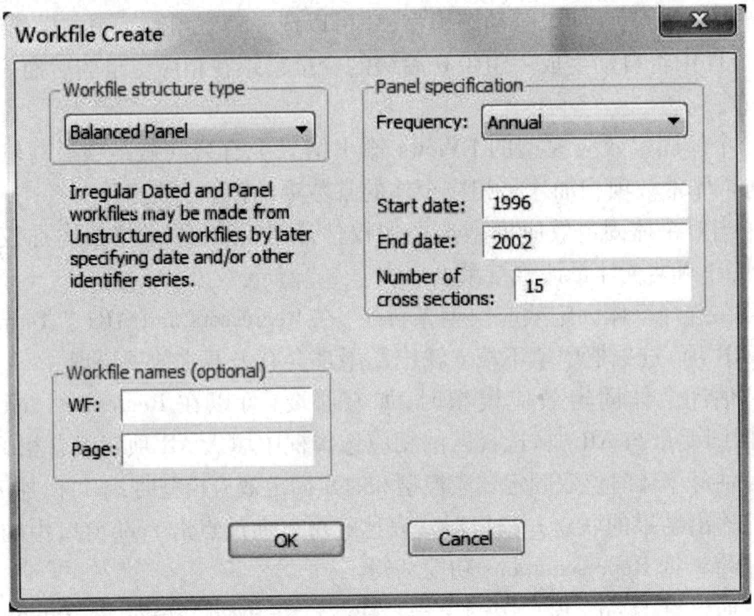

图 12.17　创建工作文件(Workfile Create)对话框

Workfile structure type 选项区中共有 3 种工作文件类型可供选择,分别是 Unstructured / Undated(非结构/非日期),Dated - regular frequency(日期 - 规则频率),Balanced Panel(均衡面板)类型。这里,选择 Balanced Panel(均衡面板)类型工作文件。

选择 Balanced Panel(均衡面板)后。在 Panel specification(日期设定)选项区的 Frequency 选择框选 Annual(默认的选择)。在 Start date 选项框中填入 1996,在 End date 选项框中填入 2002。在 Number of cross sections(个体数)选择框中填入 15(表示 15 个个体)。

在 Workfile names (optional)(文件名)选项区的 WF 选项框中填入 li-12-1b,点击 OK 键,将自动弹出工作文件 li-12-1b 窗口。

点击 EViews 主功能菜单上的 Objects 键,选 New Object 功能,从而打开 New Object(新对象)选择窗。在 Type of Object 选择区选择 Series(序列),并在 Name of Object 选择区为面板数据起名 Consume(用户自选名,初始显示为 Untitled),如图 12.18。点击 OK 键,打开序列(Series)Consume 窗口。

这时序列表格中尚没有数据,在窗口左侧的标识栏中可以看到,每一项中都有两个标识。第 1 列中的 1,2,…,即个体标识,第 2 列中的 96,97,…,即时点标识,分别表示 1996,1997,…(年)。点击 Series 窗口工具栏中的 Edit +/- 键,使表格处于可编辑状态,即可往表格里输入数据。数据输入后的 Series 窗口如图 12.19 所示。

同理,也可生成 income 和 p 序列。然后通过点击 Quick 键,选 Generate Series 功能生成 cp 和 ip 序列(注意,在这里不必使用"?")。

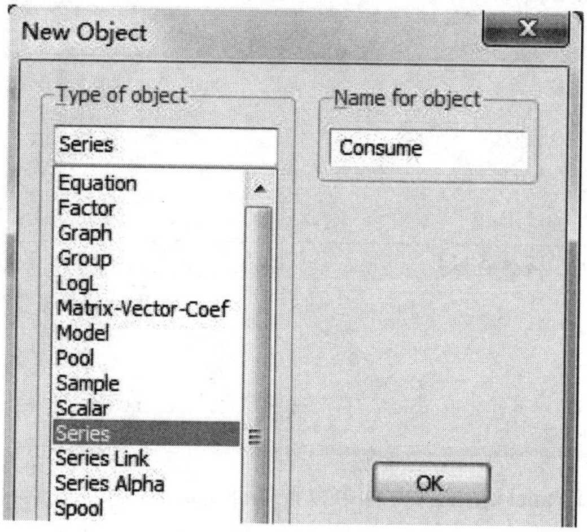

图 12.18　New Object(新对象)窗口

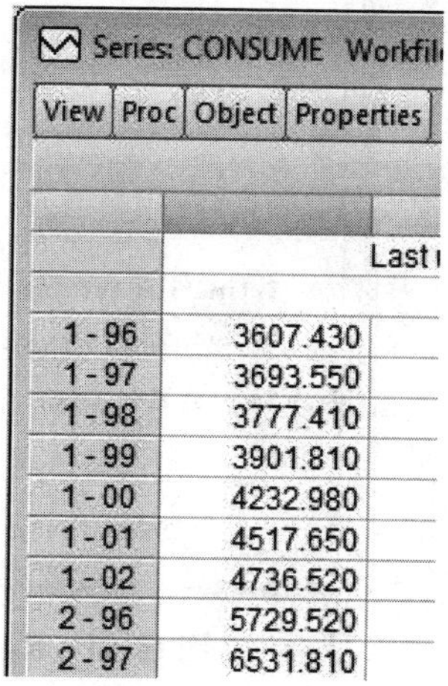

图 12.19　Series 窗口

Pool(混合)数据型工作文件和 Panel(面板数据)型工作文件窗口上部的对比见图 12.20,左图是 Pool(混合)数据型工作文件的窗口,右图是 Panel(面板数据)型工作文件的窗口。

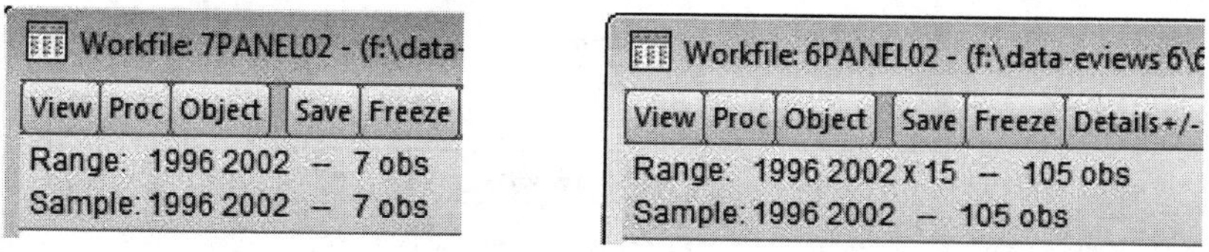

图 12.20　Pool 数据型工作文件窗口(左)和 Panel 型工作文件窗口(右)上部的对比

面板数据(Panel)型工作文件的模型估计步骤是,点击 EViews 的 Quick 键选 Estimate Equation 功能,从而打开 Equation Estimation 对话框,如图 12.21 所示。

在 Equation Estimation 窗口的 Equation specification 选择区填入,

log(cp)　c　log(ip)

命令。接着激活 Equation Estimation 窗口中的 Panel Options(面板模型类型选择)模块,如图 12.22。

这个模块的功能与图 12.13 左侧中部的 Estimation Method(估计方法)选项

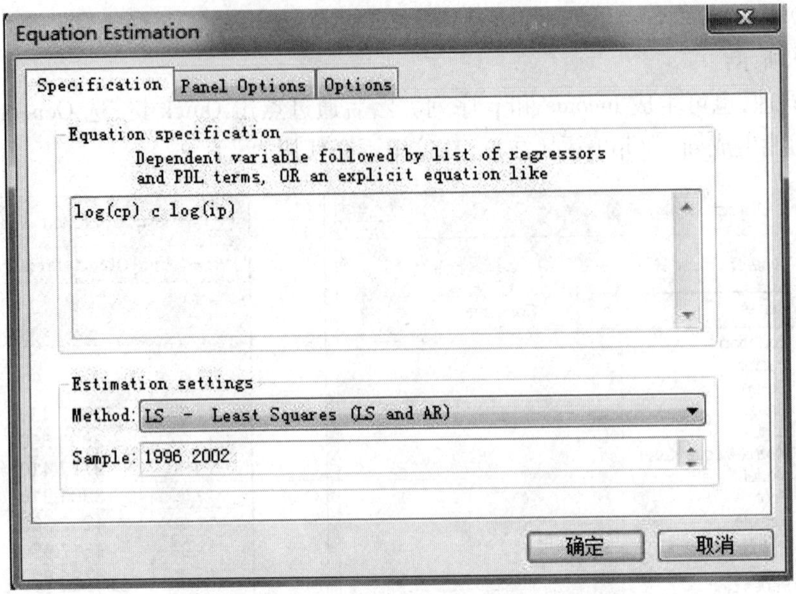

图 12.21　面板数据(Panel)型工作文件中模型估计窗口

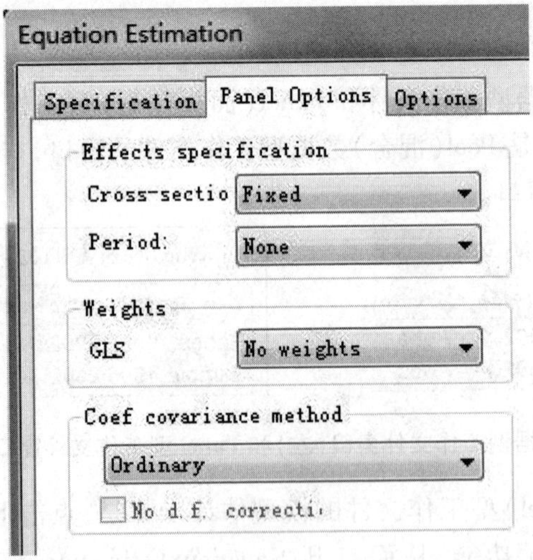

图 12.22　Panel Options(模型类型选择)模块

区的功能是一样的。所以对这个模块功能的解释参考对图 12.13 中 Estimation Method(估计方法)选项区的解释。

例如,按图 12.22 的选择,最终得到的是对个体固定效应模型的估计结果,如表 12.16(这是一个 Equation 窗口)。面板数据(Panel)型工作文件的个体固定效应模型的估计结果(见表 12.16)与混合数据(Pool)型工作文件的个体固定效应模型的估计结果(见表 12.14)相同(弹性系数都是 0.892481)。不同的是,表 12.16 的输出结果中省略了对截距项(个体固定效应)估计结果的显示。因为面板数据模型最关注的是解释变量回归系数 $\boldsymbol{\beta}$ 的估计。

表 12.16　面板数据(Panel)型工作文件的个体固定效应模型估计结果

Dependent Variable: LOG(CP)
Method: Panel Least Squares
Date: 05/08/20　Time: 18:42
Sample: 1996 2002
Periods included: 7
Cross-sections included: 15
Total panel (balanced) observations: 105

Variable	Coefficient	Std. Error	t-Statistic	Prob.
C	0.687774	0.128181	5.365647	0.0000
LOG(IP)	0.892481	0.014739	60.55436	0.0000

Effects Specification

Cross-section fixed (dummy variables)

Root MSE	0.025203	R-squared	0.993669
Mean dependent var	8.448005	Adjusted R-squared	0.992601
S.D. dependent var	0.318262	S.E. of regression	0.027375
Akaike info criterion	-4.218922	Sum squared resid	0.066697
Schwarz criterion	-3.814509	Log likelihood	237.4934
Hannan-Quinn criter.	-4.055046	F-statistic	931.1897
Durbin-Watson stat	1.511160	Prob(F-statistic)	0.000000

对模型被解释变量的预测是通过点击个体固定效应输出结果 Equation 窗口上的 Forecast(预测)功能键完成的,可参考单方程预测功能的操作。

思考与练习题

1. 17 个主要城市的移动电话用户量(YDS_{it},单位:万户)以及各城市相应地区生产总值(GDP_{it},单位:亿元)数据见 EViews 文件 xiti-12-1。散点图如下图所示。该 17 个主要城市的代码如下:北京(BJ),天津(TJ),上海(SH),重庆(CQ),沈阳(SY),大连(DL),长春(CC),杭州(HZ),宁波(NB),厦门(XM),济南(JN),青岛(QD),武汉(WH),广州(GZ),深圳(SZ),成都(CD),南京(NJ)。试建立各城市电话用户量(YDS_{it})与相应地区生产总值(GDP_{it})的面板数据模型,并解释回归结果的实际含义。

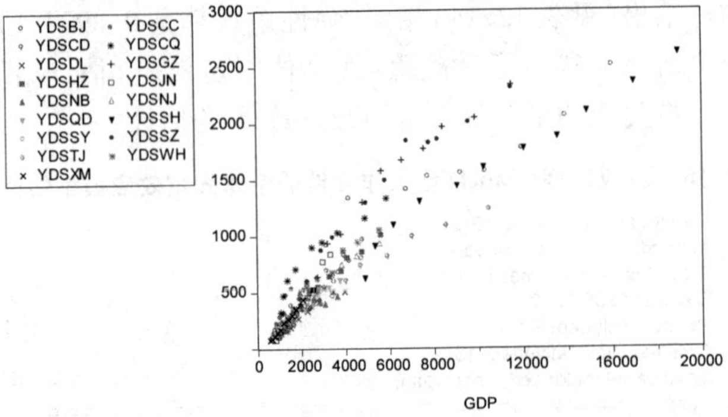

2. 中国 31 个省份 1997—2011 年教育经费支出(edu_{it},万元),人均 GDP(GDP_{it},元)数据见 EViews 文件 xiti-12-2。edu_{it}对 GDP_{it}以及 $Lnedu_{it}$对 $LnGDP_{it}$的散点图如下。试分析各省 1997—2011 年教育经费与人均 GDP 关系的特征。建立各省教育经费支出(EDU_{it})与相应各省人均国民生产总值($RGDP_{it}$)的面板数据模型,并解释回归结果的实际含义。

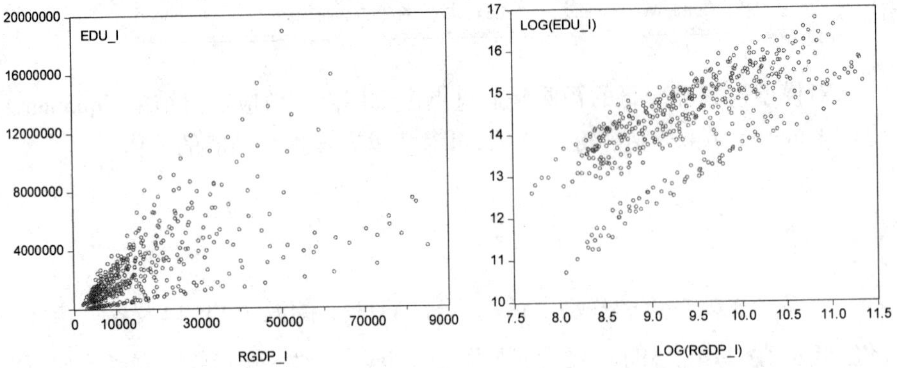

3. 提供城镇家庭平均每人全年消费性支出[简称人均消费性支出(CP_{it}),单位:人民币元],人均国内生产总值[简称人均 GDP ($GDPP_{it}$),单位:人民币元]和城镇家庭平均每人可支配收入[简称人均可支配收入(IP_{it}),单位:人民币元]数据见 EViews 文件 xiti-12-3。数据来源:CCER 经济金融数据库。人均消费性支出(CP_{it})分别对人均 GDP ($GDPP_{it}$)和人均可支配收入(IP_{it})的散点图如下所示。试结合所给数据,建立一个最理想的描述人均消费性支出的面板数据模型。

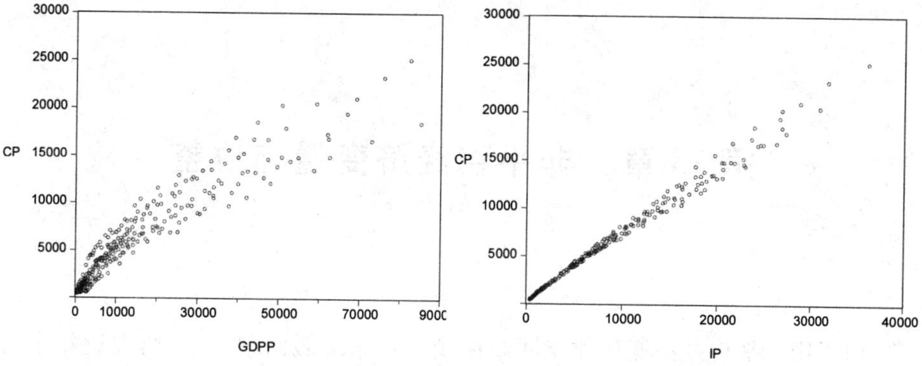

4. 个体固定效应面板数据模型与个体随机效应面板数据模型的本质区别是什么？

5. 通常用什么方法估计个体固定效应模型回归系数？

6. 通常用什么方法估计个体随机效应模型回归系数？

7. 豪斯曼(Hausman)检验在面板数据模型中检验什么？

8. 如果面板数据模型中包括 3 个解释变量，那么，检验用豪斯曼(Hausman)统计量服从多少个自由度的 χ^2 分布？

9. 想一想，怎样才能把习题 1 中的散点图画出来？

第 13 章 非平稳经济变量与协整

由于用非平稳经济变量建立回归模型会带来虚假回归问题，所以近年来对经济变量的非平稳性研究越来越引起人们的注意。本章主要介绍三项内容：(1)非平稳变量的统计特征以及虚假回归；(2)经济变量的非平稳性检验（单位根检验）；(3)协整与误差修正模型概念。

§13.1 非平稳时间序列与虚假回归

由§11.2知，当时间序列含有单位根时，它就是一个非平稳时间序列。而非平稳经济时间序列恰好具有这种齐次非平稳特征，即通过足够次数的差分可以转换为一个平稳的时间序列。本节先给出非平稳时间序列的统计特征，然后讨论虚假回归问题。

1. 单整

单整定义：若一个非平稳时间序列 x_t 必须经过 d 次差分之后才能变换成一个平稳的、可逆的 ARMA 时间序列，则称 x_t 具有 d 阶单整性。用 $x_t \sim \mathrm{I}(d)$ 表示。

显然，对于平稳时间序列，应该表示为 I(0)。但单整时间序列通常是指单整阶数大于零的序列。

对于 I(d)序列 x_t，可以表示为

$$\Phi(L)(1-L)^d x_t = \Theta(L)u_t \tag{13.1}$$

因为 x_t 含有 d 个单位根，所以常把时间序列非平稳性的检验称为单位根检验。

若时间序列 $x_t \sim \mathrm{I}(d)$，$y_t \sim \mathrm{I}(c)$，则

$$z_t = (a\,x_t + b\,y_t) \sim \mathrm{I}(\max[d, c]) \tag{13.2}$$

当 $d>c$ 时，$z_t \sim I(d)$。z_t 只有经过 d 次差分才能平稳。

一般来说，若 $x_t \sim I(d)$，$y_t \sim I(d)$，则

$$z_t = (a x_t + b y_t) \sim I(d) \tag{13.3}$$

但也有 z_t 的单整阶数小于 d 的情形。当 z_t 的单整阶数小于 d 时，则称 x_t 与 y_t 存在协整关系。这个概念将在 §13.3 介绍。

2. 单整时间序列的统计特征

以随机游走序列为例讨论非平稳序列的统计特征。对于随机游走序列

$$x_t = x_{t-1} + u_t,\ x_0 = 0,\ u_t \sim IN(0, \sigma_u{}^2) \tag{13.4}$$

其中 u_t 为白噪声序列。$IN(0, \sigma_u{}^2)$ 表示 u_t 服从相互独立的正态分布。其均值为零，方差为 $\sigma_u{}^2$。由上式得

$$x_t = x_{t-2} + u_{t-1} + u_t = \cdots = \sum_{i=1}^{t} u_i \tag{13.5}$$

因为 x_t 是全部 u_t 之和，所以

$$\mathrm{Var}(x_t) = \mathrm{Var}\left(\sum_{i=1}^{t} u_i\right) = \sum_{i=1}^{t} \mathrm{Var}(u_i) = t\sigma_u{}^2 \tag{13.6}$$

随着 t 的增加，x_t 的方差变为无穷大。

3. 虚假回归

为正确理解虚假回归，首先考虑一元线性回归过程中回归系数最小二乘估计量的概率分布。下面用反复生成两个相互独立的 I(1) 时间序列并进行一元线性回归的方法研究回归系数估计量的 t 统计量的分布特征。设数据生成系统如下：

$$x_t = x_{t-1} + u_t,\ x_0 = 0,\ u_t \sim IN(0,1) \tag{13.7}$$

$$y_t = y_{t-1} + v_t,\ x_0 = 0,\ v_t \sim IN(0,1) \tag{13.8}$$

$$E(u_i v_j) = 0,\quad \forall i, j$$

其中 IN(0,1) 表示独立正态分布，均值为零，方差为 1。设定 u_t、v_t 相互独立，由此可知，x_t 和 y_t 为 I(1) 变量且相互独立。反复生成样本容量 $T = 100$ 的时间序列 x_t 和 y_t 各 10000 次，并对每一次生成的序列相应做如下一元线性回归：

$$y_t = \beta_0 + \beta_1 x_t + w_t \tag{13.9}$$

计算 $t_{(\hat{\beta}_1)}$的值,进而得到1万个 $t_{(\hat{\beta}_1)}$值的分布,如图13.1所示。图中同时给出自由度为98的 t 分布曲线。通过两条分布曲线可以看出:$t_{(\hat{\beta}_1)}$分布的方差远远大于正常 t 分布的方差。当时间序列非平稳时,若仍用通常的 t 检验临界值进行假设检验,拒绝$\beta_1=0$ 的概率就会大大增加。此外,上述条件下,随着样本容量$T\to\infty$,$t_{(\hat{\beta}_1)}$的分布还是发散的,所以随着样本容量的增加,拒绝$\beta_1=0$ 的概率会变得越来越大。设定的条件是 x_t 和 y_t 相互独立,则对于一元线性回归式(13.9),应有$\beta_1=0$,但由于变量的非平稳性使假设检验的结果常常是$\beta_1\neq 0$,这就是虚假回归问题。

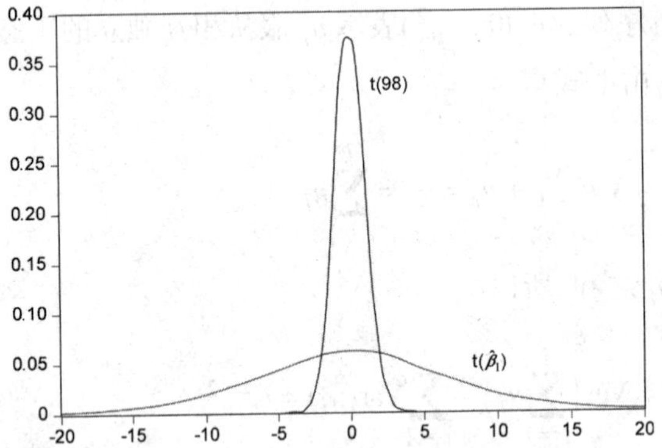

图 13.1 模型(13.9)中 $t_{(\hat{\beta}_1)}$分布的蒙特卡罗模拟结果

若 x_t 和 y_t 为平稳时间序列,则由形如一元线性回归模型(13.9)计算的DW统计量的分布应是以2为均值的正态分布。当 x_t 和 y_t 为一阶非平稳时间序列,则由形如一元线性回归模型(13.9)计算的DW统计量的分布为右偏态分布,且随着样本容量T趋近于无穷大,DW的分布退化为零。

设定 $u_t,v_t \sim IN(0,1)$,$u_t,v_t \sim I(0)$且相互独立,以 $T=50$ 为条件分别生成 u_t,v_t 序列10000次。用每对 u_t,v_t 序列做一元线性最小二乘回归,并计算残差序列的 DW 值。用这10000个 DW 值绘制的概率密度分布曲线见图13.2中的$DW(0,0)$。

设定 x_t,y_t 由(13.7)式和(13.8)式生成,其中设定 $u_t,v_t \sim I(0)$且相互独立,$u_t,v_t \sim IN(0,1)$。以 $T=50$ 为条件分别生成 x_t,y_t 序列10000次。则 x_t,y_t 为一阶非平稳序列。用每对 x_t,y_t 序列做一元线性最小二乘回归,并计算残差序列的 DW 值。用这10000个 DW 值绘制的概率密度分布曲线见图13.2(用$DW(1,$

1)表示)。由于 x_t, y_t 的非平稳性,使 DW 的分布呈右偏态,且随着样本容量趋近于无穷大,DW 的分布退化为零。

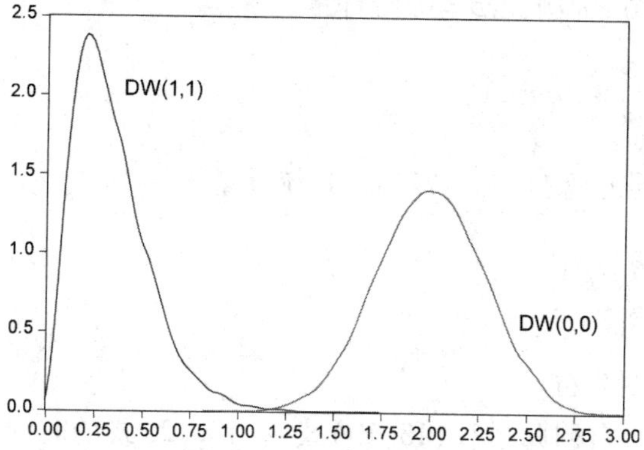

图 13.2　两种条件下 *DW* 分布的蒙特卡罗模拟结果

理论推导可以证明,当用两个相互独立的 I(1)序列进行回归时,回归系数的 $t_{(\hat{\beta}_1)}$ 统计量不服从通常意义的 t 分布,而是服从维纳(Wiener)过程函数的分布。这个分布随着样本容量的增大而发散(维纳过程定义为随机游走过程映射在[0,1]区间内,当样本容量趋于无穷大时的极限分布)。

§13.2　单位根检验

由于虚假回归问题的存在,检验变量的非平稳性(单整性)是一个必须解决的问题。在第 11 章中已经介绍了用相关图判断时间序列的非平稳性。这一章则给出严格的统计检验方法,即单位根检验法。单位根检验方法有多种,这里主要介绍 *DF* 和 *ADF* 检验。在介绍这种检验方法之前,先讨论 *DF* 统计量的分布特征。

1. *DF* 统计量的分布特征

先给出三个简单的自回归模型:

$$y_t = \beta y_{t-1} + u_t,\ y_0 = 0 \tag{13.10}$$

$$y_t = \mu + \beta y_{t-1} + u_t,\ y_0 = 0 \tag{13.11}$$

$$y_t = \mu + \alpha t + \beta y_{t-1} + u_t,\ y_0 = 0 \tag{13.12}$$

其中 μ 是位移项(也称漂移项),αt 是趋势项。u_t 满足弱条件,即允许 u_t 存在暂

时性自相关和异方差。显然，对于以上 3 个模型，当 $|\beta|<1$ 时，y_t 是平稳的，(13.12)式中的 y_t 是退势平稳的；当 $|\beta|=1$ 时，y_t 是非平稳的。

以模型(13.10)为例，若 $\beta=0$，统计量

$$t_{(\hat{\beta}_1)}=\frac{\hat{\beta}}{s_{(\hat{\beta}_1)}}\sim t(T-1) \tag{13.13}$$

的极限分布为标准正态分布。若 $|\beta|<1$，统计量

$$t_{(\hat{\beta}_1)}=\frac{(\hat{\beta}-\beta)}{s_{(\hat{\beta}_1)}}$$

渐近服从标准正态分布。

$\beta=1$ 条件下，自回归过程(13.10)式～(13.12)式的时间序列图分别见图 13.3～图13.5。实际中，对数的宏观经济序列与上述 3 种时间序列十分相似。之所以给出 3 种自回归形式，就是为使实际经济序列能达到更好的近似。

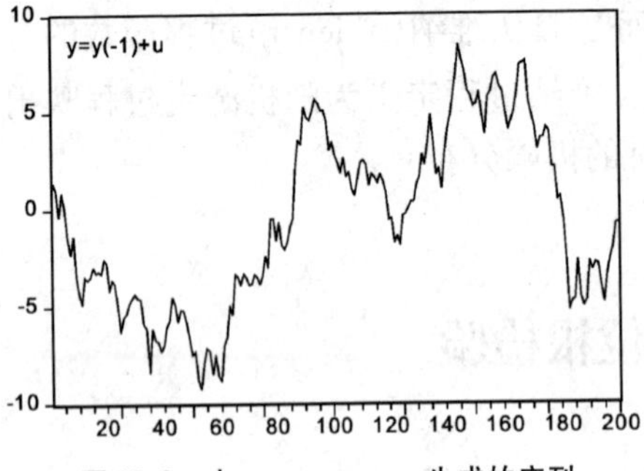

图 13.3　由 $y_t=y_{t-1}+u_t$ 生成的序列

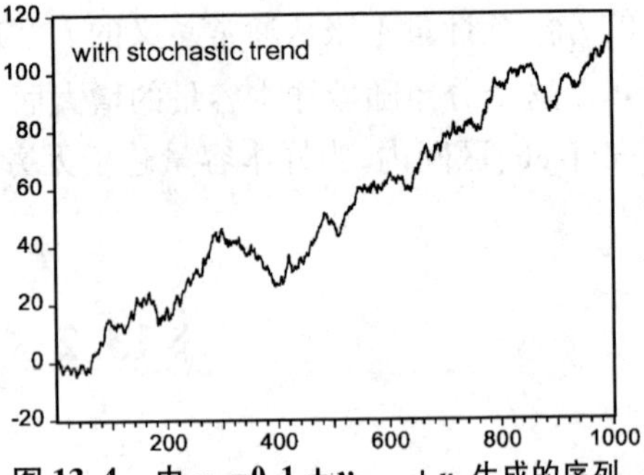

图 13.4　由 $y_t=0.1+y_{t-1}+u_t$ 生成的序列

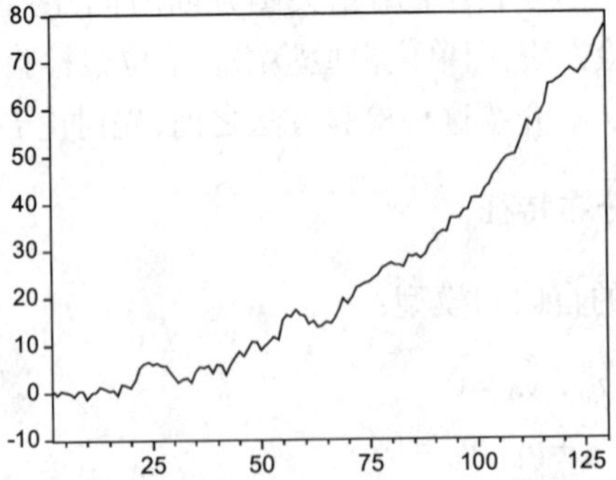

图 13.5　由 $y_t=0.1+0.1t+y_{t-1}+u_t$ 生成的序列

当$\beta=1$时，统计量$t_{(\hat{\beta}_1)}$服从什么分布呢？定义此条件下的统计量为

$$DF=t_{(\hat{\beta}_1)}=\frac{(\hat{\beta}-1)}{s_{(\hat{\beta}_1)}} \tag{13.14}$$

可以证明（略），以$\beta=1$的（13.10）式为数据生成系统，并用（13.10）式估计回归系数 β 并计算 DF，当$T\to\infty$时

$$DF=\frac{(\hat{\beta}-1)}{s_{(\hat{\beta}_1)}}\Rightarrow\frac{(\sigma/2)[W(1)^2-\sigma_u^2/\sigma^2]}{\sigma_u\left(\int_0^1 W(i)^2\mathrm{d}i\right)^{1/2}} \tag{13.15}$$

其中“$\Rightarrow$”表示弱收敛于；σ^2 是随机项 u_t 在满足弱条件下的方差。σ_u^2 是随机项 u_t 在满足严格条件下的方差。$W(i)$表示标准的维纳过程。上式表明当 $T\to\infty$ 时，统计量 DF 收敛于维纳过程的泛函。

当 u_t 满足严格条件，即 $u_t\sim \mathrm{IID}(0,\sigma_u^2)$时（以 IID 表示独立同分布），随着 $T\to\infty$

$$DF\Rightarrow\frac{(1/2)(W(1)^2-1)}{\left(\int_0^1 W(i)^2\mathrm{d}i\right)^{1/2}} \tag{13.16}$$

同理，以$\beta=1$的（13.10）式为数据生成系统，用（13.11）式和（13.12）式估计回归系数β并计算 DF，DF 统计量的极限分布也是维纳过程的函数。由于这些极限分布无法用解析的方法求解，通常都是用模拟和数值计算的方法进行研究。

以$\beta=1$的（13.10）式为数据生成系统，取样本容量 $T=100$，分别用模型（13.10）、（13.11）和（13.12）估计β和 DF，用蒙特卡罗方法模拟 10000 次得到的$\hat{\beta}$ 和 DF 的分布分别见图 13.6和图 13.7。

在图 13.6 中 $\hat{\beta}$ 的分布是左偏的。尽管真值$\beta=1$，但 $\hat{\beta}$ 分布的峰值（众数）却小于 1。Beta1、Beta2 和 Beta3 分别是用（13.10）式、（13.11）式和（13.12）式估计得到的 $\hat{\beta}$ 的分布。可见估计式中确定性项（指常数项和时间趋势项）越多，$\hat{\beta}$ 的分布就越整体向左侧移动。

在图 13.7 中，$DF1$、$DF2$ 和 $DF3$ 分别表示用（13.10）式、（13.11）式和（13.12）式估计得到的 DF 的分布。同样随着估计式中确定性项的增多，DF 的分布就越整体项左侧移动。DF 的真值是 0，但是 DF 的大部分值却比 0 小。

富勒（Fuller，1976）用蒙特卡罗模拟方法得到的不同样本容量条件下的 DF

分布百分位数表见书末附表 5。表中的 a、b、c 三部分给出的是对应于以 $y_t = y_{t-1} + u_t, y_0 = 0, u_t \sim IN(0,1)$，分别用模型(13.10)、(13.11)和(13.12)估计得到的 DF 统计量分布的百分位数。

因为 DF 分布与通常的 t 分布截然不同，所以检验 $\beta = 1$ 不应该用 t 分布临界值，应该用 DF 分布临界值。

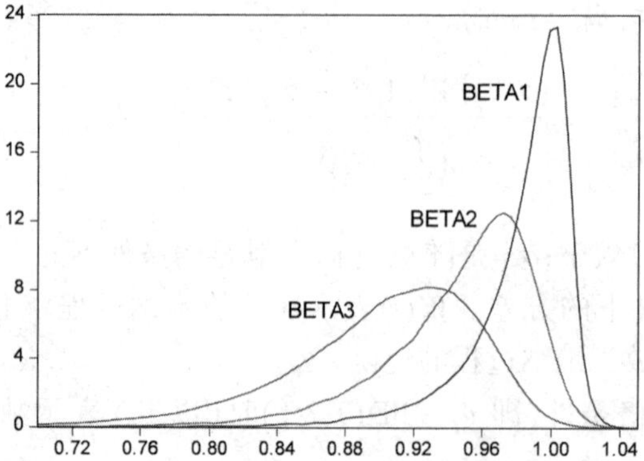

图 13.6　(13.10)、(13.11)和(13.12)估计式中 $\hat{\beta}$ 分布的蒙特卡罗模拟结果

(条件 $\beta = 1, u_t \sim IN(0,1), T = 100$，模拟 10000 次)

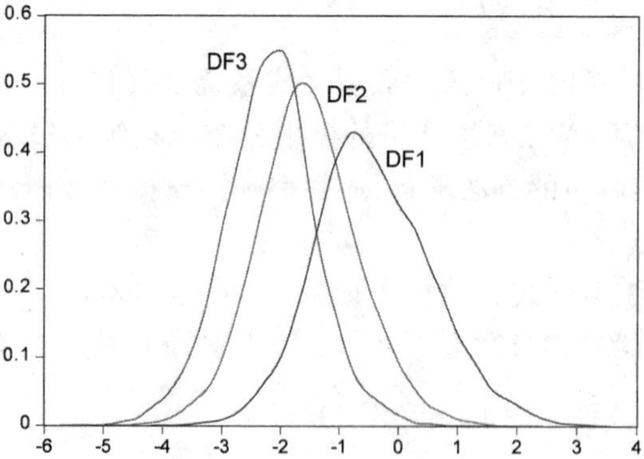

图 13.7　(13.10)、(13.11)和(13.12)估计式中 DF 统计量分布的蒙特卡罗模拟结果

($\beta = 1, u_t \sim IN(0,1), T = 100$，模拟 10000 次)

以上三个自回归模型对于研究实际经济变量仍然太严格，还应该进一步放宽限制，讨论在 AR(p)时间序列条件下，当其中含有单位根时，检验用统计量的分布特征。对于 AR(p)时间序列

$$y_t = \phi_1 y_{t-1} + \phi_2 y_{t-2} + \cdots + \phi_p y_{t-p} + u_t \tag{13.17}$$

当 y_t 中含有单位根时，可以通过如下模型研究 $\beta = 1$ 条件下统计量 DF 的分布

特征。

$$y_t = \beta y_{t-1} + \sum_{j=1}^{p-1} \phi_j^* D y_{t-j} + u_t \tag{13.18}$$

其中

$$\beta = \sum_{i=1}^{p} \phi_i$$

$$\phi_j^* = -\sum_{i=j+1}^{p} \phi_i,\ j = 1, 2, \cdots, p-1$$

ϕ_i为(13.17)式中的自回归系数。为什么可以通过(13.18)式研究AR(p)时间序列(13.17)式的平稳性呢？解释如下：

把(13.17)式用自回归算子表示为

$$\Phi(L) y_t = u_t \tag{13.19}$$

若y_t存在一个单位根，上式可以表达为

$$\Phi(L)^*(1-L) y_t = \Phi(L)^* D y_t = u_t \tag{13.20}$$

其中$\Phi(L)^*$表示从p阶自回归算子$\Phi(L)$中分离出因子$(1-L)$后所得的$p-1$阶自回归算子。可见，对于Dy_t，(13.20)式或(13.18)式是一个以Dy_t为变量的$p-1$阶自回归模型。所以可以利用(13.18)式中β的DF统计量的分布来研究AR(p)时间序列(13.17)式的非平稳性。

下面以AR(3)时间序列

$$y_t = \phi_1 y_{t-1} + \phi_2 y_{t-2} + \phi_3 y_{t-3} + u_t \tag{13.21}$$

为例，进一步验证关系式(13.18)。上式右侧同时加减$\phi_2 y_{t-1}$，$\phi_3 y_{t-1}$，$\phi_3 y_{t-2}$，然后合并同类项

$$\begin{aligned} y_t &= \phi_1 y_{t-1} + \phi_2 y_{t-1} + \phi_3 y_{t-1} - \phi_2 y_{t-1} + \phi_2 y_{t-2} - \phi_3 y_{t-1} \\ &\quad \phi_3 y_{t-2} + \phi_3 y_{t-2} + \phi_3 y_{t-3} + u_t \\ &= (\phi_1 + \phi_2 + \phi_3) y_{t-1} - \phi_2 D y_{t-1} - \phi_3 D y_{t-1} - \phi_3 D y_{t-2} + u_t \\ &= (\phi_1 + \phi_2 + \phi_3) y_{t-1} - (\phi_2 + \phi_3) D y_{t-1} - \phi_3 D y_{t-2} + u_t \\ &= \beta y_{t-1} - \phi_1^* D y_{t-1} - \phi_2^* D y_{t-2} + u_t \end{aligned}$$

$$=\beta y_{t-1}-\sum_{j=1}^{2}\phi_j^{*}Dy_{t-j}+u_t \tag{13.22}$$

其中

$$\beta=\sum_{i=1}^{3}\phi_i$$

$$\phi_j^{*}=\sum_{i=j+1}^{3}\phi_i,\ j=1,2$$

事实上,(13.18)式中相对于β的 DF 统计量的分布与(13.10)式中 DF 统计量的分布渐近相同。(13.18)式中的差分项 Dy_{t-j},$j=1,2,\cdots,p-1$ 之所以不会对 DF 统计量的分布产生影响,是因为当 $y_t\sim\mathrm{I}(1)$ 时,则全部 $Dy_{t-j}\sim\mathrm{I}(0)$。$y_{t-1}$与 Dy_{t-j}的交叉积渐近被忽略。从而使(13.18)式中β的 DF 统计量的分布与(13.10)式中β的 DF 统计量的分布渐近相同。

当模型(13.18)中含有位移项μ和趋势项αt时,相应于β的 DF 统计量的分布分别与模型(13.11)和模型(13.12)的 DF 统计量的分布渐近相同。

现在进一步放宽对 y_t 的限制。考虑 y_t 可以用如下 AR(1)过程描述:

$$y_t=\beta y_{t-1}+u_t,\ u_t\sim \mathrm{ARMA}(p,q) \tag{13.23}$$

允许随机项 u_t 是一个 ARMA(p,q)过程,甚至参数 p、q 的值也可以是未知的,则可以用下式研究β和 DF 统计量的分布:

$$y_t=\hat{\beta}y_{t-1}+\sum_{i=1}^{k}\hat{\gamma}_t Dy_{t-i}+\hat{v}_t \tag{13.24}$$

若$\beta=1$,则上式是关于 Dy_t 的 AR(k)过程。加入 Dy_t 滞后项的目的是吸收(13.23)式误差项 u_t 中的自相关成分。u_t 的自相关项对于模型(13.23)来说是移动平均项,所以 Dy_t 滞后项的加入可以吸收它。因为可逆的移动平均过程可以转化为一个无限阶的自回归过程,所以对 u_t 而言的移动平均项 v_t,$t=1,\cdots,q$,完全可以通过增加 u_t 的滞后项而吸收,进而被足够的 Dy_{t-i}项所吸收,使 $\hat{v}_t$ 近似为一个白噪声序列。

(13.24)式中$\hat{\beta}$ 的 DF 统计量的分布与(13.10)式中β的 DF 统计量的分布渐近相同。当(13.24)式中加入位移项μ和趋势项αt 时,DF 分布分别与(13.11)式和(13.12)式中β的 DF 分布渐近相同。知道了 DF 统计量的分布,就可以利用它进行单位根检验。

2. 单位根检验

对于时间序列 y_t，可用如下自回归模型检验单位根

$$y_t = \beta y_{t-1} + u_t \tag{13.25}$$

零假设和备择假设分别是

$H_0: \beta = 1$　（y_t 非平稳）

$H_1: \beta < 1$　（y_t 平稳）

在零假设成立条件下，用 *DF* 统计量进行**单位根检验**。

$$DF = \frac{\hat{\beta} - 1}{s(\hat{\beta})} = \frac{\hat{\beta} - 1}{s(e_t) \Big/ \sqrt{\sum_{t=2}^{T} {y_{t-1}}^2}} \tag{13.26}$$

其中

$$s(e_t) = \sqrt{\frac{1}{T-1} \sum_{t=2}^{T} {e_t}^2} \tag{13.27}$$

是残差 e_t 的标准差。以附表 5 中 *a* 部分的相应百分位数作为临界值。若用样本计算的

DF≥临界值，则接受 y_t 非平稳（含有单位根）；

DF<临界值，则接受 y_t 是平稳的（不含有单位根）。

注意：

（1）因为用 *DF* 统计量作单位根检验，所以此检验称作 ***DF* 检验**（由 Dickey 和 Fuller 于 1979 年提出）。

（2）*DF* 检验采用的是最小二乘法（OLS）估计。

（3）*DF* 检验是左单端检验。因为 $\beta > 1$ 意味着强非平稳，$\beta < 1$ 意味着平稳。当接受 $\beta < 1$，拒绝 $\beta = 1$ 时，自然也应拒绝 $\beta > 1$。

上述 *DF* 检验还可用另一种形式表达。从（13.25）式两侧同时减去 y_{t-1}，得

$$Dy_t = (\beta - 1)y_{t-1} + u_t \tag{13.28}$$

令 $\rho = \beta - 1$，代入上式，

$$Dy_t = \rho y_{t-1} + u_t \tag{13.29}$$

与上述零假设和备择假设相对应,用于模型(13.29)的零假设和备择假设是

$H_0:\rho = 0$,(y_t 非平稳,含有单位根);
$H_1:\rho < 0$,(y_t 平稳,不含有单位根)。

这种变换并不影响 *DF* 统计量的分布,所以判别规则仍然是

DF≥临界值,结论是 y_t 含有单位根,非平稳;
DF<临界值,结论是 y_t 不含有单位根,平稳。

由于在计算机上便于实现上述检验方式,所以,检验式(13.29)是 *DF* 检验的常用形式。

在进行单位根检验时应注意如下几点:

(1)(13.29)式中 Dy_t 和 y_{t-1} 的下标分别为 t 和 $t-1$,计算时不要用错。

(2)在实际检验中,若 H_0 不能被拒绝,说明 y_t 是非平稳序列(起码为一阶非平稳序列)。接下来应该继续检验 Dy_t 的平稳性,即做如下 *DF* 回归:

$$D^2 y_t = \rho D y_{t-1} + u_t \tag{13.30}$$

直至结论为序列平稳为止,从而获知 y_t 为多少阶单整序列。

(3)在模型(13.29)中如有必要也可以加入位移项μ和趋势项αt。

$$Dy_t = \mu + \rho y_{t-1} + u_t \tag{13.31}$$

$$Dy_t = \mu + \alpha t + \rho y_{t-1} + u_t \tag{13.32}$$

这时所用临界值应分别从附表 5 的 b、c 部分中查找。

(4)以上方法只适用于 AR(1)序列的单位根检验。当单位根检验估计式的 *DW* 值很低,即被检验序列不是一个 AR(1)序列时,应该采用如下方法检验单位根。

$$Dy_t = \hat{\rho} y_{t-1} + \sum_{i=1}^{k} \hat{\gamma}_t D y_{t-i} + \hat{v}_t \tag{13.33}$$

这说明该时间序列为 AR(p)形式。因为上式中含有 Dy_t 的滞后项,所以对 y_t 的非平稳性检验($H_0:\rho = 0$)称为**增广的 *DF* 检验或 *ADF* 检验**。检验式(13.18)和检验式(13.20)研究的就是 AR(p)条件下 *DF* 统计量的分布。作 *ADF* 检验时要注意以下几点:

(1)(13.33)式中 Dy_t 滞后项个数 k 的选择准则是:① 要充分大,以便消除 $\hat{v}_t$ 内的自相关;② 应尽量小,以保持更大的自由度。

(2)前面已经说明,上式中检验单位根的统计量近似服从 *DF* 分布,所以检验用临界值仍然从附表 5 的 a 部分中查找。

(3)当(13.33)式中有必要加入位移项μ和趋势项αt时,相应检验用临界值应分别从附表 5 的 b、c 部分中查找。

因为实际的经济时间序列通常不会是一个简单的 AR(1)过程,所以 *ADF* 检验(增项 *DF* 检验)才是最常用的单位根检验方法。

因为在单位根检验之前,不知真实的过程是否含有漂移项和时间趋势项,且检验式中含的确定性成分越多, *ADF*(*DF*)分布越向左移,单位根检验零假设是有单位根,所以对于一个序列首先应按(13.12)式进行单位根检验。当确定检验式中不含有趋势项后,继续用(13.11)式进行单位根检验。当确定检验式中不含有漂移项后,继续用(13.10)式进行单位根检验。在这个过程中,只要有"不存在单位根"的结论出现,检验即结束:如没有,则一直检验到(13.10)式,再根据判别规则给出存在单位根或不存在单位根的结论。

例 13.1　中国年进口(im_t)、出口(ex_t)数据(1950—2018 年,单位:亿美元)见表 13.1 和 EViews 文件 li-13-1。定义对数的年进口、出口变量 $Lnim_t$和 $Lnex_t$如下:

表 13.1　中国的年进口(im_t)和出口(ex_t)数据(1950—1998 年)　(单位:亿美元)

年份	im_t	ex_t	年份	im_t	ex_t	年份	im_t	ex_t
1950	5.8	5.5	1973	51.6	58.2	1996	1388.3	1510.5
1951	12.0	7.6	1974	76.2	69.5	1997	1423.7	1827.9
1952	11.2	8.2	1975	74.9	72.6	1998	1402.4	1837.1
1953	13.5	10.2	1976	65.8	68.5	1999	1657.00	1949.30
1954	12.9	11.5	1977	72.1	75.9	2000	2250.90	2492.00
1955	17.3	14.1	1978	108.9	97.5	2001	2435.50	2661.00
1956	15.6	16.5	1979	156.7	136.6	2002	2951.70	3256.00
1957	15.0	16.0	1980	200.2	181.2	2003	4127.60	4382.30
1958	18.9	19.8	1981	220.2	220.1	2004	5612.30	5933.20
1959	21.2	22.6	1982	192.9	223.2	2005	6599.50	7619.50
1960	19.5	18.6	1983	213.9	222.3	2006	7914.60	9689.40
1961	14.5	14.9	1984	274.1	261.4	2007	9559.50	12177.80
1962	11.7	14.9	1985	422.5	273.5	2008	11325.62	14306.93
1963	12.7	16.5	1986	429.1	309.4	2009	10059.23	12016.12
1964	15.5	19.2	1987	432.1	394.4	2010	13962.47	15777.54
1965	20.2	22.3	1988	552.7	475.2	2011	17434.84	18983.81
1966	22.5	23.7	1989	591.4	525.4	2012	18184.05	20487.14
1967	20.2	21.4	1990	533.5	620.9	2013	19499.89	22090.04
1968	19.5	21.0	1991	637.9	718.4	2014	19592.35	23422.93
1969	18.3	22.0	1992	805.9	849.4	2015	16795.65	22734.68
1970	23.3	22.6	1993	1039.6	917.4	2016	15897.26	20976.31
1971	22.0	26.4	1994	1156.1	1210.1	2017	18437.93	22633.45
1972	28.6	34.4	1995	1320.8	1487.8	2018	21357.34	24866.82

资料来源:1998 年以前的数据摘自《新中国五十年统计资料汇编》(中国统计出版社),第 60 页。1998 年以后的数据摘自国家统计局网站(年度数据). http://data.stats.gov.cn/easyquery.htm? cn = C01。

$$Lnim_t = log(im_t) \tag{13.34}$$
$$Lnex_t = log(ex_t)$$

试检验 $Lnim_t$序列的单整性（$Lnex_t$序列的单整性检验留给读者自己做）。

$Lnim_t$与 $DLnim_t$曲线见图 13.8。自中华人民共和国成立以来我国进出口贸易保持了较高的增长速度。特别是实行改革开放政策以来，我国进出口贸易保持了更高的增长速度。对数的进口值曲线 $Lnim_t$显示了上扬趋势，看起来是一个非平稳时间序列。下面对 $Lnim_t$进行单位根检验。

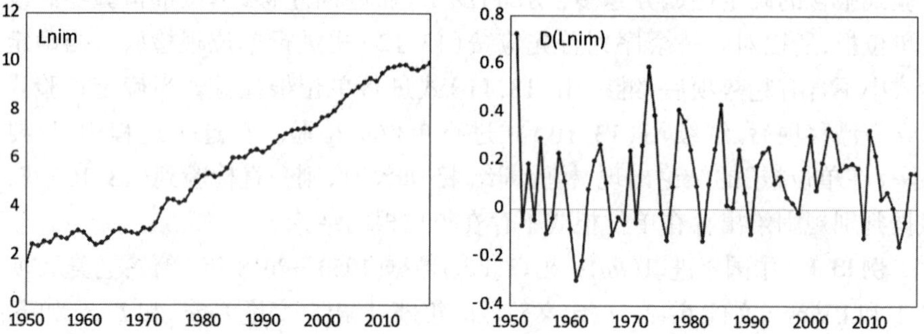

a. $Lnim_t$（1950—1998）序列图　　　　b. $DLnim_t$（1951—2018）序列图

图 13.8　$Lnim_t$与 $DLnim_t$序列图

首先用含有趋势项、漂移项的 ADF 检验式检验单位根。检验结果如下，

$$DLnim_t = 0.2107 + 0.0192t - 0.1398Lnim_{t-1} + 0.2717DLnim_{t-1} \tag{13.35}$$
$$(3.1)\quad (3.2)\quad (-3.1)^{*}\quad (2.6)$$
$$DW = 1.8,\ T = 67$$

因为趋势项对应的 t 统计量是 3.2，说明检验式中应该存在时间趋势项 t。$ADF = -3.1$，大于临界值 -3.47（查附表 6），所以检验结论是 $Lnim_t$序列有单位根。既然检验式（13.35）中常数项和时间趋势项都应该存在，就没有必要进一步估计不含常数项和时间趋势项的 ADF 检验式。

下一步应该继续检验 $DLnim_t$的平稳性。得结果如下，

$$D^2Lnim_t = 0.0865 - 0.7910\ DLnim_{t-1} \tag{13.36}$$
$$(3.5)\quad (-7.1)^{*}$$
$$DW = 1.7,\ T = 67$$

因为 ADF $= -7.1$ 小于临界值 -2.90（查附表 6），所以 $DLnim_t$是一个平稳序列。因为上式漂移项有显著性，所以没有必要再做不含漂移项的关于 $DLnim_t$的 ADF 检验。由此可知，中国对数的进口值序列 $Lnim_t$是一个一阶非平稳序列。

附录:怎样通过 EViews 用 *DF*、*ADF* 统计量检验单位根

在打开工作文件(Work File)、数据(Series)窗口条件下,点击 View 键,选 Unit root test 功能。这时会弹出一个对话框,其中有 4 个选择区。

(1)Test Type(检验方法)中可以选 *ADF* 检验,*PP* 检验等 6 种检验方法,默认选择是 *ADF* 检验。

(2)Test for unit root in(检验序列)中包括检验水平序列(Level)、其一阶差分序列(1st difference)、二阶差分序列(2nd difference)。默认选择是水平序列。

(3)Include in test equation(检验式形式)中有 3 种选择。含漂移项(Intercept),含趋势项和漂移项(Trend and Intercept),无附加项(None)。默认选择是含漂移项。当选择无附加项时,*ADF* 检验退化为 *DF* 检验。*ADF* 检验式中是否需要加漂移项、趋势项,以其相应系数是否具有非零显著性为准则。

(4)Lagged length[检验式中附加项(因变量滞后项)的个数]对话框包括两种选择:①自动选择,②使用者设定。默认的位置是自动选择。检验式中附加项个数的选择以检验式的误差项是否为非自相关为准则。

完成上述 4 项选择后,点击 OK 键,就会得到单位根检验结果。

§13.3　经济变量的协整

先介绍均衡概念,然后给出协整定义以及如何检验经济变量的协整性是否存在。

1. 均衡概念

均衡是指一种状态。当一个经济系统达到均衡状态时将不存在破坏均衡的内在机制。这里只考虑平稳的均衡状态,即当系统受到干扰后会偏离均衡点,而内在均衡机制(经济规律)将努力使系统重新回到均衡状态。

若两个变量 x_t、y_t 永远处于均衡状态,则偏差为零。然而,由于受各种因素的影响,x_t、y_t 并不是永远处于均衡位置上,从而使 $u_t \neq 0$。u_t 称为非均衡误差。当系统偏离均衡点时,平均来说,系统将在下一期移向均衡点。这也就是说,对于具有均衡机制的经济系统来说,在不断出现非均衡误差的过程中,均衡机制始终维持着系统的均衡状态。

比如我国的宏观消费与国民收入就存在着这种均衡关系。50 年来我国的宏观消费与国民收入两个变量都增长得很快,呈现非平稳特征。但二者却存在

着稳定的比率关系,并在一定范围内波动。当这个比值过大时,意味着消费支出过高,则基本建设投资规模就要相对减少,从而影响再生产规模的进一步扩大,最终影响经济发展。当这个比值过低时,说明基本建设投资规模超出了国民经济所能承受的限度,最终会导致物资、劳力等资源的匮乏以及交通能力的制约,影响经济发展。

2. 协整定义

协整是对非平稳经济变量长期均衡关系的统计描述。非平稳经济变量间存在的长期稳定的均衡关系称作协整关系。

由§13.1知,两个非平稳序列的线性组合一般来说是非平稳的,即若 $x_t \sim \mathrm{I}(d)$, $y_t \sim \mathrm{I}(d)$,则 $z_t = (a x_t + b y_t) \sim \mathrm{I}(d)$。然而在经济领域,多数经济变量特别是宏观经济变量都是非平稳的,一般具有一阶或二阶单整性。看起来这些变量很难存在长期均衡关系,而实际上,某些特定经济变量的线性组合却有可能是平稳的。经济理论指出,某些变量间存在长期稳定的均衡关系。比如净收入与消费、政府支出与税收、工资与价格、进口与出口、货币供应量与价格水平、现货价格与期货价格以及男女人口数等,虽然单个变量表现是非平稳的,但往往都存在这种均衡关系。虽然经济变量经常会离开均衡点,但内在的均衡机制将不断消除偏差,以维持这种均衡关系。

两组经济变量分别见图13.9和图13.10。四个经济变量看起来都是非平稳的。图13.9给出的是中国城镇居民人均收入(x_t)与农村居民人均收入(y_t)时间序列。两个变量随时间相距越来越远,它们之间的离差变得越来越大,看起来这两个变量之间不会存在协整关系。图13.10给出的是中国进出口序列(Im_t 和 Ex_t)。两个变量尽管都是非平稳的,但它们的离差时正时负,所以该两个变量的线性组合有可能是平稳的。

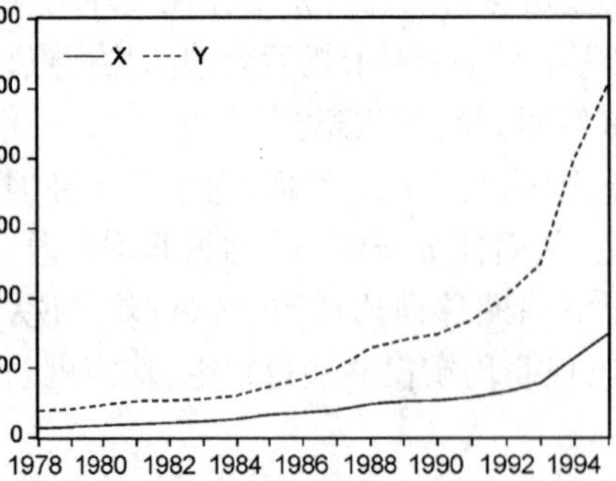

图 13.9　x_t 与 y_t 序列

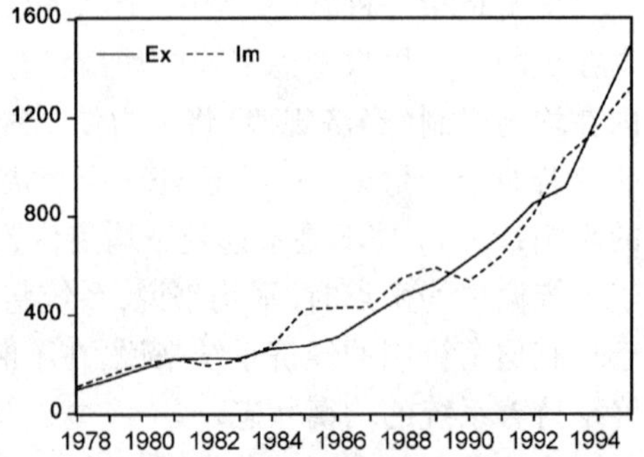

图 13.10　Im_t 与 Ex_t 序列

若两个非平稳变量之间存在协整关系,则它们之间的线性离差,即非均衡误差是平稳的。比如两个 I(1) 变量 y_t 和 x_t 存在如下关系:

$$y_t = \beta_1 x_t + u_t \tag{13.37}$$

其中 $u_t \sim \mathrm{I}(0)$,则 $y_t = \beta_1 x_t$ 是长期均衡关系,$u_t = y_t - \beta_1 x_t$ 为非均衡误差。非均衡误差序列应该是在零上下波动,不会离开零值太远,并以一个不太快的频率穿越零值水平线。

协整定义:对于随机向量 $\boldsymbol{x_t} = (x_{1t} \quad x_{2t} \quad \cdots \quad x_{Nt})'$,如果已知:①$\boldsymbol{x_t} \sim \mathrm{I}(d)$(即$\boldsymbol{x_t}$ 中每一个分量都是 d 阶非平稳的);②存在一个 $N \times 1$ 阶列向量$\boldsymbol{\beta}$,($\boldsymbol{\beta} \neq 0$),使得$\boldsymbol{\beta}'\boldsymbol{x_t} \sim \mathrm{I}(d-b)$,则称变量 $x_{1t}, x_{2t}, \cdots, x_{Nt}$存在阶数为$(d,b)$的协整关系,用$\boldsymbol{x_t} \sim \mathrm{CI}(d,b)$表示。$\boldsymbol{\beta}$称为**协整向量**。$\boldsymbol{\beta}$的元素称为**协整参数**。CI 是英文 cointegration 的缩写。

最令人关注的一种协整关系是 $y_t, x_t \sim \mathrm{CI}(1,1)$。对于模型(13.37),协整向量$\boldsymbol{\beta} = (1 - \beta_1)'$,所以 $u_t = y_t - \beta_1 x_t \sim \mathrm{I}(0)$。

注意,当 y_t, x_t 的单整阶数不相同时,例如 $y_t \sim \mathrm{I}(1)$,$x_t \sim \mathrm{I}(0)$,则找不到β_1,使$(y_t - \beta_1 x_t) \sim \mathrm{I}(0)$成立。$x_t$ 无法解释 y_t 的变化。

当三个以上变量存在协整关系时,情况要比两个变量的情形复杂。变量的单整阶数有可能不同,在这种情况下,单整阶数高的变量子集的协整阶数应该与单整阶数低的变量的阶数相同。以三变量为例:

$$y_t = \beta_1 x_{1t} + \beta_2 x_{2t} + u_t \tag{13.38}$$

假如 $y_t \sim \mathrm{I}(1)$;$x_{1t}, x_{2t} \sim \mathrm{I}(2)$,则 x_{1t}, x_{2t}的协整阶数必须为 1,即$(\beta_1 x_{1t} + \beta_2 x_{2t}) \sim \mathrm{I}(1)$,协整向量为$\boldsymbol{\beta} = (\beta_1 \quad \beta_2)'$。进而 y_t 与$(\beta_1 x_{1t} + \beta_2 x_{2t})$存在协整关系,使 $u_t \sim \mathrm{I}(0)$。

下面需要回答的问题是:①怎样检验一组变量是否存在协整关系。②一组变量若存在协整关系,怎样估计协整参数。

3. 协整检验

由协整的定义知,协整检验与单位根检验有着密切关系。若 N 个时间序列存在协整关系,则非均衡误差必然是 I(0)的。若 N 个时间序列不存在协整关系,则非均衡误差必然是非平稳的。因此,可以通过对非均衡误差序列的单位根检验(H_0:非均衡误差序列非平稳,H_1:平稳)检验

H_0:该 N 个时间序列不存在协整关系;

H_1:该序列存在协整关系。

在检验一组时间序列的协整性或长期均衡关系之前,应首先检验时间序列的单整阶数。如果只含有两个变量,则两个变量的单整阶数应该相同。如果变量个数多于两个,即解释变量个数多于一个,被解释变量的单整阶数不能高于任何一个解释变量的单整阶数。另外,当解释变量的单整阶数高于被解释变量的单整阶数时,则必须至少有两个解释变量的单整阶数高于被解释变量的单整阶数。

当协整向量已知时,非均衡误差序列是准确可知的。若要对非均衡误差序列作平稳性检验,应该使用 *DF*、*ADF* 统计量。比如已知 $y_t, x_t \sim I(1)$,协整向量为$(1-\beta_1)'$,则非均衡误差序列为

$$u_t = y_t - \beta_1 x_t \tag{13.39}$$

可以通过用 *DF*、*ADF* 统计量检验 u_t 平稳性的方法检验 y_t、x_t 是否存在协整关系。

当协整向量未知时,u_t 也是未知的。所以只能对 u_t 进行估计。最常用的方法是采用 OLS 法对变量进行协整回归。设有 N 个变量,**协整检验**的步骤是:

(1)首先进行协整回归

$$x_{1t} = \hat{\beta}_2 x_{2t} + \cdots + \hat{\beta}_N x_{Nt} + e_t \tag{13.40}$$

其中$\hat{\beta}_2, \cdots, \hat{\beta}_N$ 是 OLS 估计量。

(2)对 u_t 进行非平稳性检验。原假设与备择假设分别是:

H_0:u_t 非平稳($x_{1t}, \cdots, x_{Nt}$不存在协整关系);

H_1:u_t 平稳($x_{1t}, \cdots, x_{Nt}$存在协整关系)。

用于检验 u_t 平稳性的三个回归式如下:

$$De_t = \rho e_{t-1} + \sum_{i=1}^{k} \gamma_i De_{t-i} + v_t \tag{13.41}$$

$$De_t = \alpha_0 + \rho e_{t-1} + \sum_{i=1}^{k} \gamma_i De_{t-i} + v_t \tag{13.42}$$

$$De_t = \alpha_0 + \alpha_1 t + \rho e_{t-1} + \sum_{i=1}^{k} \gamma_i De_{t-i} + v_t \tag{13.43}$$

其中 e_t 表示残差,是对非均衡误差 u_t 的估计。当需要加位移项和趋势项时,可以加在协整回归式(13.40)中,也可以加在协整检验式(13.41)中(即使用(13.42)式或(13.43)式),但只需加在一个式子中,不必重复加入。

这种检验称为以残差为基础的协整检验。当(13.41)式、(13.42)式和(13.43)式中不含有 De_t 的滞后项时,称为 ***EG* 检验**;当有 De_t 滞后项时,称为**增**

项的 *EG* 检验或 *AEG* 检验。相对于参数ρ的检验统计量,分别称为 ***EG*** 和 ***AEG*** **统计量**。计算公式与 *DF* 或 *t* 统计量计算公式相同,只是其分布不同。零假设为 $\rho=0$,(u_t 含有单位根,非平稳),即该组变量不存在协整关系。

如果这组变量不存在协整关系,则回归式(13.40)为虚假回归。e_t 序列必含有单位根。由(13.40)回归式得到的参数估计值在零假设成立条件下是虚假回归参数值。当该组变量存在协整关系时,协整参数才可以通过协整回归式(13.40)进行估计。

可以证明,在存在协整关系条件下,估计量$\hat{\beta}_j$,($j=2,3,\cdots,N$)具有超一致性,即随着样本容量的增大,$\hat{\beta}_j$ 以比通常更快的速度收敛于真值。协整向量是$(1\ -\hat{\beta}_2\cdots\ -\hat{\beta}_N)'$。然而,即使这组变量存在协整关系,因为 e_t 是 u_t 的估计量,*EG* 和 *AEG* 统计量的分布仍然是非标准的。*EG* 和 *AEG* 统计量的渐近分布不仅不同于正态分布,也不同于 *DF* 和 *ADF* 分布。因此 *DF* 检验临界值不能用于协整检验。

因协整回归为 OLS 回归,自然导致残差的方差极小。这将导致残差序列平稳,即拒绝零假设的比率将比实际情形大。因此协整检验临界值应该比 *DF*、*ADF* 检验临界值更小些。蒙特卡罗模拟结果显示,除了位移项、趋势项等因素外,协整检验临界值还与协整回归式中非平稳变量的个数有关。随着变量个数的增多,临界值向左移动。协整检验的临界值可以从麦金农(Mackinnon)提供的临界值表(见附表6)中查到。

下面介绍附表6 的用法。麦金农协整检验临界值 $C_{(p)}$的计算公式是

$$C_p=\phi_\infty+\phi_1 T^{-1}+\phi_2 T^{-2} \tag{13.44}$$

其中 p 表示检验水平,ϕ_∞、ϕ_1 和ϕ_2的值可以从附表6 中查出。上述公式以 T 为自变量,可以计算出任何样本容量所对应的临界值。临界值 C_p 还与检验水平 p、所含时间序列个数 N、协整回归式中是否含有位移项及趋势项等因素有关。举例说明如下。

例13.2　已知 $N=1$,$T=100$,$p=0.05$,有常数项μ,无趋势项 t,则查附表6得临界值

$$C_{0.05}=-2.8621-(2.738/100)-(8.36/100^2)=-2.89$$

例13.3　已知 $N=2$,$T=50$,$p=0.05$,有位移项μ,无趋势项 t,则

$$C_{0.05}=-3.3377-(5.967/50)-(8.98/50^2)=-3.46$$

麦金农临界值表把协整检验和单整检验结合在一起，即把 *ADF* 检验和 *AEG* 检验结合在一起。当 $N=1$ 时，检验对象只含有一个变量，说明检验的是该变量本身，协整检验退化为单整性检验问题。所以 $N=1$ 对应的是 *ADF* 检验。$N\geqslant 2$ 时，对应的是 *AEG* 检验，即协整检验。

例 13.4　对数的中国进、出口序列 $Lnim_t$ 和 $Lnex_t$ 的数据见表 13.1。曲线见图 13.11。经检验，$Lnim_t$、$Lnex_t$ 都是一阶单整变量。进一步检验 $Lnim_t$ 和 $Lnex_t$ 是否存在协整关系。

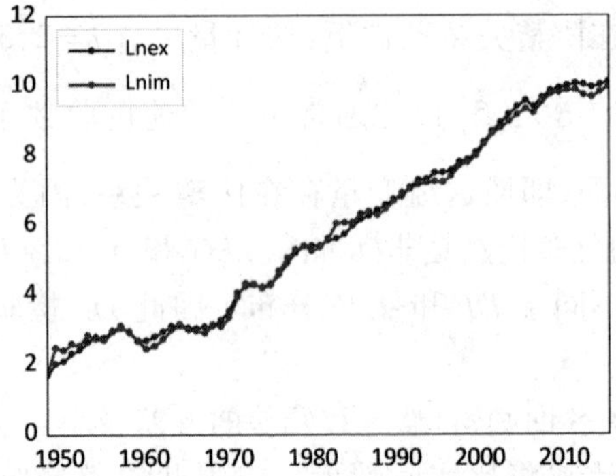

图 13.11　$Lnim_t$ 和 $Lnex_t$ 序列图

首先进行如下协整回归，

$$Lnex_t = 1.0107 Lnim_t + e_t \tag{13.45}$$
$$(337.4)$$
$$R^2 = 0.9966,\quad DW = 0.65,\quad T = 69$$

提取残差序列 e_t 并通过检验残差序列 e_t 的平稳性，推断 $Lnim_t$ 和 $Lnex_t$ 是否存在协整关系。*AEG* 回归式如下，

$$De_t = -0.3286\, e_{t-1} \tag{13.46}$$
$$(-3.64)^*$$
$$DW = 1.69,\quad T = 68$$

由上式知 AEG $= -3.64$，查附表 6，协整检验临界值

$$C_{0.05} = -3.3377 - 5.967 / 68 - 8.98 / 682 = -3.44$$

因为 AEG $= -3.64$ 小于临界值 -3.44，所以检验结论式 $Lnim_t$ 和 $Lnex_t$ 序列存在协整关系。协整向量是 $(1-1.0107)'$。这说明中华人民共和国成立以来，进出口贸易发展很快。尽管变量 $Lnim_t$ 和 $Lnex_t$ 具有一阶非平稳性，但它们之间的特

定线性组合 $e_t = Lnex_t - 1.0107 Lnim_t$ 却是平稳的，并保持着进出口贸易基本相等的关系。

§13.4　误差修正模型

由上节知，存在协整关系的非平稳变量的非均衡误差是平稳的。根据格兰杰（Granger）定理，如果若干个非平稳变量存在协整关系，则这些变量必有误差修正模型表达式存在。误差修正模型最初由萨甘（Sargan，1964）提出，后经亨德里－安德森（Hendry-Anderson，1977）和戴维森（Davidson，1977）等进一步完善。

误差修正模型有单一方程和多方程两种形式。多方程误差修正模型是在向量自回归模型基础上建立起来的，称为向量误差修正（VEC）模型。下面主要介绍单一方程的误差修正模型。模型由非均衡误差、原变量的差分变量以及随机误差项组成。

设 $y_t, x_t \sim \mathrm{I}(1)$，并存在协整关系，则最简单的**误差修正模型**表达式是：

$$Dy_t = \beta_0 Dx_t + \beta_1 ECM_{t-1} + u_t \tag{13.47}$$

其中 $ECM_t = y_t - k_0 - k_1 x_t$，是非均衡误差。$y_t = k_0 + k_1 x_t$ 表示 y_t 和 x_t 的长期关系。$\beta_1 ECM_{t-1}$ 为**误差修正项**。β_1 是**修正系数**，表示误差修正项对 Dy_t 的修正速度。根据误差修正模型的推导原理，β_1 的值应该为负。误差修正机制应该是一个负反馈过程。k_0 和 k_1 是**长期参数**，β_0 和 β_1 是**短期参数**。

误差修正模型的优点是：(1)若 y_t、x_t 存在协整关系，则 ECM_t 具有平稳性；因为 $y_t, x_t \sim \mathrm{I}(1)$，则 $Dy_t, Dx_t \sim \mathrm{I}(0)$，上式中的变量都具有平稳性。回归参数的估计量具有优良的渐近特性，所以用最小二乘法估计误差修正模型不存在虚假回归问题。(2)误差修正模型中既有描述变量长期关系的参数，又有描述变量短期关系的参数；既可研究经济问题的静态（长期）特征，又可研究其动态（短期）特征。

使用误差修正模型应注意如下几点：

(1) u_t 应该是非自相关的。如果 u_t 存在自相关，可在模型中加入 Dy_t 和 Dx_t 的足够多滞后项，从而消除 u_t 的自相关。

(2)建模过程中允许根据 t 检验和 F 检验剔除误差修正模型中的差分变量。但在非均衡误差项中不要剔除任何变量，否则将影响长期关系的表达。

(3)当 k_0、k_1 未知时，模型不能直接被估计。估计误差修正模型参数的方法主要有两个:①先估计变量的长期关系,然后把估计的非均衡误差作为误差修正项加入误差修正模型,并估计该模型。②若变量为平稳变量或者为非平稳变量但存在协整关系,可以把误差修正项的括号打开,对模型直接用 OLS 法估计。

下面按照(13.47)式建立关于 $Lnim_t$ 和 $Lnex_t$ 序列的误差修正模型如下,

$$\widehat{DLnex_t} = 0.0524 - 0.2379ECM_{t-1} + 0.5584DLnim_t \tag{13.48}$$

$$(4.3) \qquad (-3.6) \qquad (10.1)$$

$$DW = 1.75, T = 68, (1951—2018)$$

其中

$$ECM_t = Lnex_t - 1.0107Lnim_t$$

是 $Lnex_t$ 和 $Lnim_t$ 的长期关系。进口每增加 1%,出口平均增加 1.0107%。

(13.47)式中前一期的误差修正项 ECM_{t-1} 以 0.2379 倍的强度影响当期出口值的变化。因为 $DW = 1.75$,所以模型的残差序列不存在自相关。

经检验,$Lnim_t$ 和 $Lnex_t$~I(1),则 $DLnim_t$, $DLnex_t$~I(0)。因为 $Lnim_t$ 和 $Lnex_t$ 存在协整关系。所以(13.45)式的回归系数估计量具有优良特性,不存在虚假回归问题。而(13.47)式从误差修正角度描述了非均衡误差修正项 ECM_{t-1} 维持 $Lnim_t$ 和 $Lnex_t$ 序列保持长期均衡的作用机理。

思考与练习题

1. 以模型(13.11)为例,试说明 DF 分布与 t 分布有哪些明显不同(DF 分布见图 13.7)?

2. 随着 DF 回归式中加入常数项和时间趋势项,DF 统计量的分布是向左移还是向右移?相同检验水平条件下,当 DF 检验回归式中加入常数项后,与不加常数项相比,临界值是变大了还是变小了?

3. 用表 13.1 中数据检验中国对数的出口($Lnex_t$)序列的单整性。

4. 深证成指日收盘价数据 $index_t$(2018 年 1 月 2 日至 2019 年 12 月 31 日,T=487)见 EViews 文件 xiti-13-4。试检验对数的深证成指序列 $Lnindex_t$ 是否有单位根。

附录1　计量经济分析软件 EViews 11 使用简介

EViews 是 Econometric Views 的缩写，是专门用来处理计量经济分析的软件，由美国 QMS 有限责任公司生产。目前最新的版本是 EViews 11。以下都是以 EViews 11 版本为基础介绍 EViews 的使用。

EViews 低版本的功能与 EViews 11 基本相同。EViews 11 的新功能基本上在本简介中用不上。EViews 11 以下简称 EViews。

EViews 是以对象（Object）为基础建立起来的。对象包括序列（Series）、方程（Equation）、模型（Model）、系数（Coefficient）和矩阵（Matrix）等。在使用 EViews 时，这些对象以图标或窗口的形式出现在屏幕上。双击图标出现窗口，单击关闭框，窗口缩小为图标。对象窗口给出对象的视图，大多数对象都有多种表现形式。例如，一个时间序列对象可以表示成数据表、折线图、条形图、直方图和相关图等。各种图形之间可以相互转换。

所有对象都保存在工作文件（Workfile）中。因此使用 EViews 时，首先要建立一个新的工作文件或调用一个已存在的 EViews 工作文件。对象可以被命名。对象被命名后，其名称将出现在工作文件窗口的目录中。当工作文件被保存时，对象将作为工作文件的一部分同时被保存。当关闭工作文件时，所有对象将从计算机内存中清除。

EViews 主选单包括了多种运行工作文件和对象的功能键以及一些控制 EViews 自身的功能。从 EViews 主选单上可以建立和管理工作文件、输入和输出数据、生成序列和图形、打印结果以及管理工作中的各种细节。

下面讨论的若干功能需要有一个激活的工作文件，只有当工作文件已经调入内存，才能使选单中某个特定功能由灰色转为可用状态（黑色）。

EViews 视窗的主选单见图 1。其中包括 10 个功能键，即 File（文件）、Edit（编辑）、Object（对象）、View（浏览）、Proc（处理）、Quick（快捷）、Options（选项）、Add - ins（添加项）、Window（窗口）和 Help（帮助），分述如下。

File（文件）功能键控制着工作文件、数据和程序的多种操作。

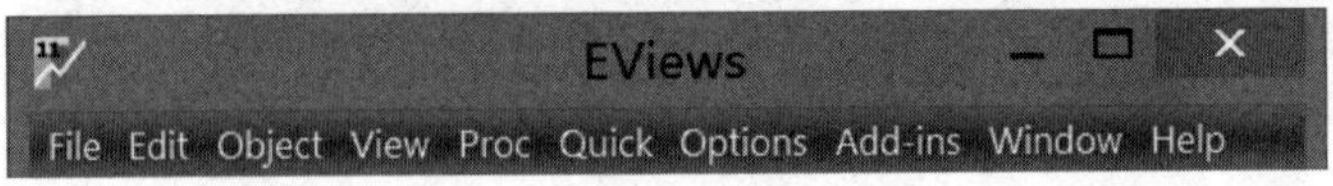

图1　Eviews 主选单

Edit(编辑)功能键包括了一些与 Windows 其他程序操作命令相近的功能。

Objects(对象)功能键包含很多功能用来对对象(Object)进行操作。

View(浏览)和 Proc(处理)功能键与主选单中的其他功能键不同,只针对当前激活的窗口执行命令,因此,它们的作用也根据当前激活窗口的不同而改变。

Quick(快捷)功能键中包括一些频繁使用的功能。

Options(选项)功能键可以改变 EViews 系统的运行。

Manage Add - ins(管理添加项)功能键可以对添加项进行添加、移除和编辑等操作,通过 Download Add - ins 可以链接到 EViews 网站下载添加项。

Window(窗口)功能键提供进入工作区中打开各种窗口的简捷方法。

EViews 提供了一个内置的帮助系统。如果需要帮助,可从 EViews 主菜单中点击 Help 键。

在这些功能键中,View(浏览)、Objects(对象)和 Quick(快捷)是最频繁使用的三个功能键。

1. 建立工作文件

在初次使用 EViews 时,需要建立一个新工作文件(Workfile)。只有在建立了新工作文件的基础上,才能进行数据处理(Procs)、存取对象(Object)等操作。建立新工作文件的操作是:单击 EViews 主选单中的 File 键,选 New,Workfile 功能,将弹出一个如图 2 的 Workfile Create(创建工作文件)对话框。

此对话框共有三个选择区:Workfile structure type(工作文件类型)选择区、Date specification(日期设定)选择区和 Workfile names (optional) (文件名)选择区。

要新建一个工作文件,首先应当选择合适的文件类型。如图 3 所示,在 Workfile structure type(工作文件类型)选项区中共有三种工作文件类型可供选择,分别是 Unstructured / Undated(非时序的),Dated - regular frequency(时序的)和 Balanced Panel(面板数据)。通常情况下,时间序列数据文件应选用 Dated - regular frequency(时序的)类型;面板数据文件应选择 Balanced Panel(面板数据)类型;而其他类型数据则选择 Unstructured / Undated(非时序的)类型,如截面数据等。Workfile structure type(工作文件类型)选择区中默认的类型是 Dated - regular frequency(时序的)。

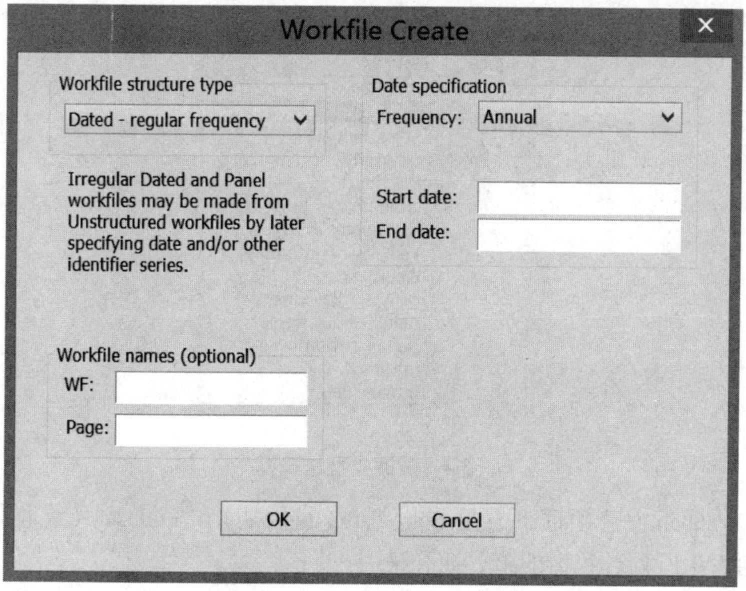

图 2　创建工作文件对话框

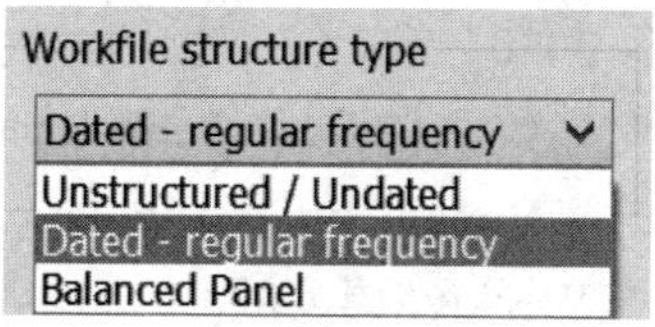

图 3　文件类型选择框

(1)建立时序(Dated)工作文件

在默认状态 Dated - regular frequency(时序的)类型下,可以通过位于图 2 窗口右上部的 Date specification(日期设定)中的 Frequency(频率)选择框中选择数据的频率。

在较早版本的 EViews 中只有八种类型可供选择,而 EViews 7 至 EViews 11 增加了新的数据类型,将数据性质的选择范围扩大到 14 种,分别是 Multi - year(多年度的)、Annual(年度的)、Semi - annual(半年度的)、Quarterly(季度的)、Monthly(月度的)、Bimonthly(双月度的)、Fortnightly(双周的)、Ten - day(Tri-monthly)(旬度的)、Weekly(周度的)、Daily - 5 day week(每周 5 天的)、Daily - 7 day week(每周 7 天的)、Daily - custom week(每周 1 ~ 7 天任意的)、Intraday(高频的)和 Integer date(整序数的)。默认的数据性质是 Annual(年度的),如图 4 所示。

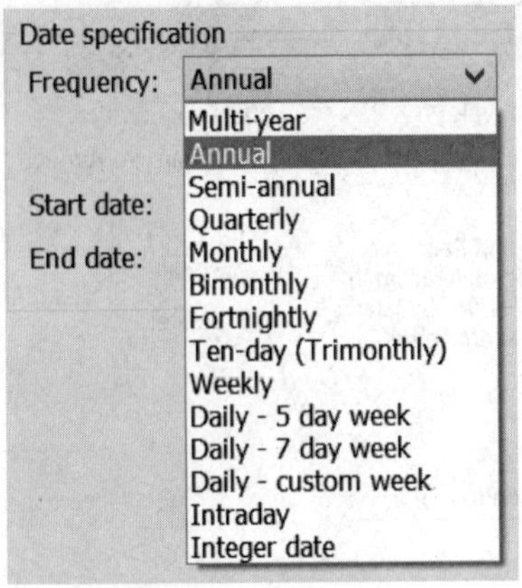

图 4　数据类型选择框

在 Frequency 选项框下方是 Start date（起始期）和 End date（终止期）选项框，分别表示所处理数据的第一期和最后一期。

例如，需要新建的数据样本范围是 2000—2020 年，只要在 Frequency（频率）选项框中选择 Annual，在 Start date（起始期）选择框中输入 2000，并在 End date（结束期）选择框中输入 2020，点击 OK 键，即可生成所需的工作文件。

对于其他一些类型的时序数据文件，如 Semi - annual（半年度的）、Quarterly（季度的）、Monthly（月度的）、Bimonthly（双月度的）、Fortnightly（双周的）、Ten - day(Trimonthly)（旬度的）、Weekly（周度的）、Daily - 5 day week（每周 5 天的）和 Daily - 7 day week（每周 7 天的），会出现与选择 Annual 类型数据相同的视窗。不同的是，在 Start date 和 End date 中不能只输入年份，还要根据不同的数据类型输入具体的月份或者日期。

例：用 EViews 建立月度工作文件的操作。

单击 EViews 主选单中的 File 键，选 New，Workfile 功能。在弹出的 Workfile Create（创建工作文件）对话框的 Workfile structure type（工作文件类型）中选 Dated - regular frequency（时序的，默认位置）。在 Date specification（日期设定）的 frequency 选项框中点击选 Monthly（月度）。在 Start date（起始期）选择框中填入样本起始期。比如，填入 2005M7（2005 年 7 月）。在 End date（终止期）选择框中填入样本终止期，比如，填入 2018M6（2018 年 6 月），见图 5。

注意：输入起始期 2005M7，也可换成 2005:7、2005/7 或 2005.7。输入终止期 2018M6，也可换成 2018:6、2018/6 或 2018.6。

点击 Workfile Create（创建工作文件）对话框下部的 OK 键，就会创建出一个新的工作文件，如图 6。

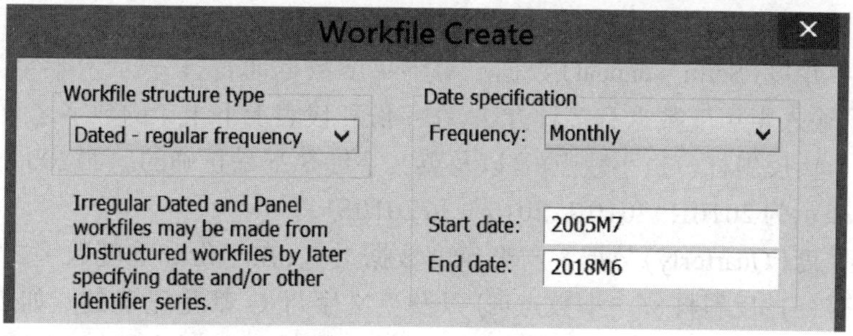

图5　创建工作文件对话框(局部)

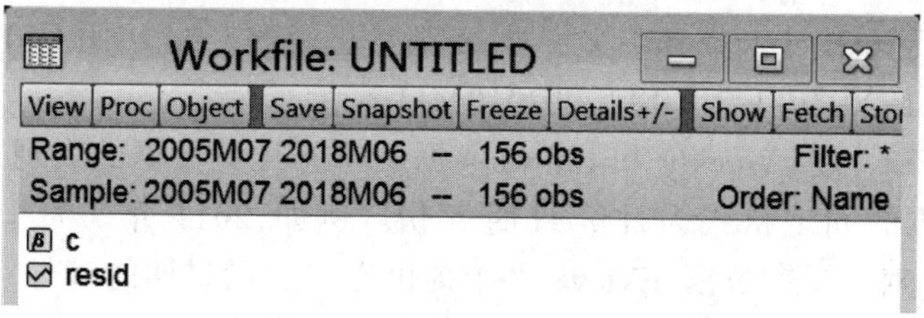

图6　未命名的工作文件视窗

在 EViews 主选单中点击 Quick 键,选择 Empty Group 功能,得空数据组(Group)视窗(部分)如图7。时间是按月份逐一排列的。

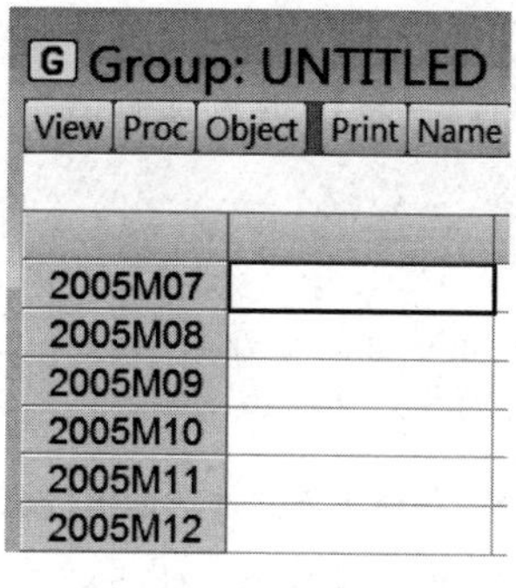

图7　空数据组视窗(局部)

EViews 通过日期来区分不同的时间段,正确地输入日期是生成数据文件的前提。EViews 中日期的书写规则如下。

①年度(Annual)数据。可以直接输入完整的年份,如1981、1995、2001等。对于1930—2029之间的年份来说,只需输入后两位数字也是可行的。如1995年可简写为95。需要注意的是,30代表的是1930年,而29却代表的是2029年,两个相邻的数字实际代表的年份相隔100年。为避免混淆,建议用户在使用

时输入完整年份。

②半年度(Semi - annual)数据。对半年度数据而言,1 表示上半年,2 表示下半年,输入半年度数据有多种方法,在年份和代表上下半年的数字之间输入英文冒号(:)、反斜杠(/)、小数点(.)以及英文字母 S 都是正确的。如 2000 年上半年可以表示为 2010:1、2010/1、2010.1 和 2010S1。

③季度(Quarterly)数据。与半年度数据类似,在年份和季度数字之间输入英文冒号(:)、反斜杠(/)、小数点(.)以及英文字母 Q 都是正确的。如 1992 年第一季度可以输入为 1992:1、1992/1、1992.1 和 1992Q1。

④月度(Monthly)数据。与半年度数据类似,在年份和月度数字之间输入英文冒号、反斜杠、小数点和英文字母 M 都是正确的。如 2010 年 11 月可以输入为 2010:11、2010/11、2010.11 和 2010M11。

⑤星期和日度(Weekly 和 Daily)数据。与前几类数据的表现形式略有不同,日度数据的固定格式为月份/日期/年份。例如,2011 年 3 月 15 日应写为 3/15/2011。对于星期数据,EViews 并未提供专门表示星期的符号,而是直接填写具体的日期。从该日期起每 7 天为一周期生成数据。

(2)用 EViews 建立非时序工作文件

在 EViews 主选单中点击 File 键,选 New,Workfile 功能。在弹出的 Workfile Create(创建工作文件)对话框的 Workfile structure type(工作文件类型)中选 Unstructured / Undated(非时序的)。在该对话框右侧的 Date range(数据范围)中的 Observations(观测值)选择区填入观测值个数,比如填入 185,如图 8。

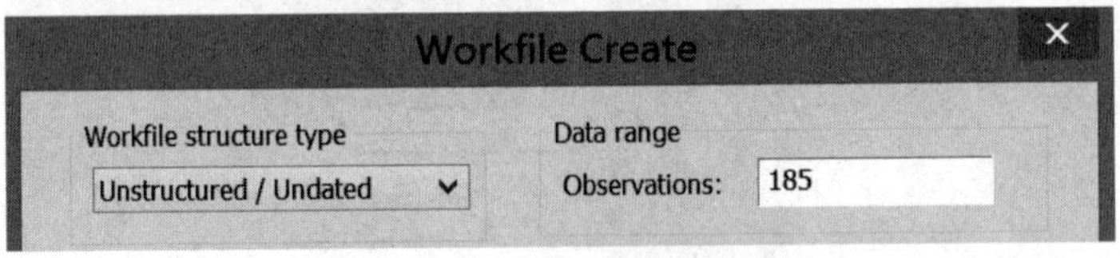

图 8　创建工作文件对话框(局部)

点击 Workfile Create(创建工作文件)对话框下部的 OK 键,即可得到一个非时序的、尚未命名的 EViews 工作文件,如图 9。

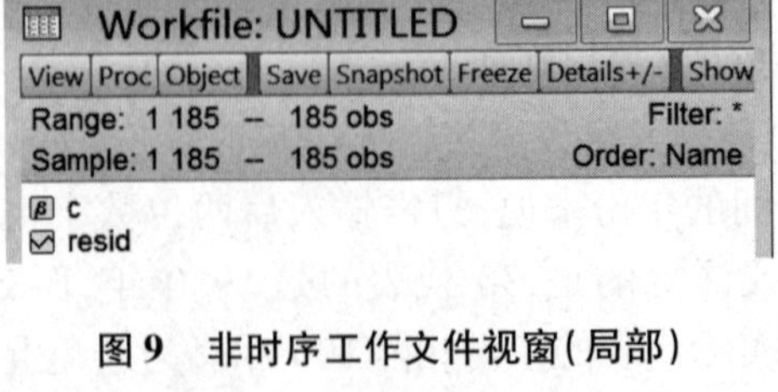

图 9　非时序工作文件视窗(局部)

（3）用 EViews 建立面板数据工作文件

关于用 EViews 建立面板数据工作文件的步骤见 § 12.6 节。

2. 输入数据

介绍三种 EViews 输入数据的方法。

（1）用键盘输入数据

以非时序工作文件为例，当输入一个或多个变量数据时，可从 EViews 主选单中点击 Quick 键，选 Empty Group 功能。此时将打开如图 10 的数据组（Group）窗口。

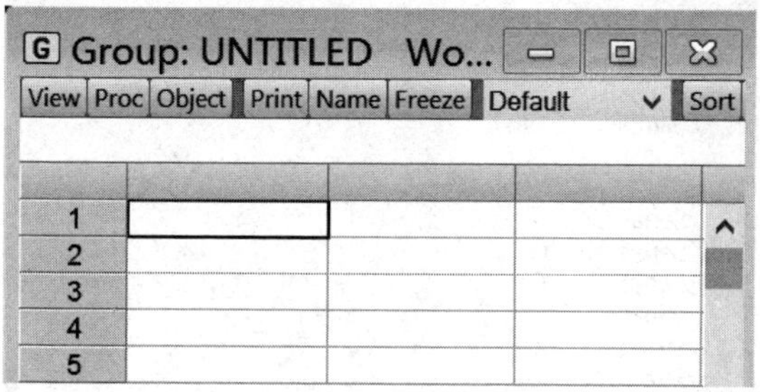

图 10　空数据组视窗（局部）

在左上角与 1 相对应的数据格中输入第一个数据，然后可以使用方向键将光标移至下一个待输入的数据格。当第一次输入数据时，EViews 将该序列自动命名为 SER01；如果给第二个序列输入数据，EViews 将自动为该序列命名为 SER02；以此类推。输入的数据将立即成为当前工作文件的一部分。在输入完数据后，可以关闭该数据窗口。如果希望保存该序列组对象，可以通过点击 Name 功能键完成。

注意，输入完数据后，即使关闭该序列组对象窗口，其数据也已经自动保存在 EViews 工作文件中。

在输入数据之前，也可以先给该序列起名。将光标放在图 10 中 1 右面的单元格，按住鼠标左键向上拖动，在新出现的空格行中输入序列名，点击键盘中的回车键，在弹出的对话框中点击 OK 键。序列命名后，再用键盘输入数据。

也可以在 EViews 工作文件中先定义序列名，然后输入数据。操作步骤是：在工作文件的主选单中先点击 Object 键，选 New Object 功能，从而打开 New Object（新对象）对话框，如图 11。从 Type of object（对象类别）选择框中选择 Series（序列），在图 11 视窗右侧 Name of object（新对象）选择框中为序列起名为 X(用户自己起名)。点击 OK 键。此时，没有数据的 X 序列对象出现在

EViews 工作文件中。双击 X 对象,打开 X 窗口,点击该窗口中的功能键 Edit +/- (编辑开关键),使视窗处于可编辑状态(选单下面有空白行出现)就得到类似如图 10 的窗口。

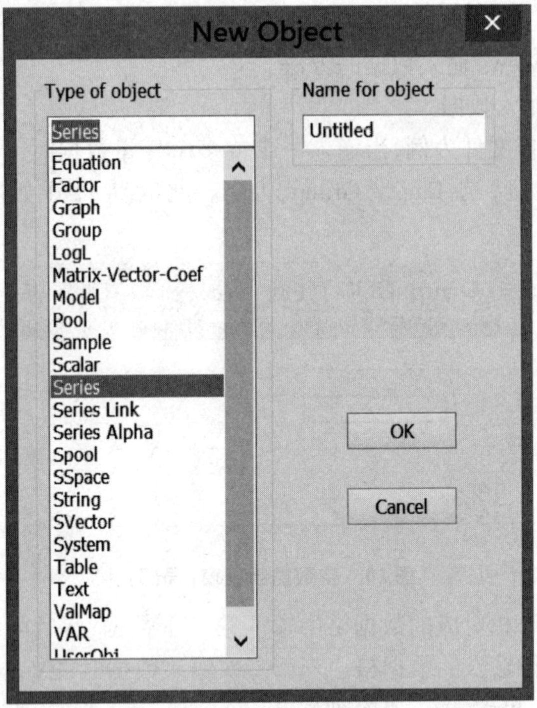

图 11　新对象对话框

注意,对时间序列或其他对象命名应不超过 16 个字符。下列名称具有特殊意义,EViews 已经占用,所以不能作为序列名称使用。它们是 ABS、ACOS、AR、ASIN、C、CON、CNORM、COEF、COS、D、DLOG、DNORM、ELSE、ENDIF、EXP、LOG、LOGIT、LPT1、LPT2、MA、NA、NRND、PDL、RESID、RND、SAR、SIN、SMA、SQR 和 THEN。

(2)通过复制粘贴键输入数据

在 EViews 内部和 EViews 与其他形式数据文件之间用复制、粘贴功能输入数据是一种简便的方式。

第一步,从其他数据源中选择要输入 EViews 工作文件的数据,选好数据后,点击鼠标右键选择“复制”。

第二步,激活 EViews 工作文件中的序列(Series)或数据组(Group)窗口(如图 10)。将光标移至 1 右侧的单元格内。由于目前序列处于可编辑状态,在

EViews 主选单中选 Edit 功能，点击 Paste 键，或点击鼠标右键，选择 Paste 功能，即可把数据粘入 EViews 工作文件中。

第三步，可以通过点击鼠标右键，选 Display format（格式显示）功能，调整所显示的数字位数等。

（3）通过公式生成新数据

操作步骤是点击 EViews 主选单中 Quick 键，选 Create series 功能，将打开一个 Create series 对话框。在这个对话框中利用数学公式在已有变量数据的基础上生成新序列，也就是使用普通数学符号对已有序列进行变换生成新序列。例如，用

LNY = LOG(Y)

即可生成一个新序列 LNY。LNY 是 Y 的自然对数变换序列（假定工作文件中已经有 Y）。

滞后序列可以通过在括号中使用带负号的数字表示滞后期数来得到。例如，X(-4)表示序列 X 的滞后 4 期序列。

DX = X - X(-4)

则表示序列 X 与 X 的滞后 4 期值进行差分得到的序列。

可以用成对的括号表示公式中各项的计算顺序。例如，

W1 = (A + B/(H + K))^2

表示先计算 H 与 K 的和，然后除 B，再与 A 相加，最后计算上述结果的平方，并令其等于 W1。

在公式中也可使用逻辑变量。这些变量有 TRUE 和 FALSE 两个结果。EViews 用 1 表示 TRUE，用 0 表示 FALSE。也可以通过使用逻辑运算符号 AND 和 OR 来表达复杂的逻辑运算。例如，

H = X > 3000 AND Y > = 10

上式表示当 X 大于 3000 并且 Y 大于等于 10 时，H 的值为 1。当上述两个条件中的任何一个得不到满足时，H 的值为 0。与上式取值相反的表达式是

H = X < = 3000 OR Y < 10

上式表示当 X 小于等于 3000 或 Y 小于 10 时，将给变量 H 赋值 1，否则将给变量 H 赋值 0。

最常用的运算符号及其功能见表 1。

表 1　运算符号及其含义

运算符号	功能
+	加
-	减
*	乘
/	除
^	乘方
>	大于。如果 X > Y,则逻辑运算 X > Y 的值为 1,否则为 0
<	小于。如果 X < Y,则逻辑运算 X < Y 的值为 1,否则为 0
=	等于。如果 X = Y,则逻辑运算 X = Y 的值为 1,否则为 0
< >	不等于。如果 X ≠Y,则逻辑运算 X < > Y 的值为 1,否则为 0
< =	小于等于。如果 X 小于等于 Y,则 X < = Y 的值为 1,否则为 0
> =	大于等于。如果 X 大于等于 Y,则 X > = Y 的值为 1,否则为 0
AND	“与”逻辑。如果 X 和 Y 都不为零,则 X AND Y 的值为 1
OR	“或”逻辑。如果 X 或 Y 不为零,则 X OR Y 的值为 1
D(X)	X 的一阶差分,即 X - X(-1)
D(X, n)	X 的第 n 次一阶差分,即 $(1-L)^n X$。其中 L 是滞后算子
D(X,n,s)	X 的 n 次一阶差分和一次 s 阶差分,即 $(1-L)^n(1-L^s)X$
LOG(X)	对 X 取自然对数
DLOG(X)	对 X 取自然对数后做一次一阶差分。LOG(X) - LOG(X(-1))
DLOG(X,n)	对 X 取自然对数后,做 n 次一阶差分,即 $(1-L)^n$ LOG(X)
DLOG(X,n,s)	对 X 取自然对数后,做 n 次一阶差分和一次 s 阶差分,即 $(1-L)^n(1-L^s)$ LOG(X)
EXP(X)	对 X 取指数变换
ABS(X)	对 X 取绝对值变换
SQR(X)	对 X 取平方根变换
SIN(X)	对 X 取正弦变换
COS(X)	对 X 取余弦变换
@ASIN(X)	对 X 取反正弦变换
@ACOS(X)	对 X 取反余弦变换
RND	生成 0 ~1 间均匀分布的随机数
NRND	生成均值为零、方差为 1 的标准正态分布随机数
@PCA(X)	生成绝对变化或增长量序列。X - X(-1)
@PCH(X)	生成相对变化或增长率序列。(X - X(-1))/X(-1)
@INV(X)	对 X 取倒数,1/X
@DNORM(X)	变 X 为标准正态密度函数
@CNORM(X)	变 X 为累计正态分布函数
@LOGIT(X)	对 X 进行 logistic 变换
@FLOOR(X)	变换 X 为不大于 X 的最大整数
@CEILING(X)	变换 X 为不小于 X 的最小整数

3. 画图

完成画图有两种途径可供选择。(1)在 EViews 主选单中点击 Quick 键,选 Graph 功能,以填入两个以上变量为例,将打开如图 12 的 Graph Option(图形选择)对话框。(2)以打开 Group 窗口为例,点击 View 键选 Graph 功能,也会打开如图 12 的对话框。注意,按第一种方法完成的是 Graph(图)对象;按第二种方法完成的是 Group(数据组)或 Series(序列)对象。

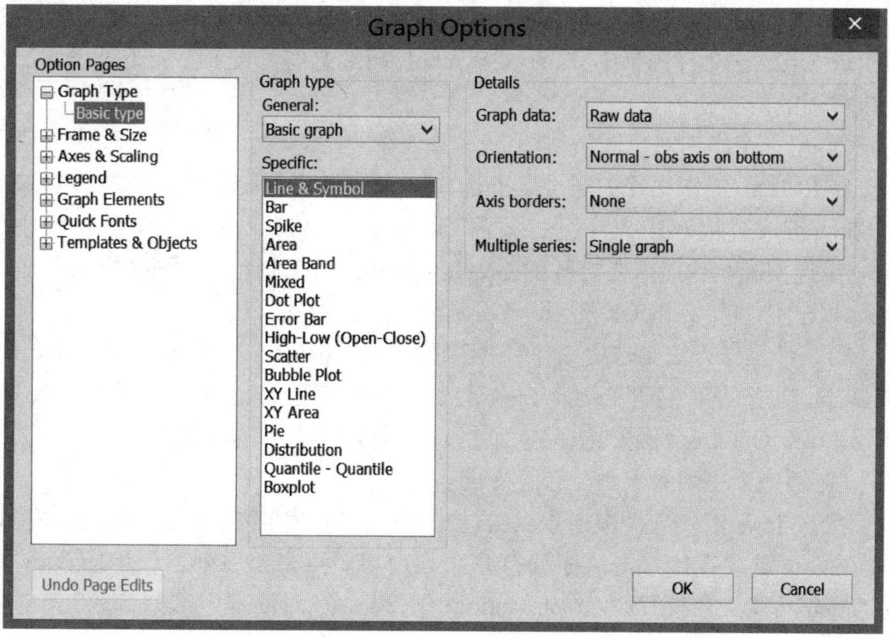

图 12　图形选择对话框

该对话框(图 12)左侧有呈树状结构的 Option Pages 选择框。点击每个选项,将进一步提供选择图形种类及修饰图形的对话框。共有七项选择,分别是 Graph Type(图形种类),Frame & Size(图框和尺寸),Axes & Scaling(轴和刻度),Legend(图例),Graph Elements(图素),Quick Fonts(快格式),Templates & Objects(模板与对象)。其中,Graph Type(图形种类)、Axes & Scaling(轴和刻度)及 Graph Elements(图素)是最频繁使用的三项选择。Graph Options(图形选择)对话框的默认位置是 Graph Type(图形种类)的 Basic type(基本图形),见图 12 左侧抹黑位置(计算机视窗中是蓝色)。

图 12 中部是 Graph Type(图形种类)的详细选择框。在其中的 Specific 选择框中共有 17 种图形可供选择,分别是 Line & Symbol(折线与符号图),Bar

(条形图)、Spike(针状图)、Area(区域图)、Area Band(区域带状图)、Mixed(混合图)、Dot Plot(点图)、Error Bar(误差条形图)、High - Low(极差图)、Scatter(散点图)、Bubble Plot(气泡图)、XY Line(XY 连线图)、XY Area(XY 区域图)、Pie(饼图)、Distribution(分布图),Quantile - Quantile(分位数对比图)和 Boxplot(箱图)等。Specific(设定)选择框中的默认选择是 Line & Symbol(折线与符号图),见图 12 中部抹黑位置(计算机视窗中是蓝色)。

注意,(1)依据序列的不同性质和序列数的不同,可选图形的种类数会有一些变化,例如只有绘制季节数据的图形时才会有 Seasonal Graph(季节图)的选项出现。(2)这几种图形中,Line & Symbol(折线与符号图)和 Scatter(散点图)是最常用的两类图形。

例:用一个序列对象画折线图。

在 EViews 工作文件中通过点击选中一个所用序列。通过工作文件窗口中的 Show 键或直接双击该序列打开序列(Series)窗口。点击该序列窗口中的 View 键选 Graph 功能。在打开的 Graph Option(图形选择)对话框(默认位置是画折线图)中直接点击 OK 键,即可得到序列的折线图。

第二种操作方法是选中一个所用序列,点击 EViews 主选单中的 Quick 键,选 Graph 功能,从而打开 Series List 对话框(序列名已自动填入)。点击 OK 键,打开 Graph Options (图形选择)对话框。点击 OK 键,就能得到折线图。

例:用一个序列对象画分布直方图。

在 EViews 工作文件中通过点击选中一个所用的序列。通过工作文件窗口中的 Show 键或直接双击该序列打开序列窗口。点击该序列窗口中的 View 键选 Graph 功能。在打开的 Graph Option(图形选择)对话框中部的 Specific 选择框中选择 Distribution(分布图)。点击 OK 键,即可得到序列的分布直方图。

如果在打开的 Graph Options (图形选择)对话框中部的 Specific 选择框中选择 Distribution(分布图)后,继续在 Graph Options (图形选择)对话框右侧的 Detail 选择框中的 Distribution 选择框区中选中 Kernel Density(核密度图)。点击 OK 键,即可得到序列的分布核密度图。

例:用两个序列对象画散点图。

在 EViews 工作文件中通过按住键盘上的 Ctrl 键点击选中两个所用序列(EViews 的规则是,第一个选中的序列做横轴,第二个选中的序列做纵轴)。在 EViews 主功能键中点击 Quick 键选择 Graph 功能,将打开如图 12 的 Graph Option(图形选择)对话框。或者通过点击 EViews 工作文件中的 Show 键打开序列组窗口,点击该序列窗口中的 View 键选 Graph 功能,也会打开如图 12 的对话框。在打开的 Graph Option(图形选择)对话框中部的 Specific 选择框中选择

Scatter(分布图)。点击 OK 键,即可得到该两个序列的散点图。

如果要画以某个序列为横轴,以其他两个序列为纵轴的散点图,首先选中三个序列。EViews 将以首先选中的那个序列为横轴,以其余序列为纵轴。随后的操作与上相同,即可得到所要的散点图。

注意,熟练使用 Graph Options (图形选择)对话框,可以在已画出图形的基础上进一步修饰出更漂亮、更满意的图形来。

例:用一个序列的数据画相关图(Correlogram,估计的自相关函数图)。

在 EViews 工作文件中通过点击选中一个序列对象。通过工作文件窗口中的 Show 键或直接双击该序列打开该序列窗口。点击该序列窗口中的 View 键选 Correlogram 功能。在打开的 Correlogram Specification(相关图设定)对话框(见图 13)中选择所用序列是原序列或其一次、二次差分序列,并选择相关图的滞后期,点击 OK 键,即可得到序列的相关图。

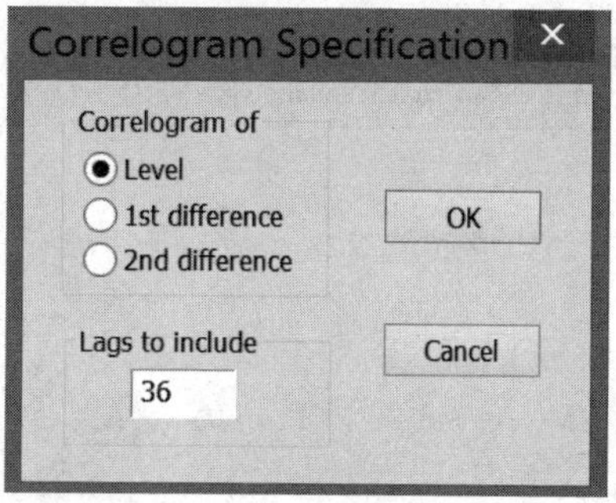

图 13　相关图设定对话框

4. 求数据的特征数

在 EViews 工作文件中通过点击选中一个序列(Series)对象。通过工作文件窗口中的 Show 键或直接双击该序列打开该序列窗口。点击该序列窗口中的 View 键选 Descriptive Statistics & Tests,Hstogram and Stats 功能,如图 14,即可得到序列的均值、中位数、极大值、极小值、样本标准差、偏度、峰度值、JB 统计量的值以及数据分布图。

5. 回归模型的 OLS 估计

完成回归模型的 OLS 估计有两种途径可以调用 Equation Estimation(方程估计)对话框。(1)在 EViews 主功能键中点击 Quick 键,选择 Estimate Equation 功能,将打开如图 15 的 Equation Estimation(方程估计)对话框。(2)在 EViews 工作文件中通过点击 Object 键,选 New Object 功能,在随后打开的 New Object

（新对象）对话框中默认的对象是 Equation（方程）。点击 OK 键，也可得到如图 15 的 Equation Estimation（方程估计）对话框。

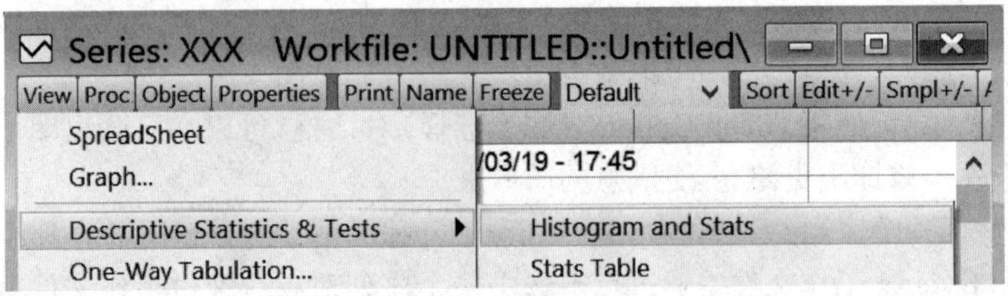

图 14　特征数分析路径图

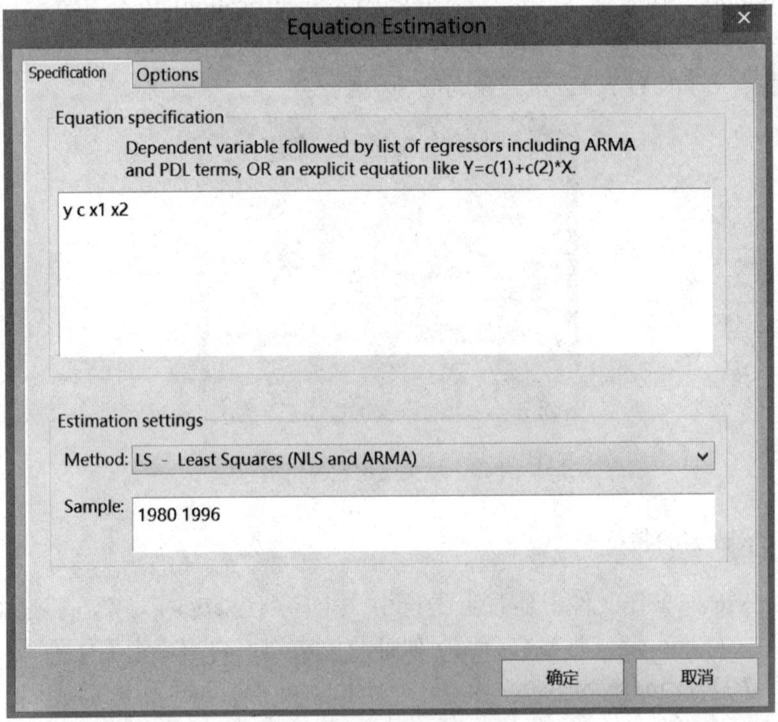

图 15　单方程估计对话框

在弹出的 Equation Estimation（方程估计）对话框中需要完成三项设定。设定方程式，选择估计方法，选择估计所使用的样本范围。

比如，用 Y 对常数项和 X1、X2 进行回归，（1）在 Equation Specification 对话框中输入如下内容（字母大小写均可），

Y　C　X1　X2

其中 Y 表示被解释变量，X1、X2 表示解释变量，C 表示回归函数中的常数

项。(2)在 Estimation settings 对话框中的 Method 选择区选择 LS - Least Squares(NLS and ARMA)方法(默认选择)。(3)在 Sample 选择区设定 1980 1996(默认全样本选择)。点击"确定"键,即可得到 Y 对常数项和 X1、X2 回归的估计结果如图 16。EViews 命令

Y C X1 X2

对应的回归式是,

Y = c(1) + c(2)* X1 + c(3)* X2

上述 EViews 命令的书写方式称作"列举变量法"。还有一种方法称作"设定公式(by formula)法"或称"设定表达式(by expression)法",即把上式作为 EViews 命令直接输入到 Equation Specification 对话框中。

Dependent Variable: Y
Method: Least Squares
Date: 04/26/20 Time: 08:00
Sample: 1980 1996
Included observations: 17

Variable	Coefficient	Std. Error	t-Statistic	Prob.
C	-10.46386	1.287010	-8.130363	0.0000
X1	1.021124	0.029404	34.72712	0.0000
X2	1.471943	0.239290	6.151284	0.0000

R-squared	0.998608	Mean dependent var	5.600196
Adjusted R-squared	0.998409	S.D. dependent var	0.749974
S.E. of regression	0.029918	Akaike info criterion	-4.021929
Sum squared resid	0.012531	Schwarz criterion	-3.874891
Log likelihood	37.18639	Hannan-Quinn criter.	-4.007313
F-statistic	5020.103	Durbin-Watson stat	1.568312
Prob(F-statistic)	0.000000		

图16 线性回归估计结果

列举变量法比较容易输入,且快捷。缺点是只适用于无约束的线性方程设定。设定公式法输入相对较慢,但在设定非线性模型或者带有参数约束的模型时必须使用这种方法。

方程 OLS 估计结果(Equation 窗口)可以以三种方式显示出来。图 16 给出的是 EViews 表格式输出结果。点击图 16 Equation(方程)窗口中的 View 键,选 Representation 功能还可以得到代数方程式输出结果如图 17。图 17 中既给出了用符号书写的回归方程式,又给出了回归方程式的估计结果。

点击图 17 Equation(方程)窗口选单中的 Resids 键,还可以得到回归方程对应的被解释变量样本值(Actual)、拟合值(Fitted),残差值序列图如图 18 所示。

注意,通过点击图 15 中 Estimation settings 对话框中 Method 选择区中的下

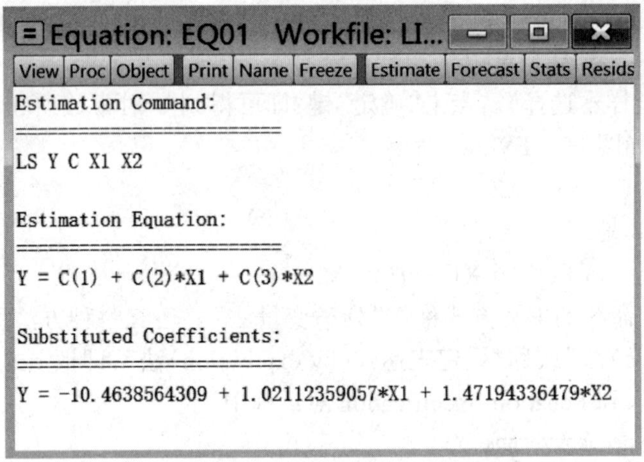

图 17　线性回归代数方程式输出结果

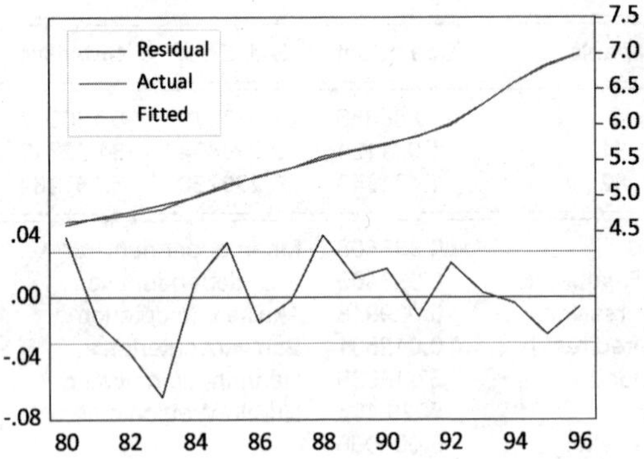

图 18　残差图

指箭头∨,可以下拉出一个估计方法选单,如图 19。从中可以看到,EViews 除了进行 OLS 估计,还可以进行 TSLS(两阶段最小二乘估计)、GMM(广义矩估计)、LIML(有限信息极大似然估计)、COINTREG(协整回归估计)、ARCH(自回归条件异方差估计)、BINARY(二元选择(Logit、Probit、极值)模型估计)、ORDERED(有序选择模型估计)、CENSORED(删失与断尾模型估计)、COUNT(计数模型估计)、QREG(分位数模型估计)、GLM(广义线性模型估计)、STEPLS(逐步回归最小二乘估计)、ROBUSTLS(稳健最小二乘估计)、HECKIT(Heckman 选择模型估计)、BREAKLS(结构突变最小二乘估计)、THRESHOLD(阈值回归估计)、SWITCHREG(切换回归估计)、ARDL(自回归分布滞后模型估计)、MIDAS(混合数据抽样回归估计)、ENET(弹性净规律化)和 FUNCOEF(函数系数估计）。

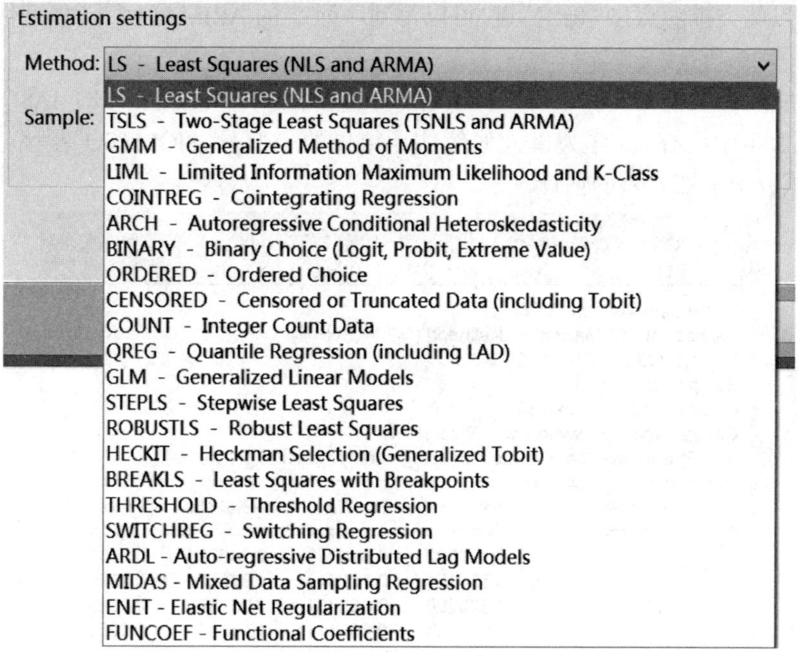

图 19　EViews 11 的估计方法

6. ARIMA 模型的估计、检验与预测

在建立 ARIMA 模型的过程中，首先要画建模序列的相关图，从而决定序列需差分次数 d 以及 AR 项和 MA 项的滞后长度。

在 EViews 工作文件中通过点击选中建模序列。通过工作文件窗口中的 Show 键或直接双击该序列对象打开该序列窗口。点击该序列窗口中的 View 键选 Correlogram（相关图）功能。在打开的 Correlogram Specification（相关图设定）对话框中选定相关图的滞后期数，点击 OK 键，即可得到序列的相关图。

假定序列名是 Y～I(1)。初步选定的模型是 ARIMA(1,1,1)形式，则估计时间序列模型的 EViews 操作是：从 EViews 主功能键中点击 Quick，选择 Estimate Equation 功能。在弹出的 Equation specification（方程设定）对话框中输入估计命令，

D(Y)　C　AR(1)　MA(1)

其中 D(Y)表示对序列 Y 差分一次。C 表示模型中含有均值项。AR(1)表示自回归滞后一期的项。如果有自回归滞后二期的项用 AR(2)表示，以此类推。

MA(1) 表示移动平均滞后一期的项,如果有移动平均滞后二期的项,用 MA(2) 表示,以此类推。点击“确定”键,可以得到序列 Y 的 ARIMA(1,1,1) 模型估计结果,如图 20 所示。

注意,EViews 10 和 EViews 11 版本在输出结果中多给出 SIGMASQ 一项(早期版本中没有)。作为极大似然估计结果的一部分,SIGMASQ 表示对极大似然函数中未知方差的估计。

Equation: UNTITLED Workfile: CASE 1...

View | Proc | Object | Print | Name | Freeze | Estimate | Forecast | Stats | Resids

Dependent Variable: D(Y)
Method: ARMA Maximum Likelihood (OPG - BHHH)
Date: 04/28/20 Time: 23:27
Sample: 1950 2011
Included observations: 62
Convergence achieved after 58 iterations
Coefficient covariance computed using outer product of gradients

Variable	Coefficient	Std. Error	t-Statistic	Prob.
C	0.127782	0.020456	6.246764	0.0000
AR(1)	0.554151	0.113647	4.876078	0.0000
MA(1)	0.333200	0.102461	3.251968	0.0019
SIGMASQ	0.001465	0.000111	13.15564	0.0000

R-squared	0.535494	Mean dependent var	0.129948
Adjusted R-squared	0.511468	S.D. dependent var	0.056613
S.E. of regression	0.039569	Akaike info criterion	-3.545901
Sum squared resid	0.090813	Schwarz criterion	-3.408667
Log likelihood	113.9229	Hannan-Quinn criter.	-3.492020
F-statistic	22.28798	Durbin-Watson stat	1.998095
Prob(F-statistic)	0.000000		

Inverted AR Roots	.55
Inverted MA Roots	-.33

图 20 ARIMA(1,1,1) 估计结果

查看特征根位置的 EViews 操作:在 ARIMA 模型估计结果窗口(如图 20)中点击 View 键,选 ARMA Structure 功能,在随后打开的对话框中如果选 Graph(特征根图),可以看到特征根倒数的位置图。如果选 Table(表格),可以看到特征根倒数的值。

查看 ARIMA 模型残差序列 Q 检验的 EViews 操作: 在 ARIMA 模型估计结果窗口点击 View 键,选 Residuals Diagnostics, Correlogram-Q-statistics 功能,在随后打开的对话框中指定相关图的最大滞后期,点击 OK 键。

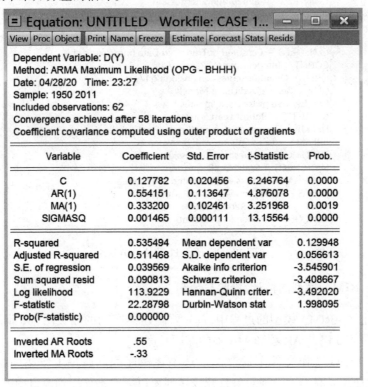

用 ARIMA 模型做动态、静态预测的 EViews 操作:在 ARIMA 模型估计结果

窗口(如图 20)点击 Forecast 键,随即弹出的对话框见图 21。通过点击 Y、D(Y)、Dynamic forecast(动态预测)和 Static forecast(静态预测)左侧的圆点就可以对 Y 或 D(Y)相应做出动态或者静态预测。预测结果以操作者在 Forecast name 选择框中给定的序列名(图中用的是 yf)保存在工作文件中。对 yf 可以查看数据值,可以画图。

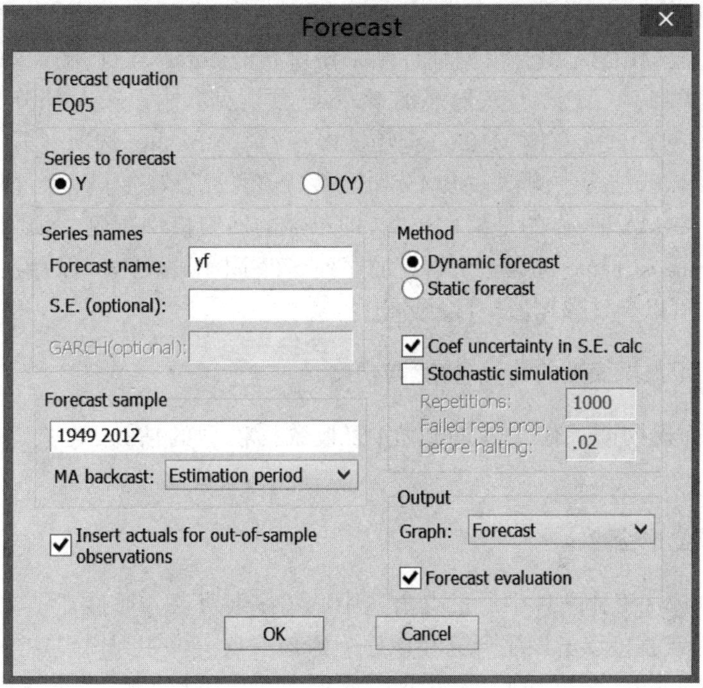

图 21　预测对话框

7. 回归与 ARIMA 组合模型的估计、检验与预测

以第 11 章中例 11.2 为例,首先建立回归模型。EViews 估计命令是

Log(Y)　c　log(GDP)　log(GDP)^2

在回归模型估计结果窗口中点击 View 键,选 Residuals Diagnostics, Correlogram-Q-statistics 功能,在随后打开的对话框中指定相关图的最大滞后期数,点击“确定”键,即可得到回归模型残差序列的相关图与偏相关图,从而检查回归模型残差序列是否为白噪声序列。如果不是白噪声序列,通过识别相关图,把回归模型残差序列进一步设定为 ARMA 模型,即确定自回归滞后阶数和移动平均滞后阶数。假定设定的是 AR(2) 模型,则通过点击回归模型估计结果窗口中的 Estimate 键,在已存在的估计命令后面加入 AR(1) 和 AR(2)项,如下所示,

Log(Y)　C　log(GDP)　log(GDP)^2　AR(1)　AR(2)

点击“确定”键,即可得到第 11 章表 11.13 的估计结果。继续点击 View 键,选 Residuals Diagnostics,Correlogram - Q - statistics 功能,检查模型残差序列是否为白噪声序列。如果不是白噪声序列,则修改 ARMA 模型参数继续估计;如果是白噪声序列特征,建模步骤结束。

用回归与 ARIMA 组合模型进行动态、静态、结构、非结构预测的 EViews 操作:在回归与 ARIMA 组合模型估计结果窗口点击 Forecast 键,随即弹出对话框(与图 21 类似)。关于动态、静态的 EViews 预测见本附录第 6 部分。在 Forecast(预测)对话框的右侧 Method 选项区内有一个 Structure 选项。不勾选(默认位置)表示做非结构预测,即 ARMA 项也参与预测。若勾选了此项,即在预测过程中忽略 ARMA 项,做的是结构预测,即单纯的回归模型预测。预测结果以操作者在 Forecast name 选择框中给定的序列名(图中用的是 yf)保存在工作文件中。对 yf 可以查看数据值,可以画图。

8. 面板数据模型的估计、检验与预测

关于面板数据工作文件的建立,面板数据模型的估计、检验与预测请见 §12.6 节。

9. 单位根检验

在 EViews 工作文件中通过点击选中所用序列对象。通过工作文件窗口中的 Show 键或直接双击该序列打开该序列窗口。点击该序列窗口中的 View 键,选 Unit Root Tests,Standard Unit Root Test 功能,如图 22 所示(注意,EViews 11 里多了另外两类单位根检验功能)。

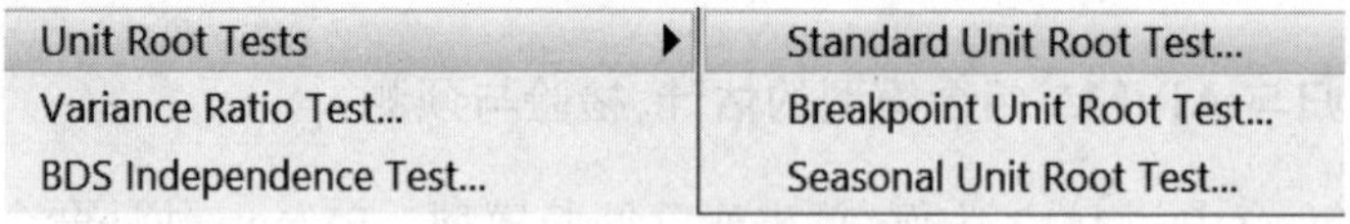

图 22　单位根检验路径

随后会弹出一个 Unit Root Test(单位根检验)对话框如图 23 所示,其中有四个选择区。

位于 Unit Root Test(单位根检验)对话框上部的是 Test Type(检验方法)选择区。默认检验方法是 ADF 检验。除此,还有五种其他检验方法。

位于 Unit Root Test(单位根检验)对话框左侧中部的是 Test for unit root in(检验序列)选择区,共包括三种选择。检验水平序列(Level),即原序列。检验

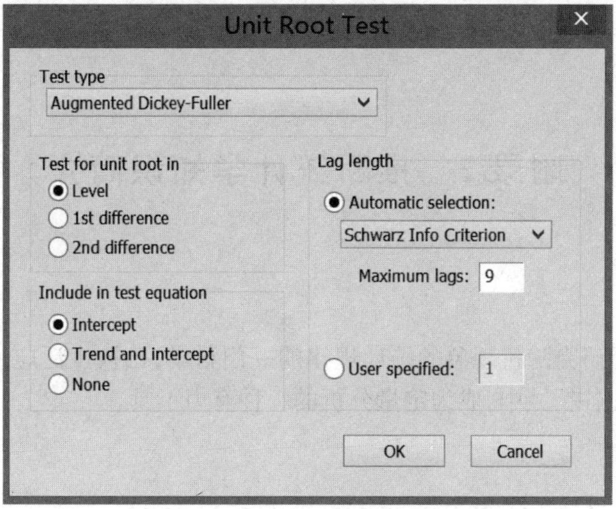

图 23　单位根检验视窗

一次差分序列(1st difference)和检验二次差分序列(2nd difference)。

位于 Unit Root Test(单位根检验)对话框左侧下部的是 Include in test equation(检验式形式)选择区,共包括三种选择:检验式中含漂移项(Intercept),检验式中含趋势项和漂移项(Trend and Intercept),检验式中无附加项(None)。

位于 Unit Root Test(单位根检验)对话框右侧的是 Lag length(检验式中因变量滞后项个数)选择区,其中的两个选项互相切换。一个是自动选择滞后项个数(Automatic selection),一个是人为选择滞后项个数(User specified)。Automatic selection 选择框中的默认选择是依据 Schwarz Info Criterion(Schwarz 信息准则)确定差分滞后项个数。通过下拉选单,还可以选择其他的准则。如果选择 User specified(人为设定差分滞后项个数),需使用者自己在 User specified 右侧的选择框中填写自己关于滞后期个数的设定。完成上述四项选择后,点击 OK 键,就可以得到单位根检验结果。

注意如下两点:

(1) Include in test equation(检验式形式)选择区中的 Trend and Intercept(检验式中含趋势项和漂移项)选项在实际中很少用到。常用的选择是 Intercept(检验式中含漂移项)和 None(检验式中无附加项)。顺序是先选择 Intercept 检验,若常数项无显著性,再进一步选择 None(检验式中无附加项)检验单位根。

(2) 如果检验结果是序列无单位根(平稳),则检验结束。如果检验结果是序列有单位根(非平稳),则检验未结束。应该继续对该序列的差分序列进行单位根检验,直至被检验序列平稳为止,从而推知原序列含有多少个单位根。

附录 2　推断统计学知识简介

统计学是研究随机现象的统计规律的一门科学,已被广泛应用于自然科学和社会科学的各领域中,成为定量分析的一种有力工具。

§附 2.1　总体、样本与随机变量

1. 总体

统计学中,把所研究对象的全体称为**总体**,总体中的每个元素称为**个体**,总体中个体的数目称为**总体容量**,用 N 表示。N 可以是有限数,也可以是无限数,对应的总体分别称为**有限总体**和**无限总体**。当 N 很大时,有限总体可以近似地看作无限总体。

2. 样本

由总体中的若干个体组成的集合称为一个样本,样本中个体的数目称为**样本容量**,用 n 表示。样本是总体的子集。

根据样本的信息来推测总体的情况,并给出这个推测的可靠程度,称为**推断统计**。推断统计要求从总体中抽取样本须满足**随机原则**,即抽样时总体中的个体都有同等的机会成为样本中的元素。如果每次抽取一个不放回去,再抽取第二个,连续抽取 n 次,称为**不重复抽样**,如果每次抽取一个放回去,再抽取第二个,连续抽取 n 次,称为**重复抽样**。对无限总体,不重复抽样等价于重复抽样;当 N 很大时,不重复抽样则近似于重复抽样。

3. 随机变量

按一定的概率取不同数值的变量称为**随机变量**,用 X、Y 等表示。一个随机

变量的完全信息包括它的取值范围及取每个数值的概率，称为随机变量的**分布**。通常，我们关心的是所研究对象的某项数量指标 X、X 的取值客观上有一定的分布，总体作为 X 的值的全体，是一个随机变量，因此对总体的研究也就是对随机变量 X 的分布的研究。

对随机抽样，样本中的个体的数量指标也是随机变量，且与总体有相同的分布，即样本是 n 个相互独立且与总体有相同分布的随机变量，这是推断统计的基础。

§附2.2　随机变量的分布

随机变量是用它的分布来表示的。若 X 为随机变量，x 为任意实数，称

$$F(x)=P(X\leqslant x)$$

为随机变量 X 的**分布函数**，即 $X\leqslant x$ 的概率。分布函数 $F(x)$ 满足：

(1) $0\leqslant F(x)\leqslant 1$。

(2) $F(-\infty)=0$。

(3) $F(+\infty)=1$。

(4) $P(x_1\leqslant X\leqslant x_2)=F(x_2)-F(x_1)$。

1. 离散型随机变量

取有限个或无限可数个数值的随机变量称为**离散型随机变量**，其中无限可数个是指同自然数、有理数一样多的个数。对离散型随机变量 X，可以用**概率函数**

$$P_i=P(X=x_i)\quad(i=1,2,\cdots)$$

表示，即 $X=x_i$ 的概率。P_i 满足：

(1) $P_i\geqslant 0$。

(2) $\sum P_i=1$。

2. 连续型随机变量

取无限不可数个数值的随机变量称为**连续型随机变量**，其中无限不可数个是指同无理数、实数一样多的个数。对连续型随机变量 X，可以用**密度函数**

$$f(x) = F'(x)$$

表示,近似于 X 在 x 附近单位长区间上取值的概率。$f(x)$满足:

(1) $f(x) \geqslant 0$。

(2) $\int_{-\infty}^{+\infty} f(x)\mathrm{d}x = 1$。

(3) $P(a < x \leqslant b) = \int_a^b f(x)\mathrm{d}x$。

(4) $F(x) = \int_{-\infty}^{x} f(t)\mathrm{d}t$。

显然,连续型随机变量的分布函数与概率密度函数可以相互推导。

3. 多元随机变量

分量为随机变量的向量称为**多元随机变量**,其**联合分布函数**定义为

$$F(x_1, x_2, \cdots, x_k) = P(X_1 \leqslant x_1, X_2 \leqslant x_2, \cdots, X_k \leqslant x_k)$$

若随机变量 X、Y 满足

$$F(x, y) = F_X(x) \cdot F_Y(y)$$

即联合分布函数等于各自分布函数的乘积,称随机变量 X 与 Y **相互独立**。

4. 随机变量函数

若 X 为随机变量,则称 $Y = f(X)$为**随机变量函数**,通常也是一个随机变量。

§附 2.3 总体分布的数字特征——参数

总体分布一般是由它的某些数字特征决定的,称之为**参数**,用θ等表示。常用的参数如下。

1. 总体均值

表示总体的平均水平,记为μ或 E(·)。若离散型随机变量 X 的总体均值存在,则定义为

$$\mathrm{E}(X) = \sum_i P_i x_i$$

若将 P_i 看作 X 取 x_i 的权重，上式为 X 的加权平均值。连续型随机变量 X 的总体均值 $\int_{-\infty}^{+\infty} x f(x)\mathrm{d}x$ 若收敛，则定义为

$$\mathrm{E}(X) = \int_{-\infty}^{+\infty} x f(x)\mathrm{d}x$$

若将 $f(x)$ 近似看作 X 在 x 附近单位长区间上取值的权重，上式为 X 的加权平均值。

均值满足：

（1）若 a 为常数，则 $\mathrm{E}(a) = a$。

（2）若 X、Y 为随机变量，a、b 为常数，则

$$\mathrm{E}(aX + bY) = a\mathrm{E}(X) + b\mathrm{E}(Y)$$

（3）若 X、Y 为相互独立的随机变量，则

$$\mathrm{E}(X \cdot Y) = \mathrm{E}(X) \cdot \mathrm{E}(Y)$$

2. 总体方差

表示总体的离散程度，记为 σ^2 或 Var(·)，定义为

$$\sigma^2 = \mathrm{E}[X - \mathrm{E}(X)]^2$$

由均值的性质，可知

$$\sigma^2 = \mathrm{E}(X^2) - [\mathrm{E}(X)]^2$$

方差有如下性质：

（1）若 a 为常数，则

$$\mathrm{Var}(a) = 0$$

（2）若 X、Y 为相互独立的随机变量，a、b 为常数，则

$$\mathrm{Var}(aX + bY) = a^2\,\mathrm{Var}(X) + b^2\,\mathrm{Var}(Y)$$

称 $\sigma = \sqrt{\mathrm{Var}(\cdot)}$ 为**总体标准差**，它与总体的数量指标有相同的量纲。

§ 附 2.4　样本分布的数字特征——统计量

样本分布的数字特征称为**统计量**,用$\hat{\theta}$ 等表示,是一个随机变量。常用的统计量有下面几个。

1. 样本平均数

表示样本的平均水平。若 $x_1, x_2, \cdots, x_n$ 为一个样本,其样本平均数定义为

$$\bar{x} = \frac{1}{n}\sum_{i=1}^{n} x_i$$

2. 样本方差

表示样本的离散程度,定义为

$$S^2 = \frac{1}{n-1}\sum_{i=1}^{n}(x_i - \bar{x})^2$$

它等于

$$\frac{1}{n-1}\left(\sum_{i=1}^{n} x_i^2 - n\bar{x}^2\right)$$

称 $S = \sqrt{S^2}$ 为样本标准差,它与样本观测值的数量指标有相同的量纲。

显然,由不同的样本可以得到不同的样本平均数和样本方差,可以证明:

(1) $E(\bar{x}) = \mu$。

(2) $E(S^2) = \sigma^2$。

§ 附 2.5　几个重要的连续型随机变量的分布

随机变量之间可以进行各种运算,计算结果一般也是随机变量,其分布通常较难确定。一个思路是,先确定随机变量的分布类型,再计算影响其分布的参

数。本节介绍推断统计中常用的几类连续型随机变量。

1．正态分布

若连续随机变量 u 的密度函数为

$$f(x)=\frac{1}{\sqrt{2\pi}\sigma}e^{-\frac{(x-\mu)^2}{2\sigma^2}},\quad -\infty<x<\infty$$

其中μ,σ为常数,且$\sigma>0$,则称 u 服从**正态分布**,记为

$$u\sim N(\mu,\sigma^2)$$

当$\mu=0$,$\sigma=1$ 时,称 u 服从**标准正态分布**(如图 1),记为

$$u\sim N(0,1)$$

标准正态分布密度函数曲线关于纵轴对称。u_α为临界值,满足

$$P(|u|\geqslant u_\alpha)=\alpha$$

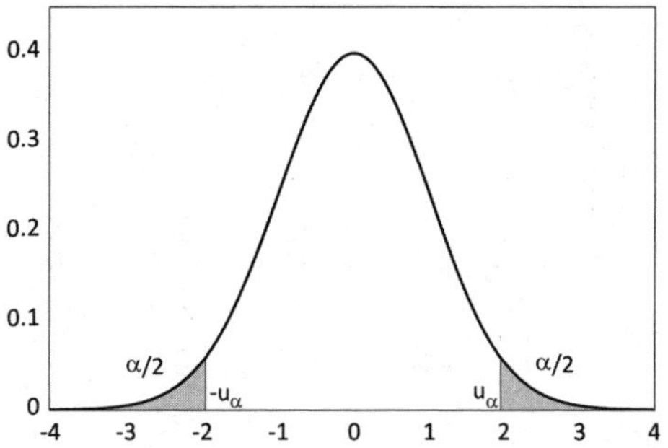

图 1　标准正态分布

正态分布在统计中具有重要的理论和实践意义:现实中的许多随机现象都服从或近似服从正态分布;随着样本容量的增大,很多统计量近似于正态分布;许多离散型随机变量可用正态分布来近似。可以证明,正态分布满足:

(1) $E(u)=\mu$,$Var(u)=\sigma^2$。

(2) 若随机变量 $u_1,u_2,\cdots,u_n$ 相互独立,且 $u_i\sim N(\mu_i,\sigma_i^2)$,$i=1,2,\cdots,n$。$a_1,a_2,\cdots,a_n$ 不全为 0,则

$$W=\sum_{i=1}^{n}a_iu_i\sim N\left(\sum_{i=1}^{n}a_i\mu_i,\sum_{i=1}^{n}a_i^2\sigma_i^2\right)$$

(3)若 $u\sim N(\mu,\sigma^2)$,则

$$Z = \frac{u-\mu}{\sigma} \sim N(0,1)$$

2. χ^2 分布

若 $u_1,u_2,\cdots,u_n$ 为相互独立且服从 $N(0,1)$分布的随机变量,则称

$$\chi^2 = u_1{}^2 + u_2{}^2 + \cdots\cdots + u_n{}^2$$

为服从 n 个自由度的 χ^2 **分布**(如图2),记为

$$\chi^2 \sim \chi^2(n)$$

其中**自由度**是指一个表达式中可以自由取值的变量个数。χ^2 分布密度函数曲线位于第一象限。

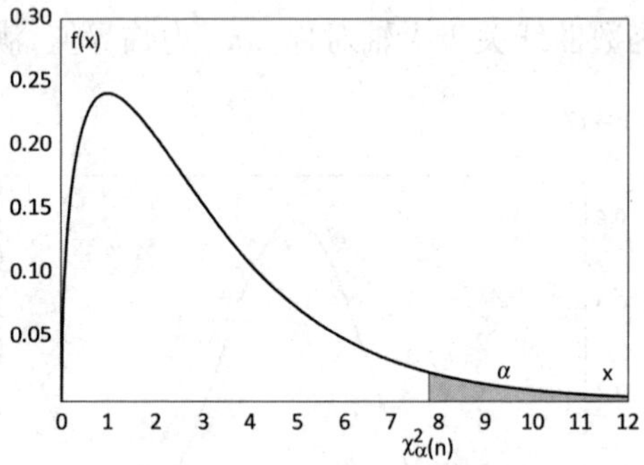

图2　χ^2 分布

χ^2_α 为临界值,满足

$$P(\chi^2 \geqslant \chi^2_\alpha) = \alpha$$

α 是概率。χ^2 分布满足:

(1) $E(\chi^2) = n, Var(\chi^2) = 2n$。

(2) 若随机变量 $u_1,u_2,\cdots,u_n$ 相互独立,且 $u_i \sim N(0,1)$,则

$$\sum_{i=1}^{n}(u_i - \bar{u})^2 \sim \chi^2(n-1)$$

其中 $\bar{u} = \frac{1}{n}\sum_{i=1}^{n}u_i$。

(3)若随机变量 $W_1,W_2,\cdots,W_n$ 相互独立,且 $W_i \sim \chi^2(n_i), i=1,2,\cdots,n$,则

$$\sum_{i=1}^{n} W_i \sim \chi^2\left(\sum_{i=1}^{n} n_i\right)$$

3. *t* 分布

若随机变量 $u \sim N(0,1)$，$\chi^2 \sim \chi^2(n)$，u 与 χ^2 相互独立，则称

$$t = \frac{u}{\sqrt{\chi^2/n}}$$

为服从 n 个自由度的 ***t* 分布**（如图 3），记为

$$t \sim t(n)$$

t 分布密度函数曲线的形状与 $N(0,1)$ 分布相似。

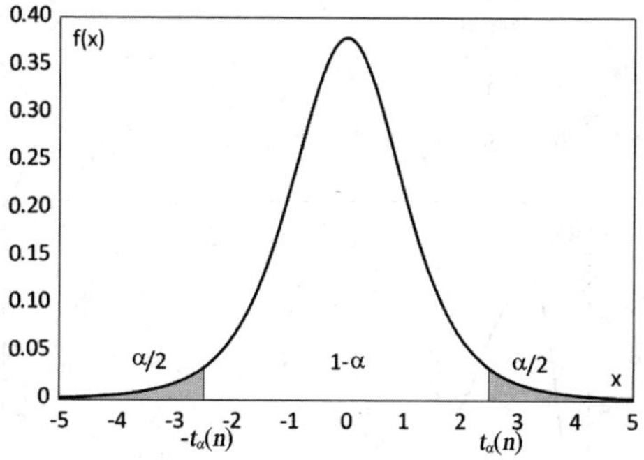

图 3　*t* 分布

t_α 为临界值，满足

$$P(|t| \geqslant t_\alpha) = \alpha$$

t 分布满足：

（1）$E(t) = 0$。

（2）$Var(t)$ 随着自由度 n 的增加而减小，且

$$Var(t) = 1，\quad 当 n \to +\infty 时$$

当 $n \geqslant 30$ 时，$t(n)$ 近似于 $N(0,1)$。

4. *F* 分布

若随机变量 ${\chi_1}^2 \sim \chi^2(n_1)$，${\chi_2}^2 \sim \chi^2(n_2)$，且 ${\chi_1}^2$ 与 ${\chi_2}^2$ 相互独立，则称

$$F = \frac{\chi_1{}^2 / n_1}{\chi_2{}^2 / n_2}$$

为服从第一个自由度为 n_1、第二个自由度为 n_2 的 **F分布**,记为

$$F \sim F(n_1, n_2)$$

F 分布密度函数曲线位于第一象限。

F_α 为临界值,满足

$$P(F \geqslant F_\alpha) = \alpha$$

易知,若 $F \sim F(n_1, n_2)$,则

$$\frac{1}{F} \sim F(n_2, n_1)$$

从而

$$F_{1-\alpha}(n_1, n_2) = \frac{1}{F_\alpha(n_2, n_1)}$$

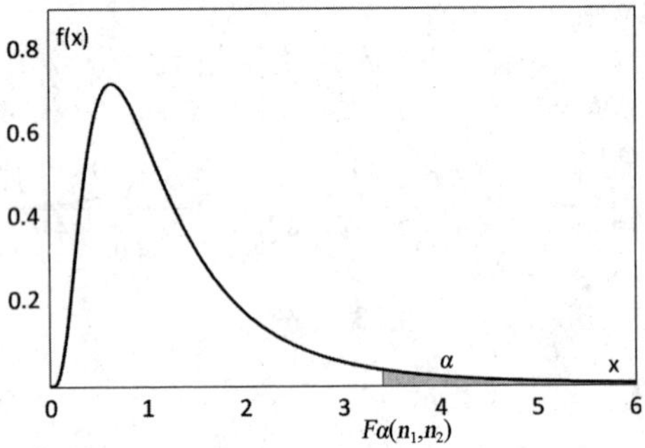

图 4　F分布

§附 2.6　正态总体的样本平均数和样本方差

1. 一个正态总体的样本性质

若总体服从 $N(\mu, \sigma^2)$,$x_1, x_2, \cdots, x_n$ 为一个样本,则

（1）$\bar{x} \sim N(\mu, \sigma^2/n)$，即 $\dfrac{\bar{x}-\mu}{\sigma/\sqrt{n}} \sim N(0,1)$。

（2）$\dfrac{(n-1)S^2}{\sigma^2} \sim \chi^2(n-1)$，且 $\bar{x}$ 与 S^2 相互独立。

（3）$\dfrac{\bar{x}-\mu}{S/\sqrt{n}} \sim t(n-1)$。

2. 两个正态总体的样本性质

若 $x_1, x_2, \cdots, x_{n_1}$ 和 $y_1, y_2, \cdots, y_{n_2}$ 分别是取自正态总体 $N(\mu_1, \sigma_1{}^2)$、$N(\mu_2, \sigma_2{}^2)$的样本，则

$$F = \frac{S_1{}^2/\sigma_1{}^2}{S_2{}^2/\sigma_2{}^2} \sim F(n_1-1, n_2-1)$$

其中 $S_1{}^2$、$S_2{}^2$ 分别为两个样本的样本方差。

3. 中心极限定理

若随机变量 $x_1, x_2, \cdots, x_n$ 相互独立，且服从同一分布，则随机变量

$$y_n = \frac{\bar{x}-\mu}{\sigma/\sqrt{n}}$$

的极限($n \to +\infty$)分布为标准正态分布，其中μ、σ^2 分别为 x_i 的均值和方差。

中心极限定理说明，当样本容量 n 充分大时，对非正态总体，本节 1 中的(1)仍成立。

§附 2.7　估计量的评价标准

利用统计量的信息可以对未知参数进行估计，$\hat{\theta}$ 作为θ的**估计量**，是一个随机变量，其优劣有一些评价标准。

1. 无偏性

若 $\mathrm{E}(\hat{\theta}) = \theta$，则称$\hat{\theta}$ 为θ的**无偏估计量**。通常，称 $\mathrm{E}(\hat{\theta}) - \theta$为系统误差，无偏

估计意味着无系统偏差。

例如：$E(\bar{x})=\mu$，$E(S^2)=\sigma^2$。

2. 有效性

设$\hat{\theta}_1$和$\hat{\theta}_2$都是θ的无偏估计量，且$\mathrm{Var}(\hat{\theta}_1)<\mathrm{Var}(\hat{\theta}_2)$，则称$\hat{\theta}_1$为$\theta$的**有效估计量**。在样本容量相同的情况下，有效估计量的值在θ的附近最为集中，是非常理想的估计量。

例如：$\bar{x}$是μ的有效估计量。

3. 一致性

若$\hat{\theta}$依概率收敛于θ，即对任意$\varepsilon>0$，

$$\lim_{n\to\infty}P(|\hat{\theta}-\theta|<\varepsilon)=1$$

其中n为样本容量，则称$\hat{\theta}$为θ的**一致估计量**。通常把样本容量$n\geqslant30$的样本看作**大样本**，一致性在大样本下才起作用。

例如：$\bar{x}$为μ的一致估计量。

§附 2.8 参数估计

推断统计主要包括**参数估计**和**假设检验**。参数估计又分为点估计和区间估计。

1. 参数的点估计

选择一个适当的统计量$\hat{\theta}$，把其观测值作为未知参数θ的估计值，称为**点估计**。点估计量的选取有不同的方法。

(1)矩估计法

随机变量x的r阶**原点矩**定义为$E(x^r)$，r阶**中心矩**定义为$[E(x-\bar{x})^r]$。矩估计法中，把样本矩作为对应总体矩的估计量。

例如：$\hat{\mu}=\bar{x}$，$\hat{\sigma}=S$。

（2）极大似然估计法

设 $x_1, x_2, \cdots, x_n$ 为由未知参数θ确定的总体的一个样本，对离散型随机变量，定义

$$L(x_1, x_2, \cdots, x_n, \theta) = \prod_{i=1}^{n} P(x_i, \theta)$$

对连续型随机变量，定义

$$L(x_1, x_2, \cdots, x_n, \theta) = \prod_{i=1}^{n} f(x_i, \theta)$$

称 L 为**似然函数**。极大似然估计法中，把使样本出现概率最大的估计量作为所选，即关于θ极大化 L，得到$\hat{\theta}$。这等价于极大化 LnL（因为 LnL 是 L 的单调增函数），通过 LnL 关于θ的一阶导数为 0 来求解$\hat{\theta}$。

此外，还有**最小二乘估计法**等。

2. 参数的区间估计

设 $x_1, x_2, \cdots, x_n$ 为由未知参数θ确定的总体的一个样本，对给定的数$\alpha \in (0,1)$，确定两个统计量θ_1, θ_2，使得

$$P(\theta_1 \leqslant \theta \leqslant \theta_2) = 1 - \alpha$$

称(θ_2, θ_2)为 $1-\alpha$ **置信度**下θ的**置信区间**，其含义是：在多次抽样中，大约有 $100(1-\alpha)\%$ 的置信区间包含真值θ。

显然，相同置信度下的置信区间不是唯一的。设 $x_1, x_2, \cdots, x_n$ 为总体 X 的一个样本，x 的均值μ和方差σ^2 的区间估计须依据不同情况确定。

（1）正态总体σ^2 已知时μ的区间估计：

利用

$$\frac{\bar{x} - \mu}{\sigma / \sqrt{n}} \sim N(0,1)$$

可得

$$P\left(\left| \frac{\bar{x} - \mu}{\sigma / \sqrt{n}} \right| \leqslant u_\alpha \right) = 1 - \alpha$$

其中 u_α 为临界值，根据α值查标准正态分布表得到。μ在 $1-\alpha$ 置信度下的置信区间为

$$\left(\bar{x} \pm \frac{\sigma}{\sqrt{n}} u_{\alpha}\right)$$

对一般总体σ^2 已知的大样本,根据中心极限定理可知 $\bar{x}$ 近似正态分布,仍可用该式对μ进行区间估计。对一般总体σ^2 未知的大样本,可用 S 代替该式中的σ对μ进行近似的区间估计。

(2)正态总体σ^2 未知小样本时μ的区间估计:

利用

$$\frac{\bar{x} - \mu}{S/\sqrt{n}} \sim t(n-1)$$

可得

$$P\left(\left|\frac{\bar{x} - \mu}{\sigma/\sqrt{n}}\right| \leqslant t_{\alpha}\right) = 1 - \alpha$$

其中 t_{α} 为临界值,根据α值查 t 分布表得到,故μ在 $1-\alpha$置信度下的置信区间为

$$\left(\bar{x} \pm \frac{S}{\sqrt{n}} t_{\alpha}\right)$$

(3)正态总体μ未知时σ^2 的区间估计:

利用

$$\frac{(n-1)S^2}{\sigma^2} \sim \chi^2(n-1)$$

可得

$$P\left(a \leqslant \frac{(n-1)S^2}{\sigma^2} \leqslant b\right) = 1 - \alpha$$

其中 $a = \chi^2_{1-\alpha}(n-1)$, $b = \chi^2_{\alpha}(n-1)$为临界值,根据α值查 χ^2 分布表得到(注意,公式中α表示检验水平,查附表 2 应该查 $1-\alpha/2$ 和$\alpha/2$),故σ^2 在 $1-\alpha$置信度下的置信区间为

$$\left(\frac{(n-1)S^2}{b}, \frac{(n-1)S^2}{a}\right)$$

一般地,α越大,置信区间越小。当$\alpha \to 1$ 时,区间估计近似点估计,此时估计的可靠性最低。通常取$\alpha = 0.05$, 0.01 等。

§附2.9　假设检验

1. 假设检验的定义

关于未知分布的假设称为**统计假设**,其中关于未知参数的假设称为**参数假设**。根据样本的信息来检验关于总体的假设称为**假设检验**。

被检验的假设称为**原假设**,记为 H_0;原假设的对立假设称为**备择假设**,记为 H_1。

假设检验的思路是:假定 H_0 为真,在此条件下计算已知样本出现的概率,如果是**小概率**(即≤5%),就违背了小概率原理(小概率事件在一次试验中几乎不应该出现),这从统计上说明 H_0 为真是错误的,因此拒绝 H_0;否则接受 H_0。须注意的是,接受 H_0 并不意味着 H_0 为真,只说明根据已知样本不能从统计上否定 H_0 为真。

2. 两类错误

假设检验是从部分推断总体,可能会出现错误。当 H_0 为真时,拒绝真实 H_0 的错误称为**第一类错误**,发生的概率记为α。当 H_0 为不真时,接受非真 H_0 的错误称为**第二类错误**,发生的概率记为β。

当样本容量一定时,α与β不可能同时小,通常是只限定α,不限定β,这种条件下的检验称为**显著性检验**,α称为**显著性水平**。α可根据实际情况来限定,如果第一类错误会带来严重后果,α应小一些;如果第二类错误会带来严重后果,α应大一些。通常取$\alpha=0.01,0.05$,即发生第一类错误是小概率事件。

3. 假设检验的一般步骤

统计量以小概率取值的区间称为**拒绝域**。统计量值落在拒绝域中,就拒绝 H_0。假设检验的一般步骤为:

(1)根据实际,提出原假设 H_0、备择假设 H_1。

(2)在假定 H_0 成立条件下确定检验统计量,并根据 H_0 和已知样本计算统计量值。

(3)给定显著性水平α,查对应统计量分布表得到 H_0 拒绝域。

(4)如果统计量值落在拒绝域内,则拒绝 H_0,否则接受 H_0。

4. 正态总体均值的假设检验

(1)正态总体σ^2已知时μ的假设检验。

要检验的假设包括

$H_0:\mu=\mu_0, H_1:\mu\neq\mu_0$(双侧检验)

$H_0:\mu\leqslant\mu_0, H_1:\mu>\mu_0$(右侧检验)

$H_0:\mu\geqslant\mu_0, H_1:\mu<\mu_0$(左侧检验)

检验统计量取为

$$u=\frac{\bar{x}-\mu_0}{\sigma/\sqrt{n}}$$

拒绝域分别为$|u|>u_\alpha, u>u_\alpha, u<-u_\alpha$,其中$u_\alpha$为临界值,$\alpha$是检验水平。根据$\alpha$值查标准正态分布表得到。

对一般总体σ^2已知的大样本,仍可用此方法对μ进行假设检验;对一般总体σ^2未知的大样本,可用S代替式中的σ,对μ进行近似的假设检验。

(2)正态总体σ^2未知小样本时μ的假设检验。

假设的类型同上,检验统计量取为

$$t=\frac{\bar{x}-\mu_0}{S/\sqrt{n}}$$

三种检验的拒绝域分别为$|t|>t_\alpha(n-1), t>t_\alpha(n-1), t<-t_\alpha(n-1)$,其中$t_\alpha(n-1)$为临界值,$\alpha$是检验水平。根据$\alpha$值查$t$分布表得到。

5. 正态总体μ未知时σ^2的假设检验

要检验的假设包括:

$H_0:\sigma^2=\sigma_0^2$, $H_1:\sigma^2\neq\sigma_0^2$(双侧检验)

$H_0:\sigma^2\leqslant\sigma_0^2$, $H_1:\sigma^2>\sigma_0^2$(右侧检验)

$H_0:\sigma^2\geqslant\sigma_0^2$, $H_1:\sigma^2<\sigma_0^2$(左侧检验)

检验统计量取为

$$\chi^2=\frac{(n-1)S^2}{\sigma_0^2}$$

拒绝域分别为 $\chi^2>\chi_\alpha^2(n-1)$ 和 $\chi^2<\chi_{1-\alpha}^2(n-1)$; $\chi^2>\chi^2_\alpha(n-1)$; $\chi^2<$

$\chi^2_{1-\alpha}(n-1)$。其中 $\chi^2_{\alpha}(n-1)$，$\chi^2_{1-\alpha}(n-1)$为临界值，α是检验水平。根据α值查 χ^2 分布表得到。

6. 区间估计与假设检验的联系

给定显著水平α，假设检验的拒绝域与 $1-\alpha$置信度下的置信区间有直接的关系。当原假设没有落在置信区间时，拒绝 H_0，发生第一类错误的概率α正是原假设落在置信区间外部的概率；当原假设落在置信区间内时，不能拒绝 H_0。

附录3　矩阵运算

矩阵理论是研究变量之间线性关系及其运算的有力工具，在线性方程组的求解、线性规划、线性回归等问题中有广泛的应用。把矩阵作为基本元素，讨论它的运算法，是矩阵理论的基础内容。

§附3.1　矩阵的定义

把 $m \times n$ 个实数排列成 m 行 n 列的阵形

$$\boldsymbol{A}=\begin{bmatrix} a_{11} & a_{12} & \cdots & a_{1n} \\ a_{21} & a_{22} & \cdots & a_{2n} \\ \vdots & \vdots & \ddots & \vdots \\ a_{m1} & a_{m2} & \cdots & a_{mn} \end{bmatrix}$$

称为一个 $m \times n$ 阶的**矩阵**，记为

$$\boldsymbol{A}=(a_{ij})_{m \times n}$$

1. 方阵

当 $m=n$ 时，称 $\boldsymbol{A}$ 为 n 阶**方阵**，即

$$\boldsymbol{A}=\begin{bmatrix} a_{11} & a_{12} & \cdots & a_{1n} \\ a_{21} & a_{22} & \cdots & a_{nn} \\ \vdots & \vdots & \ddots & \vdots \\ a_{n1} & a_{n2} & \cdots & a_{nn} \end{bmatrix}$$

在方阵 $\boldsymbol{A}$ 中，当 $i=j$ 时，a_{ij} 称为 $\boldsymbol{A}$ 的**对角线元素**，其中 $i=1,2,\cdots,n$。当 $i\neq$

j时，a_{ij}称为 $\boldsymbol{A}$ 的**非对角线元素**，其中 $i,j=1,2,\cdots,n$。若 $\boldsymbol{A}$ 的非对角线元素全为0，称 $\boldsymbol{A}$ 为**对角阵**，记为

$$\boldsymbol{A}=\mathrm{diag}(a_{11},a_{22},\cdots,a_{nn})$$

对角线元素全为1的对角阵称为**单位阵**，记为 $\boldsymbol{I}$，即

$$\boldsymbol{I}=\begin{bmatrix}1 & 0 & \cdots & 0\\ 0 & 1 & \cdots & 0\\ \vdots & \vdots & \ddots & \vdots\\ 0 & 0 & \cdots & 1\end{bmatrix}$$

单位阵在矩阵运算中的作用类似于1在数的运算中的作用。

2. 向量

当 $m=1$ 时，$\boldsymbol{A}$ 称为 n 维行向量；当 $n=1$ 时，$\boldsymbol{A}$ 称为 m 维列向量。向量是矩阵的特例。

§附3.2　矩阵运算的法则

矩阵的运算有如下法则。

1. 矩阵的加法

矩阵 $\boldsymbol{A}=(a_{ij})_{m\times n}$与矩阵 $\boldsymbol{B}=(b_{ij})_{m\times n}$的**和**定义为

$$\boldsymbol{A}+\boldsymbol{B}=(a_{ij}+b_{ij})_{m\times n}$$

即 $\boldsymbol{A}+\boldsymbol{B}$ 中第 i 行、第 j 列处的元素为 $\boldsymbol{A}$ 和 $\boldsymbol{B}$ 的第 i 行、第 j 列的两个元素之和。

2. 矩阵的数乘

矩阵 $\boldsymbol{A}=(a_{ij})_{m\times n}$与实数 k 的**数乘**定义为

$$k\boldsymbol{A}=(ka_{ij})_{m\times n}$$

即 $k\boldsymbol{A}$ 中第 i 行、第 j 列处的元素为 $\boldsymbol{A}$ 的第 i 行、第 j 列的元素与 k 的乘积。

3. 矩阵的乘法

矩阵 $\boldsymbol{A}=(a_{ik})_{m\times l}$ 与矩阵 $\boldsymbol{B}=(b_{kj})_{l\times n}$ 的**乘法**定义为

$$\boldsymbol{AB}=\left(\sum_{k=1}^{l}a_{ik}\cdot b_{kj}\right)_{m\times n}$$

$m\times l$ 阶矩阵与 $l\times n$ 阶矩阵的乘积为一个 $m\times n$ 阶矩阵，它的第 i 行、第 j 列处的元素等于前一个矩阵第 i 行与后一个矩阵第 j 列的**向量内积**，即相同位置上的元素乘积再求和。

两个矩阵的乘法要求前一个矩阵的列数等于后一个矩阵的行数，否则不能进行乘法运算。

矩阵乘法的这种定义形式使多个矩阵的乘积、方阵的乘幂运算比较复杂，但在一些特殊情况下运算非常简便。

（1）若 $\boldsymbol{A}$ 为方阵，$\boldsymbol{I}$ 为相同阶数的单位阵，则

$$\boldsymbol{AI}=\boldsymbol{IA}=\boldsymbol{A}$$

（2）若 $\boldsymbol{A}=\mathrm{diag}(a_1,a_2,\cdots,a_n)$，则 $\boldsymbol{A}$ 的 k 次乘幂为

$$\boldsymbol{A}^k=\mathrm{diag}(a_1{}^k,a_2{}^k,\cdots,a_n{}^k)$$

4. 矩阵的转置

矩阵 $\boldsymbol{A}=(a_{ij})_{m\times n}$ 的**转置**定义为

$$\boldsymbol{A}'=\begin{bmatrix}a_{11} & a_{21} & \cdots & a_{m1}\\ a_{12} & a_{22} & \cdots & a_{m2}\\ \vdots & \vdots & \ddots & \vdots\\ a_{1n} & a_{2n} & \cdots & a_{mn}\end{bmatrix}$$

即 $\boldsymbol{A}'=(a_{ji})_{n\times m}$，相当于把矩阵 $\boldsymbol{A}$ 的行与列互换位置。

矩阵运算与数的运算具有大体相同的运算律，如矩阵加法满足交换律、结合律，矩阵乘法满足结合律等。须强调的是，矩阵的乘法一般不满足交换律。

§附3.3　矩阵的秩

对 $m\times n$ 阶矩阵 $\boldsymbol{A}$,划掉 $\boldsymbol{A}$ 的若干行或若干列,余下的部分称为 $\boldsymbol{A}$ 的**子矩阵**。

若存在 $\boldsymbol{A}$ 的一个 r 阶子方阵,其行列式不为0,而 $\boldsymbol{A}$ 的所有 $r+1$ 阶子方阵的行列式均为0,称矩阵 $\boldsymbol{A}$ 的**秩**为 r,记为

$$\mathrm{rank}(\boldsymbol{A})=r$$

矩阵的秩有如下性质:

(1) $\mathrm{rank}(\boldsymbol{A}+\boldsymbol{B})\leqslant\mathrm{rank}(\boldsymbol{A})+\mathrm{rank}(\boldsymbol{B})$。

(2) $\mathrm{rank}(\boldsymbol{AB})\leqslant\mathrm{Min}\{\mathrm{rank}(\boldsymbol{A}),\mathrm{rank}(\boldsymbol{B})\}$。

(3) 若 $\boldsymbol{A}$ 为 $m\times n$ 阶矩阵,则 $\mathrm{rank}(\boldsymbol{A})\leqslant\mathrm{Min}\{m,n\}$。
若取等号,称 $\boldsymbol{A}$ 是**满秩矩阵**。

(4) $\mathrm{rank}(\boldsymbol{A})=\mathrm{rank}(\boldsymbol{A}')$。

(5) 若 $\boldsymbol{A}$ 与 $\boldsymbol{B}$ 均为 n 阶方阵,且 $\boldsymbol{AB}=\boldsymbol{0}$,则 $\mathrm{rank}(\boldsymbol{A})+\mathrm{rank}(\boldsymbol{B})\leqslant n$。

(6) $\mathrm{rank}(\boldsymbol{A})=0$ 当且仅当 $\boldsymbol{A}=0$。

(7) $\mathrm{rank}(\boldsymbol{A})+\mathrm{rank}(\boldsymbol{B})=\mathrm{rank}\begin{bmatrix}\boldsymbol{A} & 0\\ 0 & \boldsymbol{B}\end{bmatrix}=\mathrm{rank}\begin{bmatrix}0 & \boldsymbol{A}\\ \boldsymbol{B} & 0\end{bmatrix}$

§附3.4　矩阵的逆

1. 可逆矩阵

设 $\boldsymbol{A}$ 为 n 阶方阵,若存在 n 阶矩阵 $\boldsymbol{B}$,使

$$\boldsymbol{AB}=\boldsymbol{BA}=\boldsymbol{I}$$

称 $\boldsymbol{A}$ 为**可逆矩阵**,$\boldsymbol{B}$ 称为 $\boldsymbol{A}$ 的**逆矩阵**,记为 $\boldsymbol{A}^{-1}$。逆矩阵在运算中的作用类似于倒数在数的运算中的作用。

2. 非退化阵

设 $\boldsymbol{A}$ 为 n 阶方阵，若 $|\boldsymbol{A}|\neq 0$，称 $\boldsymbol{A}$ 为**非退化阵**，此时 $\boldsymbol{A}$ 的秩为 n。若 $|\boldsymbol{A}|=0$，称 $\boldsymbol{A}$ 为**退化阵**，此时 $\boldsymbol{A}$ 的秩小于 n。

可以证明：$\boldsymbol{A}$ 为非退化阵当且仅当 $\boldsymbol{A}$ 为可逆阵。

3. 相似矩阵

设 $\boldsymbol{A}$ 为 n 阶方阵，若存在 n 阶矩阵 $\boldsymbol{B}$ 和 n 阶可逆矩阵 $\boldsymbol{P}$，使得

$$\boldsymbol{A}=\boldsymbol{P}^{-1}\boldsymbol{B}\boldsymbol{P}$$

称矩阵 $\boldsymbol{A}$ 与 $\boldsymbol{B}$ **相似**，$\boldsymbol{B}$ 称为 $\boldsymbol{A}$ 的**相似矩阵**，$\boldsymbol{P}$ 称为 $\boldsymbol{A}$ 的相似变换阵。显然

$$\boldsymbol{A}^k=\boldsymbol{P}^{-1}\boldsymbol{B}^k\boldsymbol{P}$$

从而 $\boldsymbol{A}$ 的乘幂运算可转化为对 $\boldsymbol{B}$ 的乘幂运算。

4. 逆矩阵的计算

记 $\boldsymbol{A}_{ij}$ 为矩阵 $\boldsymbol{A}$ 中元素 a_{ij} 的**代数余子式**，即划掉 a_{ij} 所在行和列，余下子方阵的行列式乘以 $(-1)^{i+j-1}$，矩阵

$$\boldsymbol{A}^*=\begin{bmatrix} A_{11} & A_{12} & \cdots & A_{1n} \\ A_{21} & A_{22} & \cdots & A_{2n} \\ \vdots & \vdots & \ddots & \vdots \\ A_{n1} & A_{n2} & \cdots & A_{nn} \end{bmatrix}$$

称为 $\boldsymbol{A}$ 的**伴随矩阵**。

可以证明：若方阵 $\boldsymbol{A}$ 可逆，则

$$\boldsymbol{A}^{-1}=\frac{1}{|\boldsymbol{A}|}\boldsymbol{A}^*$$

逆矩阵的运算有如下性质：

(1) $(\boldsymbol{A}^{-1})^{-1}=\boldsymbol{A}$。

(2) $|\boldsymbol{A}^{-1}|=\dfrac{1}{|\boldsymbol{A}|}$。

(3) $(\boldsymbol{A}')^{-1}=(\boldsymbol{A}^{-1})'$。

(4)若 $\boldsymbol{A}$、$\boldsymbol{B}$ 均可逆,则

$$(\boldsymbol{AB})^{-1}=\boldsymbol{B}^{-1}\boldsymbol{A}^{-1}$$

(5)若 $\boldsymbol{A}=\mathrm{diag}(a_1,a_2,\cdots,a_n)$且 $a_i\neq 0, i=1,2,\cdots,n$。则

$$\boldsymbol{A}^{-1}=\mathrm{diag}\left(\frac{1}{a_1},\frac{1}{a_2},\cdots,\frac{1}{a_n}\right)$$

对二阶方阵,有下面结果

$$\begin{bmatrix} a & b \\ c & d \end{bmatrix}^{-1}=\frac{1}{ad-bc}\begin{bmatrix} d & -b \\ -c & a \end{bmatrix}$$

§附 3.5 矩阵的初等变换

矩阵的**初等变换**包括三个基本运算。

(1)把矩阵的第 i 行(列)与第 j 行(列)互换。相当于左(右)乘方阵

$$\boldsymbol{P}(i,j)=\begin{bmatrix} 1 & & & & & & & & \\ & \ddots & & & & & & & \\ & & 1 & & & & & & \\ & & & 0 & \cdots & 1 & & & \\ & & & & 1 & & & & \\ & & & \vdots & \ddots & \vdots & & & \\ & & & & & 1 & & & \\ & & & 1 & \cdots & 0 & & & \\ & & & & & & 1 & & \\ & & & & & & & \ddots & \\ & & & & & & & & 1 \end{bmatrix}\begin{matrix} \\ \\ \\ i\text{ 行} \\ \\ \\ \\ j\text{ 行} \\ \\ \\ \\ \end{matrix}$$

(2)把矩阵的第 i 行(列)乘以一个非 0 的数 k。相当于乘方阵

$$
\boldsymbol{P}(i(k)) = \begin{bmatrix} 1 & & & & & & \\ & \ddots & & & & & \\ & & 1 & & & & \\ & & & k & & & \\ & & & & 1 & & \\ & & & & & \ddots & \\ & & & & & & 1 \end{bmatrix} i\text{ 行}
$$

(3)把矩阵的第 i 行(列)乘以一个数 k 加到第 j 行(列)。相当于左(右)乘方阵

$$
\boldsymbol{P}(i(k),j) = \begin{bmatrix} 1 & & & & & \\ & \ddots & & & & \\ & & 1 & \cdots & k & \\ & & & \ddots & \vdots & \\ & & & & 1 & \\ & & & & & \ddots \\ & & & & & & 1 \end{bmatrix} \begin{matrix} j\text{ 行} \\ \\ i\text{ 行} \end{matrix}
$$

可以证明:初等变换不改变矩阵的秩和行列式。

可逆矩阵经过一系列初等行(列)变换可化为单位阵。据此可求矩阵的逆。

$$
[\boldsymbol{A} \quad \boldsymbol{I}] \xrightarrow{\text{初等行变换}} [\boldsymbol{I} \quad \boldsymbol{A}^{-1}]
$$

或

$$
\begin{bmatrix} \boldsymbol{A} \\ \boldsymbol{I} \end{bmatrix} \xrightarrow{\text{初等列变换}} \begin{bmatrix} \boldsymbol{I} \\ \boldsymbol{A}^{-1} \end{bmatrix}
$$

§ 附 3.6　一些特殊矩阵

1. 对称矩阵

若方阵 $\boldsymbol{A}$ 满足

$$
\boldsymbol{A} = \boldsymbol{A}'
$$

称 $\boldsymbol{A}$ 为**对称矩阵**。可以证明,存在对角阵与对称矩阵相似。且若 $\boldsymbol{A}^2=0$,则 $\boldsymbol{A}=0$。

2. 反对称矩阵

若方阵 $\boldsymbol{A}$ 满足

$$\boldsymbol{A}=-\boldsymbol{A}'$$

称 $\boldsymbol{A}$ 为**反对称矩阵**。可以证明,n 阶方阵可表示为一个对称矩阵与一个反对称矩阵之和。且不存在奇数阶的可逆反对称矩阵。

此外,若 $\boldsymbol{A}$ 为对称(反对称)矩阵,则 $\boldsymbol{A}^{-1}$ 也为对称(反对称)矩阵。

3. 正交矩阵

若方阵 $\boldsymbol{A}$ 满足

$$\boldsymbol{A}\boldsymbol{A}'=\boldsymbol{A}'\boldsymbol{A}=\boldsymbol{I}$$

称 $\boldsymbol{A}$ 为**正交矩阵**。此时 $\boldsymbol{A}^{-1}=\boldsymbol{A}'$。

4. 幂等矩阵

若方阵 $\boldsymbol{A}$ 满足

$$\boldsymbol{A}^2=\boldsymbol{A}$$

称 $\boldsymbol{A}$ 为**幂等矩阵**。若 $\boldsymbol{A}$ 为幂等矩阵,对 n 阶方阵 $\boldsymbol{A}$,有

$$\mathrm{rank}(\boldsymbol{A})+\mathrm{rank}(\boldsymbol{A}-\boldsymbol{I})=n$$

5. 幺幂矩阵

若方阵 $\boldsymbol{A}$ 满足

$$\boldsymbol{A}^2=\boldsymbol{I}$$

称 $\boldsymbol{A}$ 为幺幂矩阵。若 $\boldsymbol{A}$ 为幺幂矩阵,对 n 阶方阵 $\boldsymbol{A}$,有

$$\mathrm{rank}(\boldsymbol{A}+\boldsymbol{I})+\mathrm{rank}(\boldsymbol{A}-\boldsymbol{I})=n$$

6. 幂零矩阵

若方阵 $\boldsymbol{A}$ 满足

$$A^2 = \mathbf{0}$$

称 A 为**幂零矩阵**。若 A 为二阶方阵,$k \geqslant 2$,则 $A^k = \mathbf{0}$ 当且仅当 $A^2 = \mathbf{0}$。

7. 正定矩阵

设 A 为 n 阶对称矩阵,若对任意 n 维非零列向量 X,满足

$$X'AX > 0$$

称 A 为**正定矩阵**。正定矩阵的行列式大于 0。

记

$$P_k = \begin{vmatrix} a_{11} & a_{12} & \cdots & a_{1k} \\ a_{21} & a_{22} & \cdots & a_{2k} \\ \vdots & \vdots & \ddots & \vdots \\ a_{k1} & a_{k2} & \cdots & a_{kk} \end{vmatrix}$$

称为矩阵 $A = (a_{ij})_{n \times n}$的 k 阶主子式。可以证明 A 正定的充要条件是

$$P_k > 0, \quad (k = 1, 2, \cdots, n)$$

正定矩阵在非线性规划中有重要应用。

§附 3.7 矩阵的微商

把 n 阶方阵看作基本变量,讨论矩阵函数的微积分,是**矩阵分析**的主要内容。本节仅介绍向量微商的概念及其基本结果。

1. 向量导数的定义

记 $X = (x_1, x_2, \cdots, x_n)'$为 n 维实列向量,$f(X)$为 X 的向量实函数。$f(X)$关于 X 的**向量导数**定义为

$$\frac{\partial f(X)}{\partial X} = \left(\frac{\partial f(X)}{\partial x_1}, \frac{\partial f(X)}{\partial x_2}, \cdots, \frac{\partial f(X)}{\partial x_n} \right)'$$

当 $f: R^n \to R$ 时,为多元函数的梯度。

2. 性质

向量导数有如下基本结果。

(1)设 $\boldsymbol{u}$ 为常数列向量,且与 $\boldsymbol{X}$ 维数相同,则

$$\frac{\partial(\boldsymbol{u}'X)}{\partial \boldsymbol{X}}=\boldsymbol{u}$$

(2)设 $\boldsymbol{A}$ 为 n 阶方阵,则

$$\frac{\partial(\boldsymbol{AX})}{\partial \boldsymbol{X}}=\mathrm{diag}(a_{11},a_{22},\cdots,a_{nn})$$

即由 $\boldsymbol{A}$ 的对角线元素构成的对角矩阵。

(3)设 $\boldsymbol{A}$ 为 n 阶方阵,则

$$\frac{\partial(\boldsymbol{X}'\boldsymbol{AX})}{\partial \boldsymbol{X}}=(\boldsymbol{A}+\boldsymbol{A}')\boldsymbol{X}$$

特别地,当 $\boldsymbol{A}'=\boldsymbol{A}$ 时,即 $\boldsymbol{A}$ 为对称矩阵,有

$$\frac{\partial(\boldsymbol{X}'\boldsymbol{AX})}{\partial \boldsymbol{X}}=2\boldsymbol{AX}$$

该结果在多元线性回归模型的最小二乘估计量的求解中有重要应用。

附录 4　检验用表

附表1　*t*分布百分位数表

f	α					
	0.25	0.10	0.05	0.025	0.01	0.005
1	1.00	3.08	6.31	12.71	31.82	63.66
2	0.82	1.89	2.92	4.30	6.96	9.93
3	0.76	1.64	2.35	3.18	4.54	5.84
4	0.74	1.53	2.13	2.78	3.75	4.60
5	0.73	1.48	2.02	2.57	3.37	4.03
6	0.72	1.44	1.94	2.45	3.14	3.71
7	0.71	1.42	1.90	2.37	3.00	3.50
8	0.71	1.40	1.86	2.31	2.90	3.36
9	0.70	1.38	1.83	2.26	2.82	3.25
10	0.70	1.37	1.81	2.23	2.76	3.17
11	0.70	1.36	1.80	2.20	2.72	3.11
12	0.70	1.36	1.78	2.18	2.68	3.06
13	0.69	1.35	1.77	2.16	2.65	3.01
14	0.69	1.35	1.76	2.15	2.62	3.00
15	0.69	1.34	1.75	2.13	2.60	2.95
16	0.69	1.34	1.75	2.12	2.58	2.92
17	0.69	1.33	1.74	2.11	2.57	2.90
18	0.69	1.33	1.73	2.10	2.55	2.88
19	0.69	1.33	1.73	2.09	2.54	2.86
20	0.69	1.33	1.73	2.09	2.53	2.85
21	0.69	1.32	1.72	2.08	2.52	2.83
22	0.69	1.32	1.72	2.07	2.51	2.82
23	0.69	1.32	1.71	2.07	2.50	2.81
24	0.68	1.32	1.71	2.06	2.49	2.80
25	0.68	1.32	1.71	2.06	2.49	2.79
26	0.68	1.32	1.71	2.06	2.48	2.78
27	0.68	1.31	1.70	2.05	2.47	2.77
28	0.68	1.31	1.70	2.05	2.47	2.76
29	0.68	1.31	1.70	2.05	2.46	2.76
30	0.68	1.31	1.70	2.04	2.46	2.75
31	0.68	1.31	1.70	2.04	2.45	2.74
32	0.68	1.31	1.69	2.04	2.45	2.74
33	0.68	1.31	1.69	2.03	2.44	2.73
34	0.68	1.31	1.69	2.03	2.44	2.73
35	0.68	1.31	1.69	2.03	2.44	2.72
36	0.68	1.31	1.69	2.03	2.43	2.72
37	0.68	1.30	1.69	2.03	2.43	2.72
38	0.68	1.30	1.69	2.02	2.43	2.71
39	0.68	1.30	1.68	2.02	2.43	2.71
40	0.68	1.30	1.68	2.02	2.42	2.70
60	0.68	1.30	1.67	2.00	2.39	2.66
120	0.68	1.29	1.66	1.98	2.36	2.62
∞	0.67	1.28	1.65	1.96	2.33	2.58

注：$P\{t > t_{\alpha}(f)\} = \alpha$，其中$\alpha$表示显著性水平，$f$表示自由度。

附表 2　χ^2 分布百分位数表

f	α							
	0.99	0.975	0.95	0.90	0.10	0.05	0.025	0.01
1	$0.0^3 16$	0.001	0.004	0.016	2.706	3.841	5.024	6.635
2	0.020	0.051	0.103	0.211	4.605	5.991	7.378	9.210
3	0.115	0.216	0.352	0.584	6.251	7.815	9.348	11.345
4	0.297	0.484	0.711	1.064	7.779	9.488	11.143	13.277
5	0.554	0.831	1.145	1.610	9.236	11.071	12.833	15.086
6	0.872	1.237	1.635	2.204	10.645	12.592	14.449	16.812
7	1.239	1.690	2.167	2.833	12.017	14.067	16.013	18.475
8	1.646	2.180	2.733	3.490	13.362	15.507	17.535	20.090
9	2.088	2.700	3.325	4.168	14.684	16.919	19.023	21.666
10	2.558	3.247	3.940	4.865	15.987	18.307	20.483	23.209
11	3.053	3.816	4.575	5.578	17.275	19.675	21.920	24.725
12	3.571	4.404	5.226	6.304	18.549	21.026	23.337	26.217
13	4.107	5.009	5.892	7.042	19.812	22.362	24.736	27.688
14	4.660	5.629	6.571	7.790	21.064	23.685	26.119	29.141
15	5.229	6.262	7.261	8.547	22.307	24.996	27.488	30.578
16	5.812	6.908	7.962	9.312	23.542	26.296	28.845	32.000
17	6.408	7.564	8.672	10.085	24.769	27.587	30.191	33.409
18	7.015	8.231	9.390	10.865	25.989	28.869	31.526	34.805
19	7.633	8.907	10.117	11.651	27.204	30.144	32.852	36.191
20	8.260	9.591	10.851	12.443	28.412	31.410	34.170	37.566
21	8.897	10.283	11.591	13.240	29.615	32.671	36.479	38.932
22	9.542	10.982	12.338	14.042	30.813	33.924	36.781	40.289
23	10.196	11.689	13.091	14.848	32.007	35.172	38.076	41.638
24	10.856	12.401	13.848	15.659	33.196	36.415	39.364	42.980
25	11.524	13.120	14.611	16.473	34.382	37.652	40.646	44.314
26	12.198	13.844	15.379	17.292	35.563	38.885	41.923	45.642
27	12.879	14.573	16.151	18.114	36.741	40.113	43.194	46.963
28	13.565	15.308	16.928	18.939	37.916	41.337	44.461	48.278
29	14.257	16.047	17.708	19.768	39.087	42.557	45.722	49.588
30	14.954	16.791	18.493	20.599	40.256	43.773	46.979	50.892
31	15.655	17.539	19.281	21.434	41.422	44.985	48.232	52.191
32	16.362	18.291	20.072	22.271	42.585	46.194	49.480	53.486
33	17.074	19.047	20.867	23.110	43.745	47.400	50.725	54.776
34	17.789	19.806	21.664	23.952	44.903	48.602	51.966	56.061
35	18.509	20.569	22.465	24.797	46.059	49.802	53.203	57.342
36	19.233	21.336	23.269	25.643	47.212	50.998	54.437	58.619
37	19.960	22.106	24.075	26.492	48.363	52.192	55.668	59.892
38	20.691	22.878	24.884	27.343	49.513	53.384	56.896	61.162
39	21.426	23.654	25.695	28.196	50.600	54.572	58.120	62.428
40	22.164	24.433	26.509	29.051	51.805	55.758	59.342	63.691
50	29.71	32.36	34.76	37.69	63.17	67.50	71.42	76.15
60	37.48	40.48	43.19	46.46	74.40	79.08	83.30	88.38
70	45.44	48.76	51.74	55.33	85.53	90.53	95.02	100.4
80	53.54	57.15	60.39	64.28	96.58	101.9	106.6	112.3
90	61.75	65.65	69.13	73.29	107.6	113.1	118.1	124.1
100	70.06	74.22	77.93	82.36	118.5	124.3	129.6	135.8

注：$P\{\chi^2 > \chi_{\alpha}^2(f)\} = \alpha$，其中$\alpha$表示显著性水平，$f$表示自由度。

附表3　F分布百分位数表($\alpha=0.05$)

f_2	f_1=1	2	3	4	5	6	7	8	10	20	∞
1	161.4	199.5	215.7	224.6	230.2	234.0	236.8	238.9	241.9	248.0	254.3
2	18.51	19.00	19.16	19.25	19.30	19.33	19.35	19.37	19.40	19.45	19.50
3	10.13	9.55	9.28	9.12	9.01	8.94	8.89	8.85	8.79	8.66	8.53
4	7.71	6.94	6.59	6.39	6.26	6.16	6.09	6.04	5.96	5.80	5.63
5	6.61	5.79	5.41	5.19	5.05	4.95	4.88	4.82	4.74	4.56	4.36
6	5.99	5.14	4.76	4.53	4.39	4.28	4.21	4.15	4.06	3.87	3.67
7	5.59	4.74	4.35	4.12	3.97	3.87	3.79	3.73	3.64	3.44	3.23
8	5.32	4.46	4.07	3.84	3.69	3.58	3.50	3.44	3.35	3.15	2.93
9	5.12	4.26	3.86	3.63	3.48	3.37	3.29	3.23	3.14	2.94	2.71
10	4.96	4.10	3.71	3.48	3.33	3.22	3.14	3.07	2.98	2.77	2.54
11	4.84	3.98	3.59	3.36	3.20	3.09	3.01	2.95	2.85	2.65	2.40
12	4.75	3.89	3.49	3.26	3.11	3.00	2.91	2.85	2.75	2.54	2.30
13	4.67	3.81	3.41	3.18	3.03	2.92	2.83	2.77	2.67	2.46	2.21
14	4.60	3.74	3.34	3.11	2.96	2.85	2.76	2.70	2.60	2.39	2.13
15	4.54	3.68	3.29	3.06	2.90	2.79	2.71	2.64	2.54	2.33	2.07
16	4.49	3.63	3.24	3.01	2.85	2.74	2.66	2.59	2.49	2.28	2.01
17	4.45	3.59	3.20	2.96	2.81	2.70	2.61	2.55	2.45	2.23	1.96
18	4.41	3.55	3.16	2.93	2.77	2.66	2.58	2.51	2.41	2.19	1.92
19	4.38	3.52	3.13	2.90	2.74	2.63	2.54	2.48	2.38	2.16	1.88
20	4.35	3.49	3.10	2.87	2.71	2.60	2.51	2.45	2.35	2.12	1.84
21	4.32	3.47	3.07	2.84	2.68	2.57	2.49	2.42	2.32	2.10	1.81
22	4.30	3.44	3.05	2.82	2.66	2.55	2.46	2.40	2.30	2.07	1.78
23	4.28	3.42	3.03	2.80	2.64	2.53	2.44	2.37	2.27	2.05	1.76
24	4.26	3.40	3.01	2.78	2.62	2.51	2.42	2.36	2.25	2.03	1.73
25	4.24	3.39	2.99	2.76	2.60	2.49	2.40	2.34	2.24	2.01	1.71
26	4.23	3.37	2.98	2.74	2.59	2.47	2.39	2.32	2.22	1.99	1.69
27	4.21	3.35	2.96	2.73	2.57	2.46	2.37	2.31	2.20	1.97	1.67
28	4.20	3.34	2.95	2.71	2.56	2.45	2.36	2.29	2.19	1.96	1.65
29	4.18	3.33	2.93	2.70	2.55	2.43	2.35	2.28	2.18	1.94	1.64
30	4.17	3.32	2.92	2.69	2.53	2.42	2.33	2.27	2.16	1.93	1.62
40	4.08	3.23	2.84	2.61	2.45	2.34	2.25	2.18	2.08	1.84	1.51
50	4.03	3.18	2.79	2.56	2.40	2.29	2.20	2.13	2.03	1.78	1.44
60	4.00	3.15	2.76	2.53	2.37	2.25	2.17	2.10	1.99	1.75	1.39
80	3.96	3.11	2.72	2.49	2.33	2.21	2.13	2.06	1.95	1.70	1.32
100	3.94	3.09	2.70	2.46	2.31	2.19	2.10	2.03	1.93	1.68	1.28
125	3.92	3.07	2.68	2.44	2.29	2.17	2.08	2.01	1.91	1.65	1.25
150	3.90	3.06	2.66	2.43	2.27	2.16	2.07	2.00	1.89	1.64	1.22
200	3.89	3.04	2.65	2.42	2.26	2.14	2.06	1.98	1.88	1.62	1.19
300	3.87	3.03	2.63	2.40	2.24	2.13	2.04	1.97	1.86	1.61	1.15
500	3.86	3.01	2.62	2.39	2.23	2.12	2.03	1.96	1.85	1.59	1.11
∞	3.84	3.00	2.60	2.37	2.21	2.10	2.01	1.94	1.83	1.57	1.00

注：$P\{F>F_{0.05}(f_1,f_2)\}=0.05$，其中$f_1$表示分子自由度，$f_2$表示分母自由度。

附表 3(续) F分布百分位数表(α =0.01)

f_2	f_1=1	2	3	4	5	6	7	8	10	20	∞
1	4052	5000	5403	5625	5764	5859	5928	5981	6056	6209	6366
2	98.50	99.00	99.17	99.25	99.30	99.33	99.36	99.37	99.40	99.45	99.50
3	34.12	30.82	29.46	28.71	28.24	27.91	27.67	27.49	27.23	26.69	26.13
4	21.20	18.00	16.69	15.98	15.52	15.21	14.98	14.80	14.55	14.02	13.46
5	16.26	13.27	12.06	11.39	10.97	10.67	10.46	10.29	10.05	9.55	9.02
6	13.75	10.92	9.78	9.15	8.75	8.47	8.26	8.10	7.87	7.40	6.88
7	12.25	9.55	8.45	7.85	7.46	7.19	6.99	6.84	6.62	6.16	5.65
8	11.26	8.65	7.59	7.01	6.63	6.37	6.18	6.03	5.81	5.36	4.86
9	10.56	8.02	6.99	6.42	6.06	5.80	5.61	5.47	5.26	4.81	4.31
10	10.04	7.56	6.55	5.99	5.64	5.39	5.20	5.06	4.85	4.41	3.91
11	9.65	7.21	6.22	5.67	5.32	5.07	4.89	4.74	4.54	4.10	3.60
12	9.33	6.93	5.95	5.41	5.06	4.82	4.64	4.50	4.30	3.86	3.36
13	9.07	6.70	5.74	5.21	4.86	4.62	4.44	4.30	4.10	3.66	3.17
14	8.86	6.51	5.56	5.04	4.69	4.46	4.28	4.14	3.94	3.51	3.00
15	8.68	6.36	5.42	4.89	4.56	4.32	4.14	4.00	3.80	3.37	2.87
16	8.53	6.23	5.29	4.77	4.44	4.20	4.03	3.89	3.69	3.26	2.75
17	8.40	6.11	5.18	4.67	4.34	4.10	3.93	3.79	3.59	3.16	2.65
18	8.29	6.01	5.09	4.58	4.25	4.01	3.84	3.71	3.51	3.08	2.57
19	8.18	5.93	5.01	4.50	4.17	3.94	3.77	3.63	3.43	3.00	2.49
20	8.10	5.85	4.94	4.43	4.10	3.87	3.70	3.56	3.37	2.94	2.42
21	8.02	5.78	4.87	4.37	4.04	3.81	3.64	3.51	3.31	2.88	2.36
22	7.95	5.72	4.82	4.31	3.99	3.76	3.59	3.45	3.26	2.83	2.31
23	7.88	5.66	4.76	4.26	3.94	3.71	3.54	3.41	3.21	2.78	2.26
24	7.82	5.61	4.72	4.22	3.90	3.67	3.50	3.36	3.17	2.74	2.21
25	7.77	5.57	4.68	4.18	3.85	3.63	3.46	3.32	3.13	2.70	2.17
26	7.72	5.53	4.64	4.14	3.82	3.59	3.42	3.29	3.09	2.66	2.13
27	7.68	5.49	4.60	4.11	3.78	3.56	3.39	3.26	3.06	2.63	2.10
28	7.64	5.45	4.57	4.07	3.75	3.53	3.36	3.23	3.03	2.60	2.06
29	7.60	5.42	4.54	4.04	3.73	3.50	3.33	3.20	3.00	2.57	2.03
30	7.56	5.39	4.51	4.02	3.70	3.47	3.30	3.17	2.98	2.55	2.01
40	7.31	5.18	4.31	3.83	3.51	3.29	3.12	2.99	2.80	2.37	1.80
50	7.17	5.06	4.20	3.72	3.41	3.19	3.02	2.89	2.70	2.27	1.68
60	7.08	4.98	4.13	3.65	3.34	3.12	2.95	2.82	2.63	2.20	1.60
80	6.96	4.88	4.04	3.56	3.26	3.04	2.87	2.74	2.55	2.12	1.49
100	6.90	4.82	3.98	3.51	3.21	2.99	2.82	2.69	2.50	2.07	1.43
125	6.84	4.78	3.94	3.47	3.17	2.95	2.79	2.66	2.47	2.03	1.37
150	6.81	4.75	3.92	3.45	3.14	2.92	2.76	2.63	2.44	2.00	1.33
200	6.76	4.71	3.88	3.41	3.11	2.89	2.73	2.60	2.41	1.97	1.28
300	6.72	4.68	3.85	3.38	3.08	2.86	2.70	2.52	2.38	1.94	1.22
500	6.69	4.65	3.82	3.36	3.05	2.84	2.68	2.55	2.36	1.92	1.16
∞	6.63	4.61	3.78	3.32	3.02	2.80	2.64	2.51	2.32	1.88	1.00

注:$P\{F>F_{0.01}(f_1,f_2)\}=0.01$,其中 f_1 表示分子自由度,f_2 表示分母自由度。

附表4 *DW* 检验临界值表($\alpha=0.05$)

T	$k=1$		$k=2$		$k=3$		$k=4$		$k=5$	
	d_L	d_U	d_L	d_U	d_L	d_U	d_L	d_U	d_L	d_U
15	1.08	1.36	0.95	1.54	0.82	1.75	0.69	1.97	0.56	2.21
16	1.10	1.37	0.98	1.54	0.86	1.73	0.74	1.93	0.62	2.15
17	1.13	1.38	1.02	1.54	0.90	1.71	0.78	1.90	0.67	2.10
18	1.16	1.39	1.05	1.53	0.93	1.69	0.82	1.87	0.71	2.06
19	1.18	1.40	1.08	1.53	1.97	1.68	0.86	1.85	0.75	2.02
20	1.20	1.41	1.10	1.54	1.00	1.68	0.90	1.83	0.79	1.99
21	1.22	1.42	1.13	1.54	1.03	1.67	0.93	1.81	0.83	1.96
22	1.24	1.43	1.15	1.54	1.05	1.66	0.96	1.80	0.86	1.94
23	1.26	1.44	1.17	1.54	1.08	1.66	0.99	1.79	0.90	1.92
24	1.27	1.45	1.19	1.55	1.10	1.66	1.01	1.78	0.93	1.90
25	1.29	1.45	1.21	1.55	1.12	1.66	1.04	1.77	0.95	1.89
26	1.30	1.46	1.22	1.55	1.14	1.65	1.06	1.76	0.98	1.88
27	1.32	1.47	1.24	1.56	1.16	1.65	1.08	1.76	1.01	1.86
28	1.33	1.48	1.26	1.56	1.18	1.65	1.10	1.75	1.03	1.85
29	1.34	1.48	1.27	1.56	1.20	1.65	1.12	1.74	1.05	1.84
30	1.35	1.49	1.28	1.57	1.21	1.65	1.14	1.74	1.07	1.83
31	1.36	1.50	1.30	1.57	1.23	1.65	1.16	1.74	1.09	1.83
32	1.37	1.50	1.31	1.57	1.24	1.65	1.18	1.73	1.11	1.82
33	1.38	1.51	1.32	1.58	1.26	1.65	1.19	1.73	1.13	1.81
34	1.39	1.51	1.33	1.58	1.27	1.65	1.21	1.73	1.15	1.81
35	1.40	1.52	1.34	1.58	1.28	1.65	1.22	1.73	1.16	1.80
36	1.41	1.52	1.35	1.59	1.29	1.65	1.24	1.73	1.18	1.80
37	1.42	1.53	1.36	1.59	1.31	1.66	1.25	1.72	1.19	1.80
38	1.43	1.54	1.37	1.59	1.32	1.66	1.26	1.72	1.21	1.79
39	1.43	1.54	1.38	1.60	1.33	1.66	1.27	1.72	1.22	1.79
40	1.44	1.54	1.39	1.60	1.34	1.66	1.29	1.72	1.23	1.79
45	1.48	1.57	1.43	1.62	1.38	1.67	1.34	1.72	1.29	1.78
50	1.50	1.59	1.46	1.63	1.42	1.67	1.38	1.72	1.34	1.77
55	1.53	1.60	1.49	1.64	1.45	1.68	1.41	1.72	1.38	1.77
60	1.55	1.62	1.51	1.65	1.48	1.69	1.44	1.73	1.41	1.77
65	1.57	1.63	1.54	1.66	1.50	1.70	1.47	1.73	1.44	1.77
70	1.58	1.64	1.55	1.67	1.52	1.70	1.49	1.74	1.46	1.77
75	1.60	1.65	1.57	1.68	1.54	1.71	1.51	1.74	1.49	1.77
80	1.61	1.66	1.59	1.69	1.56	1.72	1.53	1.74	1.51	1.77
85	1.62	1.67	1.60	1.70	1.57	1.72	1.55	1.75	1.52	1.77
90	1.63	1.68	1.61	1.70	1.59	1.73	1.57	1.75	1.54	1.78
95	1.64	1.69	1.62	1.71	1.60	1.73	1.58	1.75	1.56	1.78
100	1.65	1.69	1.63	1.72	1.61	1.74	1.59	1.76	1.57	1.78

注:1. a表示检验水平,T表示样本容量,k表示回归模型中解释变量个数(不包括常数项)。

2. d_U 和 d_L 分别表示 *DW* 检验上临界值和下临界值。

3. 摘自 Durbin-Watson(1951)。

附表 5 *DF*分布百分位数表

模型	T	α							
		0.01	0.025	0.05	0.10	0.90	0.95	0.975	0.99
(*a*) 模型(4.1)	25	-2.66	-2.26	-1.95	-1.60	0.92	1.33	1.70	2.16
	50	-2.62	-2.25	-1.95	-1.61	0.91	1.31	1.66	2.08
	100	-2.60	-2.24	-1.95	-1.61	0.90	1.29	1.64	2.03
	250	-2.58	-2.23	-1.95	-1.62	0.89	1.29	1.63	2.01
	500	-2.58	-2.23	-1.95	-1.62	0.89	1.28	1.62	2.00
	∞	-2.58	-2.23	-1.95	-1.62	0.89	1.28	1.62	2.00
(*b*) 模型(4.2)	25	-3.75	-3.33	-3.00	-2.63	-0.37	0.00	0.34	0.72
	50	-3.58	-3.22	-2.93	-2.60	-0.40	-0.03	0.29	0.66
	100	-3.51	-3.17	-2.89	-2.58	-0.42	-0.05	0.26	0.63
	250	-3.46	-3.14	-2.88	-2.57	-0.42	-0.06	0.24	0.62
	500	-3.44	-3.13	-2.87	-2.57	-0.43	-0.07	0.24	0.61
	∞	-3.43	-3.12	-2.86	-2.57	-0.44	-0.07	0.23	0.60
(*c*) 模型(4.3)	25	-4.38	-3.95	-3.60	-3.24	-1.14	-0.80	-0.50	-0.15
	50	-4.15	-3.80	-3.50	-3.18	-1.19	-0.87	-0.58	-0.24
	100	-4.04	-3.73	-3.45	-3.15	-1.22	-0.90	-0.62	-0.28
	250	-3.99	-3.69	-3.43	-3.13	-1.23	-0.92	-0.64	-0.31
	500	-3.98	-3.68	-3.42	-3.13	-1.24	-0.93	-0.65	-0.32
	∞	-3.96	-3.66	-3.41	-3.12	-1.25	-0.94	-0.66	-0.33
$t(\infty)$	$N(0,1)$	-2.33	-1.96	-1.65	-1.28	1.28	1.65	1.96	2.33

注:1. 适用于模型(12.10),(12.11)和(12.12),条件$\beta=1$。T:样本容量,α:检验水平。

2. 摘自 Fuller (1976)第 373 页。

附表6　协整性检验临界值表

N	模型形式	α	ϕ_{∞}	$s.e.$	ϕ_1	ϕ_2
1	无常数项,无趋势项	0.01	-2.5658	(0.0023)	-1.960	-10.04
		0.05	-1.9393	(0.0008)	-0.398	0.0
		0.10	-1.6156	(0.0007)	-0.181	0.0
1	常数项,无趋势项	0.01	-3.4336	(0.0024)	-5.999	-29.25
		0.05	-2.8621	(0.0011)	-2.738	-8.36
		0.10	-2.5671	(0.0009)	-1.438	-4.48
1	常数项,趋势项	0.01	-3.9638	(0.0019)	-8.353	-47.44
		0.05	-3.4126	(0.0012)	-4.039	-17.83
		0.10	-3.1279	(0.0009)	-2.418	-7.58
2	常数项,无趋势项	0.01	-3.9001	(0.0022)	-10.534	-30.03
		0.05	-3.3377	(0.0012)	-5.967	-8.98
		0.10	-3.0462	(0.0009)	-4.069	-5.73
2	常数项,趋势项	0.01	-4.3266	(0.0022)	-15.531	-34.03
		0.05	-3.7809	(0.0013)	-9.421	-15.06
		0.10	-3.4959	(0.0009)	-7.203	-4.01
3	常数项,无趋势项	0.01	-4.2981	(0.0023)	-13.790	-46.37
		0.05	-3.7429	(0.0012)	-8.352	-13.41
		0.10	-3.4518	(0.0010)	-6.241	-2.79
3	常数项,趋势项	0.01	-4.6676	(0.0022)	-18.492	-49.35
		0.05	-4.1193	(0.0011)	-12.024	-13.13
		0.10	-3.8344	(0.0009)	-9.188	-4.85
4	常数项,无趋势项	0.01	-4.6493	(0.0023)	-17.188	-59.20
		0.05	-4.1000	(0.0012)	-10.745	-21.57
		0.10	-3.8110	(0.0009)	-8.317	-5.19
4	常数项,趋势项	0.01	-4.9695	(0.0021)	-22.504	-50.22
		0.05	-4.4294	(0.0012)	-14.501	-19.54
		0.10	-4.1474	(0.0010)	-11.165	-9.88
5	常数项,无趋势项	0.01	-4.9587	(0.0026)	-22.140	-37.29
		0.05	-4.4185	(0.0013)	-13.641	-21.16
		0.10	- 4.1327	(0.0009)	-10.638	-5.48
5	常数项,趋势项	0.01	-5.2497	(0.0024)	-26.606	-49.56
		0.05	-4.7154	(0.0013)	-17.432	-16.50
		0.10	-4.4345	(0.0010)	-13.654	-5.77
6	常数项,无趋势项	0.01	-5.2400	(0.0029)	-26.278	-41.65
		0.05	-4.7048	(0.0018)	-17.120	-11.17
		0.10	-4.4242	(0.0010)	-13.347	0.0
6	常数项,趋势项	0.01	-5.5127	(0.0033)	-30.735	-52.50
		0.05	-4.9767	(0.0017)	-20.883	-9.05
		0.10	-4.6999	(0.0011)	-16.445	0.0

注:1. 临界值计算公式是 $C_{(\alpha)}=\phi_{\infty}+\phi_1 T^{-1}+\phi_2 T^{-2}$,其中 T 表示样本容量。

2. N 表示协整回归式中所含变量个数,α 表示检验水平。

3. 摘自 Mackinnon(1991)。

附表 7 相关系数临界值表

f	α				
	0.10	0.05	0.02	0.01	0.001
1	0.98769	0.99692	0.999507	0.999877	0.9999988
2	0.90000	0.95000	0.98000	0.99000	0.99900
3	0.8054	0.8783	0.93433	0.95873	0.99116
4	0.7293	0.8114	0.8822	0.91720	0.97406
5	0.6694	0.7545	0.8329	0.8745	0.95074
6	0.6215	0.7067	0.7887	0.8343	0.92493
7	0.5822	0.6664	0.7498	0.7977	0.8982
8	0.5494	0.6319	0.7155	0.7646	0.8721
9	0.5214	0.6021	0.6851	0.7348	0.8471
10	0.4933	0.5760	0.6581	0.7079	0.8233
11	0.4762	0.5529	0.6339	0.6835	0.8010
12	0.4575	0.5324	0.6120	0.6614	0.7800
13	0.4409	0.5139	0.5923	0.6411	0.7603
14	0.4259	0.4973	0.5742	0.6226	0.7420
15	0.4124	0.4821	0.5577	0.6055	0.7246
16	0.4000	0.4683	0.5425	0.5897	0.7084
17	0.3887	0.4555	0.5285	0.5751	0.6932
18	0.3783	0.4438	0.5155	0.5614	0.6787
19	0.3687	0.4329	0.5034	0.5487	0.6652
20	0.3598	0.4227	0.4921	0.5368	0.6524
25	0.3233	0.3809	0.4451	0.4869	0.5974
30	0.2960	0.3494	0.4093	0.4487	0.5541
35	0.2746	0.3246	0.3810	0.4182	0.5189
40	0.2573	0.3044	0.3578	0.3932	0.4896
45	0.2428	0.2875	0.3384	0.3721	0.4648
50	0.2306	0.2732	0.3218	0.3541	0.4433
60	0.2108	0.2500	0.2948	0.3248	0.4078
70	0.1954	0.2319	0.2737	0.3017	0.3799
80	0.1829	0.2172	0.2565	0.2830	0.3568
90	0.1726	0.2050	0.2422	0.2673	0.3375
100	0.1638	0.1946	0.2301	0.2540	0.3211

注：$P\{|r| > r_\alpha(f)\} = \alpha$，其中$\alpha$表示显著性水平，$f$表示自由度，$r_\alpha(f)$为临界值。

附录5　专用名词中英文对照

DW 统计量　DW statistic
DW 检验　Durbin - Watson test
EG 两步法 Engle - Granger (EG) two - step method
EG 两步估计量 Engle - Granger (EG) two - step estimate
F 统计量　F statistic
JB 统计量　JB (Jarque - Bera) statistic
t 统计量　t statistic
Wold 分解定理　Wold decomposition theorem
阿尔蒙分布滞后模型　Almen distributed lag model
案例　case
白噪声　white noise
备择假设　alternative hypothesis
被解释变量　explained variable
变量　variable
标准差　standard deviation
标准误差　standard error
波动　volatility
不可识别　unidentification
参数　parameter
参数估计　parameter estimation
残差　residual
残差平方和　SSR(sum of squared residuals)
测量误差　measurement error
差分　difference
差分算子 difference operator
超一致性　super consistent
成本　cost
乘子,乘数　multiplier
抽样　sampling

单位根检验　unit root test
单整　integration
弹性　elasticity
道格拉斯生产函数　Cobb - Douglas production function
德宾－沃森检验　Durbin - Watson test
递归模型　recursive model
第Ⅱ类错误　type Ⅱ error
第Ⅰ类错误　type Ⅰ error
定义方程　definitional equation
动态乘数　dynamic multiplier
动态回归　dynamic regression
动态模型　dynamic model
独立变量　independent variable
多元回归　multiple regression
多重共线性　multicollinearity
方差　variance
方差分析　analysis of variance
非均衡误差　disequilibrium error
非平稳　nonstationary
非线性　nonlinearity
非线性回归　nonlinear regression
非一致性　inconsistency
分布 distribution
分布滞后模型　distributed lag model
分段线性回归 piecewise linear regression
峰度　kurtosis
辅助回归　auxiliary regression
概率分布 probability distribution
高斯－马尔可夫定理　Gauss - Marcov theorem
格兰杰定理　Granger representation theorem
格兰杰非因果关系(性) Granger noncausality
格兰杰因果关系(性) Granger causality
格兰杰因果性检验　Granger causality test
工具变量　instrumental variable

公共因子 common factor
估计 estimation
估计量 estimate
估计式 estimator
广义最小二乘法 generalized least squares
行为方程 behavioral equation
回归 regression
回归模型 regression model
回归平方和 ESS(explained sum of squares),RSS (regression sum of squares)
回归系数 coefficient of regression
极大似然估计 maximum likelihood estimation
计量经济学 econometrics
加权平均 weighted average
加权最小二乘法 weighted least squares
假定 assumption,supposing,hypothesis
假设检验 hypothesis test
间接最小二乘法 indirect least squares
检验 test
检验水平 test level
简单线性回归 simple linear regression
简化型 reduced form
简化型模型 reduced form model
渐进分布 asymptotic distribution
阶条件 order condition
结构参数 structural parameter
结构模型 structural model
截面数据 cross - section data
解释变量 explaining variable
经济 economy
矩阵 matrix
决策规则 decision rule
均方误差 mean squared error
均衡 equilibrium
均值 mean

开方分布　Chi - square distribution
凯恩斯模型　Keynesian model
柯依克变换　Koyck transformation
可决系数 determination coefficient
克柯兰-奥卡特法　Cochrane - Orcutt procedure
拉格朗日乘子(LM)统计量　Lagrange multiplier statistic
累积分布函数　cumulative distribution function
离差平方和　sum of squares deviation
离群值　outliers
离散随机过程　discrete stochastic process
联立方程模型　simultaneous equations model
两阶段最小二乘法　2 stage least squares, two - stage least squares
列向量　column vector
临界值　critical value
零约束　zero restriction
蒙特卡罗　Monte Carlo
蒙特卡罗模拟　Monte Carlo simulation
幂函数　power function
面板数据模型 panel data model
模拟　simulation
模型　model
内生变量　endogenous variable
拟合优度　goodness of fit
拟合值　fitted value
偏度　skewness
偏相关　partial correlation
偏相关图　partial correlogram
偏倚 bias
偏自相关函数 partial autocorrelation function
拼接函数 spline function
平均值　average
平稳　stationary
平稳过程　stationary process
平稳性　stationarity

期望 expected value
恰好识别方程 just identified equation
前定变量 predetermined variable
峭度 kurtosis
求和算子 summation operator
区间预测 interval forecast
趋势 trend
确定系数 determination coefficient
软件 software
设定误差 misspecification
时间序列 time series
识别 identification
似然比检验 likelihood ratio (LR) test
似然比统计量 likelihood ratio (LR) statistic
收敛 convergence
数据 data
数据标准化 date normalization
数据生成过程 date generation process (dgp)
随机变量 random variable
随机过程 stochastic process
随机误差 random error
随机游走 random walk
特征方程 characteristic equation
特征根 characteristic root, eigen root
特征向量 characteristic vector
特征值 eigen value
条件分布 conditional distribution
条件概率 conditional probability
条件概率密度函数 conditional probability density function
条件期望 conditional expectation
统计检验 statistical test
统计量 statistic
统计推断 statistical inference
突变点检验 break point test

推断　inference
外生变量　exogenous variable
完全信息估计　full information estimation
维纳过程　Wiener process
位移项　drift
沃尔德检验　Wald's test
沃尔德统计量　Wald statistic
无偏性　unbiasedness
误差　error
误差修正机制　error correction mechanism
误差修正模型 error correction model
误差修正项　error correction term
显著性　significance
线性　linearity
相关　correlation
相关图　correlogram
相关系数　correlation coefficient
相依变量　dependent variable
向量 vector
消费函数　consumption function
小样本　small sample
协方差　covariance
协方差矩阵　covariance matrix
协整　cointegration
协整参数　cointegrating parameter
协整向量　cointegrating vector
新息过程　innovation sequence
虚假回归　spurious regression
虚假相关　spurious correlation
虚拟变量 dummy variable
样本　sample
样本容量　sample size
一般到特殊方法　general to special method
一致性　consistency

依概率收敛 converge in probability
移动平均 moving average
移动平均模型 moving average model
异方差 heteroscedasticity
因果性 causility
有偏估计量 biased estimator
有效性 efficiency
预测 forecasting
原假设 null hypothese
诊断 diagnostic
正交 orthogonality
正态变量 normal variable
正态分布 normal distribution
秩 rank
秩条件 rank condition
滞后 lag
滞后变量 lagged variable
置信区间 confidence interval
中心极限定理 central limit theorem
自回归 autoregression
自回归过程 autoregressive process
自回归模型 autoregressive model
自相关 autocorrelation
自相关函数 autocorrelation function
自协方差 autocovariance
自协方差函数 autocovariance function
自由度 degree of freedom
总平方和 TSS (total sum of squares)
总体 population
组合模型 regARIMA model
最佳线性无偏估计 best linear unbiased estimator (BLUE)
最小二乘法 ordinary least squares

附录6　部分练习题参考答案

第2章

第5题:

(1)样本相关系数的平方 r^2 等于可决系数 R^2。相关系数 r 的符号可正可负,而可决系数 R^2 永远是正号。

(2)证明:样本可决系数的计算公式为

$$R^2 = \frac{(\sum x_i y_i)^2}{\sum x_i^2 \sum y_i^2}$$

样本相关系数的计算公式为

$$r = \frac{\sum x_i y_i}{\sqrt{\sum x_i^2}\sqrt{\sum y_i^2}} = \frac{\sum x_i y_i}{\sum x_i^2}\frac{\sqrt{\sum x_i^2}}{\sqrt{\sum y_i^2}} = \hat{\beta}_1 \frac{\sqrt{\sum x_i^2}}{\sqrt{\sum y_i^2}}$$

第6题:

(1) $\hat{Y}_i = 12597.51 + 26.95GDP_i$

(4) $Y_{2000} \in \{24389.26, 34223.76\}$

第3章

第3题:

(1)$R^2 = 0.90$, $F = 46.7$, $\bar{R}^2 = 0.88$;(2)结论是$\beta_2 \neq 0$;(3)置信区间是(0.38,1.27);(4)销售价格变化0.56%。

第6题:

估计结果:

$$\hat{Y}_i = 0.44 + 0.92X_{1i} + 2.92X_{2i} + 0.15X_{3i}$$
$$(0.1) \quad (3.9) \quad (1.8) \quad (1.8) \quad R^2 = 0.60$$

第4章

第1题：

估计结果：

$$\hat{Y}_t = -3.2855 + 13.7379Lnt\text{。}$$
$$(-0.7) \qquad (4.3) \qquad R^2 = 0.73$$

1999 年预测结果：$\hat{Y}_{1999} = -3.2855 + 13.7379 \times Ln10 = 28.3472$

第2题：

估计结果：$Ln\hat{Y}_t = 1.5589 + 0.2077t$。

$$(14.3) \qquad (24.0) \qquad R^2 = 0.97$$

2000 年美国人口总数的预测值为

$$\hat{Y}_{2000} = 4.7517e^{0.2077 \times 22} = 458.473$$

第3题：

解1：$\hat{W}_t = \dfrac{80000}{1 + e^{-2.5789 + 0.1190t - 1.95 \times 10^{-6} t^5}}$

解2：$\hat{W}_t = 12895.27\ t - 946.52\ t^2 + 27.07t^3 - 0.35\ t^4 + 0.0018\ t^5$

$$(82.5) \qquad (-46.4) \qquad (28.7) \qquad (-19.2) \qquad (13.6)$$
$$R^2 = 0.9996, T = 42$$

第4题：

估计结果：$L\hat{n}CP_t = -2.6829 + 1.9429\ LnGDPP_t - 0.0738\ LnGDPP_t{}^2$

$$(-6.6) \qquad (18.1) \qquad\qquad (-10.7)$$
$$R^2 = 0.997, T = 32$$

CP_t对 $GDPP_t$的弹性是一个弹性函数。

$$\frac{dL\hat{n}CP_t}{dLnGDPP_t} = \frac{d\hat{C}P_t/CP_t}{dGDPP_t/GDPP_t} = 1.9429 - 0.1476\ LnGDPP_t$$

第5题：

估计结果：$\hat{Y}_t = e^{7.6682 + 0.1661t}$，(1990 对应 $t = 1$)

第 5 章

第 2 题:

怀特检验和戈里瑟检验结论都是模型的随机误差项不存在异方差。

第 3 题:

怀特检验和戈里瑟检验结论都是模型的随机误差项存在异方差。

第 6 章

第 4 题:

(1)中国对数的储蓄存款总额 LnY_t 与 $LnGDP_t$ 的回归结果如下:

$$Ln\hat{Y}_t = -8.8685 + 1.7647\ LnGDP_t$$
$$(-38.9)\quad (69.6)$$
$$R^2 = 0.9918,\ DW = 0.23,\ T = 42,\ (1960—2001)$$

(3)经估计,残差服从发给二阶自回归形式,存在二阶自相关。

$$e_t = 1.1861\ e_{t-1} - 0.3651\ e_{t-2}$$
$$(8.1)\qquad (-2.5)$$
$$R^2 = 0.81,\ DW = 1.65,\ T = 40,\ (1962 — 2001)$$

(4)定义广义差分变量

$$GLnY_t = LnY_t - 1.1861\ LnY_{t-1} + 0.3651\ LnY_{t-2}$$
$$GLnGDP_t = LnGDP_t - 1.1861\ LnGDP_{t-1} + 0.3651\ LnGDP_{t-2}$$

GLS 估计结果如下:

$$GLn\hat{Y}_t = -1.5725 + 1.7501\ GLnGDP_t$$
$$(-15.7)\qquad (29.3)$$
$$R^2 = 0.96,\ DW = 1.65,\ T = 40,\ (1962—2001)$$

$DW = 1.65$,误差项 e_t 已消除自相关。回归系数的 GLS 估计值 1.7501 与 OLS 估计值 1.7647 相比,有效性更好。

第 7 章

第 8 题:

$$\hat{Y}_t = 2.3229 + 0.0818\ X_{1t} + 0.0818\ X_{1t}$$
$$(3.7)\qquad (5.2)\qquad (2.9)$$
$$R^2 = 0.98,\ DW = 2.26,\ T = 10$$

第8章

第10题：

设定如下三个虚拟变量，令

$$D_i = \begin{cases} 1 & 第\,i\,季度 \\ 0 & 其他 \end{cases}, i = 1, 2, 3$$

估计结果如下：

$$\hat{GDP}_t = 2.1271 - 0.8100D_1 - 0.5195D_2 - 0.6321D_3 + 0.0285t + 0.0116D_3 \times t$$

$$(77.2) \quad (-32.1) \quad (-20.9) \quad (-13.4) \quad (16.1) \quad (3.3)$$

$$R^2 = 0.99, DW = 1.2, T = 20$$

第9章

第12题：

（1）内生变量为 C_t、I_t、Y_t，外生变量和预定变量分别为 P_t、G_t。

（2）消费方程是过度识别的。投资方程是过度识别的。从而该联立方程模型是过度识别的。

（3）投资方程不存在随机解释变量问题，应用最小二乘法估计投资方程，得

$$\hat{I}_t = 16.593 + 2.087P_t$$

$$(3.7) \quad (18.1) \qquad R^2 = 0.98, DW = 1.4$$

消费方程存在随机解释变量问题，应用两阶段最小二乘法估计消费方程，得

$$\hat{C}_t = 29.714 + 0.585Y_t$$

$$(9.3) \quad (119.0) \qquad R^2 = 0.999, DW = 2.0$$

第10章

第2题：

$$DY_t = 0.9520DY_{t-1} + u_t - 0.3348u_{t-4}$$

$$(31.4) \qquad (-3.1)$$

$$DW = 2.1, T = 48, (1951—1998)$$

第3题：

$$DY_t = 1.6030DY_{t-1} - 0.6927DY_{t-2} + u_t$$

$$(20.8) \qquad (-7.1)$$

$$DW = 1.8, T = 46, (1953—1998)$$

第 11 章

第 2 题：

Wald Test:
Equation: EQ01

Test Statistic	Value	df	Probability
t-statistic	9.198027	27	0.0000
F-statistic	84.60370	(1, 27)	0.0000
Chi-square	84.60370	1	0.0000

因为 $F=87.5 > F_{0.05}(1,27) = 4.2$，所以 $\beta_1 = 0$ 不成立。

第 3 题：

滞后两期的格兰杰因果关系检验结果显示，$Lnim_t$ 不是 $Lnex_t$ 序列的格兰杰原因，但是 $Lnex_t$ 是 $Lnim_t$ 序列的格兰杰原因，即 $Lnim_t$ 和 $Lnex_t$ 序列之间存在单向格兰杰因果关系。

第 5 题：

Chow Breakpoint Test: 1999
Null Hypothesis: No breaks at specified breakpoints
Varying regressors: All equation variables
Equation Sample: 1990 2006

F-statistic	884.3922	Prob. F(2,13)	0.0000
Log likelihood ratio	83.64716	Prob. Chi-Square(2)	0.0000
Wald Statistic	1768.784	Prob. Chi-Square(2)	0.0000

因为 $F = 884.4 > F0.05(2,13) = 3.8$，所以结论是该序列 Y_t 在 1999 年确实发生结构突变。

第 7 题：

【证明】：$\gamma_0 = E(x_t x_t) = E(\phi_1 x_{t-1} + u_t + \theta_1 u_{t-1})^2$

$= E(\phi_1{}^2 x_{t-1}{}^2 + u_t{}^2 + \theta_1{}^2 u_{t-1}{}^2 + 2\phi_1 x_{t-1} u_t + 2 u_t \theta_1 u_{t-1} + 2\phi_1 x_{t-1} \theta_1 u_{t-1})$

因为 $E(x_{t-1} u_{t-1}) = \sigma^2$，$E(x_{t-1} u_t) = 0$，$E(u_{t-1} u_t) = 0$，所以，

$\gamma_0 = \theta_1{}^2 \gamma_0 + \sigma^2 + \theta_1{}^2 \sigma^2 + 2\phi_1 \theta_1 \sigma^2 = \phi_1{}^2 \gamma_0 + (1 + \theta_1{}^2 + 2\phi_1 \theta_1) \sigma^2$

$$\gamma_0 = \frac{1 + \theta_1{}^2 + 2\phi_1 \theta_1}{1 - \phi_1{}^2} \sigma^2$$

$\gamma_1 = E(x_{t-1} x_t) = E\, x_{t-1}(\phi_1 x_{t-1} + u_t + \theta_1 u_{t-1})$

$$=\phi_1\gamma_0+\theta_1\sigma^2=(\frac{\phi_1+\theta_1{}^2\phi_1+2\phi_1{}^2\theta_1}{1-\phi_1{}^2}+\frac{\theta_1-\phi_1{}^2\theta_1}{1-\phi_1{}^2})\sigma^2$$

$$=(\frac{\phi_1+\theta_1{}^2\phi_1+2\phi_1{}^2\theta_1}{1-\phi_1{}^2}+\frac{\theta_1-\phi_1{}^2\theta_1}{1-\phi_1{}^2})\sigma^2$$

$$=(\frac{\phi_1+\theta_1{}^2\phi_1+\theta_1+\phi_1{}^2\theta_1}{1-\phi_1{}^2})\sigma^2$$

$$=\frac{(1+\theta_1\phi_1)(\phi_1+\theta_1)}{1-\phi_1{}^2}\sigma^2$$

$$\rho_1=\gamma_1/\gamma_0=\frac{(1+\theta_1\phi_1)(\phi_1+\theta_1)}{1+\theta_1{}^2+2\theta_1\phi_1}$$

$$\gamma_k=\mathrm{E}(x_{t-k}x_t)=\mathrm{E}(x_{t-k}(\phi_1x_{t-1}+u_t+\theta_1u_{t-1}))=\phi_1\gamma_{k-1}$$

$$\rho_k=\gamma_k/\gamma_0=\phi_1\gamma_{k-1}/\gamma_0=\phi_1\rho_{k-1}=\phi_1{}^2\rho_{k-2}\cdots=\phi_1{}^{k-1}\rho_1$$

$$=\phi_1{}^{k-1}\frac{(1+\theta_1\phi_1)(\phi_1+\theta_1)}{1+\theta_1{}^2+2\theta_1\phi_1},\quad k\geqslant1$$

第12章

第1题：

对变量取对数建模，目的是克服异方差和非线性特征。经检验，应该建立个体随机效应模型。估计结果如下，

$$Ln\widehat{YDS}_t=-1.4767+\cdots+0.9770\ LnGDP_t$$
$$(-7.1)\qquad(38.0)\qquad R^2=0.89,DW=0.3,TN=185$$

第3题：

对变量取对数建模，目的是克服异方差和非线性特征。经检验，应该建立个体随机效应模型。估计结果如下，

$$Ln\hat{C}P_t=0.4322+\cdots+0.9220\ LnIP_t$$
$$(23.2)\qquad(451.8)\qquad R^2=0.99,DW=0.6,TN=349$$

第13章

第4题：

对序列 $Lnindex_t$ 检验单位根，

$$\widehat{Dindex_t} = -1.72 \times 10^{-5} Y_{t-1}$$
$$(-0.2) \qquad DW = 2.0, T = 486$$

因为 $DF = -0.2$,大于临界值,所以检验结论是序列 $Lnindex_t$ 有单位根。

对序列 $DLnindex_t$ 检验单位根,

$$\widehat{Dindex_t^2} = -1.0060\ DLnindex_{t-1}$$
$$(-22.1) \qquad DW = 2.0, T = 485$$

因为 $DF = -22.1$,小于临界值,所以检验结论是序列 $DLnindex_t$ 没有单位根。综上所述,$Lnindex_t \sim I(1)$。

参考文献

英文参考文献

1. Aitchison J and Silvey S D. Maximum likelihood estimation procedures and associated tests of significance. Journal of the Royal Statistical Society, Series B, 134 -174, 1960.

2. Banerjee A, Dolado J. Hailbraith J and Hendry D F. Cointegration, error correction and the econometric analysis of nonstationary data. Oxford University Press, 1993.

3. Box G E P and Jenkins G M. Time series analysis Forecasting and control, (revised edition) San Francisco: Holden-Day, 1976.

4. Cameron A C and Trivedi P K , Microeconometrics, methods and applications. Cambridge University Press, 2005.

5. Davidson J E H, Hendry D F, Srba F and Yeo S. Econometric modeling of the aggregate time series relationship between consumers' expenditure and income in the United Kingdom, Economic Journal, 1978, 88: 661 -692.

6. Davidson R and Mackinnon J G. Estimation and inference in econometrics, Oxford: Oxford University Press, 1993.

7. Dickey D A and Fuller W A. Distribution of the estimators for autoregressive time series with a unit root. Journal of the American Statistical Association, 1979, 74: 427 -431.

8. Dickey D A and Fuller W A. Likelihood ratio statistics for autoregressive time series with a unit root, Econometrica, 1981, 49: 1057 -1072.

9. Cameron A C and Trivedi P K. Microeconometrics, methods and applications. Cambridge University Press, 2005.

10. Durbin J and Watson G S. Testing for serial correlation in least - squares regression. Biometrika. 1951, 38: 159 -177.

11. Engle R F and Granger C W J. Cointegration and error correction: representation, estimation and testing. Econometrica, 1987, 55: 251 -276.

12. Engle R F and Yoo B S. Forecasting and testing in cointegrated systems. Journal of Econometrics, 1987, 35: 143 -159.

13. Granger C W J and Newbold P. Forecasting economic time series. New York: Academic Press, 1977.

14. Granger C W J and Newbold P. Spurious regressions in econometrics. Journal of econometrics, 1974, 2: 111 - 20.

15. Hendry D F and Anderson G J. Testing dynamic specification in small simultaneous models: An application to a model of building society behavior in the United Kingdom. Ch. 8 in M.D. Intrilligator (ed.), Frontiers of Quantitative Economics, iii(a), North - Holland, Amsterdam, 1977: 361 - 383.

16. MacKinnon J G. Critical values for co-integration tests, in R F Engle and C W Granger (eds.), Long-run Economic relationships. Oxford University Press, 1991: 267 - 276.

17. Maddala G S. Introduction to econometrics. Macmillian publishing Company, 1988.

18. Phillips P C B, Understanding spurious regression in econometrics. Journal of Econometrics, 1986, 33: 311 - 340.

19. Rao C R. Large sample tests of statistical hypothesis concerning several parameters with applications to problems of estimation. Proceedings of the Cambridge Philosophical Society, 1948, 44: 50 - 57.

20. R J Wonnacott and T H Wonnacott. Econometrics. John Wiley and Sons Inc., 1979.

21. Sargan J T. Wages and prices in the United Kingdom: A study in econometric methodology. in P E Hart, G Mills and J K Whitaker (eds.), Econometric Analysis for National Economic Planning, Butterworth, London, 1964.

22. Wald A. A note on the consistency of the maximum likelihood estimator. Annals of Mathematical Statistics, 1943, 20. 595 - 601.

23. Yule G U, Why do we sometimes get nonsense correlations between time series? a study in sampling and the nature of time series, Journal of the Royal Statistical Society, 1926, 89: 1 - 64.

24. Zhang X and Okawa T. Cointegration and error correction, theory and application with mathematica. Seseragi Publishing Co., Osaka, Japan, 1997.

中文参考文献

1. Cheng Hsiao. 面板数据分析(英文影印版)[M]. 北京:北京大学出版社, 2005.

2. G.E.P.Box, G.M.Jenkins, G.C.Reinsel. 时间序列分析预测与控制[M]. 顾

岚,译. 北京:中国统计出版社,1997.

3. 李子奈. 计量经济学——方法与应用[M]. 北京:清华大学出版社,1992.

4. 刘建国. 计量经济分析软件包 Micro TSP(6.5)使用指南[M]. 北京:清华大学出版社,1991.

5. 刘余善,唐五湘. 经济计量学原理与方法[M]. 北京:北京理工大学出版社,1989.

6. Gujarati D. 基础经济计量学[M]. 庞皓,程从云,译. 重庆:科学技术文献出版社重庆分社,1986.

7. 吴承业. 经济计量学概论[M]. 北京:中国铁道出版社,1987.

8. 张保法. 经济计量学[M]. 北京:经济科学出版社,2000.

9. 张寿,于清文. 计量经济学[M]. 上海:上海交通大学出版社,1985.

10. 张晓峒. 计量经济分析[M]. 北京:经济科学出版社,2003.

11. 张晓峒. EViews 使用指南与案例[M]. 北京:机械工业出版社,2007.